现代心理学

——基础理论及其教育应用

卢家楣 伍新春 桑标 主编

上海人民出版社

A B C D

1. 曾作过将猩猩从小（甚至出生才几天）放在人类家庭中与人类孩子一样抚养、训练的种种努力，但终因种系遗传基因上的不同而无法达到教育的预期效果——产生人类的心理。

2. 1879 年冯特在德国莱比锡大学建立世界上第一个心理实验室

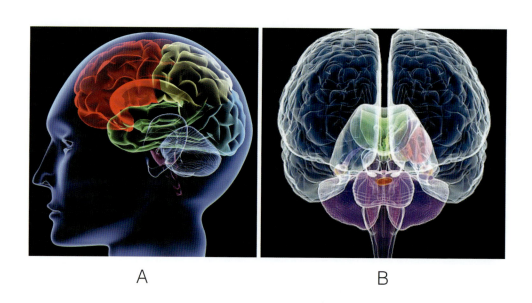

A   B

3. 人脑的结构

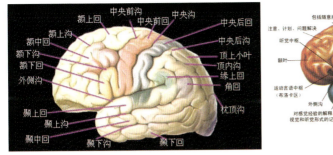

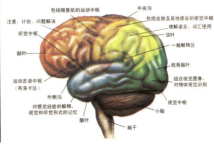

4. 大脑皮层的结构

5. 大脑皮层各部位的心理功能

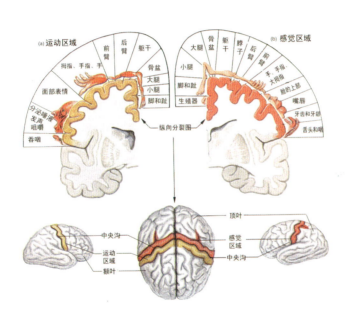

6. 大脑感觉区和运动区的功能定位

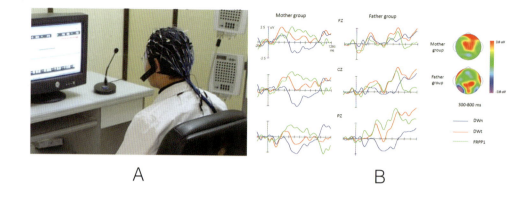

7. 运用相关事件电位技术（ERP）的心理学实验

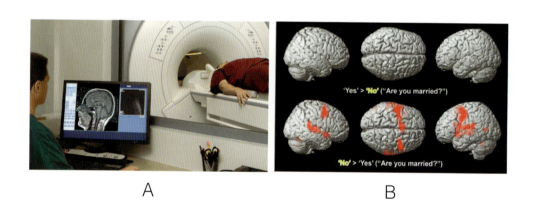

8. 运用磁共振成像技术（fMRI）的心理学实验

9. 中间四个小方块的灰色度一样吗？

10. 两个图案中央的紫圆和淡黄一样大吗？

11. 将 10-13 厘米纸片立于两叶照中缝，鼻梁贴近纸片，让每只眼只见一张照片，就出现一个立体图像。

12. 很容易从整体上看成是头像，其实是海底生物的堆砌

13. 是花还是闻花?

14. . 画里有几个头像?

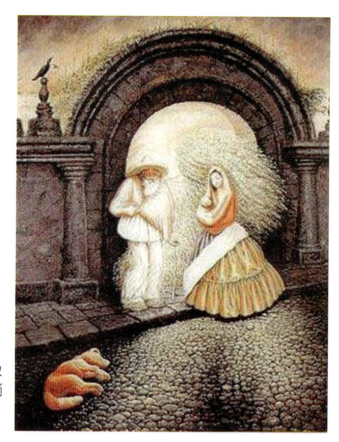

15. 图中是一个老人像
还是老人、少妇与躺
着的狗?

16. 这些横线平行吗?

17. 请给三人的胖瘦程度排序

18. 当你盯住图案时, 是否发现它们在转动?

19. 当你盯住图案时, 是否发现中间部分在滚动?

20. 注视整幅画30秒, 然后看白墙面, 出现了什么?

21. 注视灯丝30秒, 然后看白墙面, 出现了什么?

22. 用手遮图并迅速移开和再遮上（0.3秒钟），能看出图中哪几种食物？

23. 发现这只大竹节虫吗？

24. 军事中的伪装

25. 人类的基本表情

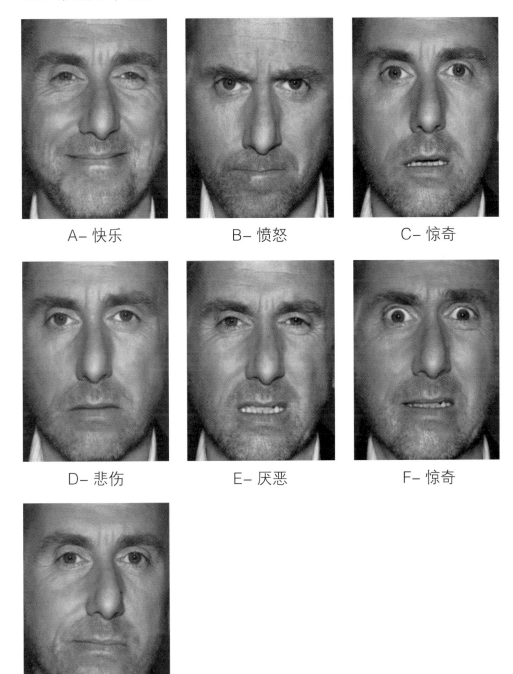

A– 快乐   B– 愤怒   C– 惊奇

D– 悲伤   E– 厌恶   F– 惊奇

G– 轻蔑

26. 小猴有依恋需要的萌芽

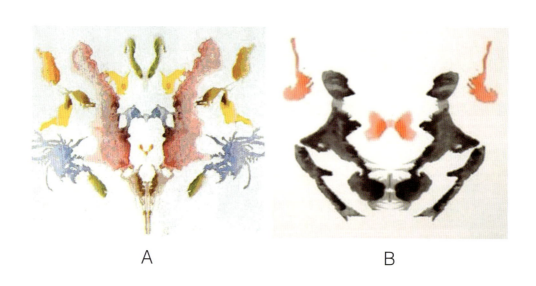

A   B

27. 用于人格测验的罗夏墨迹图

目　　录

上 编

下　编

前　言

本书是适用于高等师范院校师范专业教育类基础课程(也称公共课)的心理学教材。作为教育部"十一五"普通高等教育国家级规划教材,本书是我们和北京师范大学、华东师范大学同仁一起合作完成的。它在借鉴以往多年来撰写同类教材经验的基础上,汲取精华成分,融入创新元素编撰而成,并形成了如下一系列特点:

一、明确"双素质"目标定位。本教材编写的首要任务是为师范生提供从事未来教书育人工作所需要的心理学课程内容。因此,从构建框架、选择内容到呈现形式,本教材的编写始终围绕此项任务,为师范生在教师教育职前培养阶段形成新时期所需的教师专业素质提供心理学科的支撑,从而凸显心理学在教师教育中极为重要而独特的地位和作用。正如世界最杰出的教育家之一、俄国教师之父乌申斯基所说:"心理学就其对教育学的应用和对教育学者的必要性方面来说,当然站在一切科学的首位。"另一方面,本教材编写的任务,还包括为师范生提供在校学习阶段自身发展所需要的心理学科的支撑。这是因为,师范生作为一名大学生,也同样存在自我教育、自我发展的需要,但在以往师范教育中这种需要常淹没于对师范专业素质培养重要性的强调之中,造成了顾此失彼的局面。事实上,师范生自身素质的提高比一般大学生更为重要,它不仅影响师范生在校学习阶段自我的发展,而且会影响今后教师专业素质的养成。例如,师范生自己在校学习阶段就已经掌握了思维策略,那么在毕业后从事教书育人工作时,他就可能自如运用某些思维策略来提升教学效果。反之,如果师范生自身缺乏思维的创造性,又怎能在教学过程中培养学生的创造性呢?因此,我们在整个教材编写的各环节中始终以师范生"双素质"培养服务为定位目标,并在每章第三节的教育应用中,特别安排心理学知识在师范生未来教书育人中的应用和在校期间自我教育中的应用两个方面,更使这种编写的指导思想得以充分体现。

二、形成"双主线"结构框架。本教材将心理学的有关内容贯穿于两条主线上,呈现出全书清晰的编写结构框架:一是以"教"(主要指教学工作)为主线,串接认知性和意向性两方面内容,前者包括感知、思维、记忆(教学中信息加工的三个主要认知过程:从对事物外部的直接认知到对事物内在的间接认知,直至认知后的储存)以及能力发展和知识学习(教学中信息加工的两个主要目标)等内容,后者包括注意、动机、情感和意志(影响教学中信息加工的四个主要的非智力因素)等内容,由此组成上编;二是以"育"(主要指思想教育工作)为主线,串接个性和与个性发展有关的两方面内容,前者包括性格、气质、品德(个性特征系统中三个主要方面)和自我意识(个性自我调节系统)等内容,后者包括人际交往(个性发展的重要社会化途径)、性心理(个性发展到青年期出现的重要心理现象)、心理健康(个性发展中出现的健康问题)、职业心理(个性走向社会成熟的标志)等内容,由此组成下编。最后,全书形成一个导论和上、下两编共18章的结构框架,让学习者一目了然,把握于心。正如布鲁纳所说:不论教什么学科,务必使学生理解该学科的基本结构,才能更好地掌握,而且"获得的知识如果没有完美的结构把它们联系在一起,那是一种多半会遗忘的知识"。

三、凸显"三特性"内容取向。本教材在内容取舍筛选上,不拘泥于传统经典内容,而是从师范生形成新时期教师专业素质的需要和现时自身发展的需要这两方面的实际出发,凸显其针对性、操作性和时代性。所谓针对性,是指针对这两方面的实际需要来筛选和发掘有关的心理学内容。例如,精简乃至删除与上述两方面的实际需要相去甚远的有关某些生理—心理内容,增加为这两个实际所需要但在以往心理学教材论述较少甚至是被忽略的内容(诸如意志、品德、青少年心理方面以及大量理论联系教育实际等方面的内容)。所谓操作性,是指涉及心理学理论在两个实际中的应用时,尽可能提出一些切实可行的具体操作方法,引导学生举一反三、触类旁通,尽量避免抽象、空洞的论述。例如,在涉及记忆、思维规律时,不泛泛而谈,而是提出一系列富有操作性的策略和方法,在未来教学中和现时自我提高中具有切实可行的实战价值。所谓时代性,是指不入传统教材编写时效性差的窠臼,重视内容的与时俱进。在这方面,我们的原则是,如有新的研究成果,尽量以新换旧;如无新的研究成果可替换,也要设法增加与之相关的新研究成果,并以专栏的形式加以补充,使虽不是心理学专业的师范生也能获得最新的相关知识和理论。例如,在组织各章心理学内容时,都注意收集与两方面实际联系密切的国内外最新的心理学内容,甚至将我们自己研究的最新成果(如情感和情感教学方面的研究成果)也融入教材之中。

四、形成"三段式"呈现模式。教材的呈现顺序应与学习者对该学科认知的特点相适应。本教材的学习者主要是师范生,而不是心理学科的专业学生。对师范生来说,他们有各自的学科专业需要深入钻研,对学习心理学的认知取向主要不是对心理学科的研究,而是对心理学理论和知识的了解,进而快速掌握与教育有关的心理学内容,以便在今后的教书育人工作实践中运用。因此,他们对教材内容安排的要求是越脉络清晰、简明实用越好。因此,本教材在论述各章心理学内容时,紧紧抓住"某心理现象是什么?""有怎样的规律?""在教育中如何运用?"这样三段式逻辑展开,砍除蔓枝杂叶,形成"现象—规律—应用"清晰的三段式主干,达到纲举目张的效果。这就是所谓的教材内容的"三段法"呈现模式。它在教材中具体表现为每章设立三节、每节论述一段的形式。第一节着重阐明某一心理现象的内涵(涉及概念及其定义)和外延(涉及种类及其划分)以及有关内容,力求简明扼要。以"记忆"一章为例,第一节就集中论述记忆这一心理现象的概念内涵,明确其定义,并根据不同的维度划分出不同种类的记忆,以及概述记忆的基本过程,让学习者能清晰掌握记忆概况。第二节着重揭示与教育实践应用有关的心理现象的规律(若与教育实践应用关系不大的规律,则不列入本书),并且每章第二节的最后一目都用以揭示青少年学生在这方面心理发展的特点,使师范生能更好地了解未来的教育对象和自己(大学生也属青少年范畴)。仍以"记忆"一章为例,第二节就集中论述与教学实践有关的记忆规律,包括人们的遗忘原因、影响识记的因素、影响保持的因素和影响回忆的因素等,并在最后一目中详细论述青少年的记忆特点。第三节着重阐述有关心理学规律在教育实践中的应用。这里的教育实践应用是"大教育"概念,既包括师范生在未来教书育人实践中的应用,也包括师范生在现时自我教育实践中的应用。还以"记忆"为例,不仅论述了记忆规律在教学中的运用,如注意教学安排的合理化、良好教学心理背景的创设以及教学方法和手段的改进等,还论述了记忆规律在师范生自我教育、自我发展上的运用,如一系列旨在提高个体记忆的自我心身调节策略、记忆材料的优化策略、记忆痕迹的有效建立策略等,给师范生以切实有效的指导和帮助。

　　五、采取活泼多样编写方式。本教材在编写方式上,注意图文并茂,形式多样,生动活泼,以冀导生助学、诱生萌趣。为此,每章开篇都由交代本章重点的"学习要点"、诱发学生学习心向的趣味题"你知道吗?"(5—8题)、引出本章内容的"案件引入"等要件组成;每章结束又由运用本章知识解释开篇案例的"案例分析"、言简意赅的"本章小结",旨在巩固本章内容的复习性的"思考题"(5—8题)和旨在培养创新精神的拓展性的"探索题"(2题);每章中间还插入五种不同的专栏,以拓展正文、丰富内容、开阔视野、延伸实践应用:**"学术前沿"**(介绍有关方面的心理学学术前沿内容,让学生能接触最新知识)、"百家争鸣"(介绍有关方面不同的心理学学术观点,让学生能客观地了解这方面的知识)、"知识视界"(介绍有关方面的经典研究和背景,让学生能开阔知识视野)、"实践探索"(介绍有关方面的心理学在教育中应用的实例,让学生能加深对本书理论与教育实践关系的理解)、"人物介绍"(介绍某领域的著名专家,让学生能从人物的了解增添对知识的敬畏)。此外,还运用大量插图、照片、表格,以及教材首页中的彩图和彩照,进一步丰富本教材的表现形式。

六、彰显严谨务实学术风格。本书虽是教材,但也十分注意学术的严谨性和务实性。文中提到的有关研究、有关引文,都尽可能像学术著作一样加注,并在书后列出相关的文献出处,即便是专栏中的引用的论述和研究材料,也同样照此处理,以体现该教材的严谨和务实。有些材料时间已经久远,有些材料在国外,已不好找,但是我们还是尽可能收集、查询,故全书中外文的文献资料将近1 000条,为同类教材所罕见。这样做既为学习者进一步查阅资料提供便利和线索,也有利于学习者陶冶良好的学术素养、养成严谨治学的态度。

七、体现细致入微文字编排。细节会决定成败。因此,在教材编写过程中,也十分注重细节的处理:教材中的一些重要概念,都用粗体字醒目标出,用括号列出相应外文术语,并有明确的定义附后,以利于引起学生注意并使之予以重点掌握;各专栏采用比正文小一号的且不同于正文的字体——楷体(正文采用宋体),来呈现内容,以示补充内容与正文内容的差别,以利于引导学生阅读和克服视觉单一造成的疲劳;每章开头的案例引入和每章结束的案例分析都用淡灰色衬底,以显示两者前后呼应的关系,同时也与正文相区别,以引起学生注意,更好地发挥案例的导读作用,同时也具有进一步活泼版面的效果。此外,凡心理学范畴的文献,其书中的引用注释和书后的文献索引,采用国际心理学界通用的APA格式处理,而非心理学范畴的文献则采用当页脚下注的形式,以资区分。凡此种种,都旨在用心处理至细节之处,聊表对学生阅读之尊重。

本教材共有18章,60万字,篇幅较长,这是考虑到要给师范生学习提供较为丰富的心理学内容。教师可酌情选用其中部分内容授课,余下部分可作为学生自学或拓展知识之用。此书不仅可作为高等师范院校师范生学习心理学课程的教材,也可作为在职教师进修心理学课程的教材、自学读物或随时翻阅的参考书籍。

本书由上海师范大学卢家楣教授、北京师范大学伍新春教授和华东师范大学桑标教授共同担任主编。各章执笔人员如下(按章顺序排列):第一章,卢家楣;第二章,刘伟;第三章,卢家楣;第四章,卢家楣;第五章,伍新春、程亚华;第六章,伍新春、程亚华;第七章,贺雯;第八章,卢家楣;第九章,卢家楣;第十章,孙圣涛;第十一章,桑标、郭金虹;第十二章,桑标、栾子烟;第十三章,顾海根;第十四章,桑标、王瑞安;第十五章,桑标、陆茗钰;第十六章,伍新春、程亚华;第十七章,吴增强;第十八章,伍新春、安媛媛。

本教材首先得到教育部有关部门和评审专家的支持,才能作为国家级规划教材出版;也得到上海人民出版社领导大力支持和罗湘编辑的辛勤付出,才能得以顺利出版;我的博士生张奇勇对第一和第四章、吴燕霞对第二章、陈武英对第八章、张鹏程对第九章、周炎根对第十八章进行部分修改与完善,并与硕士研究生刘晓艳、朱晶晶、李年林、梅智涵、虞亚君、丁强、赵路、陈梦阳、吴洁、于聪聪、刘林艳、谈壮壮、刘欣欣、陈念劬、龚羲等一起对全书进行大量认真细致的校对,尽可能减少了各种瑕疵。此外,本教材收集了包括网络在内的来自各方面提供的珍贵照片和资料,以丰富内容、活跃形式。值此付梓之际,我在此一并表示由衷的感谢!

此次教材编写是我们几所师范大学同仁共同努力的合作成果,试图全力提高教材质量,使本教材能符合现代社会教师教育发展的需要,真正体现现代国家级规划教材的水准,以冀为我国师范院校正在大力推进的教师教育改革,提高师范生教师专业方面的心理素质发挥积极作用,故取名为"现代心理学"。但由于水平有限,能否达成此目标,有待于读者的鉴定,其中不足乃至谬误之处,还望批评赐教为盼。

卢家楣
2014 年 8 月于上海师范大学学思湖畔

第一章 导 论

学习重点

● 心理学研究的对象、任务和性质

● 心理学的历史发展及研究取向

● 心理学的科学概念

● 心理学研究的方法、原则及研究的基本程序

● 心理学对学校教育的作用

你知道吗?

● 一讲到心理学,人们易产生一种神秘感,它和占卜、算命有什么关系?

● 心理学是一门历史悠久的古老学科,还是一门十分年轻的新兴学科?

● 我们的心脏与心理有关系吗?"心"理学是否由此得名?

● 一个人的心理能被测量吗? 用什么方法来测量呢?

● 人的心理活动能在脑电波上得到反映吗?

● 心理现象是否为人类独有? 动物有没有心理?

● 据说心理学有许多学术流派,你听说过哪些? 它们的根本区别在哪里?

● 你知道国内外有多少心理学门类吗?

● 心理学究竟是文科还是理科呢?

● 当教师为什么一定得学心理学?

　　小张从小喜欢外语,也喜欢当教师,因此高中毕业后考上了她心仪的师范大学,成为一名外国语专业的师范生。从入学那天起,她就全身心投入外语专业学习,一心想学好外语,今后当一名优秀的外语教师。但一段时间下来,她的外语专业成绩并未出类拔萃,达到预期水平。正在她为此苦恼并欲抓紧时间再接再厉之际,她的课表中却出现了非外语专业的课程——教育学和心理学。学校开设教育学课程,她理解,要当教师嘛,自然要懂得有关教育的一些知识和理论,但为何还要开设心理学课程呢? 她既好奇又纳闷:心理学是怎样一门课程? 自己以后是教学生学习外语的,又不是从事心理学专业的,为什么要学心理学?

学习心理学对自己当外语教师有什么用处？对自己的现在学习生活有何帮助？小张带着这些困惑走进了心理学课堂。

其实，在刚接触心理学课程时产生这种想法的师范生不少。当你看完本章后，就能替小张找到问题的答案。

第一节　心理学概述

作为未来的中学教师，师范生将承担教书育人的重任；作为正处青年期的大学生，师范生又须视自我教育、自身发展为己任。因此，一名师范生事实上肩负着教育和自我教育的双重使命。这一特殊使命也就决定了心理学对于他们来说具有特别的意义和突出的重要性。为什么这样说呢？在我们具体学习心理学有关内容之前，有必要对心理学有一总体的认识和把握。

一、心理学的对象

每门学科都有自己的研究对象，心理学也不例外。**心理学**（psychology）是研究心理现象的一门科学。也就是说，它的研究对象是心理现象。心理现象又称心理活动，简称**心理**（mind）。

人的心理现象是极为丰富而复杂的，曾被恩格斯誉为"地球上最美丽的花朵"①。然而，当人们提到"心理"一词时，往往首先感受到的并不是这一花朵的娇美艳丽，而是这一花朵的扑朔迷离，进而会或多或少地产生一种神秘感。其实，心理现象并不神秘，它是我们生活中实实在在地存在着的，为我们所非常熟悉并随时会接触到、感受到的心理活动：

以上课时的情形为例，我们就能罗列各种各样的心理现象。当我们听到声响，看到光亮，进而知道这声响是教师的讲课声，这光亮是日光和灯光的融合时，感知觉现象便已发生了。对教学内容的理解、对教师提问的思考则是思维现象，而要记住一些重要的概念、原理、公式等，又涉及记忆现象了。教师讲到幽默处，引发出学生会心的笑声，这是情感现象的外露，而到了饥肠辘辘的时候，我们仍坚持听课，毫不松懈，这是意志现象的表现。我们能一边听课，一边思考，一边记录，这是注意的分配现象。教师用精彩的讲课、鼓励性的话语来提高大家的学习积极性，这是对学习动机的激励，而激发的效果既与学生的内在需要、兴趣有关，也与学生的理想、信念乃至人生观、世界观有关。有的同

---

① 恩格斯.《自然辩证法》，人民出版社1971年版，第24页。

2

学急躁,有的同学耐心,有的同学活泼好动,有的同学内向文静,这是出于不同的气质特点。有的同学处世理智冷静,有的同学易于感情用事,有的同学则行为坚定,持之以恒,这反映了不同的性格类型。至于有的同学聪明伶俐,有的同学相对迟钝,有的同学记忆力特好,有的同学创造力特强,这都是不同能力的表现。虽说课堂上的教学活动大多是师生有自觉性和目的性的意识活动,但也会不时出现不知不觉进行的习惯性和自动化的动作、无意中的注意和识记,乃至口是心非、口是笔误的差错之类的无意识行为。至于课堂上学生能随时反省自己的行为,调整自己的学习方法,是自我意识在起着积极的作用,涉及元认知现象。

知识视界 1-1　心理学家知道你在想什么吗?

许多心理学工作者都有类似这样的经历:当周围的人知道你的专业时,他们会马上好奇地问:"你是学心理学的? 那么你一定知道我在想什么!"人们总是以为心理学家能够透视人的心理活动,其实不然。因为人的心理活动不仅仅是人在当前的所思所想,它具有更广泛的含义,包括感知、记忆、思维、想象、情绪、情感、意志等活动。而心理学家的工作就是要探索这些心理活动的规律,即它是如何产生和发展的,受哪些因素的影响和制约。心理学家通常根据人的行为、表情、生理反应等来探讨人的心理,如他们可以根据你的外部表现和测验结果来推知你内心的所感所想,如测谎仪就是其中一个很好的例子:人在说谎时会发生心理上的压力,这种压力又会导致人的心跳、血压、呼吸等生理上的变化,这种细微的生理变化一般靠人的观察很难觉察和识别,但是通过测谎仪这样的电子技术就可以把这种生理变化记录下来,然后再通过观察分析这些生理指标来帮助分析判断被测人是否说谎。目前,由于人的心理的复杂性和测谎人员的素质等因素的综合影响,测谎仪的准确率还有待提高。即使心理学家可以通过各种先进的技术间接推知人们的内心世界,但再高明的心理学家也不可能具有所谓的"观人术"、"知心术"而一眼能看透你的内心世界,这主要是由人的心理活动主观能动性决定的。

(姜俊红,2003)

人的心理现象是各种各样的,为了便于研究,心理学家对其进行了科学的分类,并从不同的角度将心理现象划分为不同的种类。这里要特别强调指出的是,人的心理本是一个统一的、不可分割的整体,各种心理现象都是相互联系、相互依存、相互作用的,形成一个有结构的、动态的系统,仅仅是为了研究的方便,才

将它进行相对的划分。

1. 心理过程和个性心理

从心理的动态性维度上划分，可以把心理现象分为心理过程和个性心理两部分。

（1）心理过程

心理过程（mental process）是指一个人心理现象的动态过程。它包括认识过程、情感过程和意志过程，反映正常个体心理现象的共同性一面。

认识过程是个体在实践活动中对事物的认知信息的接受、编码、贮存、提取和使用的心理过程。它主要包括感知觉、思维、记忆等过程。感知觉是对事物的外部属性及外部联系的认识，思维则是对事物内部的本质属性及其规律性的认识，而记忆是对事物感知、思维所获得认识的保存和恢复。当然，记忆也对曾做过的动作、体验过的情感加以保存和恢复，因而也有人把记忆视为一种综合性的心理过程。

情感过程是个体在实践活动中对事物的态度的体验。这是因为个体在包括认识在内的各种实践活动中，不是冷漠无情、麻木不仁的，而是会出现喜、怒、哀、恐、惊等情绪反应，产生依恋感、归属感、自尊感、自信感、道德感、理智感、审美感等情感和情操的体验。

意志过程是个体自觉地确定目标，并根据目标调节、支配自身的行动，克服困难，去实现预定目标的心理过程。它表明个体不仅能认识世界，还能改造世界，并在这种改造世界的实践活动中集中体现其主观能动性。

认识过程、情感过程和意志过程并不是彼此孤立的，而是相互联系、相互作用，构成个体有机统一的心理过程的三个不同方面。情感的发生与深化、意志行为的确定与执行都是以认识为基础的，而情感、意志又会反过来影响认识活动的进行和发展。同样，情感也会对意志行为产生动力作用，良好的情感会使个体的意志努力得到更充分的发挥，而意志行为又会有利于丰富和升华情感。例如，历经艰辛、做出巨大意志努力之后取得的学业上的成功，会使个体获得新的、从未有过的体验，从而使其理智感得到新的发展。

（2）个性心理

个性心理（individual mind）是一个人在社会生活实践中形成的相对稳定的各种心理现象的总和。它包括个性倾向、个性特征和个性调控等方面，反映人的心理现象的个别性一面。同时，它又反映了一个人独特的精神面貌和行为，也称为人格（personality）。

个性倾向是推动一个人进行活动的基本动力。它是个性心理中最活跃的因素,反映了人对周围世界的趋向和追求。个性倾向主要包括需要、动机、兴趣、理想、信念、价值观和世界观等。其中需要是个性倾向的基础,而世界观是个性倾向中居于最高层次的构建成分,决定着一个人总的心理倾向。不同的人有不同的个性倾向性,正是人们不同的个性倾向性推动着人们进行各种活动,并使活动朝着各自相应的目标努力。

个性特征是一个人身上经常表现出来的本质的、稳定的心理特征。它集中体现了人的心理活动的独特性。个性特征主要包括气质、性格和能力。其中性格是个性特征的核心,反映一个人的基本精神面貌。

个性调控是一个人对自己心理和行为的控制和调节。个性调控是以自我意识为核心的。自我意识是个人发展到一定阶段出现的、个人藉以对自己的心理和行为,包括个性倾向和个性特征进行认识、评价、控制、调节,从而形成一个统一的个性心理结构系统。

上述个性心理的三个方面也可分别称为个性的动力系统、个性的特征系统和个性的调控系统,它们相互联系、相互协调,形成了一个统一的、有机结合的整体,从而使个体表现出独特而完整的个性风貌。

心理现象虽分为心理过程和个性心理两大类,但它们也是紧密地联系在一起的。一方面,个性心理是在心理过程的基础上形成和发展的。如果没有对客观现实的认识过程,没有同时伴随发生的情感过程,没有在实践活动中出现的意志过程,人的性格、能力、信念、世界观是不可能形成的。另一方面,已经形成的个性心理又影响着心理过程,并在心理过程中得以表现,使人的各种心理过程总是带有个人的色彩。例如,性格不同的人,其情感和意志的表现也不一样。性格坚毅者,善于克制自己的情感,表现出坚强的意志力;而性格软弱者,则常被自己的消极情感左右,缺乏坚忍不拔的意志力。

知识视界1-2　心理状态

前苏联心理学家列维托夫(Левитов)等人认为,也可以把人的心理现象划分为三类:心理过程、心理状态和个性心理特征。心理过程是不断变化着的、暂时性的,个性心理特征是稳固的,而心理状态(mental state)则是介于两者之间的,既具有暂时性,又具有稳固性。他给心理状态下的定义是:"心理状态是心理活动在一定时间内的完整特征"(1964)。它是心理过程向个性心理特征转化的中间过渡阶段。例如,有的学生一到考试就进入紧张状态,久而久之,这种心理状态在考试和其他一些带有竞争性活动中不断重复强化,就会逐渐形成畏缩退后的行为习惯,转化为胆小、自卑的个性特性。

心理状态又是心理过程的背景,任何心理过程的进行都要受到心理状态的影响,表现出心理活动过程与心理活动背景的一致性。例如,在学习活动中,当学生处在愉悦-兴趣的心理状态下,思维会显得特别活跃而富有创造性,而在紧张-焦虑的心理状态下,则思维会变得格外迟钝、狭窄,甚至混乱。情绪中的三种状态——心境、激情和应激便是典型的心理状态。此外,还有专心状态、分心状态、迷恋状态、顿悟、定势等。

2. 意识和无意识

从心理的意识性维度上划分,可以把心理现象分为意识和无意识两部分。

(1) 意识

意识(consciousness)是指现时正被个人觉知到的心理现象。事实上,当我们清醒时,绝大多数心理活动是发生在自己能够觉知到的情况下的,因而绝大多数心理现象属于意识范畴。我们在进行记忆活动时,我们能觉知记忆的对象,甚至能认识自己的记忆特点、选择适当的记忆策略等,这样的记忆活动自然处于意识状态。

从意识对象上看,还可进而把意识分为客体意识和自我意识两种。客体意识是指个人对周围世界的意识,而**自我意识**(self-consciousness)是指个人对自己以及自己和周围关系的意识。在上例中,对记忆对象的觉知属客体意识,而对自己记忆特点的认识和记忆策略的选择便是自我意识。在记忆心理学中,前者被称为记忆现象,后者被称为元记忆(matememory)现象。

(2) 无意识

无意识(unconsciousness)是指现时未被个人觉知到的心理现象。例如,睡眠中做梦是无意识现象,虽其内容可能被我们觉知,但梦的产生和进程是我们觉知不到的,也不能进行自觉调控的。又如,人的习惯性、自动化了的行为,在通常情况下也是被我们忽略而成为无意识现象的。还有许多不知不觉中发生的心理活动,也属无意识之列。就拿记忆来说,有时会发生这样的情况:自己并不知道自己是否具有某一方面的记忆,也不知道该记忆是从哪里获得的,但在具体的操作活动中有关的记忆内容却会不知不觉地显露出来,表明其在个体头脑中的存在。这就是所谓的内隐记忆(implicit memory)现象。

在日常生活实践中,意识和无意识也是紧密联系着的,彼此间还会发生转化。例如,在讲话中的漏嘴、书写中的笔误,是无意识中的东西混入意识的结果;做梦是无意识的,而忆梦则是有意识的。又例如,在写作时,我们留意的是文章的思想内容与遣词造句,至于一笔一画的具体书写过程则因熟练而疏于意识,趋于自动化,但若遇上较为生僻的字词时,我们又会将该字的书写过程置于全神贯注的意识监控之中。以往人们总是习惯于关注心理现象中的意识部分,尤其是意识中的客体意识部分,而往往忽视心理现象中的无意识部分和意识中的自我意识部分。其实,自我意识和无意识在人们实践中也能加以利用而使其发挥积极的作用,因而,也能成为心理学研究的对象而渐入研究者关注的视野。

此外,还可以把心理现象粗分为认知因素和情感因素。作这种划分的认知因素和情感因素的概念往往是广义的,其外延也是十分宽泛的。前者涉及一切与个体的认知信息加工直接有关的心理现象,包括心理过程和个性心理,如感知觉、思维(内含想象、表象等)、记忆、能力(内含智力、创造力等)、元认知等;后者除包括原来意义上的情绪、情感、情操之外,还有兴趣、需要、动机、价值观、态度、性格、气质等。再有,将心理现象分为智力因素和非智力因素。智力因素与上述的认知因素相应,而非智力因素与上述的情感因素相应,只是非智力因素是指本身不属于智力范畴但与智力的发展和发挥有着密切关系的那些心理因素,是相对智力因素而言的,因此,其涵盖的面可能要比情感因素小些。这种划分在将心理学理论应用于教育领域过程中有它相当的便利性,因而在我国的教育实践中已得到广泛运用。

二、心理学的任务

人类认识和改造客观世界与主观世界的实践活动,都是在其心理活动的参与下进行的,也都是在其心理的自觉或不自觉、意识或无意识的调控状态下完成的。因此,实践活动进行的效果和效率与人的心理活动的状况有着密切的关系。如何通过改善心理活动的状况来优化实践活动的效果和效率,乃至提高生活的质量,也就成为心理学研究的根本问题。而要解决这一根本问题,心理学必须完成三项基本任务,那就是描述心理事实、揭示心理规律和指导实践应用。

1. 描述心理事实

描述心理事实,是对心理现象进行科学研究的第一步。它的主要任务是从科学心理学的角度上对各种心理现象进行科学界定,以建立和发展心理学中有关心理现象的一个完整的、科学的概念体系。这涉及大至对整个心理现象、小至对某一具体心理现象的概念内涵和外延的确定。例如,从大的方面看,"心理"的内涵是什么?心理现象包括哪些?如何划分其种类?从具体方面看,如"情感"的内涵是什么?情感种类包括哪些?如何划分其种类等等。我们说,心理学是一门正在发展中的尚未完全成熟的科学,一个很重要的事实是,迄今为止心理学尚未完全建立完整、严密、统一的概念体系,其中有不少概念还在争鸣和研讨之中。诸如关于"智力"的概念就有不下几十种,智力测验测出的是否都是人的智力现象、"情商"的概念是否科学、它又涉及什么样的智力现象,也都是众说不一的问题。一门学科的成熟状况在很大程度上就是看其概念体系的完整性和科学性的水平。由此看来,要建立成熟的心理科学,在描述心理事实方面还要走相当漫长的探索历程。

2. 揭示心理规律

科学的心理学不能只限于描述心理事实,而应从现象的描述过渡到现象的说明,即要求揭示这些现象所遵循的规律,这是对心理现象进行科学研究的更深入的一步,也是最主要的一步。它包括两大方面,一方面是研究各种心理现象的发生、发展、相互联系以及表现出的特性和作用等。例如,自我意识在个体身上一般是何时发生的?有哪些发展阶段?其自我评价是受什么影响的?儿童、青少年自我评价的特点是什么?自我评价对个体发展有何作用?这些都是心理学要加以研究的规律性方面的任务。另一方面是研究心理现象所赖以发生和表现的机制。包括心理机制和生理机制两个层面上的研究。前者研究心理现象所涉及的心理结构以及心理结构中各组成成分的相互关系。后者研究心理现象背后所涉及的生理或生化成分的相互关系和变化。当然,"对心理机制的探讨和心理生理机制的探讨毕竟是属于心理学研究的不同层次,完全可以非同步地进行研究"(黄希庭,1991)。例如,对情绪发生机制的研究,以往更多的是生理、生化层面上进行的,提出了不少有关的理论,积累了大量的资料,但对其在心理层面上的研究则相对不足。这几年随着认知心理学的深入发展,为从心理层面上进行研究创造了有利条件,对于认识和调控人类的情绪具有十分重要的意义。

3. 指导实践应用

对心理现象的描述和对心理规律的揭示,都属认识范畴,而我们不仅要认识世界,还要改造世界(包括客观世界和主观世界)。因此,在认识心理现象和规律的基础上,我们还要运用这些认识成果于改造世界的实践活动之中。这就需要指导心理规律在实践中的应用,这部分内容也就成为心理学任务的又一重要的组成部分。这方面任务归结起来就是指导人们在实践中如何了解、预测和调控人的心理。这也是心理学理论向实践转化的重要环节。例如,我们可以根据智力、创造力、个性、动机、兴趣、态度等各种心理现象的表现情况,研制各种测试量表,藉以了解人们的心理发展水平和特点,为因材施教和个体-职业间的匹配提供依据;又可根据各种心理现象和行为的相互联系,从一个人的过去和现在的心理和行为状况出发,预测他将来的心理和行为表现;还可根据某些心理现象发生的机制和影响因素,在不同的环境和情况下加以有效的调控,其中也包括自我的调控,以求获得适宜的心理反应和最佳的个性发展。总之,心理学家可以在这些方面为人们提出种种指导,使心理学理论更贴近人们的生活、工作和学习实际,以提高人们实践活动的效率和生活的质量。

知识视界 1-3　心理学家与诺贝尔经济学家

拥有美国和以色列双重国籍的美国普林斯顿大学心理学和公众事务学教授卡尼曼(Kahneman)将心理学研究的视角与经济科学结合起来,成为这一新领域的奠基人。在他之前,经济学和心理学在研究人类决策行为上有着极大的区别:经济学的观点认为外在的激励形成人们的行为,而心理学恰恰相反,认为内在的激励才是决定行为的因素。卡尼曼在不断修正"经济人"的基本假设的过程中,看到了经济理性这一前提的缺陷,也就发现了单纯的外在因素不能解释复杂的决策行为,由此正式将心理学的内在观点和研究方法引进了经济学。卡尼曼最重要的成果是关于不确定情形下人类决策的研究,他证明了人类的决策行为如何系统性地偏离标准经济理论所预测的结果。

首先,他论证了在不确定情形下,人们的判断会因为依照"倾向于观测小样本"形成的小数法则行事,或因为对于容易接触到的信息的熟悉和对主观概率准确性的盲目偏信,而导致决策行为系统性地偏离基本的概率论原理。其次,在与特维斯基的合作中,他系统地陈述了"预期理论"。与公理式的"期望效用理论"相比,描述式的"预期理论"能够更好地解释"阿莱斯悖论"(Allais Paradox),并且用基于参考水平的两步决策假说解释了人们厌恶损失的心理,解决了过去"期望效用理论"不能解释人们明显的风险偏好行为的问题,完善了在不确定情形下的人类决策行为理论。

为此,他于 2002 年获得诺贝尔经济学奖。瑞典皇家科学院将获奖理由简洁地概括为"将来自心理研究领域的综合洞察力应用在经济学中,尤其是在不确定情况下的人为判断和决策方面做出了突出贡献"。

他初期的工作甚至被传统经济学界看作异端邪说,但目前正是在他开拓的视角下,经济科学改变了原有的研究方向,其影响甚至波及整个社会科学界。可见从心理学角度来审视另一个领域对该领域的发展是极为有利的。

上述三项任务是相互联系、环环相扣的。心理事实的准确描述,有利于心理规律的深入揭示;心理规律的深入揭示又为实践应用的有效指导创造必要的条件;而在指导实践应用的过程中所发现的问题,又会促进人们对心理事实、规律的描述和揭示作进一步的探索,从而使人们对心理学的研究和应用得以步步推进。

三、心理学的性质

由于心理学的研究对象——心理现象具有特殊的质的规定性,因而心理学也具有相应的特殊性质。它既是一门自然科学,也是一门社会科学,确切地说,它是一门交叉科学。这是因为:从心理现象的发生主体上看,人是自然属性和社会属性的统一;从心理现象产生的器官上看,人脑具有自然属性,但它也会在人的社会生活方式的影响下变化和发展的,其机能也是自然与社会的统一;从心理现象的内容上看,人所反映的客观现实是社会现实和自然现实的统一;从心理现象的形式上看,人的心理过程具有人类的共同性,表现出更多的受自然制约性影响的一面,而人的个性心理则具有人类的个别性(其中包括社会历史性、阶级性、民族性等),表现出更多的受社会制约性影响的一面,因而两者也反映自然制约性和社会制约性的统一;从心理现象的实质上看,人的心理是社会的产物,也是自然的产物,"心理是脑对客观现实的反映"这一科学命题本身就蕴含了自然和社会的统一。

前苏联科学分类学家凯达洛夫认为,心理学在整个迄今已拥有 2 500 多门学科的科学系统中占据中心位置。可以说,心理学所研究的那些心理现象的规律贯穿于人的生命活动的始终,贯穿于人的社会实践的各个领域,贯穿于每门科学发展的各个方面。所以,凯达洛夫等把心理学定位于他们绘制的"科学三角形"的中心,而三角形的三个顶角分别是自然科学、社会科学和思维科学(包括逻辑学和哲学)。

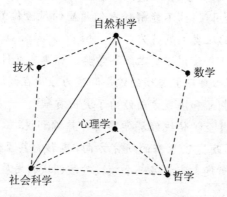

图 1-1 心理学在"科学三角形"中的位置

心理学是前科学。1962 年库恩(Kuhn)的《科学革命的结构》出版后,心理学广泛地采用这一理论以研究心理学史,并试图通过范式论为心理学找到一个确定的通路。在该书中,库恩认为,范式的形成是"任何一个科学领域在发展中达到成熟的标志"，"而一种范式通过革命向另一种范式的过渡，便是成熟科学通常的发展模式"（库恩，1980）。心理学并不具有成熟科学所具有的特点，因此说心理学处于前科学阶段。

四、心理学的体系

现代心理学的研究范围不断扩大，已涉及日常生活、经济贸易、人才管理、文化教育、运动竞技、医疗保健、政治军事等人类社会活动的各个方面，进入了既高度分化又高度综合的发展阶段。一方面心理学的分支越来越多，且越分越细，在美国其分支学会已达到 54 个（见知识视界 1-2）；在我国也已出现三级甚至四级分支学科。例如，教育心理学就是心理学的一个分支学科，它又分化出学科心理学、教学心理学、学习心理学、品德心理学、差异心理学等，而教学心理学又分化出语文教学心理学、数学教学心理学、外语教学心理学、物理教学心理学、化学教学心理学等。现在语文教学心理学中又分化出作文教学心理学、阅读教学心理学等。另一方面，心理学与其他科学领域以及心理学内部各分支学科之间又在不断地相互渗透，产生一系列交叉学科。例如，社会心理学与教育学结合，形成教育社会心理学；大学生心理学与教师心理、管理心理学相结合，形成大学心理学等。这一切使心理学形成了一个又多枝繁的庞大体系。但为了简明，我们仍可把它粗略地分为基础性和应用性两大类。

1. 基础性心理学

基础性心理学涉及的是心理学科中与各分支心理学有关的基础理论和基本方法，以及心理发生和发展的一般规律问题。它主要包括普通心理学、理论心理学、实验心理学、发展心理学、社会心理学、比较心理学、心理测量学、心理学史等分支学科。这里仅简介其中的部分分支学科。

（1）**普通心理学**（general psychology）　普通心理学是研究心理学基本原理和心理现象一般规律的一门学科心理学分支。它是所有心理学分支学科中最基础的分支学科，也是学生学习心理学的入门学科。它主要涉及感觉、知觉、记忆、思维、情感、智力、气质、性格等研究领域。

（2）**理论心理学**（theoretical psychology）　理论心理学是研究心理学根本性理论的一门学科。它以逻辑推理和数学演绎等思辨性的方法探讨心理现象的实质、机制和过程，追求适用于普遍解释的科学理论，像理论物理、理论化学等那样在本学科群中处于基本理论地位。

（3）**实验心理学**（experimental psychology）　实验心理学是研究心理学实验方法的一门学科。由于心理学是一门实证性很强的科学，因此实验心理学在本学科群中处于十分重要的地位，是学生深入学习心理学必须掌握好的一门基础学科。它主要涉及心理实验设计、心理实验技术、心理学各专题领域的实验研究以及心理学实验仪器的制作和使用。

（4）**发展心理学**（developmental psychology）　发展心理学是研究个体从受精卵开始到出生直至死亡的生命全程中心理发生和发展现象的一门学科。它主要涉及儿童心理、青少年心理、成年心理和老年心理等领域，研究心理发展的理论问题、各个年龄阶段的心理特征，其中儿童期心理，包括婴幼儿心理是研究较多和较早的领域。

（5）**社会心理学**（social psychology）　社会心理学是研究个体和群体的社会心理现象的一门学科。它是心理学和社会学之间的一门边缘学科，受到来自两个学科的影响。它主要涉及人际知觉、人际吸引、社会促进和社会抑制、顺从等个体社会心理现象以及群体凝聚力、社会心理气氛、群体决策等群体社会心理现象。

2. 应用性心理学

应用性心理学涉及的是运用基础性心理学研究的成果，探索在人类各实践领域中心理活动的具体规律问题。由于人类的实践活动日益丰富，与此相应的应用性心理学分支也就不断增多。它主要包括教育心理学、学校心理学、咨询心理学、临床心理学、工业心理学、运动心理学、艺术心理学、军事心理学、司法心理学等分支学科。这里仅简介其中的部分分支学科。

（1）**教育心理学**（educational psychology）　教育心理学是研究教育过程中心理现象的一门学科。它的产生是心理学与教育结合并逐渐形成一个独立分支的过程，具有心理学和教育学的双重任务，是一门交叉学科。它涉及学习心理、教学心理、教师心理、课堂管理心理、教学测评等领域。

（2）**学校心理学**（school psychology）　学校心理学是运用心理测量、诊断、咨询、行为矫正技术为学校提供服务的一门学科。它为学生、家长、教育者以及学校教育过程提供心理学知识和实践指导，为学生发展提供心理评价、干预、预防、增进健康、规划设计和评估服务，为学生创造积极的成长环境，促进其身心健康发展。

（3）**咨询心理学**（counseling psychology）　咨询心理学是研究心理咨询的过程、原则和方法的一门学科。它是运用心理学理论指导生活实践的一个重要应用学科。心理咨询主要涉及教育咨询、职业咨询、心理健康咨询及心理发展咨询等领域，旨在协助人们认识自己、建立健康的自我形象、发挥个人潜能、适应社会生活、追求积极人生。

（4）**临床心理学**（clinical psychology）　临床心理学是研究心理治疗的过程、原则和方法的一门学科。它是运用心理学理论帮助病人纠正自己的精神和行为障碍的一个应用学科。临床心理学工作者对具有心理障碍的人进行评估、诊断和治疗,同时也对轻度心理和行为问题进行处理,其主要工作是心理治疗,但也会涉及一些心理咨询。

(5) **工业心理学**(industrial psychology) 工业心理学是研究工作中人的心理和行为的一门学科。它主要涉及管理心理、劳动心理、工程心理、人事心理、消费心理等领域,研究其中的人际关系、人机关系、人境关系等,旨在人才科学选拔、人力资源合理利用、企业员工的精神面貌和工作态度改善、满意度和生产力提高,机构的组织、设施和生产程序考察和优化等。

知识视界1-4 美国心理学会分支

美国心理学会(American Psychological Association,简称APA)成立之初,美国心理学会创始人霍尔(Hall)发出了26张请帖,邀请他的同事与朋友们参加这个组织。美国心理学会就这样从当时26位"会员",发展至今已有超过15万名会员,并分成56个专业分会:

1. 普通心理学
Society for General Psychology

2. 教学心理学
Society for the Teaching of Psychology

3. 实验心理学
Experimental Psychology

5. 评估、测量和统计方法
Evaluation, Measurement, and Statistics

6. 行为神经学和比较心理学
Behavioral Neuroscience and Comparative Psychology

7. 发展心理学
Developmental Psychology

8. 人格和社会心理学
Society for Personality and Social Psychology

9. 社会问题之心理学研究
Society for the Psychological Study of Social Issues

10. 美学、艺术创造力心理学学会
Society for the Psychology of Aesthetics, Creativity and the Arts

12. 临床心理学
Society of Clinical Psychology

13. 咨询心理学
Society of Consulting Psychology

14. 工业和组织心理学
Society for Industrial and Organizational Psychology

15. 教育心理学
Educational Psychology

16. 学校心理学
School Psychology

17. 辅导心理学
Society of Counseling Psychology

18. 公众服务心理学家协会
Psychologists in Public Service

19. 军事心理学
Society for Military Psychology

20. 成人的发展和成熟
Adult Development and Aging

21. 应用实验和工程心理学
Applied Experimental and Engineering Psychology

22. 康复心理学
Rehabilitation Psychology

23. 消费心理学
Society for Consumer Psychology

24. 理论和哲学心理学
Society for Theoretical and Philosophical Psychology

25. 行为分析
Behavior Analysis

26. 心理学史
Society for the History of Psychology

27. 社区研究和行动:社区心理科学协会
Society for Community Research and Action: Division of Community Psychology

28. 精神药理学和药物滥用协会
Psychopharmacology and Substance Abuse

29. 心理疗法
Psychotherapy

30. 心理催眠
Society of Psychological Hypnosis
31. 州、省心理协会事务
State, Provincial, and Territorial Psychological Association Affairs
32. 人本心理学
Society for Humanistic Psychology
33. 智力和发展障碍心理学
Intellectual and Developmental Disabilities
34. 人口和环境心理学
Population and Environmental Psychology
35. 女性心理学
Society for the Psychology of Women
36. 宗教心理学
Psychology of Religion
37. 儿童和家庭政策与实践协会
Society for Child and Family Policy and Practice
38. 健康心理学
Health Psychology
39. 精神分析
Psychoanalysis
40. 临床神经心理学
Clinical Neuropsychology
41. 美国心理学法律学会
American Psychology-Law Society
42. 独立工作的心理学家
Psychologists in Independent Practice
43. 家庭心理学家
Society for Family Psychology
44. 性恋、男同性恋和双性恋者心理研究和变性问题协会
Society for the Psychological Study of Lesbian, Gay, and Bisexual, and Transgender Issues
45. 少数民族问题的心理学研究
Society for the Psychological Study of Ethnic Minority Issues
46. 传媒心理学
Media Psychology
47. 运动心理学
Exercise and Sport Psychology
48. 和平、冲突和暴力行为的研究协会
Society for the Study of Peace, Conflict, and Violence: Peace Psychology Division
49. 团体心理学和团体心理疗法
Group Psychology and Group Psychotherapy
50. 成瘾心理行为
Addictions
51. 男性心理学研究
Society for the Psychological Study of Men and Masculinity
52. 国际心理学
International Psychology
53. 临床儿童心理学
Society of Clinical Child and Adolescent Psychology
54. 儿科心理学
Society of Pediatric Psychology
55. 推动药物治疗法的美国协会
American Society for the Advancement of Pharmacotherapy
56. 心理创伤心理学
Trauma Psychology

注:美国心理学会没有第4和第11分支
资料来源:American Psychology Association

基础性心理学和应用性心理学之间并没有截然可分的界线。从总的趋势来看,心理学正朝着高度综合和高度分化的方向发展。在社会生活实践领域不断向广度和深度拓展以及邻近的相关学科持续发展的背景之下,心理学继续分化的势头短时间内不可能趋于缓和。与专门实践领域相对应的心理学应用学科和与相邻学科交汇的心理学边缘学科仍然在不断涌现,各个分支学科都在向纵深发展。现代心理学正在成长为一棵枝繁叶茂的科学巨树,并且将随着它对社会生活的积极影响而获得新的发展动力,也将因其他学科的促进和介入而萌发新的生长点。

第二节　心理学的发展

说到心理学的历史,也许有的人会认为,这是一门新兴发展的科学,而有的人则认为,这是一门历史悠久的科学。其实都不然,心理学是一门既年轻又古老的科学。德国著名心理学家艾宾浩斯(Ebbinghaus)说过:"心理学有一个长期的过去,但仅有一个短暂的历史。"这句话的经典之处在于,它以 1879 年世界上第一个心理学实验室的建立为分水岭,把心理学的发展分为前科学时期和科学时期。作为前科学时期的心理学,它的过去源远流长;作为科学时期的心理学,它的历史十分短暂,诞生至今仅 135 年。

一、前科学心理学时期

心理学作为一门学科还未诞生之前,有关心理问题的论述,即关于心理学的思想就早已出现。在中国可以追溯到先秦的春秋战国时期,而在西方则可追溯到古希腊时代。

在中国,在古代的哲学、教育、医学等文化典籍中就蕴藏着丰富的心理学思想。早在两千多年前,春秋战国时期的孔子(公元前 551—479)就提出:"知之者不如好之者,好之者不如乐之者"(《论语·雍也》)、"学而时习之,不亦乐乎"(《论语·述而》)以及因材施教等诸多观点,涉及现代心理学中的情感心理、学习心理、人格心理等多个领域。战国时期的荀况(公元前 313—238)提出了"形具而神生,好恶,喜怒,哀乐臧焉"之说(《荀子·天论》),涉及现代心理学中的身心观。我国现存最早的医学经典《黄帝内经》里则已论及生理与心理的关系,开创了从生理的角度研究心理问题的先河,成为生理心理学的萌芽。真正认识到人脑是心理的物质基础的,是明清时代王清任(1768—1831)的"脑髓说"。他指出:"小儿无记性者,脑髓未满;高龄无论性者,脑髓渐空。"他还以气厥患者发病时不省人事、毫无知识的情况为论据,得出了"灵机记忆在脑不在心"的结论(《医林改错》)。从史料上看,我国古代也已有心理实验与测验的萌芽。孟子(公元前 372—289)在 2 000 多年前就提出了心理可测量的思想:"权,然后知轻重;度,然后知长短。物皆然,心为甚。"(《孟子·梁惠王上》)三国时代,诸葛亮(181—234)更是运用现代心理学中类似于自然实验法的手段来鉴定人的心理,并提出了知人性的七种方法:"问之以是非而观其志;穷之以辞辩而观其变;咨之以计谋而观其识;告之以祸难而观其勇;醉之以酒而观其性;临之以利而观其廉;期之以事而观其信。"(《心书》)这其实就是通过"刺激—反应"的模式来测量人的心理品质。南朝时期,刘勰(456—520)以其设计的"左手画方,右手画圆,两手同时进行"的注意分心实验得出了"一心不能二用"的结论。这比西方的分心实验要早1 300多年。而我国古代的七巧板,实际上就是民间用以测量智慧的工具——益智图。

孔子(公元前551—公元前479)

名丘,字仲尼,春秋时期鲁国人,是我国古代伟大的思想家和教育家,儒家学派创始人。他开创了私人讲学的先风,广收门徒,有"弟子三千贤者七十二"之说;并编撰了我国第一部编年体史书《春秋》。其教育思想主要有:因材施教、有教无类、学思结合、知行统一、启发诱导、循序渐进等。

在西方,在古希腊时代也早已开始出现心理学思想。那时候一般将灵魂界定为心理。被称为西方医学之父的希波克拉底(Hippocrates,公元前460—370)就曾提出脑是灵魂器官的观点,提出了后人发展为气质理论的人体所含四液的比例决定人的整个性质之说(《论人的本性》)。柏拉图(Plato,公元前427—347)提出了包括理智、情感和欲望这三种成分的"灵魂三部结构说",并认为理智在脑,情感在心脏,欲望在肝脏,人的行为皆出于这三个来源。他的学生亚里士多德(Aristotle,公元前384—330)则写有心理学著作《论灵魂》,也是世界上最早的关于人类心理方面的专著。他提出了是心脏而不是脑为灵魂器官的观点,认为灵魂是由知和情两种成分组成,并把灵魂功能分为认识功能(感觉和思维)和欲望功能(欲望、情感和意志)。这些都为之后心理发生于脑还是心脏、心理结构是三分还是二分等基本问题的长期争论开启了历史的先河。

柏拉图(Plato,427—347 B.C.)

古希腊时代的大哲学家、政治家和教育家,是哲学心理学思想中观念论和理性主义思想的远祖,也是对以后两千多年来心理学思想发展影响最大的人物之一。其一生著述颇丰,其教学思想主要集中在《理想国》和《法律篇》中。

亚里士多德(Aristotle，384—322 B.C.)

古希腊时代的大哲学家、科学家和教育家，是柏拉图嫡传弟子，是哲学心理学思想中实在论和经验主义思想的远祖，也是影响以后两千年来心理学思想的重要人物之一。公元前335年，他在雅典办了一所叫吕克昂的学校，被称为逍遥学派。马克思曾称亚里士多德是古希腊哲学家中最博学的人物，恩格斯称他是古代的黑格尔。其著作《论灵魂》是世界上最早的心理学专著。

自那时起，直至19世纪中叶，无论在东方还是在西方，都有许多学者论及心理学问题，其中不乏诸多真知灼见。但在这漫长的岁月中，心理学始终隶属于哲学范畴而无独立的地位，是哲学家、思想家运用思辨的方法进行研究的领域。难怪心理学最早的一份杂志取名为《哲学研究》，以致时至今日在图书馆编目体系中，心理学仍属哲学范畴，其编号为B大类（哲学类）中的第84分类。

二、科学心理学时期

作为一门科学的科学史，心理学历史十分短暂。19世纪中叶以后，自然科学的迅猛发展，尤其是德国感官神经生理学的发展，为心理学成为独立的科学提供了重要条件。这方面做出最直接贡献的是：韦伯(Weber)的感觉辨别定律、缪勒(Muller)的神经特殊能学说、赫尔姆霍茨(Helmhotz)的视觉"三色说"和听觉"共鸣说"、费希纳(Fechner)的心理物理学定律等。1879年，德国生理学家冯特(Wundt)在德国莱比锡大学建立世界上第一个专门的心理学实验室，运用自然科学的方法对感觉、知觉、注意、联想和情感开展系统的实验研究，创办了刊登心理学实验成果的《哲学研究》杂志，出版了第一部心理学专著《生理心理学纲要》(1873—1874)。于是，1879年被称为科学心理学的诞生年，冯特也被视为科学心理学的创始人，从此心理学从哲学中分化出来，成为一门独立的科学，开始了蓬勃发展的历程。

冯特（Wilhelm Maximilian Wundt，1832—1920）

德国生物学家和心理学家，是科学心理学的创始人，也是心理学学派中结构主义思想的创始人。1881 年创办了《哲学研究》杂志，专门用于发表心理学的实验报告。他的主要贡献是使心理学从哲学中分化出来，成为一门以实验为基础的独立科学。1909年当选为国家科学院院士。主要著作有《对感官知觉理论的贡献》《关于人类和动物灵魂的讲演录》《生理心理学原理》《心理学大纲》《心理学导论》《民族心理学》等，其中《生理心理学原理》是冯特实验心理学思想成熟的标志。

科学心理学虽只有短短一百多年的历史，但由于社会的需要而获得了飞速的发展。当初从事心理学研究的人员只局限于德国、英国、奥地利等几个国家的极少数心理学家，但到 1980 年出版《国际心理学家名录》时，就收录有来自当代100 多个国家的 10 000 名有名望的心理学家。有关心理学及相关学科的期刊在世界上已达 1 300 份，每年发表 30 000 篇心理学文献。在美国，心理学会成为仅次于物理学会的全国第二大学会，被视为科学的七大部类之一（美国把科学分为七大部类：物理化学科学、数学科学、环境科学、技术科学、生命科学、社会经济学和心理学）。全美 3 000 所大学几乎都开设心理学课，主修和选修心理学的人数超过 300 万。

在我国，作为一门独立的科学，心理学的出现是清朝末年西方近代科学被大量介绍到我国之后的事。1917 年陈大齐教授在北京大学建立我国第一个心理学实验室，1920 年陆志韦教授在南京高等师范学校创办第一个心理学系，1921年在南京成立"中华心理学会"，1922 年出版第一份心理学杂志，1928 年创立第一个心理研究所。新中国诞生以后，1951 年成立了中国科学院心理研究室，1974 年恢复中国科学院心理研究所。1955 年成立了中国心理学会，并从 1963年起每隔几年举行全国心理学学术大会，现已先后举行了 16 届。中国心理学会下属教育心理、发展心理、普通心理与实验心理、理论心理与心理学史、工业心理、医学心理、生理心理、心理测量、法制心理、学校心理、体育运动心理、社会心理、临床与咨询心理、军事心理和人格心理等 15 个专业委员会和学术、国际学术交流、心理学普及、心理学教学、心理危机干预、青年工作、心理学标准与服务、心理学出版等 8 个工作委员会，以及《心理学报》和《心理科学》两个编辑部，并且还在不断地扩展之中。1980 年中国心理学会加入国际心理科学联合会，成为第 44 个会员国，1984 年被选为国际心理学联合会执委会。我国现已有包括

《心理学报》、《心理科学》、《心理发展与教育》、《心理科学进展》、《心理与行为研究》、《应用心理学》、《心理学探新》、《心理研究》、《中国临床心理学杂志》、《中国心理卫生杂志》、《社会心理研究》、《心理教育》、《中国社会心理学评论》等 10 多种专业刊物。2000 年，心理学被国务院学位委员会确定为国家一级学科，大大促进了各高等院校和研究机构对该学科建设的力度。现在在所有师范大学、高等师范专科学校、中等师范专科学校和一些综合性大学开设各种心理学课程，在一些重点师范大学和一些重点综合性大学设立心理系。1981年全国只有 4 个心理学系，截至 2013 年已有近 10 个心理学院、250 多个心理学系和 359 个心理学专业在培养着心理学本科生、硕士生和博士生。2009 年中国心理学会认定了我国首批 53 名心理学家。我国的心理学正在为培养一流专家和提高全民心理素质、为两个文明建设做出积极贡献。

知识视界 1-6　我国首批认定的心理学家

2009 年 10 月 16 日上午，中国心理学会在人民大会堂北京厅举行"中国心理学会首批心理学家发布会"，正式宣布了中国心理学会评定的第一批共 53 名心理学家。名单如下（按姓氏笔画排序）：

万云英	王启康	王重鸣	王登峰	车文博	方富熹	叶浩生	卢家楣
申继亮	乐国安	匡培梓	朱滢	朱祖祥	朱曼殊	刘华山	许政援
苏彦婕	李心天	李伯黍	李其维	杨玉芳	杨丽珠	杨治良	杨鑫辉
沈模卫	沈德立	张侃	张述祖	张厚粲	陈永明	邵郊	林仲贤
林崇德	欧阳仑	罗大华	金盛华	周谦	孟昭兰	赵莉如	郝德元
莫雷	徐联仓	凌文辁	黄希庭	龚耀先	彭聃龄	董奇	傅小兰
舒华	游旭群	管林初	缪小春	燕国材			

三、当代心理学研究取向

反映心理学发展的另一个重要侧面是各学派的出现和演进。心理学成为一门独立的科学后，围绕着心理学的对象、任务、方法展开了争论，出现学派林立、理论纷呈的局面，先后出现了十大理论学派：内容心理学、意动心理学、构造心理学、机能心理学、格式塔心理学、日内瓦学派、精神分析学派、行为主义学派、人本主义心理学和认知心理学。嗣后，人们逐渐认识到："未必可能有哪一种观点或理论能包容人类行为的全部丰富性与复杂性"（Chaplin, Krawice, 1979）。因此，从 20 世纪 50 年代开始，心理学发展的特点已不是各派对立的格局，而是演变为各派趋于融合的态势，出现了不再刻意"寻求单一、统一的解释"，而试图建立"小型理论"的局面。这也是心理学趋向成熟的标志之一。迄今在世界上已存在精神分析心理学、行为主义心理学、人本主义心理学、认知主义心理学和生理心理学等几个主要的流派和思潮,构成了当代心理学影响较大的五个主要研究取向。

1. 精神分析心理学

弗洛伊德(Sigmund Freud,1856—1939)

20世纪奥地利心理学家和精神病学家,是精神分析学派的创始人。他一生中对心理学的最重大贡献是对人类无意识过程的揭示,提出了人格结构理论、人类的性本能理论以及心理防御机制理论。其主要著作有:《精神分析引论》、《歇斯底里研究》、《梦的解释》、《性欲三论》、《论无意识》、《自我与本我》、《焦虑问题》、《自我和防御机制》、《日常生活的心理病理学》等。

精神分析心理学(psychoanalysis psychology)是由奥地利精神病学家弗洛伊德于20世纪初在精神疾病的治疗实践中创立的一种独特的心理学理论。这一理论体系主要包括无意识论、泛性论和人格论等。该理论认为人的心理可分为无意识(unconsciousness)、意识(consciousness)和前意识(preconsciousness)三部分。无意识(也叫潜意识)虽不能为本人所意识,但它包括原始的盲目冲动、本能及被压抑的欲望,是人精神生活的重要方面,它一旦发生障碍则成为导致精神疾患的原因。意识是可以直接感知到的外显的心理部分,十分有限,犹如海面上的冰山一角。前意识是介于意识与无意识之间的部分,其内容随时可能被召回到意识层,其中的经验经过回忆是可以记起来的(见图1-2)。前意识与意识之间虽有界限,但前意识中的内容与意识中的内容相互转换非常容易,而无意识中的东西要进入意识,则非常困难,因为前意识担当着"看守人"或"检查官"的作用,严防无意识中的东西进入意识领域。

该理论还认为,人一生的行为都带有性的色彩,受"力比多"性能的支配,并随力比多在个体发展过程中集中于身体某一区位的变动而先后出现口腔期、肛门期、性器期和生殖期,形成四个发展阶段。他认为人格由本我(id)、自我(ego)和超我(superego)三部分组成。本我与生俱来,即先天本能和原始欲望,遵循唯乐原则行事;自我处于本我和超我之间,代表理性和机智,具有防卫和中介职能,遵循现实原则行事,充当仲裁者,监督本我的动静,给予适当满足和调节;超我是"道德化了的自我",代表良心、社会准则和自我理想,是人格的高层领导,遵循道德原则行事,以指导自我去限制本我(见图1-3)。弗洛伊德认为,只有三个"我"

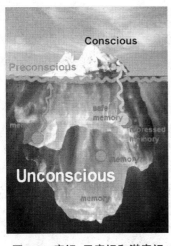

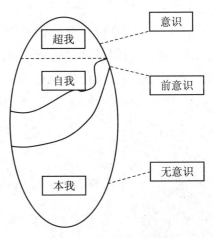

图 1-2　意识、无意识和潜意识　　　　图 1-3　本我、自我和超我

和睦相处,保持平衡,人才会健康发展;若三者发生冲突,内心会痛苦,严重了,就可能导致精神疾病。

　　弗洛伊德的精神分析学说虽也遭到不少人的反对,但在全世界有深远影响,尤其是在精神治疗、文学艺术、宗教、法律等领域中。以后发展起来的新精神分析学派(neo-psychoanalysis)修正了弗洛伊德的理论,反对本能说和泛性论,强调社会文化因素对精神疾病的产生和人格发展的影响。

　　2. 行为主义心理学

　　行为主义心理学(behaviorism psychology)是由美国心理学家华生于 20 世纪初创立的一个西方心理学的主要流派。

华生(John Broadus Watson,1878—1958)

　　美国著名的心理学家,行为主义心理学的创始人。他认为心理学的研究对象不是心理或意识,而是人和动物的行为,反对使用内省法,主张采用客观方法,否认行为的遗传和本能作用,是教育万能论、环境决定论的倡导者。华生在使心理学研究客观化方面发挥了巨大的作用,1915 年当选为美国心理学会主席。其主要著作有:《行为:比较心理学导论》《行为主义的心理学》《行为主义》《婴幼儿的心理教养》《行为主义的方法》等。

　　行为主义心理学的发展经历了两个时期:早期行为主义时期(1913—1930)和新行为主义时期(1930 年以后)。早期行为主义完全排斥对人的心理和意识进行内省研究,主张心理学应对环境操纵与人的行为变化之间的关系进行客观研究,并把心理现象过度地简化为刺激-反应模式,即 S-R 模式。由于行为主义强调研究的客观性,使一套行为控制的方法得到发展,促进了心理学研究的精确性和实证性,在心理学许多领域中得到广泛应用。但它因无视有机体内部过程而走向了极端,到 20 世纪 30 年代后逐渐为新行为主义所取代。新行为主义者修正了 S-R 模式,在 S-R 之间增加了一个中介变量 O,代表反应的内部过程,形成 S-O-R 模式。

  3. 人本主义心理学

马斯洛(Abraham Harold Maslow,1908—1970)
  美国社会心理学家、比较心理学家,人本主义心理学(Humanistic Psychology)的主要创建者之一,心理学第三势力的领导人。具体言之,马斯洛心理学思想最大贡献在于提出了需求层次论等。其主要著作有:《动机与人格》、《存在心理学探索》、《宗教、价值与高峰体验》、《优美心灵的管理》、《科学心理学》、《人性能达到的境界》等。

罗杰斯(Carl Ransom Rogers,1902—1987)
  美国心理学家,人本主义心理学的主要代表人物之一,从事心理咨询和治疗的实践与研究,并因"以来访者为中心"的心理治疗方法而驰名。他曾当选为美国心理学会主席,获美国心理学会颁发的杰出科学贡献奖。其主要著作有:《咨询和心理治疗:新近的概念和实践》、《来访者中心治疗:实践、运用和理论》、《自由学习》等。

  人本主义心理学(humanistic psychology)是由美国心理学家马斯洛和罗杰斯于 20 世纪 50 年代所创建的一个心理学流派。它既反对精神分析学派贬低人性、把意识经验还原为基本驱力,又反对行为主义把意识看作行为的副现象,主张研究人的价值和潜能的发展,被称为心理学的第三势力。人本主义心理学强调,人在充分发展自我潜力时,力争满足自我的各种需要,从而建立完善的自我,并追求建立理想的自我,最终达到自我实现。人在争得需要满足的过程中能产生人性的内在幸福感和丰富感,给人以最大的喜悦,这种感受本身就是对人的最高奖赏。从探讨人的最高追求和人的价值的角度看,心理学应当改变对一般人或病态人的研究,而成为研究"健康"人的心理学,揭示发挥人的创造性动机、展现人的潜能的途径。人本主义方法论不排除传统的科学方法,而是扩大科学研究的范围,以解决过去一直排除在心理学研究范围之外的人类信念和价值问题。

人本主义心理学是一门尚处在发展中的学说,其理论体系还不完备,但却可能代表着心理学发展的一个新方向。

4. 认知心理学

认知心理学(cognitive psychology)是 20 世纪 60 年代在西方兴起的一个心理学思潮。1967 年,美国认知心理学家奈瑟尔(Neisser)的著作《认知心理学》一书出版,标志着认知心理学的开始,并成为当前心理学研究的主要方向。从广义上说,心理学中凡侧重研究人的认识过程的学派都可称为认知心理学派,如皮亚杰学派也被认为属于认知心理学。但目前在西方的有关文献中大多数用来指狭义的认知心理学——用信息加工的观点研究人的认知过程的科学,因而也叫认知加工心理学。确切地说,它研究人接受、编码、操作、提取和利用知识的过程,即感知觉、记忆、表象、思维、言语等。它强调人已有的认知结构对当前认知活动的决定作用,并且通过计算机和人脑之间进行类比,像研究计算机程序的作用那样在较为抽象的水平上研究人的信息加工的各个阶段特点,以揭示人脑高级心理活动规律。因此,把关于人的认知过程的一些设想编制成计算机程序,在计算机上进行实验验证的计算机模拟,也就成为认知心理学的一个重要研究方法。

学术前沿 1-1　认知神经心理学

认知神经心理学(cognitive neuropsychology)是近年来兴起的一门交叉学科,属于心理学、认知科学、神经科学的交叉领域。认知神经心理学是认知心理学的分支,它是在传统的认知心理学和神经心理学的基础上逐渐发展起来的。80 年代中期以前,神经心理学主要沿着临床医学和心理学的道路迈进;80 年代以来,神经心理学在吸收了认知心理学的精细实验方法和理论概念之后,开始逐渐沿着认知神经心理学的方向发展。因此认知神经心理学脱离了临床医学的轨道,转入了认知心理学和神经科学的家族。近年来,认知神经心理学取得了诸多重大成果,受到越来越多研究者的重视,成为当代神经心理科学研究的前沿。认知神经心理学有自己的学术期刊——*Conitive Neuropsychology*。

认知神经科学的研究旨在阐明认知活动的脑机制,即人类大脑如何调用其各层次上的组件,包括分子、细胞、脑组织区和全脑去实现各种认知活动。传统神经科学的某些分支,例如神经心理学、心理生理学、生理心理学、神经生物学和行为药理学等,吸收了认知科学的理论和神经科学的新技术,逐渐形成了认知神经心理学、认知心理生理学、认知生理心理学、认知神经生物学和计算神经科学等认知神经科学的各个分支。自八十年代后期发端以来,认知神经科学的研究在短时间内取得了令人注目的进展,对传统认知心理学和发展心理学的理论建构和各内容领域的研究有着巨大影响。认知发展研究自然也不例外,由于认知发展心理学和发展神经科学对许多共同问题感兴趣,由此衍生出来的发展认知神经科学正得到越来越多人的关注,成为当前最热门的交叉研究领域之一。

认知神经科学采用的研究方法所包括的实验范式,来自心理物理学和认知心理学、功能性神经影像学、电生理学、神经系统。认知基因体学和行为遗传学的范式也越来越多见。临床研究精神科患者的认知功能缺损,构成认知神经科学的一个重要方面。主要的理论方法有(计算论的)神经科学及较为传统和具描述性的认知心理学理论,譬如心理统计学。

认知神经心理学和认知神经科学之间的区别在于:认知神经心理学是认知心理学的一个分支,研究的是心理过程(Mind)规律;认知神经科学是神经科学的分支,主要研究的是大脑本身(Brain)(特别关注与认知有关的大脑机制),两者是不同的但都很重要的研究领域,大部分相关领域的科学工作者会同时涉及这两个方面。

(Coltheart,2008)

5. 生理心理学

生理心理学(physiological psychology)是研究心理现象和行为产生的生理过程的心理学,又称行为神经科学(behavioral neuroscience)、行为脑科学(behavioraland brainsciences)等。由于心理现象是脑整体活动的产物,是脑对现实刺激和过去种种经验的反应,因此,生理心理学试图以脑内的生理事件来解释心理现象,探讨心理活动赖以发生的生理基础和脑的机制,成为心理学研究的重要组成部分。

对心理活动生理基础的研究由来已久,冯特就是该研究取向的创始人,撰写了该领域第一本专著《生理心理学纲要》。从解剖学、生理学角度的脑机能定位研究到心理活动的脑物质变化的生化研究、电生理研究,历经一百多年,近几十年更得到迅速发展。特别是随着电子学新技术的应用,不仅能在头皮上记录脑电,而且能够记录脑内单个神经元的活动。脑电相关事件电位技术、放射自显影技术、X分层扫描技术、正电子放射层扫描、核磁共振术和近红外光谱脑成像技术等的应用,使研究领域得到不断开拓。这一学科的发展促进了将行为水平的研究方法渗透到神经生物学微观领域,同时将神经生物学研究方法渗透到心理学领域。今天它已是一门综合性学科,与生理学、神经解剖学、神经生理学、生物化学、心理(或行为)药物学、神经病学、神经心理学、内分泌学以及行为遗传学等都有密切的联系，还出现了认知神经科学、教育神经科学、社会神经科学等新兴研究领域，成为生理心理学新的发展取向。

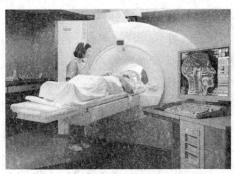
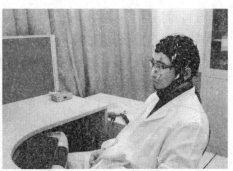

图1-4　运用核磁共振技术研究心理　　图1-5　运用事件相关脑电技术研究心理

学术前沿1-2　心理学研究的新方向

在20世纪的大多数时间，心理学被划分成几个彼此竞争的理论流派。跨越不同流派的界限被视作异端。今天，心理学家们在考虑新研究方法的价值以及整合不同流派的元素作为他们研究兴趣和研究发现的指导原则时更加灵活，而新的理论和思想发端也在不断涌现。

1. 进化心理学

进化心理学认为心理学是生物学的一个分支。它从进化论的角度出发，运用进化生物学的原理和方法来探讨人类心灵的结构和起源。进化心理学关心心灵产生和发展的历史。进化心理学认为人的心理特性与身体特性一样经过漫长的进化历程，那些具有适应功能的特性就得以保留，反过来，那些保留下来的心理与行为特性就是具有适应功能的。适应的特性通过基因保留下来，但进化心理学并不是直接去寻找基因的生化物质证据。进化心理学家认为，人类祖先在漫长的进化过程中，为了适应复杂的生存环境，已经形成了形态各异的神经环路。从心理学的角度来看，这些神经环路表现为各种心理机制。这些心理机制因为有助于人类祖先适应复杂多变的自然环境，因而在进化的过程中被保留下来。进化心理学的主要任务就是去发现、描绘和解释这些心理机制及其特性。

2. 积极心理学

另一个正在形成的观点就是积极心理学，这一观点认为心理学应该将更多的注意力放在"良好的生活"方面，或者是针对主观快乐和幸福感受的研究。它强调对心理生活中积极因素的研究,如主观幸福感、美德、力量等,而不是把注意的中心放在消极、障碍、病态心理方面的探讨。它的研究主要包括三方面:一是积极的情感体验,如幸福感、满足感、幽默、愉悦、欢乐、希望、好奇心、谦虚、审慎等,利用各种现有的方法探讨这些积极情感体验的机制和影响;二是积极的人格特征和人格品质,如自尊、创造、努力、宽恕、勇敢、坚持、热情、善良、爱、正直、领导能力、合作能力、自制、感恩、虔诚等,探讨这些特征和品质的形成过程;三是积极的社会制度系统,如积极的工作制度怎样促进和谐的工作环境、积极的家庭关系怎样促进个人的成长等。

积极心理学质疑心理学家学习大量关于心理疾病的病因、诊断和治疗的内容,而对心理幸福感的来源和培养却知之甚少。在近几十年来,心理学家在探索抑郁症、精神分裂症和其他精神疾病的神经学基础上取得了巨大进步。今天的积极心理学家们并不要求心理学放弃其作为治疗科学的角色。相反,他们支持心理学家努力将所学付诸更好的、更广泛的应用。但要就此认为心理学已经达到了将建构积极生活质量和修复损伤放在同样重要程度的水平,他们是不同意的。

(莫里斯,梅斯托,2007;霍涌泉,2006;郭永玉,2007)

第三节　科学的心理观

人的心理现象的实质究竟是什么? 人们在其漫长的岁月里,出于对自身的了解和探究自身精神现象的兴趣,一直在苦苦地寻求着这一问题的答案。这中间充满着唯物主义和唯心主义、辩证唯物论和机械唯物论之间的斗争。最早的时候,人们把心理现象和灵魂现象联系起来,把心理视为灵魂。因此英语中"心理学"一词 Psychology 源于希腊语,意为"关于灵魂的学科"。而心理现象发生的物质基础,也往往被认为同人的内脏,尤其是心脏有关,所以在我国汉字中凡是反映心理现象的字词大多包含"心"字部分:"思"、"想"、"悲"、"恋"、"愁"、"怒"、"怨"、"恐"、"虑"等字中含"心"字底;"情"、"愉"、"悦"、"恨"、"忧"、"怕"、"惧"、"慎"等字中含"心"字旁;"粗心"、"细心"、"耐心"、"狠心"、"恒心"、"爱心"、"烦心"、"急心"、"信心"、"决心"等词中内含"心"字。其实,这一问题也涉及哲学中的一个基本问题:物质和精神谁是第一性的? 因此,树立一个科学的心理观十分重要,这不仅有助于树立辩证唯物主义思想,而且更有利于我们对一系列心理学问题以及心理学在教育和自我教育中的运用问题进行正确理解。那么科学的心理观是什么呢?

概括地说,心理是在实践活动中脑对客观现实的主观反映。为了对这一科学心理观的概括表述有更深入的认识,我们从以下几个方面作进一步论述。

一、心理是对物质世界的反映形式

说起"心理",人们不免产生一定的神秘感。其实,心理并不神秘,它只是物质世界中普遍存在的各种各样反映形式中的一种高级的反映形式而已。**反映**(reflection)是指物质相互作用时留下痕迹的过程。由于物质世界中物质性质及其运动形式有低级和高级之分,因此,反映也有不同的层次。无机物质相互作用留下痕迹的过程,是最低级水平的反映形式,称为**反应**(reaction)。例如,金刚石在玻璃上刻痕、电流流过钨丝发光、铁在水里生锈等都是各种机械的、物理的、化学的反映形式。随着生命物质的出现,一种较高级的反映形式——**感应性**(irritability)出现了。感应性是生命物质对其有生物学意义的刺激所做出的一种应答。例如,植物的花朝向阳光的方向开放;植物的根朝水源的方向延伸;单细胞动物变形虫遇到营养物质的趋向性和遇到有害刺激的趋避性等都是感应性的表现。随着物质世界的不断变化,动物由低级向高级发展,当动物种系演进到一定的阶段,出现了协调动物机体各部分活动的神经组织的时候,动物不仅对那些具有直接生物学意义的刺激做出应答,而且还能对有信号意义的刺激做出应答。例如,猛兽的吼叫对于小动物是危险的信号,引起逃避行为;花朵的形状对于蜜蜂是食物的信号,引起采蜜行为;雄性动物的某种气味对雌性动物是求偶的信号,引起交配行为等。当动物神经系统发展到能在信号和信号所代表的刺激物之间建立暂时神经联系时,我们说动物具有了更高级的反映形式——**心理**(mind)。所以,动物对信号刺激的应答都属于心理这一反映形式范畴。

当然,从有神经组织的低等动物到有大脑组织的高等动物,直到大脑高度发达的人类,其心理也有不同的水平,一般可分为四个发展阶段:

1. 感觉阶段

这是心理发展的最低级阶段。它最基本的特点是动物能够对信号刺激物的个别属性做出反映。也就是说,属于这一阶段的低等动物,由于其神经组织尚不发达,一般只具有网状结构的神经系统或节状结构的最简单的中枢神经系统,因此不能对信号刺激物的整体做出应答,只能对个别属性做出反应。例如,蜘蛛织网捕食,它并不能对粘在网上的小昆虫进行整体辨别,只能对个别属性——振动产生捕食行为,以至于当振动着的音叉接触蜘蛛网引起该网振动时,也会引发蜘蛛的捕食行为。

2. 知觉阶段

这是比感觉阶段高一级的心理发展阶段。它的基本特点是动物能够将信号刺激物的各种属性综合起来以整体形式进行反映。这类动物一般是脊椎动物,神经系统比较发达,出现了能真正成为有机体一切活动最高调节者和指挥者的脑。有的动物的大脑已经发展成为两半球,出现大脑皮层。因此,这类动物能够对刺激物做出整体而较精细的反映。例如,蛇在捕食时会根据不同的对象采取不同的行为方式:在猎取抵抗能力较弱的小动物时,采取不慌不忙稳步迫近的方式,而在对付较强大的动物时,则采取突然袭击猛捕对象的方式。像狗之类的哺乳动物则达到很高的整体反映水平。

3. 思维萌芽阶段

这是心理发展的较高级阶段。这一阶段的基本特点是动物能从已感知的事物之间的具体关系中去解决问题,具有初步的思维活动的能力。例如,类人猿的神经系统已达到相当发达程度,尤其是它的大脑,从外形到细微结构乃至机制都已接近人脑,其中猩猩和大猩猩的脑重分别约为 400 克和 540 克,几乎是正常人脑的三分之一。难怪科学家在一些实验中会有许多有关黑猩猩"聪明智慧"的惊人发现。在一项实验中,研究人员在一间空房间的铁栏杆外面放着一串香蕉,大猩猩伸直前臂无论怎么抓也拿不到香蕉,急得抓耳挠腮。大猩猩环视四周,发现香蕉旁边放着一长一短两根棍子。大猩猩用短棍去拨香蕉,失败了。大猩猩急得又是摔棍子,又是撞栏杆。后来,经过多次观察,大猩猩忽然拾起短棒,用短棒再连结长棒,终于拿到了香蕉(见图 1-6 A)。在另一项实验中,研究人员在房间中央的天花板上吊着一串香蕉,四周放了一些箱子。大猩猩伸长前臂去拿香蕉,可无论怎样蹦跳却始终够不到。于是它不再跳,而是走来走去。突然它站在箱子前面不动了,过一会儿,它很快把箱子挪到香蕉下面,爬上箱子,却还是够不着。它又搬来一只箱子,放在第一只的上面,然后爬上去再拿香蕉,这一回成功了(见图 1-6 B)。从这两

A   B

图 1-6 猩猩具有思维的萌芽

28

个实验可以明显地看到其猩猩通过思维解决问题的情况,为其他动物所不及。

4. 意识阶段

这是心理发展的最高阶段,只有当动物进化到人类之后才出现。它的基本特点是人能主观能动地反映客观世界。这与人的实践活动和高度发达的大脑有着直接的关系。

总之,心理是脑对客观现实的反映,而人的心理是物质世界中最高级的反映形式。

二、心理是脑的机能

在前面论述中我们可以知道:心理作为一种高级的反映形式,其出现是与物质的进化,尤其是与生物机体的神经系统的发展分不开的。确切地说,人的心理是由"叫做人脑的这样一块特别复杂的物质"①与周围世界的相互作用而产生的。而这种留下痕迹的机理恰是人脑所特有的机能性表现。因此,可以径直地说,心理是脑的机能。

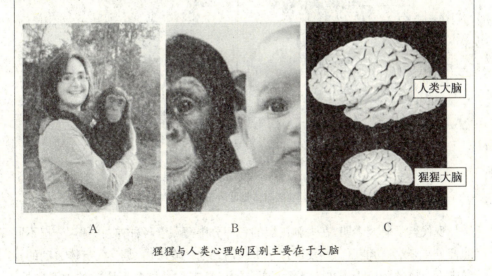

学术前沿 1-3 人的心理意识是人脑所特有的机能

30 年代凯洛格夫妇(Kellogg,1933)把一只出生 7 个半月的雌猩猩和他们的 9 个半月的儿子一起进行抚养,给予同样的训练。头 5 个月,黑猩猩学习对口语刺激的行为反应比小儿进步还快;可是在学习语言方面,黑猩猩就无法跟上小儿,无论怎样训练,黑猩猩都不可能产生人的心理。可见人脑是人的心理活动器官,没有人脑这块物质基础,人的心理活动就不可能产生,见下图。

人类大脑

猩猩大脑

A B C

猩猩与人类心理的区别主要在于大脑

① 列宁:《唯物主义与经验批判主义》,《列宁选集》第二卷,人民出版社 1972 年版,第 232 页。

1. 脑机能的物质基础——人脑的结构

这里概述脑的结构,其实也就是概述以大脑为主的整个神经系统的基本结构。人的神经系统包括中枢神经系统和周围神经系统两大部分。

中枢神经系统包括脑和脊髓两部分。脑由脑干、小脑和大脑三部分组成。其中脑干又分延脑、脑桥、中脑和间脑四个部分。而大脑则由对称的左右两个半球所组成。大脑两半球属脑的最高层部分,也是人脑中最复杂、最重要的部分,制约着其他各部分的活动。分隔左右两半球的深沟称为纵裂,纵裂底部是胼胝体,连接两半球,大脑半球外侧面,由顶端起与纵裂垂直的沟称为中央沟。在半球外侧面由前下方向后上方斜行的沟称为外侧裂。在半球内侧面的后部有顶枕裂。大约由 140 亿个神经细胞组成、面积约为 2 200 平方厘米的大脑表层或叫大脑皮层,被上述的中央沟、外侧裂和顶枕裂分成四个大区:额叶、顶叶、枕叶和颞叶(见图 1-8 下半部分)。

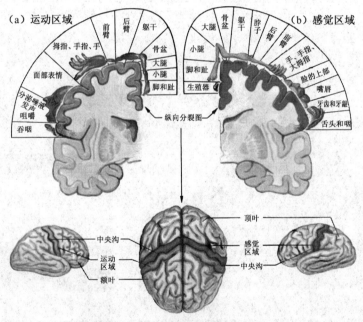

图 1-7　运动区与体觉区所管制的相关部位

现代科学研究表明,在大脑皮层的各部分中蕴藏着各种神经中枢,分担不同的任务,形成各功能区。运动区位于中央沟之前的皮层内,是支配身体运动的神经中枢。体觉区位于中央沟之后的皮层内,是支配身体各种感觉的神经中枢。视觉区位于枕叶,交叉支配左右两眼的视觉。听觉区位于颞叶,支配两耳的听觉。言语区包括四个部分:说话区在额叶,书写区在额叶后部的运动区的前面,听话区在颞叶,阅读区在枕叶的前侧。前额联合区位于额叶的最前端,在人形成意向、运筹规划、调节和监督自己行动使之与目的、计划相适应的有意识活动中起决定性的作用。感觉联合区分散在各主要感觉区附近(如视觉区、听觉区等),主要与各感觉刺激意义的学习、学得经验的储存以及唤起经验赋予各感觉刺激的意义有关。运动联合区位于运动区前面,与运动的意义性有关。

最后要指出,一方面大脑两半球是对称的,每一半球上都分别有各运动区、体觉区、视觉区、听觉区、联合区等,另一方面大脑两半球又有功能上的相对划分:左半球支配右半身,右半球支配左半身;同时每一半球的纵面,在功能上也有层次之分:上层支配下肢,中层支配躯干,下层支配头部,形成上下倒置左右交叉的奇妙构造(见图1-6上半部分)。

周围神经系统由脑神经、脊神经和植物性神经组成。它实现中枢神经系统同感觉器官和效应器官的联系。连接感受器与中枢部位的神经叫传入神经或感觉神经,专门接收各种感觉刺激并向中枢传导。连接中枢部分与效应器的神经叫传出神经或运动神经,专门接收中枢神经冲动信息并向有关的效应器(肌肉或腺体)传递。植物性神经又叫自主神经,一般不受人的意志控制,它又分交感神经和副交感神经,以颉颃方式调节内脏、心血管和腺体的活动。

2. 脑机能的集中表现——反射活动

以脑为核心的中枢神经系统和周围神经系统的基本活动方式就是反射。反射是有机体通过神经系统实现的对内外环境刺激做出的规律性的反应。实现反射的全部神经结构叫作反射弧(reflex arc)。它由感受器、传入神经、神经中枢、传出神经和效应器五个部分组成(见图1-9)。各部分之间不仅有正向的信息传递,还有逆向的信息反馈,形成信息传递的环形回路,故又称反射环。

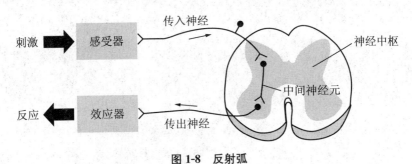

图1-8 反射弧

人的一切心理活动按其产生方式而言,都是脑的反射活动。反射分无条件反射(unconditioned reflex)和条件反射(conditioned reflex)两大类。无条件反射是与生俱有、不学而能的反射。如吮吸反射、抓握反射、定向反射等。复杂的无条件反射就叫本能,食物、防御和性是人类的三大本能。条件反射是后天获得的,在无条件反射的基础上形成的。它的形成过程就是在大脑皮层上建立暂时神经联系的过程。人类心理活动主要是与后天获得的大量条件反射相联系的。确切地说,就条件反射所建立的暂时神经联系的过程而言,它是生理现象,而就其所揭示的刺激物意义的信号作用而言,则是心理现象。

对条件反射的实验研究,出现了两种著名的条件反射理论。俄国生理学家巴甫洛夫(Павлов)提出的是被称为经典性的条件反射理论。在他的实验中,条件反射是这样形成的:先给被缚在实验台上的狗喂食,它便分泌大量唾液。这是食物——无条件刺激引起的无条件反射;而让狗只是听见铃声——无关刺激物,没有食物,它并不分泌唾液,因为铃声对它来说尚无饮食上的意义。接着,把食物与铃声结合起来,先响铃,后给食,狗分泌唾液。这一过程重复多次后,只要铃声一响,尚未出现食物,狗就开始分泌唾液。直至最后,即便食物不出现,单独发出铃声,狗也会分泌唾液。原先的无关刺激物——铃声便成了食物的信号,成为条件刺激物了。这时可以说条件反射形成了(图1-10)。在经典性条件反射中,有机体在无条件刺激物(食物)与原先的无关刺激物(铃声)之间建立暂时神经联系,从而使有机体可以进而认识事物之间的联系。美国心理学家斯金纳(Skinner)提出的是被称为操作性的条件反射理论。在他的实验中,条件反射是这样形成的:让白鼠在箱子里自由活动,偶然碰到设在箱子里的装置——杠杆,便有一食物滚入箱内。这种现象经过多次发生,白鼠就会主动通过碰杠杆来获取食物。这时条件反射形成了(见图1-11)。在操作性条件反射中,有机体在无条件刺激物(食物)与原先偶然反应(碰杠杆)之间建立暂时神经联系,从而使有机体可以认识自己的行为与事物之间的联系。经典性条件反射和操作性条件反射的基本原理是一致的,都是建立在无条件反射的基础上的,条件反射建立之后都必须用无条件刺

图1-9 经典性条件反射实验示意图

激物加以强化才能巩固,若不强化,条件反射便会逐渐消退。而二者的主要区别在于:经典性条件反射是通过训练将无条件刺激与条件刺激联系起来建立条件反射;操作性条件反射是通过训练将奖赏与"随意"反应联系起来建立条件反射的。

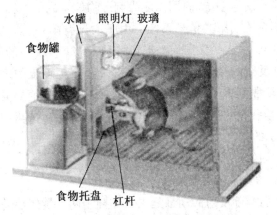

图 1-10　操作性条件反射实验示意图

知识视界 1-7　动物保护中的条件反射原理

在美国西部,羊群经常受到野狼的侵袭,而通常的解决方法就是捕杀野狼。研究者建议应用条件反射原理使羊与狼都免于灾难。通过使狼形成味觉厌恶性条件反射,可以使狼不再袭击羊群。研究者在羊肉中放入致吐的药物氯化锂,狼吞食这些食物后,不久即产生呕吐。这样,狼就对羊肉产生味觉反感,建立了羊肉与呕吐之间的条件反射联系,不再吃羊肉,从而达到保护羊群的目的。研究者曾对 7 只野狼进行过该实验,每只狼只给予一种类型的动物肉(兔肉或羊肉)。实验只需一两次即可建立味觉反感条件反射,但这种味觉反感只对导致呕吐的动物肉形成条件反射,对其他类型的动物肉没有产生味觉厌恶反应。为了保护羊群,研究者建议在野狼出没的地方撒放一些放了致吐药的羊肉或闻起来像羊肉味的食物。研究还发现,这种味觉反感还可以通过母狼传给狼崽。研究者还建议,通过应用相同的原理,将味觉反感转换为味觉偏好,可以使动物不过分依赖于某一种食物,而食用其他类型的、但过去很少吃的食物,这样也有助于保护濒临灭绝的物种。

在动物园中,条件反射可以帮助管理人员和实验室的工作人员,使动物的管理更安全、更方便。一些典型的训练例子有:让动物能够平静地从它们自己的大笼子里出来,进入小笼子里去,或者安静地接受注射等。

(张厚粲,2001)

人和动物的脑都能形成条件反射,但动物只能使物体、声音、光线、气味等具体事物或事物的具体属性成为刺激物的信号,而人则进而逐渐使语言成为刺激物的信号。这种用以成为刺激物信号的具体事物称为第一信号,由此形成的条件反射系统叫第一信号系统,而用以成为刺激物信号的语言称为第二信号,由此形成的条件反射系统叫第二信号系统。由于人具有第一、第二两类信号系统协同活动的大脑机制,大大扩大了人类形成各种各样条件反射的可能性,并且在已建立的一级条件反射的基础上建立二级、三级甚至更多级的条件反射。还要提出的是,在人类日常生活条件下,刺激物往往不是孤立地而是同时或相继地作用于大脑,成为刺激系统。刺激系统反复作用的结果,会形成巩固的暂时神经联系系统,这种巩固了的条件反射系统便叫作动力定型。它是人的许多行为习惯、技巧乃至性格形成的生理基础。

3. 脑机能的神经活动过程——兴奋和抑制

作为脑机能的全部反射活动都是兴奋和抑制两种神经活动过程规律性运动的结果。大脑皮质的基本神经过程是兴奋和抑制。兴奋过程表现为条件反射的建立和出现,即由条件刺激引起机体的积极反应。抑制过程表现为条件反射的抑制,即反应不出现或强度减弱。

神经活动的兴奋和抑制过程的规律主要是两条:扩散与集中、相互诱导。神经活动的扩散过程指的是大脑皮层的某部位产生的兴奋或抑制总是沿皮层向邻近部位传播开来。神经活动的集中过程指的是扩散开的神经过程又返回原发点上。神经活动的兴奋和抑制过程正表现为这种扩散和集中的结合。

相互诱导指的是,大脑皮层发生的兴奋和抑制过程是相互制约、相互影响的。由于刺激而使皮层某部位产生兴奋时,这个兴奋可使它的周围或同一部位产生或加强抑制,这种由兴奋导致抑制的产生或加强的过程叫负诱导。如当人专心于一事时,对其他刺激"视而不见,听而不闻",是由于大脑皮层中接受这些刺激的区域因负诱导作用而处于相对抑制状态。反之,由抑制导致兴奋的产生和加强的过程叫正诱导。如人在闭目时,可使声音听得更清楚,这是视觉中的抑制提高了听觉中的兴奋,即正诱导现象。正由于神经活动的兴奋和抑制的有规律的运动,大脑皮层才会形成暂时神经联系,以导致条件反射的形成。例如,食物引起大脑皮层某一部位的兴奋,铃声则引起皮层另一部位的兴奋。两处的兴奋都扩散,两个扩散波相碰后又集中,两边都向原发点集中。同时由于负诱导作用,使大脑皮层其他部位处于相对抑制状态,这样便形成这两个兴奋点之间的暂时神经联系。但如果由此建立的条件反射得不到强化也会导致抑制。这种抑制叫消退抑制,它是条件反射的被抑制,而不是条件反射的消失,只要以后重新得到强化,条件反射就会得到恢复。

三、客观现实是心理活动的源泉

心理是通过脑这一特殊的物质所实现的一种反映形式,而反映的对象则是客观现实,客观现实是人的心理活动内容的源泉,关于这一点,我们可以从正反两个方面加以论证。

1. 人的心理离不开客观现实

客观现实可分为自然性和社会性两大方面。人的各种心理活动,无论是低级的,还是高级的,其内容都受到这两方面客观现实的制约,并以各种形式反映客观现实。以感觉为例,我们之所以能产生对一定物理刺激的视觉或听觉,是因为作为客观现实存在的那个物理刺激以光和声的形式直接作用于感觉器官的缘故,它所反映的是这一现实的物理性特征。当我们对他人或与他人的人际关系进行知觉时,之所以产生有关的社会知觉,是因为作为客观现实存在的那一社会刺激作用的结果,它所反映的是这一客观现实的社会性特征。感知觉如此,高级的心理现象也不例外,甚至似乎是纯主观性的想象活动,其内容也同样以客观现实为基础,任何随心所欲的想象都摆脱不了客观现实的最终制约。《西游记》作者吴承恩的想象力十分丰富,小说创作似乎超越了时空,任凭想象驰骋。细细分析,作者无论是关于人物的塑造还是情节的描写,都受当时社会生产力和生产关系发展水平的限制,其稀奇古怪的创作构思中的内容都能在客观现实中找到依据,甚至猪八戒使用的兵器——七星钉耙的原型,也源于当时菜园里的农具,而非导弹之类的现代化武器,以提高镇妖降魔本领。

2. 离开客观现实便丧失人的心理

如果说客观现实确实是人的心理活动内容的源泉,那么可以反过来推论,一旦失去了这个源泉,人的心理活动内容也将因此而丧失。当然,人不可以完全与客观现实分离,但由于种种原因,人类个体与社会生活这一客观现实的相对脱离是可能的。由于人是一切社会关系的总和,社会生活是人的心理活动内容的源泉中最重要的方面,是制约作为人所特有的心理内容的决定因素,因此,人脱离社会生活,便会失去人的心理。事实上人类历史上也确实有过由于偶然因素和人为因素造成人类个体相对脱离社会生活的事例,印度发现的"狼孩"和我国发现的"猪孩"便是这方面典例。

知识视界 1-8　脱离人类社会的"狼孩"

　　1920 年在印度加尔各答东北的山地上的一个狼窝里发现了"狼孩"。由于狼孩从出生到 8 岁一直在狼群中生活，因而失去人的心理，代之以狼的习性：用四肢行走，舔食扔在地上的肉，怕强光而夜视敏锐，害怕水不愿

洗澡，寒冷天也不肯穿衣，深夜嚎叫等。后经人化训练，2 年学会站立，4 年学会 6 个单词，到 17 岁临死时只具有相当于 4 岁儿童的心理发展水平。据说，有历史记载的自 18 世纪中叶以来先后出现过猴、熊、绵羊等野兽哺育大的孩子 30 多例，它们都像"狼孩"一样，虽有人的生物属性，但无人的心理属性。

知识视界 1-9　重返正常人类社会的"猪孩"

　　我国 1984 年在辽宁省农村发现一个"猪孩"，她叫王显凤。母亲因早年患大脑炎而痴呆，父亲是聋哑人。她长年无人照料，出于求生本能爬进猪厩吮吸猪奶，成天与小猪生活在一起，直至 11 岁。11 年来，在关键的生长发育期里她都与猪为伴，看到的是猪的形象，听到的是猪的声音，自然模仿的也是猪的行为，造成了她心理的严重畸形：感知世界混沌一片，没有大小、长短、多少、上下、颜色、数的概念，几乎没有记忆力、注意力、想象力、意志力和思维能力，表现的

情绪也极为原始简单,只有怒、惧、乐,却没有悲伤。由于她并不像"狼孩"那样完全脱离人的社会生活,在一定程度上还有一点人的心理,但也远远落后于正常儿童的发展水平。经中国医科大学考察组测试,智商只有39,相当于重度痴呆孩,只能发一些简单的语音,但却会做猪的各种动作,发出嘶叫声等。中国医大和鞍山市心理测量科研所的有关人员组成课题组,对"猪孩"进行教育训练,经过多年的努力,其中包括行为矫正、动作技巧、人际交往、社会适应能力和文化学习等方面的训练,才逐渐恢复其人性,获得心理上的发展。7年后经测定,她的智力相当于小学二三年级水平,智商也达到69,社会交往能力基本达到正常人水平。她1999年结婚成家,2002年喜为人母。这是一例"兽孩"经教育重返人类社会的特殊典型,她的经历恰从正反两个方面再一次雄辩地说明,客观现实是人的心理活动内容的源泉。

四、心理具有主观性

虽说人的心理是对客观现实的反映,但这种反映并不是死板地、机械地如同镜子一般地反映,而是带有人的主观性,即人对客观现实的反映都是经过人的主观世界的折射而最终形成的。因而,同样的客观现实在不同的人身上会有不同的反映。例如,一室人在看电视,同样的声和光的刺激作用于每一个人,但引起的感知觉却并不一样。有的人觉得响度适中,有的人则觉得偏大或偏小;有的人觉得亮度不够,有的人则觉得过大。客观世界中最单纯的物理性刺激尚且如此,复杂的社会性刺激,如一篇文章、一本小说、一部电影、一场报告、一堂讲课、一席谈话更会引起人们不同的心理反应。难怪同样一部电影,有的人评价很高,甚至说可在国际上获奖,有的人则根本看不惯,横加抨击。这是因为人对客观现实的每一个心理反应,都受他的观点、信念、知识、经验等影响,甚至还受他心理反应时所处的时间和条件的影响。这就使人的心理,尤其是高级心理可能具有明显的社会性、历史性、民族性和阶级性等。

知识视界 1-10　卖鞋的故事

两个欧洲人到非洲去推销皮鞋,由于炎热,非洲人向来是打赤脚。第一个推销员看到非洲人都打赤脚,立刻失望起来:"这些人都打赤脚,怎么会要我的鞋呢?"于是放弃努力,失败沮丧而回。

另一个推销员看到非洲人都打赤脚,惊喜万分:"这些人都没有皮鞋穿,这皮鞋市场大得很呢。"于是想方设法,引导非洲人购买皮鞋,最后发大财而回。

同样是非洲市场,同样面对打赤脚的非洲人,由于一念之差,一个人灰心失望,不战而败,而另一个人满怀信心,大获全胜。这则故事充分说明了人的心理主观性。

诚然,当我们指出人对客观现实的心理反映带有主观性时并不是对心理客观性的否定,也不是把这种主观性推论到人的心理是对客观现实的主观随意反映,而只是强调人对客观现实反映既是一种主观的印象,又总是带有个体或个体所处群体的特点。正鉴于此,才使心理对客观现实的反映显得那样生动、丰富,充满生气和活力,从而摆脱机械论的窠臼,并有不断深化的可能。

五、心理在实践中发生和发展

人对客观现实的反映也不是消极、被动的,而是在实践活动中积极、能动地进行的。人的心理也正是在主客观相互作用的过程中发生和发展的。仅有人的大脑和客观现实并不能产生人的心理,只有通过实践活动,才能使客观现实真正作用于大脑,导致相应的心理活动的发生和发展。例如,儿童不到学校学习、参加教育实践活动,作为客观现实的教育就无法影响儿童,也就不能引起儿童相应的心理活动,并促进其发展。正是在这个意义上,我们才能够更好地理解恩格斯所说的话:"人的智力是按照人如何学会改变自然界而发展的。"[1]同时,实践也是检验人对客观现实的反映是否正确的标准。只有通过实践活动的不断检验与修正,人的心理才能逐步正确地反映客观现实,并在反映过程中得到发展。

第四节　心理学研究方法

研究方法对于一门科学来说,其重要性是不言而喻的。对心理学来说,研究方法的运用更具有特殊意义,当初心理学之所以能最终脱离哲学思辨的范畴成为一门独立的科学,就是得益于引入自然科学的研究方法。今天,师范生在学习心理学时,了解心理学研究方法,不仅有助于他们更好地认识心理科学,知道心理学的许多规律是怎么得来的,从而进一步消除对心理学研究工作的神秘感,而且更为重要的是,也有助于他们增强教育科研意识,为他们今后在教育实践中自觉地研究有关心理学问题,以提高教书育人的质量打下必要的基础。

一、心理学研究的指导思想

心理学研究的指导思想涉及心理学的哲学方法论。虽然心理学从哲学中划分和独立出来,但并不意味着心理学和哲学的割裂,相反,由于心理现象本身高度的复杂性,心理学研究与其他研究相比,更需要受正确的哲学方法论支配。在心理学史上,任何一个心理学家或心理学派都自觉或不自觉地受某种哲学方法论层次上的指导思想左右,其中也出现过唯心主义、二元论、机械唯物主义等各

---

[1]　恩格斯:《马克思恩格斯选集》第3卷,人民出版社1972年版,第551页。

种倾向给心理学研究带来许多不利的影响,留有不少深刻教训。因此,今天当我们论及心理学研究方法问题时,首先必须强调以辩证唯物主义和历史唯物主义的基本原理为最根本的指导思想。

二、心理学研究的基本原则

为了在心理学研究中更好地贯彻上述指导思想,有必要确定一些进行研究所必须遵循的基本原则。

1. 客观性原则

所谓客观性原则,就是指以实事求是的态度,坚持客观标准来研究心理活动发生的客观条件和客观表现,从而揭示心理发生、发展和变化的规律,反对主观臆测和随意判断的研究倾向。

2. 系统性原则

所谓系统性原则,就是指从系统论的观点出发,把各种心理现象放在整体性的、有等级结构的、动态的和相互联系的系统形式中加以研究,做到既对其进行多层次、多维度、多水平的系统分析,又对其进行动态的、综合的考察,反对片面、孤立、静止或浑然一体的研究倾向。

3. 教育性原则

所谓教育性原则,就是指从有利于教育、有利于个体身心健康的角度来设计和实施研究,不能做出有损于教育和个体身心健康的事。对于师范生来说,还应注意研究方法上的教育取向,使心理学研究与教书育人的任务密切联系起来。

4. 伦理性原则

所谓伦理性原则,就是指在心理学研究中,在需要采用一些控制情境或被试的研究手段或方法时,应特别注意切忌有违伦理道德的做法,以避免对研究对象可能造成的身心伤害。

百家争鸣1-1　以人为被试的心理学研究中的伦理问题

心理学家津巴多(Zimbardo,1997)和合作者们曾经在斯坦福大学建立了一所模拟监狱,由学生分别扮演囚犯和看守,以探察监禁对个体健康的影响。令人惊讶的是,预计进行两周的实验不得不在实验开始6天后停止。因为充当"看守"的被试虐待倾向严重,致使10名充当"囚犯"的学生中的4名产生了严重的情绪反应,如哭泣、抑郁、焦虑和狂怒。

这个实验仅是那些引起严重伦理问题的实验之一。诸如此类的问题引起我们对三个主要问题的关注,即欺骗、侵犯个人隐私和持久性伤害。

欺骗。为了获得真实的反应,许多实验者采用欺骗的方法来隐瞒实验目

的。比如,一个研究者想知道当人认为自己损坏了昂贵的机器零件而感到内疚时会怎样。在他的实验中,一假机器突然发出巨大而短促的爆裂声,并释放出一缕黑烟,然后戛然而止。当尴尬的被试们意欲离开时,实验者们要求他们签署一份文件,让他们付给学校双倍的学费。控制组被试几乎都拒绝签署这份文件。然而,由于内疚感,实验组中有超过 50% 的被试签署了文件。问题是,实验者有权利欺骗别人吗?

侵犯个人隐私。心理学研究在多大程度上允许侵犯个人隐私呢? 在一项实验中,对上公共厕所的男士进行秘密观察。有心理学家对"个人空间"受到侵犯引起的压力感兴趣,派观察者隐藏在公共厕所的一个隔间中,用小潜望镜来监视公厕里的活动。当一位不明真相的被试站到便池前面时,有一个人(实验者的一名助手)紧挨着他站在那里。不出所料,被试开始排尿的时间延迟了。这一发现很有趣。但是,为了获得这一发现而侵犯个人隐私的做法正当吗?

持久性伤害。心理学实验会对参与者造成持久的伤害吗? 这可能是最严重的一个伦理问题。有一个经典的关于服从权威的实验,很能说明这个问题。实验中,被试以为他们自己正在给别人施以痛苦和危险的电击(实际上没有任何电击),由此引起的正在伤害别人的意识会使大多数被试产生极度的紧张和压力感。实验结束后,许多人感到不安和沮丧。一些人在以后一段时间内仍会体验到这种内疚和忧伤。

许多人认为上述研究很有趣,能提供一些信息。那么,应该怎样在探求知识和保障人权两方面进行适当的权衡呢? 对于这一问题,美国心理学协会的伦理准则如下:"心理学家必须在尊重参与者、关注他们的尊严和利益的情况下进行研究。"为了保证这一点,许多大学的心理学系都设有道德委员会,对研究方案进行监督。然而,很多问题并不那么简单。你觉得一名心理学家应该如何判断自己的研究是否道德呢?

(Coon & Mitterer, 2004)

5. 发展性原则

所谓发展性原则,就是指将人的心理活动看成是一个变化发展的过程,在发展中研究个体在不同年龄阶段上心理的发生和发展。在发展中研究心理活动时,不仅要求阐明人已经形成的心理品质,而且还要求阐明那些刚刚产生、处于形成状态的新的心理品质。后者对研究青少年学生具有特别重要的意义。

三、心理学研究的主要类型

由于心理现象的特殊性和复杂性,科学心理学的研究不仅需要辩证唯物主义方法论作为其指导思想,需要遵循客观性、系统性、教育性、伦理性和发展性等一系列原则,还需要根据不同的研究任务发展出不同的心理学研究类型。

1. 纵向研究、横向研究和纵横研究

从研究时间的延续性上划分,可分出纵向研究、横向研究和纵横研究三种类型。

(1) **纵向研究**(longitudinal study),也称为追踪研究,是在比较长的时间内,对人的心理发展进行系统、定期的研究。美国心理学家推孟(Terman)领导的一个研究组对 1528 名智商在 150 以上的个体进行长达 50 年的追踪研究,可谓是心理学史上大规模历时最长的纵向研究。纵向研究在规定的时期内对同样对象的心理活动及其特点进行反复测查,因而能详尽地了解其发展、变化过程,具有很高的连续性。但它的周期较长,易受社会、环境的变动影响,被试样本也易流失,且测量的数据也易因反复测量而影响被试情绪,造成准确性下降。另外,由于历时很长,因此社会、文化等因素对个体特定心理、行为的影响变大。

(2) **横向研究**(cross-sectional study),也叫横断研究,是在同一时间内对不同年龄组被试的心理发展进行测查并加以比较的研究。例如,要了解 10~16 岁儿童记忆发展的特点,可以同时对 10 岁、12 岁、14 岁、16 岁四个年龄组个体进行测试,比较研究。因而这种研究类型具有时间省、见效快的特点。但它存在着比较粗糙、不够系统、不能全面反映问题的缺陷,且难以确定变量之间的因果关系,取样程序也较复杂。

(3) **纵横研究**(longitudinal study-cross-sectional study),也有人称之为"动态"研究或聚合交叉设计,是将纵向研究和横向研究灵活地结合起来的一种研究。例如,在对小学儿童数学概念与运算能力发展的一项研究中(林崇德,1981),分别对低、中、高三个年级的三个教学班进行一段初步调查了解,在此基础上设计出研究指标、材料和措施。然后,一方面对一至五年级 450 名被试进行观察和问卷调查,另一方面以一个班学生为被试,从儿童入学后至三年级末进行追踪研究,并搞培养实验,训练其思维品质。最后,做比较研究,以获得小学儿童数学概念与运算能力发展较详尽的资料。这种研究能克服横向和纵向研究各自的不足,吸收各自的长处,并处于动态之中,能更好地揭示心理发展规律。这种研究既可以在较短时间里了解不同年龄阶段个体的心理、行为的总体特征,又可以从纵向的角度了解个体心理、行为发展变化的规律,是一种很好的研究设计。

2. 个案研究、成组研究和个案-成组研究

从研究对象的选取上划分,可分出个案研究、成组研究和个案-成组研究三种类型。

（1）**个案研究**（case study），是对一个或少数几个被试进行的研究。这种研究较多采取纵向的追踪方式。例如，我国早期心理学家陈鹤琴对自己孩子从出生到 808 天的心理发展进行追踪研究，其成果写进中国心理学史上的一部开拓性著作《儿童心理之研究》(1925)中。当然，有的个案研究并不采用追踪方式，如著名心理学家皮亚杰的部分实验研究。个案研究能对被试进行详细、深入、全面的考察，但被试太少，影响研究的代表性和典型性。

（2）**成组研究**（group study），是对一批被试进行的研究。从统计学的角度看，一般以 30 名被试的小样本为下限。成组研究取样较多，可以作统计处理，科学性较强，代表性较好，只是不便于个别深入研究。

（3）**个案-成组研究**（case study-group study），是将个案研究和成组研究结合起来的一种研究。这样一方面对一定数量的成组被试进行统一研究，另一方面又可以对个案作详细的补充研究，做到点面结合，以利于更好地揭示心理规律。

3. 定性研究、定量研究和定性-定量研究

（1）**定性研究**（qualitative study），又称质性研究，是以研究者本人为研究工具，在自然情景中通过观察、访谈等多种方法搜集资料，运用理论或逻辑对所收集的资料进行分析研究以解释某种心理现象或特征、揭示其规律的一种研究。定性研究是描述性、解释性的研究，它在本质上是一个归纳的过程，即从特殊情景中归纳出一般的结论，侧重于对事物本质和原因的探讨，结果一般不能外推。它要解决的是"知其所以然"的问题，比如，两种不同教学方法为什么对学生学习效果产生的影响不一样？这就属于定性研究的范畴。它探讨的往往是某一事物或现象产生的根源和本质的问题，其研究目的更重视问题原因的探究和理论意义的构建。

（2）**定量研究**（quantitative study），又称量化研究，是指研究者使用某些经过检测的工具对事物的某些属性进行量的测量和分析，从而判断事物发展变化的研究。定量研究往往要通过对某种心理现象或特性进行测量，运用现代数学方法对所测变量的某项指标的数量进行描述、推理统计，从中发现教育规律，进而对事物进行探究。它要解决的是"知其然"的问题。定量研究通常采用数学分析的方法，所得结果相对比较客观。其研究过程与演绎过程更为接近，侧重于对事物的测量和计算，其结果往往从样本推广到总体中去。

（3）**定性-定量研究**（qualitative study-quantitative study），是将定性研究和定量研究结合起来的一种研究。这种结合可发生在两个层面上：一是在定性研究的基础上进行定量分析，例如，对定性研究获得的质性资料进行编码处理，实现频次计数，这就是所谓的内容分析技术；二是在定量研究的基础上进行定性分析，例如，通过深度访谈，对实验研究获得的实证材料进行因果关系深层原因定

性分析。一般而言,定性研究是定量研究的基础,定量研究是定性研究的深化,二者配合,取长补短,相得益彰。

四、心理学研究的具体方法

科学方法的重要性是众所周知的,著名的生物学家和心理学家巴甫洛夫(Павлов,1955)曾说过:"科学随着方法论上所获得的成就而不断地跃进着。方法论每前进一步,我们便仿佛上升了一个阶梯。于是,我们就展开更广阔的眼界,看见从未见过的事物。"由于心理现象的高度复杂性,科学有效的方法对于心理学的研究更是至关重要。可以说,科学心理学的诞生得益于科学方法的应用,科学心理学的发展也将直接受制于科学方法的创新。迄今为止,已开拓出多种有效的研究方法,这里仅介绍主要的几种。

1. 观察法

观察法(observation method)是有目的、有计划地通过观察被试的外部表现来研究其心理活动的一种方法。

观察法也有不同的种类。从观察的时间上划分,可以分为长期观察和定期观察。前者是在比较长的日期内连续进行观察。如科学儿童心理学奠基人普莱尔(Preyer)对其儿子三年里每天三次的长期观察,并最后写成《儿童心理》一书,便是这类观察法研究的典型。后者是按一定时期进行的观察,如每周观察一至二次,每次几小时,并以此限定一定时期。从观察的内容上划分,可以分为全面观察和重点观察。前者是观察被试在一定时期内全部的心理表现,如上述普莱尔的观察即属此列。后者是重点观察被试某一方面的心理表现,如观察教师和学生在上课时的情感交流情况。从观察者的身份上划分,可以分为参与性观察和非参与性观察。前者是观察者主动参与被试活动,以被试身份进行观察,如研究人员以代课教师的身份参与教学活动,从教师的角度观察学生表现。后者是观察者不参与被试活动,以观察者身份进行观察。要指出的是,无论是参与性还是非参与性观察,原则上都不宜让被试发现自己被别人观察,否则会影响观察的效果。从观察的场所上划分,可以分为自然场所的现场观察和人为场所的情景观察。前者是指观察者在自然场所里对被试的日常活动进行的观察。如观察学生在自修课上学习的自觉性和自制力情况。后者是指观察者在人为安排的场所里对被试活动进行的观察。如将学生安排在装有单向玻璃或摄像机的房间里进行活动,观察者则在单向玻璃外侧或装有摄像显示屏幕的另一房间里进行观察。

观察法的最大优点是由于观察过程一般不让被试知晓,从而保持了被试心理表现的自然性而不附加人为的影响。同时,它又比较简便,尤其适合教师在教书育人的过程中采用,以进行有关的心理研究。观察法的缺点是只能了解心理事实,而不能直接解释其发生的原因;只能被动地等待心理事实的发生,而不能主动地操纵其发生。

2. 实验法

实验法(experiment method)是按研究目的控制或创设条件,以主动引起或改变被试的心理活动从而进行的一种方法。实验法主要有两种:实验室实验法和自然实验法。

(1)实验室实验法

这是指在特定的心理实验室里借助各种仪器设备、严格控制各种条件以研究心理的方法。主要控制四个方面:一是严格控制实验情境,尽可能排除无关变量;二是严格控制被试,实现随机取样和随机安排;三是严格控制实验刺激,使之以不同水平、性质、条件,按规定的方式、时间、顺序呈现;四是严格控制被试反应,用指导语引导反应方向和范围。因此,这一方法的实质就是在一系列严格控制的条件下探究自变量和反应变量之间的关系。它不仅能主动地获取所需要的心理事实,并能探究其发生的原因,而且所获取的信息也较精确。但是实验法也带有很大的人为性质,被试处在这样的情境中,意识到自己正在接受实验,就有可能降低实验结果的客观性质,并影响将实验结果应用于日常活动之中的效果。为了尽可能克服这一缺点,演变出另一种实验法,即自然实验法。

(2)自然实验法

这是指在日常生活条件下,对某些条件加以控制或改变来研究心理的方法,又称现场实验法。这一方法的实质就是把实验研究和日常活动结合起来,一方面仍对实验条件有所控制,使之能继续保持实验室实验法的某些优点:能主动获取、探究原因;另一方面又适当放松控制,使之在自然状态下进行,能体现观察法的某些优点:削减人为性,提高真实性。因此这一方法受到广泛重视,尤其适合教师结合教书育人的实际进行教育心理研究。例如,在一项"发展学生创造性思维的实验研究"中,选择条件大致相同的三个平行班。甲班每周开设一节思维训练班,每一学期开展四次创造性活动,乙班只开展与甲班类似的四次创造性活动,丙班为对照班,一切照旧。学期初三个班学生进行创造性思维测试,成绩接近。学期末复试,甲班最好,乙班次之,丙班最差。实验证明,开展创造性活动有利于学生创造性思维的发展;既开展创造性活动,又开设思维训练课,可加速创造性思维的发展。当然,自然实验法由于对实验控制不很严格,容易受到各种无关变量的干扰而影响实验结果的有效性。

3. 调查法

调查法(survey method)是以提出问题的形式搜集被试各种有关材料来研究心理的一种方法。调查法也有不同的种类。从调查的目的任务上划分,可分为一般调查和专题调查。前者在于了解某群体或个体的一般心理现象和行为表现;或了解教育的一般情况和现状,或搜集说明心理、行为或教育的有代表性的数据。后者在于就某项专题对两个或两个以上群体或个体进行比较研究。从调查的内容性质上划分,可分为事实特征调查和征询意见调查。前者调查的是意见对象的现有特征、行为或事件,后者调查的是有关某些问题的观点、意见、建议和评价。从调查的格式化性质上划分,可分为结构性调查和非结构性调查。前者是指所调查的问题和被试的回答形式以预先设计好的固定模式出现,以便于数量化处理结果的调查。如封闭式问卷,被调查者只能依据若干个固定答案做选择性回答,回答结果按统一标准记分。后者是指所调查的问题允许被调查者自由回答,因而难以将结果作数量化处理的调查。如开放式问卷,被调查者的回答没有任何选择范围的限制,可随意回答。从调查的方式上划分,可分为问卷法、谈话法、作品分析法等。问卷法是以书面形式搜集资料的调查,分表格式、问卷式和量表式等。谈话法是以口头交谈形式搜集资料的调查,分严格按预定计划进行的谈话、允许具有灵活性的谈话和非正式谈话等。作品分析法是通过对被试活动的操作成品进行分析的方法。这些操作成品包括笔记、日记、作业、作文、试卷、试验报告、劳动或科技制作等。调查法的优点是能够在较短时间内获取大量有关研究对象的第一手资料,既为分析问题提供依据,又为进一步研究提供有益的线索和新的发现。但它在条件控制方面存在很大的局限性,尤其是涉及有明显社会评价意义的问卷,更易因被试的文饰作用而失真。

教育实践 1-1　周恩来笔迹的心理分析

线条一丝不苟,不放纵,行笔从容不迫而有力度,整体线条刚柔相济,和谐统一。线条一丝不苟,和谐统一,反映思维的严谨与周密,严于律己,善始善终,力求完美,鞠躬尽瘁,死而后已。行笔从容不迫,反映出稳重冷静、耐力持久、临危不乱的大将风度。有力度的线条,反映具有果敢决断的魄力。不放纵的线条,反映谦逊谨慎,戒骄戒躁的作风。刚柔相济的线条,反映善于分清轻重缓急,处事一张一弛,有谋有略,有宽有严,亦庄亦谐。

愿相会於中

華騰飛世界时

弟翔宇临别预言

4. 测验法

测验法（test method）是通过运用标准化的心理量表对被试的某些心理品质进行测定来研究心理的一种方法。

测验法的种类也很多。从测验内容上划分，可分为智力测验、能力倾向测验、创造性思维测验、成就测验、人格测验、兴趣测验、态度测验等。如韦克斯勒（幼儿、儿童和成人）智力量表和卡特尔16种因素人格量表便是我国目前经常用于智力和人格测验的量表。从测验材料上划分，可分为文字测验和非文字测验。前者通常采用填空、选择、是非、问答等文字性材料的测验题，要求被试用书面或口头形式作答；后者则通常采用图形、符号、仪器、模型、工具等事物性材料的测验题，要求被试用操作形式作答。韦克斯勒智力量表就包括文字测验和非文字操作测验两大部分，而瑞文测验则完全属于非文字测验。从测验的方式上划分，可分为个别测验和团体测验。前者是对一个被试单独进行的测验，后者是在同一时间里对一组被试一起进行的测验。心理测验的最大优点是能数量化地反映人的心理发展水平和特点，不仅能作为一种研究方法，使研究更趋精确、科学，而且还能为因材施教、人才选拔、职业指导、心理诊断和咨询提供客观资料。但测验法的有效性在很大程度上取决于测验量表的可靠性，而各种测验量表尚在完善之中，对其结果不能视之绝对，同时它对主持者的要求也比较高，必须受过专门训练，解释结果要谨慎，不可偏颇、妄断。

知识视界 1-11　瑞文标准推理测验

瑞文标准推理测验是纯粹的非文字智力测验，属于渐近性矩阵图，整个测验一共有60张图组成，按逐步增加难度的顺序分成A、B、C、D、E五组，每组都有一定的主题，题目的类型略有不同。从直观上看，A组主要测知觉辨别力、

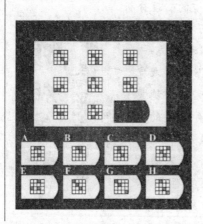

图形比较、图形想象力等；B组主要测类同比较、图形组合等；C组主要测比较推理和图形组合；D组主要测系列关系、图形套合、比拟等；E组主要测互换、交错等抽象推理能力。可见，各组要求的思维操作水平也是不同的。测验通过评价被测者这些思维活动来研究他的智力活动能力。每一组中包含有12道题目，也按逐渐增加难度的方式排列。每个题目由一幅缺少一小部分的大图案和作为选项的6～8张小图片

组成。要求被测者根据大图案内图形间的某种关系——这正是需要被测者去思考、去发现的——看小图片中的哪一张填入（在头脑中想象）大图案中缺少的部分最合适，主要用于智力的了解和筛选。

5. 元分析法

元分析法（meta-analysis method）是从已有的初级研究结果中归纳出各变量间总的、普遍的结论的研究方法。在心理学研究的历史进程中，许多研究者可能从事同一课题的研究，由于他们采用的研究方法不同，被试样本不同，仪器设备不同，研究程序不同，统计分析方法不同，研究者们各抒己见，甚至争论不休。实质上，这是一种对多个研究结果的综合分析，因此，有人又称之为定量综述、研究综合、研究整合等。

元分析法是针对初始分析和进一步分析而言的。初始分析和进一步分析都是在以原始数据为基础的条件下进行的初级研究。初始分析是指起始的研究，包括针对课题的数据收集、数据加工以及结果发表。进一步分析是指对同样的数据按照不同于初始分析的方法进行的整理分析。元分析法则是指在无需原始数据条件下，对多项初级研究进行的总结性统计分析。

元分析的主要目的在于：总结同类课题的研究成果；找出各项研究成果中的一致性；消除同类课题研究过程中有矛盾的地方。元分析通过对大量同类课题的研究结果的综合分析，可以概括出带有普遍性的结论。元分析的过程主要包括：选择研究课题，收集初级研究的样本，展示初级研究的特点，解释结果，报告成果。

元分析是总结和评价初级研究客观而有效的方法。它具有以下优点：能对某一项研究课题进行比较全面的总结和评价；元分析的结果是一般性的结论，有一定普适性；元分析是系统的、可重复的，其研究结果是可验证的。与其他研究方法一样，元分析方法也有其不足和局限性：初级研究的收集费时、费力，而且不可能完全穷尽，不全面；元分析给予低质量的研究过多的重视；元分析结果的高度概括性往往忽视研究对象的特殊性；元分析可能受到初级研究所提供的信息的限制。

6. 内省法

内省法（introspective method），也称自我观察法，即通过被试对自己的内心活动进行观察、体验和陈述来研究其心理活动的方法。由于最早在运用此法进行心理研究时被试一般是坐在有扶手的椅子上的，所以它又被形象地称为"安乐椅法"（armchair method）。它最早由奥古斯丁（Augudtine）提出，并被早期心理学家冯特、铁钦纳等作为主要的心理学研究方法之一加以运用。例如，在冯特的实验室里,被试需要经过专门的训练才能掌握此法,一般至少要练习1万字内省作业,才可考虑用来作为实验的对象。一旦训练好了,被试在1.5秒钟的实验之后,能够作20分钟的内省报告(Boring,1953)。由于这种内省法主观性强,难以验证,遭到后来以行为主义为代表的心理学家的反对,并长期受到排斥。随着20世纪中期兴起的认知心理学的发展,对个体内部发生的意识过程的研究再次成为心理学家关注的焦点,内省法因此而获得新生。认知心理学研究中经常使用的口语记录分析法(protocol analysis)便是传统的内省法和当代实验技术结合的产物,它又称出声思维法(thinking loud)或口头报告法。让被试当着研究人员的面进行某项认知操作,如解答问题或学习材料,要求他自言自语地出声思维,研究人员则进行详细记录分析,以发现人们在认知过程中的某些特点和规律。这一方法也常用来进行"专家"和"新手"的对比研究。这里所谓的"专家"是指某认知领域的熟练者,如有经验的教师、优等生等,而所谓的"新手"则是指非熟练者,如新教师、差生等。通过对他们出声思维的对比研究,可以总结出成功的认知策略,诊断出新手在认知策略上的缺陷。

知识视界1-12　内省法重获新生

扎根理论方法是在逻辑上一致的收集资料和分析资料、旨在形成理论的方法(Charmaz,2000)。其主要思想有:①从资料中产生理论。扎根理论特别强调从资料中提升理论,认为只有通过对资料的深入分析,一定的理论框架才可能逐渐形成。之所以用扎根(grounded)这一词汇,表明了这一方法的根本宗旨:从参与者所处的复杂的社会生活经验中收集资料,从而形成创新性的理论。②对理论的敏感性。由于扎根理论研究方法的主要宗旨是建构理论,因此它特别强调研究者对理论保持高度的敏感性。③运用不断比较的方法。扎根理论的主要思路是比较,在资料与资料之间、理论与理论之间不断进行对比,然后根据资料与理论之间的相关关系提炼出有关的类属及其属性。④理论抽样。在收集和分析资料的过程中,研究者还应该不断对自己的初步理论假设进行检验。经过初步检验的理论可以帮助研究者对资料进行理论抽样,逐步去除那些理论上薄弱的、不相关的资料,将注意力放在那些理论上丰富的、对建构理论有直接关系的资料上。

(陈向明,2000)

五、心理学研究的一般程序

一个完整的心理学研究过程,一般包括准备、设计、实施和总结四个阶段,每一阶段又包括若干环节,形成一个基本的操作程序。

1. 准备阶段

它虽是研究正式开展前的一个阶段,却是研究的一个重要组成部分,包括选择课题、查阅文献和形成假设三个主要环节。

选择课题是心理科学研究的第一步,是准备阶段的核心环节,是直接关系到研究成果价值大小和研究成功与否的关键。课题一般可以来自四个方面:一是来自社会实践、现实生活中存在的问题;二是来自科学理论上的质疑、争鸣或验证;三是来自文献研究中发现的矛盾、空缺或启示;四是来自自己已有研究的深入发展。但在具体选定时还应考虑课题的科学性、创造性、意义性和自己实施的可能性。

查阅文献的目的是了解国内外有关方面研究的历史、现状和最新发展,这是研究中花费时间和精力较多的阶段,但也是关系到研究质量和理论深度的一个重要环节。因为任何一项卓有成效的研究都是在前人的基础上进行的,只有充分掌握前人的研究情况,才能使自己的工作获得有益的推进。概括地说,查阅文献有三方面的作用:一是为课题选择和假设形成提供参考资料;二是为下一阶段的课题设计提供背景信息;三是为最后阶段的总结提供理论借鉴。

知识视界1-13 网络环境下如何获取心理学外文期刊全文

获取外文期刊全文的途径有多种,主要概括为直接获取途径与间接获取途径。

1. 直接获取途径——全文数据库

国外综合性数据库的数量和种类繁多,现就国内常见综合数据库以及其与心理学相关的主要子集数据库作一介绍。

(1) EBSCO 数据库

访问网址:http://search. ebscohost. com;http://www. ebscohost. com(EBSCO 网站);使用指南:http://www. . ebsco. com. cn。

(2) ProQuest 数据库

访问网址:http//proquest. umi. corrdlogin;http//www. il. proquest. com;使用指南:http://www. 1ib. tleu. edu. cn/news/PQDT. ppt。

(3) ElsevierSDOL 全文电子期刊数据库

访问网址:http://www. sciencedirect. com;使用指南:http://lib. jh. edu. cn/down/SDOL. pdf。

(4) Springer Link 全文数据库

访问网址:http://springer. 1ib. tsinghua. edu. cn(清华镜像);http://www. springerlink. corn(德国施普林格);使用指南:http:/www. tjd1. cn/portal/downloads/introduction/Springer. Rax。

（5）John Wiley 全文电子期刊数据库

访问网址：http：//www. intemcience. wiley. com；使用指南：http://www. lib. bupt. edu. en/new/secondiley. pdf。

（6）Blackwell 全文数据库

访问网址：http//www. blackwell—synergy. Com。使用指南：http://159. 226. 140. 180/netclass/Blackwell. ppt。

2. 间接途径——全文传递服务

如果在全文数据库获取不便，或想进一步获取更多信息资源，可采取间接获取途径。将所需的文献线索，通过网络填好申请表，或用 E-mail 发至全文传递服务机构，请求帮助查找。

（1）CAUS 外文期刊目次数据库（calis current contents of western journals，简称 ccc）

访问网址：http://ccc. calis. edu. cn；使用指南：http://ccc. calis. edu. cn（在线帮助）。

（2）OCLC—FirstSearch 基础组数据库（online computer library center，OCLC）

访问网址：http://firstsearch. oclc. org（账号方式）；http://firstsearch. oclc. org/FSIP（IP 方式）；检索指南：http://www. 1ib. tsinghua. edu. cn/database/guide/firstsearchguide. ppt.

（3）cnpLINKer 中图链接服务

访问网址：http//cnplinker. cnpeak. com。使用指南：http://202. 205. 213. 102/lib/database 1/cnpLINKer. doc。

（史全胜，2007）

形成假设将使一项研究的探索目标更加明确，从而使研究数据的搜集工作限定在一个更加特定的方面和范围。研究假设是以陈述句的形式做出对两个事件或概念之间关系的推测。一般有三种类型：预测性假设——对两个事件或概念之间的差异情况做出判断，如"运用表情朗读比一般朗读更容易记忆"；相关性假设——对两个事件或概念之间的相关关系做出判断，如"学生学习成绩与上课注意力集中状况有正相关"；因果假设——对两个事件或概念的因果关系做出判断，如"如果学生对某课感兴趣，那么学生的该课成绩将会提高"。假设形成的基本途径是演绎和归纳，前者是从一般理论推出假设，后者是从个别事例推出假设。但不论哪一种途径，推出的理论假设必须具备一定的理论和经验依据，并且可以通过收集数据和事实加以验证。

2. 设计阶段

当研究课题明确之后,便进入设计阶段。它是由研究目标到具体操作之间的中介,包括界定变量、选定方法、确定被试、制作方案四个环节。

界定变量主要是指确定自变量和因变量。自变量是指研究者掌握的、在性质上和数量上可以改变的条件、现象和特征。因变量是研究者预定的、因自变量的变化而导致的被试的反应变化。例如,在"研究睡眠事件对记忆的影响"的课题中,把睡眠时间确定为自变量,记忆材料数量为因变量,以便研究自变量和因变量之间的关系。在这里无关变量的控制也是应予考虑的方面,它虽不是实验变量,但对实验结果会发生影响。在上例中,识记时间、材料性质、回忆场合等因素就可能是影响记忆数量的无关变量,只有设法使这些变量保持恒定,才能真正揭示睡眠时间与记忆数量之间的关系。

选定方法也就是选择何种研究类型和具体方法的问题。究竟是纵向研究还是横向研究,个案研究还是团体研究?是观察法、实验法,还是调查法、测验法?进行选择时除考虑时间、精力、经费等外在条件外,还要着重考虑两个内在制约因素:一是界定的自变量是否是可以为研究者操作,如果不能操纵,只能采取非实验的方法,而能操纵的则还应根据操纵程度选定实验室实验还是自然实验;二是研究结果是否急待推广于现实生活,如果急待推广于现实生活,则应牺牲一点研究的科学严密性而采用非实验的方法为好,反之则可采用实验法。

确定被试主要是解决如何从研究对象的总体中抽取部分个体作为研究样本的问题。例如,我们要研究某种教学方法是否更能优化中学教学的问题,被试当然是中学生,但我们没有可能也没有必要把研究总体——所有学校的中学生都作为被试来进行研究,只需要抽取有代表性的样本——部分中学生即可。取样的方法用的是随机取样法。如果总体中的个体差异较大,分布不均匀,最好用分层(分类)取样法,即以某种标准将总体分为若干层次或类别,然后在各层次或类别中随机取出若干个体组成样本。至于样本中个体数目大小则从统计处理的角度选定。

制定方案是这一阶段的最后环节,将原则上确定的一系列问题从格式化、程序化和具体化的角度加以详细周密地考虑,从而形成可付诸操作实施的研究计划。

3. 实施阶段

这是把研究方案付诸实施的阶段,也是研究的具体操作过程,包括收集资料和整理资料两个阶段。

收集资料是通过具体研究方法的实施来进行的。各种方法如前所述,要指出的是收集到的资料可分为四类:计量资料(完全由数值大小表示)、等级资料(为半计量资料,仅有诸如强、中、弱,优、中、差之类的等级)、计数资料(没有量的差别,只有质的不同,如男与女、对与错、有与无等)和描述性资料(定性化的资料)。

整理资料包括两大部分操作:一部分是处理定性资料,运用逻辑思维进行分析、归纳;另一部分是处理定量性资料,运用统计方法进行,主要包括描述性统计处理、推论性统计处理、多因素分析等。事实上,在进行研究方案制定的时候,用什么样的方法处理获得的资料,都有预先的考虑,特别是定量研究方案制定时,更需要预先考虑统计处理的具体方法,以便在研究方法实施时采取相应的安排。

4. 总结阶段

这是整个研究的最后一个阶段,是出结果的阶段,包括得出结论、撰写报告两个环节。

得出结论是对收集并整理后的资料进行理性思辨研究的结果。既要分析获取资料与预先假设的符合情况,还要分析相应的原因,并同有关研究结果进行比较,从理论上加以概括、提炼。此外,对所得结论的运用范围、存在问题和进一步研究方向等也可做实事求是的说明。

撰写报告是课题研究的最后一个环节,其主要内容包括题目、前言、方法、结果、讨论、结论和参考文献,必要时还应有附录和摘要。

知识视界 1-14　心理学科研报告的基本形式

1. 题目

题目是心理学科研报告的主题,应能准确地概括论文的内容。最好还能体现出自变量和因变量及其关系,如,在"记忆策略在外语单词学习中的作用"这一题目中,"记忆策略"是自变量,"外语单词学习"是因变量,使人看了对该科研报告要论述的内容一目了然。

2. 前言

这是心理学科研报告的引言部分,旨在言简意赅地说明该项研究问题的提出、选题的依据、研究的目的、价值和意义。如,在"记忆策略在外语单词学习中的作用"这项研究的报告中,应说明是怎样想到这一问题的、为何把它作为问题提出进而进行研究、该研究的目的是什么、对其研究有何价值、有什么意义等情况。

3. 方法

主要阐明该项研究使用的工具(包括仪器、设备、材料、指导语等)、被试(被试的年龄性别、数量等)、实验组和控制组、实验变量(因变量和自变量的具体情况)、实验步骤、数据处理手段等。如,在"记忆策略在外语单词学习中的作用"这项研究报告中,应交代清楚:具体使用了什么记忆材料、选择多少名什么样的学生当被试、实验组和控制组如何组织、在实验组中具体教授了怎样的精加工策略、以什么作为记忆测量的指标、具体的指导语是什么、在实验组和控制组中一步步进行操作的过程、用什么统计软件来处理数据等。

4. 结果

这是心理学科研报告的主要部分,旨在客观、如实地陈述研究的具体结果,其中包括定量和定性的结果:定量的结果为主,主要是数据统计的结果,如数据表、曲线图等;定性的结果为辅,包括典型案例、某些研究情况等。在"记忆策略在外语单词学习中的作用"这项研究报告中,则主要是通过反映实验组和控制组由于记忆策略使用与否所造成的记忆外语单词效果上的显著差异的统计数据来说明问题。

5. 讨论

这是心理学科研报告的理论分析部分,旨在从理论上加深对研究结果的认识,可包括这样一些内容:对结果的具体说明、对结果的推理、与已有研究比较分析、用其他领域中的研究成果来解释本研究结果和推理、提出本研究发现但尚未解决的问题等。

6. 结论

简明扼要地概括研究的结果,以提纲挈领的方式陈述,既不要夸大结果,超越本研究的范围,也不要缩小可能做出的结果范围。

7. 文献

列出撰写科研报告时所使用过的参考文献资料,其常用的 APA 格式如下(内容虚拟):

论文:张某某(2005):精加工策略与教学.教学科研,1:5—9。

著作:李某某(2010):认知心理学概论.上海:教育科学出版社。

第五节　心理学与教育

心理学之所以成为一门教师必须学习的基本理论课程,是因为它研究心理发生发展的规律。教师只有了解并掌握这些规律才能有效地实施教育活动。

一、心理学与教育的关系

心理学与教育有着非常密切的关系。可以说,早在心理学作为一门独立的学科存在之前,也即心理学尚属哲学的范畴,以其思想史而非科学史存在于世的最初阶段,它就和教育结下了不解之缘。两千多年前我国的哲学家、思想家已有丰富的心理学思想散见于论著之中,而其中有不少便是与教育相联系的。孔子就是这方面的代表人物。他的许多至今还在被广泛引用、脍炙人口的教育名言,就是在其教育实践活动过程中提出的与教育相联系的心理学思想。例如,他所归纳的"学而时习之,不亦乐乎"之感受,反映的就是教育实践活动中涉及记忆与复习关系问题的心理学思想;他所提出的"知之者不如好知者"之观点,反映的则是教育活动中涉及情感与认知关系问题的心理学思想;他所实践的"求也退,故进之;由也兼人,故退之"之做法,反映的乃是教育活动中涉及气质差异与因材施教关系问题的心理学思想。俄国教育家和教育科学的奠基人、国际公认的自古以来世界最杰出的20位教育家之一、被誉为"俄国教师的教师"的乌申斯基(Ушинский)在1867年完成的名著《人是教育的对象》中更是明确强调了心理学对于教育所具有的突出重要性:"心理学就其对教育学的应用和对教育学者的必要性方面来说,当然站在一切科学的首位。"德国的哲学家、教育家、心理学家赫尔巴特(Herbart)则是近代第一个将心理学原理具体运用于教育理论中的人。他在心理学中提出了统觉论的思想,并在这一理论思想的基础上,提出了许多至今仍有一定借鉴价值的教学原理。例如,他指出的学生在过去经验中形成的统觉团在吸收新观念过程中的作用,以及关于教师在传授知识的过程中也应当唤起和刺激学生的统觉的观点,在现时的学校教育中尚有影响,并在一定程度上与当代认知心理学的有关理论相符;他在统觉论指导下提出的教学过程的阶段理论(他提出的是四阶段说,后被其门徒发展为著名的五阶段说)对包括我国在内的世界各国中小学教学都产生了重要影响。

自科学心理学诞生以来,心理学与教育的关系得到了进一步的发展。一方面,随着心理学的科学性不断提高,心理学研究成果的不断累积,其在教育应用中日益受到重视,成为教育理论和实践的科学依据,发挥着越来越重要而积极的作用。例如,普通心理学中关于创造力的研究已取得了不少成果,这些成果大多能在学校教育中加以应用,并正式成为当前学校教育中全面推进以培养创新精神和创新能力为核心的素质教育的重要心理学原理。发展心理学中关于学龄阶段青少年儿童的心理发展特点及其规律的研究，则是教育中应用心理学理论的又一极为重要的方面。它直接涉及教师如何在教育活动中认识自己的教育对象，以便于有针对性地因势利导、因材施教，把教育工作充分建立在青少年儿童心理发展规律之上。心理健康学是心理学近年来因实践需要而在我国发展较快的一个领域，其有关研究成为学校教育中极具应用价值的心理学知识，在中小学开设心理教育课程、建设心理咨询站、实施心理辅导等方面工作中起着日趋重要的作用。另一方面，教育实践对心理研究需要的增长，也促进心理学科自身的发展，以致人们不满足于将心理学研究成果运用到教育之中，而是运用心理学基本理论和方法直接研究教育活动中的心理现象。于是在科学心理学诞生20多年后便出现了一门独立的心理学分支学科——教育心理学（Thorndike，1903），且研究内容不断丰富，从最初的学习心理拓展到个别差异心理、品德心理、教师心理乃至各学科学习心理等，形成了一个内容庞大的体系。嗣后，随着教育实践的需要，于上世纪60年代末又在教育心理学内部独立出集中研究学校教学活动中的心理现象的教学心理学（Gagne，1969），并于90年代至本世纪初进一步在教学心理学中分化出以教学中的情感心理学现象和认知心理现象为主要研究对象的情感教学心理学（卢家楣，1993）和认知教学心理学（吴庆麟，2000）。这样，心理学与教育的密切关系也就在心理学科的不断分化、发展中得到充分的体现。

为什么心理学与教育有如此密切的关系呢？这就要从教育这一人类特有的社会实践活动的性质上加以分析。我们知道，教育是人类培养新生一代的社会实践，是教育者按照一定的目的、计划和措施去系统影响受教育者的过程。这是师生双方共同参与的、围绕着教育内容展开的特殊的交往活动。在这里，教育者是人，受教育者也是人，也即活动的双方和发生相互作用的双方都是有血有肉、有情有感、有智有慧的人。这就与一般的人类社会实践活动有着根本的区别。在这一过程中，教师处于活动的主导地位，学生处于活动的主体地位，教师在教育中只有通过其主导地位来促进学生的主体作用充分发挥，才能取得最有效的教育效果。而对这一过程做进一步的分析，我们不难发现，教师正是通过自己的心理调控对学生施予影响，而这一影响又是通过学生已有的心理水平发生作用，调控着学生心理与学习对象的相互作用，并最终引起学生心理上和行为上的相对持久的变化，获得德、智、体、美等各方面素质的全面发展。因此，教育是作为教育者的人对作为受教育者的人施予双向心理影响的过程，这就为心理学和教育之间建立了天然的联系。

教育实践 1-2　心理发展与教育

人的心理,就其起源来说,是社会的产物;就其结构来说,以人脑为中介;就其内容来说,以客观现实为基础。人的心理是不断发展的。探讨心理发展与教育的关系,是当代发展心理学与教育心理学的一个重要课题。教育在学生心理发展中起主导作用,具体表现在以下三方面:

首先,教育是使学生心理发展的可能性变为现实性的必要条件。个体智力与能力发展的潜力是很大的,只要教育得法,这种潜力就能获得很大的发展;相反,如果不能因势利导,这种潜力就得不到发展。前苏联心理学家维果斯基(Выготский)把学生的现有发展水平与其即将达到的发展水平之间的差异,称为"最近发展区"。它表现为在有指导的情况下,凭借教师的帮助所达到的解决问题的水平与在独立活动中所达到的解决问题的水平之间的差异。我们可以把这种差异视为心理发展的可能性与现实性之间的差异,它是学生心理发展的潜力。教师的重要任务就是发现和挖掘学生心理发展的潜力。

其次,教育决定着学生心理发展的方向、速度和品质。由于教师的不同、教材的不同、教法的不同,即由于教育的作用和影响的差别,造成了学生心理发展中方向、进程、速度、品质、特点的差异,特别是创造性和创新精神的差异。因而教育者首先要找出学生个体之间心理的差异,才能寻找出各种合理而良好的教育措施。

第三,教育使学生心理发展显示出特定的具体的形式和个别差异。心理的差异,乍看起来其内容所涉及的似乎是知识和经验的差异,其实这是由教育决定的。这里既有学生学习成绩的变化,更体现了促使学生心理稳定的因素在不断变化,并造成他们之间心理的各种具体形式表现,即产生心理能力的个体差异。合理而良好的教育措施,在学生原有的心理水平和结构上提出新的要求,传授新知识,使他们领会和掌握这些知识,从而增进心理发展的新因素。这些因素从量的积累发展到质的变化,并逐步形成学生稳定的心理成分。

教育在心理发展中之所以能起主导作用,是因为教育是由教育者按照一定的教育目的来对环境影响加以选择,组成一定的教育内容,并采取一定的教育方法,来对受教育者心理施行有计划、有系统的影响。一定意义上说,教育的主导作用,主要是体现在教师的主导作用上。也就是说,学生的心理发展水平,在很大程度上取决于教师的教育。这就是人们常说的"百年大计,教育为本"的道理。

(林崇德,2007)

二、学习心理学的意义

这里我们主要针对师范生——未来教师,阐述学习心理学对其未来所面临的教书育人的职业定向所具有的作用。

1. 提高教师教学质量

教学始终是教师的一项重要工作,提高教学质量始终是每一位教师锲而不舍的努力方向,更是学校教学改革的根本目标。而教学是师生双方共同参与的双边活动,是教育者对被教育者实施教育的基本途径,是科学性和艺术性相结合的工作,并不是仅仅掌握某学科的知识就能胜任、驾驭的。美国著名教育心理学家盖茨(Gates)曾说:当别人向你问及类似"你是教数学的老师吗"的问题时,你最恰当的回答应该是:"我不是教数学的老师,我是教学生学数学的老师。""教数学"和"教学生学数学"之间的根本区别就在于教师心中有没有学生。前者心目中没有学生,仅有数学知识,也就是仅涉及科学知识;而后者心目中有学生,且以生为本,也就是不仅涉及科学知识,还涉及艺术,涉及人的认知和情感心理。因此,提高教学质量的关键,是教师采用最佳的教学手段以优化影响学生学习效果的各种因素。这就需要了解学生赖以进行信息加工的主要心理过程、获取知识和发展能力的规律以及学习的情感、态度和兴趣等非智力因素情况,以便运用心理科学在这些方面所提供的原理,增加教学的科学性和艺术性,切实提高教学质量。

2. 改善教师德育效果

对学生进行思想教育,也是教师工作的一个重要组成部分。每一位任课教师,不仅要掌握教书的高超技能,也要具有育人的娴熟本领,使教书和育人这两方面工作在学校教育的总体培养目标上获得和谐的统一。师范生今后接触的主要是初高中青少年学生,他们正处于身心发展的重要时期,对他们进行思想教育的过程,实质上也就是塑造他们良好个性的过程。而思想教育工作存在的最大问题是流于形式而缺乏实效。因此,了解个性的结构和形成的规律、影响因素以及青少年个性发展的相应特点,有利于科学而富有艺术性地进行思想教育工作,提高教育的实效性。随着思想教育内涵的丰富,对青少年社会交往的指导、性教育、心理咨询和职业辅导等,也都纳入育人工作的范畴。这一切都需要未来的教师从心理学中获得有关科学知识和相应的操作指导。

3. 提升教师科研水平

未来的教师不只是进行教书育人的工作,还要善于在自己教书育人的实践中不断探索,不断改革,积极进行教育科研工作。可以说,在教育理论的指导下,结合自身的教育实践,培养开展教育科研的能力,也是未来教师基本素质的一个组成部分。而在运用教育理论进行教育科研、教育改革的过程中，心理学具有十分重要的作用。自裴斯泰洛齐(Pestalozzi)、赫尔巴特(Herbart)等近代教育家明确强调心理学在教育中的运用以来，心理学在教育中的作用已日益受到人们的重视，当代一些有影响的教育改革理论都是建立在有关心理学的基础之上的。如前苏联教育家赞可夫(Занков)的新教育体系吸收了心理学家维果斯基(Выготский)关于"最近发展区"的理论；美国布鲁纳(Bruner)的结构主义教学理论则受到瑞士心理学家皮亚杰(Piaget)关于儿童认知结构理论的影响；保加利亚洛扎诺夫(Lozanov)的暗示教学法则是以无意识心理研究为主要理论依据的。因此，学习心理学原理和研究方法，坚实教育理论基础，能大大增强高师生今后开展教育科研的能力。

4. 改善教师自身素质

在教育活动中处于主导地位的教师，其对学生在教育活动中的影响是多方面的。其中，教师自身的素质(包括思想品德素质、业务素质、人格素质、智能素质等)是一个重要的影响因素。因此，教育质量能否提高，学生的素质能否得到全面发展，在很大程度上取决于教师自身的素质状况。这就存在着一个教师自身素质不断改善的问题，也即·自我教育的问题。如果说心理学对于教师从事青少年教育工作有着多方面意义的话，那么心理学对他们不断改善自身素质、实施自我教育，也具有同样有效的促进作用。运用心理学原理能优化教书育人的效果，自然也能优化自我教育和自身发展的效果，只是对象不同而已。例如，教师能运用有关记忆、思维方面的规律去指导学生掌握记忆策略和解决问题的思维策略，则自己首先要能运用有关规律来指导自己学习，提高学习效率；将来要运用心理咨询手段去辅导学生，现在则可以以此来调节自己心理，以求心理健康发展。总之，教师完全可以而且也应该在运用心理学知识来提高教书育人的水平的同时，运用心理学知识来改善自身的素质，并以此来进一步优化教书育人的工作。

让我们回到本章开头提到的那个案例。小张的问题内含相互联系的两个方面，一是心理学是怎样一门课程？二是对师范生有何用处？对于第一个问题，小张想必在学习完本章内容后，对心理学研究的对象、性质、任务、简史、体系、方法等有所了解，特别是对于似乎有些神秘感的心理现象也有了一个比较科学的认识。对于第二个问题，完全出乎意料小张：心理学不仅能提高自己今后在教师岗位上教书育人的能力，而且在当下大学求学期间，也能优化自己的个性品质，提高专业学习的水平。因此，心理学与师范生的关系十分密切，对师范生的专业和自身的发展极为重要。特别是听老师说，这里的心理学课程还不只是过去的一门课程，而是由三方面课程组成，将涉及普通心理学、教育心理学、青少年心理学和心理辅导等多方面的丰富内容，小张更乐了。可不，她已经翻到本书"记忆与教育"一章，在饶有兴趣地汲取里面讲述的记忆方法，试着用在自己的专业学习上了。

本章小结

心理学是研究人的心理现象及其活动规律的科学。人的心理是一个统一的、不可分割的整体，各种心理现象都是相互联系、相互依存、相互作用的，形成一个有结构的、动态的系统。心理学的研究体系主要由基础心理学和应用心理学两大分支构成，其基本任务是：描述心理事实，揭示心理规律，指导实践应用。心理的实质是实践活动中脑对客观现实的主观反映。就其实质来说，心理是脑的机能；就其来源来说，心理是对客观现实的反映，具有客观性；就其反映形式来说，心理具有主观能动性。心理学的发展经历了前科学心理学时期和科学心理学时期两个阶段。当代心理学存在精神分析、行为主义、人本主义以及认知主义心理学、生理心理学等几个主要的流派和思潮，构成了当今心理学研究的主要取向。我国心理学研究的指导思想：辩证唯物主义和历史唯物主义；基本原则：客观性原则、系统性原则、教育性原则、伦理性原则、发展性原则；主要类型：纵向研究、横向研究和纵横研究/个案研究、成组研究和个案-成组研究；具体方法：观察法、实验法、调查法、测验法、元分析法和现场研究法等；操作程序：准备阶段、设计阶段、实施阶段和总结阶段。心理学与教育有着非常密切的关系，教育工作者可以运用心理学原理提高教学工作的质量、改善思想教育工作的效果、促进教育科研、有利自身发展，进一步优化教书育人的工作。

思考题

● 你能从不同的角度来分析人的心理现象的各个方面吗？

● 心理学的任务和性质是什么？

● 心理学究竟是一门年轻的科学还是古老的科学？为什么？

● 科学的心理观包含哪些最基本的内涵？你是如何理解的？

● 你能概述当前几种主要心理学派的基本观点吗？谈谈你对这些观点的

看法。

● 心理学的具体研究方法主要有哪些？其各自的操作含义是什么？试比较实验室实验法、自然实验法与观察法的异同与优劣。

● 怎样来认识心理学与教育的关系？学习心理学对教师工作有何意义？

探索题

● 学会到图书馆查阅心理学文献资料，并借阅一本你感兴趣的心理学书翻阅一下，以获得对心理科学的初步了解。

● 组织一次对中学教师的微型调查，了解他们对学习心理学与推进素质教育、实行新课程改革的现实意义的认识。

上　编

　　本编以学校教学活动为主线,串接第二章到第十章共九章心理学内容,内分认知性和意向性两个方面。认知性内容与认识活动相联系,在本编中包括感知觉、思维、记忆(教学活动中信息加工的三个主要认知过程)以及能力发展和知识习得(教学活动中信息加工的两个主要目标)等五章。意向性内容与意向活动(intentional movement)——人对待或处理客观事物的活动(朱智贤,1989)相联系,在本编中包括注意、动机、情感和意志等四章,也可视为四个重要的非智力因素,它们不仅对教学活动中的信息加工有直接影响,而且其本身在学生中的培养和发展,也是体现教学活动的教育性原则的一个重要方面。同时,各章都融入有关青少年学生心理发展的特点以及师范生自我教育方面的内容,以便于师范生更好地认识今后的教育对象和完善自我。

第二章　感　知　觉

学习重点

- 感知觉的定义
- 感知觉的分类
- 感受性的变化规律
- 知觉的特点
- 感知觉规律在教育中的运用

你知道吗？

- 你注意到错觉这一现象了吗？它是怎么产生的？我们能利用错觉做些什么？
- 为什么蓝色、白色等被称为"冷色调"，红色、橘黄色被称为"暖色调"？颜色也有温度吗？
- 我们对客体的印象能达到完全的客观吗？为什么？
- 刚出生不久的婴儿就能分辨出自己的母亲，他们是靠什么分辨的？
- 与我们距离不同的人，在我们视网膜上的映像的大小相差很多倍，为什么我们对他们身高的判断却误差不大？
- 课堂教学中，教师展示的模型、实物、图片等直观教具越多，教学效果就越好吗？为什么？

　　某校初一(3)班组织全班学生进行"参观植物园"的活动。临行前，语文老师要求同学们在参观过程中要认真观察，并在返校后完成一篇观察日记。但多数学生的观察日记都是泛泛而谈，缺乏对植物具体的形状、颜色等的描绘。再经过询问，发现很多学生对所看到过的植物的种类、名称都不能回忆。语文老师很疑惑：明明要求学生认真观察，并布置了作业，可为什么观察的效果如此不理想呢？

　　你能解答语文老师的疑惑吗？当你看完本章后，就能找到答案。

第一节　感知觉的概述

感知觉,是感觉和知觉的统称。感觉是人类认识世界的第一步,通过感觉,我们从内外环境中获取信息,通过知觉,我们根据自己的知识经验对于从环境中输入的信息加以整合和识别,使杂乱无章的刺激具有意义。人的感觉和知觉有其特有的规律和特点,是人类认知活动的基本阶段。

一、感知觉的概念

感知觉(sensation and perception)是人脑对当前作用于感觉器官的客观事物的反映。例如,我们通过视觉、听觉、嗅觉、味觉所获得的客观事物形状与色彩、声音、气味、味道等的信息,就是感知觉。

感知觉属于人类心理过程中的认识过程,它是认识活动的开端,是人类一切复杂的心理活动的基础。没有感知就没有认识,也不可能对事物发生情感和采取意志行动。贝克斯顿(Bexton)等于1954年所做的感觉隔离或剥夺的实验很好地说明了这个问题。

感知觉的作用在于使人们从外部客观世界或从自身获取信息,以便让更高级的心理活动如记忆、思维等对这些信息进行综合评定,认识和控制自己的行为和活动,以对自身的反应和自我状态做出评价和获得新的知识。高水平的感知觉是由多种分析器的协同活动产生的,个体综合运用视觉、听觉、嗅觉、味觉、肤觉、机体觉、运动觉、平衡觉来接受外界刺激或自身的信息,然后做出相应的反应,有时甚至还会有记忆、思维等心理活动的参与。

知识视界 2-1　感知觉剥夺实验

1954年,贝克斯顿(Bexton)等心理学家在加拿大一所大学的实验室进行了第一个以人为被试的感觉剥夺实验。参加实验的是一些自愿报名的大学生,每天的报酬是20美元。这些大学生要做的事是每天24小时躺在有光的小屋的床上,时间尽可能长。除了吃饭、上厕所的时间外,他们都要戴上半透明的塑料眼罩,使他们可以感觉到散射光,但没有图形视觉;还要戴上棉手套和纸板做的套袖,用以限制他们的触觉;头枕在用U形泡沫橡胶做的枕头上,同时用空气调节器的单调嗡嗡声限制他们的听觉。总之,这些手段都是要让参加实验的人对外界的感觉越少越好。

结果,这些参与者报告说,在那种环境中,他们对任何事情都不能进行清晰的思考,不能集中注意力,思维活动似乎是"跳来跳去"的。在实验停止后,这种

影响仍在持续。研究者还发现，对于复杂的问题，如需要高水平语言能力和推理能力的创造测验、单词联想测验，接受过感觉剥夺的大学生不如未接受感觉剥夺的大学生成绩好。感觉剥夺影响了复杂的思维过程或认识过程。另外，有50％的被试报告有幻觉，其中大多数是视幻觉，也有人报告有听幻觉或触幻觉。视幻觉大多在感觉剥夺的第三天出现，幻觉经验大多是简单的，如视幻觉多为出现在视野边缘的光的闪烁。听幻觉包括狗的狂吠声、警钟声、打字声、警笛声、滴水声等。触幻觉的例子有：感到冰冷的钢块压在前额和面颊，感到有人从身体下面把床垫抽走等。

为什么实验参与者会产生这些反应呢？这是因为，人的正常的心理活动首先依赖于感知觉，由感知觉为更复杂的心理活动提供材料和基础，缺失了感知觉，人的心理活动不能正常进行。而人类认识客观事物，首先也是通过感知觉进行的。剥夺感觉的实验表明，感知觉如果被剥夺，被试的记忆、思维、注意等心理活动均会受到严重影响，要经过一段时间的调整才能逐渐恢复正常的心理活动。

（贝纳特，1983）

"感知觉"其实是感觉和知觉的合称，因为，"感觉和知觉通常是同时发生的，因而合称为感知"（黄希庭，1991）。确实，各种心理活动作为一个整体，其实是不能、也不可能截然分割的，它们总是彼此融合、交织在一起的，只是为了研究的需要，才把各种心理活动分别开来，个别地加以分析研究，感觉和知觉也是如此。感知觉通常总是与过去经验联系在一起的，在日常生活中，单纯的感觉是不存在的（除非是新生儿或在特殊条件下）。感觉信息一经通过感觉器官传达到脑，知觉也就随之产生了。

二、感知觉的水平

感知觉由低级到高级可分为三个水平：感觉水平、知觉水平、观察水平。例如，我们对于一块黑板的感知觉，可以是对它的颜色、大小、软硬度、光洁度等个别属性的反映（感觉水平）；进而可以是将各种个别属性组合成一个整体——"黑板"的反映（知觉水平）；再进而则是对这一"整体"更进一步、更精细的理解的反映（观察水平），而事实上，这些反映是有机地整合在一起的。

1. 感觉水平

感觉（sensation）是人脑对当前直接作用于感觉器官的客观事物个别属性的反映。例如，我们看到某种颜色或亮光，听到某种声音，嗅到某种气味，尝到某种味道,冬天感到冷,夏天感到热,都是通过眼、耳、鼻、舌、身(皮肤)等感觉器官而获得的感觉,反映的都只是客观事物的个别属性而不是整体,所以,感觉是感知觉的低级水平,是人类一切心理活动的开端。

按照感觉的对象,可以将感觉分为两大类:外部感觉(视觉、听觉、味觉、嗅觉、肤觉)和内部感觉(机体觉、运动觉、平衡觉),它们各自都有相对应的感受器和适宜刺激(见表2-1)。

表 2-1　感觉水平的种类

感觉的类别			感受器	适宜刺激
外部感觉	视 觉		眼球视网膜上的视细胞	光(电磁波刺激)
	听 觉		内耳耳环蜗的毛细胞	声(声波刺激)
	嗅 觉		鼻黏膜中的嗅细胞	气体(挥发性物质)
	味 觉		舌头味蕾中的味细胞	液体(水溶性物质)
	肤觉	温觉	皮肤黏膜中的神经末梢(温点)	热
		冷觉	皮肤黏膜中的神经末梢(冷点)	冷
		触觉	皮肤黏膜中的神经末梢(压点)	压力
内部感觉	平衡觉		内耳前庭器官中的毛细胞	身体位置变化和运动(机械刺激)
	运动觉		肌、腱、关节中的神经末梢	身体位置变化和运动(机械刺激)
	机体觉		内脏器官壁上的神经末梢	机械刺激、化学刺激

感觉是人类的感觉系统(包括感受器、传入神经和相应的感觉中枢)活动的结果。具体地说,感受器接受客观刺激而产生兴奋,然后由传入神经传导到相应的感觉中枢,感觉就产生了。例如,眼球中的视网膜接受光波的刺激而产生兴奋,由视神经传入大脑皮层的视觉中枢,从而产生颜色视觉;内耳中的耳蜗接受到声波的刺激而产生的兴奋,由听神经传入到大脑皮层的听觉中枢,从而产生听觉。

外部感觉是由外部刺激物引起的,感觉器官位于身体的表面,或者接近于身体表面,以便随时准备接受来自外界的刺激,包括视觉、听觉、味觉、嗅觉、肤觉五种,其中以视觉、听觉最为重要,人类绝大部分的信息都是通过视觉和听觉来接受的。

知识视界 2-2　胎儿的感觉

人在胎儿期就会有感知觉吗？答案是肯定的。

根据有关研究，胎儿的皮肤感觉发育最早，妊娠 49 天左右时，胎儿即能对触觉刺激做出反应。

胎儿的听觉系统大约形成于胎龄 30 周时，这时的胎儿能够听到来自母体外的声音，主要的证据是，音乐能引起胎儿心率的增加。

味觉的形成时间是在胎儿期约 4 个月时。有研究者发现，在孕妇羊水中注入糖精，胎儿会以高于正常速度一倍的频率吸入羊水，而如果在羊水中注入一种味道不好的油，胎儿就会立即停止吸入羊水，并在腹内乱动。

在各种感觉中，视觉形成的时间最晚，胎儿从 7 个月左右开始对光线有较微弱的反应，直到 9 个月时这种定向反应才比较明显——这时对母亲的腹部照射强光，胎儿会闭住眼睛，或将脸转过去。

由于研究手段的限制，目前尚不能确定嗅觉形成的时间，但可以断定的是，嗅觉也是在胎儿期就具备的感觉能力之一。因为婴儿在出生时就具有嗅觉的感觉能力，即使在睡梦中，刚出生的婴儿也会对奶水的气味做出吮吸反应。

内部感觉反映有机体本身各部分运动或内部器官发生的变化。内部感觉有平衡觉、运动觉、机体觉三种。平衡觉又称静觉，反映身体运动速率和方向的感觉，它对于判断和保持人的姿势十分重要，是由人体位置根据重力方向所发生的变化而引起的；运动觉反映身体各部分的位置、运动及肌肉紧张程度，运动觉常常和其他感觉联合组成复合感觉；机体觉反映有机体内部器官活动状态，如饥饿、渴、呕吐及内部疼痛等。

一般而言，大多数的感受器都只对一种刺激（适宜刺激）敏感而产生兴奋，它们与刺激的关系基本上是固定的。例如，眼睛和光、耳朵和声波、鼻和气味等，不适宜刺激一般不会引起兴奋。历史上曾多次出现有人具备感知觉"超能力"的报告，如用耳朵辨认文字等，但最后都无一例外地被证明为虚构。此外，痛觉遍于全身，没有专门的感受器，一般是由于伤害性刺激或过分强烈的刺激而引起的。

无论是内部感觉还是外部感觉，都是一种感觉系统活动的结果，都是脑对当前直接作用于感觉器官的客观事物的个别属性的反映。

2. 知觉水平

知觉（perception）是高于感觉的感知觉水平，是人脑对当前作用于感觉器官的客观事物的整体反映。

知觉和感觉一样,都是对直接作用于感觉器官的当前客观事物的反映,但感觉所反映的只是个别属性,而知觉反映的是整体;通过感觉,我们可知其属性,而通过知觉,我们才能对其有完整的映像。事物总是由许多属性所组成,只有对事物的各个属性知晓得越丰富、越完善,对事物的整体才能知觉得越完整、越准确。

因此,知觉的水平高于感觉,却又以感觉为基础,但知觉并非就是感觉简单机械的相加,而是对刺激物即客观事物的分析、综合的有机结合。知觉的信息源不是单一的,而是复合体,是多个分析器协同活动的结果。感觉和知觉是不同水平的感知觉,是不可分离的。同时,知觉还在一定程度上受到个体知识、经验及各种心理特点(如兴趣、需要、动机、情绪等)的制约。

在实际生活中,人都是以知觉的形式来直接反映客观事物的,除了在实验室等人为条件下,很少存在着孤立的单纯的感觉。因为人们在认识事物时,不仅仅是觉察,而且在此基础上还要分辨和确认。其中觉察是指发现事物的存在,分辨是将这一事物与其他事物分开,而确认则是认出或理解该事物(Moates & Schumacher,1980)。所以,"听"、"看"可以被认为是感觉,但"听到"、"看到"则必然是知觉。总之,知觉是由多种感觉系统的协同活动而产生的综合体。

知觉水平也可分为两大类:一般知觉(简单知觉)和复杂知觉(综合知觉)(见表 2-2)。

表 2-2　知觉水平的种类

一般知觉	复杂知觉
视知觉	时间知觉
听知觉	空间知觉
嗅知觉	运动知觉
味知觉	
肤知觉	

(1) 一般知觉

一般知觉也称简单知觉。由于知觉是多种分析器协同活动的结果,是由多种感觉参与而产生的,知觉的种类也是依照知觉过程中起主导作用的分析器来划分的,所以一般知觉的类别与前述感觉水平种类中的外部感觉相接近,可分为视知觉、听知觉、嗅知觉、味知觉和皮肤知觉五种。例如,学生听课时的知觉就是听觉(听老师讲)、视觉(看板书或看教材)、触觉(翻阅书本、记笔记)等系统的活动,但其中起主导作用的是听觉,因此这时的知觉可以称为听知觉;而参观画展时,也有听觉(听讲解员讲解)、视觉(看展品)等系统的活动,但其中起主导作用的是视觉,因而这时的知觉可称为视知觉;而看电影或看戏剧以及多媒体教学条件下的知觉,则属于视—听知觉。

（2）复杂知觉

复杂知觉是一种综合的知觉,由于多种分析器同时参与活动,这种综合知觉的对象、内容又较复杂,因而可按其所反映对象的性质来划分,分为时间知觉、空间知觉和运动知觉。

时间知觉是客观对象的持续时间、速度和顺序性在人脑中的反映。时间知觉是后天习得的一种条件反射。时间知觉具有不同的形态和对象,主要有长短知觉（久暂知觉）、速度知觉和节奏知觉。研究表明,对于1小时这段时间估计的正确性,初中学生明显要高于小学生,显然这是由于生活和学习的经验所造成的。因此,在考试中,中学生往往比小学生更能准确把握考试时间。

空间知觉是物体的空间特性（形状、大小、远近、方位等）在人脑中的反映。空间知觉也是后天通过学习获得的。它是由视觉、触摸觉、动觉等多种感觉系统协同活动的结果,其中视觉起着重要的作用。空间知觉主要包括：①形状知觉：靠视觉、触摸觉和动觉来判断物体的形状。②大小知觉：靠视觉、触摸觉和动觉来判断物体的大小。③深度知觉：包括判断物体间的绝对距离,即距离知觉,也包括判断一个物体不同部分之间的相对距离,即立体知觉。深度知觉也依赖于视觉、触摸觉和动觉等。④方位知觉：依靠视、听、触、动、平衡觉等协同活动,来判别物体所处方位（上、下、左、右、前、后、东、南、西、北）。空间知觉在学生的体育活动中有较大作用,球类活动中对球门、篮筐、球网、球员之间的距离及方位的判断,跳高、跳远时对助跑距离的判断,均要求学生有准确的空间知觉,才能做出相应有效的动作以取得好成绩。

运动知觉是物体的空间位移、移动速度及人体自身运动状态在人脑中的反映,是由视觉、听觉、肤觉、平衡觉、机体觉、运动觉等系统协同、参与的结果。运动知觉大都是由视觉范围内物体的真正运动所引起的,但在某些情况下,真正静止的物体,由于某种因素的影响也能使人产生运动知觉。运动知觉主要有：①真动知觉：物体发生实际的空间位移所产生的运动知觉。但当物体位移速度过于缓慢时,人就不能觉察到它在运动,例如,我们无法即时感知到时钟分针和时针的运动。决定真动知觉的变量是角速度而不是线速度。②似动知觉：指对没有空间位移的物体所产生的运动知觉。人们对电影画面运动和霓虹灯运动的知觉都属于似动知觉。似动知觉主要依靠的是视觉后像,即在视觉刺激消失后,感觉仍保留一段时间而不立即消失的现象。似动知觉也可看作一种运动错觉。③诱动知觉：由于某一物体的运动而引起另一静止物体的"运动"知觉。诱动知觉也是一种运动错觉。如当浮云遮月时,虽然我们知道移动的是浮云,"静止"的是月亮,但仍会觉得月亮在浮云后迅速移动。许多电影的特技镜头就是根据似动知觉、诱动知觉的原理来拍摄的。

知识视界2-3　自上而下的加工和自下而上的加工

根据当代认知心理学的观点,我们获得感知觉的过程是通过人脑进行自上而下的加工和自下而上的加工两种方式进行的。

自上而下的加工以有关感知觉对象的知识经验为起点,也即是知识、经验、期待等的引导下进行感知觉,所以也叫做概念驱动的加工。例如,当你在一堆书包中寻找自己的书包时,不必将每个书包的颜色、形状、大小、新旧程度等都进行仔细观察,然后再确定是否是自己的书包,而是根据头脑中保存的自己书包的整体形象与这些书包进行对比即可,这时是你头脑中关于自己书包的形象在引导你的感知和搜索。

自下而上的加工则相反,它是以对感知到的物体具体特征为起点,通过感知觉系统的整合,在头脑中形成可识别的形状,也叫做材料驱动的加工。例如,我们听到一段音乐的过程,实际是首先有一连串音符被听觉系统捕获,然后在大脑中整合而成旋律的过程。而实际上,自上而下的加工和自下而上的加工是并存于人类的感知觉过程中的,感知觉是两种加工过程同时作用的结果。

(Eysenck, 2000)

人自身的运动知觉是由多种感受器协同作用产生的复杂知觉:视觉可获得客体位移的信息,肌肉运动感觉获得关于肌肉收缩、舒张、紧张性的信号,身体空间状态、空间位移的信号,前庭器官提供关于人体旋转、倾斜及加速、减速运动的信号,触觉提供身体在平面上位移的信号。视、动、听、触等知觉的综合作用使人知觉到各种运动的形式:运动的形式、幅度、方向、持续时间、速度、性质等等。通过练习可以提高人的运动知觉的能力。

运动知觉中有一种特殊的专门化运动知觉,是运动员在运动实践中经长期专项训练所形成的一种精细主体运动知觉。如"球感"(球类)、"水感"(游泳、跳水等水类运动)、"冰感"(冰上运动)、"雪感"(雪上运动)、"器械感"(体操)、"时间感"(短跑、中跑)、"距离感"(跳高、跳远)等。它是体育活动中的一种精细的主体运动知觉,它能对器械、场地、运动媒质(如空气、水)及时间、空间特性等客体做出高敏锐度和精细分化的识别与认知,并具有运动专项的特点,是在长期的专项训练和运动实践中发生与形成的,对提高运动成绩有着不可忽视的重要作用(马启伟,张力为,1998)。

3. 观察水平

观察(observation)是一种为感知特定对象而组织的有目的、有计划、必要时需要采用一定方法的高水平的感知觉过程，是最高级的感知觉水平。观察也是人脑对当前直接作用于感觉器官的客观事物的整体反映，但是确切地说，它是一种主动积极的、往往与随意注意及思维相联系的紧张的感知觉过程，是更为自觉的感知觉过程。它与分析、综合、比较等思维过程相联系，因此观察也被称为是"思维的知觉"。观察的能力称为观察力，被认为是智力的重要组成部分之一。

人们在观察过程中始终处在探索研究的状态。平时所说的"看"仅仅是感觉，"看到"是知觉，而有目的、有计划、有步骤地进行"看"才是观察。如学生通过观察获得动植物生长发育的知识，天文学家通过观察获得天体运动的规律等。所以，观察是在感觉、知觉的基础上发展起来的，它也是发展思维的良好方法与前提，培养和提高学生的观察能力是教学的重要任务之一。

三、错觉

错觉(illusion)是指在特定条件下对事物所产生的某种固有倾向的歪曲知觉。如前面提到的"月亮错觉"就是日常生活中常见的一种错觉。在一定条件下，错觉是很难避免的，而且也是完全正常的。只要产生错觉的条件具备，任何人都可能会产生同样的错觉。

研究错觉现象及其产生的原因，具有理论和实践的意义。通过对错觉的研究，可以更全面地了解人的认识产生的条件、过程和特点，为批判唯心论和形而上学的认识论以及论证辩证唯物论的认识论提供科学材料。通过对错觉的研究，可以在实践活动中采取措施来识别错觉和利用错觉。识别错觉最有效的办法是实践。在教育上，可以利用错觉创设条件，达到提高学生成绩的目的。在服装设计上，也可以根据人体特征，利用错觉，给人以美的享受。例如，在跳高练习中，教师可以适当加宽横杆长度或加高海绵垫的高度，这会使学生产生横杆高度并不高的错觉，从而减轻学生的紧张和畏难心理，有利于提高成绩。在日常生活中，深色、竖条纹衣服会使身材显得苗条，人们可根据各自体形来选择不同颜色、图形的服装。在艺术设计中，更可以利用错觉设计出新颖美观的产品。这些都属于可以利用的错觉。而应该消除的错觉也有很多，例如在体育活动中，由于场地背景色彩、大小等原因，会造成视觉错觉，从而影响选手对距离的估计，使跳高跳远时踏跳的准确性、投篮的准确性降低，这类错觉要通过在不同场地背景中的练习、比较来加以克服。

根据主客观条件的变化可以将错觉分为视错觉、形重错觉、时间错觉、运动错觉、对比错觉等。

视错觉是指在某些视觉因素的干扰下而产生的错觉。包括关于线条的长度和方向的错觉、图形的大小和形状的错觉等(见图 2-1)。

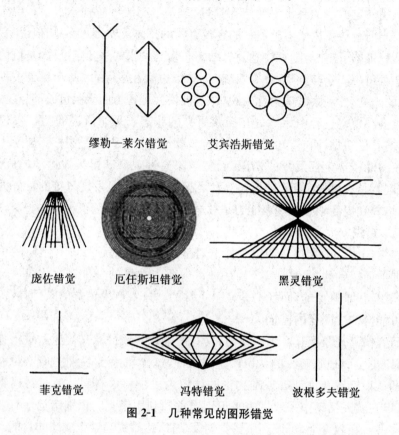

缪勒—莱尔错觉　　　艾宾浩斯错觉

庞佐错觉　　厄任斯坦错觉　　　黑灵错觉

菲克错觉　　　冯特错觉　　　波根多夫错觉

图 2-1　几种常见的图形错觉

形重错觉是指由于视觉的原因而对重量感发生的错觉。如用手托起一公斤铁与一公斤棉花,总会觉得一公斤铁要重些。这是受经验、定势的影响,由视觉而影响到肌肉觉的错觉。

时间错觉则是指在某种情况下,同样长短的时间会发生不同的估计错觉,觉得有快有慢。时间错觉受态度、情绪影响很大。在有趣的紧张活动中觉得时间过得快,而枯燥的活动中会觉得时间过得慢。一节课的考试、一节课的观看影片比起同样是一节课的单调听讲,会觉得时间过去得快得多,也就是这个原因所造成的,所以教师应在课堂上组织多种形式的教学活动,调动学生的学习兴趣,以愉快的情绪充分投入学习,能有效提升课堂教学效果。

运动错觉是对主体或客体在运动觉方面的错觉。例如,在黑夜里,人走路时总觉得月亮在跟着走,而当云在月亮前面移动,又会觉得是月亮在穿过云层。

对比错觉是指同一物体在不同背景上会产生不同的错觉。如跳高时,同样高度和宽度的横杆,室内比赛会觉得比室外比赛时高度更高,这是因为人往往将横杆与周围环境作对比而引起的错觉所造成的。

那么,错觉是如何产生的呢?虽然并没有一种解释能涵盖所有错觉产生的原因,但综合起来,这些原因可归为两大类,一是神经生理因素,如视网膜的形状、视觉神经系统传递过程中信息的损失等,如垂直错觉(即菲克错觉,指等长的两条倒 T 字形垂直线段中竖线看起来更长)可能属于这一原因;二是主观认知因素,如经验、学习等的影响。上述形重错觉的形成即出于这种原因。

第二节　感知觉的一般规律

客观事物被人类感知的过程,是一个主客体相互作用的过程,这一过程是有一定规律可循的。人们在感知外界事物时包含主观成分,同时客观事物的属性也会影响人们的感知觉。本节将揭示这些复杂的规律。

一、感受性及其变化

如前所述,感觉是知觉的基础,那么,首先让我们来探讨一下感受性及其变化。

1. 感受性和感觉阈限

感知觉是客观事物作用于分析器的结果,但是并不是周围客观现实中的任何事物都能引起我们的感知觉。例如人们觉察不到落在皮肤上的尘埃的重量,听不到喧闹的织布车间里工人们相互的议论声。可见,感知觉的产生是有一定条件的。

感受性(sensitivity)是指各种感觉器官对适宜刺激的感觉能力。感受性作为一种能力,是以感觉阈限的大小来度量的。**感觉阈限**(sensory threshold)是指能引起感觉并持续一定时间的刺激量。感觉阈限有一定的范围,超出这个范围的任何刺激量都不能引起任何感觉。如我们感觉不到时钟的分针和时针的走动,是因为它们的速度在我们的运动感觉阈限范围之外。

韦伯(Ernst Heinrich Weber,1795—1878)
　　是德国著名生理学家,心理物理学的先驱,是将心理现象从事量化实验研究的第一人,主要从事血液循环和感觉特别是触觉的研究工作。其贡献表现在三个方面:发现了两点阈限、最小可觉差与韦伯定律。其主要著作有:《论触觉》《触觉与一般感觉》、《关于空间感觉和皮肤与眼镜的感觉范围》。

绝对感受性(absolute sensitivity)是指感觉器官感觉适宜刺激的最小的刺激量的能力。**绝对感觉阈限**(absolute threshold)是指刚刚能引起感觉的最小刺激量。绝对感受性和绝对感觉阈限在数量上成反比关系。即：E = 1/R。E 是指绝对感受性，R 是指绝对感觉阈限。例如，甲乙两学生均坐在教室的窗口位置，甲学生能觉察出窗口有极小的微风，而乙学生却觉察不出，我们就可以认为甲的绝对感受性(能力)比乙强，甲的绝对感觉阈值(数量)较乙小。感受性(能力)越大，感觉阈限(数量)越小，两者成反比例关系。表 2-3 列举了人类一些重要感觉的绝对阈限，从中可以看出，在正常无干扰的情况下，人的绝对感觉阈限很低，也即感官的感受性较高。

表 2-3　人类一些重要感觉的绝对阈限

感觉类别	绝对阈限
视　　觉	晴朗的夜空中可以见到 30 英里外的烛光
听　　觉	安静条件下可以听见 20 英尺外手表的滴答声
味　　觉	一茶匙糖溶于 2 加仑水中可以辨别出甜味
嗅　　觉	一滴香水扩散到三个房间的套房
触　　觉	一只蜜蜂翅膀从 1 厘米高处落在人的面颊
温冷觉	皮肤表面温度有摄氏 1 度之差即可觉察

差别感受性(differential sensitivity)是指能够感觉出两个同类刺激物间的最小差异量的能力。**差别感觉阈限**(differential threshold)是指刚刚能够引起差别感觉的刺激物的最小变化量。差别感受性与差别感觉阈限在数量上也成反比例。在可感觉到的刺激范围内，差别感觉阈限随刺激强度的增减而发生变化。德国生理学家韦伯认为，能够被机体感觉到的刺激强度变化与原刺激强度之比是一个常数。例如，原重量是 100 克的物体，只有增加了 3 克或减少了 3 克才能被我们觉察出与原重量不同，而原重量是 500 克的物体，则需增加 15 克或减少 15 克才能被我们觉察到重量的变化。韦伯将上述关系用如下公式来表示：K = ΔI/I，其中 I 为原刺激强度，ΔI 为可辨别的差值，K 为常数。这个公式后来被称为韦伯定律。ΔI 即为感觉的"差别阈限"。根据研究，人的不同感觉的差别阈限是不同的，在一般情况下，重量的 K 值为 0.03(即 100 克的重量必须在 ±3 克的范围外才能觉察到重量的改变)，而视觉为 0.01，嗅觉为 0.25，压觉为 0.05 等。

了解感觉阈限对发展各种感觉能力具有重要意义。各种感受性存在着个别差异，不同的专业和工作也需要有不同的感受性。体育、音乐、美术等特殊专业对感受性有较高要求。

需要注意的是，绝对感受性和差别感受性之间有一定的相关性，但并没有绝对的固定关系。也就是说，绝对感受性强的人，其差别感受性较强的可能性大，但不一定也强。这是因为影响两者的因素并不完全一致。

2. 感受性的变化

人的感受性并不是一成不变的，由于某种因素的作用，感受性会出现升高或降低的现象，称为感受性的变化。感受性的变化主要有以下几种情况：

（1）感觉适应

感觉适应（sensory adaptation）是指同一感受器接受同一刺激的持续作用，使感受性发生变化的现象。例如，刚下泳池游泳时，觉得水很冷，游了一会儿以后，就产生了肤觉的适应，觉得不那么冷了。

适应是感觉中的普遍现象,它可以引起感受性的提高,也可引起感受性的降低。上例就是一个冷觉感受性降低的过程。另外,各种感觉适应的表现和速度是不同的。一般说来,视觉、嗅觉、肤觉(触、压、温度)适应较明显,听觉适应则较慢。

视觉的明适应和暗适应是我们较为熟悉的适应现象。当从阳光强烈的室外走进光照度很弱的室内,最初只觉得一片漆黑,什么也看不清,稍过一会儿,才能渐渐地看清室内的东西,这就是暗适应过程。这是由于光刺激由强到弱,使视分析器(眼)的感受性相应在发生变化(感受性提高)。若从暗室中走到强烈的阳光下,也同样会在最初时看不清周围的事物,随后才逐渐能看清,这就是明适应(感受性降低)。

明适应和暗适应对实际生活和工作的影响是很广泛的,例如,汽车驾驶员在驾驶途中,可能会经过不同照度的道路,注意明适应和暗适应的影响,有利于提高安全性,减少行车事故。影响明适应和暗适应的因素很多,如前后光照的强度对比越大,达到适应所需要的时间就越长;人体若缺少维生素 A,会导致夜视力不佳,产生暗适应困难;年龄因素也会影响视觉的适应,据研究,人在 30 岁以后,视觉适应能力有所下降。

适应能力是有机体在长期进化过程中形成的,它对于我们清楚地感知外界事物、在复杂的环境中更好地生活具有积极的意义。

(2)感觉对比

感觉对比(sensory contrast)是指同一感受器在不同刺激作用下,感受性在强度和性质上发生变化的现象。

感觉对比有两类:同时对比和继时对比。同时对比指几个刺激物同时作用于同一感受器产生的感受性变化。例如,黑人的牙齿总给人以特别洁白的感觉,所以给人以黑白分明之感;继时对比是指刺激物先后作用于同一感受器时,会使感受性发生变化。例如,吃糖之后吃苹果,会觉得苹果酸;吃了苦的中药后再喝白开水也会觉得有甜味。

感觉对比有时也是错觉产生的一个原因。

(3)感觉相互作用

感觉相互作用(sensory interaction)是指在一定条件下,各种不同的感觉都可能发生相互作用,从而使感受性发生变化的现象。这种相互作用可以使感受性提高,也可以使感受性降低。颜色感觉就具有冷暖感、远近感:红、橙、黄等色有温暖感,称为暖色,同时又能使空间在感觉上变小;蓝、青、紫等色给人寒冷感,称为冷色,同时又能使空间在感觉上变大。颜色的浓淡也会引起轻重感:浅色、艳色的物体使人觉得轻,而深色的物体使人觉得沉重。钱钟书先生在《通感》一文中写道:"在日常经验里,视觉、听觉、触觉、嗅觉、味觉往往可以彼此打动或交通,眼、耳、舌、鼻、身各个官能的领域可以不分界限。颜色似乎会有温度,声音似乎会有形象,冷暖似乎会有重量,气味似乎会有锋芒。"这种"通感",实际上就是不同感觉相互作用的体现。

教育实践 2-1　音乐疗法可缓解英语考试焦虑

音乐作为一种与人的情感体验联系最紧密的艺术形式,可以通过自身独特的内化方式对人的身心产生作用,它可以节制、弱化负性情绪体验,保持心理内环境的和谐统一。音乐疗法是指通过音乐或与音乐有关的活动来改变个体习得的无效模式,促进个体在情感、心理、社交、生理上的成长,实现非音乐的目标。

在一项研究中,研究者通过以音乐曲目欣赏为核心的音乐疗法对英语考试焦虑较严重的 8 名大学生进行为期 8 周的心理干预。干预过程中共进行了 8 次不同主题的音乐欣赏心理辅导活动,每次为 45 分钟,音乐欣赏在安静、光线柔和的环境中进行,使用的曲目有维瓦尔第的《C 大调两支小号协奏曲》、古诺的《圣母颂》、亨德尔的《水上音乐》、莫扎特的《D 大调双钢琴奏鸣曲》、巴赫的《勃兰登堡协奏曲第三首》,以及《月儿高》、《光明行》、《彩云追月》等中国民族音乐。

将 8 名被试在音乐治疗进行前与结束后的英语考试焦虑水平与心理健康水平进行比较,发现经过音乐治疗,被试的考试焦虑症状有明显改善,并且总体心理健康水平有显著提高。这是因为安宁明快的音乐可以让听者获得正面的良好的情感体验,有效改善焦虑症状。

(李雪英,2011)

各种不同感觉间的相互作用,证明人类有机体感觉系统具有一定的相互联系和对客观世界的感性反应的整体性。但是不同感觉间的相互作用也会导致错觉。

(4) 感觉补偿

感觉补偿(sensory compensation)是指由于某种感觉缺失或机能不全,会促进其他感觉的感受性提高,以取得弥补作用。例如,盲人的听觉和触觉、嗅觉特别灵敏,以此来补偿丧失了的视觉功能,但这种补偿作用是由长期的不懈练习才获得的。

(5) 实践的影响

人的感受性的发展具有极大的可能性,在生活和劳动实践的长期锻炼中,可

以大大提高到常人不可能达到的水平。例如,研磨工的视觉极为敏锐,能看到
0.005 mm 空隙,而未受训练者只能分辨出 0.1 mm 的空隙;从事染色职业者可
以区分 40~60 种黑色色调,而一般人只能区分 6~7 种;茶叶、奶酪、烟、酒、香水
的鉴别往往需要人通过嗅觉或味觉来进行,长期从事此类工作的鉴定人员的味
觉、嗅觉就特别发达;音乐家的听音能力、画家的色彩辨别力及空间知觉之所以
较一般人发达,也正是长期实践活动的结果。

　　人的感觉能力在某些方面的高度发展,并非先天有什么特异功能,而主要是
在后天的学习、劳动实践和锻炼中发展起来。因此,为使学生的感受性得以提
高,就必须创造有利的条件,认真组织、引导学生参加实践和锻炼,才能使学生在
感知觉方面的潜能得以表现为现实能力。

　　二、影响某些复杂知觉的因素

　　个体的复杂知觉受到来自方方面面的影响,有些来自于外部环境,而有些源
于个体内部。

　　1. 影响时间知觉的因素

　　人的时间知觉依赖于内外两方面的线索。

　　(1) 外部线索

　　在日常生活中,时间知觉的外部线索主要有两种:一是如日历、钟、表等计时
工具,二是自然界中的周期性现象,如季节变化、昼夜交替、潮汐、太阳升落、月亮
盈亏等等。

　　(2) 内部线索

　　时间知觉的内部线索是指人体内部的周期性节律变化和个人的习惯性生理
变化,如脉搏、呼吸、排泄、月经、睡眠节奏、饥饿程度等。上世纪初起,有生理学
家和心理学家提出人体内存在"生物钟"控制新陈代谢速度的假说,引起了较普
遍的兴趣。

　　知识视界 2-4　生物节律:时间知觉的内部线索之一

　　20 世纪初,德国柏林的医生威廉·弗里斯和奥地利维也纳的心理学家赫
尔曼·斯沃博达这两位互不相识的科学家,各自通过长期的观察研究,最早提
出了人体生物钟理论。他们用统计学的方法对观察到的大量事实进行分析后,
惊奇地发现:人的体力存在着一个 23 天为一周期的"体力盛衰周期"。此外,研
究还发现,人体从微观的 NDA 复制转录、酶的活性及催化反应、单细胞的生长
周期等,到宏观的多细胞组织器官机能,如激素分泌、血压、体温等,都表现出明
显周期性变化。我国学者的研究也表明,在日周期中,运动员整体体能在全日

的最好时刻为下午18～20时,体能的最差时间为凌晨6～8时,自6时以后体能状态逐步升高。这似与运动员比赛成绩一般下午或晚上较好而上午较差相符合。研究还发现,周节律和年节律也有一定规律:在周节律中最良好的工作能力表现在星期三和星期四,而年节律中工作能力第一个高潮在5～6月,第二个高潮在8～10月,这些规律为一些特殊职业(如驾驶员、飞行员)的工作安排和运动员的运动训练与重大比赛的安排提供了重要的参考。

影响时间知觉的因素很多。单从主观方面看,首先,时间知觉的准确性受所使用感觉器官的影响:听觉最强,视觉较差;其次,心理状态也会明显地影响时间知觉:在兴趣状态和紧张状态下会觉得时间过得快,而枯燥的活动内容或处于期待状态时就会觉得时间过得慢。时间知觉在竞技体育运动中有较大意义,如排球中的"时间差"技术、篮球和足球中跑动中传球等,都需要精确的时间知觉的参与,而"百米成绩预先估计"已成为预测提高100米短跑运动成绩的重要心理指标之一了。

2. 影响空间知觉的因素

空间知觉是通过后天学习获得的,它的准确性也受主客观两方面的影响。主观方面,心理的紧张状态会使空间知觉的准确性下降,如没有经验的运动员在足球比赛罚点球时就会觉得球门变得比平时要小,而罚球点与球门的距离又变远了;客观方面,空间知觉的精确性受知觉对象特点与所处情境等的影响,例如,人们判断相对距离的能力(即立体知觉)比判断绝对距离的能力(即距离知觉)要精确得多。

三、知觉的特性及其影响因素

人的知觉具有整体性、选择性、理解性和恒常性的特点。

1. 知觉的整体性

知觉的对象具有不同的属性,由不同的部分组成,但是人并不是将对象的不同属性、不同部分看作是孤立的,而是把它作为一个统一的整体来反映,这就是**知觉的整体性**(wholeness of perception)。例如我们看到一只铅球时,并不仅仅只从视觉获得颜色和形状的认识,还会觉得它坚硬、冰冷、沉重、光滑等,这即是人的多种感觉的共同作用而产生的一个整体的认识,即知觉水平的认识。

影响知觉的整体性的因素很多,主要有接近、相似、闭合、好的连续、好的形态等组织原则。

图2-2中,①图中的方块,由于距离上的接近颜色一致,而被知觉为一个整体;②图中的方块和菱形,由于颜色和形状的相似,每列被知觉为一个整体;③图

因为折线构成的图形近似于矩形,所以人们一般会忽略微小的缺口,将其知觉为一个矩形;④图则因"好的形态"的原则而被知觉为一条弧线和一条曲线的组合,而不会被知觉为两条独立的曲线。

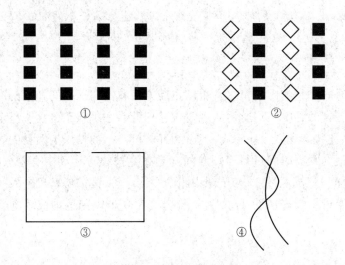

图 2-2　知觉的组织原则

　　知觉的整体性不但在于把对象的各个属性、各个组成部分知觉为一个复合刺激物,而且在于能反映复合刺激物的各个部分之间的关系。因此,只要各部分之间的关系不变,就会被知觉为同一个整体。例如,同一首乐曲用不同的乐器来演奏、同一个汉字用不同的字体书写,都不会对我们的辨识产生大的影响。

　　2. 知觉的选择性

　　知觉的选择性(selectivity of perception)是指在许多知觉对象中,对其中部分对象知觉得特别清晰,其余的对象则作为背景而知觉比较模糊。所以,知觉的选择性表现为对象和背景的关系。

图 2-3　双关图

　　例如,老师上课时,指着教具讲解,这时教具就成了知觉的对象,整个教室就成了知觉的背景,而在教师板书时,则知觉的对象就转换成了黑板上的字。在一定条件下,对象和背景是可以相互转换的。图 2-3 是一个"双关图",由于知觉选择性的原因,这张图可以被知觉为少女,也可被知觉为老妇,两种知觉方式可以相互转换但不能同时存在。这是因为,作用于人的客观世界的内容是如此丰富,人不可能对客观世界的全部事物都清楚地感知,而只能有所选择。

影响知觉选择的因素,从客观方面来看,有刺激的变化、对象、位置、运动、大小、强度、反复出现等;从主观方面来看,有经验、情绪、动机、兴趣、需要等。

学生在上课时,教师若不能有效地组织学生的知觉,则学生的知觉所选择的就会是他个人感兴趣的东西,或是对他具有某种意义、符合他的某种需要的东西。所以教师在课堂教学中,应引导学生对正确的对象进行知觉,形成正确的知觉定向,防止学生自发性的知觉。

知觉的选择性是可以根据活动的要求来增强或减弱的。如登山队员的服装要求十分鲜艳醒目,以增加在雪地中的突出性,起到易识别、判断作用;士兵所穿的迷彩服,则是为了尽量保持与周围环境的一致性,以起到隐蔽、保护的作用。

3. 知觉的理解性

在感知事物时,人总是根据以往的知识经验来对事物进行理解和补充,即回答"是什么"的问题,这就是**知觉的理解性**(understanding of perception)。理解在知觉中的作用是极为重要的,理解可以使知觉更为深刻、更为精确,可以使知觉的速度提高。在知觉理解中,过去经验的作用是第一位的,言语在知觉的理解中也起了一定的指导作用。

以对图 2-4 的知觉为例,这张图初看只是一些斑点,看不出什么确定的东西,但如果略加提示(如"生物"、"动物")甚至有时不加提示,人们也会很快看出是一只狗在地上觅食的轮廓,这是与头脑中保存有狗的轮廓形象分不开的。

图 2-4 斑点图

除语言的提示和引导外,定势、情绪状态因素也会影响知觉的理解性。

知识视界 2-5　从"斯特拉顿眼镜"看知觉的适应

与感觉适应不同,知觉适应是人通过主动调节知觉,达到对外界环境的整体的正确认知。"斯特拉顿眼镜"实验就是知觉适应的典型例证。

1896 年,心理学家斯特拉顿(Stratton)发明了一种戴上后使人感觉上下和左右都颠倒的眼镜,并自己试戴。刚开始时,面对完全颠倒的世界,他几乎不能正常行动,生活受到了很大影响,但到第八天时,他已经基本能够行动自如了。摘下眼镜后,又很快地适应了正常世界。

此后,又有人重复了斯特拉顿的实验,得到了更显著的结果——通过一段时间的知觉适应,人们甚至可以戴着这种眼镜滑雪、驾驶摩托车和飞机。

也有心理学家对斯特拉顿眼镜加以改变来研究知觉适应。例如,2000 年时,安斯蒂斯设计了一个颠倒光线的眼镜并自己试戴。人在戴上这种眼镜后,会把现实世界中的白色看成黑色,黑色则看成白色,即照片底片的效果。刚开始的前几天,他常常认不清物品,也会认错人,但一段时间后,他能正确地认出人脸上的复杂表情。

在上述的知觉适应中,人们并非是通过经验把颠倒的知觉变为正常的知觉,实际上,戴上斯特拉顿眼镜一段时间后,在他们的知觉中,世界仍然是颠倒的,但他们已经学会了主动适应周围环境并协调自己的行动。可见,人类的知觉适应是一个主动学习和调节的过程。

---

4. 知觉的恒常性

当知觉的条件在一定范围内变化时,知觉的映像仍然相对地保持不变,这即是**知觉的恒常性**(constancy of perception)。例如,在我们视网膜的实际映像上,远处和近处行驶的两辆汽车的速度相差很大,但我们的实际知觉却是两辆汽车的速度差不多。

在视知觉中,知觉的恒常性表现得特别明显,主要有形状、大小、颜色、亮度等方面的恒常性。例如,我们看到一个人依次站在离我们 3 米、5 米、10 米远的地方,虽然我们视网膜上的映像大小在这些条件下是不同的,但我们所看到的这个人的大小却是相对不变的。同样,你也不会把离你 3 米远的餐桌上的盘子,知觉得比你身边的盘子要小,因为在你的心目中,它们实质上是一样大小的。从不同角度看篮球板上的篮筐,视觉形象均不同,但也仍然以篮筐是"圆"的形状来知觉的,而实际上真正要看到"圆形"的篮筐,只有在篮筐的正上方和正下方才能看得到,而可能绝大部分人都没有在篮筐的正下方去仰望过篮筐,在篮筐正上方更不可能。

知觉的恒常性在一定的条件下会被破坏,例如,当物体远在 1 000 米以上时,大小知觉的恒常性就会被破坏。在弱光和强光下,颜色的恒常性也会被破坏。

影响知觉恒常性最重要的因素是经验。一些较简单的知觉恒常在幼儿期就已开始逐渐形成了,这是个体在不同条件下认识事物的经验积累的结果。经验越丰富,越有助于感知对象的恒常性。知觉恒常性能使人不受观察条件如角度、距离等的影响,始终按事实的本来面貌来反映事物,所以对人们适应生活环境的帮助很大。

四、青少年感知觉的特点

青少年正处于中学阶段,中学阶段是人生中最关键而又最富有特色的时期,是黄金时代的开端。同样,这也是个十分活跃且变化明显的阶段,青少年时期的个体各种认知功能趋于成熟,认知结构趋于完善。可以说,这是个体认知发展的重要阶段,也是学生掌握知识技能的黄金时期。那么,这一时期青少年的感知觉又有哪些特点呢?

1. 青少年感知觉能力显著增强

在青少年时期,个体的感知觉能力有了较大的发展。个体在 15 岁前后,其视觉和听觉等感觉能力甚至超过成人。例如,一项研究针对儿童、青年、老年在视觉、听觉和触觉三种实验条件下的时间知觉进行测量,结果发现,无论刺激时距长短或以何种方式呈现,均为中青年组的时间知觉水平最高,儿童组次之,老年组最差(刘颂,1990)。初中生对各种颜色的区分能力比小学一年级学生高60%以上(马建播,2008)。初中生对音高的分辨能力也比小学生高很多。青少年的其他感觉也有很大发展,特别是关节、肌肉的感觉能力得到很大的提高,这为青少年从事写字、绘画、体育等活动提供了必要的条件;此外,青少年在知觉的整体性、理解性、选择性和恒常性方面也有显著的变化。知觉整体性的发展主要表现在教学活动或日常生活中青少年能对存在一定缺欠的事物进行修补;知觉理解性的发展主要表现在青少年已经能够根据经验,对事物加以组合、补充、删减或替代,从而形成比较完整的理解;知觉选择性的发展主要表现在一切影响青少年注意发展的因素都影响着他们知觉对象的选择,比如知觉事物的直观性、新异性,学生自身的兴趣、需要、动机等;在知觉恒常性方面,由于受逻辑思维发展水平的限制,初中学生比起高中学生有一定差距,初中生很容易受到局部、片面的刺激困扰,不能稳定不变地反映客观事物,而高中学生更能抓住事物的本质特征,能够更从容、灵活地使用各种概念、定理或规律,更能做到触类旁通、举一反三。研究者发现,在大小知觉恒常性的练习中,大学生组的正确率高于小学生组,研究者认为这是知觉经验不同的原因造成的(宋耀武,1998)。

2. 青少年感知觉的目的更明确

在小学阶段,个体虽然能够按照教师的要求感知一定的对象,但容易受其他刺激的干扰,容易分心,因而需要教师进行监督和指导。初中生能较好地完成教师安排的感知任务,能使观察服务于一定目的,能在没有教师监督或指导的情况下,主动地排除其他刺激的干扰,将注意力集中于预定的活动。但初中生的感知往往是按成人的要求进行的,具有一定的被动性。高中生则有较高的自觉性和目的性,能主动制订观察计划,有意识地进行集中持久的观察,并能对观察活动进行自我监控。

3. 青少年感知觉的时间更持久

中学生在注意力和观察目的性、自觉性发展的基础上,观察可持续时间不断增长。在一定的教学条件下,个体不需要较大的意志努力就能连续观察的时间为:7~10岁的儿童为20分钟左右,10~12岁的儿童为25分钟左右,初中生为40分钟左右。青少年能较好进行有意注意和无意注意的交替运用,通过这种交替,青少年对一定对象的观察所持续时间更长。有研究表明,在一次飞机模型故障的观察中,初中生能平均坚持1小时35分钟,而高中生能平均坚持3小时(马建播,2008)。

4. 青少年感知觉的内容更广泛

这主要表现在青少年的空间知觉和时间知觉有了较大的发展。在空间知觉方面,空间知觉的抽象性有了明显的发展。在小学阶段,个体的空间知觉虽然有了一定的发展,已形成了"上下、左右、前后"初步的空间观念。但这些空间观念是以自我为中心的,离不开具体事物的支持。初中以后,个体逐渐能够在抽象的水平上理解图形的形状、大小及其相互间的位置。例如,他们能比较熟练地掌握三维空间中各维度间的关系,理解透视的原理。但对较复杂的空间关系,仍需要具体经验的支持。另外,宏观的空间观念逐渐形成。例如,掌握地理空间的各种关系,形成关于地球、世界、宇宙等空间表象。青少年空间知觉的发展是学习立体几何等学科的重要心理基础。在时间知觉方面,首先,在时间单位的理解方面,小学生对小时、日、周等与其生活制度有关的时间单位理解较好,但对秒、分钟、月、年等与生活制度关系较远的时间单位的理解不够确切。初中以后几乎所有的学生都能确切地理解秒、分钟、小时、日、周、月、年等时间单位。其次,青少年对各种事件或现象的时间顺序的知觉逐渐完善。这对他们学习历史和阅读文艺作品起了很大作用。最后,青少年开始理解世纪、纪元等历史时间单位。对于这些时间单位,小学高年级学生还不能确切地理解,而初中生一般能够较为精确地理解了。

第三节 感知觉规律在教育中的应用

掌握了感知觉的有关规律之后,我们要将其运用到具体的教学实践之中——教师不仅要灵活运用这些规律开展教学活动,还应当引导学生按照这些规律来进行有效的学习活动。

一、感知觉规律在教书育人中的应用

如何将感知觉规律应用到日常的教学活动中呢? 可以从以下几方面入手:

1. 丰富学生的感性认识

随着年龄的增长,中小学生都逐渐具备了一定的感性知识和经验,但是相对于成年人来说,他们的知识经验毕竟还不足,生活体验还很稚嫩,所以,单纯的语言描述会限制他们对事物的理解水平。在教学中采用直观教学的方法,向学生提供各种感性材料,可以大大提高学生的知识和经验,加深对教材的理解,而且更可以通过直观教学来提示客观事物、客观现象的本质特征和规律,有助于知识的牢固掌握。因此,直观教学这一形式在中小学教学中占有极为重要的地位。

直观教学的形式丰富多彩,其中"实物展示"形式的直观教学应用最多,特别是在中低年级中采用更为广泛。但直观教学并非仅是指实物形式的直观,在教学中还常采用动作示范、图片、图表、教具模型、幻灯、录音录像、教学电影等声像资料,近年来更在教学中使用多媒体电脑技术,使以往较难进行直观教学的课程,如数学、化学等,也可以和语言、物理等课程一样进行直观教学,取得了积极的教学效果。多种形式的直观教学手段,特别是活动的直观教学手段,不但使课堂教学气氛更为活跃,而且促使学生的注意更为稳定和集中,思维更为积极和敏锐,记忆的保持更为持久和深刻,想象更为丰富和活跃。总之,直观教学使得学生的感性认识上升到一个更高的层次,教学效果大大提高。实践证明,对于中小学生,如果不采用或很少采用直观教学,往往是事倍功半;而采用直观教学,则会起到事半功倍之效。

2. 根据感知觉规律组织教学活动,提高教学质量

根据感知觉规律组织教学活动,应注意做到以下几方面:

多媒体教学能够生动直观地呈现学习内容,有效提升学生的学习兴趣。但也有研究者指出,教学中多媒体的使用也容易进入以下四个误区:

1. 课堂的师生互动变成"人机"互动。教师与学生之间的交流是双向互动的,既有知识的传授与反馈,又有思想和情感的交流。而多媒体教学中"人"与"机"的交流是单向的,缺乏情感的交流。学生听的是机器声音,看的是荧屏上的汉字和图像。如果教师只忙着操作机器,不能深入了解学生对知识掌握的情况,这样的课堂就不能做到师生的双向交流。

2. 灵活的教学过程变成固定的机械程序。在使用计算机教学的过程中,还存在这样的现象,即有些教师总是想方设法将学生的思路引到电脑的既定流程上。这些教师将课件设计成顺序式结构,上课时只需按一下键,课件便按顺序播放。课堂上,教师面对的是不同个性、不同层次的学生,要求课件的流向能够根据教学的需要随意调度,根据各层次学生的接受能力和反馈情况,适当增强智能化,才是真正抓住了多媒体教学的精髓。

3. 多媒体计算机完全代替其他传统媒体。多媒体计算机有着其他媒体所无法比拟的优越性,但其他常规媒体许多特色功能也不容忽视。有的教师为了体现教学观念和手段的现代化,使本来根本不需要用多媒体的教学内容也采用多媒体展现,这样反而收不到预期的效果。每种教学媒体都有其自身的结构、性能、特点、适应范围、条件和操作方法。因此,在教学中要依据教学目标、教学内容、教学对象、教学实验性等因素,有的放矢地选择和运用教学手段。

4. 多媒体课件变成华而不实的图片。不管使用什么样的教学手段,完成教学任务是各种教学的最终归宿。在教学实践中,有的教师制作了精美的多媒体课件,但往往只追求形式,忽视了多媒体教学手段在教学中的负面作用。在选择、使用现代教学手段中,画面的色彩、图片的设计、动画效果等都应符合教育规律和心理规律,过分追求多媒体课件的"奢华",会使学生顾此失彼,降低教学效益。

(任玉玲,王雪梅,2011)

(1) 注意从背景中突出对象

根据知觉选择性的规律,知觉对象与背景间的差别越大,就越容易被感知。因此,教师在教学活动中,应注意将教学对象从其他背景中突出出来。例如,在板书时,重点部分可用彩色粉笔书写;批作业时用红笔批改;制作教具时,加强重点部分(对象)与辅助部分(背景)的差别,使学生非常清晰地感知到需认知的内容;在印刷教学资料时,重点内容用粗体;而在教学模型上,把重点或关键部位用色彩鲜艳的颜色标出来,使学生对感知对象一目了然、印象深刻。

（2）发挥言语指导的作用

根据知觉的理解性规律,言语指导在理解知觉对象中具有重要作用,它可以使人们的感知更加迅速、完整和准确。因此,在教学中,教师可合理运用言语指导,帮助学生理解感知对象。尤其在运用实物或模型等直观教学时,应充分与言语指导有机结合起来。在教师合理的言语指导下,学生能迅速感知直观教具的本质特征,避免被表面特征所迷惑。言语与实物或模型等直观教学手段有机结合的方式主要有三种,即言语指导在直观教学之前、言语指导在直观教学之中、言语指导在直观教学之后。教师可根据教学内容的复杂程度、学生理解的难易等因素灵活选择结合的方式。

（3）加强易被忽视内容的教学

人类的知觉具有整体性的特点,复合的刺激物总是作为一个完整的整体而被我们所认知,但它的各个组成部分却起着不同的作用。强的部分所起的作用大于弱的部分——对象中强的部分常决定知觉整体性的特点,而弱的部分常被掩盖和忽视。根据这一规律,教师在教学中不仅要突出强的部分,也要突出弱的、易被忽视的部分。例如,教师在教低年级小学生"太"这个汉字时,"太"字中的笔划"、"可能会因为属于弱的部分而被忽视,那么教师可用对比鲜明的彩色粉笔书写;又如,教师在读英语"worker"一单词时,可有意将"er"音读稍重一点,以防止与"work"一词混淆等。

（4）利用多种分析器的协同作用

个体对客观事物的感知,常通过多种分析器协同活动来实现。多种分析器的协同活动有利于对客观事物进行完整、准确的反映。根据这一规律,在教学中,教师应尽可能使学生的眼、耳、手等多种感官参与学习活动,使学生积极开动脑筋,这样才能提高教学的效果。例如,在教学生外语单词时,要求学生边看、边听、边写等。

二、感知觉规律在自我教育中的应用

感知觉规律不仅能使教学工作事半功倍,同样也能有效地运用于学生的自我教育中,提升自我教育的效果。

1. 利用知觉的品质和特性,提高和促进感知觉水平

知觉的品质主要有知觉的广度、速度、精确性和清晰度等。

知觉的广度是指在同一个时间点上,能够清楚感受到的知觉对象的数量。知觉的广度与注意的广度相似,高水平的知觉广度对迅速精确地形成知觉表象、面对复杂情境迅速做出判断等有很大帮助。

知觉的速度是指完成某种知觉任务（发现、辨认到认清）所必需具备的时间特征。经验可以加快知觉的速度。知觉广度、感觉阈限也影响到知觉的速度。

知觉的精确性指对客体的组成形式（外形）和对客体的维度形成精确的表象。在动作练习方面，知觉的精确性不仅要包含一般的外形，而且要包含在一定的动作参数方面：指向性、幅度、速度、肌肉紧张与松弛程度等，错觉则会降低对客体知觉的精确性。

知觉的清晰度指对对象的各个细微部分能区分到什么程度的特征。影响到知觉清晰度的外部因素，有刺激物的强度、刺激物的对比度等；内部因素则是指主体的视觉、听觉、触觉、肌肉感觉的敏锐性（主要是感受性和感觉阈限）等等。例如，光线过强或过弱都会影响视觉的清晰度，所以教室里应有适宜的照明度，过亮或过暗都会影响学生的视觉质量。噪音超过一定强度，就会损伤人的听力，甚至达到危险的极限。

前面已经讲到教师在"教"的过程中，应根据感知觉的规律来组织教学，那么，学生在"学"的过程中，同样也应对此加以运用，力求提高和促进自身的感知觉水平。对于新的教学环境、新的教学内容，学生应该及时调整自己的心理活动去适应，必要时还要有较强的意志力参与，年龄稍小的学生特别要注意这一点。

客观环境丰富多彩，但并不是所有的对象都需要学生去感知，学生要善于从中选择需要知觉的对象，有时甚至要依靠一定的意志努力去排除干扰。例如在家中做作业而不被家人看电视所影响、在宿舍学习不会因同室同学的讲话而分心，都需要有较强的知觉选择性才可以做到。

由于知觉的整体性，对事物的理解可更趋完整，但有时会只见森林、不见树木，即往往会忽略细节。学生在复述课文时，往往可以讲出故事的情节，而对一些具体的描述，如时间、地点、衣着、环境等就不甚了解，学生平时应该加强自己对周围事物的观察，特别加强对客观事物的细节的观察和领会，通过不断训练，才会有进步。

总之，学生必须认真、积极、主动地去进行知觉，注意动员自身多种感觉器官协同活动，所谓看看、听听、想想、写写、练练，既要大处着眼——看到整体，又要小处着手——不忽略细节，这样对于自身认知活动水平的提高就会有帮助。

学术前沿 2-1　感知学习风格：影响学习的感知因素

学习风格是在先天素质和学习生活环境的共同作用下，在长期学习活动中形成的独特个性特征。学习风格可以从多个维度、多种层面进行分类，有研究者也注意到了学习风格在感知特点上的区别，即感知学习风格。研究者们多以学习中个体在接受困难信息时感觉通道的偏好对感知学习风格进行分类，其中奥布里安(O'Brien，1989)把感知学习风格分为视觉型、听觉型和触觉型(也称动觉型)的分类被广泛接受。具体地说，视觉型学习者偏爱通过录像、图片等视觉刺激获取信息，听觉型学习者倾向于使用交谈、演讲等听觉手段进行学习，而触觉型的学习者在学习中喜欢动手尝试和进行操作性活动。国外一些研究者也编制了感知学习风格的测量工具，如《感知学习风格调查表》、《学习通道偏好调查表》等。

几种感知学习风格在全部学生中所占的比例是不同的。以中学生为例，多数调查发现，除混合型外，视觉型学习者最多，接下来依次是听觉型和触觉型(罗薇，王芳，刘艳虹，2009)。而在性别差异方面，女生更偏爱使用听觉和触觉通道获得信息(Mulalic，Shah，& Ahmad，2009)。但也有调查结果与上述结论并不相同，这主要与调查工具、调查对象等的不同有关。

至于感知学习风格与学业成绩的关系，则随着学科、学习内容、教学呈现方式等的不同而不同。例如，传统的讲授式教学可能对听觉型的学生有利，而多媒体教学则更有利于视觉型学生，实践性教学对触觉型学生的掌握帮助更大。因此，教师在教学中应适当把握学生的感知学习风格类型的分状况，运用感知学习风格与课堂教学相互影响的规律，结合教学内容，选择最合理的教学和呈现方式。

2. 学会观察，善于观察，提高观察质量和水平

"观察，观察，再观察。"这是科学家巴甫洛夫从长期的科学研究中得出的重要经验。"如果对生活不去观察，没有感受，就谈不上表现；或观察后不会分析，看不清实质，也不可能表达深刻，所以只有提高观察、分析生活的能力，才易于提高表达能力。"这是特级语文教师高润华长期任教的经验之谈。在以阐明现象、掌握原理为主的物理、化学、生物等学科以及体育等掌握动作技能的学习中，观察对学习的作用更为重要。一项学生观察与身体练习的比例对任务完成影响的研究结果表明，对于复杂的任务来说，观察与练习各占50%的结合最有利于运动技能的掌握(王晓波，2011)。

那么怎样才能提高观察的质量和水平呢？

首先，教师应向学生提出明确的观察任务，学生应明了、理解观察的目的和意义。明确的观察目的与任务，是良好观察的前提。某中学组织学生参观上海展览馆，事前并无具体要求，过后让学生写一篇关于参观上海展览馆的记叙文，以至于有学生写道："上海展览馆在延安中路1000号，要知详细信息，可乘坐49路、71路公交车前往，必将比我的描述更为精确。"试想，如果教师在参观前布置

了相对具体的观察要求,学生就会根据要求进行观察和写作。因为明确的目的性直接影响知觉的选择性。

第二,要根据观察的任务向学生提出周密的行动计划,学生则要据此制订出具体的计划及实施方案。周密详尽的计划可以避免观察时易产生的盲目性和偶然性,没有计划的盲目"观察",必然会受到兴趣、情绪等影响,而且还会受到各种各样的干扰,因而根本不可能把注意集中到所要观察的某一活动的本质上去,结果往往是片面的、不系统的。

第三,在观察之前,应使学生具备相应的良好知识,并使学生掌握观察的方法,学生则应努力作好必要充分的知识准备,开动脑筋,积极思维。如果说观察前没有计划会"走马观花",那么没有相应的知识准备,则会"视而不见"。要观察彗星,没有天文知识和观测技能不行;要观察球赛,不懂比赛规则不行;要观察人的行为表现,没有心理学知识不行。光有知识准备,没有周密的计划,在实际观察中也会手忙脚乱、顾此失彼、主次不分。

第四,教师要引导学生学会记录并整理观察结果,分析研究,做好观察总结或报告。初中生一般不善于总结和概括,因此教师更要加强指导,而高中生则由于抽象逻辑思维更具概括性、深刻性,教师应引导他们独立完成观察总结。在写观察总结时,学生会发现自己的收获,同时也必须会发现自己的不足,发现新问题,才会不断地得到提高和进步。

第五,教师应针对学生不同的观察类型作不同的指导,学生则应根据自身的特点扬长避短,提高观察水平。

学者王极盛(2010)根据观察的方法是整体的还是细节的,把观察分为三种类型:①分析型:"只见树木,不见森林",习惯于观察事物的细节,而忽视整体的观察,难以理解事物的基本意义。对这样的学生要强调观察的完整和详尽。②综合型:"只见森林,不见树木",习惯于观察事物的一般特征,而忽略对细节的观察,因而对所观察事物的理解很笼统和肤浅。对这样的学生要强调注意观察事物的细节和关联。③分析—综合型:"又见树木,又见森林",这样的学生既注意对事物的整体观察,又善于观察事物的细节,能深入全面地观察,因而观察最为有效,这是在实践中长期训练的结果。

良好的观察力不但能准确、精细地区分事物的一般特征,而且还善于发现事物的特殊性和事物的本质特征,积极思维,善于发现新问题,富有创造性。通过观察,能够获得知识、提高认识、发展智力,而要做到这一些,必须细心、留心、有心加上恒心。

让我们回到本章开头提到的那个案例。虽然有教师的认真观察和写观察日记的要求，但为什么仍然出现这种情况呢？这与这一时期学生的观察特点和观察活动本身的规律有关。如前所述，对这一年龄段的学生来说，要保证观察的效果，一方面教师要明确地提出观察内容方面的要求，如某一种或几种植物的叶的颜色、形状、花或果实的特点等等，另一方面，在观察过程中，言语的解释与说明也很重要，教师或讲解员的讲解能增加观察的理解性，帮助学生观察得更全面和细致，同时记忆也更深刻。

本章小结

感知觉是人脑对当前作用于感觉器官的客观事物的反映，是一切复杂的心理活动的基础。感知觉由低级到高级可分为三个水平：感觉水平、知觉水平和观察水平。错觉是指在特定条件下对事物所产生的某种固有倾向的歪曲知觉。感受性是指各种感觉器官对适宜刺激的感觉能力。感受性作为一种能力，是以感觉阈限的大小来度量的。感觉阈限是指能引起感觉的、持续一定时间的刺激量。影响感受性的因素：感觉适应、感觉对比、感觉相互作用、感觉补偿、实践的影响等。知觉是人脑对当前作用于感觉器官的客观事物的整体反映。知觉可分为一般知觉和复杂知觉。知觉具有整体性、选择性、理解性和恒常性。将感知觉规律在教书育人中应用，要做到丰富学生的感性认识，根据感知觉规律组织教学活动，提高教学质量。在自我教育中应用感知觉规律，可利用知觉的品质和特性，提高和促进感知觉水平，还要学会观察，善于观察，提高观察质量和水平。

思考题

● 什么是感知觉？它包括哪些水平？
● 什么是感受性？感受性受哪些因素的影响？
● 什么是知觉？知觉有哪些特性？
● 感觉与知觉的关系怎样？
● 怎样在教书育人和自我教育中运用感知觉规律？

探索题

● 说出在生活中感受性变化的实例并分析原因。
● 调查学习与教学中运用感知觉规律的实例，并分析对学习和教学的影响。

第三章 思 维

学习重点

- 思维的概念与特性
- 思维的种类与过程
- 问题解决的思维活动阶段
- 问题解决的思维策略
- 影响问题解决的心理因素
- 创造性思维的特点与培养的教学策略
- 青少年思维发展的特点
- 培养思维品质的教学实践

你知道吗?

- "踏破铁鞋无觅处,得来全不费工夫"可用于形容一种什么心理状态呢?

- 你经常做白日梦吗? 如何看待白日梦现象?

- 小潘去看电影,进了电影院后对号入座,正数他坐 23 排,倒数他还坐是 23 排。这个电影院一共有多少排座位呢?

- 人乃万物之灵,这个"灵"究竟灵在什么地方?

- 你能分别说出 20 种以上关于笔、纸、水等的用处吗?

- 有八个苹果装一个筐里,八个小孩每人一个,最后一看,筐里还剩了一个,为什么?

- 有一个人想要过河但水很急,这里有一把梯子和木头,但梯子还差 10 公尺,木头只有 5 公尺,请问他要怎样才能过河?

- 发散思维被视为创造力的核心,你认为如何衡量一个人发散思维水平的高低呢?

- 在日常生活、学习、工作中,你觉得有哪些因素可能影响你解决问题?

- 作为未来的教师,你认为当前急需培养青少年什么思维品质?

在一堂高考数学复习课上，张老师呈现了一道含参数不等式恒成立的问题：当 $0 < t \leqslant 1/2$ 时，不等式 $3t^2 + ct - 1 \leqslant 0$，求 C 的取值范围。张老师的教学共分为五个环节：第一步，他启发同学们回忆含参数方程的有解性问题的求解方法，学生指出有直接求解法、值域法、图象法和利用一元二次方程根的分布理论等四种基本方法；第二步，他请大家尝试用多种方法来解决这个问题，并选择学生的几种解法展示给大家；第三步，他请同学们讨论总结含参数不等式恒成立问题的四种方法，分别命名为直接求解法、最值法、图象法、利用一元二次方程根的分布理论法，并比较这些方法的优劣；第四步，教师呈现四道同类题，学生练习；第五步，再呈现另外四道变式练习题，要求学生将它们与刚才的问题进行比较，并请大家课后每人编一道题（张必华，2007）。

一道例题的教学，张老师竟然设计了五个环节，他为什么要这样做？你认为这样的教学设计会达到什么样的教学效果？当你看完本章后，就能找到答案。

第一节　思维的概述

思维是人类的高级认知过程，是我们智慧的集中体现，举凡知古通今、预测未来、判断推理、做出抉择甚至生活中任何一个问题的解决，都需要有思维的积极参与。正是因为拥有思维，所以尽管人的视觉不如鹰、嗅觉不如犬，但人仍然成为万物之灵。因此，与其他的生物不同，我们的成功归因于智力和思维能力，这比身体的力量和速度更重要（Solso，Maclin，& Maclin，2005）。

一、思维的概念

思维（thinking）是人对客观现实的间接的和概括的反映，是认知的高级形式，它反映的是客观事物的本质属性和规律性的联系。人能凭借思维完成概括、判断、推理等复杂的认知任务。

思维究竟是怎样的过程？西方心理学家偏重于思维过程本身，一般认为，思维是一个复杂的、多侧面的过程；是一个内隐的过程，可能是非行为的过程，采取行动之前，有一系列的隐蔽的心理活动。思维往往利用记忆，预测尚未发生的事件，想象各种从未发生过的事件。思维的功能之一就是产生和控制外显的行为。我国心理学界偏重于思维区别于其他认知过程的特点，认为思维反映事物本质属性和事物之间的规律性的联系。人对客观现实的认识总是遵循着由表及里、由外而内的发展过程。感觉和知觉是人类对客观现实认识的初级阶段,是对客观事物外部特征和外在联系的直接反映。初级的认识是认识活动的必需和重要阶段。在感知觉基础上,对客观事物作更深入的认识,就涉及人类高级的认识活动——思维。

思维具有两个最基本的特性:间接性和概括性。

思维的**间接性**(indirection)是指思维能以个体已有的知识经验和其他事物为媒介来反映客观事物。也就是说,人在没有直接感知客观事物的情况下,能通过思维过程,根据已知的信息推断出没有直接观察到的事物。如人类学家虽然不可能回到过去的年代直接观察人类祖先的生活情况,却能根据古生物化石及有关资料,推知人类过去的生活和进化的历程;地质学家虽然没能进入地下直接查看地下深处的矿石,但能根据地表岩石的结构和质地,推测地下矿藏的种类、储量及其分布情况;物理学家更是在无法用肉眼直接看到物质原子的情况下,竟神奇地根据拍摄基本粒子的相互作用和碰撞所留痕迹的照片,来推断原子的内部结构。

正因为人类思维具有间接性这一特点,人们才能够对没有直接作用于感觉器官的客观事物及其属性或联系加以反映,才能够在现实事物的基础上无止境地扩展认识,才能在今天设想着明天,规划着未来,大大拓展人类实践的范围,将认识的时空推向无限。

思维的**概括性**(generality)就是把同类事物的共同特征抽取出来,加以推广,反映事物之间固有的、必然的联系。概括性是一切科学研究必需的认知特性,而且概括能力越强,知识系统性越强,迁移越灵活,思维的发展水平就越高。这种概括性具体表现在以下两个方面:

一是思维能通过抽取同一类事物的共同特征加以概括来反映事物。同一类事物的共同特征也就是事物的本质特征。透过事物的表面现象而深入到事物内部,抽象出本质特征,这是感知觉无法企及的。例如,通过感知觉,我们只能观察到具体鸟类的外形和活动情况,通过思维才能概括出鸟类的本质特征:有羽毛、卵生等共同特征,而会飞只是鸟类的表面现象,不是其本质特征。根据鸟类的特点,通过思维,人们认识到现在已经基本失去飞行能力的鸡、鸭等家禽也属于鸟类,而蝙蝠虽然会飞但不具有鸟类的本质特征,因此蝙蝠就被排除在鸟类之外。同理,我们知道,鲸鱼生活在水里却不是鱼,蛇没有腿却是爬行动物等,都是透过表面现象,通过思维概括出本质特征,从而得以正确分类的。

二是思维能概括出事物间的必然联系来反映事物。事物间的必然联系也就是事物间的规律性联系,思维能透过事物的表面现象揭示其内在的规律。例如,通过感知觉,我们只能看到这样一列数字:3、6、8、16,而通过思维人们能够寻找出这些数字中所蕴涵的规律性联系,能够在这列数字后面续上18、36……同理,每次看到"月晕"就要"刮风",地面"潮湿"就要"下雨",从而得出"月晕而风"、"础晕而雨"的结论,都是人们通过思维概括出事物的内在关系,得到规律性的认识,从而达到解决问题、适应环境的目的。

总之,人类能够认识事物的本质、发现其规律,与思维的特性有着直接的关系。思维的两个特性之间既有区别又相互联系。人之所以能够间接地反映事物,是因为人有概括性的知识经验,而人的知识经验越概括,就越能扩大间接反映事物的能力。

除此之外,人类的主要思维活动还具有其他一些特性。例如,思维具有逻辑性。逻辑性是思维特别是抽象思维的重要特性。虽然每个人逻辑思维水平不同,但是思维总是按照一定的形式、方法和规则来进行。还有,思维往往以解决一个问题为目的,总是与完成某个任务相联系,因而又具有目的性。同时,思维作为一种探索和发现新事物的心理过程,常常指向事物的新特征和新关系,这就需要人对头脑中已有的知识经验不断进行更新和改组(李红,2009),故思维还具有建构性。这些使人类的思维活动表现出主观能动性,为更深入认识客观事物和规律创造条件。

思维对于人类具有一系列的重要意义。首先,思维有助于不断扩大人的认识范围,不仅认识现在,还可回溯过去和预见未来。例如,地球物理工作者就是根据已有的地球运动资料,预报地震和火山爆发的情况。其次,思维有利于不断提高人的认识深度,不仅认识人们一般性接触到的事物,抓住其规律,还可以把握人们不能直接感知的事物以及规律,使人对现实事物的认识得以不断深化。例如,对于物质结构的认识,在实验的基础上通过思维的不断深入,由分子水平到原子水平,再到核内中子、质子水平,直至夸克水平,并且进一步发现夸克也不是物质的最基本单位,还可以继续分化。尽管不能直接感知,但是可以通过思维使人对物质结构不断深化认识,揭示出其规律性。再次,思维是进行实践活动特别是创造活动最重要的心理因素,能使人由认识世界转向改造世界,不仅能使人掌握知识、认识规律,还可以使人运用知识和规律解决现实问题,进行创造性活动。人们憧憬的高科技化、高信息化、高智能化的社会前景,正是人类思维高度发达的体现。

二、思维的种类

思维是一种极其复杂的心理现象,这突出地表现在思维的种类上。我们可以从不同的维度、按照不同的标准对思维做出不同的划分。

1. 动作思维、形象思维和抽象思维

以思维的凭借物维度划分，可把思维分为动作思维、形象思维和抽象思维三类。

（1）**动作思维**（action thinking）　是运用动作进行的思维活动。动作思维是较早出现的一种思维类型，在儿童早期思维活动中占主要地位，其作用主要在于协调感知和动作，在直接接触客观事物时产生直观行动的初步概括。动作思维随着个体年龄的增加而逐渐减少，一方面让位于形象思维和抽象思维，另一方面向高水平的动作思维形式——操作思维发展，这在现代成人身上有明显的体现。例如家电维修工、汽车检修工等修理人员，工作中较多使用的就是操作思维。具体来说，在对一台电视机进行维修时，一边运用仪器逐级检查，一边思考故障的原因，直至发现问题、排除故障为止，整个过程中动作思维占据主要地位。需要注意的是，动作思维与其他思维相比，没有所谓的高级与低级之分，只是人类的一种思维类型。

（2）**形象思维**（imagery thinking）　是运用已有表象进行的思维活动。表象是当事物不在面前时，人们在头脑中出现的关于事物的形象。表象为思维提供感性基础，有利于对事物概括性的认识，有利于问题的解决。例如，对于"形状"这个概念，小学生常常用三角形、长方形、正方形等具体的图形来理解。不仅艺术家、作家、导演需要运用形象思维，就是工程师、设计师甚至科学家等都离不开形象思维。学生更是依靠形象思维来理解史、地、文、数、理、化等各种知识，并成为发展抽象思维的基础。

具体形象与语言相结合后，不仅运用了抽象的语词，而且带有鲜明的特点，发展成高级的逻辑思维。如文艺作品就是形象逻辑思维的产物，运用形象的东西说明深刻的道理。现代研究表明，在创造性活动中形象思维具有独特的作用，它与抽象思维配合，为人类的创造活动创造了极为重要的认知条件，成为创造性思维的核心成分，并与开发人类右脑、充分发掘大脑潜力紧密相连。

（3）**抽象思维**（abstract thinking）　也称抽象逻辑思维，是运用概念、判断、推理等思维形式进行的思维活动。**概念**（concept）是人反映事物本质属性的一种思维形式，是思维的基石，更是抽象思维的支柱。**判断**（judgment）是人脑反映事物之间联系和关系的思维形式。它是在概括基础上形成的对事物有所断定的思维形式之一。判断主要有直接判断与间接判断、肯定判断与否定判断等类型。**推理**（reasoning）是由一个或几个已知的判断（前提），推导出一个未知的结论的思维过程。其作用是从已知的知识得到未知的知识,特别是可以得到不可能通过感觉经验掌握的未知知识。推理主要有演绎推理和归纳推理。例如,学生运用数学概念进行数学运算或推导时,涉及的主要是抽象思维;科学人员根据实验材料进行某种推理、判断时,涉及的也是抽象思维。

学术前沿 3-1　推理的 ERP 等相关研究

推理作为一门研究人们思维形式及其规律和一些简单的逻辑方法的科学,受到广泛而深入的研究。研究者们用不同的实验任务和研究范式,从不同角度对推理进行探索。以下是这个领域相关的研究成果。

1. 类比推理的 ERP 研究

郭周云等人(2011)的研究以几何图形作为实验材料,测定 14 名硕士研究生在完成两种类比推理任务(大小变化和颜色变化)和其基线任务时的事件相关电位(ERP),探讨类比推理过程的脑内时程动态变化。研究发现,两种推理任务所诱发的波形基本一致,而推理任务与其基线任务之间的 ERP 波形存在显著差异,两种基线任务之间的 ERP 波形也存在显著差异;类比推理的加工过程是有阶段性的,即编码、推断、映射、得出结论,研究结果进一步支持了斯滕伯格(Sternberg,1985,1988)的成分理论;推断和映射这两个类比推理所特有的加工阶段都有其对应的脑机制,图式推断阶段主要激活的是前额皮层和双侧的顶叶皮层,类比映射和调整阶段主要激活的是左半球的颞叶、额叶和中央顶。

2. 传递性推理的 ERP 研究

张凤华等人(2009)以抽象的内容作为实验材料,测定 15 名大学生在完成三种不同类型的传递性推理任务和基线任务(记忆判断任务)时的事件相关电位(ERP),探讨传递性推理过程的脑内时程动态变化。研究发现,三种推理任务所诱发的波形基本一致,而推理任务与基线任务之间的 ERP 波形存在明显的差异。这说明对于传递性推理,被试可能是根据视觉的空间表征对信息进行加工的,结果进一步支持了心理模型理论。

3. 关于条件推理的 ERP 研究

邱江等人(2006)以抽象的条件命题作为实验材料,测定 13 名大学生在完成 MP、AC、DA、MT 推理(推测判断任务)和基线任务(记忆判断任务)时的事件相关电位(ERP),初步探讨不同推理类型的脑内时程动态变化。这是使用 ERP 技术来研究条件推理脑机制的初步尝试。结果发现,五种任务所诱发的

ERP早成分均不存在显著差异,在头皮前部的左外侧额区和左颞区,MP与DA推理与基线任务相比,均诱发一个更明显的晚期正成分(450~1 100 ms),在右外侧额区则诱发一个更明显的晚期负成分(450~1 100 ms);与之相反,MT与AC推理与基线任务相比,在左侧诱发一个更明显的晚期负成分(450~1 100 ms),在右侧诱发一个更明显的晚期正成分(450~1 100 ms),这一结果可能是由于左右脑在推理中的认知功能以及四种推理类型之间存在的差异所致,同时也表明推测过程主要激活了左右侧的前额部、颞叶等区域,基本支持戈尔(Goel)等人的双加工理论。

4. 情绪调节策略对推理的影响

张敏、卢家楣等人(2008)使用两种推理题作为实验材料,比较负性情绪诱发状态下情绪调节策略使用与否以及不同情绪调节策略对推理的影响。结果发现,认知重评组的成绩好于表达抑制组和无调节组,存在显著差异;表达抑制组与无调节组之间不存在差异。此外,在表达抑制组中,男生的图形推理成绩好于女生,存在显著的性别差异。因此,个体不同推理任务的成绩与是否使用调节策略、使用什么策略及性别有关。

抽象思维是人类思维的核心形态,它又分**形式逻辑思维和辩证逻辑思维**。两者的联系表现在:辩证逻辑思维必须在形式逻辑思维的基础上形成,而形式逻辑思维向辩证逻辑思维的发展又是抽象思维发展的重要方面。两者的主要区别如下:

其一,形式逻辑思维是初级逻辑,遵循的是同一律、排中律和矛盾律,而辩证逻辑思维是高级逻辑,遵循的则是对立统一规律、量变质变规律和否定之否定规律。

其二,形式逻辑思维中的概念具有确定性和抽象性,反对思维的自相矛盾,而辩证逻辑思维中的概念则具有灵活性和具体性,强调思维反映事物的内在矛盾。

其三,形式逻辑思维中的概念是无矛盾性的,具有确定、绝对、静止、单一的特性。而辩证逻辑中的概念是有矛盾性的,具有变化、相对、运动、多样的特征。例如,"自由"这一概念,在形式逻辑中是指绝对的自由,而在辩证逻辑中则是指在一定纪律约束下的自由。辩证逻辑思维是在形式逻辑思维发展的基础上形成的,是抽象思维的高级阶段,是以自然界中到处盛行的对立中的运动事实的反映。

百家争鸣 3-1　辩证思维——人类思维发展的最高阶段

著名心理学家皮亚杰(Piaget)认为,个体到 15 岁左右思维发展便达到最高阶段——形式运算阶段,即出现形式运算思维。然而,又有一些心理学家研究发现,事实上,个体在发展形式运算之后,还会出现新的思维形式。有的称之为辩证运算,有的则称之为后形式运算。克雷默(Kramer, 1989)将这类思维的特点概括为三点:①对知识相对性的意识;②接受矛盾;③在辩证的整体内整合矛盾。上世纪 80 年代我国心理学工作者对青少年辩证思维问题进行了大规模的实证性研究,以确凿的材料证实其在个体中的存在,并发现在青少年个体身上辩证思维的发展相对滞后于形式思维发展的事实,为学校针对青少年思维发展的这一特点进行教育提供了科学依据。

辩证思维和形式思维一样,都是逻辑思维,因而它们也可分别称为辩证逻辑思维和形式逻辑思维。拉波微-微夫(Labouvie-Vief, 1985)等人曾运用类似如下的一些故事材料对 9~49 岁的被试的思维活动进行研究:

"约翰是个酒鬼,尤其是参加晚会时,很容易喝醉。玛丽(约翰的妻子)曾告诫他,如果他再喝醉一次,她将带着孩子离开他。一天,约翰外出又很晚才回来,并且又喝醉了。问题:①玛丽会离开她吗? ②你对你的答案肯定程度如何?"

结果发现,年幼些的青少年的回答更多采用形式逻辑思维,按三段论推理,认为玛丽会离开约翰,而且回答很肯定。但随着年龄的增长,被试对故事的歧义性意识越来越清楚,也就不再绝对按字面意思进行三段论推理,而是开始考虑故事中人物的动机、情感等人际关系因素。年幼的青少年思维强调逻辑性、客观性与确定性,属形式逻辑思维;随着年龄的增长,越来越多的被试,尤其是成人,其思维则更多地考虑具体的问题,强调了灵活性、主观性、具体性,渐显辩证逻辑思维特点。

2. 聚合思维和发散思维

以思维探索问题答案的方向划分,可把思维分为聚合思维和发散思维两类。

(1) **聚合思维**(convergent thinking)　又称求同思维、辐合思维,就是把问题所提供的各种信息聚合起来分析、整合,最终得出一个正确或最好的答案。思维进行聚合的目的是为了揭示不同事物之间的联系,把握事物的整体发展。就思维方向而言,聚合思维具有收敛、集中的特点。聚合思维具有过程的严谨性、思路的归一性和结论的论证性等特征。例如,学生在解题时,将问题 A 与问题 B、问题 C 等联系起来,归为同一类问题;学生在考试时,从若干答案中选择一个最佳的答案等等,都是在运用聚合思维。

（2）**发散思维**（divergent thinking）　又称求异思维、辐射思维，是指在创造和解决问题的过程中，从已有的信息出发，沿着不同的方向扩展，不受已知或现在方式、规则等的约束，尽可能通过各种途径寻求多种办法的思维。发散思维能够产生大量独特的新思想，好像自行车的车轮一样，以车轴为中心向外辐射。例如，曾经有一道题："树上有10只鸟，被打死了一只，请问还有几只鸟？"这个题目的回答如果是有前提的情况下，答案就只有一个，即树上没有鸟了。因为打死的鸟从树上掉下来了，其他的鸟都吓得飞走了。如果附加多种前提，答案就有多种假设：一只，死的那只挂在树上；两只，两只幼鸟不会飞；9只，用无声枪打等等。可见，发散思维可以多元扩散，是创造性活动中极为重要的一种思维，也是传统教育培养学生所忽视的一种思维，应该在现代教育中引起高度重视。

教育实践3-1　逻辑思维的训练

题：在八个同样大小的杯中有七杯盛的是凉开水，一杯盛的是白糖水。你能否只尝三次，就找出盛白糖水的杯子来？

解：先要再准备四个空杯子，将八杯分为两组，一组四个，将每组的水都取出一部分倒入空杯子中，这样就有两杯水都分别汇集了四个杯子的水的信息，注意到糖分这个信息是可以掩盖纯水的信息的。再两杯水只尝一次，如果是甜的，那么糖水一定在这一组中，不是甜的，那么一定是在另一组中，这样就可以知道糖水在哪一组。然后再将那四个杯子分为两组，一组两个，也是同上的步骤，就可以知道糖水在哪一组，最后只剩两个杯子，同上只用尝一次，就可以知道哪杯是甜的。其实逻辑说白了就是用是否判断来处理信息，本身不会增加原始信息。而且本身糖水这种信息是有覆盖特性的，如果换成其他的，方法就又不一样了，最好是可乐，这样不用尝一看就知道，因为可乐的信息是可见的。这里由于二的三次方就是八，因此正好是要用三次判断八杯水，16杯水就是尝四次，依次类推。

---

3. 再造性思维和创造性思维

以思维的创造性维度划分，思维可分为再造性思维和创造性思维两类。

（1）**再造性思维**（reproductive thinking）　又称常规性思维，是指人们运用已获得的知识经验，按惯常的方式解决问题的思维。例如，学生利用学过的公式，解决同一类型问题时所运用的思维。

（2）**创造性思维**（creative thinking）　是指以新异、独创的方式解决问题的思维。例如，科学家提出某种新的理论；工程技术人员做出某种革新；学生在解决问题时想出某种新的解法等，这些活动中大量运用的是创造性思维。创造性思维是人类思维的高级形式,是人类创造性活动的核心成分,也是现代学校在面向未来的素质教育中应该努力培养的一种思维。

学术前沿 3-2　创造性思维的脑机制

由于创造性思维过程和表现的复杂性,目前还没有对创造性思维类型的一致公认的划分。研究者们用不同的实验任务和实验范型,从不同的角度对创造性思维的脑机制进行了一些有益的探索,已有的研究集中于顿悟、发散性思维、远距离联想、言语创造性和图画创造性的对比等。以下是这些领域的相关研究成果。

1. 顿悟的脑机制研究

综合许多研究成果发现,脑外侧前额叶、左侧额下/额中回、额极、前扣带回、楔前叶、右侧颞上回以及枕叶下回和小脑都对顿悟具有重要作用,但是这些脑区在顿悟中的作用还不十分清晰,有待进一步研究。

2. 发散性思维的脑机制研究

综观许多脑电和脑成像研究可以得出,发散性思维需要多个存储有不同形式知识脑区的共同作用,创造性观念的产生是脑系统高度分布式加工的结果。

3. 远距离联想的脑机制研究

综合许多研究结果发现,远距离联想任务的解决,需要大脑额叶和顶枕颞叶相互协作和互补,其中大脑左侧颞中回和缘上回以及右侧额叶和左侧扣带回对远距离联想具有关键作用。但是也可以看到,由于实验任务和测量方法的不同,远距离联想的脑定位就不同,还不能够真正无可辩驳地揭示远距离联想的脑机制。

4. 言语创造性和图画创造性的对比研究

创造性观念的产生涉及多个大脑区域,言语创造性主要激活的有双侧额叶中央尤其是右侧额叶、左侧颞中回和缘上回;图画创造性除激活上述区域外还激活右前小脑。尚未见到关于音乐创造性的脑机制研究。

(刘春雷,王敏,张庆林,2009)

---

4. 直觉思维和分析思维

以思维的逻辑维度划分,思维可分为直觉思维和分析思维两类。

(1) **直觉思维**(intuitive thinking)　是一种没有经过严密推理与论述而径直地猜度问题关键的思维。许多科学家的创造发明就是从直觉开始的。这是一种非逻辑思维,常表现为一种猜测、预感、设想等,但因其产生之初尚缺乏可靠的论证,容易被人们当作妄想、臆断而加以否定。教学领域中的哥德巴赫猜想、巴尔姆断言等都是当初数学大师未经论证而提出的一种直觉判断,但为后人所确信,并为此进行锲而不舍的论证工作。

（2）**分析思维**（analysis thinking）　是一种严格遵循逻辑规律、逐步进行分析与推导以得出合理结论的思维。这是一种逻辑思维，以严密的逻辑推理为特点。如学生通过逐步推理和论证解决问题的思维便是这类思维的典型。

5. 上升性思维、求解性思维和决策性思维

以思维的目的维度划分，思维可分为上升性思维、求解性思维和决策性思维三类。

（1）**上升性思维**（upgrading thinking）　是从个别的事物和经验中，通过分析、综合、比较、归纳，概括出具有一般特征和普遍规律性的思维。例如，对某些现象的概括、对某些经验的理论上的提炼。此类思维为理论工作者所常用。

（2）**求解性思维**（solving thinking）　是寻求解决某个具体问题的思维。学习过程中的学生思维活动，大多数思维属求解性思维。

（3）**决策性思维**（strategical thinking）　是对未来事件发生的可能性予以估计并从中选择最理想解决方案的思维，大多数管理工作者在决策时采用决策性思维。

学术前沿 3-3　反事实思维

反事实思维（counterfactual thinking）是美国著名心理学家、诺贝尔经济学奖获得者卡尔曼（Kahneman）和同事在 1982 年发表的一篇名为"模拟式启发（The simulation heuristic）"的论文时首次提出的。它是基于人类是非理性假设的前提下提出的。反事实思维是对过去已经发生过的事件，之后进行判断和决策后的一种心理模拟。反事实思维通常是在头脑中对已经发生了的事件进行否定，然后表征原本可能发生但现实并未发生的心理活动。它在头脑中一般是以反事实条件句的形式出现。反事实条件句也叫"虚拟蕴涵命题"，它具有"如果……那么……"的形式。例如："如果刚才没买那件衣服，现在就可以买这件了。"根据发生的方向可将反事实思维分为上行反事实思维和下行反事实思维。前者也称为"上行假设"，是对于过去已经发生了的事件，想象如果满足某种条件，就有可能出现比真实结果更好的结果。例如，"如果比赛前能到比赛场地进行过适应性训练的话，那么今天这场球就不会输"。后者也称为"下行假设"，是指可替代的结果比真实的结果更糟糕，如"幸好比赛前到比赛场地进行了适应性训练，要不然今天这场球肯定会输"。有学者研究证实，获得铜牌的选手往往比获得银牌的选手更开心。这是因为，铜牌得主运用的是下行假设，即如果我发挥得稍微差一点，

102

就与奖牌失之交臂了;银牌得主运用的则是上行假设,即如果我发挥得更好一点,就能登上最高领奖台了。通常碰到负面事件,人们容易产生类似于银牌选手的上行假设,常常设想事情本来可以做得更好一些,而碰到正面事件,人们则容易产生类似于铜牌选手下行假设,常常设想事情要是做得稍微差一点就糟了。

自上个世纪80年代反事实思维提出以来,国内外的学者对反事实思维的类型、研究范式、功能、ERP研究等方面做了很多探索,为了解反事实思维提供了丰富的资料。例如,岳玲云、李红等(2011)利用事件相关电位技术(ERP),采用简单赌博任务范式,考察具有"评估倾向"和"行动倾向"的两类个体在反事实思维上的差异及其神经电生理证据。行为结果表明:评估倾向的个体比行动倾向的个体产生更强的反事实思维,两者差异极其显著;脑电结果表明:(1)在反映结果快速评价的FRN上,组别主效应显著,评估倾向的个体所产生的FRN波幅显著大于行动倾向的个体,(2)在P300上,组别主效应显著,评估倾向的个体所产生的P300波幅显著大于行动倾向的个体。简而言之,两种不同调控方式的个体在反事实思维强度上存在着显著差异,这在FRN和P300上得到了反映,评估倾向的个体所产生的反事实思维更强,情绪体验也更加强烈。不同调控方式的个体,其反事实思维具有不同的特点和不同的大脑活动。陈武英(2010)认为,反事实思维与情绪之间是相互影响的关系,从反事实思维的角度进行研究,发现反事实思维的方向和关注点如果不同,引发的情绪也会不同。从特定情绪的角度展开研究,发现情绪对反事实思维也有影响作用,两者可以互为因果。

6. 经验型思维和理论型思维

以思维的依据来源维度划分,思维可分为经验思维和理论思维。

(1) **经验型思维**(experiential thinking) 是一种以日常生活经验为依据形成概念、进行判断和推理的思维。例如,学前儿童根据自己的经验,认为"鸟是会飞的动物"就属于经验思维。由于只是经验的不足,这种思维易产生片面性,甚至得出曲解或错误的结论。

(2) **理论型思维**(theoretical thinking) 是一种根据科学的概念、原理、定律、公式等,判断事物、解决问题的思维。例如,人们说"心理是客观现实在人脑中的主观映象",就是理论思维的结果。这种思维活动往往能抓住事物的本质,使问题得到正确的解决。

三、思维的特殊形式——想象

想象(imagination)是人对已有表象进行加工、改造和重新组合,形成新形象的过程。例如三头六臂、牛头马面或孙悟空斗妖怪的场面,这些都不是曾经经历过的客观现实,但这些新形象却都由我们头脑中已有的一些表象粘合、重新组合

而成。想象具有形象性、新颖性、创造性和高度概括性等特点。"想象是思维活动的一种特殊形式。"(孟昭兰,1994)

1. 想象的分类

从不同的维度上,想象可划分为不同的种类。

(1) 根据目的性划分,想象可以分为无意想象和有意想象

① **无意想象**(involuntary imagination) 是没有预定目的的、不由自主地产生的想象,也可以称为不随意想象,常常在注意力不集中或半睡眠状态发生。例如,看见天上的白云,会想象成某种动物或事物;有的学生听课时走了神,也会任凭想象驰骋;在进入青年期后的男女学生身上出现的"白日梦"现象,也是无意想象的表现。无意想象的一个极端的例子是梦。虽然梦的内容有时十分荒诞,但它的构成成分仍然是已有表象的加工、改造,故有"日有所思,夜有所梦"之说。梦有离奇性和逼真性两个特点。

② **有意想象**(voluntary imagination) 是有预定目的、自觉进行的想象。例如,在居室装潢时,我们会在装潢前对房间布置进行想象,然后从中选择想象中最好的情景进行装潢,以取得最佳效果;学生在计算感生电动势的时候,想象导体在磁场中运动的角度和切割磁力线的情况,以求得正确的答案,这里的想象都是有意想象。

(2) 根据想象内容的形成方式,想象可以分为再造想象和创造想象

① **再造想象**(reproductive imagination) 是依据词语或符号的描述、示意,在头脑中形成与之相应的新形象的过程。例如,读小说《红楼梦》,头脑中浮现出"大观园"的情景;看建筑图纸,构想新大厦的外貌;听小提琴曲《梁祝》,随之想象故事的情节等,都是再造想象的表现。

② **创造想象**(creative imagination) 是不依据现成的描述而独立创造新形象的过程。作家创作小说、作曲家谱写新曲、画家构思新作、设计师描绘蓝图……都是大量运用创造想象的过程。创造想象以再造想象为基础,但要比再造想象更富有创造性,更为复杂、困难和新颖。例如《阿Q正传》中的阿Q是一个独特的典型的新形象,鲁迅先生经过千锤百炼,综合了许多的人物形象,创造性地构思了这一独特形象,创造的过程要比读者根据作品的描述,再造出阿Q形象更复杂和困难。学生在学习中,如果创造想象薄弱,就很难具有独到见解,对事物表象分析加工能力低,恐怕要想写好作文也很困难。

幻想(fancy)是创造想象的一种特殊形式,它是与生活愿望相结合并指向未来的想象,如各种神话故事、童话中的形象等都是幻想。幻想的品质有积极与消极之分。具有进步意义和有实现可能的属于积极的幻想,这是创造想象的准备阶段和发展的推动力,如理想(以事物发展的客观规律为依据,与人的愿望相联系,有可能实现)。空想是消极的幻想,因为它完全脱离现实的发展规律,甚至违

背事物发展的客观过程,是毫无实现可能的幻想。积极的幻想是学习和工作的巨大动力,是科学发展的重要力量,正如列宁所说:"甚至在数学上也是需要幻想的,没有它就不可能发明微积分。"[1]

知识视界3-1　白日梦、幻想和创造力

你在读这一章的时候是否被白日梦(生动的、有意识的幻想)打断过?心理学家克林格(Klinger,1990)发给一些志愿者传呼机,要求记录当他呼叫他们的时候自己在做什么和想什么。他的发现十分惊人:大概一半的人有白日梦。我们如何知道这种独特的心理状态是什么呢?

总体上说,白日梦直接反映我们的愿望、恐惧和焦虑。Klinger认为,当你高兴的时候,你会有高兴的白日梦;当你悲伤的时候,你会有悲伤的白日梦;当你生气的时候,你会有生气的白日梦。因为白日梦在意义上很直观,它可能是个体意识的快乐源泉。而睡眠时的梦就复杂得多,且很难分析(Klinger,1990,2000)。两个最常见的白日梦的线索是英雄征服者和遭遇痛苦。在英雄征服者的幻想里,做白日梦的人想象自己是一个著名的、富有的和有权力的人,如有身份的名人、运动员、音乐家、有名望的外科医生、出色的律师或者博爱的人。这些主题反映了他想拥有的东西和生活中想逃避的挫折。遭遇痛苦的白日梦主要是一些被忽略的感受、伤害、受他人的拒绝或者不合理的对待。在这些幻想里,那些伤害了他的人最终都对自己过去的行为表示歉意,或者发现他一直是个多么好的人。

白日梦通常是由于常规性或者乏味的工作中需要刺激而产生的。它可帮助我们推迟及时的享乐,以实现未来的目标。通常来说,白日梦是发泄挫折的方式。如果一时冲动想殴打在公路上的一个人,代偿性的幻想就会避免灾难的发生。也许幻想最大的好处在于它会激发创造力。在想象的世界里,什么都可能发生,这种状态使得人们产生无限的遐想。对大多数人来说,幻想和白日梦结合在一起,会进行积极的情感调整,攻击性减少,思维的灵活性和创造性增加(Klinger,1990,2000;Langens & Schmalt,2002)。

(Dennis Coon & John O. Mitterer,郑钢等译,2007)

---

2. 想象的认知加工方式

想象是一种高级的认知活动。想象对已储存的表象进行认知加工,是一种复杂的分析与综合活动。在想象时,人们从已有表象中抽取出必要形象元素,再

---

[1] 《列宁全集》,第33卷,人民出版社,1955年,第82页。

将它们按照一定的构思重新结合,构成新的形象。那么,我们的大脑是如何对已有表象进行认知加工的呢?

(1)粘合

粘合就是把从没有结合的事物或对象的属性或部分巧妙地结合在一起,在头脑中产生新的形象。例如"猪八戒"、"美人鱼"等形象就是通过粘合方式而形成的。在科技发明和文艺创作中,人们常运用这种认知加工方式。

(2)夸张

夸张就是通过改变事物或对象的正常特点或突出某些特点,在头脑中创造出新的形象。例如,李白的诗句"蜀道之难,难于上青天",以及千手观音、九头鸟、漫画角色等形象,都是运用夸张的方式形成的。

(3)人格化

人格化就是对客观事物赋予人的形象和特征,从而产生新的形象。人们在现实生活中经常运用这种人格化的方式形成新的形象。例如,玉帝、龙王、雷公以及《聊斋》、《西游记》等神话故事中的许多形象,米老鼠、唐老鸭、喜洋洋等动画形象,都是运用人格化的方式创造出来的。

(4)典型化

典型化就是根据一类事物的共同特征来创造新形象的过程。典型化在文艺作品、雕塑、绘画中被广泛运用。例如,鲁迅笔下的典型人物阿Q,就是通过这种方式创造出来的。正如鲁迅所说,人物模特儿也没有专门用过一个人,往往嘴在浙江、脸在北京、衣服在山西,是一个拼凑起来的角色。又正如高尔基所言,为了能近乎真实地描写一个工人、和尚、小商贩的肖像,就必须去观察一百个工人、和尚、小商贩。

百家争鸣 3-2　名人名家谈想象

想象力是发明、发现及其他创造活动的源泉。——亚里士多德

想象力比知识更重要,因为知识是有限的,而想象力概括世界上的一切,推动着进步,并且是知识进化的源泉。——爱因斯坦

想象就是深度。没有一种精神机能比想象更能自我深化,更能深入对象,这是伟大的潜水者。科学到了最后阶段,便遇上了想象。——雨果

今天比以往任何时候都更需要幻想、梦想和预言,即对潜在的明天的想象。——托夫勒

丰富的想象力来源于饱满的创新激情,当一个人的创新激情处于高潮时,我们常常会发现他会有一位"恋人"经常形影相随,这位"恋人"便是灵感。——郎加明

四、思维的心智操作

思维是高级的心理活动形式,其所运用的心智操作主要包括分析和综合、比较和分类、抽象和概括以及具体化、系统化。

1. 分析和综合

分析和综合是最基本的心智操作方式,也是其他心智操作的基础。**分析**(analysis)是在头脑中把事物由整体分解为部分的心智操作。**综合**(synthesis)是在头脑中把事物的各部分联合起来的心智操作。例如,把英语中的复合句分解为若干个简单句来理解,即是分析;而把各个简单句联合起来从整体上把握复合句的含义,即是综合。分析和综合是一对辩证统一的心智操作。只有综合而没有分析,对整体的认识只能是笼统、空洞的;只有分析而没有综合,只能见树不见林,无法把握事物的整体。正如恩格斯所说:"思维既把相互联系的要素联合成为一个统一体,同样也把对象分解为它们的要素。没有分析就没有综合。"①

分析和综合可以在三种不同的思维层面上进行:

(1)动作思维层面上的分析和综合。例如,把钟的各个部件拆下来,就是动作思维层面上的分析;钟的各部件组装起来,就是动作思维层面上的综合。

(2)形象思维层面上的分析和综合。例如,把头脑中储存的关于一棵树的形象分解为根、枝、叶,这就是形象思维层面上的分析;在头脑中把根、枝、叶的形象联合成一棵树,这就是形象思维层面上的综合。

(3)抽象思维层面上的分析和综合。例如,在解数学题时,将题目中有关的已知条件一一列出,这就是抽象思维层面上的分析;将各有关条件联系起来,建立相应的数学模型,这就是抽象思维层面上的综合。

2. 比较和分类、抽象和概括、具体化和系统化

比较(comparison)是在头脑中确定事物之间异同的心智操作。比较必须要确定一个标准,没有标准,就无法比较。而在比较中"能看出异中之同,或同中之异",则是较高水平的重要标志。**分类**(classification)是在头脑中根据事物的共同点和差异点,把它们区分为不同种类的心智操作。分类也必须有一定的标准,但重要的是按事物的本质属性和内在联系进行分类,才更有科学性。

抽象(abstraction)是在头脑中抽出事物的本质属性的心智操作。例如,用各种材料制成的各式各样的灯,但舍去一切非本质属性,抽出其本质属性只有两

----

① 《马克思恩格斯选集》(第3卷)第2版,人民出版社1995年,第39页。

条:灯都是人工制造的;灯都是照明工具。这便是抽象。**概括**(generalization)是在头脑中把抽取出来的事物的本质属性联合起来的心智操作。仍以灯为例,我们可以把上述两条关于灯的本质属性结合起来,认识到"灯是人工制造的照明工具",这就是概括。

具体化(embodiment)是把经抽象概括形成的对事物的一般认识应用于具体事物上去的心智操作。例如,把对灯的一般认识应用于具体的灯的鉴定,是一种具体化表现,而用习得的一般原理解答习题,也是一种具体化表现。**系统化**(systematization)是在头脑中把各事物归入一定的顺序中,使之彼此发生一定的联系的心智操作。例如,我们把学到的各种心理现象分别归入性格、动机、情感、思维、价值观等各类中,进而又把这些各类的心理现象归入几大类:认识过程、情感过程、意志过程、个性心理倾向和个性心理特征,再进而把这几大类归为心理过程和个性心理两大方面,这一归类的过程就是系统化。经过系统化操作过的认知对象在头脑储存时会显得格外有条理、有逻辑联系。

3. 各心智操作的相互联系

各种心智操作统一在思维活动之中。首先,分析和综合,作为最基本的心智操作,是所有其他心智操作的基础。不把事物各属性分解(分析),就无法进行各事物间的具体比较,而不把各属性的异同点联系起来(综合),则无法确定最终的比较结果。同样,不把事物各属性分解(分析),也无法区分事物的本质属性和非本质属性,从而进行必要的抽象,而不把抽取出来的事物各本质属性联系起来(综合),也无法实施概括。其次,各种心智操作也是相互依存的。没有分析,自然无法综合;没有比较,何以分类;没有抽象,又怎能概括?

第二节 思维的一般规律

人们经常会遇到各种各样的问题,有些是日常生活中的问题,如新买家具的摆放,有些是学习中的问题,如数学中的几何证明,有些是重大的社会问题,如城市交通的拥堵。解决这些问题无不需要思维的直接参与,因此,问题解决被视为一种最重要的思维活动。同时,问题解决又是思维的最终目的。教育心理学家加涅(Gagné)就曾指出:"教育的最终目的就是教会学生解决问题——数学或物理问题、健康问题、社会问题以及自我调节问题。"正是因为如此,思维的规律性问题主要表现在问题解决方面。教育心理学更着重研究学生学习知识、应用知识中的问题解决。

知识视界 3-2　问题以及问题解决

　　所有的问题解决必定以对问题存在的认识为开始。离开了问题,问题解决就成了无源之水、无本之木。什么是问题,心理学界至今仍众说纷纭。邓克(Duncker,1945)对"问题"做出了一个经典的界定:问题出现在一个活着的人有一个目标但不知道怎样达到这一目标之时。无论何时,当一个人不能仅仅通过行动从一个给定的情境到达渴望的情境,就必须求助于思维。这种思维的任务是设计某种行动,而这种行动将成为现有情境和渴望情境之间的中介。根据这一界定,问题包括三种基本成分:给定成分——即问题的初始状态,其中包含一些限制条件;目标成分——即问题的目标状态;障碍成分——即从问题的初始状态到目标状态之间的中介状态及各个步骤,状态之间的转换涉及算子(oprent)的运用。

　　什么是问题解决呢? 安德森(Anderson,1980)认为,问题解决必须具备以下条件:第一,目的指向。问题解决具有明确的目的性,问题解决活动必须是指向目的的活动,它总是要达到某个特定的终结状态。白日梦就活动的复杂性而言,并不亚于许多问题解决活动,但由于缺乏明确的目标,所以不属于问题解决。第二,操作系列。问题解决必须包括心理操作过程的系列。没有这种操作的系列,不能称为问题解决。而且它需要运用高级规则,进行信息重组,而不是已有知识的简单再现。第三,认知操作。问题解决的活动必须由认知操作来进行,有些活动(如吃饭喝水)虽然也含有目的和操作,但没有重要认知成分的参与,因此不能视为问题解决。

一、问题解决的思维活动阶段

　　现实生活中的问题可粗分为两大类:一类是规定清楚的问题,即问题含有明确的条件和目标,即确定性问题;另一类是规定模糊的问题,即不确定性问题,对条件或目标没有明确的说明(Reitman,1964)。例如,对一个方程组求解,便属第一类问题,而"解决市内交通拥挤问题"或"如何才能解决片面追求升学率问题"则属第二类问题。在学校教学中,更多碰到的是第一类问题,而第二类问题只有在转化为第一类问题、进一步明确其目标和条件后才能求解。因此对第一类问题解决中的思维活动的研究,也就更具有普遍意义。认知心理学研究表明,问题解决中的思维活动可分成表征问题、设计方案、实施方案和评价结果四个阶段。

1. 表征问题

从认知心理学观点看,一个问题可分为任务领域(task domain)和问题空间

(problem space)两个方面。前者反映问题的客观存在,后者则是对问题的主观理解。所谓**表征问题**(problem representation),就是问题解决者将问题的任务领域转化为问题空间,也就是在头脑中对问题进行信息记载、理解和表达的方式。问题空间是问题解决的一个基本范畴,是个体对一个问题所达到的全部认知状态。它包括三个方面:一是任务的起始状态,即问题所给定的条件;二是任务的目标状态,即问题最终要达到的目标;三是完成任务的算子(oprent),即从起始状态向目标状态转化的操作。问题解决的任务就在于要找出一种能把初始状态转变为目标状态的算子序列。

表征问题还可细分为由浅入深的两个环节:一是问题的字面理解,即理解问题所表述的语言层面,做到能用自己的话陈述问题的目标和条件;二是问题的深层理解,即理解问题的实质层面,做到能识别问题类型,舍弃无关信息,抓住有关信息,并加以整体综合。成功地理解问题一般有三点要求:问题在我们头脑中形成的各表征部分或各表征元素之间的联系有意义、我们对问题的心理表征元素应该与外在世界的问题元素相对应、我们具有用于问题解决的背景知识储备。

2. 设计方案

在上一阶段理解问题的条件和目标的基础上,这一阶段需要设计解决问题的方案。这里的关键是探索解决问题所需要的具体操作。问题解决需应用一系列操作,究竟选择哪些操作,将它们组成什么样的序列,都依赖于个体采取哪种问题解决的方案。而方案的设计又与一个人解决问题的策略思想相联系,问题解决最终都是在一定策略引导下进行操作搜索的结果。因此,设计方案与确定策略是密不可分的。这一阶段也可同时看作确定问题解决策略阶段。

这里还需指出的是,尽管在表征问题阶段,对问题空间的认识中已包含对完成问题的算子方面,但这仅仅是对操作范畴的基本规定。至于更具体的操作,则需这一阶段中通过确定问题解决策略来确定方案。

3. 执行方案

一旦确定了方案,便进入执行方案的阶段。在这一阶段中,实际上就是运用在一定解题策略引导下的具体操作来改变问题的起始状态,使之逐步接近并达到目标状态。所以这一阶段也即执行策略阶段。一般地,简单的问题只需少量操作,选定的策略能顺利实施;而复杂的问题则需要一系列操作才能完成,有时甚至选定的策略也无法实施。

4. 评价结果

执行方案的操作结束,就需要对结果进行评价,看起始状态是否达到目标状态,所运用的策略和操作是否适宜。学生在解题时往往会忽略这个阶段,一旦求得答案,就接着做下一个题目,却不知对解题结果评价,尤其是对所运用策略和操作的适宜性评价。有时个体采用的策略和操作虽也能解决问题,但可能还有更好的策略和操作的运用。在一些情况下,经过评价,可以调整策略和改变操作,有时甚至需要对问题空间重新进行认知和表征。

上述四个解决问题的阶段在总体上保持一定的顺序,但在具体解决问题过程中却不必严格按照这个顺序,可以从后一阶段返回到前一阶段。例如,在执行方案阶段,通过操作,发现问题,可即时评价,再返回到设计方案阶段,重新选择策略,甚至如上所述,直至返回第一阶段,重新表征问题空间。

百家争鸣 3-3　问题解决的教学模式

问题解决的教学模式是培养学生问题解决能力的有效途径。长期以来,许多教育家、心理学家以及哲学家,依据问题解决的过程模型,提出了多种问题解决的教学模式。

巴罗斯(Barrows, 1993)把问题解决教学过程分为五个环节:组织小组;提出问题,解决问题;小组交流;活动汇报;解题后的反思。乔纳森(Jonassen, 1997)从细化已有的问题解决过程的信息加工模型出发,提出了结构良好问题解决教学步骤:复习概念、规则与原理;呈现问题领域的概念模型或因果模型;出示样例;呈现练习问题;支持搜索解法;反思问题状态与问题解法。并且对以建构主义为理论基础的结构不良问题的教学过程提出了从五个方面入手,帮助学生成为更好的问题解决者:利用社会交互作用;在有意义的情境中呈现问题;提供发现问题的练习;为问题解决新手提供支架;教一般问题解决策略。

上述问题解决教学模式的基本思路是:把学习置于复杂的、有意义的问题情境中,通过让学习者合作解决真实的问题,来学习隐含于问题背后的科学知识,形成解决问题的技能,并形成自主学习的能力。问题解决教学模式的典型过程是:学生以小组为单位,开始解决一个实际问题;为了解决问题,学生往往需要获得一些必要的专业知识,然后相互交流所获得的知识,并讨论如何运用所获得的知识来促进问题的解决;如果在讨论的过程中,小组发现还需要研究另外一些新的学习议题,学生们就需要反复循环地产生学习议题,分头查找资料,小组讨论交流,直到问题得以解决;问题解决后,学生们还需要对自己的学习过程进行反思和评价,总结所获得的知识和技能。

袁维新、吴庆麟(2010)认为,在学科教学中,一般的问题解决教学模式包括以下环节:创设情境,引入问题。教师精心设计难度适当而又有助于学生形成认识冲突的问题,让学生产生一种认识的困惑,以形成积极的探究动机,创设最佳的问题情境。分析问题,收集信息。学生回想旧知识,自学新知识,形成解决问题的知识网络,以架设问题和目标之间联系的桥梁。寻找方法,设计方案。使问题情境中的问题与认知结构联系起来,以激活有关的背景观念和先前所获得的解决问题的方法,探索解决问题的途径。评价方法(或验证假设),得出结论。对问题解决过程、方法进行评价,优胜劣汰,获得新结论。或由学生收集、整理有关假设的材料,经分析、概括得出结论。应用新知,产生迁移。将新知识迁移到新情境中解决问题,从而实现对新概念的验证、应用、巩固和提高。

(袁维新,吴庆麟,2010)

二、问题解决的思维策略

布鲁纳(Bruner,1956)在研究人工概念时最初提出思维策略的概念,他发现人们在解决概念形成问题时自觉与不自觉地在运用着某种思维策略。现代认知心理学研究发现,人们在解决问题时所应用的思维策略有多种类型。这里主要介绍算法式和启发式两种。

算法式(algorithms)是运用解题的一套规则来解决问题的策略。这种规则可以有公式的形式,如某数学运算公式,也可以没有公式的形式,如河内塔问题的解决,但仍有操作方法的步骤。算法式策略的特点是,只要有一个问题有解题规则,那么只要按照其规则进行操作,问题总能得到解决。但运用算法式策略解决问题时也会碰到困难。其一是不能肯定所有问题都有自己的解题规则,有些问题也许没有规则,有些则尚未发现其规则;其二是有些问题按规则一步步求解,工作量实在太大,以至在事实上无法运用此类策略求解。例如,弈棋时,如用算法式策略,则需考虑所有可能的棋步以及对方可能的回步、己方的下一步等,从理论上可以获胜,但涉及可能的棋步总数高达 10^{40},若以每毫秒考虑三步棋计算,将需 10^{21} 个世纪的时间!

启发式(heuristic)是凭借经验来解决问题的策略。这里有所谓解题的经验规则,它不能保证问题一定得到解决,但却常常能有效地解决问题。计算机与人对弈时,就是根据人下棋的启发式策略来编制程序的,而不是依靠算法式策略。"现在一个极有影响的看法认为,人类解决问题,特别是解决复杂问题,主要是应用启发式。"(王甦,1994)启发式策略也有多种,这里仅介绍有效应用范围最广的几种。

1. 手段-目标分析策略

该策略的基本思想是,从认识问题解决的目标和现有状态之间的差距着眼,通过设立若干小目标,并加以逐个实现的方式使现状不断逼近目标,直至最终消除差距,达到目标,解决问题。该策略在问题解决中的思维操作步骤:

（1）认清问题的初始状态和目标状态；

（2）分解问题的总目标为若干小目标（每个小目标就是一个中间状态）；

（3）选择将初始状态向第一个小目标推进；

（4）达到第一个小目标后，再选择手段向第二个小目标推进，以此类推；

（5）如果某一手段行不通，就退回原来状态，重新选择手段，直至最终达到总目标。

在日常生活中，手段目的分析法是人们常用的一种解决问题的策略，特别适用于目标状态清晰的问题。纽厄尔和西蒙(Newell & Simon, 1972)描述了一个典型的例子：我想带我的儿子到幼儿园。在我的现状与我需要的东西之间有什么差异？地理差异。什么能改变距离？汽车。但是，我的车现在坏了，怎么办？需要一个新电池。哪里买新电池？汽车修理店。我想去修理店换一个新电池，但修理站并不知道我需要电池。怎么办？用电话等等。这里所运用的就是手段目的分析法。这种方法的不足在于，由于人们一时只注意一个子目标，因而有可能失去对问题全局的把握。

2. 探试搜索策略

该策略的基本思想是，利用事先能得到的有关达到目标的某种信息和已有的经验寻找问题解决的突破口，从中获得更多信息，以便进一步选择最有利于达到目标的方向进行搜索。例如，一道密码算题中，已知 $D = 5$，要求把字母换成 $0 \sim 9$ 数字，将数字代入后使得等式成立，便可以运用探试搜索策略，从事先得到的 $D = 5$ 这一有助于达到目标的信息出发，选择由个位向高位逐个相加递进的方向，依靠（加法）规则操作，达到目标状态。

$$
\begin{array}{r}
DONALD \\
+ GERALD \\
\hline
ROBERT
\end{array}
$$

在搜索过程中，虽然也可按一些现成的规则（如数学运算法则、物理定律、化学公式、语法规则等）进行思维操作，但经验判断占有十分突出的地位，它为问题解决寻找突破口、为发现捷径创造有利条件。

3. 目标反推策略

该策略的基本思想是，从目标状态出发向初始状态反推，直至达到初始状态为止，然后再由初始状态沿反推路线一步步正向求解。这一策略与手段-目标策略正好相反，不是由初始状态朝目标状态推进，而是由目标状态向初始状态反推。一般地说，从起始状态出发达到目标状态的途径有多条，用手段-目标策略能较好地解决问题,但如果从起始状态到达目标状态只有少数途径,那就宜用目标反推策略。请看这样一个问题:每 24 小时池塘里的水百合就生长出一倍,在春天的第一天,池塘中只有一朵水百合,第二天有两朵,第三天有四朵,第四天有八朵……60 天后,水百合长满了整个池塘。请问哪一天有半池塘水百合? 用手段-目标策略来解决这个问题耗时良久,若用目标反推策略,仅需一秒。

4. 简化计划策略

该策略的基本思想是,先抛开某些细节而抓住问题解决中的主要结构,把问题抽象成较简单的形式,然后解决这个简单的问题,再以此解决整个复杂问题。有些问题的求解似乎头绪较乱,但若采用简化计划法策略,不考虑其他问题的次要方面,而只专注于主要结构,问题就较容易解决了。请看这样一个问题:在一张桌前从左到右依次并排坐着甲、乙、丙、丁四人,根据下述信息,请指出谁拥有小轿车:甲穿蓝衬衫;穿红衬衫的人拥有自行车;丁拥有摩托车;丙靠着穿绿衬衫的人;乙靠着拥有小轿车的人;穿白衬衫的人靠着拥有摩托车的人;拥有三轮车的人距拥有摩托车的人最远。这一问题初看似乎头绪混乱,无从下手,但若采用简化计划法,只抓住其中一条线索,问题就较容易解决了。

教育实践3-2　顿悟式问题解决

顿悟(insight),是指问题解决者在问题解决过程中,突然察觉到解决问题的方法,答案豁然出现。心理学家斯腾伯格和戴维德森(Sternberg & Davidson, 1982)认为,顿悟涉及三种能力。第一种是选择性编码(selective encoding),即选择与问题有关的信息,忽略干扰信息的能力。第二种能力是选择性组合(selective combination),即把看上去不相关的有用信息放在一起。第三种能力是选择性比较(selective comparison),这是一种能把新问题与过去的信息或过去已经解决的问题进行比较的能力。以下是一些有名的顿悟问题:

1. 在我的宠物中,除了两只外其余都是鸟,除了两只外其余都是猫,除了两只外其余都是狗。那么,我一共有多少只宠物?

2. 在2和3之间放一个什么数学符号能使所得的数大于2小于3?

3. "拉尔夫女王号"是一艘著名的远洋班轮,正以每小时 30 公里的速度驶向港口。当轮船距海岸 80 公里时,一只海鸥从甲板起飞,飞向港口。同时一艘快艇以每小时 50 公里的速度驶离港口,迎向班轮。海鸥以每小时 65 公里的速度在快艇与班轮之间来回地飞着。当快艇和班轮相遇时,海鸥一共飞了多少公里?

4. 怎样种植四棵树才能使彼此之间的距离相等?

三、影响问题解决思维的心理因素

研究表明,问题解决受多种因素的影响,有些属于客观情境因素,有些属于主观心理因素,有些因素会促进思维活动从而有利于问题的解决,有些则会妨碍思维活动从而不利于问题的解决。下面是常见的影响问题解决的心理因素。

1. 情绪状态

个体在怎样的情绪状态下进行问题解决的思维活动,对活动的效果有直接的影响。正如前苏联心理学家基赫尼罗夫和卡洛依克(Тихониров,Клоико,1980)所提出的思维活动的情绪调节观:"协调思维活动的各种本质因素正是同情绪相联系,保证了思维活动的灵活性、重新调整、修正、避免刻板性和更替现有的定势。"美国著名心理学家西蒙(Simon,1967)也指出:"由于在活动着的人身上,行为动机和情绪对认知行为的过程有重要影响,所以思维和问题解决的一般理论应该结合这些影响。"一般说,高度紧张和焦虑会抑制思维活动,阻碍问题解决,而愉快-兴趣状态则为问题解决的思维活动提供良好的情绪背景。因此,教学中要训练学生经常带着愉快平静的情绪进行学习和解决问题。

> **知识视界 3-3　情绪状态对学生创造性影响的研究**
>
> 随着我国教育界全力推进以创新精神和实践能力的培养为重点的素质教育,如何在课堂中积极探索有助于促进学生创造性发展的教学,已成为广大教学理论和实践工作者所高度重视的课题。然而,从心理学角度对创造性的研究,以往大多囿于认知维度,而乏于情感维度。事实上,情感作为重要的心理活动,同样会影响人的创造性的发挥和发展。2002年,卢家楣等人研究了情绪状态对学生创造性影响的问题。他们通过对220名被试进行教学现场实验,运用实际教学情境中的刺激来诱发学生愉快-难过情绪,探索了在教学情境中学生情绪状态对其创造性的影响状况。研究结果表明,学生在愉快情绪状态下的创造性总体发挥水平显著高于难过情绪状态,且主要体现在流畅性和变通性两个方面。
>
> 在这一研究的基础上,卢家楣等人(2005)又以138名初二学生为被试,就焦虑对创造性的影响问题进行探索。由于国外在此方面的研究结果不一致,研究的方法也缺乏生态化效度,因此他们通过教学现场实验,运用实际教学情境中的刺激来诱发学生的焦虑情绪,探索了在教学情境中学生焦虑对其创造性影响状况。研究结果表明,特质焦虑和状态焦虑对学生创造性的影响存在差异,其中特质焦虑对学生的创造性没有显著影响,而状态焦虑对学生的创造性有显著影响,即状态焦虑低分组在创造性测试的总分上明显高于状态焦虑高分组,且主要体现在流畅性和变通性两个方面。
>
> (卢家楣,刘伟,贺雯,卢盛华,2002,2005)

2. 动机强度

动机虽不直接调节人的思维活动,但会影响个体思维活动的积极性。然而,研究表明,动机强度并不总是与问题解决的思维活动效率成正相关。太低的动机强度自然不能调动个体问题解决的积极性,不利于充分活跃个体思维活动,但过高的动机强度也会造成很大的心理压力,反而抑制思维活动,降低解题成效。因此,适中的动机强度最有利于问题的解决,并且这一动机强度的适中点还会随问题解决的难度而变化。一般说,越是复杂的问题,其动机强度的适中点越是偏低些,这就是著名的耶基斯·道德森定律(见左图)。因此,教师必须重视培养学生的求知欲及正确的学习动机,以提高学习和解决问题的能力和效率。

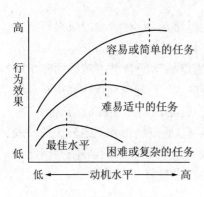

3. 思维定势

思维定势(thinking set)是由先前活动所形成并影响后继活动趋势的一种心理准备状态。它在思维活动中表现为一种易于以习用的方式解决问题的倾向。

思维定势可以适合思维定势和错觉思维定势两种方式表现出来。前者是指人们在思维过程中形成了某种定势,在条件不变时,能迅速地感知现实环境中的事物并做出正确的反应,可促进人们更好地适应环境。后者是指人们由于意识不清或精神活动障碍,对现实环境中的事物感知错误,做出错误解释。可见,思维定势对问题解决的影响既有积极的一面,也有消极的一面。因此,平时既要注重训练学生思维的定向性又要训练其思维的灵活性。

在问题解决中,思维定势是一种按常规处理问题的思维方式。它可以省去许多摸索、试探的步骤,缩短思考时间,提高效率。在日常生活中,思维定势可以帮助我们解决每天碰到的 90% 以上的问题。从这个角度来看,思维定势有助于问题解决。但是大量事例表明,思维定势确实对问题解决具有较大的负面影响。思维定势容易使我们产生思想上的惰性,养成一种呆板、机械、千篇一律的解题习惯。当新旧问题形似质异时,思维的定势往往会使解题者步入误区,表现为墨守成规,难以涌出新思维、做出新决策,造成知识和经验的负迁移。这不仅会阻碍问题解决,也不利于创造。卢钦斯(Luchins, 1942)的水罐实验是说明定势消极作用的一个典型。该实验要求被试计算如何用不等容量的杯子量出一定数量的水(见表 3-1)。实验组从例题之后逐解所有 8 道题,而控制组则在例题之后只做第 6、7、8 题。结果实验组的 81% 的被试受例题 1~5 题所形成的定势影响,套用 B-A-2C 的算法求解第 6、7、8 题,使算法重复,而控制组则由于未受此定势的影响,100％被试都采用非常简捷的方法求解第6、7、8道题。

表 3-1　卢钦斯的定势实验

课题序列	容器的容量			要求量出的容量
	A	B	C	P
1	21	127	3	100
2	14	163	25	99
3	18	43	10	55
4	9	42	6	21
5	20	59	4	31
6	23	49	3	20
7	15	39	3	18
8	28	76	3	25

4. 功能固着

功能固着(functional fixation)是指个体在解决问题时往往只看到某种事物的通常功能,而看不到它其他方面可能有的功能。这是人们长期以来在日常生活中所形成的对某种事物的功能或用途的固定看法。例如,一般认为热水瓶是用来盛开水的,衬衫是用来穿着的,而不易想到,在必要时可以把热水瓶当储油罐,把衬衫当画布。但在问题解决中,有时正是在克服这种功能固着中才能找到新的求解思路。梅尔(Maier,1933)和邓克(Duncker,1945)都曾通过经典的实验证实功能固着对解决问题的消极影响。

知识视界3-4　鼻子也能弹钢琴

作曲家莫扎特还是海顿的学生时,曾和老师打过一次赌。莫扎特说,他能写一段曲子,老师准弹不了。世界上竟会有这种怪事? 在音乐殿堂奋斗了多年早已功成名就的海顿对此岂能轻易相信。见到老师疑惑不解的样子,莫扎特真的伏案疾书起来,很快便将曲谱交给了老师。海顿未及细看便满不在乎地坐在钢琴前弹奏起来。仅一会儿的功夫,海顿就弹不下去了,他惊呼起来:"这是什么呀? 我两只手分别弹响钢琴两端时,怎么会有一个音符出现在键盘的中间位置呢?"接下来海顿以他那精湛的技巧又试弹了几次,还是不成,最后无奈地说:"真是活见鬼了,看样子任何人也弹奏不了这样的曲子了。"显然,海顿这里讲的"任何人"也包括莫扎特。此时,只见莫扎特接过乐谱,微笑着坐在琴凳上,胸有成竹地弹奏起来,海顿屏住呼吸留神观看他的学生究竟怎样去弹奏那个需要"第三只手"才能弹出来的音符。令老师大为惊奇的是,当遇到那个特别的音符时,莫扎特不慌不忙地向前弯下身子,用鼻子点弹而就。海顿禁不住对自己的高徒赞叹不已。

---

5. 迁移影响

迁移(transfer)是指已获得的知识经验对解决新问题所产生的影响。迁移首先是使习得的知识经验得以概括化、系统化,形成一种稳定的整合的心理结构,从而更好地调节人的行为,并能动地作用于客观世界解决问题。迁移有正迁移和负迁移之分。正迁移是已获得的知识经验对解决新问题有促进作用。负迁移是已获得的知识经验对解决新问题有阻碍或干扰的影响。例如,学会骑自行车反而会影响学骑三轮车,属负迁移。根据美国心理学家贾德(Judd,1908)的理论,只有当一个人对其知识经验进行概括、掌握其要义时,才易于将知识经验迁移到新问题解决的情境中去。美国心理学家布鲁纳(Bruner,1973)则更进而强调迁移的关键在于领悟事物之间的关系,基本概念或原理掌握得越深透,则越能实现正迁移。

6. 原型启发

原型启发(prototype inspiration)是指在其他事物或现象中获得的信息对解决当前问题的启发。而能给人获得解决问题启发的事物叫做原型。作为原型的事物或现象是多种多样的,存在于自然界、人类社会和日常生活之中。鲁班从长着很多小细齿的小草那里获得启发,发明了锯;瓦特从壶盖被蒸汽顶起,发明了蒸汽机;阿基米德从身子浸入浴缸将水溢出的现象中获得启发,解决了皇冠含金量的鉴别问题;上海铁道医院医生从汽车方向盘的外形中获得启发,解决了人造瞳孔角膜的透气问题;科学家则从动物的形态、动作和某些机体结构中获得启发,解决了大量生活、生产和军事上的问题,并形成仿生学科。原型之所以具有启发作用,是因为原型与要解决的问题之间存在着某些共同点、相似之处,通过联想,人们可以从原型中找到解决问题的新方法。原型启发关键是要做生活中的有心人,不断积累丰富的知识,并善于发现有关事物或现象与当前所要解决问题之间的某种内在联系,以从中获得有益的启迪。

7. 个性特点

由于思维是智力的核心成分,因此智力因素对问题解决自然有重要影响。智力水平高,解决问题容易成功,智力水平低,解决问题就要困难得多。性格特点对问题解决的进程与结果也具有明显的影响。独立性、自信心、坚韧性、精密性、敏捷性、灵活性以及兴趣等个人特点,均对解决问题的效率产生一定的影响。因此那些具有强烈的事业心和积极的进取心、善于独立思考、思路比较开阔、勤奋工作、乐观自信、意志坚强、谦虚自律的人,不仅喜欢探究各种问题,而且解决问题更容易取得成功。教师应经常关心和培养学生有利于问题解决的个性特点,纠正其不利的个性特点。

知识视界 3-5　专家与新手问题解决的差异研究

　　我国心理学家梁宁建(1997)采用口语报告技术对专家与新手解决同类问题的认知活动差异研究结果表明：专家和新手在解决问题时具有不同的编码程序。专家贮存信息以组块化方式进行，并能熟练地运用手段-目的分析策略，利用课题中的信息向前解，能正确表征产生式，最大特点是具有概括性和抽象性。新手贮存信息的形式和数量与专家存在着差异，在解决问题时较多进行盲目搜索，一般根据课题中的问题往回解，其内部表征较零乱，具体细节多，解题速度较慢。

　　美国心理学家斯滕伯格(Sternberg, 2003)详细地列出了专家与新手在问题解决中的特征差异：与新手相比，专家解决自己专业领域内的问题时较为出色，在不熟悉的领域，专家通常并不比新手好；在解决问题时专家以较大的意义单元即组块加工信息。研究发现，专家比新手能更有效地组织信息，这主要是因为专家能将信息组织成大的、有意义的单元即组块；专家的短时记忆与长时记忆容量比新手大，专家是以较大的意义单元来加工信息的，他们可将信息组织成大的意义单元，这样可提取更多的信息；专家问题解决比新手快，一方面，在某一领域内，专家由于经过长时间的练习，因而执行一些基本的技能时会比新手快，另一方面，专家有时采用直觉推理的方式迅速解决问题。直觉推理并不是在对问题进行最初表征和计划时发生的，而是在搜集信息的过程中出现的；问题解决过程中，专家比新手花更多的时间来表征问题。对于模糊问题，专家要用更多的时间来表征问题；专家比新手在更深层水平上表征问题。在遇到新问题时，专家的问题表征明确指出了问题的主要成分；而新手则易受表面的、无关的特征干扰；专家比新手具有更好的自我监控能力。专家在解决问题之前更可能形成一些备择假设，在解决问题过程中会很快放弃不合适的问题解决方法。

四、问题解决中的创造性思维特点

　　问题解决有两种类型：一是创造性问题解决，它是要求发展新方法的问题解决；二是常规性问题解决，它是使用现成方法的问题解决。两者也不是截然分开的，可以把这两类问题的解决设想为一个连续体的两端，其间则有常规性或创造性的连续变化。当我们在提倡人们进行创造性活动时，也就是在鼓励人们尽可能朝着创造性的一端解决问题。

　　创造性的核心是创造性思维。它是人类思维的高级过程，是创造性问题解决的灵魂。创造性思维是多种思维的综合表现，它既是发散思维和聚合思维的结合，也是直觉思维和分析思维的结合，更是形象思维与抽象思维的结合。但其中发散思维、直觉思维、形象思维等在创造性思维中更凸现其创造性特性,并由此形成创造性思维的特点。

1. 发散思维大量参与

创造性思维是发散思维和聚合思维的结合。例如,我们要解决城市交通问题,先是设想种种可能的解决方案,其中包括扩路面、造高架、建地铁、铺轻轨、架天桥等等,这是发散思维;然后经过检验、审核,从中选择最佳方案,这是聚合思维。当选择其中一个方案后,如何具体实施,又要设想种种可能的计划,这时又要进行发散思维;然后又要运用聚合思维从众多计划中选择最佳计划。由此步步推进,直至最终解决问题。可见发散思维和聚合思维两者缺一不可。把创造性思维仅仅归结于发散思维是片面的、不正确的。但是,创造性思维的"创造性"主要集中体现在优质的发散思维上,这也是不争的事实。正鉴于此,国外对创造性思维的测量,其实也主要集中在对发散思维的测量上。

吉尔福特(Guilford,1967)设计了发散性产生测验来测量创造性思维。在测验中,用发散性思维的流畅性、变通性和独创性的好坏来衡量创造性的高低。流畅性是指在短时间内思维发散的数量,主要反映个体思维的敏捷程度。吉尔福特(1976)进一步将思维的流畅性分为用词的流畅性、联想的流畅性、表达的流畅性和观念的流畅性四种形式。变通性是指思维在发散方向上所表现出的变化变通,主要反映个体思维的灵活性,体现在答案的方向、范围、层次和维度等方面。独创性是指思维发散的新颖性、独特的程度。

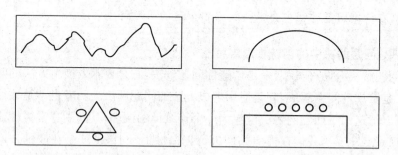

教育实践3-3　发散思维小测试

1. 以下4幅图可能代表什么,请在3分钟内想出尽可能多的答案。

2. 请给下面的故事加上标题。

一位哑巴妻子被医好了,丈夫却为妻子变得唠叨而苦恼,从而想让医生把自己变成听不到妻子唠叨的聋子。

120

2. 形象思维大量参与

创造性思维也是形象思维和抽象思维的结合。人们往往会认为既是人类高级的思维过程，一定是依靠抽象思维进行的，从而忽视了形象思维在创造性思维中的作用。其实，形象思维在创造性思维中占有非常重要的地位，这不仅是因为作为一种思维类型，形象思维-抽象思维之间不存在发展水平上的哪个高哪个低的问题，而且由于创造性思维的成果都是前所未有的，个体往往要凭借想象，尤其是创造性想象来进行探索。当然，这种形象思维最终也得经过抽象的逻辑推断的验证，且离不开抽象思维的支撑，但形象思维的重要性却是绝不可低估的。这已为大量科学创造事例所证实。

知识视界 3-6　爱因斯坦的思维方式

世界著名物理学家爱因斯坦（Einstein）在高度抽象的理论物理领域中有许多杰出的创造性成果，其中广义相对论至今仍只有很少数人能够理解。然而，他自己承认，他大多是运用形象思维来进行研究的。他的思维活动的一个重要特点也在于：与大多数人用语词来思维（thinking in words）的情况相反，他经常是用图像来思维的（thinking in pictures）。"我思考问题时，不是用语言进行思考，而是用活动的、跳跃的形象进行思考，当这种思考完成之后，我要花很大力气把它们转换成语言。"据说，对爱因斯坦大脑的解剖也发现，他用以形象思维的右脑相对左脑而言，其比例比一般人要大得多。

据记载，爱因斯坦提出引力质量和惯性质量等价的原理，就是利用形象思考的结果。一次，他与居里夫人一家同游意大利的阿尔卑斯山。在途中，他们望见远处的雪山出现了雪崩。这时，他突然激动地抓住居里夫人的手说："夫人，你知道我在想什么吗？我在想一个在真空中的升降机，升降机以重力加速度上升，此时升降机中的乘客会有什么感觉？"居里夫人意识到，爱因斯坦正处于创造的高峰。举世闻名的引力质量和惯性质量等价的原理就是这样被揭示出来。

3. 直觉思维多有出现

创造性思维又是直觉思维和分析思维的结合。由于直觉思维是一种没有经过严密推理与论述而径直地猜度问题关键的一种思维活动，对客观事物间的关系能做出迅速辨别、敏锐洞察和整体判断，因此在创造性思维活动中，能发挥发现问题、确定方向、提出假设等作用。但是,光有直觉思维还是不够的,由直觉思维所产生的思想闪念、火花等仍需要通过分析思维进行逻辑上的论证(其中也包括符合逻辑的实证),才能得到正确的结论。否则,再好的直觉思维也是徒劳的。当然,直觉思维在创造性活动中比分析思维更多地体现了创造性的特点,以至好多创造性思维都得益于它。例如,著名原子物理学家卢瑟福(Rutherford, 1909, 1911)很早就凭借直觉思维认识到原子核的存在,后来通过 α 粒子散射实验证实了当初的想象。又如,法拉第(Faraday, 1831)从电流周围产生磁场这一物理现象中通过直觉思维预见到在磁场周围也必然会产生电流,后来事实证实了他的预见:变化的磁场会产生感生电流。直觉思维作为创造性思维中的一个重要思维活动具有三个特点:一是从整体上把握对象,而不拘泥于细枝末节;二是对问题的实质的一种洞察,而不停留于问题的表面现象;三是一种跳跃式思维,而不按部就班地展开思维过程。直觉思维并不神秘,亦非毫无根据,恰恰是在个体掌握牢固的科学知识、具备丰富的生活经验、并积极从事实践活动的基础上产生的一种领悟。

学术前沿 3-4　影响直接思维的因素

　　直觉思维是一种非逻辑的、无意识的认知加工活动。雷德尔和卢巴尔(Raidl & Lubart, 2001)的研究表明,直觉与创造力呈正相关。因此,培养学生的直觉思维有助于提高学生的创造力。脑科学的最新研究结果表明,直觉思维主要是右脑的功能。右脑以并行性方式思维,采取的是同时进行整体分析的策略,这就是为什么直觉无需推理就能直接地对事物及其关系做出迅速的识别和理解的原因。认知心理学研究发现,人脑中并存着两种不同的信息加工系统,即意识加工与无意识加工。无意识加工是一种基于技能与经验的自动化的、无需意志努力的加工。认知心理学关于无意识认知活动的研究有助于我们理解直觉思维的心理机制(周治金,赵晓川等,2005)。影响直觉思维的因素很多,主要有认知结构、问题情境、类比迁移、"三想"(联想、猜想和想象)能力、动机强度、左右脑协同、所处的环境、教师的直觉力等。

(赵思林,吴立宝,2011)

---

4. 灵感状态多有出现

　　创造性思维的"闪光点"往往得益于灵感,这是创造性思维的又一典型特点。**灵感**(inspiration)是人脑以最优势功能加工处理信息的最佳心理状态。它常给人一种豁然开朗、妙思横生的体验。对许多科学家的调查表明,在他们的创造发明过程中,大多出现过灵感。由于灵感具有突发性、瞬时性,来也匆匆,去也匆匆,使人对此有一种欲盼而不可求、欲望而不可及的神秘感。但研究表明,灵感的出现还是有一定的规律性的。首先,灵感出现的基本条件是,个体必须对所要研究的问题有一个长时间的思考,直至思维饱和。这时虽从表面上看是到了"山穷水复疑无路"的境地,实则已谙熟了问题的方方面面,处于"一触即发"的状态,为灵感产生提供了必需的前提。其次,灵感出现的契机是,个体在紧张思维后处于精神放松、悠游闲适的时候。这一点往往会被人们忽视。这表面上似乎是一种无为的松弛、消遣,如散步、闲聊、舒躺在床上、草地上等,其实都在不知不觉地敞开了思维的大门,期待灵感的光临。因为紧张后的释负、轻松之时,大脑灵活、感受能力强,最易产生联想、触发新意,从而出现"柳暗花明又一村"的转机。心理学实验也表明,创造性活动是与人的非紧张状态相联系的。在一项实验中,用强噪音引起人的紧张,从而提高兴奋水平的情况下,个体的创造性测验分数随之降低(Martindale & Greenough,1973)。在另一项实验中,让具有不同创造性的三组被试从事三种具有不同创造性的作业:多用途测验、远距离联想测验和普通智力测验,同时测量被试大脑中 α 波出现的多少,而 α 波是在非集中注意的轻松状态下较多出现的。结果发现,创造性高的被试在创造性愈高的作业中出现的 α 波愈多,而创造性不高的被试,则在三种作业中出现的 α 波无多大区别。这表明非集中注意是创造性高的条件(Martindale,1977)。而阿基米德在沐浴时想到物体的浮力原理;费密与朋友躺在草地上遐想解决他冥思苦想的热力学问题;华莱士因发疟疾卧床时想到进化论中的自然选择观点;凯库勒在瞌睡小憩时解开苯的化学结构之谜,这一系列科学家发明创造的事例也充分说明,一张一弛是捕捉灵感之道。

五、青少年思维的特点

人的思维发展经历了一条漫长的道路,从儿童到青少年再到成人,思维总的发展趋势是:从具体到抽象,从不完善到完善,从低级到高级。在青少年阶段更有其自身的发展特点。

教育实践 3-4　青少年的思维问题及转变策略

1. 青少年的思维问题:

(1)思维的定势。在新问题、新情况不断涌现的今天,思维定势会使青少年丧失思考的意识和能力,会把他们的思维锁定在固定的框架和角度之下,从而过多地依赖思维的惯性而失去创新的品质。

(2)思维的求同。青少年的特殊生长时期,决定了他们具有模仿性的特征,在教育领域,尤其是课堂当中,青少年习惯于与他人的思维习惯保持一致,习惯于服从教师的权威。这也成为学生思维发展和创新能力发展的障碍和羁绊。

（3）思维的服从。既包括对教师、书本等权威的服从,也包括对自身期望的服从。这样的思维习惯不仅失去自主思考的能力,更会失去自主思考的意识。

（4）问题意识的缺失。问题意识是指学生在认知活动中意识到一些难以解决的、疑虑的实际问题或理论问题时产生的一种怀疑、困惑、焦虑、探究的心理状态。然而,实践表明,随着青少年的进一步成长,这种好奇心逐渐消退。这一方面是由于对客观世界的认识和经验的不断增长,还有很重要的一方面要归咎于思维的培养方式。

2. 青少年思维能力养成的策略

（1）在知识教学中渗透思维教学。需要教师首先打破自身的思维定势,才能成为青少年思维意识的开发者。其次,教师要掌握一定的相关理论和心理学知识,才能科学地渗透思维教学。同时,教育者必须敢于创新和挑战,并在教育实践中不断地摸索适合于不同青少年群体的思维教学方法与路径。

（2）开展专门的思维训练。思维教学渗透的同时,更要提倡为青少年思维的发展设置某种情景,让青少年在这种情景中,不断地质疑和反思,并在此基础上提出自己的想法。

（3）塑造勇于创新的组织文化。要让思维能力有长足的发展,教育者必须为敢于思考、敢于创新、敢于探索、敢于尝试的青少年提供安全的组织文化环境,以保证他们的心理自由和心理安全。

（曹丽,2008）

1. 抽象思维占据优势,并由经验型向理论型过渡

首先,从总体来看,进入青少年期,个体的抽象逻辑思维水平迅速提高并占据优势地位。青少年抽象逻辑思维的发展有一个过程,少年期（初中生）和青年初期（高中生）的思维是不同的。在少年期的思维中,抽象逻辑思维虽然开始占优势,可是在很大程度上,还属于经验型（experiential type）,他们的抽象逻辑思维需要感性经验的直接支持。例如,对于抽象、概括而缺乏经验支持的概念——哲学中的"物质",不能正确理解,常与生活中或物理学中见得着、摸得着的"物质"混为一谈。而青年初期的抽象逻辑思维则属于理论型（theoretical type）,他们已经能够用理论作指导来分析综合各种事实材料,从而不断扩大自己的知识领域。在青年初期的思维过程中,既包括从特殊到一般的归纳过程,也包括从一般到特殊的演绎过程,也就是从具体提升到理论,又用理论指导去获得知识的过程。从中可以看出青少年思维的过渡性,即处于由经验型向理论型的转化。于是,抽象与具体获得了高度的统一,抽象逻辑思维也获得高度的发展。这种转化

的关键期在初中二年级,约十三四岁。从初二开始,青少年的抽象逻辑思维即由经验型水平向理论型水平转化。到了高中二年级,约十六七岁,这种转化初步完成。这意味着青少年的思维或认知趋向成熟。所谓**思维成熟**,主要表现在以下三个方面:各种思维成分或认知成分基本上趋于稳定状态,基本上达到理论型抽象思维水平;个体差异水平,包括认知风格、思维方式等,都趋于定型;成熟前,思维或认知发展变化的可塑性大,成熟后则可塑性小,与其成年期的思维或认知水平基本上保持一致,尽管也有一些进步(林崇德、李庆安,2005)。

这也正如皮亚杰所认为的,到了 11 至 15 岁,青少年思维进入"形式运算阶段",即可以在头脑中把形式和内容分开,脱离具体事物进行逻辑推演。我们知道,抽象思维的凭借物是概念,因此,青少年这一思维特点便在概念发展上表现出与儿童的明显区别。第一,在概念掌握的种类上,逐步由前科学概念(日常生活概念)转向科学概念。第二,在概念分类能力上,逐步由不自觉的、非本质的划分依据转向自觉的、本质的划分依据。第三,在获得概念的途径上,逐步由概念形成扩展到概念同化。概念形成是个体通过对大量同类事物的不同例证的辨别进行的,而概念同化是个体利用自己认知结构中原有的有关概念去理解新概念。这两者的心理过程是不同的。儿童已有的认知结构简单,思维偏于形象类型,因而主要通过概念形成来获得概念,即需要大量直观、具体的例证。而青少年认知结构复杂了,抽象思维能力强了,因而主要通过概念同化来获得概念,只需要适当定义(附上必要的一两个例证)便可,大大提高了概念获得的精确性和速度,为青少年大量扩充知识创造了有利条件。

关于儿童青少年获得几何概念认知操作的发展研究(陈英和,1992)表明,到初中三年级,大部分被试可以运用恰当的言语符号来描述某一几何概念的本质属性,正确评价相应概念的正例证和负例证,而且许多高中生能够通过分析,比较某一几何概念的正例证和负例证,给出这一概念的本质内涵。

2. 辩证逻辑思维迅速发展,但仍滞后于形式逻辑思维

首先,抽象思维中的辩证逻辑在整个中学阶段得到迅速发展。小学儿童只有辩证逻辑思维的"萌芽",到了青少年期,由于学习活动、社会活动、人际交往等都发生本质的变化,促使他们的辩证思维得到发展。在一项对 892 名中学生的辩证思维的发展的实验研究中(邓京华等,1984),将学生发展水平分为五个等级:第一级,能按辩证思维进行思维;第二级,基本能但不深刻、完善;第三级,能初步进行但有较大片面性和个人情绪色彩;第四级,虽然区分正误,但说不清理由;第五级,完全不能。结果发现,初一学生处在第四级最多(43%),初三学生处在第三级最多(44%),高二学生处在第二级最多(42%)。可见,中学阶段是辩证

逻辑思维从迅速发展到初步掌握的关键期。在一项对全国 23 个省市 43 798 人次的调查中发现,青少年的辩证思维在整个中学阶段的发展增量(15.44%)甚至超过形式思维(13.31%)(吴凤岗,1991)。

其次,从发展的绝对水平上看,在整个中学阶段辩证思维仍明显滞后于形式逻辑思维。并且进一步分析可知,在辩证概念、辩证判断和辩证推理三个方面,辩证推理的发展水平最低。也就是说,青少年在说明一般道理时,似乎也能侃侃而谈,说些"一分为二"、"具体问题具体分析"之类颇有辩证味的用语(这往往仅涉及辩证概念、辩证判断),但一接触实际问题和某些社会现象时,则常失之偏颇,暴露出许多缺乏辩证观念造成的思想方法上的弊端(这仅涉及辩证推理)。在一项全国调查中发现,在"坏事与好事"、"曹操在华容道为何中计"、"守株待兔"等 7 道推理题上,初一学生正确率仅 26.86%,初三学生为 32.70%,高二学生也仅 37.10%,得分正确率均未过半,即反映整个辩证思维的发展得分百分数(53.38%)明显低于形式逻辑思维(68.89%)(吴凤岗等,1984)。

3. 对问题情境的思维,与儿童相比有质的飞跃

首先在提问方面,青少年与儿童相比,具有三个质的飞跃。第一,提问趋于探究性。儿童好问,但提问的作用主要在于扩充知识,因而问题偏重于"是什么";青少年也善于提问,但作用主要转向寻求真谛,探究事物的内在联系和本质特征,因而问题偏重于"为什么"。尤其到了高中阶段,提问更富有思辨性、哲理性,耐人寻味,发人深省。第二,提问具有开拓性。儿童提问范围较狭窄,主要围绕自身周围所能直接接触到的事物,富有直观性。而青少年由于社会生活领域的扩大,学习内容的增多,加之自我意识发展导致的内心世界的打开,提问的范围大大扩展,从而涉及诸多社会现象直至人生意义。尤其到了高中阶段,更以其丰富的想象和抽象的思维,摆脱时空的束缚,在更广阔的背景上思考社会与人类、历史与未来、宗教与信仰、存在与人生等一系列问题,使问题范围获得空前的开拓。第三,提问富有逆反性。儿童提问往往满足于成人的现成答案,多持接受的态度;青少年不囿于成人的现成答案,多持怀疑、批判的态度,甚至对书本上的"金科玉律"也敢质疑、辩驳,从而使问题富有逆反性和挑战性。因而,青少年也就更会从习以为常、约定俗成的现象中发现问题、提出问题。

其次,在求解方面,青少年与儿童相比,也具有两个质的飞跃。第一,能运用假设。儿童求解问题,要么向成人直接索取答案,要么经验性地归纳,缺乏假设过程。而青少年能撇开具体事物,只用以概念支撑的假设进行思维,使问题解决过程合乎科学性。例如,在钟摆实验中(Piaget & Inhelder,1959),要求被试找出影响钟摆速度的变量。6、7 岁~11、12 岁年龄组被试倾向于直接认为四个变

126

量(摆绳长度、摆锤重量、起始高度、首次推力)都可以引起摆速变化,而缺乏对每一变量的假设与检验。11、12 岁～14、15 岁被试则倾向于假设某个变量会起作用,并依次保持三个变量恒定而检验某个变量,终于找出答案(摆绳长度)。更有趣的是,在"所有三条腿的蛇都是紫色的,我藏有一条三条腿的蛇,请猜猜它的颜色"一题中,青少年都能撇开大前提的真实性与否而顺利继续假设推理,而儿童则会纠缠于"蛇怎么会有三条腿"的问题上不能自拔(Kagan,1972)。第二,具有预计性。儿童解决问题缺乏步骤、方法上的预先考虑,想到哪里做到哪里。而青少年则有预计性,会撰写计划,思考步骤,有条理地求解问题。在一项化学试剂混合实验里(Inhelder & Piaget,1958),有 7 瓶不同颜色的化学试剂,研究者告诉被试,其中一瓶是由其他 4 瓶中的某两瓶混合而成的,要求被试找出哪两瓶。6、7 岁～11、12 岁被试往往盲目进行配对尝试,而 11、12 岁～14、15 岁被试倾向于先撰写几种可能的配对组合,然后逐一尝试。

4. 思维中的元认知现象开始出现

弗拉维尔(Flavell,1978)认为**元认知**(metacognition)是个体对于自己的思维和学习活动的认识与监控,是任何调节认知过程的认知活动。在人的认知结构中,元认知是最主要、最高级、最核心的决定性成分,它是在认知过程中制定计划、做出决策、实行监控和调节的最高层次的控制活动。

在一般情况下,儿童只能对外界客体进行思维,而不能对自己正在进行的思维过程本身进行思维。但青少年由于自我意识的发展出现新质,主体和客体自我发生分化,能做到对思维的思维(thinking about thoughts),即反省思维,也被皮亚杰称之为对运算的运算(the performing of operations upon operations)。这使青少年对自己的思维活动能进行自我监控、调节,以改进思维策略,也就是思维中的元认知现象。

5. 创造性思维发展进入关键阶段

虽说创造性思维是人类高级思维过程,但我国一系列研究表明,早在儿童晚期(10、11 岁)就已具有初步发展水平。在 1980 年召开的第十二届国际心理学大会上,匈牙利心理学家卡尔梅(Calme)甚至在报告中指出,5 岁半～6 岁多的儿童在创造性思维测验中已能表现出一定水准。但发展的关键期则在青少年期。在一项研究中(何蔚,1986),参考全国超常儿童研究协作组制定的儿童创造性思维测验,对 209 名小学四五年级学生和 348 名初一至初三学生测查表明,其成绩不仅随年龄上升,且上升速度自初一后迅猛增加。张德琇(1985)采用自编的《创造性思维潜能测验》测查 426 名初一至初三学生和 448 名高一至高二学生,结果显示年级愈高,成绩愈好。另一项采用根据吉尔福特智力结构中发散思维的剖面修订成的由 18 个测题组成的测验,测查上海地区 525 名大学生,并与高二学生对照,结果发现,一方面在中学阶段,测验成绩随年级递增,另一方面大中学生在发散思维上没有明显差异(潘洁等,1983)。新近的一项针对全国六个地区 3 301 名中小学生的研究表明(沃建中等,2009),发散思维中的流畅性在初二时达到最高水平,而变通性和独特性则在初三达到最高水平,三个维度都在初中阶段有较明显的发展。

青少年创造性思维的个别差异又十分显著。有的发散快、灵活多变、富有创见,有的则平平庸庸。同时,青少年创造性思维内部发展也不均衡。年级较低的学生,在思维能力方面,求同优于求异,而年级较高的学生表现相反的情况(张德琇,1985)。这表明青少年思维变得日益富有独创性。而在发散思维内部三个特征指标上的发展也表明出不平衡,其发展水平依次是:流畅性>变通性>独特性。因此,培养青少年发散思维的重点是独特性和变通性。

知识视界 3-7　网络对青少年思维方式的影响

网络对青少年思维方式的积极影响有:

1. 能强化青少年的逻辑思维能力;

2. 能培养青少年的某些非智力因素中的优良品质;

3. 能培养青少年养成利用现代工具去分析、解决问题的意识。

网络对青少年思维方式的消极影响有:

1. 电脑单向度的工作方式不利于培养青少年多层次的逆向思维能力和随机思维能力;

2. 电脑程式化的工作模式有时会扼制青少年丰富的想象力和灵活的创造力;

3. 从大脑左右两半球功能的开发来看,电脑主要开发了人脑左半球逻辑思维能力,而对右半球的形象思维能力的开发影响较小。

(傅荣,2001)

第三节　思维规律在教育中的应用

学生思维能力的培养是教育的一个重要目标。对未来的教师——师范生而言,需要掌握并运用思维规律,这不仅有利于在今后的教育教学实践中让学生学会动脑、学会创造性思考,不断提高解决问题的能力,而且有利于自身的成长与发展,使自己逐渐成长为问题解决效率高、思维能力强、思维品质好且富于创造性的人才。

一、思维规律在教书育人中的应用

教学中,教师和学生的核心活动是思维。思维规律在教书育人中的应用,主要体现在教学中教师如何结合学科教学提高学生解决问题的思维效率,藉以促进学生的思维发展,并形成良好的思维品质。在这里可以归纳为四方面的教学策略运用。

知识视界3-8　教学应促进学生良好思维品质的形成

思维品质是智力活动中智力特点在个体身上的表现,其实质是人的思维的个性特征。思维是智力的核心,支撑智力的"思维核心说"的基石是思维品质,它决定人与人之间思维乃至于智力个体差异。思维品质的成分及其表现形式很多,主要包括深刻性、灵活性、独创性、批判性、敏捷性五个方面。

深刻性是指思维活动的广度、深度和难度。它表现为智力活动中深入思考问题,善于概括归类,逻辑抽象性强,善于透过现象抓住事物的本质和规律,开展系统的理解活动,善于预见事物的发展进程。研究深刻性的指标集中在概括能力和逻辑推理能力两个方面。灵活性是指思维活动的灵活程度。表现为:思维起点灵活,思维过程灵活,迁移能力强,善于组合分析,思维结果往往是合理而灵活的结论。它集中表现在一题多解的变通性、新颖不俗的独特性。思维活动的独创性或创造性是指个体思维活动的创新精神或创造性特征,其实质在于主体对知识经验或思维材料高度概括后集中而系统的迁移,进行新颖的组合分析,找出新异的层次和交结点。批判性是思维活动中独立分析和评判的性质,是思维活动中善于严格估计思维材料和精细地检查思维过程的智力品质,其实质是思维过程中自我意识作用的结果。心理学中的"反思"、"自我监控"、"元认知"和思维的批判性是交融互补、交叉重叠的关系。敏捷性是指思维活动的速度呈现为一种正确而迅速的特征,反映智力的敏锐程度。

(林崇德,2006)

1. 构成良好问题空间的教学策略

在学科教学中,学生在解题时首先碰到的是如前所述的表征问题,其关键是要在头脑中构成良好的问题空间,通俗的说法是理解题意。有不少学生解题解得晕头转向或解不出题,很大一部分原因在于没有理解题意。因此,教师应指导学生从三个层次上步步把关:

(1)要准确理解问题表述的语意。也即首先要仔细阅读题目,从文字上看清解题的目标和条件,如"增加到"和"增加了"、"大几倍"与"是几倍"等都有不同的含义。由于青少年抽象思维水平的提高,概念掌握能力大大超过儿童期,对问题表述的语意的准确理解上的困难主要不是不懂,而是粗心。因此,准确理解的关键在于仔细阅读。

(2) 要由表及里深入把握题意。需克服由于问题情境呈现的方式不同所造成的认知障碍。例如,已知一个圆的半径是 2 cm,求圆的外切正方形的面积,用A、B两种方式画出标示圆半径的辅助线(见图 3-1),图 A 较难看出圆的半径与正方形的关系,问题较难解决。这里需指出,由于青少年抽象思维处于由经验型向理论型的过渡之中,仍需要感性经验、直观形象材料的支持,因此,在把握题意时,应尽可能做出示意图,以利于表征问题。

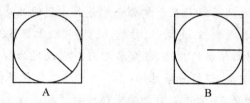

图 3-1　两种标示图半径的呈现方式

(3) 要正确判断问题类型。当学生准确理解语意,深入把握题意之后,就应进而判断问题类型,以便将当前问题纳入自己头脑中已形成的问题类型之中。研究表明,许多学生不是缺乏解题的具体操作能力,而是难以正确归类。要做到这一点,首先要在平时注意解题类型的归纳,以便在头脑中形成相应的认知结构,为正确解题创造必要条件。其次,要善于去伪存真,才能把握问题实质。许多题目往往以改头换面的方式出现,很容易迷惑学生,而其实不外乎出自几种类型。这也可谓问题中的"变式"。

2. 有效填补认知空隙的教学策略

当学生真正理解题意、构成良好的问题空间时,也就看清了已知条件和目标之间的空隙或差距,接下来设计和实施方案的实质就是填补这一认知空隙。教师应指导学生注意以下三个方面:

(1) 要利用迁移的积极影响,克服某些定势的消极作用。当学生把题目纳入一定的类型之后,就应利用已有的解题知识、经验来解决当前的问题,使问题的解决既便利又快捷,这其实是在利用正迁移的积极影响。但同时又应防止可能出现的某些定势的消极作用。在解题中时常发生这样的情况,乍一看某题属于某一类型,就开始搬用这一类型的解法,殊不知同一类型中也有一些不同的变异,完全套用已有的解法会失之偏差,甚至会钻进死胡同而不能退出。因此,解题时不仅要正确判断题目类型,而且一旦发现问题,要及时分析、审视,善于变通,不要为定势所束缚。事实上,中差生解题往往局限于一条思路,受定势束缚明显,而优等生则善于变通思路,换角度求解。

(2)注意运用解决问题策略。当有些问题不能简单归入某一类型,或运用已有知识不能一时求解时,应积极运用一些解决问题的策略。这里要注意灵活运用,上一节提到的几种策略都可运用。例如,手段-目标策略适用于从起始状态到目标状态的途径有多种的情况,而目标反推策略适用于从起始状态到目标状态的途径较少的情况,但在解决有些难题时从正反两个方面同时推进,往往效果更好。还要强调指出的是,上述策略只是解决问题的一般策略,结合各学科的具体实际,教师还应多给予更具体的解题策略的指导,使学生真正掌握学习的方法,而不仅仅是解题的知识。这样才能做到既促进学科学习中的问题解决,又促进学生思维能力的发展。有人对几何学科解题的思维策略训练进行了实验研究,结果表明结合学科教学进行解题策略训练是可行的、有效的(张庆林,1995)。

百家争鸣 3-4　问题解决策略及其教学

针对国内外在儿童思维训练研究中存在的不足,针对传统教学中重知识传授轻能力培养的不良倾向,张庆林等在长期实验研究的基础上,提出了促进学生思维能力提高的"策略性知识转化"理论。

该理论认为,策略性知识向能力转化必须做到概念化、条件化、结构化和自动化。所谓策略性知识的概念化,是指学生在学习策略性知识时,能借助于书面文字的表达在头脑中真正理解策略性知识,建立起准确的策略性知识概念。所谓策略性知识的条件化,是指学生不仅要学会运用所学的策略性知识,而且知道所学的策略性知识可以用到什么情景之下,或者说,什么条件有用。所谓策略性知识的结构化,是指将点点滴滴逐渐积累起来的策略性知识加以归纳整理,使条理化、纲领化,要做到纲举目张。所谓策略性知识的自动化,是指策略性知识的掌握要达到熟练的自动化程度。

促进策略性知识向能力转化的教学模式包括六个阶段:第一阶段,策略感悟。通过一个例题的两种不同思考方法—优一劣的对比,让儿童感受和领悟到应该如何思考。第二阶段,策略尝试。让儿童运用刚才领悟到的思考方法去思考一个类似的例题。这是一种模仿性质的从具体到具体的类比。第一二阶段的感性经验,能促进策略性知识的真正理解。第三阶段,策略反思。在第一二阶段的具体感性经验的基础上进行比较和归纳,形成策略性知识的一种抽象,此时,具体感性经验已上升为抽象的策略性知识,并达到了经验化的要求。第四阶段,策略应用。这是一个从抽象到具体的过程。在老师的指导下,儿童积极运用"思维诀窍"去解决一系列由易到难的各种问题,促使策略性知识的自动化。第五阶段,策略迁移。师生共同讨论本节课所学的"思维诀窍"还可以用于哪些地方,促进策略性知识条件化。第六阶段,策略巩固。这一环节一般不在本节课完成,而是在一种策略教学之后的二至三周内完成。其目的是为了防止策略性知识的遗忘和促进策略性知识使用的自觉性和习惯化。

(张庆林,杨东,2003)

（3）调控解题时的心理状态。在解题过程中,学生的动机和情绪也是制约思维活动和解题效率的一个不可忽视的心理因素。如前所述,在动机方面,强度偏低和过高都是不利的,而学生在学习过程中恰恰在两个方面易暴露问题:一是在平时作业解题时,易出现因动机强度偏低造成的思维积极性不足的情况;二是在测验或考试解题时,易出现因动机强度过高造成的思维功能削弱的情况。在情绪方面,诸如悲伤、愤怒、忧郁等负性情绪都不利于学生解题,而在测验或考试解题时,最主要的干扰则来自于焦虑、紧张的情绪状态。因此,要让学生学会调控自己的心理状态,使自己尽量处在动机强度适中、情绪平和、愉悦的心境之中解题,以取得最佳的解题效果。

3. 解题后再反思的教学策略

学生解题的兴奋点往往囿于解题操作后的答案之中,一旦求解结束便如释重负,对解题后的反思常掉以轻心,缺乏应有的重视,而这却是提供有效解题的保障、提高教学质量、发展元认知思维的重要环节。由于青少年已具有对思维的思维能力,因而要既利用青少年这方面的能力来促进解题,又通过解题来进一步发展这方面的能力。对此,教师应指导学生进行以下三点反思:

（1）反思解题过程。要求学生克服重结果、轻过程的倾向,引导学生养成解题后再反思解题过程的习惯。这包括反思对问题的表征、问题归类、求解的思路和操作过程。这种反思要尽量避免刚才解题的定势,换一个角度来审视,往往易于暴露问题。

（2）反思解题方法的多样性。在平时作业解题时,不要满足于一题一解,而要积极寻求其他可能的解法,争取一题多解。这不仅有利于加深对该题的认识和理解,而且也有利于促进发散思维的培养和发展。如前所述,青少年处于创造性思维发展的关键期,因此通过反思解题方法也是结合学科教学培养发散思维、促进创造性思维发展的一个重要途径。

（3）反思解题途径。学生往往满足于问题的解决而不注意解题后的反思总结,使解题经验得不到及时的提炼和概括。因此,当题目完全做好,解题结果和过程也都核查无误后,对解题的反思尚未结束,还应有一个对解题经验的反思、总结。解题顺利有顺利的经验;解题曲折有曲折的教训,反思这些经验乃至教训,极有利于丰富个人的积累。这一反思既可包括题型的归类,使之逐步体系化,为以后的问题类型创造条件,又包括解题思路的整理和再思考,从中获得新的认识和启迪。这样的反思极有利于提高思维的深刻性和系统性。

学术前沿 3-5　批判性思维与反刍思维

批判性思维(critical thinking)指深入且建设性地去思考问题,并对证据进行评估(Santrock,2005)。批判性思维的人能够抓住想法的深层含义,对不同的解决方法和观点保持开放的头脑,并且自己决定应该相信什么(Halpern,2002;Kamin & others,2001)。人们太多的时候会站在问题的一边儿而不是真正去评估这个问题,或者从一种不同的角度来审视这个问题。通常,人们甚至并不知道存在着问题的另一面,或存在着与他们相信的事物所相反的证据(Slife & Yanchar,2000)。但是,正如苏格拉底所说的,了解你所不知道的往往是通往真正智慧的第一步。

但现实中很少有学校教学生批判性思维并发展出对概念的深层次理解(Brooks & Brooks,2001)。相反,学校花太多时间让学生通过模仿去给出一个正确的答案,而不是鼓励他们提出新的想法(Brooks,2001)。

由此,美国学者桑特洛克(Santrock)倡导批判性思考心理学中的争议问题,对论据进行检验,并且在结果的解释上保持开放精神。

反刍思维(ruminative thinking)在近年来有关心理健康的个体影响因素研究中,正逐渐成为一个研究热点。这是指当个体遭遇诸如考试失败、丧失等负性生活事件之后,个体的思维停留在生活事件的影响之下,不断地想"为什么这种事发生在我身上"或者"如果总是这样,我将不能投入到新的工作中",即反复思考事件的原因、后果及其给自己带来的感受等内容(Nolen-Hoeksema,1991)。

关于反刍思维,不同的研究者界定有所不同,反应风格理论、压力反应模型、多维度模型、悲伤反刍模型以及愤怒反刍模型都为我们理解反刍思维提供了依据。反应风格理论将反刍思维定义为个体无意识地持续关注自己的行为与思想,对当时的情绪状态、情绪状态产生的可能原因及其可能带来的后果进行持续而重复的思考,而不是积极地解决问题(Nolen-Hoeksema,2000)。压力反应模型注重个体面对压力的特定反刍思考倾向,将反刍思维分为消极归因、无望认知、积极应对策略及问题解决倾向三个维度(Robinson,Alloy,

2003)。弗里茨(Fritz,1999)从多维度的观点来分析反刍思维,将反刍思维的内容分为情感、认知以及行为三个层面,情感方面的反刍思维主要是情绪性反刍,指个体持续停留在对事件的消极感受上;认知层面的反刍思维主要是意义寻找性反刍,指个体着重寻找事件所发生的原因;而行为层面的反刍思维主要是功能性反刍,个体主要关注负性事件所带来的实际影响。悲伤反刍模型与愤怒反刍模型强调了反刍思维在特定消极情绪中的应用。

从上述分析可知,虽然反刍思维的理论解释各异,但是它们实质上都强调反刍思维是个体在经历负性生活事件之后或者面对压力事件时,自发性地重复思考的倾向,其内容涉及当时的情绪状态和引发情绪的事件原因、事件后果以及事件的意义等方面,常常与个体的抑郁情绪、悲伤愤怒等相关。

(郭素然,伍新春,2011)

二、思维规律在自我教育中的应用

未来社会是极具竞争性、挑战性和开拓性的社会,只有富有创造性的人才能适应未来的社会;教师的工作又是各行各业中最具有创造性的工作。因此,对于今天的师范生来说,培养创造能力无论对于未来社会的适应,还是对于未来的教师工作的胜任,都具有极为重要的意义。而创造能力的核心是创造性思维,自觉培养自身的创造性思维,也就成为思维规律在自我教育中运用的重要方面。

1. 积极参加丰富多样的创造活动

如前所述,思维一般是在问题情境中发生的,是在解决问题的过程中发展的。创造性思维也不例外。积极参加各种丰富多样的创造性活动,如科技小组、兴趣小组、头脑风暴、发明竞赛、科学沙龙、创造技法讲座等,或在各种活动中进行创造性工作,自然会遇到种种常规思维所不能解决的问题,这些问题将迫使师范生进行创造性思维活动,从而为创造性思维的发生和发展提供基本前提。

教育实践 3-5 创造技法

1. 类比模拟法。这是用发明创造的客体与某一事物进行类比对照,从而获得有益的启发,提供解决问题线索的一种方法。

2. 聚焦发明法。这是以某一事物或问题为中心焦点,然后分析这一事物或问题的周围环境,由此得到启发,进行强制联想(尽可能将周围的事物与所要解决的问题联系起来)创造出新事物的一种方法。

3. 设问探究法。这是通过书面或口头形式提出问题而引起人们的创造火

花,捕捉到良好设想的一种方法。

4. 列举法。这是将研究对象的特点、缺点、希望点罗列出来,发现规律,提出改进措施,形成一定独创性的一种方法。

5. 移植法。这是将某一学科的理论、概念,或者某一领域的技术发明和方法应用于其他学科和领域,以期取得新的发明和创造的一种方法。

6. 逆向求索法。这是从已有的事物、现象的相反功能、状态、位置、方向、方式、顺序等方面进行反习惯性思路的反向思考和创新的一种方法。

2. 努力进行发散思维的自我训练

虽然创造性思维是聚合思维和发散思维的统一,但发散思维更集中体现思维活动的创造性特点,同时,传统教育又片面注重聚合思维,造成对创造性思维的有意或无意的压制。要摆脱这种长期教育模式造成的思维定势,高师生必须结合各种实际活动,有意识地对自己进行发散性的思维训练。遇到问题,不要局限于一个维度上的思考,更不满足于一个答案,而要广思多虑、标新立异。虽然优质的发散思维以创造性为本,但作为发散性的思维训练,则可以从提高思维的流畅性入手,由变通性扩展,以量为先,在此基础上逐步提高独创性水平。在这方面,高师生还要多向他人学习,着重了解他人在解决问题中思维发散的具体轨迹,以此作为借鉴,来大大缩短自己发散性思维的训练过程。

3. 加强运用形象思维来开发右脑

现代脑科学的研究表明,大脑两半球基本上是以不同的方式进行思维的,左脑倾向于用语词进行思维,右脑倾向于以感觉形象直接思维。这一研究成果从根本上纠正了长期以来的左脑优势理论和只有抽象思维才是认识的高级阶段的偏见,也为个体运用形象思维开发右脑、增进创造潜能提供科学依据。因此,只要做有心人,我们随时都可以进行形象思维,以开发右脑。

知识视界 3-9 形象思维与右脑

现已有研究表明,大脑两半球基本上是以不同的方式进行思维的:左脑倾向于用语词进行思维,右脑则倾向于以感觉形象进行思维,两者具有一种合作关系,即左脑负责语言和逻辑思维,而右脑则做一些难以转换成词语的工作,通过表象替代语言来思维。具体说,左脑主管抽象思维,具有语言的、分析的、连续的、计算的能力;右脑则主管形象思维,具有图像的、几何-空间的、音乐的、直觉的能力。

左脑的语言逻辑思维的本质是抽象,右脑形象思维的本质是具体。右脑形象思维还需要完成由笼统、模糊、混沌到清晰、明白的过程。分为三个阶段。第一,词的阶段。第二,单句阶段。第三,描述阶段。中央教育科学研究所史慧中在10个省市5 500个3岁～6岁儿童语言发展的调查研究中得出结论:词若不组成句子,人与人的思想交流便没有可能。以大量语言发展事实,为儿童形象思维发展过程作了"词句逐步展开所反映的是形象思维在右脑中的进展过程"的证明。

形象思维有初级和高级之分。右脑所有形象思维功能,反映一切自然物的原型,为左脑进行语言活动提供加工的原料。右脑的形象是依靠感觉器官直接活动而获得,因此,称为初级。而另一种形象思维不仅具有形象,也有语言和逻辑的参与,如克隆羊多莉,达·芬奇的"蒙娜丽莎"等。今天对大脑的两半球的功能认识,改变过去只重视左脑的语言和抽象思维活动而忽视右脑的形象思维活动的观念与做法,为右脑的探索研究提供了重要的科学依据。

（钱国屏,1999）

4. 善于把握规律以捕获灵感

灵感来得迅速,而又瞬间即逝,控制和捕捉相当不易。然而灵感并不是一种捉摸不定的东西,只要把握灵感出现的某些规律,还是可以创造条件来提高捕获灵感的概率。

首先,对某一创造性问题的解决要有充分的预备性劳动。即对问题本身以及有关资料进行长时间的、反复的探索,直至把握问题的方方面面。这是捕获灵感的最基本的条件。

其次,对某一创造性问题的思考要达到迷恋的程度。即不仅在集中思考时全心投入,而且在平时也要使该问题萦绕在心。当个体处于这一状态时,似乎使创造性解决问题的思维"触角"遍及各处,为捕获灵感创造了又一重要条件。

再次,经过一段长时间的穷思竭虑后转入松弛状态。即由张入弛,把问题暂搁,或静息、或聊天、或散步、或垂钓等,使自己处于平静、悠闲的境地。个体处于这一类状态,往往能摆脱习惯性思维的束缚,而使创造性解决问题的思维"触角"充分舒展,随时接受来自灵感的思想火花。这是最为人们所忽视的捕获灵感的重要秘诀之一。

此外,还要养成随身携带纸笔、随时记录闪念的习惯。这是因为灵感具有突发性、瞬时性的特点。一个来自灵感的闪念稍纵即逝,只有随时捕获,方能有效。

教育实践 3-6　在物理教学中培养学生灵感思维的途径

在物理学史上,阿基米德发现浮力原理、牛顿领悟出万有引力定律、瓦特发明蒸汽机等都使我们联想到灵感。物理学中的灵感思维就是在探究问题中百思不得其解时,却因受某种偶然因素的启发,产生顿悟,头脑中刹那间闪现解决问题的方法与成果。灵感并不神秘,它也不是少数天才的专利,而是每个人都可能产生的。它是在长时间攻研某一问题,逐渐达到饱和,并达到巨大高潮时闪现的新思想、新方法、新理论。物理教学中的灵感思维是教师机智地教,学生创造性地学的重要组成部分。笔者认为,在物理新课程教学实践中,师生都要认识到灵感思维的作用,并重视对自身灵感思维能力的培养。

人的灵感不是头脑中固有的,灵感是思维过程中一种必然的偶然,它也是有规律可循的。因此,它也就能在平时的教学中不断地训练和培养。

1. 注重学生的知识积累,为灵感的形成打下基础。要培养学生的灵感思维能力,就要在循序渐进的学习和积累知识的过程中进行。应引导学生在自然科学、社会科学方面广泛地汲取知识,使之积极地参与实践敏锐地观察事物,在大脑中存储知识和经验。当显意识和潜意识发生碰撞时,就可能在储存知识的基础上形成灵感,产生顿悟,并迸发出创造的火星。

2. 鼓励学生勤奋思考,为捕获灵感创造条件。灵感是勤奋思考的厚积薄发境界。要培养学生的灵感思维,就要引导他们对欲解决的中心问题进行反复、紧张、艰苦、长时间地思考,要进行超出常规的过量思考,这是激发灵感的必经过程。因此,要让学生有意识地抓住紧张思索后短暂的平缓期而仍不放弃,在紧张中保持冷静而清晰的头脑,处理好思维过程中动态与静态的关系,才有利于灵感的产生。

3. 着意于学生的类比联想,为诱发灵感建立正确导引。灵感作为创造性思维的高潮,不是随时随地都会产生的,它往往借助于类比和联想而出现。大多数有创造经历的人都认为,已有的经验若与眼前要探究的问题具有某一相似要素时,这将有助于诱发灵感。

4. 强调学生的非智力因素,增强灵感思维的密度。教师要以物理学科的成果,物理学家的榜样和自身的教育教学魅力来激发学生对物理学科的热爱和兴趣,并以科学的方法加以引导,稳定其兴趣,培养其情感,使之升华为意志、性格,从而增强学生灵感思维的密度。采用启发式和讨论式教学,能充分调动学生的主观能动性,这时多元思路犹如八面来风,吹开每人的心灵窗户,在彼此纵横交错的发散思维的碰撞和交汇中激发悟性,顿生灵感。

(陆良荣,2011)

5. 敢于大胆猜想而培养直觉

直觉在创造性思维中占有不可忽视的地位,其主要表现形式即为猜想。因此,师生要摒弃只重视严密的逻辑推理而轻视猜想的偏见,习惯于在创造性解决问题的各个环节上都敢于和善于大胆猜测。当然,为使自己的猜想更多地贴近现实、把握问题关键,平时要做有心人,不仅要注意拓宽学科知识,做到文理相通,而且还要注意积累大量社会、生活经验。

让我们回到本章开头提到的那个案例。张老师的这堂数学问题解决课,旨在通过一道典型例题的解决,来解决含参数不等式恒成立这一类问题,取得的教学效果是非常好的,其根本原因在于教学各环节紧紧围绕问题解决策略的归纳和思维能力的锻炼这一目标。首先,他让学生从熟悉的含参数方程的有解性问题解法入手思考,在类比中探究,以培养学生的类比能力和知识迁移能力。接下来,通过一题多解的训练,不仅充分利用典型问题沟通各部分知识间的联系,拓宽学生的解题思路,而且培养了学生的发散思维能力。更为重要的是,张老师在例题解决后,及时组织学生对解题方法进行多方面的反思和比较,教会学生总结问题解决的策略,寻找解题规律,培养了学生的解题策略决策能力。巩固练习,既起到了知识内化为能力、巩固基本方法的效果,又让学生学会选择方法,培养学生问题解决的优化意识。最后的变式练习环节,帮助学生体验如何从简单的问题演变、派生到复杂的问题,理解变式的基本思路,掌握变式的基本方法(如函数与方程、类比与联想、分类与讨论、数形结合、等价转换等),同时还提高了学生的辩证思维能力。

本章小结

思维是人对客观现实的间接的和概括的反映。间接性和概括性是思维的两个基本特点。思维按照不同的标准可以分为动作思维、形象思维和抽象思维;聚合思维和发散思维;再造性思维和创造性思维;直觉思维和分析思维;上升性思维、求解性思维和决策性思维。想象是思维活动的一种特殊形式。从不同的维度可以对想象进行不同的分类。想象力是智力活动富于创造性的重要条件。思维所运用的心智操作主要包括分析和综合、比较和分类、抽象和概括以及具体化、系统化。问题解决被视为一种最重要的思维活动,可分成表征问题、设计方案、实施方案和评价结果四个阶段。思维策略分为两大类:算法式和启发式。启发式策略有手段-目标分析策略,探试搜索策略,目标反推策略,简化计划策略等。影响问题解决的心理因素主要有:情绪状态、动机强度、思维定势、功能固着、迁移影响、原型启发和个性特点。青少年思维发展的有五个特点:抽象思维占据优势,并由经验型向理论型过渡;辩证逻辑思维迅速发展,但仍滞后于形式逻辑思维;对问题情境的思维,与儿童相比有质的飞跃;思维中的元认知现象开始出现;创造性思维发展进入关键阶段。

思考题
● 思维是什么? 思维的基本特性有哪些? 思维可分为哪些不同的种类?

● 思维的心智操作包括哪些? 它们之间的相互联系是什么?

● 问题解决的思维活动有哪些阶段? 各阶段的主要任务是什么?

● 问题解决的思维策略有哪些? 各策略的基本思想是什么?

● 影响问题解决的思维因素主要有哪些? 请试着举例说明。

● 创造性思维的特点是什么? 认识这一点对教育教学工作有何启示?

● 青少年思维发展有何特点? 了解这一点对有针对性地教育教学有何帮助?

● 思维规律在教育教学实践中可以用于哪些方面?

探索题
● 围绕影响问题解决的心理因素,试探索提高问题解决能力的教学策略。

● 结合自己理论学习和现实观察,熟悉青少年思维发展的特点,试探索创造性思维的训练方法。

第四章 记 忆

学习重点

- 记忆的概念
- 记忆的分类
- 记忆的基本过程
- 记忆的一般规律
- 记忆规律在教育中的应用

你知道吗?

- 人会完全失去记忆吗? 失去记忆的人会怎样?
- 查询一个电话号码后,你随即能根据记忆拨出这个号码吗? 这其中有什么规律?
- 遗忘的速度是均匀的吗? 有什么规律?
- 有人能准确无误地背出圆周率小数点后的一万位数字,你知道他是用什么方法记住的吗?
- 回忆不出来的内容就是百分之百地遗忘了吗? 为什么?
- 为什么老师们都不提倡"临时抱佛脚"的做法呢?
- 为什么有的人善于记忆人的面貌,而有的人却善于记忆人的姓名?
- 在考试中,是选择题简单还是问答题简单? 为什么呢?

小李是一名高中生,面对多如牛毛的数学公式、密密麻麻的英语单词、杂乱无章的历史事件、执拗拗口的古文篇章……许许多多需要识记的知识,每天不得不花费大量的时间和精力,白天记、晚上记,上课记、下课记,就连吃饭、午休,甚至上厕所的时间也用上了,但效果不佳,很多知识点仍然记不住。为此,小李感到非常苦恼,甚至怀疑自己的脑子是不是出了问题。

小李同学为什么会出现这种现象? 问题的关键在什么地方? 怎样才能帮助他提高记忆效率呢? 当你看完本章后,就能找到答案。

第一节 记忆的概述

记忆是人们对于过去经历和当前思维的串联,它关系到人们的生活、学习和工作的方方面面。按照不同的标准,记忆可分为不同的类型,并有其基本的发生过程。

一、记忆的概念

记忆(memory)是过去经历的事物在头脑中的反映。用信息加工的观点看,记忆就是人脑对信息摄取、贮存和提取的过程。

人们在生活实践中感知过的事物、思考过的问题,并不会因事过境迁而完全失去所有的印象,其中有一部分作为经验在头脑中保存下来,在以后一定的条件下得以重新恢复。例如,看过一场电影或一部小说后,人们仍能记得里面激动人心的场面和荡气回肠的情节;对于造访过的风景名胜,若干年后旧地重游,会触景生情忆起当初走访的情形,对那里的一景一物、一山一水都有一种熟悉感,甚至还能辨认出某些道路、标记和细节。至于教学活动中,把曾经朗读过的课文背诵出来,把掌握的概念、原理、公式记住,把学得的外语词汇、语法烂熟于心等,更是司空见惯的常事。这种在头脑中对过去经验的保存和恢复的过程就是记忆。事实上,人们不仅能记忆曾经看见过、听见过、嗅闻过、品尝过和触摸过的各种各样感知过的东西,记忆曾经分析过、理解过、推绎过、思考过的事物,而且也能记忆曾经体验过的情绪和操练过的动作。因而这里所谓"过去经历的事物"的内涵十分丰富,记忆的对象非常宽泛。

记忆在人的生活实践中具有非常重要的作用,以致人类无法离开它。从心理生活上看,记忆是心理在时间上的持续,使人前后心理活动能联系成一个统一的过程,如果没有记忆,许多旧经验无法对当前的心理产生影响,很多心理现象便缺乏必要的基础,很多心理活动也就无法进行。例如,没有记忆,知觉的理解性、恒常性便缺乏基础,人对周围世界的感知始终处于首次状态;没有记忆,概念无法形成,抽象思维也就不能进行。在人的心理活动过程中反复出现的现象,也正是通过记忆的积累效应使某些特点得以沉积、稳固,并进而镶嵌于个性结构之中,最终形成人的个性特点。如果心理活动缺乏记忆,也就缺乏累积的可能性,人的个性也就无法形成和发展。正如俄国心理学家谢切诺夫(Сеченов,1957)所说:"离开了记忆,任何现实的动作都是不可思议的,因为任何心理活动,即使是最简单的心理活动都必须以保留它的每一个当前的要素为前提,进而把它与随后的要素'联结起来'。没有这种'联结'的能力,发展是不可能的:人便会'永远处于新生儿的状况'。"

从日常生活上看,记忆的作用更显而易见,大到工作、事业的进行,小至电话号码和住址、人名的记录都离不开记忆。一旦丧失记忆,人们将无法正常生活。我们的祖先很早就懂得"结绳而治",崇尚记忆;古希腊神话中也有专司文艺科学的九个缪斯女神的母亲——记忆女神摩涅莫绪涅为人们所供奉。今天我们大量知识的学习与积累更与记忆紧密相联,知识的接收、保存和提取正是以记忆这一心理活动为基础的,以至于在一些心理学论著中,往往把"学习"和"记忆"放在一个篇目下论述,有的甚至提出"记忆就是学习效率的别名"(高木重朗,1982),也是有一定道理的。更确切地说,人的直接知识的获得,固然要靠感知觉的活动,但学生大量间接知识的获得,则主要依靠记忆,而间接知识在现代人类文明的发展中占据十分重要的地位。因此,记忆在现代人类文明中的作用便显而易见了。"当代的文明人和一万年前的野蛮人,其感觉、知觉本身差异是很小的,他们所拥有的获得直接知识的能力并没有根本的不同。他们根本的差异是他们所拥有的间接知识的不同。所以,若没有记忆,也就不会有今天的人类文明。"(杨治良,1999)

二、记忆的种类

人类的记忆现象可以从多个方面来划分,而且随着记忆研究的不断深入与发展,对记忆种类的揭示和归纳也在相应增多。

1. 动作记忆、形象记忆、语词记忆和情绪记忆

从记忆的内容维度划分,可把记忆分为动作记忆、形象记忆、语词记忆和情绪记忆。

(1) 动作记忆

动作记忆(action memory)也称运动记忆,是以过去做过的动作或运动为内容的记忆。这种记忆是技能形成的基础。在学习计算机操作、掌握打字技术、进行体操舞蹈训练、学骑自行车或摩托车时,都需要依靠大量的动作记忆。

(2) 形象记忆

形象记忆(imaginery memory)也称表象记忆,是以过去感知过的事物形象为内容的记忆。这种事物形象也就是记忆表象,简称表象。

前面一章在论及形象思维时涉及过表象这一概念。表象是当事物不在面前时,在个体头脑中出现的关于该事物的形象。这里,我们还可进一步指出表象的两个基本特性:形象性和概括性。首先,表象具有形象性特点,即我们头脑关于某对象的表象总是非常直观、形象的。但它与知觉相比,却又不那么鲜明、清晰,而显得较模糊、暗淡,且不稳定。例如,回忆桂林山水时,我们的脑海中能出现风景如画般的映像,只是远不及当时直接感知的那样鲜明、生动、稳定。其次,表象具有概括性特点,即与知觉相比,其形象具有一定的概括性,并根据概括程度不

同,有个别表象和一般表象之分。前者是在个别事物多次出现在我们面前时,对其外部形象的概括,后者则是对一类事物共有的一般形象的概括。例如,回忆起某同学的形象是个别表象,而回忆一般中学生的形象便属一般表象。当然,表象的概括只限于事物的外部形象,混杂着事物本质特征和非本质特征,未达到思维的概括水平,但它却是我们对客观世界从直接感知过渡到抽象思维的一个中间环节。表象不单由视觉形成,也可在听觉、味觉、嗅觉和触觉等各种感知觉基础上形成,如关于香蕉的表象除形状外,还可包括气味和滋味。表象是形象记忆的材料,在人类记忆中占据十分重要的地位。这是因为,在人类记忆中形象材料的储存大大超过语词材料的储存。据研究发现,前者与后者之比约为1 000∶1。

（3）语词记忆

语词记忆（word memory）也称**语词-逻辑记忆**,是以概念及其文字、数字符号为内容的记忆。这种记忆所储存的不是事物的具体形象,而是反映事物内涵、意义、性质、规律的那些单词、定义、公式、定理、规则等。它在人的各种记忆中起主导作用,对于学生来说,尤其如此。这是因为通过词语记忆可以对记忆内容作最好的编码,便于对其信息加工,而且学生学习的人类文化知识经验也主要以书面化的文字形式记载,依靠语词记忆为学生所接受、储存。因而记忆心理学中也数涉此方面的研究成果最为集中。

（4）情绪记忆

情绪记忆（emotion memory）也称**情感记忆**,是以体验过的情绪、情感为内容的记忆,当某种情境或事件引起人强烈的情绪、情感体验时,对情境、事件的感知同引发的情绪、情感结合在一起,都可储存在头脑中,一旦日后有所触发,当初的情绪、情感体验会再度出现。情绪记忆不仅在文艺创作和表演艺术中起重要的作用,而且也是一个人情感发展过程中所不可缺少的情绪体验积累的心理机制。

知识视界 4-1　情绪性记忆的主动遗忘

　　每个人在生活中或许都曾经历过一些痛苦的事情,这些痛苦的记忆是人们想尽办法想要忘记的,但无论如何努力,那些痛苦的记忆也很难从大脑中清除。有时,由于不能成功遗忘这些痛苦记忆反而导致身心疾病。因此,主动遗忘痛苦的情绪性记忆的现象受到越来越多的关注。情绪性记忆的主动遗忘,是指人们有意识地主动遗忘掉带有情绪色彩的记忆内容,但更多的是那些带来痛苦的负性情绪性记忆。记忆的主动遗忘主要有两类:定向遗忘(directed-forgetting)和压抑遗忘(suppression forgetting)。

（杨文静等,2010）

---

2. 瞬时记忆、短时记忆和长时记忆

根据记忆贮存时间和编码方式不同,可把记忆分为感觉记忆、短时记忆和长时记忆。

(1) 瞬时记忆

瞬时记忆(immediate memory)也称**感觉记忆**或**感觉登记**,是指信息保持只有在几秒钟之内的记忆。

外界信息通过感觉器官进行感觉,当感觉刺激停止之后头脑中仍能保持瞬间映象。也就是说,当作用于我们感觉器官的各种刺激消失后,感觉并不随着刺激的消失而立即消失,仍有一个极短的感觉信息保持过程。所以这种记忆也叫感觉记忆。感觉记忆主要有两种:图像记忆和声像记忆,即视觉记忆和听觉记忆。感觉记忆过程对视觉信息而言,约在一二秒钟之内,对听觉信息而言,约在四秒钟之内。当我们在眨眼时闭上眼睛的瞬间之所以仍能"看见"外部世界,就是这种瞬时的视觉记忆在发生作用;而一首歌曲结束以后仍余音缭绕,则是瞬间的听觉记忆现象。

从另一个角度看,这种记忆是人类记忆系统的第一阶段,外界信息只在感觉过程中登记,未经任何加工,按刺激原有的物理特征编码。例如,视觉性刺激通过眼睛登记在图像记忆中;听觉性刺激通过耳朵登记在声像记忆中。所以该记忆又称感觉登记。

这种记忆在瞬间能储存较多信息,一般认为其记忆容量为 9~20 字母或物体,甚至更多些,其中一部分信息受到人的注意就转入记忆系统的第二阶段——短时记忆,未加注意的信息便很快消失。

(2) 短时记忆

短时记忆(short-term memory)也称**工作记忆**,是指信息保持在 1 分钟以内的记忆。其实在一般情况下,信息在短时记忆中仅 30 秒左右。例如,查询一个电话号码,随即能根据记忆(短时记忆)拨出这个号码,但过后却又很难再记起它,所以这种记忆也被称为电话号码式记忆。

从另一角度看,短时记忆是人类记忆系统的第二阶段,处于感觉记忆和长时记忆之间,具有操作性功能(长时记忆是备用性的),它对来自感觉记忆和长时记忆储存的信息进行有意识的加工:一方面,它通过注意接受从感觉记忆输入的信息,为当前的认知活动服务,并把其中必要的信息经复述输入长时记忆储存(不必要的信息随即消失);另一方面,它又根据当前认知活动的需要,从长时记忆中提取储存在那里的信息进行操作,如提取一个公式对当前的数字进行运算,待用完后再放回长时记忆中。它围绕着当前的认知活动进行工作,为人们日常生活、工作、学习所不可缺少。例如翻译员的口译过程、查号台的服务、学生听课做笔记、数学运算时中间数据的暂存等都是该记忆的功能性表现。所以这种记忆又称为工作记忆。关于该记忆的编码方式,人们主要接受康纳德(Conrad,1963,1964)提出的听觉性编码理论。但随着研究的深入,继而发现该记忆还采用视觉编码与语义编码等方式。由此可见,这种记忆的编码方式似乎会随记忆材料的变化而作相应变动,因而有人进而提出该记忆的策略性编码观点(莫雷,1986)。

这种记忆的容量也即广度,根据米勒(Miller,1956)的研究,一般认为是 7±2 个项目。项目可以是数字、无意义音节或汉字、外文字母等。我国心理学工作者测定的短时记忆的广度是:线条排列是 5 个,无联系的汉字是 6 个,十进位数字是 7 个等。但如果对记忆材料进行组块(chunk),以扩大每个项目的信息量,可增加记忆的实际广度。例如数字 934157860327,虽然刺激项目数超过了 9 个,但若把它分为 4 组:934-157-860-327,就能减轻记忆负担,扩大记忆容量。

米勒(George Armitage Miller,1920—)

美国著名心理学家,信息加工认知心理学的先驱,因研究短时记忆提出"神秘的七加减二"理论而闻名于世。米勒于 1962 年当选为国家科学院院士,曾任国家心理学会主席、美国哲学会主席,1991 年获美国最高荣誉的科技奖——美国国家科学奖,2003年获美国心理学会颁发的心理学终身贡献奖。主要著作有:《神奇的数字 7±2,我们信息加工能力的局限》、《语言与行为》、《计划与行为的结构》等。

(3) 长时记忆

长时记忆(long-term memory)是指信息在头脑中长时间保留的记忆。它保留信息的时间在 1 分钟以上,短至几小时、几天,长至数月、数年,直至终身,跨度极大。它的信息来源是短时记忆阶段加工后的内容,一般经过复述,但也有因印象深刻,一次储存成功的。

长时记忆是人类记忆系统的第三阶段,与短时记忆相比,它的功能主要是备用性的:储存在长时记忆中的材料在不用时,处于一种潜伏状态,只是需要用时才被提取到短时记忆中。例如,在进行物理运算时,涉及牛顿第二定律,便从长时记忆中提取 f=ma 的公式到短时记忆中,待完成运算后又放回长时记忆中储存。因此,短时记忆为动态记忆,而长时记忆为静态记忆。后者是以前者的方式在操作中起作用的。

长时记忆的容量极大,有人认为一个人的长时记忆可储存 10^{15} 比特信息,相当于有 1 000 多万册的美国国会图书馆藏书总量的 50 倍,是目前世界上任何计算机所不能比拟的。但迄今尚未能科学地测定其明确的容量范围。在长时记忆中,传统观点认为主要是言语编码,目前也有人研究发现是言语编码和表象编码并重,并且相互补充。其中,言语编码是通过词来加工信息,用意义、语法关系、系统分类等的作用把言语材料组织起来,而表象编码则是利用视觉、听觉、味觉、嗅觉和触觉形象来形成记忆的。

知识视界 4-2　长时记忆的类型

在学习活动中,学生涉及最多的是长时记忆。根据信息在长时记忆中储存的情况不同,还可以对长时记忆进行进一步的类型分析。

情节记忆和语义记忆。这是 70 年代才提出的一种划分类型(Tulving,1972)。情节记忆储存的是关于个人的特定时间或事件的信息,例如,对自己亲身经历的某一活动情景的记忆。语义记忆储存的是与个人的特定时间或事件无关的语言知识,更确切地说,它储存的是对于大家都一样普遍的事实,如言语符号、单词、语法、公式、科学定理、原理、原则、规则等。

陈述性记忆和程序性记忆。陈述性记忆储存的是事实性知识,即概念和事实,主要回答"是什么"、"为什么"的问题,例如,头脑中还记着牛顿第二定律($f = ma$),这就是陈述性记忆。程序性记忆储存的是在特定条件下可以使用的一系列操作步骤,即认知和动作技能,主要回答"怎么做"的问题,例如,头脑中还记着如何运用牛顿第二定律来解有关的物理习题的步骤,这就是程序性记忆。有位大脑左半球某区域受伤的患者,不能回忆最近的事情,但却不影响记忆如何做事的过程。如他可以记住如何混合、搅拌、配料等烹饪过程,但记不住这些具体的配料内容(Kaushall et al. , 1981)。也就是说,他虽失去了陈述性记忆,却仍保持着程序性记忆,可见这两种记忆在大脑中的储存情况是不一样的。

近来还有人把长时记忆划分为描述性记忆和非描述性记忆,以取代陈述性记忆和程序性记忆的划分。所谓描述性记忆是指有关事实的知识,可以通过言传一次性获得,经过意识性的回忆就可以直接提取。如外语单词、生活常识、各种事件的记忆。非描述性记忆是关于怎样去做的知识,在绝大多数情况下是不可言传的,如人们的各种技能。它以前被人们称为"程序性记忆",但近来人们发现用"非描述性记忆"能更好地反映遗忘症患者身上所保留的学习能力。例如,这些患者可以记住动作和知觉技能(典型的程序性记忆),还表现出正常的经典性和操作性条件反射并显示出语义启动效应,以及学习新的认知任务的能力,这些技能就难以用"程序性记忆"来概括,遂用非描述性记忆这一概念。

(杨治良等,1999)

上述三种记忆既有区别,也有联系;既可视为不同的三个种类,又可视为记忆系统在信息加工过程中相互联系的三个阶段(见图 4-1)。

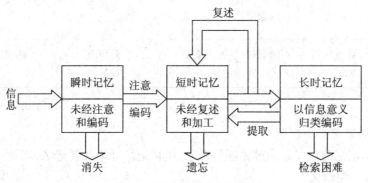

图 4-1　信息心理加工过程

3. 内隐记忆和外显记忆

以记忆的意识维度划分,可把记忆分为内隐记忆和外显记忆两种。

(1) 内隐记忆

内隐记忆(implicit memory)是指未意识其存在又无意识提取的记忆。这种划分最早是由麦独孤(McDougall,1871—1938)提出的,这种划分自 20 世纪 60 年代末至 70 年代初以来,随着人们对内隐记忆现象的研究不断增多而逐渐受到重视。它强调的是信息提取过程的无意识性,而不管信息识记过程是否有意识。也就是说,个体在内隐记忆时,没有意识到提取信息这个环节,也没有意识到所提取的信息内容是什么,而只是通过完成某项任务能证实他保持着某种信息。正因为如此,对这类记忆进行测量研究时,不要求被试有意识地去回忆所识记的内容,而是要求被试去完成某项操作任务,被试在完成任务的过程中不知不觉地反映出他曾识记过的内容的保持状况。

沃灵顿和魏斯克伦兹(Warrington & Weiskrantz,1968,1974)在对健忘症患者的记忆研究中发现,他们虽不能有意识地保持学习内容,在再认测验中不能辨别出先前学习阶段呈现过的单词,但在补笔测验中却不知不觉地对再现出这些单词有一定的保持效果。这一发现也激起人们对这类记忆现象的研究兴趣。

(2) 外显记忆

外显记忆(explicit memory)与内隐记忆相比,是指有意识提取信息的记忆。我们所提到的大多数记忆属于外显记忆。它强调的是信息提取过程的有意识性,也不论信息识记过程是否有意识性(见表 4-1)。

表 4-1　以意识为维度的记忆分类

记忆种类			识记（输入）	提取
记忆种类		内隐记忆	无意识 有意识	无意识
记忆种类	外显记忆	不随意记忆（无意识记） 随意记忆	无意识 有意识	有意识

（杨治良，1994）

4. 回溯记忆和前瞻记忆

根据记忆的信息指向过去还是未来，可将记忆分为回溯记忆和前瞻记忆。

（1）回溯记忆

回溯记忆（retrospective memory）指的是对于过去所发生事件的记忆。例如，回忆中学的生活，记住刚刚学过的诗篇，再认一个新学的英语单词等等。这是我们最常见的一种记忆。

（2）前瞻记忆

前瞻记忆（prospective memory）是指对将来要完成的活动和事件的记忆。这是近二十年来逐渐成为记忆领域研究热点的一种记忆，已引起有关研究人员的浓厚兴趣。它具体分两种情况：一是基于时间的前瞻记忆，例如，记得明天上午 9 点到学校开会；二是基于事件的前瞻记忆，例如，记得明天下午放学后要打印一个材料。研究者们在实验室实验的基础上，提出一些解释前瞻记忆心理机制的理论。爱因斯坦和麦克丹尼尔（Einstein & McDainel，1996）认为，前瞻记忆任务会以一个"线索-行动"编码的方式保存在意识水平之下，当出现外部提示或自我提示时，这一编码就回到意识之中，前瞻记忆任务就能够完成。例如，一个人有了"路过超市时购买食品"的打算，如果在途中看到街道旁边的一家超市，就会使他想起购买食品这件事。

学术前沿 4-1　影响前瞻记忆的几个因素

前瞻记忆产生于人们对应用研究及人类自身的关注，影响前瞻记忆的因素与如何有效地提高前瞻记忆一直是研究的重要内容。

1. 提示物、靶事件和情境对前瞻记忆的影响。前瞻记忆能否顺利进行常取决于合适的提示物、靶事件和情境，对于大多数人来说（尤其是老年人）外部提示物如日历、闹钟和放在显眼处用于帮助回忆的物体比内部线索如心理演示、生物钟更常使用。醒目的和不熟悉的提示物、靶事件更容易提高前瞻记忆表现,但提示物并不总是会起作用,有效的提示物应能加强或激活靶事件和意向之间的联系(Guynn, McDaniel, & Einstein, 1998)。埃利斯(Ellis 等,1999)的研究显示前瞻记忆的表现可能和情境的特点、靶词的特征及两者的交互作用都有关。

2. 年龄因素在前瞻记忆中的作用。一般认为,老年人在完成前瞻记忆任务时会表现出更多的困难,因为它涉及较多需要自我启动(self-initiated)的提取过程。但爱因斯坦和麦克丹尼尔(Einstein & McDaniel, 1990)的经典实验表明,年龄对回溯记忆任务有较大影响,却并不降低前瞻记忆测验的表现,这可能是由于实验采用基于事件的前瞻记忆任务,有外部线索可以引导提取先前形成的意向,如果采用基于时间的任务,则前瞻记忆能力将随年龄增大而下降。儿童对自己的前瞻记忆能力往往估计过高,主要是因为他们的元记忆水平较低,即使认识到提示物会帮助他们记住前瞻记忆任务,也常常找不到有效的提示物(Kreutzer, Leonard, & Flavell, 1975)。

3. 其他因素对前瞻记忆的影响。集中注意的前瞻记忆成绩一般要好于分散注意,但也不尽然,任务自身的特点或许是主要原因。保持间隔,即形成意向到执行意向所要求的行为之间的时间长短会影响前瞻记忆表现,中间是否插入其他任务也会产生影响。人格和前瞻记忆能力也有关,塞尔曼和盖达塞克(Searleman & Gaydusek, 1989)发现 A 型人格(个性中时间观念强,争强好胜,关注最后期限及持完美主义观点等)比非 A 型的人前瞻记忆表现要好。另外,动机和情绪对前瞻记忆也会有影响,而一件重要的任务显然比不重要的更容易被记住和执行。

(赵晋全,郭力平,2000)

5. 客体记忆和元记忆

按照记忆加工和控制的层面,可将记忆划分为客体记忆和元记忆。

(1) 客体记忆

客体记忆(object memory)是我们通常所说的对客体信息的编码、贮存和提取等加工过程。也就是我们以往所说的记忆。

(2) 元记忆

元记忆(meta memory)是指人对自己客体记忆的认识、评价和监控。这是人类对自身的记忆现象的研究进一步推进后提出的一个概念,虽历时很短但却很快成为当代认知心理学研究记忆问题的一个热门课题。对其研究的结果将大大有助于我们深度发掘一个人自身的记忆潜能,提高记忆的效果和效率。

百家争鸣4-1 元记忆和客体记忆

元记忆(meta-memory)和客体记忆(object memory)的划分是按照记忆加工和控制的层面来进行的。所谓客体记忆,包括如前所述的各种记忆类型,通常就是我们所说的对信息的编码、储存和提取等加工过程。而元记忆则反映人类记忆的独特性,即对自己记忆活动所进行的了解和控制,是个体所具有的与自己的记忆活动有关的信念及监控系统。

早在本世纪60年代初,有人(Hart)在美国斯坦福大学做关于知晓感(feeling-of-knowing)的博士论文时,就涉及记忆的监控过程问题,并指出记忆的监控过程是人类在记忆领域中最重要但又了解得最少的方面,由此开了在元认知方面的研究先河。1970年美国《心理学年鉴》上发表了题为"记忆与语词学习"的综述文章,作者(Tulving & Madigan)明确提出:要真正了解人类的记忆,就必须要对人类自身的记忆过程有一个深入的认识。正是在这种观点的影响下,弗拉维尔(Flavell)于1971年首次提出元记忆概念,并将其正式纳入记忆心理学一般范畴,开拓了记忆研究的又一新领域。

何为元记忆?有不同的说法。弗拉维尔认为,元记忆是指对记忆过程和内容本身的了解和控制。对元记忆理论做出重要贡献的另一位心理学家布朗(Brown)认为,元认知主要是对记忆过程的监控。还有人(Pressley)认为,元认知是使用策略来促进记忆的情况。元记忆是一个复杂的认知系统,包括元记忆知识、元记忆监测和元记忆控制等三个方面。元记忆知识包括个人所有的一切与记忆活动有关的知识,如有关记忆者自身特点的知识、记忆目标和记忆内容的知识、记忆策略和记忆方法的知识等;元记忆监测是对正在进行的记忆进行监视和评价;元记忆控制是指对正在进行的不能达到目标的记忆进行调整,包括重新分配注意力、选择适当的策略等。人们相信,元记忆与客体记忆之间存在着密切的关系,前者控制和调整着后者的活动,促进记忆成绩的提高,因而在教育中有着广泛的应用价值,其研究有着诱人的前景。

6. 其他记忆的种类

自传记忆(autobiographical memory)是关于个人所经历的生活事件的记忆。例如:关于军训第一天的情景的记忆;对某次演讲的情景的记忆等都属于自传记忆。

目前已有的研究表明:①自传记忆是以个人生活片段知识、一般事件知识和具体事件知识三种方式表征的;②自传记忆的提取方式主要通过生成提取和直接提取方式来实现。

脑成像研究发现自传记忆主要定位于颞叶与海马,但研究的结果之间却存在着很大的差异:以脑损伤病人进行的神经心理学研究发现自传记忆主要表现为右侧颞叶与海马的功能,而对正常人的脑成像研究却表明提取自传记忆事件时主要的激活部位是左侧颞叶与海马。目前对这一不一致现象尚无权威的评论与解释(杨红升,2004)。

第二节　记忆的一般规律

记忆的基本过程由识记、保持和回忆三个环节组成。从信息加工的角度看,这一基本过程包括信息的摄取、储存和提取等三个阶段。其中,遗忘过程在信息加工的每个阶段都会存在。以下从记忆过程和遗忘现象中揭示有关规律。

一、识记及其影响因素

1. 识记的概念

识记(memorizing)是人们识别并记住事物的过程。它是记忆的第一个环节。识记的形式是多种多样的,可划分为不同的种类。

(1) 无意识记和有意识记

根据识记的目的性划分,可把识记分为无意识记和有意识记。

无意识记(involuntary memorizing)是指事先没有预定的目的,也没有经过任何意志努力的识记,也称不随意识记。它最典型的表现就是人们在日常生活中不知不觉地记住了某些东西。可以说,在人的一生中这类识记是最大量的。它的特点是不易疲劳,但有很大的被动性、偶然性和片断性。在教学活动中,如能巧妙发挥无意识记的积极因素作用,有利于学生在轻松愉快之中获得知识技能。

有意识记(voluntary memorizing)是指事先有预定目的,并经过一定意志努力的识记,又称随意识记。它最典型的表现,就是人们在工作、学习中去用心地记住某些东西。由于它具有主动性特点,适宜完成系统性和针对性的识记任务,是学习活动最主要依靠的识记类型。

(2) 机械识记和意义识记

根据识记的理解性划分,可把识记分为机械识记和意义识记。

机械识记(rote memorizing)是指在不理解材料意义的情况下,采用多次机械重复的方法进行的识记。这种识记的效率相对较低,而且容易遗忘,但准确性高、使用面广,仍是识记活动中不要缺少的种类。因为即使是在意义识记中也总在一定程度上存在机械识记的成分。例如,在记英语单词时,我们可以从分析词缀、词干和词根的角度进行意义识记，但某个词究竟由哪些部分构成，还是需要机械识记。

意义识记(meaningful memorizing)是指在理解材料意义的基础上，依靠材料本身的内在联系进行的识记。这种识记和积极的思维活动密切联系，又往往运用已有的知识经验，提高识记的效率和巩固性。

2. 影响识记的因素

识记是记忆的第一个环节，如何做到识记材料既清晰又快捷，是提高记忆效果、防止遗忘的重要步骤。为此，我们应了解影响识记的诸因素，寻求优化识记的途径。顺便指出，这里我们针对记忆的各个环节来谈影响因素问题，目的是使论述更具针对性，但影响因素的这种划分也是相对的，绝不可机械理解。

(1) 识记的目的性

有无明确的识记目的，直接影响识记的效果。明确识记任务及其相应的目的有利于调动一个人的识记积极性和针对性。彼得逊(Peterson & Peterson, 1959)曾做过对比实验，让两组被试共同识记 16 个单词，其中一组有明确的目的，另一组则没有，结果有明确目的的一组当时能回忆记住 14 个单词，两天后还能记住 9 个单词，而无明确目的组当时仅回忆记住 10 个单词，两天后只记住 6 个单词，前者成绩明显高于后者。在另一项实验中要求被试"丝毫不差"地识记完整的故事，结果被试能逐句回忆 35%；而要求被试尽可能完整地回忆一篇课文时，可以回忆 12.5 个句子，而无此要求，他们只能回忆 8.7 个句子。要求被试按图形呈现的顺序进行识记，在回忆时可保持原顺序的 43%。因此，这里所讲到的识记的目的性不只是涉及有意识记和无意识记的问题，即便在有意识记中也存在目的性明确不明确的问题，这些对识记效果都有明显影响。

(2) 识记材料的意义性

所谓识记材料的意义，是指识记材料所蕴含的事物内在联系以及与识记者知识经验的联系。这种联系越多，表明识记材料的意义性越强，识记效果越好。金斯利(Kingsley)对此做过专门的实验研究。他组织了 348 名被试，向他们每次呈现 1 个单词或音节，呈现时间是 2 秒钟，练习一遍后，要求被试默写识记内容。结果效果与材料的意义性呈正相关：识记材料为 15 个无意义音节，能默写出的平均数是 4.47 个；识记材料为 15 个由三个字母组成的孤立英文单词，能默写出的平均数是 9.95 个；识记材料为 15 个彼此意义相关联系的英文单词，能默写出的平均数是 13.55 个。

(3) 识记材料的数量

一次识记材料的数量也是影响识记的因素之一。虽然说我们大脑的记忆储存量是极大的,能容纳的记忆材料的数量几乎是无限的,但是一次识记的材料数量会明显地影响识记的效率。索柯洛夫(Соколов,1962)的实验表明,一次识记的材料数量与识记的效率呈负相关,数量越大,效率越低:识记12个无意义音节达到背诵,平均一个音节需要14秒;识记24个无意义音节达到背诵,平均一个音节需要29秒;而识记36个无意义音节达到背诵,平均一个音节需要42秒。对无意义材料进行机械识记是这样,对有意义材料进行意义识记也是如此:莱昂(Lyons,1965)在实验中让被试背诵不同字数但难度相同的课文,结果平均每100字的识记时间随课文字数的增加而增多,同样呈现识记数量与效率负相关的趋势(见表4-2)。

表 4-2　识记材料的数量与识记时间

课文字数	识记总时间/分	识记 100 字平均时间/分
100	9	9
200	24	12
500	65	13
1 000	165	16.5
2 000	350	17.5
5 000	1 625	32.5
10 000	4 200	42

(4) 识记材料的位置

在多个项目连续呈现的情况下,各项目在序列中的位置也会影响识记的效果。一般说,最先呈现的项目,也就是排在序列首部的项目最易记住,称为"首因效应",最后呈现的项目,也就是排在序列末部的项目也容易记住,称为"近因效应",而排在序列中部的项目相对难记。金斯利(Kingsley,1957)在一项实验中让大学生识记三种材料:无意义音节、不相关的英文单词和相关联的英文单词,测试识记的结果如表4-3所示:对序列材料两端的识记优于中间部分材料,并且这种差异在无意义材料中最为明显。

表 4-3　材料序列位置对识记效果的影响

	1	2	3	4	5	6	7	8	9	10	11	12	13	14	15
15 个无意义音节	56	35	24	22	24	8	12	9	6	3	7	3	18	26	51
15 个彼此不相关的英文单词	65	68	45	37	58	18	44	32	36	15	46	31	49	41	68
15 个意义相关联的英文单词	66	68	67	54	67	58	59	58	58	56	52	52	62	52	62

（5）识记时的情绪状态

识记时的情绪状态对一个人识记的效果也会产生影响。一般说，心情好的时候识记效率高，而心情不好时则效率低。这也可以说是情感的调节功能在记忆活动中的体现——良好的情绪有助于认知操作活动的组织，而不良的情绪则会干扰直至瓦解认知操作活动（参见第七章第二节）。

二、保持及其影响因素

1. 保持的概念

保持（retention）是识记的事物在头脑中储存和巩固的过程。它是记忆的第二个环节，是实现回忆的必要前提。保持并非是原封不动地保存头脑中识记过的材料的静态过程，而是一个富于变化的动态过程，其变化表现在数量和内容两个方面。

（1）保持数量的变化

德国心理学家艾宾浩斯（Ebbinghaus）最先用实验方法研究人类记忆中的保持过程。他以自己为被试，以无意义音节（如 bok、fam 等）组成的字表为记忆材料（旨在避免旧经验的影响），以再学法的节省率为保持量的指标（保持量＝［初学所需时间－再学所需时间］÷初学所需时间×100％），对自己进行了历时多年的实验研究，发现了人类记忆的保持过程的特点，并在其 1885 年出版的《记忆》一书中展示了这方面的研究成果。研究表明，个体在学习记忆材料后的不同时间里头脑中的有关内容的保持量是不同的：刚学完时的保持量最高，在学后的最初时间里下降最快，然后逐渐减缓，直至接近某一水平。该过程也可以用一句话来概括：记忆材料在头脑中的保持量随时间呈先快后慢的趋势。研究结果见图 4-2。由图 4-2 可知，以纵坐标为保持量的百分比，横坐标为间隔时间，刚学完记忆材料（无意义音节的字表）时的保持量为 100％，20 分钟后为 58.2％，1 小时后为 44.2％，8 小时后为 35.8％，1 天后为 33.7％，2 天后为 27.8％，6 天后为 25.4％，31 天后为 21.1％，整个过程呈保持量随时间递减、减少量先快后少的特点。图中曲线称为保持曲线，保持的反面是遗忘，因此它又被称为遗忘曲线，也被人们习惯地

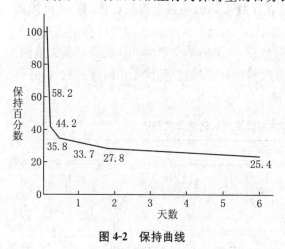

图4-2 保持曲线

称为艾宾浩斯遗忘曲线。这里要指出,图 4-2 这条曲线是建立在艾宾浩斯对无意义材料的记忆和节省法测量的基础上的,对有意义材料的记忆,其保持过程有所不同(Davis & Moore,1935)(见图 4-3);而采用不同的测量方式,反映保持过程的曲线也会有所不同(见图 4-4),但它们的总趋势还是基本一致的。这表明,虽然记忆材料的性质以及回忆的不同水平会影响保持过程,但艾宾浩斯所揭示的保持曲线仍反映了人类保持(遗忘)过程的基本趋势。

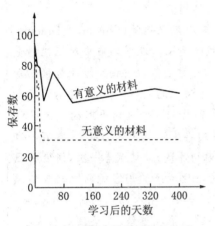

图 4-3 不同语义材料的保持曲线

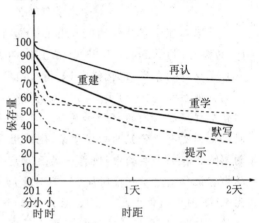

图 4-4 由不同测量方式所得的保持曲线

艾宾浩斯(Hermann Ebbinghaus,1850—1909)

德国心理学家。他通过严格、系统的测量来研究记忆,成功揭示了记忆遗忘的规律——"艾宾浩斯曲线"。1880 年,艾宾浩斯受聘于柏林大学,在那里继续研究记忆,并重复验证了他的早期研究。其著作《记忆》是实验心理学史上最为卓越的研究成果之一,开创了全新的研究领域。

(2) 保持内容的变化

保持在个体头脑中的材料不仅会在数量上发生变化,而且还会在内容上发生变化。阿尔伯特做过这样一个简单的实验:让被试看图 A,一个月后要求他画出,结果画成了图 B,三个月后再要求他画出,被画成图 C(Allport,1958)(见图 4-5)。这种保持内容上的变化使个体的记忆发生质变,即个体头脑中储存的并非是当初识记的东西,而是被扭曲了的事实真相。这时个体记忆在保持材料的数量上不一定减少,有时甚至还会增加,但在质量上却发生很大变化。这种现象

155

也称为记忆错觉(见学术前沿 4-2)。

图 4-5　保持中信息的变化

学术前沿 4-2　记忆错觉

　　著名心理学家铁钦纳(Titchener)最早提出记忆错觉(illusions of memory)的概念(Titchener,1928)。在 1964 年版的美国心理学词典中对记忆错觉也作了这样的界定:记忆错觉"是指人们在回忆过去经验时由于增删替换而形成的主观歪曲"。但由于对记忆错觉研究的方法上的困难,其研究远不如感知错觉那样引起人们的兴趣和关注。巴特莱特(Bartlett)可谓当时为数不多的对记忆错觉有所研究的心理学家,他采用系列再生法研究记忆错觉,具有一定的影响。在一个实验中,他将一幅画(下图中的原图)让被试看一次,请他将画的内容记住。过了一段时间(如半小时),请他把原画的内容凭借记忆重新画出来(下图中的再生图 1)。然后请第二个人看第一个人画出的画并记住它,过了一段时间,再将它凭借记忆画出第三幅画。依次继续,直至预定人次(如第十人)。原图本为猫头鹰,到第十人画出的竟是猫,记忆错觉被明显地揭示出来(见下图)。自 70 年代以来,随着认知心理学的发展和新的研究方法与实验技术的出现,记忆错觉已逐渐成为记忆领域的一个新动向:"时至今日,人们对记忆研究的兴趣又转向了记忆的丧失和扭曲"(Estes,1997)。记忆错觉不仅仅是心理学实验室的研究课题,还是社会多方面关注的课题,诸如传闻的可信度、目击者证词的精确性等都是记忆错觉的社会应用课题。

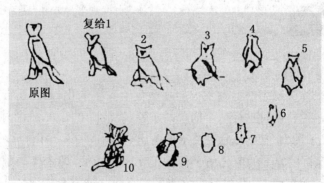

通过系列再生法获得的有关记忆错觉的进程图(**Bartlett, 1932**)

2. 影响保持的因素

保持是记忆的第二个环节,如何做到使识记的材料得到牢固、持久的保持,是提高记忆效果、防止遗忘的又一重要步骤。为此,就要了解影响保持的诸因素,寻求优化保持的途径。

(1) 识记的程度

达到一次完全正确再现后仍继续识记叫过度识记,也叫过度学习。过度学习可以使识记的材料保持得更好。如果以一次完全正确再现的学习程度为100%,那么150%的过度学习是提高保持效果的最经济有效的选择。克格(Krueger,1929)在实验中让被试识记12个名词,识记程度分别为100%、150%和200%。在1到28天后再检查保持效果,其结果如图4-6。这表明,超过150%并不再更多地改善保持状态。我国心理学工作者也做过类似的实验。把识记程度分为三种:33%(不足识记)、100%(刚好识记)和150%(过度识记)。实验结果表明:33%的识记遗忘率为57.3%,100%的识记遗忘率为35.2%,150%的识记遗忘率为18.1%,超过150%遗忘率不再显著下降。

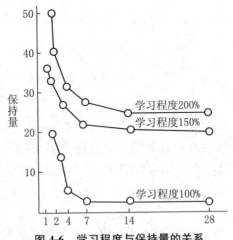

图4-6　学习程度与保持量的关系

(2) 记忆任务的长久性

有无长久的记忆任务也是影响保持的因素之一。一般说,有长久的识记任务有利于材料在头脑中保持时间的延长。在一项实验中,让学生背诵写在黑板上的甲、乙两篇难度相当、字数相近的短文。待学生背出后将两篇短文擦去,然后宣布甲文第二天检查,乙文在一周后检查。但实际上第二天没有检查甲文,一周后也没有检查乙文,而是两周后同时检查甲乙两篇文章。结果是对乙文的保持效果(80%)明显高于甲文(40%)。日常生活也告诉我们,只求临时记住的材料往往只能保持短暂的一会儿,而需要长期保持的材料才能保持得更长久些。

(3) 记忆材料的性质

记忆材料的性质对保持有很大的影响。一般说,在同样情况下,动作性记忆材料的保持效果最好,形象性记忆材料的保持也很有持久性,而诗歌又比一般的文章保持得更好些,有意义的语言材料相比无意义的语言材料有更好的

保持效果。如果学习程度相当,各种材料的保持情况经实验测定如图 4-7 所示:

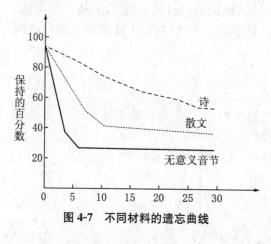

图 4-7　不同材料的遗忘曲线

（4）识记后的休息

识记后的休息情况良好与否,也会影响保持的效果。这是因为识记所引起的个体大脑内的记忆"痕迹"需要有一定时间才能巩固,否则就难以保持。在一项实验中（Duncan,1949）,让甲乙两组白鼠学习一个动作,甲组白鼠每次学习后在 15 秒—20 秒内用电击刺激,使其昏厥,以扰乱经学习刚形成的"痕迹"。结果该组白鼠无法学会这个动作,每次都要重新学习。但乙组白鼠在学后 2 小时用电击刺激,结果由于"痕迹"已经巩固,未受此扰乱影响。有的心理学家对需要用电休克疗法的精神病人作过类似实验,也得到同样结果。这可以说是识记后短暂休息对记忆"痕迹"的巩固作用。那么,识记后的较长时间休息,如睡眠情况又怎样呢? 有人（Idzikowski,1984）进行了这样的实验:让大学生为被试,识记由 16 个无意义音节组成的音节表。然后分两组,一组被剥夺当天夜里的睡眠,另一组则照常睡眠。结果发现,剥夺睡眠组保持效果明显低于未剥夺睡眠组（见表 4-4）。有趣的是,进一步实验发现,只要识记的当天夜里保证睡眠休息,那么第二天夜里若无睡眠,其保持效果也不会有明显的下降（见表 4-5）。这表明,识记后最初阶段的休息尤为重要,它对保持效果有直接影响。

表 4-4　识记后当天睡眠剥夺对记忆的影响			表 4-5　识记后第二天睡眠剥夺对记忆的影响		
	当夜无睡眠组	睡眠组		第二天无睡眠组	睡眠组
初学遍数	26.83	29.00	初学遍数	35.62	35.08
重学遍数	8.33	4.00	重学遍数	5.31	5.62
节省百分数	69.88	85.54	节省百分数	83.85	83.01
自由回忆	7.17	9.33	自由回忆	7.92	8.08
预期回忆	5.00	8.54	预期回忆	10.15	9.92

（5）识记后的复习

复习就是多次的识记。在对记忆材料进行最初的识记之后,复习的作用就在于通过随后的一系列识记来巩固已建立起来的联系,改善保持过程。因此,复习对于保持来说,是极为重要的影响因素。艾宾浩斯做过这样的实验:记忆无意义音节和诗歌达到成诵,第二天再复习达到成诵,依次继续,以致达到成诵需要复习的次数越来越少:12个无意义音节达到成诵所需要复习次数在前6天分别为16.5次、11次、7.5次、5次、3次、2.5次;80个音节的诗达到成诵所需要复习次数在前5天分别为7.75次、3.75次、1.75次、0.5次、0次(即到第五天对于诗歌不复习也能背诵了)。这表明经复习遗忘得到了控制,识记的材料得到良好的保持,遗忘的曲线能被逐渐地"拉平"。同时也可看到,随着识记材料巩固程度的提高,复习次数可以逐渐减少,每次复习的间隔时间也可以逐渐延长。由于复习对保持的极端重要性,心理学家还进一步研究了复习对保持作用的一些细节:

① 复习对保持的作用取决于信息编码的状况。已有许多实验证明,只靠机械反复不能加强保持的力度,复习不是被动的留痕,而是主动的编码,即运用已储存的信息对新输入的信息不断地加以处理,使之越来越符合储存在长时记忆中的心理图式(schema)。因此,复习被视为是为信息加工提供机会,每复习一次就多一次加工处理,多一次重新考虑或寻找材料之间以及材料和个体心理图式之间的关系。

② 复习对保持的效果受时间安排的影响。首先是复习的及时性。根据艾宾浩斯的遗忘曲线,遗忘是先快后慢地进行的,及时复习有利于识记材料在急速遗忘前获得必要的加固。正如乌申斯基(Ущинский)所指出的,我们应当及时"巩固建筑物",而不要等待去"修补已经崩溃了的建筑物"。第二是复习的经常性。根据艾宾浩斯的遗忘曲线,遗忘是一个不断进行的过程,经常复习才能有效地遏制遗忘,使信息不断得到巩固。这也就是中国古代教育家孔子所说的"学而时习之"的道理。但复习的时间间隔可以逐渐加大,频度逐步减少。第三是复习的合理性。复习可以集中进行,也可以分为若干阶段进行。连续进行的复习称为集中复习,复习之间间隔一定时间的称为分散复习。一般说,分散复习的效果优于集中复习。有人做过实验:五年级甲班和乙班成绩基本相同,学习自然课。甲班按大纲集中5节课复习全部内容,而乙班将5节课时间划为四次单元复习。结果甲班不及格的占6.4%,及格47.4%,良36.6%,优9.6%;而乙班没有不及格,及格31.6%,良36.8%,优31.6%。但对不同的材料也有相对的区分:技能性、枯燥性、难度大的材料,更需要分散复习;而思维性、兴趣性、难度适中的材料,可相对集中复习。

三、回忆及其影响因素

1. 回忆的概念

回忆（recall）是对头脑中保持事物的提取过程。这也是记忆的最后一个阶段。识记、保持的最终目的就是为了在必要时能回忆起它。一些书中把回忆视为再现，其实，随着对记忆现象不断深入的研究发现，保存在头脑中的信息提取有多种形式，而不仅仅局限于一般所说的再现和再认，回忆应是保存在头脑中的信息以各种方式提取的总称，内含不同水平的提取形式。当然，其中最主要的仍是再现和再认。

（1）再现

再现（reproduction）是当识记过的事物不在时能够在头脑中重现。这是一种高水平的回忆，如学生在做闭卷问答题时，回忆学过的内容。再现按目的性划分，可以分为无意再现和有意再现。无意再现是指事先没有预定目的，也不需要意志努力的再现。人们触景生情油然回忆起某事便是一例。有意再现则是指有预定目的的、自觉的再现，如回忆某人的地址以便去拜访。再现按中介性划分，可以分为直接再现和间接再现。直接再现是指没有中介联想而径直回忆起某事的再现，如脱口而出地提到多时未见的老朋友的名字。间接再现是指借助中介联想而回忆某事的再现，如一时想不起某一公式，但经过推算、联想又重新忆起。

（2）再认

再认（recognition）是当识记过的事物再度出现时能够把它识别出来。人们往往以为不能重现识记过的事物就是遗忘。其实，能识别再度出现的事物也是回忆。它在人的生活中相当有用且普遍。公安人员让证人看照片辨别罪犯，学生考试时做选择题等，都是再认现象。一般说，再认比再现容易，这是因为在再现中首先必须在记忆中搜寻目标刺激，然后再加以确认。再认则不必在记忆中搜寻目标刺激，而是直接呈现给个体。但现代研究发现，也有这样的情况出现：能回忆出的词却不一定能再认，这被称为"能回忆的词的再认失败现象"，即 RFRW 现象（Tulving & Thomson，1973）。可见它们具有不同的回忆水平也是相对的。

除了上述两种主要形式外，从广义上看，回忆还有其他水平的表现形式。例如，多年未接触外语，许多单词、语法都无法再现或再认，似乎已完全忘记了。其实不然，倘若重新学习外语，会比从未学过外语的人学得快，用的时间少，其原因是记忆中的某些残存的痕迹仍在发挥着作用。我们把这种回忆现象称为**重学节省**。又如，学过某知识后好久未用，自己也意识到忘了这些知识，然而却能在完成别的任务的过程中不知不觉用上学过的知识。这就是前面提到的内隐记忆的提取过程，也可视为回忆的又一种形式。

2. 影响回忆的因素

回忆是记忆的第三环节，识记材料、保持材料都是为了在必要时能回忆材料。如何做到能准确、迅速地把保持的识记、材料提取出来，是提高记忆效果、防止在记忆的最后一个阶段中发生遗忘的重要途径。为此，应了解影响识记的诸因素，寻求优化回忆的途径。

(1) 信息加工水平

在识记时，对材料的信息加工水平会影响回忆的效果。一般说，加工水平越深，回忆效果越好。在一次实验中，让被试分别按四种不同加工深度来评价 40 个形容词：①字母的大小写；②某词与该形容词是否谐韵；③某词与该形容词是否同义；④涉己，即该形容词能否对自己有所形容。评价完毕后，要求被试自由回忆。结果表明：加工深度越大，回忆效果越好（Rogers, Kuiper, & Kirker, 1977）。在另一项实验中，让被试对单词进行三种不同水平的加工：①结构性的，如"这个单词是用大写字母写的吗？"②语音性的，如"这个单词和某单词谐韵吗？"③语义性的，如"这个单词填入下面的句子合适吗？"然后检查加工时间和回忆成绩。结果发现，加工越深，所需时间越长，回忆成绩越好（Craik, Tulving, 1975）。

(2) 联想线索

在识记时是否有联想线索会影响回忆的效果。联想线索有助于信息的提取。它有多种类型：

接近联想，由某一事物想到和它在时间上或空间上相接近的事物。

相似联想，由某一事物想到和它在外部特征上或性质上相类似的事物。

对比联想，由某一事物想到和它具有相反特点的事物。

因果联想，由某一事物想到和它具有因果关系的事物。

隶属联想，由某一事物想到和它具有隶属关系的事物。

在识记材料时，建立它们之间以及它们和已有经验之间某种或多种联想线索，那么在回忆时，只要记住某一线索，就能联想出一连串材料。例如，让被试记住 20 个词：铅笔、橘子、床、狼、桌子、猫、苹果、毛笔、钢笔、梨、椅、狗、圆珠笔、牛、桃、橱、粉笔、李子、马、沙发。被试若死记硬背，回忆效果不好，容易丢三落四。若将这些词归为四类（笔、水果、家具和动物）进行识记，这时"笔"、"水果"、"家具"和"动物"便成了回忆时的联想线索，能大大提高回忆的效果。

(3) 回忆场合

回忆场合与当初识记时的场合是否一致，也会影响回忆的效果。这里的回忆场合既包括客观环境,也包括机体的内环境。史密斯等人(Smith, Glenberg, & Bjork, 1978)做过一个实验:让被试进行词对联想记忆,刺激一次是用速示器呈现,另一次由录音机呈现。然后隔一日让被试分两组进行回忆,一组在原场合,另一组在异场合。结果在原场合回忆的成绩(59%)优于在异场合回忆的成绩(46%)。在另一项实验(Rand, Wapner, 1967)中,让两组被试记忆一个单词:一组站着记,一组躺着记。然后让各组一半被试采取原来识记时的姿势回忆,其余一半被试采取相反姿势回忆。结果是采取原姿势者回忆效果较改变姿势者好。这是什么原因呢? 一种情况是,场合因素与记忆材料发生某种联系,以至对材料进行编码时,也以同样方式对场合信息进行编码,场合信息也就成为提取材料的外显线索。国外把这称为情境关联记忆(state-dependent memory),也称为编码特定原则(encoding specificity principle)(张春兴,1994)。另一种情况是,场合信息是编码的,是独立于记忆材料之外而存在的,对材料进行编码时并未把场合信息联系起来,场合信息对提取材料起到了一种内隐的、无意识的作用。

(4) 前摄抑制和后摄抑制

在影响回忆的因素中干扰是一个重要方面。前摄抑制和后摄抑制便是这方面干扰中的一个典型现象。**前摄抑制**(proactive inhibition)是指先学材料对回忆后学材料的干扰,**后摄抑制**(retroactive inhibition)是指后学材料对回忆先学材料的干扰。例如,我们先学习文章 A,之后又学习文章 B,当我们回忆文章 B 时,会受到文章 A 的干扰而降低回忆文章 B 的效果,这便是前摄抑制。我们先学习文章 A,之后又学习文章 B,当我们回忆文章 A 时,会受到文章 B 的干扰而降低回忆文章 A 的效果,这即是后摄抑制。研究发现,前摄抑制和后摄抑制受许多因素的制约:

① 材料的相似性。先后学习的两种材料完全相似时,后继学习相当于复习,不会产生相互干扰作用。若先后两种学习材料完全不相似,互不相干,也不会产生相互干扰作用。只有当两种材料处于既相似又不相似的状况时,干扰作用最大。

② 先后学习材料的时间间隔。在学习完第一种材料后立即进行第二种材料的学习时,所产生的抑制作用最大,随着时间间隔加大,抑制作用减少。

③ 先学材料的巩固程度。先学材料的巩固程度越高,意味着内部联系越紧密,越能抵御后摄抑制的干扰作用,反之,则越容易受干扰作用影响。

(5) 回忆时的情绪状态

情绪状态对回忆的影响也十分明显,并且比较突出地表现在情绪的紧张度方面。一般说,良好的情绪状态,如愉悦而轻松、平和的情绪有利于回忆,而负性情绪,尤其是紧张情绪对回忆会产生明显的抑制作用。在教学活动中常有这样的情况发生:一位学生明明独自一人在家里把课文完全背出来了,但教师让他当着全班同学的面背诵时,却往往结结巴巴,错误迭出,甚至无法背出。这种会使教师感到不满、使学生尤受委屈的现象便是紧张情绪造成的结果。有时对某事的回忆似乎就在脑边嘴边,可就是一时想不出、说不上,而且是越急着要把它回忆出来,越是回忆不出。这在心理学中称为**"舌尖现象"**(tip of the tongue),也与情绪紧张有关。遇到这种情况,一个最有效的解决办法就是暂时不去想它,待注意转移、情绪放松以后,它往往会突然闪现在头脑中,叫人有一种"欲求之而不得,不求时而自得"之感。

学术前沿 4-3 心境一致性记忆

心境一致性记忆(mood-congruent memory)是指人们倾向于加工和回忆与当前的情绪状态相一致的情绪信息,即正性的情绪状态倾向于加工和回忆正性的情绪信息,负性的情绪状态则倾向于加工和回忆负性的情绪信息。

郭力平(1997)采用雅各比(Jacoby)的加工分离程序,考察抑郁被试和正常被试负性词和正性词的再认记忆测验成绩,发现抑郁被试对负性词的有意识提取成绩好于正常被试,但对正性词的提取成绩低于正常被试,存在明显的心境一致性记忆效应。郑希付(2005)采用两种方法考察特质性焦虑与状态性焦虑两种情境下个体的记忆特点。结果发现,自然情境下,个体的焦虑水平与正性词的记忆呈显著负相关,焦虑水平越高,正性词的记忆效果越差,出现了心境一致性记忆效应;但在启动情绪状态下,没有出现这种效应。陈莉和李文虎(2006)在自然情境和情绪诱发情境两种实验情境下考察个体情绪信息加工过程中的记忆特点,发现自然情境下没有出现心境一致性记忆效应,但在情绪诱发情境下出现了明显的心境一致性记忆效应。

但史密斯(Smith et. al)等人的研究却发现,人格特质中感觉寻求得分高的人在回忆与感觉寻求相关的情绪词时表现出明显的记忆偏向,个体在信息加工时存在特质一致性倾向,即心境对认知加工深度的影响依赖于个体稳定的人格特质。

(Mathews & MacLeod, 1994; Smith, Perlstein, Davidson, & Michael, 1986;陈少华,郑雪,2005)

四、遗忘及其原因

1. 遗忘的概念

遗忘(forgetting)是指不能回忆或错误的回忆。由于回忆最主要的形式是再现和再认,因此,从狭义的角度看,遗忘是指不能或错误地再现或再认。遗忘并不局限于保持的相反过程,而是涉及记忆的所有环节。在识记环节,摄取的信息不清晰、不牢固本身就蕴含着遗忘;在保持环节,信息的失漏或失真无疑是遗忘的主要方面;至于回忆环节,信息的提取发生困难,更是导致遗忘的直接原因。因此,虽然遗忘主要表现在回忆阶段,但造成的原因则需要从记忆的各个过程中寻找。

知识视界 4-3 遗忘的作用

在日常生活中,常可看到一种有意思的现象:一些聪明绝顶、过目不忘的人,往往体弱多病,而另一些马马虎虎、遇事即忘的人,虽然在人群中平平庸庸,但身体却无大病,有些人称之为"傻人多福"。遗忘在人的思维中占很重要的位置,遗忘可以减轻大脑的负担,降低脑细胞的消耗。人的脑细跑在正常情况下,每天大约死亡 10 万个左右。但是,如果受到外界条件的强烈制激,大脑每天死亡的神经细胞比正常情况下会增加几十倍,大脑会难以承受。我们在生活中会遇到这种情况,对由于某些事情或者意外事故造成的病人,人们常常转移当事人的视线来分散其注意力,从而达到减轻其痛苦的目的,这就自觉或不自觉地用到了遗忘规律,为大脑的养生服务。神经生物学的研究表明,遗忘不仅是不可避免的,而且是绝对必要的。因为外界各种讯号或现象,有 95% 被排斥在大脑皮层之外,没有进入意识领域,而真正进入记忆库的,实在是微乎其微。正因为这样,才保证了人们的必要记忆。在学习、工作中,几乎所有的人都对如何增强记忆很感兴趣,而对记忆力不好大伤脑筋,其实这是没有必要的。从生理学角度讲,这是正常规律。

学术前沿 4-4 动作记忆的遗忘

许尚侠(1986)设计实验对动作操作的遗忘进程进行了探讨,结果发现了动作操作遗忘曲线与艾宾浩斯的遗忘曲线有明显的差异:在遗忘量上,艾宾浩斯的遗忘曲线远远大于动作操作遗忘曲线;在遗忘的发展情况上,尤其在开始部分,艾宾浩斯的遗忘曲线呈"L"形,而动作操作遗忘曲线呈"V"形。也就是说,艾宾浩斯的遗忘曲线的主要特点是,紧跟在学习之后,有一个迅速的降落,当间隔时间延长的时候,就逐渐平坦下来,遗忘总是随着时间的逐渐过去而愈来愈缓慢。动作操作曲线的主要特点是，紧跟在学会了动作之后，有一个较迅速的下降，随即骤然上升，然后随着间隔时间的延长而逐渐平坦。遗忘是在开始时，经过一个大起伏后才随着时间的逐渐过去而愈来愈缓慢的。

（陈玲丽，吴家舵，2002）

间隔时间（天）	节省时间（%） 对象	体院学生 动作操作材料	师院学生 动作操作材料	艾宾浩斯材料
1		81.33	72.42	33.7
2		94.68	84.44	27.8
6		87.48	75.05	25.4
31		86.05	73.67	21.1

动作操作遗忘曲线和艾宾浩斯遗忘曲线比较图

2. 遗忘的分类

（1）部分遗忘和全部遗忘

根据遗忘的数量分为部分遗忘和全部遗忘。

部分遗忘指输入到大脑的信息在提取的时候，能够提取出一部分，另一部分信息或受干扰或受压抑未能够提取出来，或者已经消失了。

全部遗忘指输入到大脑中的信息在提取的时候，一点也提取不出来，过去输入进来的信息或者还在大脑潜伏着、因为某种原因回忆不出来,或者已经忘记了。

（2）短时遗忘和长时遗忘

根据遗忘时间的长短分为短时遗忘和长时遗忘。

短时遗忘指输入的信息在需要的时候提取不出来,而不需要的时候,或者过后很快地能够再现刚才所需要的信息。短时遗忘也称"舌尖现象",有许多信息（比如一个人的名字）会感到就在舌尖上,可当时就是想不起来,过一会儿,却会恍然大悟。

长时遗忘指过去输入的信息不但在需要的时候提取不出来,即使平时也再现不出来。

（3）消极遗忘和积极遗忘

根据遗忘的性质分为消极遗忘和积极遗忘。

消极遗忘是指信息输入到大脑之后的自然的、无意识的遗忘。

积极遗忘是指信息输入到大脑中之后,经过思维的加工处理,将有价值的信息储存在大脑之中,但也有一部分无价值的信息在大脑中充塞着,不但占一定的位置,而且还会干扰和影响更有价值信息的输入,这时,大脑就会开始自觉将无价值信息摒弃掉,这就是积极遗忘。

3. 遗忘的原因

有记忆当然就有遗忘,应当如何来解释遗忘这一现象呢？对于遗忘原因有不同的解释,形成不同的理论,归纳起来主要有以下几种。

（1）衰退理论

这是一种最古老的遗忘理论。这一理论认为遗忘是记忆痕迹随时间推移而消退的结果。如果记忆中的信息经常获得复习或提取使用,其痕迹就会得到巩固,但如果长时间不复习也不使用,就会"日久淡忘"。这种理论较符合人们的生活常识,但却难以用实验证实。

（2）干扰理论

这一理论认为遗忘是识记和回忆之间受到其他刺激干扰的结果。也就是说,识记过的东西是不会遗忘的,之所以遗忘,不是记忆痕迹的消退,而是干扰所致,一旦干扰排除,记忆就能恢复。这种理论虽似乎不近常理,但却有实验佐证。关于干扰说最早的实验是詹金斯和达伦巴克(Jenkins, Dallenbach, 1924)进行的:他们让两组被试识记同样一些无意义音节表,然后让一组被试去睡觉,另一组被试照常进行一般活动,接着分别在1、2、4、8个小时之后,让两组被试回忆所识记的内容。实验结果表明,睡觉组比活动组的回忆成绩好。这一结果用衰退理论无法解释,因为两组在相同间隔时间内都没有对记忆痕迹进行强化,两组回忆结果理应相同。这一结果却能很好地用干扰理论来解释:这是由于睡眠组比活动组在相同的时间间隔内所受的干扰刺激少,从而造成的回忆上的优势(见图 4-8)。干扰理论最明显的例证则是前摄抑制和后摄抑制,其详细情况见后面的有关论述。

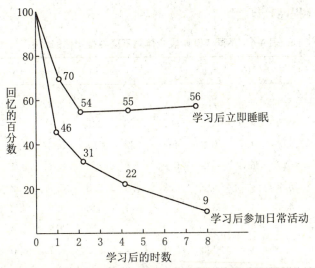

图 4-8　睡眠与清醒活动对记忆的影响

（3）压抑理论

这一理论认为遗忘是因为我们不想回忆起痛苦、可怕的经历所造成的。这种理论的实质是认为遗忘是由于受到某种动机的作用所致。这是因为人们有压抑痛苦记忆以免受其所引发情绪焦虑的倾向(Freud〈车文博译〉,2004)。因此,它又被称为动机性遗忘。在一项研究中发现,成人回忆儿童时代时,30％经历与愉快情绪相联系,其次是 15％经历与害怕相联系,再次是与愤怒、痛苦和激动相联系,不愉快的事更易于遗忘(Waldvogel,1947)。

（4）同化理论

这一理论认为遗忘是知识的组织与认知结构简化的过程。当人们学到了更高级的概念与规律后,就可以以此代替低级的观念,使低级观念遗忘,从而简化认知结构并减轻记忆负担。

总之,遗忘的原因迄今还尚未完全清楚,但各种理论的提出无疑有利于从多角度认识遗忘现象,探明遗忘的真正机理。

五、青少年记忆的特点

1. 记忆的整体水平处于人生的最佳时期

如果说感知觉发展的高峰在儿童期,思维进入成人期后日臻成熟,那么记忆的全盛时期则在青少年。据台湾心理学家研究,在不同年龄阶段对不同类型的记忆状况的分析、测查中,青少年记忆表现出最佳水平。以记忆再现成绩最高为10分,9~18岁各年龄阶段在各种类型刺激的记忆中成绩如表 4-6 所示,测试平均成绩呈逐年提高趋势。

表 4-6　不同年龄阶段个体对不同类型记忆的水平

年龄(岁)	9	10	11	12	13	14	15	16	17	18
物理刺激	6.4	6.6	7.2	8.6	8.6	9.0	9.1	9.5	9.8	9.7
声　音	4.9	4.9	5.3	5.6	5.8	6.5	6.8	7.0	7.5	7.1
数字与数学	4.4	4.7	5.2	4.8	5.2	5.7	5.3	5.9	5.2	5.3
语言(视觉)	6.2	6.8	6.9	7.0	7.5	8.1	8.1	8.1	7.6	
语言(听觉)	5.2	4.7	5.5	6.2	6.3	6.8	6.7	7.2	7.0	7.0
语言(触觉)	4.1	4.6	5.5	5.4	6.1	6.6	6.9	7.2	7.6	6.9
语言(情感的)	3.0	3.1	4.1	4.8	5.6	5.9	6.2	6.6	6.7	6.3
语言(抽象的)	4.2	4.6	5.0	5.1	5.2	5.7	5.7	6.0	5.9	5.5

2. 有意识记日益占主导地位

在儿童早期,个体的无意识记占主导地位,小学中年级后有意识记有明显发展,但常常是被动的,其识记任务往往由教师或家长提出。进入青少年期,个体的有意识记日益占主导地位。虽然初中低年级学生的无意识记以及有意识记的被动性还较明显,他们通常对自己感兴趣的、新颖的、直观的材料记得较好,而对一些比较抽象的材料,如系统的理论、公式、定理、法则等记忆得较差。在教学的影响下,中学生逐步学会使自己的记忆服从于识记的任务和教材的性质,因而有意识记"益占优势"。并且中学生为了完成识记忆任务会有意识地使用一些记忆策略,有研究表明中学生在英语词汇记忆中大部分使用了记忆策略,研究者用自编的中学生英语词汇记忆策略问卷对中学生进行了测量,结果表明策略整体均分、加工策略均分、巩固策略均分和辅助策略均分都约高于临界值 3 分之上(洪显利,2007),如图 4-9 所示。

3. 意义识记明显占优势

在儿童识记中,机械识记的成分占主要地位,而进入青少年期后意义识记成

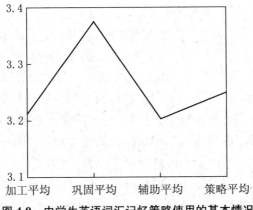

图 4-9　中学生英语词汇记忆策略使用的基本情况

分逐渐加入,两者比重逐渐发生逆变,尤其是进入高中阶段,意义识记占明显优势。年级越高,意义记忆的成分越多,而机械记忆的成分相对减少。初中一年级学生的机械记忆还占很大比重,随着年级的升高,对中学生意义记忆提出了更高的要求,要求他们对记忆的材料进行分析综合,从而找出各部分内容间的内在联系,逐渐能够通过理解来掌握学习内容,从而促使他们的意义记忆得以迅速发展。

但另一方面,从意义识记和机械识记的发展水平上看,高中生意义识记的能力高于初中生,而其机械识记能力则落后于初中生。在中学阶段,意义识记能力随年龄提高,机械识记能力随年龄下降,如图 4-10 所示。

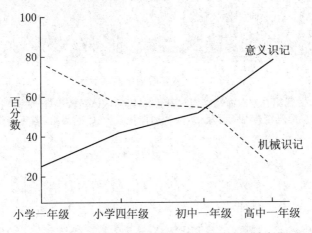

图 4-10　中小学生机械识记与意义识记成分的变化

4. 抽象材料的记忆水平显著提高

从记忆内容上看，随着个体的发展，对抽象材料的记忆能力也不断增强，进入青少年期后，更有明显的提高。中学生在具体形象记忆的基础上，抽象记忆逐步形成和发展起来。他们开始能够用抽象公式、定理来理解具体事物，这就使其记忆向理解水平迈出了新的一步。但他们的抽象记忆只是初步的，初中生对具体材料记忆的指标仍然高于对抽象材料记忆的指标，到了高中后期抽象记忆水平才基本发展完善。盛良驹等运用功能磁共振成像（fMRI）研究各年龄组志愿者对抽象图片记忆提取时的脑内活动区情况，研究结果表明青年组提取正确率最高，儿童组次之，老年组最低。青年组在提取时内侧颞叶有较强的激活区，而老年组内侧颞叶的激活强度较弱，但其他脑区的激活范围更广，儿童组则内侧颞叶激活较弱，脑区的激活范围也不广。结论表明脑记忆功能随着年龄而变化，在青年组，主导记忆功能的主要结构海马及其内侧颞叶功能最强；由于老年组的记忆力下降，其与记忆功能相关的结构功能减弱，但皮质及其他结构功能明显增强，儿童组则处在发育阶段（盛良驹等，2008）。说明儿童到青年，个体对抽象材料的记忆水平有逐年显著提高的趋势。

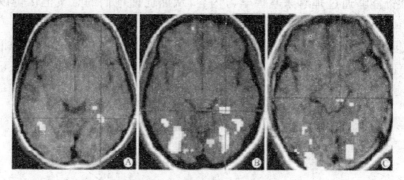

图 4-11　各年龄组脑区激活图

A：儿童组，儿童组在左侧海马结构有激活区，激活区体积较小，激活范围也较小；B：青年组，青年组在左侧海马结构有明显激活，激活区体积较大；C 老年组，老年组在左侧海马结构有激活区，激活区体积较小，激活范围较大。

5. 记忆训练能获得更佳效果

青少年不仅本身记忆处于人生的最佳时期，而且对记忆训练所产生的效果也在人生各时期中为最佳。在一项对少年、青年和老年进行记忆训练的研究中（吴振云等，1992），让被试学会运用"位置法"这一高效记忆法，结果发现所有各组被试平均都有明显提高。这说明记忆能力是可以通过训练来促进的；但是各组提高的幅度不一样，其中少年组和青年组差异不大，而与老年组相比有显著提高,从而使青少年组与老年组的记忆差距进一步拉大,如图 4-12 所示。

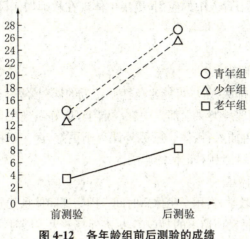

图 4-12　各年龄组前后测验的成绩

6. 元记忆水平随年龄增长显著提高

元记忆(meta-memory)的科学研究始于哈特(Hart,1965)在斯坦福大学所做的关于知晓感的博士论文。1971 年弗拉维尔(Flavell)正式将元记忆纳入记忆心理学的范畴之中。元记忆作为元认知的一种重要形式,是指个体对自己记忆活动的认知及对其记忆过程的监控,它由元记忆知识、元记忆监测和元记忆控制三个要素构成。青少年元记忆监控能力是随年龄的增长而发展的。在小学低年级阶段,儿童的记忆监测比较简单和外显,需要依靠尝试回忆来估计学习的程度或进行"FOK"(知晓感)判断,特别是他们还不能根据预测结果调整学习策略和重新分配学习时间;小学高年级学生已开始依靠直觉意识进行监测判断,但还不能有效地依此进行记忆控制,表明他们在记忆活动中的主体意识还处于低水平;到了中学,特别是大学阶段,学生监测性判断的精确性虽有下降趋势,但这恰恰说明他们的监测判断能够依靠直觉意识快速进行,不需借助于尝试回忆,并且能够自觉而迅速地从"FOK"判断中获得学习结果的自我反馈、有意识地对学习材料进行组织和学习时间的分配,形成新的学习计划,他们的记忆监控能力的发展已经基本完成(邓铸,张庆林,2000)。

第三节　记忆规律在教育中的应用

既然记忆有着其自身的规律,又受到很多因素的影响,那应当如何运用这些规律来促进和服务于我们的学习呢? 本节将探讨记忆规律在教育教学中的运用。

一、记忆规律在教书育人中的应用

记忆规律在教书育人中的应用，更集中体现在教师如何科学地安排、组织和进行教学活动之中。

1. 优化教学安排

（1）合理安排课程

要注意合理安排课程，尽可能避免性质相近的课程经常靠在一起。例如，不要把文科类课程或理科类课程都集中在一起上，最好做到文科类与理科类课程交叉安排，其间若再插入音、体、美、劳等课程则更好，因为这样能减少由于材料相似性引起的前后摄抑制对记忆的影响。

（2）确保课间休息

不要延长课堂教学，占用学生休息时间。因为课间休息几分钟，有利于学生巩固上一节课中记忆活动所留下的"痕迹"，提高保持效果。同时，也有助于减少由于前后课上的记忆材料的间隔时间过短引起的前后摄抑制对记忆活动的影响。

（3）控制教学进度

注意克服教学中比较普遍的"信息量越大越好"的错误倾向，控制每堂课的信息投入量，这不仅有利于学生课上的消化、吸收，也会因识记材料数量的适当控制而提高识记的效率。

2. 优化学生心态

（1）使学生处于良好的情绪状态

情绪对记忆活动有明显影响，尤其是识记和回忆两个环节，最易受到过分紧张、焦虑等负性情绪的干扰。因此，教师要善于调节课堂情绪气氛，尽可能消除不利于记忆活动的负性情绪干扰。

（2）使学生具有明确的识记目的

有意识记是教学活动中最主要的识记种类。教师应根据不同的教学内容，得出明确的记忆任务：哪些需要完整背诵、哪些需要部分记忆、哪些需要记忆大意，这样有助于提高学生记忆的针对性。同时还要提醒学生，记忆的最终目的不是为了应付检查和考试这样的近期目标，而是为了今后在自己工作和事业上有效运用的长期目标，这样才有利于在不增加精力投入的情况下大大延长保持时间，改善记忆效果。

（3）使学生增强记忆的自我效能

自我效能（self-efficacy）指人对自己是否能够成功地进行某一成就行为的主观判断，教师在向学生提出记忆任务时，学生中经常会出现这样的声音："这么多内容，怎么记得住呀！"这种缺乏自信的心态，确实会影响学生的记忆效果。因此,教师在组织学生记忆活动时,设法增强学生对记忆的自我效能,会直接提升学生的记忆效果。

学术前沿4-5　中学生语言学习中的错误记忆

错误记忆(false memory)又称记忆错觉,指人们经历了一系列有密切联系的信息之后,易于将一些与呈现过的项目密切相关但实际上并未呈现过的项目判断为是记过的。比如,在没有任何外界信息干扰的情况下,人们的记忆会因内部联想过程而自发地发生改变。语言学习中的错误记忆是指在语言学习中错误地将没有呈现过的、与呈现过的语言项目密切相关的项目判断为呈现过。

中小学生语言学习的错误记忆研究方面,更多的研究采用了经典的DRM范式(又称关联性记忆错觉研究范式,一般根据儿童的特点进行一定的修订)研究中小学生的错误记忆。在以DRM范式引发的错误记忆研究中,研究结果为:错误记忆随着年龄的增大而增强。如贺维等(Howe et al., 2008)利用标准的DRM范式对5~11岁儿童和大学生的正确记忆和错误记忆的联想强度效应和要点联系(gist relations)进行研究。结果表明,正确记忆和错误记忆都随着年龄而增加;所有年龄的被试正确再认率都比错误再认率高;儿童的正确再认受到要点控制(语义关联性)的影响,他们的错误记忆受到背景联系强度的影响。

---

3. 优化教学方法

(1) 运用记忆规律组织教学内容

美国近代心理学家布鲁纳(Bruner)认为,人类记忆的首要问题不是储存,而是检索,检索的关键在于组织。大脑是记忆的仓库,只有让知识块块有条有理地储存在大脑已有的知识结构中,才便于今后的加工、提取。因此,教师在组织教学内容时就要精心组织教学内容,以促进学生有效储存。这里组织可分为宏观和微观两方面。宏观方面是将教学内容按学科内在逻辑和学生易于接受的形式进行归纳整理,组成合理的结构向学生呈现;微观方面是将教学内容的细小单元进行组块,帮助学生对这些单位内容的编码。

(2) 结合学科内容传授记忆策略

针对理科等逻辑性强、抽象的学科知识,可以运用列表格对比法、归纳网络图法、形象记忆法等,这样有利于消除单调感,增加兴趣性。针对文科的学习,像历史学习中有串联记忆法、联想记忆法、谐音记忆法等。另外还有一些比较好的记忆方法,比如归类比较记忆法、提纲要点记忆法、随时强化记忆法。而在具体教学中,教师还应结合学科内容进行,才能取得更好的效果。有关记忆策略具体内容,可参见下面第二点论述,此不赘述。

教育实践 4-1   大脑的记忆高峰期

人的大脑每天有四个记忆高峰期。第一个是早晨起床后,大脑在睡眠过程中对前一天输入的信息进行整理编码,没有新的记忆干扰,认记印象清晰;第二个是上午 8 时到 10 时,这时精力上升到旺盛期,处理认记效率高、认记量大;第三个是下午 6 时到 8 时,这是一天中记忆最佳期;第四个是临睡前 1 小时左右,因为认记材料后就入睡,不存在倒摄抑制的影响。除了记忆能力外,研究还发现上午 8 时大脑具有严谨周密的思考能力,下午 2 时思考能力最敏捷,但推理能力则在白天 12 小时内减弱。根据这种测试,早晨最好做一些比较严谨周密的工作,晚上做些需要加深记忆的工作。

二、记忆规律在自我教育中的应用

许多学生在学习时并没有很好地运用科学的记忆方法来提高自己的记忆效率。不仅小学生如此,中学生、大学生也都在相当程度上存在这一问题。前苏联心理学家的一项调查发现:"有 56％的大学生运用了简单的记忆方法,即不断地重复同一个内容,而运用逻辑识记的方法很差。而且最使人意外的是,根据实验材料,大学生不想改变识记方法。这就是说,大多数大学生还不熟悉记忆活动的比较合理的方式与方法(Дьяченко,Кандыбович,1981)。"另一项研究也发现,以分类方式提取的策略在很小年龄阶段已经得到发展,但甚至连大学生也还不能自发运用这一策略(Salatas,Flavell,1976)。可见,在这方面加强学生自我提高的意识是十分必要的。鉴此,我们在这里介绍一些运用记忆规律改善自己记忆效果的策略供参考,以提高学生在学习活动中加以运用的自觉性和可行性,同时也进一步加深对前述记忆规律的认识与理解。

教育实践 4-2   "记忆术"的作用有多大?

记忆术(mnemonic)是指任何用以帮助记忆(特别是机械记忆的)的方法。对记忆术的研究可以追溯到古希腊和古罗马时代,如亚里士多德在《记忆论》中就提出,邻近性、相似性和对比有利于记住事物,而古罗马人则习惯于用房间中物品的位置与要记忆的内容联系起来帮助记忆,这一方法被称为"罗马房间法"。1968 年,前苏联著名心理学家卢利亚(Luria)出版《记忆能手的头脑》一书,深入探讨记忆术这一领域,引起了心理学界的很大兴趣。

从目前人们使用的各种记忆术的情况看,最主要的有两大类,一类是联系法,把要记忆的联系性不强的内容通过联想相互串联起来,如形象联想法;一类

是位置法,把要记忆的事物与熟悉的具有固定空间或时间序列位置的事物联系起来,如罗马房间法。这两大类方法都离不开联想。

所以,记忆术并不神秘,只是利用联想帮助记忆的一系列具体方法而已。在学生学习的过程中,可以适当运用记忆术帮助记忆一些需要准确进行机械记忆的材料,如元素周期表、历史年代等。但过分迷信记忆术,认为通过记忆术的神奇力量可以明显提高学习效果的想法是不切合实际的。因为虽然学习离不开记忆,但学习并不等于记忆。在很多情况下,知识的理解与运用更为重要。

1. 综合完善策略

要真正提高记忆效率,充分发掘记忆潜能,首先必须树立一个综合观,即从影响记忆的各个方面来加以改进,从整体上提高记忆功能。我们把这一综合观的树立称为综合完善策略,它与国外提出的增进记忆的**多重方式**(multimodal approach)的观点也是相应的。早在一个多世纪以前,就有人(Feinaigle,1812;Middleton,1889)指出,有许多内部和外部因素会影响一个人的记忆。一百多年后又有人(Atkinson & Shiffrin,1968)阐述了有关记忆的控制加工理论,认为人对记忆加工所施予的控制过程最终会导致记忆效果的改变。后来的一些心理学家(Druckman & Swets,1988;Backman,1989;Herrmann & Searleman,1990,1992)在上述控制加工理论的基础上进一步明确地、不约而同地提出了增进记忆的多重方式的观点。他们认为,记忆过程包括对所有影响记忆加工的因素的操作,其中涉及记忆个体的自身状态、社会行为以及人与环境的感知交互作用。

2. 心身调节策略

根据上述的综合改善策略,学生在做出提高记忆的努力时,一个不可忽视的方面是调节自己的心身状态:

(1)要增强自信心。在识记材料时,首先要有自己一定能记住它的信心,如果对自己的记忆力都缺乏信心,则会导致真正的失忆和健忘。因为这种信心缺乏与否的意念会对自己产生暗示作用,引起大脑皮层相应的兴奋或抑制,从而影响个体内在潜能的发挥。

(2)要调动积极性。这涉及个性动力系统的调节,但主要集中于动机的激发上。怀有明确的记忆目的,确定具体的记忆目标,定有长久的记忆任务等,都是旨在调动个体记忆积极性的具体而有效的措施。

(3)要调节情绪状态。情绪不仅对认知活动具有动力功能,而且还有调节功能。如前所述,过分紧张或低沉的情绪会抑制人的记忆活动,只有在愉快、兴趣而较平静的情绪背景下,带有对当前记忆适度的紧迫感和焦虑感,才能更有利于提高记忆的效率。并且每人应该根据自己的特点，调节最佳点。

（4）要集中注意力。注意是心灵的门户，其对心理活动的选择、保持和调控作用同样表现于记忆进程之中。特别是注意的集中程度，对识记的效果有直接的影响。因此，在记忆时，要尽力做到集中注意。

（5）要保证充分睡眠。睡眠的充分与否不仅取决于时间，也取决于质量，尤其是看睡眠中含快速眼动波的多少（睡眠是由快速眼动波和慢速眼动波两种状态反复交替组成的，其中快波睡眠也即有梦睡眠，与恢复大脑机能关系密切，青少年的快波睡眠约占 20%～25%）。充分的睡眠对识记时的注意和保持的巩固有积极作用，是提高记忆不可忽视的方面。

（6）要注意适当营养。记忆效果与大脑神经活动的状况有关，而大脑神经活动的状况则又和个体摄入的营养有关，因此，记忆效果也就受到营养状况的影响。研究表明，芝麻、松子、核桃、花生、葵花子等含脂肪类食物，瘦肉、鸡蛋、牛奶等含优质动物性蛋白质食物，以及含各种丰富的维生素的食物，都是有利于记忆的营养物品。此外，含有乙酰胆碱和卵磷脂的食物应予以特别重视。它们包括蜂蜜、茄子、番茄、花生、黑芝麻、蛋黄、兔肉、小麦、葡萄等。因此，平时要适当多吃一些这样的食物，以改善记忆。

知识视界 4-4　高脂肪饮食会损害记忆力

据海外媒体引用加拿大的一项研究发现报道，高脂肪饮食可能会损害记忆力及集中力。多伦多大学的科学家在《学习与记忆神经生物学》期刊发表报告，表示实验证明，吃类似人类吃的高脂食物的老鼠，无论在记忆、学习或集中力方面，都较饮食脂肪较低的同类弱。研究发现，经过三个月后，吸收高脂饮食的老鼠在学习记忆上会出现各种严重功能障碍，而食用低脂饮食的老鼠出问题的比例相对较低。卡罗尔·格林伍德教授表示："我们的脑部需要葡萄糖才能发挥功能，但当体内葡萄糖的代谢功能受到饱和脂肪酸影响而减缓时，大脑就会欠缺养分，出现像是受阻塞的现象。"

---

3. 记忆材料的优化处理策略

根据综合改善策略，这里涉及的是记忆的心理操作方面。对记忆材料的加工处理，是决定记忆效率和效果的关键，记忆规律的运用、记忆方法的选择，也主要集中于此。该策略可进一步细分为两个方面，或称两条子策略：

（1）记忆材料的性质转化

如前所述，记忆材料性质是影响记忆的一个重要因素，因此，在对记忆材料进行加工处理时，要尽可能使之转化为有利于记忆的材料。这里又包括若干转化记忆材料的方式：

记忆材料的操作化，即把要记忆的材料转化为操作活动的对象。例如，活动记忆法——通过动手操作来记住有关材料，笔记记忆法——通过抄写、批语、做卡片等笔记形式来记住有关材料，朗读记忆法——通过出声朗读来记住有关材料等。

记忆材料的形象化，即要把要记忆的材料转化为形象材料。例如，在记一些易写错的字，如"纸"时，头脑中就可出现一张白纸的形象，心里马上想到："白纸怎么会有污点呢？"这样把"纸"写成"纸"的错误便可纠正了。又如，记"avarice"（贪婪）时，头脑中出现"一个人的双眼贪婪地望着一碗米饭"的形象，这个英语单词也就记住了。

记忆材料的诗歌化，即把要记忆的材料转化为诗歌。例如，我国历史朝代比较复杂，硬记不易，但编成诗歌则朗朗上口而不忘："夏商与西周，东周分两段；春秋和战国，一统秦两汉；三分魏蜀吴，二晋前后延；南北朝并立，隋唐五代转；宋元明清后，皇朝自此完。"教学中流传的《英语字母歌》、《汉语拼音歌》、《珠算口诀》等都是运用此法的成果。

记忆材料意义化，即把要记忆的材料转化为意义材料，也就是赋予机械性材料以一定的意义性。例如，采用谐音法，借助谐音赋予材料以意义，把化学中用石蕊试纸鉴定碱性溶液呈蓝色的规律用"橄榄"（碱蓝）这一谐音词记忆，不仅不会忘记，而且"酸红"的记忆也简单化了。采用数字记运算法，使原无意义的数字产生意义：秦统一中国于公元前 221 年，可想为 $2 \div 2 = 1$；爱因斯坦把朋友家的电话号码 24361，记为两打加 19 的平方（$12 + 12 = 24$，$19 \times 19 = 361$）；采用数字-字母转换法，将 0～9 数字转换成不同的字母，如 0～t，1～e，2～n 等，那么 210 就变成 net，使用时按规则转换回去。由于字母容易产生意义，便可使无意义数字被赋予一定意义。采用联想法，把原来没有意义上联系的材料赋予意义上的联系；英语中以"o"结尾的名词复数一般都是加 s，只有 hero，Negro，tomato，potato 四个单词的复数是加 es。为此，为四个无联系的词赋予人为的联系，形成一个句子："黑人英雄吃罗宋汤"，便于记忆。

（2）记忆材料的数量简化

如前所述，记忆材料的数量是影响记忆效率的一个因素，一次识记的数量越多，记忆的效率越低。同时，人的记忆潜力虽然很大，但毕竟时间和精力有限。因此在对记忆材料进行加工时有必要加以简化。这里又包括若干种记忆材料在数量上简化的方式：

记忆材料的概括化，即对记忆材料进行提炼、抓住关键进行记忆。它包括主题概括、内容概括、简称概括、顺序概括、数字概括、文字概括等。例如,将中国古代井田制方面的内容概括为:国君所有、诸侯享用、奴隶耕作、形似井字;也可进一步概括为:君有、侯用、奴耕、井形。

记忆材料的规律化,即对记忆材料进行分析、抽象,以便抓往规律进行记忆。例如,三角函数中有 54 个诱导公式,孤立记忆这些公式比较繁复。但仔细分析能从中找出一个共同规律:奇变偶不变,符号看象限。记住这句话,便可推导出全部诱导公式。

记忆材料的特征化,即抓住记忆材料中的特征来加强记忆。例如,记忆戊、戌、戎三个字时,抓住它们的共同特征和区别特征来记,效果要好得多。在一些历史年代的数字中也有特征可寻:努尔哈赤建立后金是 1616 年,马克思诞生是 1818 年,共产国际建立是 1919 年等。

(3) 记忆材料内容的系统化。布鲁纳指出:"人类记忆的首要问题,不是储存而是检索,而检索的关键在于组织。""除非把一件件事情放进构造得好的模型里去,否则很快就会忘记。"这里就涉及记忆材料的内容系统化问题。所谓记忆材料的内容系统化,就是在头脑中把识记的材料归入一定的顺序,使之彼此发生一定的联系。这里概括出两种将记忆材料内容系统化的方式:

记忆材料的归类化,即把识记材料按一定的标准组成或纳入不同的类别。其中把记忆材料组成类别,也就是分类记忆,而把识记材料纳入类别,便是归类记忆。例如,识记 20 个词:铅笔、橘子、床、狼、桌子、猫、苹果、毛笔、钢笔、梨、椅、狗、圆珠笔、牛、桃、橱、粉笔、李子、马、沙发,可以将它们分别归入笔类、水果类、家具类和动物类记忆,效果大为提高。也可把已识记的材料归入头脑中已有的类别,使之保持长久,使用方便。例如,在英语单词学习中,可以把所学得的 preserve 一词,归入头脑中 reserve、observe、deserve 这一词形相似类里储存,把 acquire 一词,归入 get、obtain、gain 这一词义接近类里储存;把 black、short、fat 等词分别与头脑中 white、long、thin 等相反词义的词联系,归入由此组成的词义对比类里储存。

记忆材料的网络化,即把识记材料编成或织入某一网络。其中把识记材料编成网络,也就是形成一种认知结构,而把识记材料织入网络,便是纳入某种认知结构。

4. 记忆痕迹的有效建立策略

加工处理后的记忆材料以怎样的方式迅速储存入头脑并得以牢固保存呢?这便涉及记忆痕迹的有效建立问题。这一策略包括记忆痕迹的初建、加固和不断强化三个方面。

（1）初建痕迹

要尽可能快而准确地初步识记材料。首先，在识记的总体安排上，可采用综合识记法，即进行整体—部分—整体的识记，使人在相互联系中对各部分材料的理解与记忆变得较为便易（三种识记的效果比较见表4-7；叶奕乾等，1991）。

表4-7　三种识记方法的效果比较

	所属时间	20天后再现时平均需要提示的次数
整体识记	8	4
部分识记	16	7
综合识记	6	1.5

其次，在具体识记时，又可采用试图回忆法，交替进行识记和尝试回忆，使人能及时了解识记对错，以提高每次识记的针对性和积极性。实验表明，无论是识记无意义材料或是传记文，无论是立即回忆还是四小时后回忆，尝试回忆都有利于记忆，其中将全部学习时间的五分之四用于尝试回忆的记忆效率最高（见表4-8；转引自黄希庭，1991）。

表4-8　试图回忆与记忆效率的关系

	16个无意义音节回忆的百分数		5段传记文回忆的百分数	
	立即	4小时后	立即	4小时后
全部时间用于背诵	35±1.3	15±0.9	35±1.2	16±0.6
1/5时间用于试图回忆	50±1.4	26±1.6	37±1.5	19±0.8
2/5时间用于试图回忆	54±1.4	28±1.2	41±1.2	25±0.8
3/5时间用于试图回忆	57±1.4	37±1.4	42±1.2	26±0.9
4/5时间用于试图回忆	74±1.8	48±1.8	42±0.8	26±0.8

（2）加固痕迹

要尽可能当场巩固识记材料。如前所述，识记越巩固，日后回忆效果越好。这里可采用过度学习法。若以初步识记（即刚能背出）所需花费的识记次数为100%计算，那么在达到初步识记后应再花上50%的识记次数来巩固识记内容。实验表明，过度学习150%的识记是经济而有效的，不到150%效果明显受到影响，而超过150%则不经济。

（3）不断强化痕迹

要尽可能日后不断复习识记材料。根据前述复习对记忆的诸多影响，可采用超比例循环记忆法。表4-9第一种数字为时间单元，下面圆圈内的数字代表欲识记的不同材料。对于第一份识记材料来说,它在第1单元的时间内达到初步识记和加固,然后在第2、4、8、16……单元时间里进行复习强化,以此类推。这一方法的特点是做到及时复习、先密后疏,恰能对先快后慢的遗忘过程进行强化。据说电话局接线员就用此法在较短时间内记住大量电话号码。

表4-9　对5份材料的循环记忆安排

1	2	3	4	5	6	7	8	9	10	11	12	13	14	15	16	17	18	19	20	……
①	①		①				①								①					
	②	②		②				②								②				
		③	③		③				③											
			④	④		④				④										
				⑤	⑤		⑤				⑤									

让我们回到本章开头提到的那个案例。小李同学在记忆大量需要识记的知识时之所以没有效果,是因为他没有遵循记忆的一般规律,以为只要不停地记,就能记住很多知识,其实不然。

要解决这一问题,教师可结合本章中有关记忆的一般规律,在教学过程中合理安排教学时间和进度,创设良好的教学心理环境,教授学生一些有效的记忆策略。例如,在物理学的电磁场理论的教学中,老师讲授了有关导体在电磁场中运动时与电流的相互作用方面的知识:适用于磁场对电流作用发生导体运动的左手定则和适用于导体切割磁力线产生感生电流的右手定则。但学生在以后解题时,往往容易混淆这两个定则的适用情况,为此,老师编了一个口诀来帮助学生记忆:"磁电作用左判动,导体切磁右判电,两手摆法都不变。"老师还指出,如果已充分理解这两种现象的因果关系,那么这个口诀还可以简化为:"左判运动右判电,两手摆法都不变。"如果还要便于记忆的话,又可进一步简化为四个字:"左动右电(左手判运动,右手判电流)"。在这里老师巧妙使用了两种记忆方法来提高学生关于已学过的电磁场理论的记忆:先是运用口诀法将两条定则用三句口诀来概括,便于学生朗朗上口、成诵记忆;继而将口诀句子减少,减轻记忆负担,初步体现概括法的精神;最后真正运用概括法将两句话的口诀简括为四个字,进一步减轻记忆负担,提高记忆效率,改善保持效果。

又例如,老师在地理课教学中运用"三图"来增强有关内容的记忆。这"三图"就是:读图、填图和画图。所谓读图,就是依据地图上所表示的地理现象做综合描述。这里要经过"从文到图"和"从图到文"两个过程。前者是借助地图把课文中描述的地理知识(方位、范围、高低、水系、城市、交通线等)在头脑中形成地域观念,即将文字表述转化为地理形象的过程;后者是借助地图回忆并表述出相应的地理知识,即将地理形象转化为文字内容的过程。所谓填图,就是按照要求在空白地图上填上有关内容,包括符号、色彩、文字等。所谓画图,就是在学习地理知识时自创的一些简单的示意图。在这里,老师充分利用地理教学中特有的教学材料——地图,让学生通过读图、填图和画图,使要记的内容成为动手操作的对象和形象性的材料,以大大提高记忆的效率,同时也增强了学生对文字材料与地理形象之间的转换能力,易形成地理学习所应具有的感悟力。

当然,作为学生,小李同学则需要运用记忆的一般规律,通过调节自己的身心状态、优化处理记忆材料、有效建立记忆痕迹等各种记忆策略,改善自己的记忆效果,并提高自己在学习活动中灵活运用记忆策略的自觉性。只有这样,才能真正增强记忆效果,提高学习效率。

本章小结

记忆是过去经历的事物在头脑中的反映。用信息加工的观点看,是人脑对信息摄取、贮存和提取的过程。它在人的实践活动和日常生活中起着非常重要的作用。人类的记忆现象可以从多个方面来分类:按记忆的内容,可以把记忆分为动作记忆、形象记忆、语词记忆和情绪记忆;按编码方式和贮存时间不同,可以把记忆分为感觉记忆、短时记忆和长时记忆;按意识维度划分,可以把记忆分为内隐记忆和外显记忆。记忆的基本过程由识记、保持和回忆三个环节组成。在保持过程中,信息会产生质和量的变化,质的变化主要表现为记忆错觉,量的变化表现为遗忘。人类的遗忘,特别是无意义材料的遗忘,遵循着先快后慢的规律。识记、保持和回忆的效果受记忆材料、情绪、记忆任务要求等主客观因素的影响。在教书育人过程中,可通过教学安排的合理化、创设良好的教学心理背景、教授记忆策略等充分运用记忆的规律,在学生的自我教育中,引导学生使用综合完善策略、心身调节策略、记忆材料的优化处理策略和记忆痕迹的有效建立策略提高记忆效果。

思考题

● 从信息论的角度看记忆是一个怎样的心理过程?

●感觉记忆、短时记忆和长时记忆的涵义分别是什么？有何特点？三者间的联系如何？

●识记的种类有哪些？影响识记效果的主要因素是什么？

●记忆材料在保持中会发生什么变化？影响保持的主要因素是什么？

●回忆的涵义是什么？它包含哪两种最主要的形式？影响回忆的主要因素有哪些？

●关于遗忘原因的分析有哪几种主要理论？你个人的见解如何？

探索题

●调查一下周围同学在学习过程中运用记忆方法的意识与运用状况。

●结合自己所学习专业的特点，试着运用本章中提到的一些记忆策略来提高学习效率，并谈谈使用后的体会，写一篇学习心得。

第五章　能　　力

学习重点

- 能力的概念与种类
- 能力与知识、技能的关系
- 智力的概念
- 智力与非智力因素、创造力的关系
- 智力的理论
- 能力发展的一般规律性表现
- 青少年能力发展的特点
- 能力发展规律在教育上的应用

你知道吗?

- 为什么有的人语文成绩好、数学成绩差,有的人则正好相反?
- 为什么人们经常说学业成绩好的人不一定聪明、聪明的人学业成绩并不一定很好?
- 为什么勤能补拙?
- 听说过 IQ 和 EQ 吗? IQ 多高可以称为天才?
- 为什么人有少年早慧与大器晚成之分?
- 为什么文科专业的女生多、理工科专业的男生多?

　　一个中等城市的学校,在这所学校八年级的班级里,让我们比较一下两个孩子:

　　小雪 14 岁,她在学习中遇到一些障碍。她在解二元一次方程组时有困难,在阅读方面速度很慢,但能在内容和风格熟悉的简单短文中找到明确表示的信息。小强也 14 岁,他的学习没有遇到太多困难,他很轻松地学完老师所教的课程,在课外可以自如地进行阅读,并且能对阅读内容有自己的见解。

　　这两个孩子生活在同一所城市,在同一个班级里求学,年龄相近,为什么有这么大的差异? 一般小强被看作是正常发展的孩子,而小雪被看作学习困难者。这是什么造成的? 怎么能帮助小雪呢? 当你看完本章后,就能找到答案。

第一节　能力的概述

学生对学习材料的信息加工是以一定的能力为前提的,而这种信息加工的结果又必然促进学生能力的进一步发展,因此在现代教学的目标体系中,能力的培养已摆在十分重要的位置。可以说,人才培养的核心问题之一,就是要充分发展学生的智力和创造力,唯此才能使学生在充满竞争和挑战的未来社会中搏击、奋进。能力是什么? 它有哪些种类? 能力是否就是智力? 能力与其他心理因素的关系是怎样的? 这些构成了本节的主要内容。

一、能力的概念

能力(ability)是人成功完成活动所必需的个性心理特征。在英文中,能力通常用两个意义相近但不完全相同的词来表示:ability 和 aptitude。ability 指对某项任务或活动的现有成就水平,因而人们已经学会的知识和技能就代表他的能力,即"所能为者"或实际能力;而 aptitude 指容纳、接受或保留事物的可能性,即"可能为者"或潜在能力。实际能力与潜在能力关系密切,潜在能力是实际能力形成的基础和条件,实际能力是潜在能力的展现。我们说某人在文学上很有天赋,是指他在文学方面具备突出发展的能力,如果潜在能力转化为实际能力,他有可能成为文学大师;但是也有可能潜力得不到发挥,无法转化成实际能力,只成为平庸的人。我们平时所说的能力同时包含以上两方面的内容。

能力表现在所从事的各种活动中,只有通过活动才能发展人的能力和了解人的能力。但是,并不是所有在人的活动中表现出来的心理特征都是能力。比如活泼、沉静、暴躁、谦虚等心理特征,虽然和活动能否顺利进行也有一定关系,但是它们不直接决定活动的能否完成,因而不是能力。

人们从事任何一项活动,都必须以一定的能力为前提。以教学活动为例,它包含着准备课程、组织教学、课后辅导等环节。一个优秀的教师在课堂教学中必须能够激发学生的学习动机,教学生学会所学的知识,并能评价整个教学过程。因此,有人概括出优秀教师应具备的 8 种基本心理素质:强烈的求知欲、敏锐的观察力、机智敏感、自尊自爱、通情达理、独立性强、自制力强、以教为乐等(李武荣,2010)。但上好具体的一堂课,仅仅具备这些心理素质是不够的,还需要有良好的口头表达能力、记忆能力、管理能力,在行为上还要具备良好的板书能力、行为控制能力等等。对学生来说,他已具备的实际能力使他能够听懂教师的课,会用已获得的知识去开发他的潜在能力,使之成为新的实际能力。潜在能力会使学生在某些方面具有超过一般人的可能性,因此他在这些方面会表现出更大的兴趣。

二、能力的种类

人类所从事的活动多种多样,完成这些活动所必需的能力也为数不少。根据不同的维度,我们可以将能力进行不同的分类。

1. 从特殊性维度上考虑,可把能力划分为一般能力和特殊能力

一般能力(general ability)就是**智力**(intelligence),它是人成功完成各种活动所必需的能力。一般能力主要包括观察力、记忆力、思维力、想象力、创造力等。其中思维力,特别是抽象思维力是智力的核心。

特殊能力(special ability)指人成功完成某种专门活动所必需的能力。例如,音乐活动中的曲调感、节奏感、听觉表象的能力,教育活动中的教学组织能力等,均属于特殊能力。特殊能力是顺利完成某种专业活动的必备心理条件。

一般能力和特殊能力是不可分割的统一整体,共同存在于每一项活动中。一般能力是一切特殊能力的基础,一般能力的发展为特殊能力的发展与发挥创造有利条件;特殊能力是一般能力以独特方式在特定领域中具体的表现,而在特殊能力的发展过程中,也促进了一般能力的发展。例如,没有一般听觉能力的发展,就不可能发展音乐和言语听觉能力;而音乐与言语听觉的能力又正是这种一般听觉能力在音乐环境和言语交流过程中形成和表现出来的;音乐能力的发展又会提高一般的听觉能力,并进而影响言语听觉能力的发展。

2. 从创造性维度上考虑,可把能力划分为模仿能力和创造能力

模仿能力(imitative ability)是指仿照他人的言行举止以使自己的行为方式与被模仿者相同的能力。如儿童在家庭中模仿父母的说话、表情,从电视中模仿演员的动作、服饰,从字帖上模仿前人的书法等。模仿能力使人有意或无意地从被模仿者那里学会应对生活事件,为独立或创造性地处理问题提供基础。模仿不但表现在观察别人的行为后立即做出的相同反应中,而且表现在某些延缓的行为反应中,即延迟模仿。班杜拉(Bandura)认为,模仿是人们彼此之间相互影响的重要方式,是实现个体行为社会化的基本历程之一。

创造能力(creative ability)是指产生新思想、发现和创造新事物的能力。创造能力有绝对和相对之分。绝对的创造能力的客观成果集中表现为首创性。一个具有绝对创造力的人往往能超脱具体的知觉情景、思维定势、传统观念和习惯势力的束缚,在习以为常的事物和现象中发现新的联系和关系,提出新的思想,产生新的产品。作家在头脑中构思新的人物形象,创造新的作品;科学家提出新的理论模型,并用实验证实这些模型,都是绝对创造力的具体表现。相对的创造

能力是指成果仅仅对于个人而言是首创性的，最常见的例子就是学生在学习过程中依靠独立思考获得新知识或新方法，这些知识或方法其实早已存在只是学生不知道罢了。人类正是由于有了创造能力，才能在模仿的基础上有所突破，人类的生活方式和生活内容也随之丰富起来。

模仿能力和创造能力是两种不同的能力，主要区别在于模仿能力只是重复现成的模式，而创造能力则能提出解决问题的新模式和新途径。模仿能力与创造能力也有密切的联系。在人类的模仿性活动中，一般都包含有创造性因素，创造能力也是在模仿能力的基础上发展起来的。

3. 从认知对象的维度上考虑，可把能力划分为认知能力与元认知能力

认知能力（cognitive ability）指个体接受信息、加工信息和运用信息的能力，它表现在人对客观世界的认识活动之中。比如，个体学习"能力"概念就需要具备认知能力。**元认知能力**（meta-cognitive ability）则是指个体对自己的认知过程进行认知的能力。它表现为人对内心正在发生的认知活动的认识、体验和监控。比如个体对自己学习"能力"概念的过程有所认识、能够评价自己是否习得这一概念，并能监控自己习得这一概念的过程。因此，认知能力的活动对象是认知信息，而元认知能力活动的对象是认知活动本身。

三、能力与知识、技能的关系

能力与知识、技能既有区别，又有密切的联系。所谓**知识**（knowledge）是个体与环境相互作用后获得的信息及其组织。知识可分为两大类：陈述性知识和程序性知识。**陈述性知识**（declarative knowledge）是关于世界的事实性知识，即"是什么"的知识，如中国有多少个少数民族，埃菲尔铁塔在法国巴黎等；**程序性知识**（procedural knowledge）是个人在特定条件下可以使用的一系列操作步骤或算法，即"如何做"的知识，如解四则混合运算数学题的知识、计算机操作的知识等。而**技能**（skill）是指人们通过练习而获得的动作方式和动作系统。技能作为活动的方式，有时表现为一种外显的、展开式的操作活动方式，有时表现为一种内隐的、简缩的心智活动方式。因此，按活动方式不同，技能可分为操作技能和心智技能。可见，能力与知识、技能是分属不同范畴的。

当然，能力与知识、技能也存在紧密的联系。首先，能力是在掌握知识、获得技能的过程中形成与发展的，离开了知识的学习和技能的训练，任何能力都不可能发展。随着人的知识、技能的积累，人的能力也会不断提高。其次，能力的高低又是掌握知识、获得技能的重要前提，是掌握知识、获得技能的内在条件和可能性，制约掌握知识、获得技能的快慢、深浅、难易和巩固程度。一个能力强的人较易获得知识和技能，他们付出的代价也比较小；而一个能力较弱的人可能要付

出更大的努力才能掌握同样的知识和技能。所以，从一个人掌握知识、技能的速度与质量上，可以看出其能力的大小。但是，能力和知识、技能的发展并不是完全一致的。在不同的人身上，可能具有相同的知识，但是他们的能力发展水平并不一定相等；而具有同样能力的人，也不一定具有同等水平的知识。

综上所述，能力是掌握知识、技能的前提，又是掌握知识、技能的结果。两者是互相转化、互相促进的。正确理解能力与知识、技能的关系，有助于科学地传授知识、培养技能、发展能力，这对个人和社会都非常重要。

四、智力和非智力因素的关系

智力是什么？智力不能被看到，它没有质量，不占空间，然而，我们可以肯定地感觉到它的存在。有研究者认为，智力就像电流一样，对它进行测量要比对其进行定义更容易一些。著名智力研究专家斯腾伯格（Sternberg，2005）也认为，智力是一个很难捉摸的概念。如何给智力下一个比较确切的定义呢？斯腾伯格认为，综观智力含义的讨论，智力概念主要涉及抽象逻辑思维/推理能力、问题解决能力、记忆力、获得知识的能力、适应环境的能力等5个智力要素。总体而言，**智力**（intelligence）是有目的的行动、理性的思维和有效地应对环境的整体能力。智力还包括推理、问题解决、知识、记忆以及对自身环境的成功适应。

非智力因素（non-intellective factors）也称非智能因素，是指除智力因素以外的、对智力的发挥或发展有影响的心理因素。它主要包括动机、兴趣、情感、意志、性格等。具体来说，它又由以下一些心理因素组成：成就动机、求知欲望、学习热情、自信心、自尊心、好胜心、责任感、义务感、荣誉感、自制性、坚持性、独立性。另外，也有学者运用因素分析的方法研究发现，学习态度、自我意识、开拓意识、人际关系、协调能力是最主要的几种非智力因素。

研究发现，在同等条件下，非智力因素水平的高低决定着能力操作结果的优劣。总的来说，非智力因素的作用主要表现在以下6个方面：（1）动力作用：在学习中，非智力因素能够直接转化为内在的、持久的学习动机，成为推动学生进行各种学习活动的内在动力；（2）定向作用：在学习中，非智力因素可以帮助学生确定学习目标；（3）引导作用：在学习中，非智力因素能够帮助学生从动机走向目的；（4）维持作用：在学习中，非智力因素可以支持、激励学生始终如一地从动机走向目的，使学生具有锲而不舍的恒心；（5）调节作用：在学习中，非智力因素能够使学生支配、控制自己的行为；（6）强化作用：在学习中，非智力因素可以帮助学生振作精神、不断进取。

智力因素和非智力因素的关系是相互作用的。一方面，通过智力与认识活动，个体可以认识世界，掌握其发展规律。因此，只有在智力的指导下，非智力因素和意向活动才会有明确的方向与对象。另一方面，非智力因素与意向活动又会支配、主宰智力与认识活动。也就是说，只有在非智力因素的主导下，智力与认识活动才会积极主动、克服困难、坚持到底。从外在的方面看，在开展智力活动的过程中，必然会对非智力因素提出一定的要求，因而会促进非智力因素的锻炼与提高；从内在的影响和作用看，在实际活动中形成的智力的各个因素的某些稳定特征，可以直接转化为性格的理智特征。因此，发展智力的过程在一定意义上也即是发展非智力因素的过程。

五、智力与创造力的关系

创造力（creativity）是指就特定环境而言，个体产生新异的和合适的思想和产品的能力。创造力、创造性思维和发散性思维是三个层次的概念，使用时不应该混淆。创造性思维是在创造性活动中发生发展和表现的思维过程，创造性思维是创造力的核心成分。创造力包括创造性思维，但创造性思维与创造力不是等同的概念。创造性思维的基本成分是发散性思维和集中性思维的有机结合，这两种思维过程多水平、多层次的结合，构成各种水平的创造性思维，两者的关系是辩证的，作用是相辅相成的。

研究发现，不同领域里的智力与创造力相关程度不同。画家和雕刻家的智力与创造力相关较低；作家与诗人的智力与创造力相关则很高；科学家和工程师的智力与创造力相关程度居中。美国心理学家吉尔福特（Guilford，1967）的研究表明，智力与创造能力二者的关系为：低智商的人不可能有高创造力；高智商的人并不都有高创造力；创造力低的人智商有高有低；创造力高的人必须具有中等以上的智商。所以较高智商是创造力的必要条件，但不是充分条件；创造力的充分发挥，除智力之外，还需有其他优良的因素作保证。

许多研究者通过多年的研究，对智力与创造力的关系提出了各自不同的理论假设。斯腾伯格（Sternberg，1999）在《创造力和智力》一文中进行了总结，概括出有以下五种理论观点：①创造力是智力的子系统；②智力是创造力的子系统；③创造力和智力是重叠的系统；④创造力和智力基本上是相同的系统；⑤创造力和智力之间是根本没有关系、是不相交的系统。

总之，研究者对智力和创造力的关系没有一致的看法。大多数人可能倾向于支持两者之间有部分重叠的观点；或认为智力与创造力之间有密切关系，但并不等同，一定水平的智力是创造力发展的必要条件。

六、智力的结构

智力是具有复杂结构的各种心理品质的总和。分析智力的结构，无论对于深入了解智力的本质、合理设计智力的测量手段、科学设定智力培养的原则，还是指导学校教育实践、促进学生智能的良好发展，都极其重要。关于智力的结构在西方存在着不同的理论观点,近年来智力理论又有了新的进展,了解这些理论,有助于我们认识的深化。

1. 斯皮尔曼的二因素理论

英国心理学家和统计学家斯皮尔曼(Spearman,1904)认为智力可以被分析为**一般因素**(general factor,简称 G 因素)和**特殊因素**(special factor,简称 S 因素)。G 因素是在不同情况下影响智力操作结果的诸因素中的共同因子,是人的基本心理潜能,是决定一个人能力高低的主要因素。正是由于这种因素,人们在完成不同智力作业时才会出现某种正相关。除此之外,每一种活动都还有一个特殊因素——S 因素,即该活动所需要的专门的智力因素。正是由于 S 因素起作用,人们的作业成绩才没有完全的相关。许多特殊因素与某种一般因素结合在一起,就组成人的智力。人们在完成任何一种作业时,都有 G 和 S 两种因素参加。活动中包含 G 因素越多,各种作业成绩的正相关就越高;相反,包含 S 因素越多,成绩的正相关就越低(见图 5-1)。斯皮尔曼认为 G 因素与 S 因素相互关联着,其中 G 因素是智力结构的关键和基础,智力测验的目的就是要通过广泛取样来求得 G 因素。

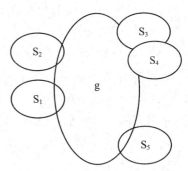

图 5-1　斯皮尔曼的二因素理论模型

2. 阜南的等级层次理论

英国心理学家阜南(Vernon,1971)继承和发展了斯皮尔曼的二因素理论,提出智力的等级层次理论。这一理论认为智力是按等级层次组织起来的,智力的最高层次是一般因素(G);第二层次分两大因素群,即言语-教育能力和操作-机械能力,叫大因素群;第三层为小因素群,包括言语、数量、机械、信息、空间信息、用手操作等;第四层次为特殊因素,即各种各样的特殊能力(见图 5-2)。

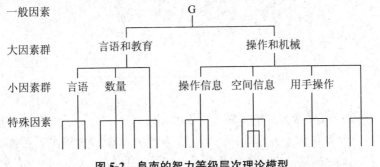

图 5-2　阜南的智力等级层次理论模型

189

这一学说进一步剖析了各种因素在智力结构中所处的地位,并揭示了一般因素和特殊因素以及特殊因素和特殊因素之间的关系,实际上是斯皮尔曼二因素理论的深化。他把大因素群分为言语-教育能力和操作-机械能力在一定程度上得到了近年来脑科学研究成果的支持,即左右两半球功能的分工。

3. 吉尔福特的智力三维结构模型理论

美国心理学家吉尔福特(Guilford, 1967)提出了智力的三维结构模型,并假设最终将找出智力的 120 种因素;1971 年,吉尔福特又将智力内容中的图形分为视觉和听觉两部分,使智力分解为 150 种因素。

吉尔福特把智力活动分为三个维度:内容、结果和操作过程。智力活动就是人在头脑里加工(即操作过程)客观对象(即内容)、产生知识(即结果)的过程。智力的操作过程包括认知、记忆、发散式思维、聚合式思维和评价;智力加工的内容可以是视觉、听觉、符号、语义和行为;智力加工的结果可能是单元、类别、关系、体系、转换和蕴涵。整个模型包括 150 种组合(5 种操作过程×5 种内容×6 种结果),每一种组合代表一种独特的因素。例如学生对英语单词的理解,就是"认识""语义""单元"的能力,解算术题就是"发散或聚合"地思考"符号"表示的"关系"的能力。吉尔福特的智力三维结构模型同时考虑到智力活动的内容、结果和操作过程,对推动智力测验和促进智力发展起到了重要的作用。

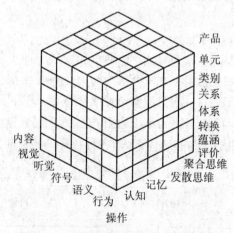

图 5-3 吉尔福特的智力三维结构模型

4. 卡特尔的流体智力和晶体智力理论

美国心理学家卡特尔(Cattell)与霍恩(Horn)根据智力的不同功能,将一般智力因素(G 因素)划分为**流体智力**和**晶体智力**(Horn & Cattell, 1966)。流体智力和晶体智力在人的一生中的发展趋势以及与先天禀赋和社会文化因素的关系都有明显不同。

流体智力(fluid intelligence)是指人不依赖于文化和知识背景而对新事物学习的能力,如注意力、知识整合力、思维的敏捷性等。卡特尔研究发现,流体智力的发展与年龄有密切关系。一般人在 20 岁以后,流体智力的发展达到顶峰,30 岁以后随年龄的增长而降低。**晶体智力**(crystallized intelligence)则是指人后天习得的能力,与文化知识、经验积累有关,如知识的广度、判断力等。从时间上看,流体智力在人的成年期达到高峰后,就随着年龄的增长而逐步衰退,而晶体智力自成年后不但不减退,反而会上升。晶体智力在人的一生中一直在发展,只是到 25 岁以后,发展的速度渐趋平缓(见图 5-4)。把智力分为流体智力和晶体智力,使我们对个体智力发展的多维性有了更好的了解;不同的智力具有不同的发展速度,达到成熟和出现衰退的时期也不同。

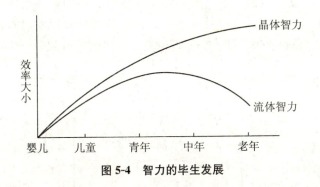

图 5-4　智力的毕生发展

5. 斯腾伯格的智力理论

自 20 世纪末期开始,智力心理学的研究者们逐渐认识到:只从单一的角度去描摹刻画智力是没有出路的。智力是一个复杂的系统,只有既把握内部加工的心理(乃至生理)过程和机制,又兼顾智力行为赖以依存的外部情境,同时对内外两方面的因素如何发生相互作用加以足够的关注,我们才有可能较为客观、准确地反映智力的本质和全貌。其中,斯腾伯格教授是影响最大的智力理论家。在他看来,智力是一个复杂的系统,要想全面了解智力的全貌,就要对智力所包含的结构、过程、生理、文化、社会以及其他各层面的内容作整合的分析;同时,也要对各层面之间的相互作用加以仔细地研究。斯腾伯格的智力理论经历了一个发展变化的过程,先是从 20 世纪 70 年代从事认知加工的成分分析研究而提出智力的成分理论;到 80 年代集内部加工、外部情境以及联结内外的经验于一身的三元智力理论;再到 90 年代化繁为简的成功智力理论。斯腾伯格的智力理论不但内涵丰富,而且颇具成长性和生命力。斯腾伯格思想发展演化的轨迹,在相当程度上反映了智力心理学理论和研究的变化状况。

 **斯腾伯格**(Robert Jeffrey Sternberg,1949——)
美国当代著名心理学家、心理计量学家。是影响最大的智力理论家,从智力的成分理论到三元智力理论,再到成功智力理论,在相当程度上反映了智力的心理学理论的发展变化。另外,他的爱情三角理论也极具知名度,曾任美国心理学会主席(2003)。

"三元智力理论"是斯腾伯格最为成熟的理论。斯腾伯格认为,虽然我们无从捕捉到智力的实体,却可以在其出没的"场所"勾画出它的踪影,描绘它的性质。智力活动所依托的场所大致有三个:主体内部、现实的外部以及联系沟通内部和外部场所的主体经验。三元智力理论就是从主体的内部世界、现实的外部世界以及联系内外世界的主体经验世界这三个角度来分析人们的智力的,它包括情境亚理论、经验亚理论和成分亚理论三个有机的组成部分(见图5-5)。

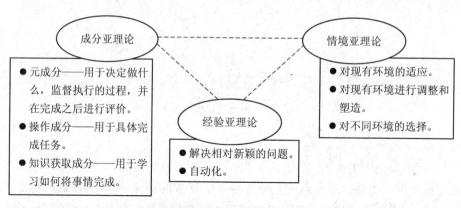

图 5-5 斯腾伯格的三元智力理论

情境亚理论(contextual subtheory)阐明的是主体所处的社会文化环境决定智力行为的内涵,而不是智力的高下。也就是说,周围环境对个体智力具有制约作用。情境亚理论的任务就是要说明环境背景和心理机能作用之间的相互联系。根据情境亚理论,我们与周围的环境有三种基本的作用方式:一是适应,调整自己以适应外界环境,符合规范和工作要求;二是塑造,调整环境以适应自己;三是选择,离开一个环境而选择另外一个环境。聪明的人能够有效地将适应、塑造和选择三个过程加以平衡,从而使自己的优势与来自环境的要求很好地吻合。

经验亚理论（experiential subtheory）是指个体运用既有经验处理新问题时，统合不同观念而形成的顿悟或创造力，它认为智力和经验有关。根据经验亚理论，当一个任务比较新奇或者正处于自动化的过程中或者已经很熟悉时，它对智力的测量效果最佳，因为它测到了个体运用旧经验迅速解决问题的能力和改造旧经验创造新经验的能力。善于解决比较新颖问题的人，相对那些适应新事物比较慢的人来说，智力水平更高一些；智力水平越高的学生越能够迅速、有效地自动化完成任务，从而将注意力转向新的学习中。

成分亚理论（componential subtheory）则描述了智力活动的内部成分结构，是指个体对初级信息进行加工的能力，与影响智力水平的基本信息加工过程或成分有关。斯腾伯格认为，存在三种主要的加工过程，分别是元成分（metacomponent）、操作成分（performance component）和知识获得成分（acquisition of knowledge）。元成分是高级管理成分，负责计划、评价、监控；操作成分是执行元成分的指令，进行各种认知加工操作，如编码、推断、提取、应用、存贮、反馈等；知识获得成分，指学会如何解决新问题、学会如何选择解决问题的策略等。比如，某学生开始决定就某一题目写一篇学期论文（元成分），他学习了大量与该题目有关的材料（知识获得成分），然后尝试着去写（操作成分），发现论文的进展不顺利（元成分），于是决定换一个主题（元成分）。

三元智力理论从人的内部世界、外部世界及经验三个方面与智力的关系来阐述智力的结构，并集中强调元成分在智力结构中的核心作用，代表着当今智力研究的发展方向。从学校教育的观点看，智力三元论突破将智力等同于学习知识的认知能力的传统观念，强调适应环境与改造经验更是人类智力的表现。因此，在学校课程设置与教学实施中，不仅应让学生学习知识，更应鼓励学生进行学习的自我管理，并让学生获得接触现实生活与吸收新经验的机会，从而培养其适应环境与创造新经验的能力。这对我们传统的"书呆子"式的教育具有极大的启示和借鉴作用。

学术前沿 5-1　斯腾伯格的成功智力理论

三元智力理论是从智力发生的各个层面来描述和把握智力的。那么，是否可以去繁从简地直接从智力行为的结果去把握它呢？正是出于这样的考虑，斯腾伯格于 1996 年提出了他的"成功智力"（successful intelligence）理论。成功智力理论首先对成功进行了界定，认为成功就意味着个体在现实生活中达成自己的目标。目标是个体通过努力能够最终达成的人生理想目标；个体指的是那些充分发挥自身潜能和成功智力、在现实生活中找对自己位置的平凡人。

所谓成功智力,是一组经整合而成的能力,它能够帮助我们在现实生活中获取成功。成功智力就是用以达成人生中主要目标的智力,它能导致个体以目标为导向并采取相应的行动,是对现实生活真正起到举足轻重影响的智力。成功智力包括分析性智力、创造性智力和实践性智力三个方面。具有成功智力的人,通过对其分析性、创造性和实践性三方面能力的运用加以权衡,能够适应、塑造并选择环境。

分析性智力指主体有意识地规定心理活动的方向以发现一个问题的有效解决方法的能力。简单地说,就是指发现好的问题解决方法的能力。在问题解决中,分析性智力的主要目的在于从某一问题情境出发,沿途克服众多障碍,并最终达到对问题的解决;而在决策制定过程中,分析性智力可以帮助我们从许多种可能中做出选择或对机会进行评估。

创造性智力是指有效发现问题和界定问题的能力。从成功智力的高度出发,创造性智力的高手能发掘出常人所不能发现或忽略的问题,经过他们既新颖且有价值的思考而产生出卓有成效的成果,并为公众所接受,他们挑战公众,而后又彻底地领导潮流。创造性智力不仅仅是形成思想的能力,还是一个使智力的三个基本方面——创造性、分析性和实践性——都得到均衡和运用的过程。创造性智力是一座沟通分析性智力和实践性智力的桥梁。

实践性智力指在实际工作中解决问题的能力。具有成功智力的人一个显著的标志是容易获得和使用未明言的知识。未明言的知识又称为不言而喻的知识,是以行动为导向的知识,它具有三种特性:一是关于如何去行动的知识,二是与人们所重视的目标实现有关,三是这类知识的获得与掌握一般很少需要别人的帮助。符合成功智力要求的实践性智力可以帮助人们适应环境、选择环境和塑造环境。经验的多少并不说明问题,重要的是能从这些经验中获得多大的收益。

最具成功智力的人,并不一定要求这三种形式的智力都达到很高水准,但无论在学习还是在工作中,他们都能充分发挥其长处,弥补自身缺陷,将能力发挥到极致。

(sternberg,1996)

6. 加德纳的"多元智力"理论

哈佛大学教授霍华德·加德纳(Howard Gardner)在对人类认知能力发展进行了多年研究的基础上认为,人类的认知是多元而非一元的,只用单一、可量化的智力概念不能对个体进行恰当的描述。加德纳在《心智的架构》(1983)一书里提出了"多元智力理论"(Theory of Multiple Intelligence),这些智力是全人类都能使用的学习、解决问题和创造的工具,包括**语言智力**(linguistic intelligence),指用语言思维、表达和欣赏语言深层内涵的能力;**逻辑-数学智力**(logical-mathematical intelligence),指能够计算、量化、思考命题和假设并进行复杂数学运算的能力;**空间智力**(spatial intelligence),是人们以三维空间方式进行思维的能力;**身体-运动智力**(bodily-kinesthetic intelligence),指的是人能巧妙操纵物体和调整身体的能力;**音乐智力**(musical intelligence),是指敏锐感知音调、旋律、节奏和音色的能力;**人际关系智力**(interpersonal intelligence),指能够有效理解他人并与人交往的能力;**自我认识智力**(intrapersonal intelligence),指建构正确自我认知的能力;**自然观察者智力**(naturalist intelligence),专指观察自然界中各种形态、对物体进行辨认和分类、能够洞察自然及人造系统的能力。

加德纳认为,人类智力肯定不仅局限于他所罗列的这些种类,而他所指出的这些智力可能蕴涵于三个更广阔的范畴之中。如空间智力、逻辑-数学智力、身体-运动智力和自然观察者智力是与"物体相关"的智能范畴,它们是由于个体在环境中被所面临的客体控制而形成的;另一种是与"物体无关"的智能,包括语言智力和音乐智力,它们不是依赖于物理世界,而是有赖于语言和音乐这样的符号系统;第三种是"与人相关"的智能,人际关系智力和自我认识智力就隶属于这一范畴。加德纳认为,每一种智力都有其独特的发展顺序,而且它们都具有价值中立的特点。

多元智力理论一经提出,就得到了教育界的热烈响应,它为学校和教师培养人才拓展了理论思路,也具有较强的可操作性。但是,这些智力究竟是否彼此独立,它们的存在是否有实际的心理学证据支持,都还值得进一步探讨。

7. 情绪智力

情绪智力(emotional intelligence)指的是准确识别、评估和表达情绪的能力,是当某种情感可以促进思维时,达到或生成该种情感的能力,是理解情绪和有关情绪的知识的能力,同时也是调节情绪以促进情绪和智力发展的能力(Mayer & Salovey, 1997)。这一概念虽由萨洛维和梅耶提出,但使它家喻户晓的却是戈尔曼(Goleman, 1997)。情绪智力作为人类社会智力的一个组成部分,是人们对情绪进行信息加工的一种重要能力,也反映了情绪在智力功能中起正性作用的新观点,即情绪可以使思维更聪明,人们可以聪明地思考他们和其他人的情绪。情绪智力有很大的个体差异,情绪智力高的个体可能更深刻地意识到自己和他人的情绪和情感,对自我内部体验的积极方面和消极方面更开放。这种意识使他们能对自己和他人的情绪做出积极的调控,从而维持自己良好的身心状态,与他人保持和谐的人际关系,有较强的社会适应能力,从而在学习、工作和生活中获得更大的成功。

总之,当今智力心理学的总体趋势是将人的智力放在一个较为开放、更接近真实的环境中来加以考察,把人类的智力作为一种复杂系统加以整体性地看待。因此,无论是在运用的理论和技术方面,还是在涉及的交叉学科领域方面,都较传统有了很大的改变。也只有这样,我们才有可能真正揭示人类智力的本质。

第二节　能力发展的一般规律

人与人的能力不尽相同,这种个体间的能力差异既有先天因素的影响也有后天环境和教育的作用。青少年的能力发展处于上升时期,具有极大的教育价值和潜力。

一、能力发展的个体差异

所谓**个体差异**(individual difference),是指个体在成长过程中因受遗传与环境的交互影响,使不同个体之间在身心特征上呈现出彼此不同的现象。了解与鉴别个体差异,是"因材施教"的基本前提,也是量才用人、各尽所能的理论依据。

1. 类型差异

类型差异指构成能力的各种因素存在质的差异。在知觉方面,有综合型(知觉具有概括性和整体性,但是分析方面较弱)、分析型(知觉具有较强的分析性,对细节感知很清晰,但对整体的感知较差)和分析综合型(知觉具有上述两种类型的特点);在记忆方面,有形象记忆型、抽象记忆型和运动型;在思维方面,有形象思维型、抽象逻辑思维型等。以思维为例,数学家和画家这两种职业的人有一定的差异。画家能够在头脑中对表象进行加工、想象、创作,其形象思维能力很强;数学家主要与深奥的抽象符号打交道,进行演算或推理,因而抽象逻辑思维能力很强。如果让这两种类型的人调换一下工作,他们肯定会无所适从。

能力的类型差异在男女性别上表现最为明显。研究发现,男女能力的差异首先反映在大脑构造上。一般说来,人的大脑左侧主要对有规则控制的序列作分析性加工,侧重于语言理解方面;右侧主要对视觉-空间方面的信息作整体加工,侧重于立体空间能力方面。青春期女孩的大脑发育左半球快于右半球,因而言语能力发展比较早；而男孩右脑发育快于左脑，所以空间想象能力发展得比较早。在智能结构方面，女性在知觉速度与语言理解上占有优势；男性则在需要空间能力的数学、物理等领域内占有优势。若从认知方式上看，女性大多是场依存性的，容易受环境的影响；男性大多是场独立性的，具有较强的自主性和批判性。在记忆方面，女性机械记忆能力明显优于男性。在思维方面，女性的形象思维较好，言语表达流畅；而男性则擅长于抽象和逻辑思维。在解决问题时，女性善于模仿、加工和分类，联想丰富；而男性喜欢用创造性的方法解决问题。在观察能力方面，女性比男性更细致、更全面。

2. 水平差异

水平差异指不同人的同一种能力在量的方面存在差异。它表明人的能力发展有高有低。从一般能力来看，能力水平在全部人口中的分布呈正态分布（normal distribution），即能力特别强、智商特别高的人和能力特别弱、智商特别低的人在总人口中所占的比例很小，而智力居中的人数最多。表 5-1 是美国心理学家推孟（Terman）抽样测试 2904 人的智商后得到的数据。可以看出，表两端的百分数都很小，而中间部分很大。

表 5-1　不同智商水平上的人数分配百分数（n＝2 904）

智　商	名　　　称	百分比（%）
140 以上	智力超常（very superior）	1.33
120—139	优异（superior）	11.30
110—119	中上（high average）	18.10
90—109	中等（average）	46.50
80—89	中下（low average）	14.50
70—79	临界（border line）	5.60
70 以下	智力落后（mentally retarded）	2.90

一般而言，人们将智商在 140 以上的人称为"智力超常者"或者"天才"。他们观察事物细致、准确，注意力集中并易转换，记忆速度快而准，思维灵活，富有创造性。同时，人们将智商在 70 以下的人称为"智力落后者"，他们的知觉速度缓慢、内容贫乏，记忆能力差、再认或回忆易歪曲和错误较多，语言发展迟缓、词汇量少而缺乏连贯性，生活自理能力差。但是，在智力落后人群中，只有不到 3% 的个体是极严重的，85% 的个体只是轻微的智力障碍（Huffman，2007）（见表 5-2）。

表 5-2　智力落后的程度

智力水平	智商分数	在智力落后人群中的百分比	特　　征
轻度	50—70	85	通常能自理,可以结婚,有家庭,从事安全的不需要技术的全职工作
中度	35—49	10	能完成简单的没有技术含量的任务,在某种程度上可以自己做些事情
严重	20—34	3—4	能遵循常规,但需要持续地监护;通过训练可能学会基本交流技能
极严重	<20	1—2	只会最基本的行为,如散步、吃饭、讲基本词汇

3. 早晚差异

人的能力表现有早有晚。能力的早期显露称为人才早熟,有些人童年时期就表现出多方面的优异能力。例如我国唐初王勃,10 岁能赋,少年时就写了著名的《滕王阁序》,以"落霞与孤鹜齐飞,秋水共长天一色"的名句而流传千古;李白 5 岁通六甲,7 岁观百家;杜甫 5 岁能诗,7 岁咏凤凰;奥地利古典音乐家莫扎特据说 3 岁就发现了三度音程,经父亲的指点,立刻就能谱制小步舞曲,那时他还不会拿笔,8 岁试作交响乐,11 岁创作歌剧;德国音乐家贝多芬 13 岁能作曲;俄国普希金 8 岁能用法文写诗。当然,人才早熟若不加以科学的培养,步入中青年后将有可能"泯为众人"。这种情况在历史上不胜枚举。中年时期是人生的黄金时期,身体健壮,思想活跃,经验丰富,是成才的好时机。一般认为,30～45 岁是人的智力最佳年龄阶段,历史上重大的科学发现大部分都是在这个年龄阶段完成的,诺贝尔奖的获得者年龄也大多在这一阶段。

当然,也有些人的才能表现较晚,属大器晚成型。例如,画家齐白石直到晚年才显露出他的绘画才能;达尔文 50 岁时才开始有研究成果,写出名著《物种起源》;摩尔根发表基因遗传理论已经 60 岁了。大器晚成的原因是多方面的:有可能是青年时期不努力或没有机会;或者小时智力平常,通过长期的主观努力,智力终于像菊花一样,到了秋天才显示出绚丽多彩;也有可能是所从事的工作需要长时间的积累,因而表现为厚积薄发;或者某种特殊能力显露较晚。但无论如何,即使弱智者,只要勤奋努力,也可以成为社会有用之才,因为"智力"并非成功的唯一决定因素。

4. 特殊能力种类的差异

特殊能力和一般能力不同,个人在特殊能力上差异明显,如有人乐感强;有人绘画有天赋;有人长于机械操作;有人善于雕刻书法。不是所有人都能成为贝多芬、徐悲鸿的,同样贝多芬也未必能画出优美的美术作品来,作曲也非徐悲鸿所长。

二、影响能力发展的因素

能力的发展受多种因素制约,下述三个方面因素的影响是主要的。

1. 生物因素

首先,能力受到生物性因素(biological factors)的影响,如身体条件、大脑神经生理解剖结构等。不同种系的生物即使在同一环境下生长,也会朝着各自的遗传基因所决定的方向和水平发展。生物因素可以有两种类型或来源,一种是来自父母亲的遗传,另一种是后天的各种人为的生物影响。

遗传性因素主要通过基因传递父母的性状结构和机能特点,关于遗传在能力发展中的作用,心理学家从三个方面进行过研究。一是研究血缘关系疏密不同的人在能力上的类似程度,这种研究通常用同卵双生子和异卵双生子来进行。二是研究养子养女与亲生父母和养父母能力发展的关系。三是对同卵双生子进行追踪研究,这些孩子从小就被分开生活在不同的环境里,若干年后,对他们进行比较。厄伦迈耶-金林等人(Erlenmeyer-Kimling & Jarvik, 1963)总结了半个世纪以来八个国家对血缘关系与智商的相关研究,结果(表 5-3)表明:遗传关系愈近,测得的智商也愈近。父母的智商与亲生子女的智商相关为 0.50,养父母与养子女智商的相关仅为 0.30;遗传学上同卵双生子与异卵双生子有特殊研究价值,同卵双生子由同一受精卵发育而来,遗传关系更密切,智商相关也更高,达到 0.75~0.88;异卵双生子由两个受精卵发育而来,因而其智商相关只有 0.50~0.60,与同胞兄弟姐妹相当;分开抚养的同卵双生子,其智商相关也有 0.75,比在一起抚养的异卵双生子智商相关还高。这些都说明遗传对智力确实具有极为重要的影响。

表 5-3 不同血缘关系者的智力相关

关 系	相关系数
1. 无血缘关系又生活在不同环境者	0.00
2. 无血缘关系在同一环境长大者	0.20
3. 养父母与养子女	0.30
4. 同胞兄弟姐妹在不同环境长大者	0.35
5. 亲生父母与亲生子女(生活在一起)	0.50
6. 同胞兄弟姐妹在同一环境长大者	0.50
7. 不同性别的异卵双生子在同一环境长大者	0.50
8. 同性别的异卵双生子在同一环境长大者	0.60
9. 同卵双生子在不同环境长大者	0.75
10. 同卵双生子在同一环境长大者	0.88

遗传对能力的影响主要表现在身体素质上,如感官的特征、四肢及运动器官

的特征、脑的形态和结构的特征等。我们知道,身体素质是能力发展的自然前提。有没有这个前提,对能力的发展有重要的影响。感官的特性、神经系统的特性,对能力的发展都有作用。但是,身体素质不等于能力本身。具有相同身体素质的人,可能发展出不同的能力;而仅有良好的身体体质,如果没有后天良好的培养和训练,能力也可能得不到应有的发展。

近代医学研究表明,非遗传性的生物因素对能力也有很大影响。母亲怀孕时的营养、服药情况以及分娩状况都会影响婴儿的智力,如在分娩过程中婴儿头颅由于产钳使用不当受到损伤或产程过长而窒息等,都会严重损害大脑,导致低能。无论是遗传因素还是非遗传因素,对能力的影响主要表现在为能力发展提供可能性上。如果没有必要的遗传因素,后天的教育将难以发挥作用。但我们也应注意,在强调生物因素作用的同时,应注意与遗传决定论划清界限,把遗传视为制约人的能力发展的唯一决定因素的绝对化观点是不正确的。

2. 环境因素

能力的发展离不开具体生活环境,它为能力发展提供了现实条件,使生物性因素所提供的可能性转变为现实性。**环境因素**(environmental factors)有广义与狭义之分,广义的环境指个体生活的整个社会环境,大到国际世界、国家经济环境,小到个体居住的城市环境,所在的社区、学校、家庭、亲朋好友等环境。而狭义的环境是针对教育而言的,主要指学校教育环境以及与学生的能力、性格发展有关的环境。我们所说的环境因素是广义的,其中早期经验和教育是环境因素中的主导力量。

为了促进能力的发展,一定要重视早期环境的作用,这已为越来越多的事实所证明。由动物抚育大的孩子,能力发展明显落后,这已是大家熟知的事实。某些实验研究表明,丰富的环境刺激有利于儿童能力的发展,孩子出生后,如果睡在有花纹的床单上,床上挂着会转动的音乐玩具,他们仰卧时,就能自由地观察这一切。那么,两星期后,他们就试着用手抓东西;而没有提供刺激的婴儿,这种动作要 5 个月时才出现。研究还发现,缺乏母亲抚爱的婴儿,可能出现智力发展上的问题;有安全感的孩子喜欢探索环境,而探索环境正是能力发展的重要条件之一。

由于教育是一种有计划、有目的、有系统和按步骤地为学生提供丰富知识、发展学生能力的过程,因此它更直接决定了能力发展的速度与水平。从学前、小学到中学、大学这一系列不同阶段和不同程度的教育,为一个人的能力发展创造了极为有利的外部条件。能力虽不同于知识、技能,但又与知识、技能有密切关系。对儿童和青少年来说,发展能力是与系统学习和掌握知识技能分不开的。在学校里,课堂教学的正确组织有利于学生能力的发展。当然,我们在强调环境因素作用的同时,也应避免滑入环境决定论的误区。把后天环境视为制约一个人能力发展的唯一决定因素的绝对化观点同样是错误的。

3. 个体实践因素

除了生物因素和环境因素,个体的实践因素(personal practical factors)也对能力发展起着积极的作用。我们知道,人的心理是在实践活动中发生和发展的,作为心理的一个重要方面——能力也不例外。人们是在实践活动中增长才干的,我国古代思想家王允早就提出"施用累能"的主张,即认为能力是在使用中积累和发展的,故有"勤能补拙"一说。这也就是为什么同在一个班上,各方面条件都相差无几的两个同学,由于努力程度不一样,导致各人能力表现出现差异的重要原因。王允还提出"科用累能",即从事不同职业的活动会积累不同的能力。换言之,由于实践的性质不同,实践的广度和深度不同,从而形成了各种不同的能力。这说明长年累月、坚持不懈地参加某种社会实践,相应的能力就能得到高度发展。

总之,能力的形成与发展依赖于多种因素的交互作用。虽然各种影响因素在决定能力高低与发展历程中所占比重多少无法精确计算,但有一点是不可否定的,即生物因素、环境因素和个人实践因素在能力发展中的作用缺一不可。

三、青少年能力的特点

青少年的能力正处于发展时期,对他们任何过早的判断都可能对之产生不利影响。

1. 青少年的智力发展呈上升趋势

人的智力是随着年龄的增长而不断变化的。根据美国心理学家贝利的研究(Bayley, 1976),智力整体发展趋势呈一种负加速状态:从出生到10岁左右是智力发展较快的时期,之后逐渐缓慢,20岁后进入高峰,并一直延续到30岁左右,40岁开始下降,60岁之后下降更快(见图5-6)。一般说来,青少年的智力随着年龄的增长而发展着。初中二年级是智力发展的一个关键时期,智力水平加速上升,高中二年级是智力发展的成熟期,之后智力发展趋于负加速上升。从智力发展的

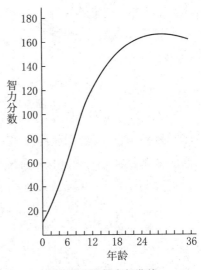

图5-6 智力生长曲线

内容上看,青少年主动的、有意的逻辑思维不断发展,抽象逻辑思维逐渐占有优势,智力的深刻性越来越明显,青少年时期既是长身体的时候,也是智力发展的关键时期。

2. 青少年各种智力成分的发展趋势存在差异

智力中的各种成分发展趋势不一致。瑟斯顿(Thurstone,1955)研究发现,人的知觉速度发展最快,词的流畅性发展最慢(见图 5-7)。12 岁时知觉能力已接近成人水平的 80%,而推理、词的意义和词的流畅性等到 14 岁、18 岁和 20 岁以后才能分别接近或达到同一水平。有人对流体智力和晶体智力作过纵向研究,发现流体智力在中年以后开始下降,而晶体智力则在人的一生中几乎一直都处于不断上升的状态,甚至 60 岁后,晶体智力还处于较高水平。青少年时期是推理能力、理解能力迅速发展的时期,可以运用抽象思维进行复杂的思考,并能有计划地安排问题解决的过程,为此,这一阶段的学生应该得到充分的锻炼机会,发展各方面能力;同时教师也应给予他们更多的自主性,任其发挥特长,获取各种必要的知识。这样,才能保证两种智力协调发展。

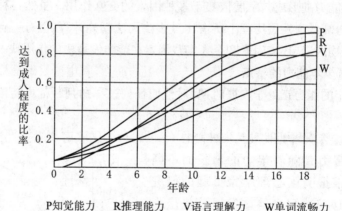

P知觉能力　　R推理能力　　V语言理解力　　W单词流畅力

图 5-7　智力不同成分的发展曲线

此外,青少年各方面特殊能力的发展处于不稳定状态。除了某些早慧者,大多数人都是在此时表现出特殊才能的,但这种表现有时可能是"昙花一现"式的,因此尤其需要教师给予充分而及时的注意。

3. 青少年期是创造力发展的重要阶段

青少年的创造力表现与智力不同,创造力的发展相对滞后于智力的发展。青少年的创造力发展总体上呈上升趋势。但是,这种发展并非一帆风顺、直线上升的,而是波浪式发展的。研究结果表明,儿童从幼儿到青年初期的创造力发展是随着年龄的增长而上升的,但在 13 岁和 17 岁有两个降落期(Torrance, 1964;王惠萍等,1998)。与成年人相比,青少年的创造力有自身的一些特点:第一,创新意识强烈、更少保守性。第二,青少年的思维更敏捷。第三,青少年的创造热情较成年人高(张文新,谷传华,2004)。总体来说,青少年好奇心特别强,较少受到日常生活定势的影响,天真率直,因此是培养创造能力的大好时机。在此时培养,能起到事半功倍的效果。教师在教学中要善于发展学生的发散思维,培养他们的创造意识。

第三节　能力规律在教育中的应用

教师掌握了能力规律就可以更好地鉴定学生的能力,从而因材施教,实现培养学生能力的教育目标。师范生掌握了能力规律则可以有意识地锻炼自我管理、自我表达、自学、阅读等方面的能力,为今后胜任教师工作做好准备。

一、能力规律在教书育人中的应用

1. 学生能力的鉴定

教学的重要目的之一是培养学生的能力。怎样检验教学成果的大小呢？目前流行的考试方式所考察的并不完全是学生的能力,其主要目的是检验学生掌握知识的程度和解决问题的技巧。因此只有通过专门的鉴定,才能正确了解学生的能力。其中,智力测验是鉴定能力的方法之一。

世界上第一个使用的智力测验是 20 世纪初法国政府为鉴别低能儿童,聘请心理学家比纳(Binet)和西蒙(Simon)编制的比纳-西蒙量表(1905)。美国的推孟(Terman)及其后继者在斯坦福大学先后 5 次修订了比-西量表(1916,1937,1960,1972,1986,2003,其中 1972 年只进行了重新标准化),形成斯坦福-比纳量表。斯-比量表的 1916 年版和 1937 年版以比率智商(IQ,最早由施特恩在 1914 年定义)表示被试的智力水平,1960 年版之后采用离差智商表示被试的智力水平。另一位心理学家韦克斯勒(Wechsler, 1967)采用"离差智商"的概念编制了成人智力量表(WAIS-R, 1981)、学龄儿童智力量表(WISC, 1967)和学龄前儿童智力量表(WPPSI, 1967)。这些量表综合运用,其测量的对象范围是 4 岁至 74 岁的不同个体。目前斯-比量表和韦氏量表是西方国家使用最为广泛的两类智力量表。而在我国,已有斯-比量表第四次修订版,韦氏量表最新修订版已由张厚粲等修订,韦氏的团体儿童智力测验也已问世。

知识视界 5-1　智商的计算

　　如果一个叫小明的孩子能回答 7 岁孩子平均水平的问题,他有多聪明?事实上,由于我们不知道他的年龄,所以还不能做出判断。如果他 10 岁,那并不很聪明;如果他才 5 岁,那就很聪明了。因此,要评价一个孩子的智力,需要知道他的生理年龄(chronological age, CA)和心理年龄(mental age, MA,智力操作的平均值)。心理年龄是根据个人对按年龄分级的问题做答的水平来判断的。心理年龄是实际能力的一个良好指标,但单从这一指标并不能知道和同龄人相比一个人总体智力水平是高还是低。要知道心理年龄的含义,我们必须考虑一个人的生理年龄。把心理年龄和生理年龄联系在一起,就得到了智商(IQ)。

　　斯坦福-比奈测验量表首次使用时,IQ 的定义是心理年龄除以生理年龄,结果再乘上 100。也就是说,智商的计算公式为:MA/CA×100＝IQ。这一智商称为比率智商。例如一名儿童的生理年龄为 10 岁,心理年龄为 13 岁,则其智商为 MA(13)/CA(10)×100＝130(IQ)。当一个人的心理年龄和生理年龄相等时,其 IQ 为 100,因而 IQ 分数 100 被定义为平均智力水平。智商 100 只是一个数学上的平均分数,而平均智力是指智商 90～109 之间的任何一个分数。

　　然而,现代测验中已不再需要计算比率智商了,取而代之的是离差智商。因为比率智商的基本假定是智力发展和年龄增长呈正比,是一种直线关系,但随着人年纪的增长,到约 26 岁左右智商就停止增长进入了高原期,所以比率智商不适用于年纪大的人群。离差智商则表示一个人在其年龄组中智力水平的相对位置,说明一个人的原始分数高于或低于平均数的程度。其基本原理是把每个年龄段的儿童的智力分布看成正态分布,被试的智力高低由其与同龄人的智力分布的离差大小来决定。通常可以使用一些测验附带的换算表,将一个人在群体中的相对位置转换成智商分数。例如,韦氏智力测验的离差智商计算公式为:IQ＝100＋15Z＝100＋15(X－M)/S(X 为某人实得分数,M 为某人所在年龄组的平均分数,S 为该年龄组分数的标准差,Z 是标准分数,其值等于被测人实得分数减去同龄人平均分数,除以该年龄组的标准差)。例如一名 10 岁的儿童参加智力测验,得分为 46,10 岁组儿童在该测验上的平均分为 41,标准差为 5,则这名儿童的离差智商＝100＋15Z＝100＋15(X－M)/S＝100＋15(46－41)/5＝115。

(张积家,2008)

良好的智力测验需要具备一定的条件。首先,智力测验必须具有良好的效度,能测量到它所要测量的东西,即测量的确实是智力的水平。其次,智力测验要有信度。信度指测验结果的可靠性和稳定性。信度好的测验无论在何时何地对何人,都能像一把高精度的尺子被使用。任何智力测验都有一定的目的和使用范围,在这个目的和范围内,智力测验是有效的,超出这个目的和范围,结果就令人怀疑了。第三,智力测验必须标准化。所谓标准化,是指测题的编制、实施、记分、结果的解释都需按标准程序去执行。只有标准化,才能保证测验的信度、效度,测出的结果才有意义。

智力测验的设计、项目抽取、信效度估计等都是非常严肃的工作,因此测验的实施及对其结果的解释需要小心谨慎,非专业人员滥用智力测验,会产生不良后果。

对于青少年来说,他们的智力和其他能力还在形成过程之中,没有定型,智力测验所测的只是学生目前已经具有的一般能力。因此,运用目前所测得的智力数据来预测他们未来的发展,不仅不确切,而且很危险。我们必须慎重对待智力测验。

知识视界 5-2 弗林效应

近年来进行的跨时间的智力分数比较发现,从 1940 年开始,每过 10 年,智商分数平均增长 3 分,智商分数一代一代增高的趋势在 20 个不同的国家中都有发现(Flynn, 1987, 2000, 2003; Neisser, 1998; Resing & Nijland, 2002)。这就是弗林效应(Flynn effect),也就是智商测试的结果逐年增加的现象。具体表现为:流体智力分数,尤其是用问题解决任务测量得到的分数,每一代要增长 15 分;通常使用词汇量和数学技巧来测量的晶体智力分数也在每代之间增加了 9 分。有趣的是,在言语能力分数这一项上,非裔美国人有稳定的增长,而美国白人却有轻微的下降(Huffman, 2007)。这个现象不是世界上个别地方的问题,而是全世界的现象,看起来各地的人们变得越来越聪明。这个现象的直接结果就是每一代际左右需要建立智力测验的新常模,因为这些测验的平均表现正在一点一点地增长。

在这么短的时间内有这么大的分数增长,不可能是进化的结果,因此,一定是环境造成的。那么,是什么因素导致人类平均智商的不断提高呢?至少有三种事实可能作为这种所谓弗林效应的论据:(1)公共教育水平在逐年提高;(2)人们越来越擅长做这些测验;(3)智力随着更好的营养状况而增长。作为一个批判性思考者,你还能想到其他对弗林效应的可能解释吗?

(Huffman, 2011)

2. 因材施教

通过智力测验,教师可以根据实际情况灵活地采取各种教育手段。一方面,教师不能因智力测验结果轻易将学生归入低能者或高智者之列。因为教师的态度会影响学生的学业成绩和人格发展。心理学研究表明,教师对学生的期望往往会使学生"发展成他所期望"的样子,即所谓的"皮格马利翁效应"或"标签效应"。同一年龄阶段里学生的智力水平是呈正态分布的,低能与超常者都比较少。同一个班级里这种智力上的差异更是不太明显。因此,教师对学生要一视同仁,不可挫伤学生的积极性,在教授新课时使用的方法要适合大多数人。另一方面,由于学习方法、学习态度、家庭环境等主客观原因,学生学习成绩有高有低,学习能力也有一定的差异。布卢姆(Bloom,1968)的掌握学习观点认为,只要区别对待,即使学生在学习时间上多寡不一,95%以上都能获得优良成绩。教师在课后辅导时要采取"让好的吃饱,中间的吃好,差的吃到"的策略,对成绩优异的学生可以超前辅导,对成绩差的学生适当补课,耐心帮助他们提高能力。我们不仅要根据学生智力水平,还要根据其类型差异,扬其所长避其所短。学生的能力在种类上也有一定的差异,如有的人喜观察,有的人好思考,有的人爱想象,而男生与女生在能力发展上也各有千秋。教师不妨在实际工作中对学生加以仔细研究,然后分门别类地进行指导,促进他们发挥各自特长,最终达到全面发展。

3. 正确处理培养能力与学习知识的关系

在学习知识的同时,要注意能力的培养,这一直是许多教师所遵循的原则。这里的能力是与知识相对应的,具体指动手解决实际问题的能力,它包括我们所讲的一般能力和特殊能力。例如,教师通过给学生上语文课"蚂蚁搬家",试图说明各种事物之间是相互联系的。课后教师可以带领学生实际看一看蚂蚁搬家。在实际观察中,有的学生只对蚂蚁搬家感兴趣,一动不动地看,看完就算了,没有更深地进行思考。如果教师进行一些指导,提出观察的目的和方法,让学生思考蚂蚁为什么搬家?它们怎样搬家?用了多长时间?有什么规律?其他动物也是这样吗?学生带着这些问题观看蚂蚁活动,边看边思索,既培养了观察能力,也锻炼了思维能力。当然,会观察就必须掌握一定方法,运用一定手段,按一定计划进行。例如上述对蚂蚁的观察,学生可能要定时定量地进行观察,根据观察指标编写观察日记,配合摄影,并观测气温、风向、湿度等数据,然后将多个蚂蚁群落的活动进行对比,才能准确记录下蚂蚁的生活习性和搬迁情况,进而对先前的问题得出结论。获得这些知识和观察力并不是语文教学的主要目的,语文教学还要让学生在透过表面知识、获取深层规律的基础上,对作者的描写手法进行分析、比较。由于学生有了实际观察经验,把自己的写作与课文相对应,可以进一步了解差距,从而有可能提高自己的写作能力。

4. 培养元认知能力

培养学生元认知能力,主要就是教会学生"如何去学习"、"怎样才能学得好",正确评价自己的学习能力,使学生由被动地听讲变为主动地学习。

元认知包括三个方面的内容:一是元认知知识(即个体关于自己或他人的认知活动过程、结果、影响因素等方面的知识);二是元认知体验(即伴随着认知活动而产生的情感体验);三是元认知监控(即个体在认知活动进行的过程中,对自己的认知活动进行监控和调节,以迅速达到预定目标)。在人们的各种活动中,元认知都发挥着十分重要的监控和调节功能,其实质就是人们对认知活动的自我意识、自我控制和自我调节。因此,它的发展水平同人们的智力、思维的发展水平有着密切的关系。有关研究已经初步证明,元认知在儿童的学习、记忆、理解、问题解决等方面的活动中起着重要的作用,元认知的训练可以提高儿童的思维和智力水平。

我们以语文课的阅读教学为例,说明如何在教学中培养学生的元认知能力。对儿童的阅读元认知能力培养涉及两方面:一是在阅读教学中有目的、有计划地丰富学生的各种阅读元认知知识;二是在学生实际阅读过程中,注意培养他们的元认知监控能力。

实际教学中培养学生阅读元认知能力主要采取以下措施:

(1) 让学生充分认识阅读活动的特点与实质,如阅读活动需要哪些心理活动参加,其特点是什么,阅读过程包括几个阶段,每阶段的特点如何,阅读的功能有哪些等;

(2) 让学生充分了解影响其阅读活动与效果的三个主要因素:个人因素,包括兴趣、爱好、目的、努力、已有的知识经验水平、现有阅读水平等;材料因素,包括所阅读材料的性质特点、难易程度及阅读任务等;策略因素,包括有哪些阅读策略、各策略的有效性如何、使用的条件等;

(3) 在阅读前指导学生做计划,包括怎样根据不同的阅读目的采取不同的阅读策略、根据所阅读材料的特点采用不同的学习方式、如何选用最适宜的方法解决某一特定的问题、如何分配阅读时间等;

(4) 阅读过程中指导学生进行有效地监控和调节,包括阅读过程中如何提出假设、检验假设、自我提问、自我测试、发现自己理解的难点和未理解之处、自动校正错误等;

(5) 阅读后指导学生检查结果,获取反馈信息,采取相应行动,包括如何检查自己的掌握程度、正确地评价自己的理解水平,发现问题、及时纠正、采取适当的补救措施等。

通过以上的训练,学生的阅读能力将大为提高,学生的思维能力也可明显提高。而同一时间采取一般阅读训练的学生,其阅读能力的提高则较少。

5. 培养非智力因素促进智力发展

大力培养学生的非智力因素现已成为许多教师的共识。只关心分数、不关心素质的教育是不明智的;只关心智力因素,而忽略非智力因素的教师是不称职的。实际上,非智力因素与智力因素有着不可分割的联系,在智力因素等同的条件下,往往是非智力因素决定着学习的效果。

在实际教学中,培养学生的非智力因素可按以下几个阶段进行。第一个阶段可采用个别教育方法,分别培养每个学生的兴趣、意志、情感等非智力因素,比如,教师全面了解学生的学习状况、兴趣爱好、意志品质、情绪特点(这些可以从建立的心理档案和教师的教学经验中获得),争取教学能覆盖每个学生。对一些其特征处于两端的学生,教师尤其要特别重视。第二个阶段,可采用整体教育方法,使整个班集体甚至全校都形成良好的学习风气、学习习惯,让学生在其中受到熏陶,逐步培养自己的良好个性品质。这一阶段,教师应设法为学生树立良好的学习榜样,如评选学习积极分子、勤奋学习者,表彰进步最快者等。学生们都愿意向这些优秀榜样学习,并能从学习中获得乐趣和荣誉。第三个阶段,采取个别分化教育的方法,针对学生自身的一些不良习惯,逐个纠正提高。

研究发现,培养非智力因素还有利于差生的转化。因为差生的典型表现是求知欲望低,学习热情淡薄;缺乏自尊自信,没有进取心;缺乏责任感,荣誉感不强。但绝大多数差生的智力并没有问题。因此,教师如果从非智力因素着手进行培养,可以及时地使某些学习成绩差的学生得到转化。

6. 创造力的培养

培养青少年的创造力是中学教师在教育教学活动中应注意的工作。如何才能有效培养学生的创造力呢? 可以从以下几方面入手(卢家楣,1989)。

(1) 强化创造意识

创造意识是指创造的欲望与意愿,它是挖掘创造潜能、提前开发创造力的重要心理因素。原则上讲,每一个人都有创造能力,但并不是每个人都有创造欲的。有的人在实践过程中常从新角度以新方法进行思维与学习研究,表现出较高的创造力,而有的人却没有创造的意识,按部就班地学习和工作,对客观事物和现象不感兴趣。没有求知的欲望,创造能力就相对较低。从小就强化创造的意识,学会从普遍现象中发现问题,尝试解决问题,培养创造能力,那么随着个体的发育成熟和智力活动的提高,其创造能力就会越来越强。

创造意识的强化有赖于家长和教师的引导。每一位儿童都有某种好奇心,努力探索陌生的世界,试图掌握它、适应它。在认识世界过程中,儿童会不断地表现出创造性的活动能力来,家长和教师应尽力给儿童提供一种宽松的环境,让儿童发挥他的创造天性,动手制作一些新颖的东西。随着年龄的增大,学生活动的目的性也不断明确,有意的探索和创造活动也逐渐增多,这时教师要适时地培养学生的创造性思维,为以后的创造性活动做好心理准备。

(2)逻辑思维与非逻辑思维并重

逻辑思维能力发展是学生创造力的基础。逻辑思维能力强的学生,可以依据已有的知识和事实,遵循一定的法则,按照严密的步骤进行抽象、概括、判断、推理,从已知到未知,把握事物的本质。但是,良好的创造能力仅有逻辑思维能力是不够的,非逻辑思维在创造活动中也起着十分重要的作用。常见的非逻辑思维能力有直觉、灵感、横向思维等。

从事一项创造活动的初期,学生还不能进行丰富的逻辑性思考,只能在事实或有关知识、资料、线索还不充分的情况下凭着直觉思维做出判断,进行猜想和假设。科学上许多重大的发现都是先进行假设,然后收集资料进行逻辑思维,证明猜想的正确与否,其中最著名的要算"哥德巴赫猜想"了,地球上的"大陆漂移说"最早也是一种猜想。教学中,教师经常会遇到学生发表包含合理因素的言论。例如,有个学生上五年级数学课时,听到老师说"一个数除以分数等于它乘以原分数的倒数"时,不假思索地提出一个问题:"分数除以分数能不能将分子除以分子,分母除以分母,不要再去乘以一个倒数呢?"当老师让他说出理由时,学生又说不出。这种直觉的想法是对的,尽管老师还没有讲到,他自己也解释不清,但这一想法很自然地就出现了。教学中,教师要注意保护学生的这种直觉思维能力,不让这种能力受到压抑。

(3)积累创造素材

创造的素材一般来自平时细心的观察和分析,形成一个个表象贮存在记忆里,还包括各种相关知识的习得。从事创造活动时,人们就对这些心理表象重新组合和加工,形成具有新的特性的物体,对新知识与原有知识进行新的排列组合,迸发出"新异性"。

素材的积累同时也是提前进入最佳创造年龄区的重要策略。不同的活动内容有不同的最佳创造年龄(表5-4),一旦过了这个阶段,创造力将显著降低,因此有必要尽早地进行创造素材的积累工作,争取提前进入这个年龄区。青少年期是这种积累的大好时期,切不可让其白白度过。

表 5-4　不同学科的最佳创造平均年龄

学　科	最佳创造的平均年龄（岁）	学　科	最佳创造的平均年龄（岁）
化　学	20—26	声　乐	30—34
数　学	30—34	歌　剧	35—39
物　理	30—34	诗　歌	25—29
实用发明	30—34	小　说	30—34
医　学	30—39	哲　学	35—39
植物学	30—34	绘　画	32—36
心理学	30—39	雕　刻	35—39
生理学	35—34		

（4）学习创造技法

创造技法的获得有助于开发青少年的创造力。心理学家华莱士（Wallas，1926）提出将创造过程划分为四个阶段，现已为大多数人接受，并成为一般的创造方法。华莱士提出的四个阶段是准备阶段、酝酿阶段、明朗阶段和验证阶段。所谓准备，是指关于某个问题的全部知识的积累，并形成解决这一问题的心理倾向；酝酿是指将所有材料进行联系、比较、取舍，达到重新组织、再建构的目的，这一阶段可能会出现"百思不得其解"的现象，但毋庸置疑，新方法即将产生；明朗则是指个体豁然开朗，找到新方法、新结果，这是运用创造性思维的结果；验证则是对新产物的检验，可用理论、实践等多种方法加以验证，证明新产物的合理性、科学性。对这四个阶段的理解有助于开发创造力。另外，发散式思维也是进行创造活动时常用的方法，有一种在此基础上形成的创造方法，叫"头脑风暴法"（Osborn，1957），即是指在一定的时间内让大脑自由地发挥联想，产生大量的新颖想法，然后再进行取舍。事实上大量科学创造即由此产生。教师要帮助学生建立创造思维的最佳途径，可以教会学生各种技巧、方法，以便其创造活动由无意识向有意识转化，从而能够在意识控制下主动进行创造活动。

（5）培养创造个性

创造个性是指创造者在不同领域具有突出的创造能力。从儿童自发的游戏，到科学家或艺术家的设计，创造个性可分为 5 个方面，每个方面都具有不同的心理作用。运用不同的能力，可以产生不同的创造成果。这 5 种能力是表现的创造能力（如儿童的绘画、写作与游戏表演）、技术的创造能力（如工人对手工操作的改进）、发明的创造能力（如贝尔发明电话机，爱迪生发明电灯等）、革新的创造能力（如荣格以集体无意识代替弗洛伊德的性驱力，哥白尼以日心说反对地心说）、突出的创造能力（如达尔文的进化论，爱因斯坦的相对论等）。创造个性鲜明地代表了个体的"专业"领域,在该领域,他们比其他人更有可能发挥创造力。从小有针对性地培养创造个性是促进个体创造潜能充分发展和显示的重要因素。

百家争鸣 5-1　创造性的个性

什么样的人具有高创造力? 在一般人心目中,具有高创造力的人古怪、内向、神经质、不适应社会、兴趣不稳定、近乎疯狂。尽管一些知名的艺术家和音乐家确实给公众留下了这种印象。但对具有高创造力者的研究结果证明,事实并非如此:

1. 智力水平一般者的智商与创造性之间有一定程度的正相关。也就是说,更聪明的人倾向于具有更高的创造性,但是在任何一个智商水平的人群中,都有高创造力的人和创造力差的人。

2. 高创造力者通常比一般人的兴趣更广泛,知识面更宽,把来源不同的信息资源组合起来的能力更强。

3. 高创造力者注重新经验,不受过去经验和理念的束缚,能够接受感觉和幻想中的东西。使用广泛的分类来质疑假定和打破心理定势。在混沌中寻找秩序。

4. 高创造力者喜欢用符号解释思想、观点、概念和问题的可能性。高创造力者最感兴趣的不是获得成功或得到承认,而是对真理、完美形式和美感的追求,以创造本身作为创造性工作的最终目的。

5. 高创造力者更喜欢独立解决问题,问题越复杂越合他们的胃口。

(Coon & Mitterer,2007)

---

(6) 形成创造氛围

创造氛围是创造者所处的环境气氛,它是影响学生发展创造力的重要外部因素。研究表明,和谐的但稍带有一定积极性刺激的气氛是创造活动最理想的环境。因此,教师可以在整个班级甚至全校展开创造性竞赛,促使学生在竞争中增强创造性。开展竞争的方法可有多种。比如教师可以组织学生进行课外科技小作品比赛,可以组织学生参加各种兴趣小组等。

教育实践 5-1　创造力的培养

斯腾伯格认为创造力不仅仅是形成思想的能力,还是一个使智力的三个基本方面——创造性、分析性和实践性都得到均衡运用的过程。创造性智力是一座沟通分析性智力和实践性智力的桥梁,人要想富于创造,就必须使智力的三方面达成平衡。以下是在教学中运用有关规律培养学生创造能力发展的一个例子。

训练单元:火星之旅

1. 课前作业:仔细阅读老师事先布置的有关介绍火星的材料(分析性智力),运用一切可以运用的方法,搜集有关火星的资料,因其中有发散性思维的要求,故含有创造性智力的成分。同时,这也要求学生运用综合、分析等分析性思维的智力。

2. 课堂训练:

(1) 请学生自由写出五个自己认为适合描述火星的词汇。由于事先查阅过资料,接触过大量有关的词汇,所以这一任务考察了学生的记忆力。而学生不知道课堂上有这一任务,故也部分地测试了他们的知识面。这一任务的完成同时需要用到发散性思维和聚合性思维,体现了分析性与创造性的有机结合。

(2) 请学生描述,如果上了火星,会看见、遇到或发生一些什么事情,并彼此交流、评价(发散性思维练习,创造性智力)。评价部分其实也蕴涵自我评价,涉及分析性智力。

(3) 将学生分组,让他们自主设计分配角色,并演出一场独幕剧,除故事发生在火星之外,其他一概不限。剧情可以是宇航员登陆火星探险,也可以是遭遇火星人等,没有时间和内容方面的约束。剧情、角色的创作都体现了创造性智力。剧情发生发展的合理性,对白、动作设计衔接的内在逻辑性,则反映了分析性智力。更为重要的是,要将分析、创造的思维成果付诸实施,在角色分配、导演以及扮演过程中需要小组成员之间的沟通与协调,这充分锻炼了学生的实践性智力。

(4) 由各组学生协商一个标准,评出最佳小话剧(分析性智力,实践性智力)。

3. 课后作业:写出一篇集科学性、幻想性和探索性于一体的有关火星的小论文。

本单元的教学可以根据不同年龄阶段的儿童,在要求上做出相应的调整,基本适合小学高年级以上的各类人群,在实施上也可以灵活加以调整,其中特别需要教师或实施训练人员注意的有两点:首先,不应以所谓科学的立场或任何所谓正常逻辑的理由批评、遏止或干涉学生的作业和创造,尤其不能嘲笑或讽刺学生的创作,同时也要制止引导学生在相互评价过程中有类似的倾向。其次,正如前面已经阐述的那样,创造力不是一种单独的能力,而是需要分析、实践和创造这三种能力彼此协调,达到理想的平衡。因此,在训练实施中不应偏重其中任何一方,个案中的设计虽已注意到这一点,但任何体现这一精神的做法都是值得探索和提倡的,不必拘泥于此。

二、能力规律在自我教育中的应用

能力规律在自我教育中也有广泛的运用天地。师范生应利用各种能力规律进行自我教育,为以后培养青少年学生的自我教育能力打下扎实的基础。在此,我们从以下几方面来描述能力规律在自我教育中的应用。

1. 自我管理能力的培养

相对于家庭来说,学校是一个大社会,学生有一定的自由,没有家长整天管束,所以一旦学生缺少自我管理的能力,学习成绩和学习积极性将迅速下降,班集体气氛也会迅速变差,直接影响教师的教学和学生的人格发展。自我管理历来是教师培养学生管理能力的一个主要渠道,如组织学习兴趣小组,让学生互帮互学;让学生轮流做一周的班长,协助老师工作,检查班级纪律;班集体的重大活动由班干部组织,教师只从旁进行辅导;学生轮流值日,在值日这一天负责班级的考勤和卫生;设立课代表,协助授课老师进行管理等等,都可以起到培养自我管理能力的效果。教师还可以在实践中结合班集体的具体情况,想出新的方法,培养学生自我管理、自我发展的能力。从进入大学的学生来看,担任学生干部的大学生一般也是中学里的优秀班干部。有人调查了某校心理学系92级本科生,发现竟然有70%以上的学生曾经是中学里的班干部或团委书记,这说明学生的自我管理能力与其他能力是同步提高的。

2. 自学能力的培养

自学能力是指通过独立思考,积极主动获取知识所需要的各种能力。自学能力是智力在学生的学习活动中的表现。调查表明,学校里成绩优秀的学生,自学能力都较强,他们在预习、听课、复习、解题、课外阅读等方面都有一套行之有效的方法。自学能力与记忆能力的差别在于,前者是"会学",后者是"学会"。两者都是学习中必须的能力。自学能力不仅在中小学学习中起着重要作用,而且对学生毕业以后的工作或学习都有较大影响。进入大学,学生基本上是自学,教师只起引路人的作用;进入社会参加工作,自学能力更是必须的。对人的一生而言,他的知识很大一部分来源于自学。

教师可以在组织、评价和支持三方面对学生进行自学能力辅导。学生独立地组织自己的学习活动并不是一件容易的事,许多学生做完老师布置的作业后就万事大吉,不能主动地确立新的学习目标。所以教师要善于组织学生进行自学活动,如给予学生独立学习的机会,使他们通过实践亲身体会到依靠自己的力量也可以扩大知识,理解原来不懂的东西,产生自学的兴趣;同时在学生自学过程中,教师应帮助学生解决一些实际困难,并细心指导。例如,教师可以和学生一起制定学习计划、分配好学习和休息的时间,让学生学会如何控制自己的注意力和兴趣点，如何增强教材对自己的吸引力等。

教师对学生自学能力的正确评价，是影响学生自学能力发展的重要因素。教师可以结合学生制定的自学计划，检验他们学习的过程和结果。对顺利完成自学活动的学生应给予表扬，对没有完成计划的学生应及时进行检查，找到问题的根源，帮助他改进学习的方法。

教师的支持对学生发展自学能力也很重要。教师的支持主要体现在教给学生多种学习方法，提供实践的机会，帮助学生改进和总结自学的能力上，其中提供学习方法对学生的帮助最大。如告诉学生政治学科的学习经常用到抽象的概念和理论，数学常用到逻辑的推理和证明，地理学则经常用形象思维法进行理解，历史多是对陈述性事实的记忆。除此以外，还有一般的智力活动方法，如观察法、比较法、区分本质特征与非本质特征的方法、概括等。

3. 表达能力的培养

青少年学生常有强烈的表现欲，希望别人了解自己，能够受到大家的重视与推荐。为了达到这些目标，他们很想与外界进行交往，交往就要靠表达能力。表达能力是指学生用语言表达自己的思想或自己观察到的情况的能力。表达能力强的学生往往能清楚、明白地表达自己的本意而引起众人的注意；而表达能力弱的学生，则往往词不达意，让人无法理解，从而交流的愿望受阻，容易形成缄默、孤僻等性格。良好的表达能力是学生成功地进行人际交往、提高社会适应能力的重要保证。表达能力一般可通过课堂演讲、讨论及书面作业等方式加以培养。

目前，学校的语文课一般都有作文训练，有的还要求写日记和周记，这是培养表达能力的一个重要途径。但只有这样的努力是不够的，学校的任何场合都是锻炼学生表达能力的场所。例如组织演讲比赛、开展讨论会和主题班会，让每一个同学都有表达的机会；利用课堂教学活动，有意识地提问学生，锻炼学生在公众场合的口头表达能力。布置书面作业更是常见的提高表达能力的措施。无论是数学、物理等理科作业，还是历史、地理等文科作业，只要教师认真抓，都能起到锻炼学生表达能力的作用。通过这些途径，学生能够向他人清晰地展现这一能力。作为未来的教师，这一点更是重要，如果我们不能正确描述自己对所授课目的含义的理解，不能明确表达自己的意思是什么，学生就会感到无所适从。

4. 阅读能力的培养

人的许多知识都是通过阅读获得的，通过阅读各种书籍，青少年可以进行自我教育。比如通过阅读《钢铁是怎样炼成的》，学习保尔·柯察金的精神，学生对自我进行了一次评估,希望自己也能成为对社会有用之人,思想因而得到升华,可见阅读是培养学生进行自我教育的重要途径之一。如何进行阅读能力的培养呢?可以通过有计划地布置阅读材料来加以培养。教师布置好阅读材料后,首先,要求学生进行预习,鼓励学生独立地阅读材料,提出问题和发现问题,培养读书的能力和习惯。学生预习后,教师就可以根据预习情况和所提问题少讲、不讲或从更高的角度来讲解,以加深学生对阅读材料的理解。对预习中能提出重要问题或有新见解的学生,应予以鼓励。其次,教师要把阅读当作课堂教学的有机组成部分,循序渐进地加以引导。一开始,学生对阅读材料往往不习惯,抓不住重点。因此教师必须加强读书指导,严格训练,让学生掌握读书的方法。一般说来,读书要做到"五到":眼到、口到、耳到、手到、心到。眼要看得准,看得细;口要学会讲解、复述、提问;耳要灵敏,善于听取新的经验和信息;手要经常写心得体会和读书笔记;心要开动脑筋,认清本质规律。这样才能促进记忆,加强理解,提高读书的效率。教师要指导学生提高阅读效率,为今后离开学校提供继续保持良好阅读习惯,使得学生终生可通过阅读进行自我教育。

让我们回到本章开头提到的那个案例。案例中的小雪和小强同是八年级的孩子,但是他们的学习表现差异很大。小强被看作正常儿童,而小雪被看作学习困难者,他们的智力或许会存在差异。然而结论还不能下得太早。小强显然表现出能力了,但我们怎么知道小雪不是因为其他情况而导致学习落后的呢?小雪学习困难是智力方面的因素还是非智力方面的因素?这需要学校和家长特别是学校心理咨询师对小雪进行多方面的观察和测验。

如果小雪是非智力因素所导致的学习困难,那么需要通过多方面来激发小雪的学习动机,尤其是激发她学习的内在动力。老师在教学中需要帮助小雪确定学习目标,逐步提高小雪的学习自信;还需要激励小雪具有锲而不舍的恒心,并学会去调控自己的行为。

如果小雪的学习困难是智力方面的,需要更进一步地去分析小雪的言语方面和操作方面的不同子维度的水平,小雪在哪些子维度上落后于正常儿童,在哪些子维度上和正常儿童并无差异,以便让老师和家长能更深入和细致了解需要在哪些方面去帮助小雪。教给小雪必要的阅读技能和学习方法,和小雪一起制定学习的目标,通过注意的训练、学习策略的使用等来一步步地引导小雪朝着学习目标前进。

本章小结

能力是人成功地完成活动所必需的个性心理特征。根据不同的维度,能力可以分为不同的种类,有一般能力和特殊能力、模仿能力和创造能力、认知能力和元认知能力之分。能力与知识、技能之间既有区别,又有密切的联系。智力因素和非智力因素的关系是相互作用的,一方面,通过智力与认识活动,个体可以认识世界,掌握其发展规律。另一方面,非智力因素与意向活动又会支配、主宰智力与认识活动。关于智力和创造力的关系,观点不一,但一般认为一定水平的智力是创造力发展的必要条件。关于智力的结构,理论众多,比较有代表性的有二因素理论、等级层次理论、智力三维结构模型理论、流体智力和晶体智力理论、三元智力理论、多元智力理论以及情绪智力理论等。能力发展存在着个体差异,主要表现在类型差异、水平差异、早晚差异、特殊能力种类的差异等四个方面。影响能力发展的因素众多,主要有生物因素、环境因素和个体实践因素。青少年能力的特点表现在,人的智力是随着年龄的增长而不断变化的,智力中的各种成分发展趋势不一致,青少年的创造力的表现与智力不同,创造力的发展相对滞后于智力的发展,青少年各方面特殊能力的发展处于不稳定状态。同时,我们要学会把能力发展规律应用到教育领域。

思考题

● 试结合所在班级的同学说明能力发展的个体差异表现在哪几个方面。

● 智力和创造力的关系怎样?

● 青少年的能力发展有什么特点?

● 怎样衡量学生能力的高低?能力的鉴定对因材施教有何作用?

● 结合实际说明如何培养学生的创造能力。

探索题

● 请选择一个教案,分析在这个教案中教师是怎样培养学生的一般能力的(可选择一种一般能力进行分析)。

● 根据书中的有关内容,结合自己的实际,写一篇有关智力因素和非智力因素关系的小论文。

第六章 学 习

学习重点

- 学习的概念和类型
- 学习的主要理论
- 学习的一般规律
- 青少年学习的特点
- 学习规律在教育上的应用

你知道吗?

- "温故而知新"的道理是什么?
- "杀鸡给猴看",对于猴子来说是不是一种学习?
- 给你一张漫画,你知道其寓意吗?
- 你能用9根火柴拼出5个三角形吗?
- 为什么有人能在一小时之内看完一本200页的小说,有人却做不到?
- 老师上课所教的知识,你能立即应用到生活中去吗?

  王老师在班上讲授力的概念这一部分内容,发现学生总是不能很好地理解。于是,王老师给同学们举一个很简单的例子:把小球抛到空中,小球有一个抛物线的轨迹。在这一过程中,小球脱手后只受到重力这一个力的作用,重力对小球的速度起作用,它使物体速度减小直到为零,这时小球达到抛出后的最高点。之后,重力继续作用于小球,"牵引"小球向下运动,因而小球会加速向下运动,直到落到地面。

  不过同学们还是很难理解,于是王老师不断地重复要点,讲得口干舌燥,但效果却不好。请问,你有什么好的方法来帮助王老师呢?当你看完本章后,就能找到答案。

第一节 学习的概述

我们大多数行为都是学习后获得的。想象一下，如果你突然把所有东西都忘记了，什么都不会了，不会阅读，不会写字，忘了回家的路，又不知道如何用语言表达自己，你将怎么办？学习的重要性是不言而喻的。学习是人类生活的重要组成部分，因此，科学心理学中，关于学习的研究也是最重要的主题之一。

一、学习的概念

虽然学习活动非常重要，要对学习下一个准确的定义却并非易事。关于学习的概念，历来有许多争论，这反映了对学习本质或实质看法的不同。

美国著名教育心理学家桑代克（Thorndike，1931）认为："人类的学习就是人类本性和行为的改变，本性的改变只有在行为的变化上表现出来。"鲍尔和希尔加德（Bower & Hilgard，1987）在《学习论》一书中把学习定义为："学习是一个主体由某个规定情境中的重复经验引起的，对那个情境的行为或行为潜能的变化。不过，这种变化是不能根据主体的先天反应倾向、成熟或暂时状态（如疲劳、醉酒、内趋力）来解释的。"当代教育心理学家加涅（Gagne，1977）则更明确地把学习定义为："学习是人的倾向或能力的变化，这种变化能够保持且不能单纯归因于生长过程。"这一定义被广泛接受，国内教育心理学著作关于学习的定义几乎皆以此为参照，提出相似的学习概念（莫雷，2002；姚梅林，2006）。根据加涅的观点，**学习**（learning）是个体获得知识和经验的过程，是个体适应环境的手段，通过学习个体的行为或能力发生相对持久的变化。总之，人的学习是在社会生活实践中，以语言为中介，自觉地、积极主动地掌握社会和个体经验的过程。学习的概念包含三个方面的内容：

第一，学习是个体获得知识和经验的过程。学习是一种活动过程，是由不知到知、由知少到知多的过程。在这个过程中，个体的行为和能力发生着变化，这就是学习。

第二，学习是个体适应环境的手段。学习是一种适应性活动，个体要生存必须适应环境的变化。人类生活的自然环境和社会环境随时都在发生着复杂的变化，个体为了保证与环境的动态平衡，就必须通过学习获得各种生存的知识和技能。

第三，学习使个体的行为或能力发生相对持久的变化。学习是通过个体相应的行为变化而体现的。也就是说，学习必须使学习者在行为、知识、技能或能力等方面发生某种变化，而且这种变化不是暂时的，应是相对持久保持的。

综上所述,现代学习观认为,学习是一种动态的过程——是调动身心因素去达到某种外在的要求或者满足自身的需求而经历的一种过程;学习是一种活动——是在具体的行动中获得的,具体表现为各种阅读、听讲、写作、研究、实践、思考、经历等外部行为和内部心理相整合的活动;学习是一种结果——是由学习过程和活动引起得符合一定生活、文化、政治要求或满足自身需求的身心变化的结果。

二、学习的分类

人类的学习是极其复杂的,在一定条件下研究的学习,只是十分复杂的学习现象的某个侧面或某个局部,决不能以偏概全,用这些局部的理论来解释一切学习现象。不同类型的学习结果、学习过程和有效学习的条件不同,必须根据不同类型的学习规律来进行教学过程和教学方法的设计以及教学结果的评价。

1. 学习主体分类

根据学习主体即学习者的不同,一般可以将学习分为动物学习、人类学习与机器学习三种。

(1) **动物学习**(animal leaning)主要是消极地适应环境变化,满足其生理需要的学习,是以直接的方式来获取个体的经验,或依靠其先天遗传的种族经验获得生存技能,学习方式极为简单,主要是第一信号系统反应。

(2) **人类学习**(human leaning)是主动适应并积极改造自然和社会环境,满足其生理和社会需要的学习。人类的学习不仅是有明确目的的学习,还可以通过第二信号系统在社会实践活动及与他人交往过程中以间接的方式获取经验,能够概括抽象事物的概念及其相互关系。

(3) **机器学习**(machine leaning)主要是指计算机学习,它是人工智能的一个研究领域。人工智能就是把人的某些智能赋予机器,把人的某些思维动物化,让机器模拟人的某些智能,替代和扩展人脑的某些功能。机器学习的过程实际上就是计算机系统如何获得并利用信息来解决问题的过程,是一个随着经验的积累而不断改善其操作,并使之表现出智能的过程。

2. 学习复杂程度分类

加涅(Gagne, 1974)根据学习的复杂程度,综合前人关于学习的研究成果,提出累积学习的模式,将学习从简单到复杂分为八类,高一级的学习必须以低一级的学习为基础。这八个学习层次从低到高是:信号学习、刺激-反应学习、动作连锁、言语联想、辨别学习、概念学习、规则学习、问题解决或高级规则学习。

(1) **信号学习**,指有机体学会对某个刺激或信号做出反应。

(2) **刺激-反应学习**,指学习者学会对特殊刺激做出相应的特定的反应。

（3）**连锁学习**，指学习者学会将两个以上的刺激-反应相联接，形成一连串的行为。

（4）**言语联想**，指言语的连锁学习，对语言刺激的反应。

（5）**辨别学习**，指学习者学会对一组相似但又不相同的刺激做出不同的反应。

（6）**概念学习**，指学习者学会对一类刺激进行概括。

（7）**规则学习**，指学习者把两个以上的概念联系起来的过程，实质上是揭示某种规律的过程。

（8）**问题解决**，指学习者能将过去学到的规则组合起来，运用到新的情境中解决新的问题。

加涅在《教学设计原理》中认为，上述八个学习层次在设计课程结构中起关键作用的理由有两条：第一，它们决定了学生将会形成哪些能力，从而把学习过程与学习结果紧密联系在一起；第二，这些学习层次呈累积的性质，是以一种可预测的方式一级一级建立起来的。因而在设计教学策略时，可以此为基础构成一种最有效的教学模式（Gagne，1969）。

3. 学习性质分类

奥苏伯尔（Ausubel，1963）从学生学习的方式上将学习分为接受学习与发现学习，从学习内容与学习者认知结构的关系上又将学习分为有意义学习与机械学习。

（1）**接受学习**（reception leaning）是在教学系统中学习者将他人的经验变成自己的经验，学习的内容是某种确定的理论或形式，通过传授者的传授和接受者的主动构建而实现的学习。

（2）**发现学习**（discovery leaning）是学习者在活动过程中，通过对现实能动的反映及发现创造，构建起一定的经验结构而实现的学习。

（3）**意义学习**（meaningful leaning）是学习者利用原有经验在新旧经验之间，在一个或一组符号与学习者原有的认知结构之间，建立非人为和实质性联系的学习。这种学习的结果是一种经过精确分析而清楚表达出来的意识内容。

（4）**机械学习**（rote leaning）是符号所代表的新知识与学习者认知结构中已有的知识建立非实质性和人为性联系的学习。即学习者不理解这些符号所代表的知识，只好依靠字面上的联系，进行机械的联想来学习。

奥苏伯尔的学习分类理论得到了心理学家的高度认可。但也有人认为上述两个维度不是相互独立的，认为接受学习在很大程度上是机械的，发现学习是有意义的。当然，这种观点也存在一定的误解。

三、学习的理论

一直以来,学习的目的、学习的规律、学习的过程等问题都是许多心理学家所关注的核心问题,不同的研究者基于不同的价值取向和研究背景,从不同的角度回答上述问题,提出了许多风格迥异的学习理论。学习理论主要是从三个方面来对学习进行系统化和理论化的梳理,这三个方面是:学习的实质是什么、学习的过程是怎样的、学习有哪些规律和条件。其中,代表性的学习理论主要包括行为主义学习理论、认知主义学习理论、人本主义学习理论和建构主义学习理论。从发展的观点看,各派学习理论都是教育心理学发展历史的产物,每一派理论既有积极的成分,也存在一定的局限性。了解各派学习理论可以从不同的角度和层面帮助我们理解学习的本质和规律问题。

1. 行为主义学习理论

行为主义学习理论认为,学习的实质是形成 S-R 联结,学习的过程是条件反射(尝试-错误),学习的核心条件是强化。一切学习都是通过条件作用,在刺激 S 和反应 R 之间建立直接联结的过程,强化在联结的建立中起着重要作用。其主要代表人物是桑代克、巴甫洛夫、斯金纳和班杜拉等。

(1)桑代克的联结-试误说

桑代克(Thorndike,1911)认为,所谓的学习就是动物(包括人)通过不断的尝试,形成刺激-反应联结,从而不断减少错误的过程。学习的过程就是一个尝试和犯错的交替渐进过程。所以这一理论也称为试误说。桑代克根据自己的实验研究得出了三条主要的学习定律:

① 准备律。在进入某种学习活动之前,如果学习者做好了与相应的学习活动相关的预备性反应(包括生理和心理的),学习者就能比较自如地掌握学习的内容。

② 练习律。对于学习者已形成的某种联结,在实践中正确地重复这种反应,会有效地增强这种联结。因而对于教师而言,安排学习者进行必要的重复练习是很重要的。另外,桑代克也非常重视练习中的反馈,他认为简单机械的重复不会导致学习的进步,只有在练习之后及时告诉学习者练习正确或错误的信息才能有利于学习者在学习中不断纠正自己的学习内容。

③ 效果律。效果律是最重要的学习定律。桑代克认为当学习者在一定的结果和反应之间建立了联结以后,学习者在学习过程中所得到的各种正或负的反馈意见会加强或减弱学习者在头脑中已经形成的某种联结。如果学习者遇到一种使他心情愉悦的反馈意见,那么这种联结会增强,反之会减弱。桑代克的联结-试误说特别强调"做中学",在学习过程中,教师应该允许学生犯错误,并鼓励

学生从错误中进行学习,这样获得的知识学生才会终身不忘。在实际的教育过程中,教师应努力使学生的学习能得到自我满意的积极结果,防止一无所获或得到消极后果。同时,应注意在学习过程中加强合理的练习,并注意在学习结束后不时地进行练习。此外,任何学习都应该在学生有准备的状态下进行。

(2)巴甫洛夫的经典性条件反射理论

俄国著名生理学家和心理学家巴甫洛夫通过对动物的实验研究,提出了经典性条件反射理论,主要原理如下:

① 条件反射的形成。为了建立条件反射,必须满足两个条件:第一,条件刺激的呈现应在无条件刺激之前,如先开灯后给食物。巴甫洛夫及其学生发现如果条件刺激在无条件刺激之后呈现,很难让动物形成条件反射。第二,条件刺激与无条件刺激之间的时间间隔应该比较小。有研究发现条件刺激在无条件刺激呈现之前的1~5秒呈现,最易形成条件反射。

② 条件反射的消退。条件反射的形成并不是一劳永逸的。在条件反射形成以后,如果只呈现条件刺激,而不再伴随无条件刺激,几次以后,动物将不再做出条件反射,即条件反射消退了。

③ 刺激的泛化。条件反射的形成往往是针对某一特定刺激的,但是动物有能力对与条件刺激相似的一些刺激做出条件反射。如狗被训练对某一声调的铃声做出条件反应后,它也会对不同声调的铃声做出反应。这种现象叫做泛化。

④ 刺激的分化。通过选择性强化,使有机体学会对条件刺激和与条件刺激相类似的刺激做出不同的反应,这就是分化。在上面的例子中,如果继续呈现不同音调的铃声而不伴随食物,狗就开始更有选择性地做出反应,只对与最初的条件刺激最相似的刺激做出反应。刺激的泛化和刺激的分化是互补的过程,泛化是对事物的相似性的反应,分化则是对事物的差异的反应。泛化能使我们的学习从一种情境迁移到另一种情境,而分化则能使我们对不同的情境做出不同的恰当反应。

⑤ 高级条件反射。当条件反射形成后,可单独用条件刺激与另一中性刺激建立起联结。如巴甫洛夫的学生曾用铃声建立起狗的条件反射,然后在铃声出现时伴随着一个黑色的方形,几次以后,黑色的方形独自也可以引起狗分泌唾液。这种情况叫做二级条件反射,巴甫洛夫发现有时甚至可建立三级条件反射。

(3)斯金纳的操作性条件反射理论

斯金纳认为,学习实质上是一种反应概率的变化,而强化是增强反应概率的手段。通过大量的实验研究,斯金纳认为人和动物的行为有两类:应答性行为和操作性行为。应答性行为是由特定刺激引起的,是不随意的反射性行为,又称引发反应;操作性行为则不与任何特定刺激相联系,是有机体自发做出的随意反应,又称为自发反应。人的大多数行为都是操作性行为。他研究发现,操作性条件反射的规律有:

① 正强化和负强化。斯金纳认为,强化有两类,一类是当环境中增加某种刺激,有机体反应概率增加,这种刺激就是正强化;另一类是当某种刺激在有机体环境中消失或减少时,反应概率增加,这种刺激便是负强化。研究发现,强化程序会影响到强化效果,立即强化的效果优于延迟强化;部分强化优于连续强化。

② 逃避条件作用与回避条件作用。当厌恶刺激或不愉快的情境出现时,有机体做出某种反应,从而逃避了厌恶刺激或不愉快情境,则该反应在以后的类似情景中发生的概率便增加。这类条件作用称为"逃避条件作用"。当预示厌恶刺激或不愉快情境即将出现的信号呈现时,有机体自发地做出某种反应,从而避免了厌恶刺激或不愉快情境的出现,则该反应在以后的类似情景中发生的概率也会增加。这类条件作用称为"回避条件作用"。

③ 惩罚与消退。当有机体做出某种反应后,呈现一个厌恶刺激,以消除或抑制此类反应的过程,叫做"惩罚"。惩罚与负强化不同。负强化是通过厌恶刺激的排除来增加反应在将来发生的概率,而惩罚是通过厌恶刺激的呈现来降低反应在将来发生的概率。两者的区别主要有三个方面:使用目的不同,惩罚的目的是阻止不良行为的发生,负强化则是激励良好的行为;使用条件不同,惩罚是当个体表现不良时使用,负强化是正在受惩罚的个体表现好时使用;使用后果不同,惩罚的结果是不愉快的,而负强化的结果是愉快的。当有机体做出以前曾被强化过的反应之后不再有强化物相伴时,那么这一反应在今后发生的概率便会降低,这种现象称为消退。消退是减少不良行为、消除坏习惯的有效方法,不去强化不正确的行为,而是淡化,既可以消除不正确行为,又不会带来诸如惩罚等导致感情受挫的副作用。

④ 程序教学与行为矫正。程序教学是通过教学机器呈现程序化教材而进行自学的一种方法。把一门课程学习的总目标分为几个单元,再把每个单元分为许多小步子。学生在学完每一步骤的课程之后,就会马上知道自己的学习结果,即能得到及时强化,然后按顺序进入下一步的学习,直到学完一个个单元。行为矫正是通过强化来塑造学生的良好行为,通过消退来消除学生的不良行为,即通过不予强化来减少某类行为的发生。孩子或学生的许多无理取闹的行为实际上是学习的结果,因为父母或教师的无端让步实际上正起着强化不良行为的作用。

知识视界 6-1　经典条件反射和操作性条件反射的比较

	经典条件反射	操作性条件反射
反应性质	反射性的,不随意的	自主的,随意的
强　化	发生在反应之前(无条件刺激紧接条件刺激之后出现)	发生在反应之后(强化刺激在反应之后出现)
学习者角色	被动学习者(反应由无条件刺激引起)	主动学习者(主动做出反应)
学习性质	中性刺激通过与无条件刺激之间建立联系而成为条件刺激	特定反应结果决定这一反应再次发生的可能性
习得期望	预期在条件刺激之后将出现无条件刺激	预期自己的反应将产生特定结果

(梁宁建,2006)

（4）社会学习理论

社会学习理论(social learning theory)是关于个体如何在社会环境中学习社会行为、形成和发展个性特点的理论。它是由当代美国著名心理学家班杜拉(Bandura)提出的。

社会学习理论将认知和行为联系起来考察社会学习。首先,以三元交互决定论来解释学习的人性基础和行为的因果关系。三元交互决定论指行为、人的内部因素和环境影响三者彼此相互联系、相互决定。

其次,班杜拉将学习分为直接学习和观察学习两种。直接学习是个体对刺激做出反应并受到强化而完成的学习过程。观察学习是指人们通过观察他人(或称"榜样")的行为(这种行为对于观察学习者来说是新的行为),获得示范行为的象征性表象,并做出与之相对应的行为的过程。他认为传统的学习理论几乎都局限于直接经验的学习,而观察学习是一种更普遍、更有效的学习方式,是继经典条件反射、操作条件反射这两种学习模式之后的第三种学习模式。由此,观察学习也成为班杜拉社会学习理论体系中最富有特色的部分之一。

再次,班杜拉的社会学习理论对强化做了全新的解释,强化包含直接强化、替代强化和自我强化三种。**直接强化**(direct reinforcement)是学习者直接受到外部强化的影响。**替代强化**(vicarious reinforcement)是指观察者没有直接受到强化,而是看到榜样受到强化,从而改变自己的行为动机。替代强化起作用的原理同直接强化起作用的原理大致相同。**自我强化**(self-reinforcement)是指人根据自己设立的标准来评价自己的行为,从而影响自己的行为动机。人们更愿意表现那些令自己满意的行为,而拒绝那些不能令自己满意的行为。

总之,班杜拉的社会学习理论关于学习的基本看法就是,学习是指个体通过对他人的行为及其强化性结果的观察,从而获得某些新的行为反应,或已有的行为反应得到修正的过程。

班杜拉的社会学习理论强调有机体尤其人的行为是通过观察途径习得的,注重个体的认知因素在观察学习中的作用。这一理论超越了行为主义的范畴,将行为主义与认知学派融合,对学习理论的发展起了很大的促进作用。

2. 认知主义学习理论

认知主义学习理论认为,学习是通过理解,主动地在头脑内部构造认知结构的过程,受主体的预期所引导。有机体当前的学习依赖于他原有的认知结构和当前的刺激环境,教学的目标在于帮助学习者把外界客观事物(知识及其结构)内化为其内部的认知结构。其主要代表人物有布鲁纳、奥苏伯尔、加涅等。

(1) 布鲁纳的认知-发现说

布鲁纳(Bruner)是美国研究认知学习和认知发展的著名心理学家。布鲁纳认为,任何一门学科知识都有一定的知识结构,学习的实质就是主动地形成认知结构。学习过程就是掌握学科的知识结构,在头脑中建立相应的编码系统的过程(Bruner, 1956)。

布鲁纳(Jerome Seymour Bruner, 1915—　)

当代著名心理学家,哈佛大学认知实验室的创立者之一,结构主义教育改革的主要领导者,1965 年被选为美国心理学会主席。1972 年至 1980 年任英国牛津大学瓦茨实验心理学教授。1980 年返回美国,任纽约大学人文学科新学院院长。布鲁纳早期教育思想受到皮亚杰影响,提出认知发现说;晚年深受维果斯基思想的影响,提出教育文化观。

① 认知-发现学习理论

布鲁纳的学习理论提出两个基本观点:

第一,布鲁纳强调指出学习过程是一种积极的认知过程。学习任何一门学科,都有一连串的新知识,每个知识的学习都要经过获得、转化和评价这三个认知学习过程。布鲁纳曾经指出:"学习一门学科,看来包含着三个几乎同时发生的过程。"学习的本质是主动地形成认知结构。

第二,他非常重视人的主动性和已有经验的作用,重视学习的内在动机与发展学生的思维,提倡知识的发现学习。他说:"发现不限于那种寻求人类尚未知晓的事物之行为,正确地说,发现包括着用自己的头脑亲自获得知识的一切形式或方法。"他认为发现学习具有以下一些优点:学生主动思维式的学习活动,有利于激发学生的潜力;学生从主动发现过程中获得成就感的满足,有利于加强学生的内在学习动机;学生养成自动自发的学习习惯之后,有助于学生学会学习;学生自行发现和自行组织的知识,有利于知识的保持与提取。

② 结构-发现教学理论

在认知-发现学习理论的基础上,布鲁纳提出了结构-发现教学理论。他认为教学的主要任务就是让学生掌握学科的知识结构;为使教学真正达到目的,就必须使学生在某种程度上获得一套概括了的基本思想或原理;这些基本思想或原理构成一种对理解来说是最佳的知识结构。他主张教师在教学中要创造条件,让学生通过参与探究活动发现基本原理或规则,获得相应的知识,形成或改造认知结构。布鲁纳并不把"发现"限制在找出前人还不知道的某种东西的行动上,相反,"发现"包括运用一个人自己的思想和自己获得知识的一切形式在内。

同时,布鲁纳注重内部学习动机在学习过程中的作用,他认为,所有的学生几乎都具有学习新知识的内在欲望,如好奇心、成功感等。外部动机的激励作用,如奖励与惩罚等对知识的学习可能是有作用的,但不宜过分重视。

布鲁纳的认知-发现学习理论强调学习的主动性,强调学习的认知过程,重视认知结构和学生的独立思考在学习中的重要作用,这些观点有力地反对了机械论的学习观点,发展了传统的"学习顿悟说"的认知观点,并把学习理论研究的重点转移到学生的知识学习和课堂教学方面来,这对学习理论的研究和课堂教学实践都具有重大意义。

(2) 奥苏伯尔的认知-接受说

美国当代教育心理学家奥苏伯尔提出了认知-接受学习理论。如前所述,奥苏伯尔从学生学习的方式上将学习分为接受学习与发现学习,从学习内容与学习者认知结构的关系上又将学习分为有意义学习与机械学习,并认为学生的学习主要是有意义的接受学习。

意义学习是以符号所代表的新观念与学习者认知结构中原有的适当观念建立起非人为的和实质性联系的过程。要想实现有意义的学习,学习者必须同时具备如下两个条件:

第一,主观上学习者应具有有意义学习的心向,即积极主动地把新知识与学习者认知结构中原有的适当结构联系起来的倾向性。

第二,客观上学习材料对学习者应具备潜在的意义,即学习材料可以和学生认知结构中适当观念相联系。

接受学习是在教师指导下,学习者接受事物意义的学习。学生的学习主要就是有意义的接受学习。根据认知-接受学习理论,奥苏伯尔提出了"先行组织者"的教学策略。先行组织者是指在呈现新学习材料之前的一种引导性材料,其概括性高于新学习的材料,同时又与已有的知识经验存在意义上的联系。这种材料的作用是在学生"已经知道的"和"需要知道的"知识之间架设起桥梁,帮助学生更好地掌握新知识。

奥苏伯尔的认知-接受学习理论突出了学生的认知结构和意义学习在知识获得中的重要作用,澄清了对接受学习的偏见。先行组织者策略对改进课堂教学设计、提高教学效果,有重要的实用价值。

(3) 加涅的信息加工学习理论

加涅力图将行为主义的刺激-反应学习模式和认知心理学的学习分类模式融合起来,提出了学习的信息加工模式。他认为学习过程就是一个信息加工的过程,即学习者将来自环境刺激的信息进行内在的认知加工的过程。这一模式如图 6-1 所示。

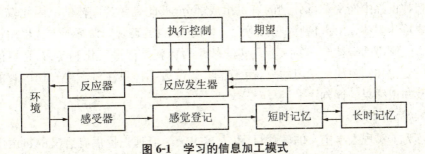

图 6-1 学习的信息加工模式

加涅在说明了学习的信息加工模式的结构及其内部加工过程之后,进一步分析了学生学习的实际过程,并提出对应的教学设计。他认为,每一个学习动作可以分解为八个阶段:动机阶段、领会阶段、获得阶段、保持阶段、回忆阶段、概括阶段、操作阶段、反馈阶段。每一阶段都有它各自的内部过程和各自影响它的外部事件。完整的学习过程是由以上八个阶段所组成的。其中,在每个阶段学习者的头脑内部都进行着信息加工活动,是信息由一种形态转变为另一种形态,直到学习者用作业的方式做出反应为止。

教学设计是加涅学习理论的另一半。一个完整的教学设计模式包含有九个阶段:确定教学目的、教学分析、起始行为及学生的特征、制订作业目标、开发标准参照测验题、开发教学策略、选定教材、形成性评定、总结性评定。这九个阶段起到的作用大致可分为三类:①确定教学目的;②开发教学;③评定教学的效果。

加涅的学习理论是不拘泥于学习的一种观点或理论,其不拘一格地吸收各家学派理论之长,从经典条件反射学习、操作性条件反射学习到认知-发现学习和认知-接受学习,在其学习理论中都有所体现。加涅的学习理论对于理解教学和教学过程、进行教学设计提供了可操作性的思路。

3. 人本主义学习理论

人本主义心理学是20世纪50、60年代在美国兴起的一种心理学思潮,其主要代表人物是马斯洛(Maslow)和罗杰斯(Rogers)。人本主义学习理论既不像行为主义学习理论那样只求解释简单的反应,也不同于认知主义学习理论那样只求解释知识学习,而是扩大视野,研究人类与自我实现有关的一切问题,强调教育环境的创设要符合学生人性发展的实际需求。人本主义学习理论的主要代表人物是罗杰斯。

(1) 教育观

以自然人性观为理论基础,借鉴自我实现的人格理论以及来访者中心疗法,人本主义学习理论提出知情统一的教学目标观。罗杰斯认为,情感和认知是人类精神世界中两个不可分割的有机组成部分,彼此是融为一体的。因此教育就是要培养躯体、心智、情感、心力融会一体的人,也就是既用情感的方式也用认知的方式行事的知情合一的人。现实的教学目标就是促进变化和学习,培养能够适应变化和知道如何学习的人,而不是再像过去一样只注重学生知识内容的学习及知识结果的评判。

(2) 学习观

为了实现人本主义的教育目标,人本主义学习理论提倡有意义的自由学习观。学习应是在好奇心的驱使下去吸收任何自己自觉有趣和需要的知识。罗杰斯认为,学生学习主要有两种类型:认知学习和经验学习;其学习方式也主要有两种:无意义学习和有意义学习。认知学习和无意义学习、经验学习和有意义学习是完全一致的。经验学习以学生的经验生长为中心,以学生的自发性和主动性为学习动力,把学习与学生的愿望、兴趣和需要有机地结合起来,因而经验学习必然是有意义的学习,必能有效地促进个体的发展。所谓有意义学习,不仅仅是一种增长知识的学习,而且是一种与每个人各部分经验都融合在一起的学习,是一种使个体的行为、态度、个性以及在未来选择行动方针时发生重大变化的学习。

罗杰斯的意义学习与奥苏伯尔的有意义学习有所不同。前者属于知情统一的范畴,不局限于知识的简单积累,而是渗入到个人行为之中,是智德融为一体的人格教育和价值观的熏陶。后者属于认知的范畴,关注的是新知识如何纳入已有知识系统。

（3）学生中心的教学观

根据其学习观，人本主义学习理论提出以学生为中心的教学观。罗杰斯认为教师的任务不是教学生学习知识，也不是教学生如何学习，而是为学生设置良好的学习环境，提供一些促进学习的气氛，让学生自由选择，自行决定，学到自己所需要的一切。因此，罗杰斯主张用"学习的促进者"代替"教师"这个称谓。教师的作用是"助产士"与"催化剂"，而不是权威。

罗杰斯提出在教学中以学生为中心（student-centered）的思想，强调将学生视为教育的中心，学校为学生而设，教师为学生而教。同时他将来访者中心疗法中的真诚一致、无条件积极关注和共情等人格改变的基本要素引进教育领域，认为这三个要素也是有效教学的基本条件。真诚一致（congruence），即在师生关系中，教师应该是一个表里如一、真诚、完整而真实的人；无条件积极关注（unconditional positive regard），即教师要对所有学生表示尊重、认可、欣赏其价值，而且这种感受并不以学生的某个特点、某个品质或者整体的价值为取舍、为依据；共情（empathy），即教师能设身处地为学生考虑，能与学生感同身受。

人本主义学习理论是对传统教育观的变革，丰富了人类学习理论的内涵，推动了当代教育改革的进程。它强调学习是人格的发展，使学校教育的目标有了根本的变化。它认为人的本质是积极向上、能自我实现的，学习是人固有潜能的自我实现过程，为学习与教学的研究与实践提供了富有启发意义的新观点和新思路。人本主义学习理论重视对学生的尊重与理解，对我国当前教育目标的制定、对学生健康情绪的培养和社会适应性的增强等，都具有重要的借鉴意义。

4. 建构主义学习理论

建构主义学习理论被认为是对传统学习理论的一场革命，是当代教育心理学研究的新进展。建构主义学习思想在皮亚杰、维果斯基的理论中已显现出来，但作为一种学习理论，20 世纪 80 年代起才在西方教育界广为流行。建构主义学习理论认为，知识不是由认知主体被动获得，而是由认知主体主动建构的结果；相应的，学习过程是主动建构的过程，是对事物和现象不断解释、理解的能动过程（陈琦，张建伟，1998）。建构主义学习理论的基本主张有以下几点：

（1）知识观

① 知识是发展的、演化的。建构主义认为知识并不是对现实的准确表征，它只是一种解释、一种假设，并不是问题的最终答案，相反，它会随着人类的进步而不断地被"革命"掉，并随之出现新的假设。知识不是静止不变的，而是发展的和演化的。

② 知识不存在绝对的终极真理。建构主义认为知识不能准确无误地概括世界的规律或法则，也不能说明世界的真理，只是个人经验的合理化。由于每个人的知识是自己主动建构的且不是最终真理，因此知识不能提供对任何活动或解决问题都适用的方法。由于知识具有个人化和非真理化的特点，因此建构主义认为不能用正确与错误来区分人们不同的知识概念。

③ 知识内在于主体。建构主义认为，知识不可能以实体的形式存在于具体个体之外，尽管我们通过语言符号赋予了知识一定的外在形式，甚至这些命题还得到了较普遍的认可，但这并不意味着学习者会对这些命题有同样的理解，因为这些理解只能由个体学习者基于自己的经验背景而建构起来，这取决于特定情境下的学习历程。

（2）学习观

基于建构主义的知识观，建构主义学习理论提出了相应的学习观。

① 学习是认知结构的改变过程。建构主义认为，同化和顺应是学习者认知结构发生变化的两种途径或方式。同化是指学习者把外在的信息纳入到已有的认知结构，以丰富和加强已有的思维倾向和行为模式。顺应是指学习者已有的认知结构与新的外在信息产生冲突，引发原有认知结构的调整或变化，从而建立新的认知结构。学习的过程就是同化-顺应-同化-顺应……循环往复，相互交替的过程。因此，学习不是简单的信息积累，而是新旧知识经验的冲突，并由此而引发学习者认知结构的重组。

② 学习是个体主动建构自己知识的过程。建构主义认为，学习是一种主体现实建构的自我控制的过程。因此，学习不是由教师将知识简单地向学生传递，而是学生自己建构知识的过程。学生不是被动的信息吸收者，而是意义的主动建构者，这种建构不可能由其他人代替。学习是个体建构自己的知识的过程，这意味着学习是主动的，学生不是被动的刺激接受者，每个学习者都在以自己原有的经验系统为基础对新的信息进行编码，建构自己的理解，而且原有知识又因为新经验的进入而发生调整和改变，所以学习并不简单是信息的积累，它同时包含由于新旧经验的冲突而引发的观念转变和结构重组。

（3）教学观

在建构主义的知识观和学习观的基础之上，建构主义学习理论提出了相应的教学观。

① 教学目标

建构主义的教学目标重视以下几个方面：第一，强调把"理解的认知过程"和"有用的意义建构"作为教学的中心目标。第二，把社会化和文化适应作为教学目标。建构主义认为,社会化和文化适应过程使一个成长中的人的思维和行为产生了与其他的社会成员的思维和行为的一种相似性,而学习过程就是这种相似性或一致性实现的途径。第三,将专业化知识作为教学目标。建构主义并不拒绝面向课程的教学目标,相反,建构主义认为教学要面向某种学科专业知识,只不过他们认为学科知识并不是绝对正确的和没有矛盾的真理。

② 教学活动

建构主义重视组织好教学活动,他们认为一个好的教学活动应具备以下特点:第一,教学活动应在一个丰富的教学环境中进行,复杂的、多维度的教学活动可建立多元的联系,学习者能够灵活地把已有知识迁移到新问题中去,并产生多元的理解视角。第二,教学活动应保证学习者在他的学习中处于"最近发展区"。第三,教学活动应促进和接受学习者的自主精神和首创精神,促进学生的相互对话并与学生对话,设法使学生对错误和矛盾进行讨论,对假设进行批判,并对真理提出疑问。

③ 教学过程

建构主义认为,教学过程应是在教师的促进下,学生积极主动地建构自己的理解过程。教学必须从学生已有的知识、态度和兴趣出发,设计能够给学生提供经验的教学情境,使学生能够建构自己的理解,然后在教师的促进下,由学生自己去建构自己的知识。

学术前沿 6-1 认知学徒制

纵观历史,教和学都是以学徒制为基础的。传统学徒制与现代学科如阅读、写作和数学相结合,称为"认知学徒制",强调知识必须用来解决现实生活中的问题,鼓励学生对概念和事实本身的意义进行更深的理解,并在它们与问题解决情境之间建立丰富的联系网络。认知学徒制注重构成学习环境的四个维度:内容、方法、顺序和社会特性。例如,在内容层面,专家必须掌握与特殊领域相关的明确的概念、事实和程序,即领域知识,专家还必须掌握策略知识,以此来指导学生解决现实问题。又如,在方法层面,认知学徒制的主要六种教学方法大致分为三组:示范、辅导和脚手架,用来帮助学生通过观察和引导性实践以获得一系列整合的技能;表达和反思,用来帮助学生集中注意观察专家解决问题的过程,并有意识地形成并控制自己的问题解决策略;探索则旨在鼓励学习者的自主性。认知学徒制提供了一些原则来引导学习活动的先后顺序,逐渐增加复杂性,逐步增加多样性和全局技能优先于局部技能。从学习环境的社会特征来看认知学徒制,有情境化学习、实践共同体、内部动机和促进合作等。

(张琦,杨素君,2005)

第二节　学习的一般规律

心理学研究发现不同的学习内容有不同的学习过程,所需要的学习条件也有所不同。初中生和高中生在认知结构和认知能力上有着不同的特点,所以学习特点也存在差异。

一、学习的过程

学习过程是指学生在教学情境中通过与教师、同学以及教学信息的相互作用掌握知识、技能和策略等的过程,也就是所谓广义的知识学习的过程。

根据学习结果和学习过程两个维度,可以用下图描绘广义知识学习的阶段和类型之间的相互关系(图 6-2)。它的根据是现代认知心理学的知识分类理论和认知学习理论提出的广义知识学习与分类模型,该模型可以解释学生认知领域绝大多数的知识、技能和策略的学习(皮连生,2004)。

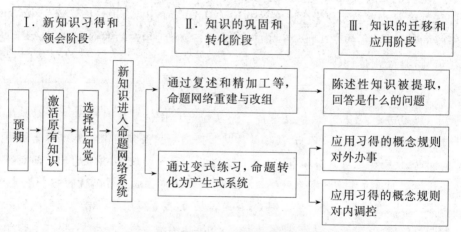

图 6-2　广义知识学习阶段与分类模型

但是,不同的学习内容,其学习过程也是不同的,因而表现出来的学习规律也各有特点。因此,我们有必要根据不同的学习内容来详细考察它们各自的学习过程。

1. 陈述性知识学习的基本过程

陈述性知识的学习可分为知识的习得与领会、巩固与转化、迁移与应用三个阶段。其中,知识的习得与领会又包括预期、激活原有知识、选择性知觉、新知识进入命题网络四个亚阶段。当然,如果不对习得与领会的知识进行巩固,就会发生遗忘。为了避免遗忘，我们需要通过复述和精细加工等对知识进行巩固。最后，在知识的迁移与应用阶段根据需要对知识进行提取。这样，陈述性知识的学习就可以细分为六个步骤。下面以学习关于"氧气的性质和用途"的知识为例详细说明。

（1）预期

这里的预期是指学生对要学习的内容进行预测和估计。每个人在学习前，都会对所学知识进行一定的预期。比如在上化学课前，学生首先明确自己要学习的是化学知识，而不是数学、物理或语文知识，这会促使他们准备好相应的教材与学习工具。由于上一节课学习了空气、氮气和惰性气体的定义与化学性质，这节课很可能学习关于氧气的知识，因此学生会对这部分教材进行预习，还会下意识地对新学知识的类型与掌握程度有所预期。一个人总有比较明确的目标——自己会学到什么知识，因此预期也可以看作是学生准备学习的一种反应心向。如果学生预期所学的东西对自己很有意义、很感兴趣或者认为自己会学得很好，就会认真去学，有学习的动力；如果学生预计新知识对自己毫无用处，味同嚼蜡，或者认为自己学不好，他就会缺乏学习的动机，懒于进行准备，或者干脆放弃这一学习机会。所以，预期是学习知识的动力。

（2）激活原有知识

新知识进入感觉记忆进行登记，并进入短时记忆，与长时记忆中被激活的相关知识建立联系。在本例陈述性知识的学习中，教师让学生阅读"关于氧气的性质和用途"的教材，并向学生展示一瓶氧气，让学生观察等，这些都是让学生对新知识更好地进行感知，并和原有知识建立联系。

（3）选择性知觉

在信息进入过程中，需要经过注意的选择，不经注意的信息很快会消失，只有被注意的信息才可以得到进一步加工，并能较长久地保存。学习者会注意新知识中最重要部分，次重要部分则引起他的部分注意。受注意部分进入工作记忆，在此处受到初步加工，并用命题进行表征。只有进行表征的知识，才能进入原有的命题网络，如形成关于氧气的化学性质的新命题有：木炭在氧气中燃烧生成二氧化碳，反应剧烈，发出白光，放出热量；硫在氧气中燃烧，生成二氧化硫，发出蓝紫色火焰，放出热量；磷在氧气中燃烧生成五氧化二磷，发光并散发热量；铁在氧气中燃烧生成四氧化三铁，火星四射，放出热量。

（4）新知识进入命题网络

新的知识形成命题表征以后，就进入了原有的命题网络。新旧知识相遇会产生碰撞。依据新旧知识之间的不同关系，新知识可有如下三种构建形式：

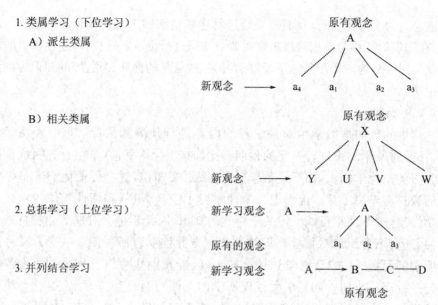

1. 类属学习（下位学习）
   A）派生类属

   原有观念 A

   新观念 ⟶ a₄ a₁ a₂ a₃

   B）相关类属

   原有观念 X

   新观念 ⟶ Y U V W

2. 总括学习（上位学习）

   新学习观念 A ⟶ A

   原有的观念 a₁ a₂ a₃

3. 并列结合学习

   新学习观念 A ⟶ B ── C ── D

   原有观念

图 6-3 新知识的三种构建形式

下位学习（subordinate learning）是指在原有观念的基础上学习一个概括水平更低的命题。学习下位概念要求学习者认知结构中已经具有相关的上位观念。在下位学习中，新知识与原有相关知识之间的关系是类属关系，其中有两种不同的类属关系：一种是派生类属学习，指新知识纳入原有知识中，原有观念未发生变化。比如学生在学习正方形、长方形、三角形时已形成了轴对称图形概念，在学习圆时，学生发现圆具有轴对称图形的一切特征，将"圆也是轴对称图形"的命题纳入或类属于原有轴对称图形概念。另一种是相关类属学习，指新知识的纳入使原有观念的本质属性被扩展、深化或被限制、精确化。比如学生知道老虎、狮子等陆生动物是哺乳动物，后发现海豚等海生动物也可以是哺乳动物，"哺乳动物"这一上位观念的内涵得到了扩展。

上位学习（superordinate learning）是指在原有观念的基础上学习一个概括水平更高的命题。比如，中学生在学化学时掌握了普通金属、合金、稀有金属等概念后，再学习金属概念，后者涵盖了前三者。此种学习需要学生进行分析综合和抽象概括，也需要教师或教科书呈现结论与反馈信息。

并列结合学习（combinatorial learning）指新观念与原有观念有共同的关键特征，呈现并列关系。比如，学生知道质量与能量、热与体积、遗传与变异等关系后，对"需求与价格的关系"的学习即属此种学习。这就需要教师"以其所知，喻其不知，使其知之"，这种方法即类比法。

234

在本例中,由于原有知识结构"空气"之下有氧气、氮气、惰性气体,抽象水平降低了,所以这是一种下位学习,它促进了对氧气的概念、性质和用途的理解。

(5) 通过复述和精加工等,命题网络重建与改组

当新旧知识相互作用时,就会使学习者原有认知结构发生改组与重建。在此,所谓认知结构指的是学生头脑中的知识结构,广义地说是某一学习者观念的全部内容和组织;狭义地说,它是学习者在某一特殊知识领域内的观念的内容和组织。新的知识要么被纳入旧知识的范畴之中;要么使旧知识范围发生变化,或扩大外延或缩小外延,或增加内涵或减少内涵;要么使之发生局部变化:有部分内涵不恰当,需要更换;甚至使之发生根本性变革:全部推翻以前定义。这一过程是学习者主动建构的过程,是学习的关键环节。建构时学习者要对照来自内部和外部的经验进行检验,如果通过检验,发现建构不成功,会导致新的建构努力。成功的建构会产生意义理解,使新习得的意义经过归类,纳入认知结构的适当部分。我们所举的例子属下位学习中的派生类属学习,因为没有改变上位观念——"空气"(原有知识)的含义。新的命题"氧气"这一陈述性知识在原有命题网络中获得编码,并与原命题形成多种联系。此外,由于前面已学了氮气和惰性气体的性质,为促进新旧知识的联系,避免新旧知识间的干扰,促进新知识的巩固,可以列表比较三者在空气中的百分比、物理性质(如颜色、溶解度、密度、比重)、化学性质(如活泼性、燃烧反应)、用途等,进行反复练习与区别。

(6) 根据需要提取信息

当学生习得陈述性知识以后,教师要测量、评价这部分知识的网络结构是否形成。这时教师可根据新知识的特点以及新旧知识的联系进行提问,比如:铁在氧气中燃烧会产生什么现象?磷在氧气中燃烧生成白色固体吗(五氧化二磷为白色固体)?氧气和氮气化学性质有何异同?另外,也可以就新知识内部的联系进行提问,如让学生比较碳、硫、铁和氧气发生化学反应的异同。学生自己也可以提取该种信息,比如考虑:古时候,人们用木炭作为燃料,因为空气中有氧气,而木炭在氧气中燃烧会放出大量热量,另外生成二氧化碳,对人体毒害性也不大。要是有种淡黄色固体在空气中燃烧产生刺激性气味的气体,那么很有可能是硫。

2. 程序性知识学习的基本过程

如果说陈述性知识的学习是狭义的知识学习的话,那么程序性知识的学习实质上就是通常所说的认知技能的学习。程序性知识的习得是在陈述性知识习得的基础上进行的,所以其过程在开始阶段与陈述性知识习得过程一样,需要经

过预期、激活原有知识、选择性知觉、新知识进入命题网络四个步骤。接下去,则要学习者经过变式练习,使命题转化为产生式系统。该系统一旦条件得到满足,行动就能自动激活。这点充分体现了程序性知识习得过程的特点。下面我们着重讨论学习者是如何将命题转化为产生式系统的。

程序性知识的学习过程可分为两部分:模式习得和操作步骤。要进行模式识别先要习得模式。所谓**模式**(pattern)是指由若干个元素集合在一起组成的一种结构,如物体、文字等。根据信息加工理论,模式习得的基本过程分两步:概括和分化。

概括(generalization)指人以相似的方式对不同刺激做出反应。从产生式理论看,概括是改变产生式的条件部分,使之适合更多的例子。比如当教师在教三角形概念时,出现许多个锐角三角形,这时学生会构成一个识别三角形的产生式:如果一个闭合图形在平面上,且边数为 3,且每个角均小于 90 度,则这一图形是三角形。以后教师又呈现直角三角形、钝角三角形,学生又会构成一个识别三角形的产生式:如果一个闭合图形在平面上,且边数为 3,且有一个角大于等于 90 度,另两个角小于 90 度,则这个图形是三角形。如果前后两个产生式同时处于工作记忆中,就会出现第三个产生式:如果一个闭合图形在平面上,且边数为 3,则这一图形为三角形。由此可见,概括保留了两个产生式中的共同条件和行动,删去了各自特有的条件。在概括过程中,变换正例的无关特征很重要(比如上例中三角形某个内角的大小),这样学生才会删去与模式无关的那些条件,获得事物的共同本质特征。

与概括相反,**分化**(discrimination)则是缩小产生式行动所运用的范围,其结果是导致增加产生式的条件。呈现反例可以促进分化,因为反例蕴涵了原来产生式中缺乏的条件。比如初中数学中反函数的定义,学生头脑中已有产生式"如果确定函数 $y=f(x)$ 的映射 $f: A \rightarrow B$ 是 $f(x)$ 的定义域 A 到值域 B 上的映射,那么这个映射的逆映射 $f_1: B \rightarrow A$ 所确定的函数 $x=f^{-1}(y)$ 叫做函数 $y=f(x)$ 的反函数"。在此,教师向学生呈现反例"函数 $f(x)=x^2$",因为一个 y 值可有两个 x 值对应,所以不存在逆映射,也就不存在反函数。这样,学生意识到原有产生式还缺少一个条件,必须将产生式中的条件修改为"$A \rightarrow B$ 是 $f(x)$ 的定义域 A 到值域 B 上的一一映射"才行。

模式识别(pattern recognition)是人们把输入的信息与长时记忆中的有关信息进行匹配,从而辨认出该信息属于什么范畴(模式)的过程。比如,给定函数 $y=6x+5$,问学生是否存在反函数,即是对模式识别的考察。

操作步骤(action-sequence procedures)是指规则的习得。规则的习得是以概念习得为前提的。比如要学生掌握电学中的库仑定律 $F = kq_1q_2/r^2$，首先应习得静电荷（q_1、q_2）、电荷间距离（r）、库仑力（F）三个概念，然后才能习得这一规则。概念习得有两种途径：一是概念形成，指通过正反例的辨别和概括来认识一类事物的共同本质属性；二是概念同化，指通过概念定义将新概念与原认知结构中的上位概念建立联系，从而习得新概念。

在此基础上，规则可以通过两条途径习得，一类是例-规学习，即从例子到规则的学习。中学物理教学多运用此法：先呈现给学生几种现象，由他们自己发现规则，再与教科书进行对照。又比如英语中名词单数变复数，教师向学生呈示各种名词，如可数名词、不可数名词、以 s、x 结尾的名词、集体名词等等，学生就会从例子上习得规则，这也称为发现学习；另一类为规-例学习，仍以英语语法学习为例。因为中学生已有一定的抽象概括能力，语言学习可先呈示规则再适当举例。教师告诉学生：名词由单数变复数，不可数名词一般不变，可数名词后加 s，以 s、x 结尾的名词后加 es，集体名词等一些名词词形不变。然后再举出各种情况下的例子，让学生学习。熟练运用多次后达到自动进行的程度，于是就习得了这一规则。

经过正反例练习，命题转化为产生式系统，行动在适当条件下可自动产生。

3. 认知策略学习的基本过程

认知策略的学习实质上也是一种程序性知识的学习，但其基本过程与认知技能的获得既有相似的阶段，也有其特殊性。策略性知识的习得首先需经过命题表征（陈述性知识）阶段，然后在相同情境和不同情境中进行运用，转化为产生式表征（程序性知识）阶段，这两个阶段与认知技能相一致，但是由于特殊领域的策略性知识的使用条件始终处于变化之中，因此这类策略性知识不宜自动化，个体必须始终有意识地监控该类知识的运用。如果学生一成不变地使用这些认知策略，只会导致刻板的定势效应。因此检测策略性知识的学习时，主要应看学习者能否运用某些策略来调控自己的注意、思维等。比如阅读策略，教师先选一段课文让学生阅读，在讨论后，教师向学生解释排除阅读理解障碍的策略是什么，并说明如何运用。这时学生已获得了陈述性知识。然后学生在教师的示范下练习运用，引导学生获得程序性知识。接下来，学生要在适当的时候能自动运用这一策略，并对策略及自己的运用产生明确的认识，比如"什么时候我可以采用这种策略"，"我用这种方法阅读这篇课文，效果比不用好"，这时学生就获得了认知策略。

二、学习的条件

我们不是在任何情况下都能习得知识的，不同的背景与情境也会影响知识学习的效果。不同类型的学习，其学习的条件也不是完全相同的。在这里，我们将从内外两个方面来分析三种类型的学习。

1. 陈述性知识学习的条件

(1) 内部条件

① 学习者原有的知识准备

学习者头脑中原有的相关信息和命题网络,是新知识习得的重要内部条件。显然,如果我们不懂法语,看到新单词"Bonjour"时,我们不仅不能按法语发音并理解其中含义,恐怕还会误认为它是某个英语单词。

现代认知心理学十分强调原有知识在新的学习中的关键作用。如威特罗克(Wittrock, 1974)就认为:"人们倾向于生成与以前的学习相一致的知觉和意义"。他认为新知识学习过程中有四个要素:生成、动机、注意和先前的知识经验;学生在学习新知识之前必须激活其长时记忆中相关的原有知识。对陈述性知识而言,原有的相关知识就是已存在的相关的认知结构(命题网络)。比如中学代数课学习无理数的概念,学生必须已具备实数、有理数、循环小数、无限不循环小数等概念,才能将命题"无理数是无限不循环小数"同化入命题网络。

② 编码的策略

学习者必须具有适用的、将那种理解了的刺激同化入命题网络形式的信息加工方法,即编码的策略。换言之,学习者必须具备同化新知识的方法。如果他们不能运用这些方法,那么信息就只能作短暂停留,无法进入长时记忆。有些健忘症病人短时记忆或者短时记忆向长时记忆转化的途径受损,就无法记住新近发生的事。所以编码的策略也指学习者将短时记忆转化为长时记忆的方法。

③ 学习者具有主动加工的心理倾向

学习者必须具有主动加工的心理倾向,即具有学习的动机。有了积极的动机才会去预期将出现的新信息是什么,才会去注意呈现的新信息,才会主动"思考",即激活原有知识,新旧知识产生相互联系,并把新知识纳入命题网络。一堂初中植物课,当教师将千奇百怪的森林植物图片呈现给学生,惟妙惟肖地用拟人手法讲述根瘤菌的作用时,学生很难不受吸引,从而产生进一步学习的愿望。

此外,学习者的情绪、性格、兴趣、态度等也会影响学习者的知识习得,但这些因素正是通过学习的基本内部条件才起作用。比如学习者的兴趣会影响其原有知识水平和编码策略;情绪、性格、态度则使学习者具备或不具备主动加工的心理倾向。此外,学习者的能力则直接表现在原有知识水平和编码策略上。

(2) 外部条件

外部条件给内部条件提供支持,它的含义极为广泛,包括社会、学校、家庭,乃至班级、课堂为学习者创造的学习条件。其中有些条件对陈述性知识的习得特别重要:

首先,新知识要以一定的方式呈现给学习者。新知识必须呈现给学习者,才会被他们接受,不呈现新知识,学生接触不到,就无法习得。比如一个从小失学的孩子,既听不到广播,又看不到电视,周围又没有懂英语的人,不会英语是很正常的。所以新知识的呈现是基本外部条件。而作为刺激的新知识还要引起学习者的注意,才易于为他们所接受,因此必须具备某些特点。比如,某些心理学教材尽管提供了丰富的知识,但其实用性差,材料较枯燥,很难激发学生的学习兴趣,往往使他们缺乏主动加工的心理倾向,学生越不感兴趣,距离教材越远,学习该方面的知识也越少,则原有知识网络越贫乏,同化新知识的能力也越差。所以教学呈现的材料要有"吸引力";另一方面,新知识必须是学生已有的命题网络能够同化的,如果初中在学物理时,告诉他们可用微积分的方法解题,且不说学生能否真正会运用该方法,就是要他们理解这种方法也是比较困难的,因为他们原有认知结构中并无相应的关于高等数学方面的知识。

其次是控制与学习相关的周围环境,即学习的情境。当外部教导者能激活学习者原有命题网络,学生就易于同化新知识。比如教师在化学课上教"酸、碱"概念时,下定义前先复习一下"H^+、OH^-"等概念,就有助于学生习得其定义。陈述性知识在习得前对学习者来说是一些无意义刺激,这就要求教师用某些方法将这些刺激与学习者已具备的有意义的信息联系起来,这样才利于新知识的编码。例如,有些英语书在向学生提供单词时,往往运用某些形象化的比喻或分解词根等方法,这就给学生提供了习得新知识的有利环境。没有这些方法,即使学习者接触了新知识,也无法有效习得。

另外,在学习新知识前向学习者提供清晰的教学目标,会引导学习者将注意指向该类知识,并预期它会发生。

陈述性知识呈现时,必然会有干扰出现,例如新知识与原有知识的相似性有时会导致命题网络的重组错误,所以应尽可能增加线索区别性。所谓线索区别性,是指采用某些方法区别相似的陈述性知识,如教学上常常采用的图表比较的方法。举例来说,在中学语文课学习"比喻"概念时,学生往往会把"暗喻"和"借喻"相混淆(因为它们都不呈现比喻词)。这时我们可用列表方法,比较本体、喻体、例句等,明确各自的定义,而"本体"等就是区别暗喻和借喻的线索。

2. 程序性知识学习的条件

程序性知识是在陈述性知识习得基础上获得的。所以对程序性知识习得的条件来说,除了必须具备陈述性知识习得的内外条件外,还要求有更高的条件。

(1) 内部条件

首先,学习者要具备作为新程序性知识组成的过去学到的相关的程序性知识,并将之组合在一起,即有关的概念和规则。比如在学习配平化学方程式之前，必须先掌握化学方程式的概念，理解并考虑化学方程式等式左右两边的阴阳离子分别相等的规则。

其次，学习者必须先具备相应的陈述性知识。比如前例中，学生已知道配平方程式的规则是如何陈述的，在此基础上，才可能将这些规则运用到实践中。

（2）外部条件

在程序性知识的习得过程中，正反例呈现十分重要。此外，教师的提示和师生交流（指学生提问、教师作解释或者教师提问、学生回答）及学生的不断练习，都是获得该种知识的外部条件。教师向学生提示有关信息，并及时与学生作交流，要求学生多次运用规则于实际，这些都会促进学生的陈述性知识向程序性知识转化。

3. 认知策略学习的条件

（1）内部条件

① 原有知识准备

由于认知策略对整个信息加工过程起调控作用，因此策略性知识必然有所指向。比如，学习者学习的是能用来解决光的折射问题的思考策略，那么这个学习者就需要掌握所有可用的光的折射规律，才有可能习得这种策略。所以，策略性知识习得的首要内部条件是要有相应的陈述性和程序性知识，学生在某一领域的知识越丰富，就越能使用适当的加工策略。

此外，原有的知识准备中还应包括学习者已掌握的那些认知策略。因为策略性知识的学习也需要运用某些策略，比如在组织策略的习得中，就需要学习者具有一定的阅读策略，这样在阅读规则时，就能迅速而顺利地获得该策略的陈述性知识。这是涉及学习者学习效率的一个内部条件。

② 学生元认知发展水平

由于认知策略中还包含有一个极为重要的成分——元认知成分，这就决定了认知策略的习得不仅包括具体的方法和技术，还要学会对策略执行过程的监控，并了解不同策略适用的条件或情境。这就对学生的元认知发展水平提出了一定的要求。研究表明，元认知能力是个体在学习中随经验的增长而逐渐发展的，不可能经过几次教学就达到元认知能力的本质性提升。一般说来，儿童元认知水平的发展主要取决于个体自我意识的发展，低年级儿童较低的自我意识水平会直接影响其认知策略的学习和运用。

③ 学生的动机水平

研究表明，学生仅仅记住有关学习策略的条文，并不能达到提高学习效率的目的。只有当这些策略改变了学生的信息加工过程时，才能促进学习。因此，认知策略必须经过大量的练习，才能作为一项概括化的策略能力迁移到与原先学习任务不同的新任务中去。学生如果没有强烈的改进自己认知加工过程的愿望,是难以达成该目标的。有研究表明,具有外部动机的学生倾向于选择和使用机械学习的策略,具有内部动机的学生倾向于选择和使用有意义和起组织作用的策略;动机强的学生经常使用习得的策略,而动机弱的学生则对策略的使用不敏感。

此外,学习者的自我效能感(认为这一策略是否有效)也会影响策略的学习和应用。

(2) 外部条件

认知策略从陈述性知识向程序性知识转化的最重要的教学条件是教师要精心设计相似情境和不同情境的练习,因此"变式与练习"是一个较重要的外部条件。此外,训练中应有一套可以操作的技术,以控制学习者的认知行为,习得某些认知策略。

百家争鸣 6-1 协作论证学习

当代学习科学正在研究一种称为协作论证(collaborative argumentation)的学习方式。协作论证在科学中扮演着重要角色,科学进步的真正动力不是科学事实的累积而是论证(argument)和批判(critique)。即使两位科学家不能达成共识,他们仍会分享共同的科学价值观,并且都对达到相同的目标感兴趣。科学中的论证是一种协作探讨,双方共同工作以解决问题,期待最终达成一致。进行协作论证能够帮助学生学会批判且独立地思考重大问题和有争议的价值观。

论证包括阐述、推理和反思。已有的研究表明,这些活动有利于更深层次的概念学习。有效的论证是协作的一种形式,所以能更广泛地有益于发展社会协作能力。研究表明,在论证过程中,个体从现有的知识出发进行推理,得出一个未知的结论,论证促进学生记忆里知识的存取,有助于推论的产生、问题解决及学习。

个人推理能够从论证学习中获益,然而环境必须为论证搭建脚手架,以支持越来越多的协作论证。在协作学习中,论证活动以共享的活动为基础,通过论证进行的学习应该植根于协作活动中。

(Veerman et al. , 1999)

三、青少年学习的特点

个体的发展需要经历不同的阶段,在个体的不同阶段其学习也有不同的特点,对于青少年而言,其学习的特点主要体现在以下几个方面:

1. 青少年的学习主要依赖于抽象思维

考察不同年龄阶段的儿童可发现,0~2岁的个体利用自己的感知和动作认识世界,仅有因果认识的萌芽,尚未出现真正意义上的思维;2～7岁的个体开始用物的图像在头脑中进行思维,还不能逻辑推理;7～11、12岁的个体以具体思维为主,能回答"是什么"和"为什么"的问题,也能动手操作某些具体工作,但无法清晰描述工作是怎样进行的,因为他们掌握的主要是陈述性知识,不会自觉、有意识地运用程序性知识;11、12岁以后,个体进入青少年期,抽象思维才逐渐占主导地位,个体的学习由此发展到了新的阶段。

11、12～14、15岁为少年期,属初中阶段。初中生已有一定的程序性知识,所以能逐步理解事物的复杂性和内在规律性,比如他们能理解"一叶障目"、"拔苗助长"等词的喻义。由于他们能掌握基本的抽象概念,并把它纳入原有知识网络,所以他们开始学习物理、化学等学科,数学的内容也逐渐抽象化。在遇到问题情境时,他们开始能运用已有知识去解决问题。这些处理问题的能力使初中生的思维有了独立性,无需教师一步步引领就可达到。但是初中生在学习抽象概念时,仍需要具体形象支持。也就是说,只有教师呈现一定的具体事例来帮助说明抽象概念和规则,学生才能掌握。初中生已有的陈述性知识还不够丰富,而程序性知识才开始积累,策略性知识还未掌握,他们无法选择合适的策略,也没有足够的知识背景去同化新知识,教师只有靠具体事例协助,逐步让学生由陈述性知识发展到程序性知识学习,这也是初中教学演示实验较多的缘故。

14、15～17、18岁为青年初期,属高中阶段。高中生的认知结构大大复杂化和多样化了。他们的抽象思维水平更高,不借助具体事例也能掌握许多抽象概念;他们能将学得的理论运用于实际,用理论解释新现象,还能掌握许多好的学习方法,学习速度快,效率高。因为此时的学生不仅陈述性知识积累到了一定程度,程序性知识也有不少,并且逐渐获得了策略性知识,这些知识使他们在对外办事、对内调控上,虽说不上游刃有余,也算丰富多彩,从而有了更多的回旋余地。所以高中生思维不仅具有独特性,创造性也日益显露。学生在解题时,不仅可以抛掉"老师给的拐杖",甚至可以独辟蹊径。同是作文,初中生多为模仿,而高中生多为创造。同时,由于他们的认知结构丰富了,因此其学习更多地是"下位学习"。"举一反三"就是下位学习的运用。此时教师完全可以向学生直接呈示概念和规则,毋需担心学生会不懂。高中生完全能够用原有知识去同化新知识,纳为己用。教师所要做的,就是运用各种正反例,帮助学生去粗取精、去伪存真。

2. 青少年的学习主要在学校情境中完成

青少年的学习不同于成年人学习,相对成年人的学习而言,青少年的学习主要是在学校中进行的。这一阶段的学习具有以下几方面的特征:首先,学校的学习是以掌握间接知识经验为主的。在学校的学习中,青少年主要是学习和掌握前人所积累起来的各门科学知识,即间接的知识经验,是在较短的时间内接受人类的认识成果。在这里,青少年的学习不需要也不可能事事亲身实践。当然,为了更好地理解、巩固和运用所学知识,青少年有时也会通过实践去获取一定的直接经验,但这些实践是服从于一定的学习目的的,与科学家探索尚未发现的客观真理的实践活动是不同的。其次,学校的学习是在教师有目的、有计划、有组织地指导下进行的。教师在青少年的学习中起着极其重要的作用,教师通过有系统地指导和传授,使青少年的学习避免了许多弯路,而能够在较短的时间内取得更有效的学习成果。再次,学校学习的主要任务是掌握系统的科学知识、技能,形成科学的世界观和良好的道德品质。青少年科学的世界观和良好的道德品质的形成过程,也是在掌握系统的科学知识和技能的基础上,通过有计划、有组织的各种教育活动来实现的。第四,青少年的学习是在学校班集体中进行的,班集体这一特殊团体中的人际交往、人际关系等对学生的学习有重要影响。

3. 青少年的学习具有系统性和综合性

青少年的学习与儿童的学习有着显著的不同,它要求青少年能够系统掌握一定的学科知识,对某一门学科有初步的了解。在初中阶段,学生学习的内容发生了明显的变化。学习的课程门类逐渐增加,内容也逐步加深。语文、数学、英语这些小学曾学习过的课程,由直观的、感性的、零碎的知识点变成了更为完整、系统的知识体系,并更加突出能力要求;同时,物理、化学等课程相继开设,历史、地理、生物等人文社科知识也成为重要的学习内容。这些学科知识对于初中学生来说,都是必需的文化素质积累,也使初中生的学业负担客观上大大增多了。老师的教学也越来越注重传授知识的严密性和注重学生思维方法、思维能力的培养,除要求学生识记大量的定义、原理等知识点外,更重要的是培养学生掌握运用知识的能力。

到了高中后,学习内容和学科分科则更加精细,学习的系统性和综合性更为突出,并表现在两个方面:首先,高中的学习是初中学习的深入和发展,体现了一个逐步深化的系统学习的特征。有些学生到了高中后,学习水平很难提高,甚至发生严重的掉队现象,一个重要的原因就是初中的知识没学好,拉了高中学习的后腿。而高中三年所学的知识,系统性就更强了,一步落后,就容易造成步步落后的被动局面。其次,高中生要理解和解决一个问题,往往需要综合运用各科的知识,"单打一"不灵了。由于各学科之间的相互影响,一门学科没学好,往往会影响和波及到好几门学科的学习。

4. 青少年的学习具有兴趣性和主动性

青少年的学习兴趣往往比儿童更加广阔和深刻。他们不但对文艺性的材料感兴趣,而且对理论性的材料感兴趣;不但对课内书籍感兴趣,而且对课外书籍和报刊杂志感兴趣；不但有兴趣阅读这些读物，而且有兴趣深入地探讨和思考各种问题。同时，青少年的学习出现了较大的选择性。这种选择首先往往是和自己的未来志愿相联系的，另一方面也出现个别差异，例如有些学生对理科类学科（如数学、物理、化学等）感兴趣，有的则对文科类学科（如语文、外语、历史等）感兴趣。此外，相对于儿童在校依赖老师安排，在家依靠家长督促，带有明显依赖性和被动性的学习而言，青少年的学习自觉性和主动性有明显增强，已开始能自觉地追求知识，顽强学习。但是，初中生的学习仍处在自觉性和依赖性、主动性和被动性并存的阶段。教师和家长的管理不当，仍易受电脑游戏、武侠小说、通俗言情小说，乃至有些不健康读物的诱惑干扰影响。高中生学习的自觉性高于初中生，但自主性的能动发挥空间缩小了。这可能与不同阶段面临的任务不同有关。初中阶段仍属义务教育范围内，学生学习的压力相对较小，学习的知识也比较容易掌握，还能接触到不少小学没有的科目，因此对学习比较感兴趣，自主性有相对较大的能动发挥空间。而到了高中，不仅学科内容增加，学科难度加大，而且升学压力骤升，学生不得不放弃自己的许多兴趣，偏重升学科目的被动学习。但从高中各年级来看，自主性学习动机是呈上升趋势的。也就是说，随着年龄的增长，个体的自主性不断增强，对学习的认识也有所提高。这为教师有效引导学生进行自主学习提供了良好的基础。

第三节　学习规律在教育中的应用

掌握学习规律既可以提高师范生的学习效率，也为师范生成为教师以后在教育工作中提高工作效率提供了理论基础。

一、学习规律在教书育人中的应用

1. 根据不同知识的习得规律确定教学目标

教学目标是教学活动的第一步。即使有了最优秀的教师、最好的教学方法、最全面的教材、最聪明的学生，但若教学目标发生偏差，也会事倍功半。所以明确教学目标事关重大。

不同学科包含不同类型的知识，其教学目标也应以不同知识习得来划分。地理、历史、政治等科目以陈述性知识为主，要求学生能够复述，能够记忆。比如"1069 年王安石变法"、"地球上气候有哪五带"、"上层建筑的含义是什么"等，因此教学目标主要应定在学生学习陈述性知识上。而数学、物理、化学所含程序性知识较多，因为它们有许多抽象的概念和定理需要学生掌握，比如点、线、面、位移、功、盐、酸、碱等概念；"两点之间线段最短"、"能量守恒"等定理，需要学生在概念习得后能够习得规则,用于解决各种问题情境。此时教学目标应当以学生掌握定理为主,不仅要让学生背出这些定义(陈述性知识),还要能够理解它们,然后运用于解题之中。而认知策略的掌握则贯穿于整个学习过程中,现代素质教育应该将认知策略的习得作为重要的教学目标之一。

不同学科有不同的教学目标,每个教师都应明确自己所教学科以哪种知识为主。即使同一门学科,不同知识点和不同阶段也可能包含不同教学目标。比如历史课上,当学生比较唐朝与宋朝的经济制度时,事实上含有程序性知识;又比如物理课教授牛顿第二定律($F=ma$)时,就要求学生先要掌握质量和加速度的概念,然后掌握这些概念之间的联系并理解这一定律,最后要求能运用这一定律去解答题目。事实上,这时教学的子目标在不停地变换,从教授陈述性知识到教授程序性知识。所以即使是同一学科,教师也要根据不同的知识点和不同阶段来确定具体的教学目标。

2. 根据学习过程规律确定教学步骤

在学习过程中,三类知识的习得过程虽有相同之处,但也有不同之处。在明确了教学目标以后,接下来就要考虑相应的教学步骤。

以中学物理教师教授牛顿第二定律为例。首先,为了引起学生对这部分内容的预期与学习动机,应在课前布置预习作业,并在授课开始时先复习相关旧知识。比如牛顿第一定律的含义是什么?力和加速度之间的关系如何?为什么第一定律又称为惯性定律?等等。为了让学生对新知识有所感知,教师可以列出许多学生常见的现象。比如,同一辆车,用较大的力推,则启动快,推的力小,则启动慢;用同样的力推一辆空车和满载货物的车,则空车(质量小)启动快,这是为什么呢?这时,教师告知教学目标"本节课要学习牛顿第二定律",并呈现经过组织的信息,在黑板上写下"牛顿第二定律研究物体所受外力与质量和加速度之间的关系",以此促进学生对新知识的注意。为了让学生发现这一定律,教师可以组织学生进行实验,确定三者之间的关系,自己发现规律。如在物体质量不变的情况下,物体的加速度与其所受外力成正比。这样,学生就可以确定该定律为:物体的加速度与所受外力的合力成正比,与物体的质量成反比,加速度的方向与合外力的方向相同。为了让这一命题表征进入原有命题网络,教师必须深刻阐明新旧知识之间的各种关系,提醒学生需注意之处,比如牛顿第二定律是力的瞬时作用规律,物体产生加速度是在受力的那一刻;其单位应一致;其适用范围是宏观、低速物体。教师将这一定律尽量与学生的原有知识形成多重联系。然后,教师让学生进行正反例练习,使学生关于这一定律的陈述性知识转变为程序性知识,形成关于这一定律的产生式系统(事实上,这一定律可形成三个产生式。如其中一个产生式为:如果物体受到的外力的合力恒定,那么它的加速度与此合力成正比。三个产生式形成一个系统)。最后,教师应给学生提供实际情境应用这一定律,并出题考查他们的掌握情况,比如让学生用这一定律分析平抛运动的物体是否做匀加速运动等。考察后,教师还必须对学生的答案进行及时反馈,并纠正典型错误。这是典型的程序性知识教学的步骤,教师上这一课的最终目的,就是要让学生能够运用这一定律解决各种问题,其中最后两步是比较重要的环节,决不可以遗漏。

3. 根据学习的条件,应用各种教学方法

学习的首要内部条件是学生应具有一定的知识准备,为此,教师必须运用一定的方法明确学生的原有知识水平,才能采取相应的教学步骤。一般采用两种方法,一是课前向学生布置复习和预习的作业;二是在开始上正课前,先要对学生进行相关旧知识的提问,看学生是否达到学习新知识前应该具有的知识经验。中学生尤其是高中生以下位学习为主,对这类学习,确定原有知识更为重要。只有对学生已有知识水平进行定位,查漏补缺,因材施教,才能使教学顺利进行。

根据"编码策略"这一内部条件,教师在授课的同时要为学生提供适当的策略性知识。中学生已能掌握许多学习方法,他们需要运用多种方法解决实际问题,提高学习效率。故教师可以提供各种策略教学,如写作策略、阅读策略等。

为了促进学习者主动加工的心理倾向,教师要操作各种学习的外部条件,可通过调节教学情景、提供教材、运用教具等因素,以提高学生的兴趣、学习动机,调节学生的情绪,端正学生的态度。第一,可以采取变化刺激的方式来呈现教材,以引起学生的注意,也可以通过演示或实验,呈现学生意想不到的变化来引发学生的好奇心。由于学生的兴趣各不相同,因此引起学生注意的技能是教师的一种教学艺术,它既要求教师了解自己的学生,又要求教师本人的机智。比如,上物理课讲授动量的传递时,可让学生做击打钟摆型小球的实验,引起学生注意并对此现象加以思考。第二,为了提高学生的学习动机,要努力提高他们对所学知识的直接兴趣。一般而言,这要比通过奖惩等手段所培养的对学习的间接兴趣持久得多。教师可以讲明学习目标和所学知识的重要性,并用丰富的例证与背景引发学生兴趣。加涅认为,除非学生已经知道学习目标,一般来说,教师都应直截了当地将学习目标告知学生,从而让学生对学习内容产生直接兴趣。比如中学语文课在讲述《背影》一文时,教师先介绍作者朱自清的生平、写作此文的背景等,这不仅能引发学生的听课兴趣,还能提高学生对课文内涵寓意的深刻理解,形成鲜明的记忆。第三,要用多种具体的教材呈现方式,使学生能够直观感受它究竟是什么。尤其对初中生来说,他们对抽象概念的学习更是离不开直观。比如物理课讲"纯音"概念时,可用音叉加以敲击,告知学生这就是纯音。第四,调动学生的视、听等多种感觉通道,并让学生参与课堂教学,而非被动接受。比如初中英语课,教师可以用录音机放各种小故事,以提高学生的听力,也可以用各种漫画表明某句英语俚语的含义,还可以让学生扮演课文中的角色进行会话练习,甚至可以由每个学生编一个"接龙"故事。对每个新学的单词、例句均可采用多种方法提高学生对它们的接受力。

这些方法在教学各步骤上要恰当运用。此外,在第三步,呈现经过组织的信息时,教师常用的方法是"先行组织者策略"以引起学生对重要内容的注意。奥苏伯尔认为,促进学习和防止干扰的最有效策略,是利用适当相关和包摄性较广的、最清晰和最稳定的引导性材料,即组织者。由于它们通常在呈现教学内容本身之前介绍,目的在于用它们来帮助确立意义学习的心向,所以称之为"先行组织者"。它们使学生注意到自己认知结构中已有的那些可起固定作用的概念,并把新知识建立在其上。先行组织者比新内容更概括,因此学生可进行下位学习。比如在政治课讲授"社会的基本矛盾"一节内容时,教师先在黑板上写的"生产力和生产关系的矛盾、经济基础和上层建筑的矛盾是一切社会的基本矛盾"即起到了先行组织者的作用。

此外,我们曾提到,正反例的运用是将学生的陈述性知识引向程序性知识的一个重要手段。比如要形成"功"这一概念,教师不仅要呈示一张图,表示一个人在水平面上拉动物体经过一段位移就是拉力对物体做了功,还要呈示多种正反例的图示,比如一个人推动物体上斜坡,则其水平推力及其经过的位移之积,就是推力对物体所做的功。再举反例,如一个人举着物体在水平方向行走,是不做功的;一个人用 10 牛顿的力踢动球,球水平运动 10 米,这人也未对球做功。这样经过正反例的讨论,学生就形成了识别做功的产生式:如果一个物体在力的作用下发生了位移,且物体的位移在力的作用方向上存在着分量,且物体在这一过程中持续受到该力的作用(反例提出的条件),则认为该力对物体作了功。由此,学生也就习得了"功"这一概念。

4. 根据青少年学习的特点进行教学

青少年是中学教学的对象。中学教学的目的之一,就是要让青少年最大限度地获得各种知识以发展其能力。因此,教师应根据青少年学习的特点来进行教学。

初中生也能获得程序性知识,但仍需直观的帮助,因此初中教师在教学时应该多结合实例,多做实验,以便让他们获得抽象概念和规则。高中生认知具有更大的独创性,并能获得策略性知识,能用种种策略提高学习效率,那么教师就不宜手把手地从陈述性知识一步步地教,而应为学生提供学习策略的指导,让学生在遇到问题时能够解决它,并对自己的解决产生反思:这种方法是不是最有效、最简洁? 这时教师不仅可以传授认知策略,还可以让学生互相交流,互相传授学习方法,进行比较,获得新的程序性知识。同时,教师还可以让优秀学生帮助差生。根据心理学家的研究,专家(这里指优秀学生)和新手(这里指差生)在学习方法上有很大差异:新手解题时往往由果溯因,即由问题溯至已知条件,在推导过程中看是否存在全部已知条件;优秀学生则由因溯果,他们能从已知条件推导解出问题。这是由于专家解决问题时,头脑中已有一个较完整的图式,他们能全面地看待已知条件在原有知识层次中的位置,又能自动化地进行搜索、操作,所以他们往往是自上而下地进行搜索,系统而又清晰;新手则不同,他们没有清楚的图式,根本无法找到已知条件所处位置,所以只能从问题出发,看推出的条件与已知条件有何联系;若没有联系,就再推导。换言之,专家解决问题是自动、全面的,而新手则是简短、片面的。优秀学生之所以如此,因为他们的知识储备丰富,各种知识表征间的联系多样化,而且熟悉各种好的策略、方法,而差生往往缺乏形成知识间的有效联系的学习策略。为此,将优生的策略告之差生,让差生习得策略性知识,可以提高后者的学习成绩。

教育实践 6-1 写作策略教学

写作是学校教学中的一个重要内容,它不仅是语文教学的重点与难点,也涉及其他自然科学和社会科学的方方面面。下面我们就以写作策略教学为例,来看一下写作教学过程中所涉及的三类知识及其教学步骤。

教 学 过 程	分　析
通过复习《我爱故乡的杨梅》和《高大的皂荚树》,使学生领会"按一定顺序写"和"抓住事物特点写"这两条规则。 (1) 提供已学过的写物课文《我爱故乡的杨梅》和《高大的皂荚树》中有关描写事物的特点和顺序的图示。 (2) 通过回答下列问题,领会这两条写作规则。 　①《我爱故乡的杨梅》作者抓住了事物的什么特点? 　②《高大的皂荚树》作者抓住了事物的什么特点? 　③ 它们各是按怎样的顺序写的? 　④ 两篇课文在写法上有哪些相同点? 　⑤ 它们在写法上有哪些不同点? (3) 在分析和讨论的基础上,师生共同总结,得出如下规则:	学习的第一阶段:通过联系学过的课文,初步理解"按一定的顺序和抓住事物特点写"的含义,并能加以陈述。主要涉及的知识类型是陈述性知识,即此时的策略性知识处于陈述性阶段。

板书

一、特点	1. 与同类事物不同的地方
	2. 值得赞美的地方
二、顺序	1. 先写事物的具体特点
	2. 再分方面写它的作用、意义等

教　学　过　程	分　　　析
根据上述两条规则进行作文练习。 作文题：赞美一样事物 （1）出示题目，提出写作要求：赞美一样事物，注意按一定的顺序，要写出该事物的特点并清楚说明为什么要赞美它。 （2）审题，提出审题要求。 （3）选择材料并列出提纲，包括自选材料并列提纲；评议；修改。 （4）口述作文。 （5）教师总结，进一步强调此次写作训练的重点。 （6）起草成文。	学习的第二阶段：应用两条规则指导写作练习，并让学生在写作中应用该规则。该阶段策略性知识从陈述性阶段转化为程序性阶段。

　　策略学习还有第三阶段，即学生通过大量的变式练习，体会到策略运用的条件，从而能在新的情境中进行迁移。就这两条写作规则的学习而言，学生仅有少量的练习或仅有描写静物的经验是不够的，他还必须有写动物的经验。在有了这些经验后，能把这两条规则迁移到写人、记事中，策略性知识的学习才达到了第三阶段，即能在不同的情境中进行迁移。

（金洪源，1993）

二、学习规律在自我教育中的应用

　　学习规律在自我教育中的应用有许多方面，在此仅从以下三方面进行简单讨论。

　　1. 培养自身元认知的习得

　　元认知是对自我认知的认识，包括对"我们已知什么"和"如何调节自己的学习"的认识。通过元认知，我们可以为自己确立学习目标。如选择那些通过一定努力可以达到的程度为目标，即选择中等难度的目标。因为难度过高，达不到就会打击自信心，难度过低，又缺乏挑战性。我们可以意识到自己当前的学习方法是什么，这种方法的效率如何并进行调节，我们也可以对学习结果进行预期。元认知大大提高了我们的学习主动性，不仅有利于当前自身的学习，也有利于未来的教学。一个教师如果对自己所掌握的知识没有准确的估计，就不能进行有效的教学。只有明确自己能力的范围，才能扬己之所长，补己之所短。

　　我们可以用上述问题对自己进行训练（教育实践专栏 6-2），以培养提高元认知能力，在以后的教学过程中，也能为青少年学生提供类似的方法。

2. 树立对本学科学习的正确目标

　　很多师范生认为心理学课没有实际指导性,学不学无所谓,这是只把心理学作为陈述性知识来学所造成的结果。一旦我们意识到,学习"心理学"不仅仅是获得一些关于心理学的事实,更是要学习掌握学生心理的方法,并在以后的教学工作中加以运用,即将心理学作为程序性知识、策略性知识来学习,那么我们会发现心理学中不仅有许多值得学的东西,而且它也是一门很有趣的学科。

3. 提高自学能力

　　在第五章里,我们已从教书育人的角度谈了自学能力培养问题,这里则从自我教育的角度谈自学能力的自我提高问题。前面我们讲了许多学习规律,这些规律在自学中也有作用。我们在课堂中获得的知识是有限的,大量新知识是在日常生活中通过自学而得的。掌握学习规律将有助于我们的自学。因此在学习新知识前,应先分析它是什么类型的知识,我们应该掌握到什么程度等,这样我们就可以对学习的新知识有一全面的了解,同时又能挑选最优的学习策略去进行有效的学习。对青少年学生来说，预习和课外阅读尤其需要自学能力的培养。对于一个新的知识点，学生要能够抓住重点，提出有意义的问题，并对学习后会产生怎样的结果有所预期。比如预习一篇新课文《绿》，学生应带着问题去看这篇课文。诸如"本文的中心思想是什么？和朱自清的另一篇散文《荷塘月色》相比描写手段有何异同？"等。在预习时，试图回答这些问题，以便上课时和教师的讲授相比较，发现自己的薄弱之处。此外，学习策略的选择一定要适合自己。心理学家做过实验，教给优秀学生一个与他本身采用的策略相异的方法去阅读材料，反而降低了学生的成绩，这说明各种策略有时本身好坏不明显，只有当具体使用时，优劣才显现出来。

让我们回到本章开头提到的那个案例。王老师讲授力的概念这一部分内容时，同学们很难理解。学习的条件主要包括内部条件和外部条件两个方面，其中内部条件有学习者原有的知识准备，如威特罗克认为："人们倾向于生成与以前的学习相一致的知觉和意义。"也就是说，学生在学习新知识之前必须激活其长时记忆中相关的原有知识。

如果针对学生学习难点的教学以简单的接受式学习模式为主，那么，学生最多只能加以记忆，达不到理解或生成新的意义。可以建议王老师就小球抛到空中这一简单事件，去认真地倾听学生的解释。其实学生并不缺乏描述或解释的能力，但他们所描述的内容与专家描述的内容却有本质的区别。

下面是典型的学生的解释：手给小球一个力，驱使小球克服重力向上运动，向上的力量慢慢减小，并在最高点达到与重力平衡，然后重力开始控制小球并使其下降。

请注意，这是学生的解释，但是教学必须关注学生的这些观点，因为这是学生长时记忆中原有的知识，同时教师可以仔细挑选学生原有想法中的有益成分，并通过改进，形成规范的概念。例如，学生注意到在抛出后的最高点，小球达到了平衡，而平衡大致描述了物理学中极为重要的原则（如能量守恒和动量守恒）。类似地，学生认为速度与力成正比。一个巧妙的转变就可以将它转为正确的物理学观点。力不会直接改变物体的状态，而是直接作用于中介——速度，速度改变了物体的状态。最后，这种不正确的解释中向上的"力"并非不存在了，而是转为物理学家所说的动量。

在科学概念的教学中，教师需要关注学生原有的知识，并通过分解、改进和重组，使学生原有知识中不正确的观点转为正确的观点。

本章小结

学习是个体获得知识和经验的过程,是个体适应环境的手段,通过学习个体的行为或能力发生相对持久的变化。学习理论主要从学习的实质、过程、规律和条件对学习进行系统化和理论化的梳理,主要包括行为主义学习理论、认知主义学习理论、人本主义学习理论和建构主义学习理论。学习过程就是广义的知识学习过程,陈述性知识、程序性知识和认知策略的学习在前面部分是相似的,陈述性知识的学习有习得、巩固和转化、迁移和应用三个阶段。程序性知识是在陈述性知识学习的基础上进行的,在后面部分需要学习者经过变式练习,使命题转化为产生式系统。认知策略的学习实质上也是一种程序性知识的学习。学习的一般条件主要包括内部和外部条件两个方面,陈述性知识、程序性知识和认知策略的学习条件既有相似点,也各有特点。当然,青少年学习有其特有的特点。教师应学会把学习规律应用到教育领域。

思考题

- 学习的概念是什么?
- 学习的理论有哪些?
- 学习的条件有哪些?
- 学习的一般过程是什么?
- 青少年学习有哪些特点?

探索题

- 假设你是一名中学教师,请根据自己所授学科,选择两个有效的学习方法教给学生。

- 如果你要检查自己在专业学习的某一课程中是否掌握了三类知识,应如何设计? 请举例说明。

第七章　注　　意

学习重点

- 注意的概念
- 无意注意的特点,引起的客观原因以及在教学中的运用
- 有意注意的特点,维持的主观因素以及在教学中的运用
- 注意品质的种类,以及在教学中如何根据其原理来优化教学效果
- 注意规律在自我教育中的应用

你知道吗?

- 学生在认真上课时,教室外突然的响动,会不由自主地吸引学生目光的关注,这是为什么呢?

- 陈景润走路时怎么会撞到电线杆?

- 1 300多年前中国古人刘鲲设计了一个实验,"使左手画方,右手画圆,无一时俱成",其结论是"由心不两用,则手不并运也"(《新论·专学》)。人真的不能"一心两用"吗?

- 地上散落着一些石子,你匆匆一瞥,能看见几个呢?

- 在课堂上,教师怎样做才能吸引学生的注意力,并使之高度集中、持久?

- 你在车站等朋友,从公交车上蜂拥下来一大群人,你为什么能一下子就看到你的朋友呢?

- 飞行员在驾驶飞机时注意力处于怎样的状态?

- 睡眠不足会影响人的注意力吗?

- 学习困难学生和学习优异学生的注意力存在差异吗?

王老师是一名教政治的老师,政治课是一门理论性强的学科,理论的讲授难免枯燥、乏味,学生们对枯燥的内容缺乏兴趣,上课时注意力常常无法集中。王老师很苦恼,如何把枯燥的知识讲授变得生动有趣,吸引学生的注意,激发学生的学习动机,最终使学生从中有所收获? 当你看完本章后,就能替王老师找到答案。

第一节　注意的概述

注意是一种大家都非常熟悉的心理现象。生活、学习、工作中都少不了注意的参与。注意到底是怎样的一种心理现象呢？

一、注意的概念

注意（attention）是心理活动对一定对象的指向和集中。指向性和集中性是注意的基本特性。

所谓指向性，是指在某一瞬间，人们的心理活动有选择地朝向一定的对象。在千变万化的世界中，有各种各样的信息作用于人，但人们不可能对所有的信息都做出反映，只能选择一定对象做出反映，这样才能保证知觉的精确性和完整性。心理学家曾把注意的指向性比作探照灯的一束亮光，在亮光照射的中心，人们会得到最清晰的印象，而在亮光照射的边缘，事物就变得模糊不清。注意是对尚不处于意识状态中的诸事物的一种选择过程，通过这种选择活动，一个心理环境得以从物理环境中建立起来（彭聃龄，1990）。

所谓集中性，是指心理活动停留在一定对象上的强度或紧张度。注意集中时心理活动会离开一切无关的事物，并且抑制多余的活动，这样就保证了注意的清晰、完善和深刻。很多科学家、思想家都具有高超的注意集中能力，苏格拉底就是其中一人。苏格拉底曾经加入一支部队，在一次行军途中他全神贯注地思考起一个哲学问题，不知不觉地停了下来，当他清醒过来，才知道自己已在那里站了几个小时，远远地掉队了。

知识视界 7-1　眼睛的"聚光灯"作用

　　视觉空间注意是指个体将注意集中在视野中的局部区域，对该区域中的刺激进行有选择的精细加工，这种主动选择的视觉空间注意模式被美国心理学家波斯纳（Posner）比喻成"聚光灯"效应。被选择的刺激物会落在聚光灯的范围内，从而得到更为快速、有效的加工；而没有进入聚光灯范围内的视觉刺激物将被忽略。在空间注意的认知神经科学研究中，选择性注意引起事件相关电位（ERP）的 P1 和 N1 等早期成分的波幅增大，两侧枕部 P1 代表视觉加工被空间注意提示所调节的最早阶段，对 P1 的脑成像研究发现，该成分头皮分布主要在外纹状视觉皮质，表明注意的调节可能发生在视觉信息加工的早期阶段。右半球在完成空间注意搜索任务时表现更为活跃，这种偏侧化效应表现在信息加工的较晚期，右侧脑损伤的病人出现空间注意的障碍，因此，右半球在空间注意上占据优势。

（宋为群，高原，罗跃嘉，2004）

指向和集中是同一注意状态下的两个方面,两者是不可分割的。例如,学生上课听讲,他的心理活动不是指向教室里的一切事物,而是有选择地指向教师的讲课内容,并且比较长久地保持在听课活动上,同时离开一切与听课无关的事物,并且对妨碍听课的活动加以抑制,这样才能对教师的讲课有清晰、完善的反映。这就好比摄影中的两个基本步骤"取景"和"对焦":取景是选择拍摄对象,对焦是调节拍摄对象的清晰度。

知识视界 7-2　对于注意概念和实质的探索

构造主义心理学的创始人冯特(Wundt, 1911)在《心理学引言》一书中第一章的标题就是"意识和注意",他把注意看成是意识领域内的一个范围狭小的中心区域。任何心理内容只有进入这个特定的领域,才能获得最大的清晰性和鲜明性。冯特把这个区域称为意识注视点,认为注意是意识对客体的指向性。他在论述统觉时指出,注意的焦点就是统觉,注意是伴随着一种心理内容的清晰领会的状态,并指出注意的范围和作用(黄希庭,2001)。

美国心理学家詹姆斯(James, 1890)在《心理学原理》一书中指出:注意的实质是意识的聚焦和集中。注意的聚焦作用就是把注意力集中于某一对象而离开另一对象,它意指离开某些事物以便有效地处理其他事物。詹姆士所讲的意识的聚焦作用,就是注意的指向性。由于注意的指向性,人才能选择对个体具有意义的外界信息,并在头脑中对它继续加工。詹姆斯并不将注意的选择局限于客观刺激,他提出了智力的注意与感觉的注意、主动的注意与被动的注意等。

注意不是一个独立的心理过程,它是伴随着心理过程而产生的,如果离开心理过程,注意就失去内容依托,它是各种心理过程的共同属性。当我们说"注意某个对象"时,不是指注意看、注意听,就是指注意记、注意想等等。总之,注意是伴随着认识、情感和意志等心理过程发生的。同时一切心理活动的进行也离不开注意。我国古代思想家荀子曾说:"心不在焉,则黑白在前而眼不见,雷鼓在侧而耳不闻。"(《荀子·解蔽》)任何心理过程离开了注意都将无法进行。

二、注意的种类

根据注意有无预定目的和意志努力的程度,注意可以分为无意注意、有意注意和有意后注意。

1. 无意注意

无意注意（involuntary attention）又称不随意注意，是一种事先没有预定目的、并且不需要意志努力的注意。它是人们不由自主地对那些强烈的、新颖的和感兴趣的事物所表现出来的心理活动的指向和集中。例如，大家正在上课，一个迟到的学生突然推门而入，大家就会不由自主地注意他。

无意注意的引起和维持，既没有明确的认识任务，也不依靠意志的努力，而主要是取决于刺激物本身的性质和强度。从这个意义上说，无意注意是消极被动的注意，是注意的初级形式。但从另一角度讲，正因为无意注意不需要意志努力，因此它具有的优点是不易使个体产生疲劳。

2. 有意注意

有意注意（voluntary attention）又称随意注意，是一种有预定目的、在必要时需要做出意志努力的注意。例如，当我们阅读一篇论文的时候，由于认识到学习这篇论文的重要性，便自觉地将注意集中于文章的内容，当学习遇到困惑或环境中出现干扰因素时，我们通过意志努力，使注意力维持在学习的内容上，这种注意就是有意注意。

有意注意是一种积极主动地服从于当前目的任务的注意。它受人的意识支配、调节和控制，充分体现了人的能动作用。有意注意是在人类实践活动中发展起来的，是人类特有的注意，是注意的一种高级发展形式。但由于有意注意需要一定的意志努力，因此主体易于产生疲劳。

3. 有意后注意

有意后注意（post voluntary attention）又称继有意注意，是在有意注意的基础上产生的一种与目的任务联系在一起、但又不需要意志努力的注意。例如，在从事某一活动时，个体开始时对它没有兴趣，需要意志的努力才能完成，但随着活动的逐步深化，个体对它逐渐发生了兴趣，这时不需意志努力就能保持自己的注意，这就是有意注意转化为有意后注意。

有意后注意是一种更为高级的注意形态，它正好具备了无意注意和有意注意的优点，一方面，由于它的引起是以有意注意为先导的，因此它具有潜在的目的性，另一方面，由于它不需要意志努力，因此个体不易产生疲劳。由于有意后注意具有上述两个特点，因此它对人们完成长时、持续的活动任务特别有效，并且是人们从事创造性活动的必要条件。

三、注意的品质

注意的品质主要有注意的范围、注意的紧张性、注意的稳定性、注意的分配和注意的转移。它可以反映一个人注意的发展水平。

1. 注意的范围

注意的范围(attention span)又称为注意的广度,是指在同一时间内一个人能清楚地把握注意对象的数量。以信息加工的观点给出的操作性定义是,在注视点来不及移动的很短时间内(1/10 秒)所能接受的同时输入的信息量。注意的广度可以说是知觉的广度,我们所知觉的对象越多,注意的广度就越大;知觉的对象越少,注意的广度就越小。

心理学家很早就开始研究注意的广度。1830 年汉密尔顿(Hamilton)最先做了示范实验,他在地上撒了一把石子,发现人们很不容易同时看到六个以上的石子。如果把石子两个、三个或五个组成一堆,人们能同时看到的堆数和单个的数目几乎一样多,因为人们会把一堆看作一个单位。其他的研究结果还表明,成人一般能注意到 8~9 个黑色圆点或 4~6 个没有联系的外文字母、3~4 个几何图形。

扩大注意的范围,可以提高学习和工作的效率。排字工人、打字员、驾驶员等都需要较大的注意范围。

时和事件相关电位(ERP)数据。结果显示,不同注意范围时,相同位置靶刺激诱发的前部P2波幅有显著差异,小范围提示下大于中、大范围提示,N1和P1成分没有显著差异,说明早期视皮层活动不受注意范围大小的调节,可能与注意方位有更大的关系,注意范围的大小并不是引起早期调节的主要原因。

2. 注意的紧张性

注意的紧张性(tension of attention)是指心理活动对一定对象高度集中的程度,是注意的强度特征。人在紧张注意的情况下,会沉浸于他所注意的对象,而注意不到周围发生的事情。高度的责任心、浓厚的兴趣和爱好都能引起一个人高度紧张的注意,而厌倦、疲劳则会大大削弱注意的紧张性。例如,在上课时,如果某一学生保持高度紧张地注意听讲,他不会放过老师讲课的任何内容。同样是这个学生,由于前一晚上失眠,虽然责任感迫使他专心听讲,但这时他的思维不灵活,疏漏了老师的一些讲课内容,说明这个学生的注意紧张性减弱了。

3. 注意的稳定性

注意的稳定性(stability of attention),又称注意的持久性,是指注意在某一对象上所能保持时间的长短,是注意的时间特征。

注意的稳定性有狭义和广义之分。

(1) 狭义的注意稳定性。它是指注意保持在某一事物上的时间。人对同一事物的注意是无法长时间保持固定不变的。例如,把一只表放在被试的耳边,保持一定距离,使他能隐约地听到表的滴答声。结果被试会时而听到表的滴答声,时而又会听不到。注意的这种周期性的加强或减弱的变化现象,称为**注意的起伏**(fluctuation of attention)。注意起伏的周期,包括一个正时相和一个负时相。注意处于正时相时表现为感受性提高,感觉到有刺激或刺激增强。注意处于负时相时,则表现为感受性降低,感觉不到刺激或刺激变弱。一次起伏周期平均约8~10秒。注意起伏的原因,一般认为是由于感觉器官的局部适应,使对物体的感受性短暂地下降。实验表明:声音刺激的起伏间隔时间最长,其次是视觉刺激,触觉刺激的时间最短。一般情况下,注意起伏并不会给我们的实践活动带来明显的干扰作用,但在要求对信号做出迅速或高度精确反应的时候,就不能不考虑它的作用。比如,在田径比赛中,预备信号和起跑信号之间的时间间隔就要控制在2~3秒之内。

在看知觉双关图时,可以明显地观察到注意的起伏。我们注视图 7-1 时,可以看到小的方形时而凸起,时而陷下,两种知觉方式跳跃式地变更着。这个实验把注意的起伏模式化了。

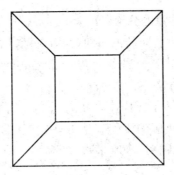

图 7-1　知觉的双关图

(2) 广义的注意稳定性。它是指注意保持在某一活动上的时间。广义的稳定性意味着注意并不总是指向一个事物,而是指注意所接触的事物可以变化,但注意所维持的活动总方向始终不变。比如,学生在听课时,一会儿听老师讲,一会儿记笔记,一会儿思考,虽然注意力在几个事物之间转换,但都服从于听课这一总任务。在教学活动中,更强调的是广义的注意稳定性。

与注意稳定性相对的状态是注意的分散(又称分心),是由无关刺激的干扰或由单调刺激的长期作用所引起的。

4. 注意的分配

注意的分配(distribution of attention)是指在进行几种活动(两种或两种以上)时,注意同时指向不同的对象。注意的分配对人的实践活动是必要的,也是可能的。例如:教师一边讲课,一边观察学生的反应;汽车司机一边操纵方向盘,一边踩油门、刹车,一边还要观察路面情况等。

在以反应时研究注意分配能力的心理学实验中,可用以下公式计算注意分配的能力。

$$K = \sqrt{\frac{L'}{L} \cdot \frac{R'}{R}}$$

公式中:L——在单项刺激下,左手按键正确反应次数;R——在单项刺激下,右手按键正确反应次数;L'——在复合刺激下,左手按键正确反应次数;R'——在复合刺激下,右手按键正确反应次数。若实验结果 K 大于 0.5,说明被试具备注意分配能力,K 越接近 1,说明注意分配能力越强。

5. 注意的转移

注意的转移(shifting of attention)是指根据新任务的要求,主动及时地把注意从一个对象转移到另一个对象上。

注意的转移不同于**注意的分散**(分心,distraction)。前者是指根据任务的需要,有目的的、主动地把注意转向新的对象,使一种活动合理地被另一种活动所代替,是主动的。后者是指由于某种刺激物的干扰或单调刺激长期作用所引起的使注意离开需要注意的对象,是消极被动的。

善于主动、迅速地转移注意,对学习、工作等十分重要,尤其是那些要求在短时期内对新刺激做出反应的工作。例如,一个优秀的飞行员在起飞和落航的 5～6 分钟内,注意的转移达 200 多次,如果注意的转移不及时,其后果不堪设想。

教育实践 7-1　注意缺陷多动障碍

在注意力方面有严重障碍的儿童称为注意缺陷多动障碍(Attention Deficit-Hyperactivity Disorder,即 ADHD),也称多动症,是儿童注意力缺乏、活动过多、唤起过度、冲动性和延迟满足困难等一系列心理、行为问题的总称。

注意缺陷多动障碍儿童的智力正常或接近正常,注意力不集中,活动过多(有些病例例外),情绪不稳,冲动任性,常会导致不同程度的学习困难和行为问题。

注意缺陷多动障碍的主要表现有以下特征(CCMD-3,2001):

1. 注意力缺陷

注意力缺陷是多动症儿童的必有症状。这些儿童很难长时间将注意力集中在某一件事上或某个活动中。重症患儿对任何事情或任何活动都不能集中注意;轻症患儿对自己感兴趣的事物或活动,如听故事、看电视等能集中注意。在课堂上不能专心听课,容易受环境干扰,经常东张西望、心不在焉。平日对老师布置的作业记不住,作业粗心大意、随意图画、边做边玩、错误较多。研究发现,不同儿童对刺激的敏感性不同。有的儿童不能专注于视觉刺激,也有的不能专注于听觉刺激。也有研究发现,多动症儿童更多表现为对听觉刺激的注意缺陷。

2. 活动过多

多数患儿表现为活动过多、小动作不断和言语过多,这是多动症儿童最引起注意的症状:①活动过多。他们在躯体上表现出明显比其他正常儿童更多的活动精力,他们走路时常常是以走带跑;课堂上不能安静听课、离位走动、摇椅转身、打搅同桌,影响教学秩序。②小动作不断。他们在课堂上常常咬铅笔、咬指甲、把书页卷来卷去。也有部分多动症儿童主要表现为小动作过多,而在室外大范围的活动则不明显,只有和他密切接触的父母、老师等才会发现他们多动的症状。③言语过多。他们讲话时爱插嘴、爱争吵,很难倾听别人谈话,课堂上喜欢和同桌讲话,经常抢答问题,也有有意制造声音以引起他人注意。

3. 任性冲动

多动症儿童克制力较差,易激怒或冲动、情绪不稳。一件小事他们就可能爆发脾气,叫喊或哭闹。情绪冲动时鲁莽行事,常常不考虑后果,可能产生短暂暴怒,也可能产生一些破坏行为或危险举动,甚至产生恶劣的后果。要求必须立刻得到满足;挫折时不能容忍,出现激烈的情绪波动和冲动行为;经常违反校纪校规,受到批评又难以改变,因而错误会重复出现。有人认为,多动症抑制能力差是"行为激活系统"和"行为抑制系统"的不平衡所引起的,多动症儿童的"行为抑制系统"功能降低,从而导致患儿不能有效地抑制自己的冲动。

4. 学习困难

多数多动症学生的学业成绩不良。大多数患儿智力水平不低,有的患儿智力水平还较高,但由于注意力不集中、好动贪玩导致学习困难。患儿可能会出现多门课程不及格,只有少数达到中等水平,这给父母带来沉重的负担,需父母经常督促学习。多动症学生出现学业不良的时间也不一致。智力水平及多动症的轻重程度决定着学习困难的时间。智力水平中下且症状严重的多动症患儿在学龄早期就可出现学习困难,而智力水平较高、多动症状较轻的,可能在初中阶段才产生学习困难。部分患儿还会存在种种认知障碍,如有视觉运动障碍的,可能把6看成9,把b看成d等。

5. 行为适应问题

多数多动症儿童存在各种各样的社会适应问题,他们常因在学校缺少朋友而感到孤独。他们在交往中缺乏社交技能,不能与他人合作,干扰别人;不遵守游戏规则,不懂礼貌,不尊敬长辈,不能体察他人感受,从而惹人讨厌;对人缺乏善意,在和他人产生纠纷时常采用语言或躯体攻击等不良方式来解决,因而很难受到伙伴的欢迎。部分患儿伴有对抗、攻击和反社会性行为等,如在校不尊重老师,违反学校纪律;在家违抗父母意愿,和父母强烈对抗。说谎、逃学、惹是生非、挑起斗殴等现象时有发生,出现问题又不易接受教育和管理。

第二节　注意的一般规律

注意作为一种很常见的心理学现象,存在着自己的一般规律性:注意有其独特的功能,有其发生的心理机制,有影响其引起和保持的因素以及注意品质的影响因素。

一、注意的功能

注意是整个心理活动的引导者和组织者,它使心理活动处于积极状态并获得必要的驱动力。注意有三种主要功能:

1. 选择功能

注意能使人们在某一瞬间选择具有意义的、符合当前活动需要的特定刺激,同时避开或抑制无关刺激。选择功能是注意的首要功能,注意的其他功能都是在它的前提下产生作用的。

2. 保持功能

注意能使人的心理活动较长时间保持在选择的对象上,维持一种比较紧张的状态,从而保证活动的顺利进行。

3. 调节功能

注意使人的心理活动沿着一定的方向和目标进行,并且还能提高人们的意识觉醒水平,使心理活动根据当前的需要做出适当的分配和及时的转移,以适应千变万化的环境。例如,当人的注意力高度集中时,意识唤醒水平也随之提高,甚至还会出现某些相应的生理变化,从而提高机体对外界的反应能力。

二、注意发生的心理机制

几十年来,心理学家对注意发生的心理机制进行了许多极其有意义的研究,并提出了相应的理论。现在介绍三种影响较大的理论:

1. 过滤器模型

它是由英国著名心理学家布罗德本特(Broadbent,1958)提出的。他认为,来自外界的信息是大量的,但人的感觉通道接受信息的能力以及高级中枢加工信息的能力是有限的,因而对外界大量的信息需要进行过滤和调节。过滤按照"全或无"的原则,只允许一条通道上的信息经过并进行加工,而其余通道全部关闭。

这种学说看上去过于简单,布罗德本特也承认,被试能在很小的程度上来回转换注意的通道,因而表现出似乎能同时加工两种类型的信息能力。不过他同时表示,这种能力是极其有限的,特别当一个通道材料复杂程度增加的情况下,更是如此。

布罗德本特（Donald Eric Broadbent，1926—1993）

英国著名的实验心理学家。他的研究工作成为第二次世界大战前弗雷德里克·巴特莱特爵士的方法与战争期间应用心理学发展之间的桥梁，从1960年代末以后又以认知心理学著称。1970年当选为国家科学院院士，1975年获美国心理学会颁发的杰出科学贡献奖。当学术界开始使用数字计算机时，他首先将其类推到人类的认知活动，发展了选择性注意和短时记忆理论，并于1958年提出了注意的"过滤器模型"。

2. 衰减模型

它是由美国心理学家特瑞斯曼（Treisman，1960）提出的。她认为过滤器并不是按照"全或无"的原则工作的，信息在通路上并不完全被阻断，而只是被减弱，其中重要的信息可以得到高级的加工并反映到意识中。她和格芬（Geffen）在双耳听音实验中发现，被试能觉察出追随耳中87%的词以及非追随耳中8%的词。这表明，被试可以同时注意两个通道的信息，但信息有不同程度的衰减。

布鲁德本特接受了特瑞斯曼的修改，目前人们倾向于把两个模型合并，称为布鲁德本特—特瑞斯曼过滤器—衰减模型。

特瑞斯曼（Anne Marie Treisman，1935— ）

英国心理学家。现任普林斯顿大学心理学教授，研究领域有：视觉注意、物体知觉、记忆等。针对原有的过滤器模型的不足，她提出注意的衰减模型。最有影响的著作是《注意的特征整合理论》（1980年和杰拉德合著）。

3. 容量分配模型

它是由心理学家卡尼曼（Kahneman，1973）提出的。他把注意看成资源和容量，而这种资源和容量是有限的。这些资源可以灵活地分配去完成各种各样的任务，甚至同时做多件事情，但完成任务的前提是所要求的资源和容量不超过所能提供的资源和容量。例如在无人的高速公路上，熟练的汽车司机可以一边开车，一边和车内的人说话。他之所以能够同时进行两种或两种以上的活动，是因为这些活动所要求的注意容量没有超出他所能提供的容量。而如果在行人拥挤的街道上开车，由于来自视觉和听觉的大量刺激占用了他的注意容量，他就没有能力再与同伴聊天了。

卡尼曼(Daniel Kahneman，1934—　)

美国心理学家。美国普林斯顿大学心理学和公共事务教授、美国科学院和美国人文与科学院院士、国际数量经济学会会员、实验心理学家学会会员等。2002年诺贝尔经济学奖获得者。其学术思想主要有:不确定情境下的判断,非理性决策和风险决策——关于前景理论的研究。一生著作颇丰,已出版的著作和发表的文章有140多部(篇)。

卡尼曼的容量分配模型有两个值得探讨的问题:一、是否所有的心理活动都需要调动资源;二、是否资源只有一种。

首先,心理活动所需调动的资源容量是可以变化的。例如我们刚开始学开汽车时,必须全神贯注,所有的资源都调动起来去学开汽车。这时候,边开车边交谈几乎是不可能的。但是经过多次练习,情况便会改变。技术娴熟的司机可以边开车边交谈,毫不感到困难,除非到了险恶的地段,他必须重新集中注意力。由此可见,一个心理活动可以通过练习减少所需的注意资源,一些高度熟练的活动甚至无需多少注意资源,这就是**自动化**(automatic)。

其次,注意资源具有多重性。不同性质的任务需要不同的资源,同样性质的任务需要同样的资源。如果我们想同时把两篇文章念出来,但实际无法做到,这是因为我们只有一个发音器官(资源)。而如果两件任务需要的是两种完全不同的资源,那么它们就能轻易地同时进行,好像单独执行一样,边开汽车边听收音机就属于这种情况。

百家争鸣7-1　选择注意机制

20世纪中期,选择注意最有代表性的理论有过滤器模型、衰减模型及反应选择模型,三种模型的主要分歧在于未注意信息是否得到加工,进而形成早期选择和晚期选择观点的争论。过滤器模型强调对注意信息的加工,后两种模型则强调未注意信息也得到加工,只不过加工程度不同。衰减模型认为,未注意刺激不是完全被过滤掉,只是强度减弱而难以识别。反应选择模型认为所有未注意刺激都可进入高级加工,注意仅对最重要的刺激做出反应。

可见过滤器理论和衰减理论属于早期选择观点,认为注意处于信息加工的知觉阶段,在识别前对信息进行选择,晚期选择理论通过负启动实验,提出未注意刺激经历了充分的知觉加工和再认,但接下来被有效抑制。

80 年代初,又出现一重要的选择注意模型——特征整合论,其核心是将客体知觉过程分成早期的前注意阶段和特征整合阶段。知觉在前注意阶段是自动平行加工,无需注意。在整合阶段,通过集中注意将诸特征整合为客体,其加工方式是系列的,即对特征和客体的加工是在知觉过程的不同阶段实现的。

(刘志华,陈彩琦,金志成,2003)

三、影响注意引起或保持的因素

上文中我们提到注意的种类有三种,无意注意、有意注意和有意后注意。由于三种注意的性质不同,所以引起或保持三种注意的因素和原因也有不同,下面我们将分别介绍影响三种注意引起或保持的因素。

1. 引起无意注意的原因

引起无意注意的原因可分为两大类:一类是客观刺激物的特点;另一类是人的主现状态。

(1) 客观刺激物的特点

① 刺激物的强度。它是引起无意注意的重要原因,如一道闪电、一声惊雷、一股浓烈的气味等都会引起一个人的注意。一般来说,刺激物的强度越大,越容易引起注意;强度越小,越不易引起注意。与刺激的绝对强度相比,刺激物的相对强度在引起无意注意上具有更重要的意义。例如,在人声鼎沸的广场上呼喊某人,有时即便到了声嘶力竭的地步,也未必能引起某人的注意;而在安静的课堂上,教师轻轻地点名,也会立即引起学生的注意。

② 刺激的新颖性。新奇的事物易引起人们的注意。这里也涉及绝对新颖性和相对新颖性两种情况。绝对新颖性是指刺激物在经验中从未有过,而相对新颖性是指刺激物的各种特征结合是不寻常的。比如,从未见过计算机的人,在展览会上会对一台计算机产生注意,而见过计算机的人,则会对一台造型新颖、设计独特的计算机产生注意。前者是由绝对新颖性引起的无意注意,而后者则是由相对新颖性引起的无意注意。

③ 刺激物的变动。它包括刺激物在空间上的运动和时间上的变化。变化的刺激物容易引起人们的注意,比如,黑夜中闪过的流星、街上忽亮忽灭的霓虹灯、教师讲课时抑扬顿挫的声音都容易引起人们的注意。

④ 刺激的对比。刺激物与周围环境在大小、形状、颜色、持续时间等方面形成对比差异时易引起人们的注意。例如,"万绿丛中一点红"、"鹤立鸡群"等都容易引起人们的注意。

（2）人的主观状态

① 需要和兴趣。凡是能满足人的需要、引起人的兴趣的客观事物容易产生无意注意。比如，一张报纸上有各种信息报道，而有关高考方面的消息易引起高三年级学生的注意；在各种广告中，音乐会的广告易引起音乐爱好者的注意。

② 情绪和精神状态。情绪在很大程度上影响着无意注意。一个人在心情舒畅时对平时不在意的事物也会产生注意，而在闷闷不乐时，对平时有兴趣的事物也会视而不见、听而不闻。

人的精神状态对无意注意也有重大影响。当一个人患病、过于疲劳或处于瞌睡状态时，很难对事物产生注意；而当一个人身体健康、精神饱满时容易对事物产生注意。

③ 知识经验。凡是与一个人的知识经验相联系，并能在原有知识的基础上增加新知识的事物，容易引起注意，比如，一个看过某部小说的人，对报纸上刊载的有关这部小说的介绍、评论易产生注意，而对此小说一无所知的人就对这些介绍、评论没有兴趣了。

2. 引起和维持有意注意的主要条件

（1）对活动目的的理解程度

有意注意是服从于活动目的的注意，个体只有对活动目的理解得清晰深刻，才能使注意调节在完成任务的对象上，并予以必要的维持。心理学的实验证明了这一点：在被试面前放置一面屏幕，屏幕上有一个窗口，窗口后面是一条由转轴带动的长纸带，纸带上画有多个圆圈，并以每秒钟三个圆圈的速度通过窗口。被试的任务是用铅笔把从窗口通过的小圆圈勾去。实验结果表明，如果被试对实验目的和任务有清晰的理解，则能在长达 20 分钟的时间内正确无误地工作。由此可见，对活动目的、任务的理解能够提高个体活动的自觉性和责任感，从而更好地维持有意注意。

（2）对活动的间接兴趣

兴趣有两种，一种叫直接兴趣，另一种叫间接兴趣。**直接兴趣**（direct interest）是指个体对活动的过程感兴趣；**间接兴趣**（indirect interest）是指个体对活动的结果感兴趣。人们在学习、工作等实践活动中，经常会遇到这种情况，即人们对事物本身没有兴趣，但对与该事物联系的结果产生了兴趣，这便是间接兴趣。

如果说，无意注意主要依赖于人的直接兴趣，而有意注意则主要依赖于人的间接兴趣。比如，某学生在学习外语过程中，对学习、背诵枯燥乏味的单词、文法没有兴趣，但对掌握外语后能使用外国先进技术产生了兴趣，这种间接兴趣会引起和保持他对学习、背诵外语的高度有意注意。间接兴趣越浓厚，个体对活动对象产生的有意注意就会越稳定。

（3）注意活动的组织

心理学的研究表明，形式单一的活动容易使人产生厌倦和疲劳感，从而导致注意分散；反之，多样化的活动则有利于提高大脑的兴奋性，维持有意注意的稳定性。比如，学生在学习外语单词的时候，如果单纯地看或单纯地读、单纯地写，都不利于注意的维持，只有把看、读、写三者结合起来，交替进行，才能有效地维持对学习活动的注意。

（4）内外刺激的干扰

有意注意常常是在有干扰的情况下进行的，这些干扰可能来自于内外两部分。内部干扰主要指疲劳、疾病以及与工作、学习无关的思想情绪等；外部干扰主要指无关的声音和视觉刺激物等。内外干扰越少，个体越容易维持有意注意；内外干扰越多，有意注意的维持越困难。

（5）个体的意志力

个体的意志力是有意注意维持的重要保证，尤其是当个体对注意对象缺乏兴趣，又有内外干扰的情况下，意志力的作用便尤为重要。古代人为了坚持学习，用"头悬梁"、"锥刺股"的办法来维持有意注意，其意志力的努力程度可略见一斑，但实际上个体在过度疲劳的情况下强打精神的学习效果并不很好。个体只有在尽可能排除内外干扰的基础上，加强意志的努力，才能达到最佳的学习、工作效果。

3. 有意后注意发生的条件以及各种注意类型之间的转化

有意后注意是从有意注意中转化而来的。它的转化条件主要有两个：

（1）对注意对象的直接兴趣。个体对注意对象的直接兴趣不仅是引起无意注意的条件，也是使有意注意转化为有意后注意的条件。比如，一开始个体对注意对象有意识地注意，之后逐渐被注意对象吸引、迷恋，以致"忘了"对其进行有意识的注意控制，则进入了有意后注意状态。

（2）对注意对象的操作活动水平。如果个体对注意对象的操作活动比较生疏，则必定需要投入大量注意资源才能完成，个体需要有意识地注意才能完成活动。而如果个体对注意对象的操作活动达到十分娴熟的程度，即达到自动化水平，个体则不必投入很多注意资源，就可能进入有意后注意状态。

而上述两个条件，都使有意注意中的意志努力失去了存在的必要性，从而转化成有意后注意。例如，听报告时，如果报告人讲得并不精彩，未能引起听众的直接兴趣，这时听众大多处于有意注意状态。而如果报告很精彩，能引起听众的直接兴趣,但是方言较重,需高度注意方能听懂,这时听众仍大多处于有意注意状态。只有当报告精彩又无语言障碍时,听众才可能进入有意后注意状态。

以上三种注意形态虽然有明显区别,但在生活实践中往往又是不可分割的,它们之间存在着相互转化的过程。例如,有的人最初被邮票鲜艳的色彩所吸引而开始集邮(无意注意),但之后发现邮票中蕴涵着许多知识,便开始系统地、有目的地收集邮票(转化为有意注意),一段时间后,对集邮的兴趣越来越浓厚,端详起邮票来都达到了"入迷"的境界(转化为有意后注意)。

四、影响注意品质的因素

对注意的几种主要的品质——注意的范围、注意的紧张性、注意的稳定性等我们已经有所了解,那么影响这些注意品质的因素又有哪些呢?

1. 影响注意范围的因素

(1)注意对象的特点。注意范围会随注意对象特点的改变而产生相应的变化。一般说来,被知觉的对象越集中、排列越有规律,就越能成为相互联系的整体,注意的范围也就越大,反之注意的范围就越小。例如,研究发现,人们对颜色相同字母的注意范围大于颜色不同的字母;对排列成一行的字母的注意范围大于分散在各个角落的字母;对大小相同字母的注意范围大于大小不同的字母;对组成单词的字母的注意范围大于孤立的字母。

(2)活动的性质和任务。在注意对象相同的情况下,注意范围的大小会随着活动的性质和任务的不同而改变。例如,用速示器呈现不能构成词的一些字母,当要求被试说出哪些字母写法有错误时,他所能知觉到的字母数量要比单纯要求他说出有多少字母的知觉数量少得多。注意范围的缩小是因为找出错误的任务比辨认字母数量的任务复杂,它要求被试更仔细地去感知每个字母的细节。由此可见,当任务复杂或需要更多地注意细节时,注意的范围就会缩小。

(3)个人的知识经验。注意范围的大小与个人的知识经验密切相关。比如,阅读水平高的人可以"一目十行",而阅读水平低的人则不可能做到这一点。一般来说,个体的知识、经验越丰富,整体知觉的能力就会越强,注意的范围也会较大。

2. 影响注意紧张性的因素

(1)责任感、兴趣和爱好。个人如果对注意对象抱有高度的责任感、浓厚的兴趣和爱好,他对活动的注意紧张性就可能较高;而如果他对注意对象缺乏责任感,缺少兴趣和爱好,就很难产生和保持高度的注意紧张性。

（2）身体状况和精神状态。良好的身体状况和精神状态有助于保持高度的注意紧张性；反之，厌恶、疲劳、生病都会大大削弱注意的紧张性，使人很难准确地完成各种心理活动。比如，一个睡眠不足的人，白天工作时注意的紧张性降低了，这时他就很难保持平时的工作效率。

（3）注意范围的大小。注意的紧张性与注意的范围密切相关。注意范围小，保持高度紧张的注意相对容易；注意范围越大，要保持高度紧张的注意就越困难。

3. 影响注意稳定性的因素

（1）对象的特点。一般来说，个体对内容丰富、特征复杂、活动变化的对象容易保持稳定的注意。比如，看一幅画比看一支粉笔容易保持注意的稳定；而看变化的电视画面又比看一幅画容易保持注意的稳定。在一定范围内，注意的稳定性程度是随注意对象复杂性的增加而提高的，但是，如果注意对象过于复杂、难以理解，那么就容易导致疲劳，引起注意的分散。在学习活动中，如果学习内容过于简单，学习进度过于缓慢，学生的注意力往往难以保持稳定；而如果学习内容过于复杂，学习进度过快，学生的注意力同样容易分散。学习内容只有与学生的认知水平相适应，才可能维持学生稳定的注意力。

（2）对活动的态度。一个人对活动目的理解深刻，抱着积极的态度，或对活动有浓厚的兴趣和高度的责任心，注意就能持久稳定。反之，如果个体对所从事的活动缺乏理解、缺乏兴趣，注意则不易稳定。

（3）主体的身体和精神状态。当一个人失眠、生病、疲劳或情绪波动时，注意就容易出现不稳定，而如果身体健康、精力充沛并且情绪良好时，注意就易于持久稳定。

（4）主体的意志力。与维持有意注意一样，保持注意稳定性也需要坚强的意志力，尤其在有内外干扰的情况下，只有坚强的意志力才能保证主体不分心，维持注意的稳定性。化学家门捷列夫为了编制元素周期表经常连续地工作，有一次竟连续工作了三天三夜，这种注意的稳定性是惊人意志力的写照。

4. 影响注意分配的条件

（1）同时进行的几种活动的熟练程度。如果人们对同时进行的几种活动能达到自动化或部分自动化的程度，那么实现注意的分配就比较容易。自动化或部分自动化的活动不需要很多注意就能进行，这样个体可以把大部分的注意集中到比较生疏的活动上去，使两种或两种以上的活动齐头并进。比如，写字熟练的学生，对于边听课边记笔记能够应付自如；而写字不熟练的学生则很难做到这一点，总是顾此失彼。

（2）同时进行的几种活动之间的关联度。有联系的活动便于注意分配。当各种活动之间形成了固定的反应系统时，人们可以轻易地同时进行几种活动。而如果几种活动之间缺少联系，难以形成反应系统，注意的分配就很困难。例如，开车需要手、脚、眼同时完成一系列的动作，只有经过训练建立起一定的反应系统后，司机才能很好地分配注意，自如地驾驶汽车。

（3）同时进行的几种活动的性质。活动的性质不同会影响注意分配的难易，一般来说，注意在技能性活动上的分配较容易，而在智力性活动上分配较难。例如注意分配于手、眼、脚协调活动骑自行车较容易，而注意分配于一边背诗、一边做数学题则比较困难。

学术前沿 7-2　背景音乐与工作的关系——基于容量分配模型的研究

运用注意容量分配理论，根据作业自动化程度的高低，可以将作业分为：

1. 比较适于使用背景音乐的作业

（1）高度自动化的工作：行走、吃饭、穿衣等一二岁以后就不需要再练习的活动；骑自行车、在没有复杂情况的路面上开汽车、做饭等不容易遗忘的动作记忆性的活动。这类活动需要较少的注意资源，对背景音乐的注意不影响作业，同时，音乐的刺激（声音刺激）有助于对新刺激的接受，从而使活动更容易。

（2）较高自动化的工作：有伴奏的歌唱、芭蕾舞（及冰上芭蕾舞）、自由体操、交谊舞等。这一类活动要求必须同时注意音乐，只不过经过长期练习后，动作的节奏和背景音乐的节律已经形成一些比较固定的搭配模式。此时，对音乐（或典型的节奏类型）的听辨达到自动化程度，甚至这种听辨和动作的组合达到了自动化的程度，因此需要分配的注意能量比较少。

2. 可能不适合使用背景音乐的作业　没有达到自动化的、没有练习的新任务，例如：划消测验和相对复杂的考试等等。这类作业属于需要集中注意，而不是分配注意，因此可能不适合使用背景音乐。此外，还有一类需要用耳听的作业，因为和听音乐占据的是同样的听觉通道，所以，也可能不适合使用背景音乐。

3. 从背景音乐特征的角度进行的分析，人们对在什么样的场合用什么样的音乐，似乎在心目中已经有了一些标准。比如人们在夜间长途开车时不会选择越听越困的摇篮曲；商店里一般也不会播放进行曲；显然，人们同样不会选择力度变化较大的音乐用来催眠……

（余原，2006）

5. 影响注意转移的因素

（1）对原来活动的注意紧张程度。个体对原来活动的注意紧张程度越高，注意的转移就越困难，转移的速度也越慢；反之，注意的转移就容易，转移的速度也较快。比如老师在课前宣布期中考试的成绩，结果很难把学生的注意力转移到后面正式的上课内容上，因为学生还沉浸在分数所带来的喜悦或伤心之中，这样必然会影响到上课效果。

（2）新旧对象的吸引程度。如果个体对新的对象有浓厚的兴趣，或它符合个体当时的心理需求，而对旧的对象兴趣较少，则注意的转移就比较迅速和容易，反之转移就缓慢和困难。

（3）个体的神经类型和已有习惯。神经类型灵活型的人比不灵活的人容易实现注意的转移，并且转移的速度也较快；已养成注意转移习惯的人比没有这种习惯的人更容易实现注意的转移。

（4）个体的自我控制能力。自我控制能力强的学生善于主动及时地进行注意的转移，而自我控制能力弱的学生则常常受自己情绪、兴趣的左右，不能主动地转移注意。

学术前沿 7-3　睡眠对注意品质的影响

睡眠不足已经成为当今社会中的一个普遍现象，对个体的认知活动包括注意具有负面的作用。研究（Jackson et al.，2011）使用 fMRI 记录被试进行注意分配时的脑部活动，发现具有正常睡眠的被试，双侧额上回和额下回的都出现 BOLD 信号，剥夺睡眠 27 小时的被试，注意分配任务的完成较差，只在左侧额上回出现 BOLD 信号，说明睡眠确实能够影响到个体注意的分配。宋国萍和张侃（2009，2010）的研究关注疲劳驾驶对视觉和听觉注意影响的脑机制作用，实质上就是研究睡眠不足对个体注意力产生的影响，结果发现驾驶疲劳后视觉、听觉的有意注意能力、注意加工能力都出现下降。

五、青少年注意的特点

从小学到高中学生的注意发展具有以下特点：

1. 个体的注意逐渐向高级形态发展和深化

注意的发展起始于无意注意，然而，最初无意注意的产生主要依靠外部刺激物的作用，随着儿童自身兴趣、爱好的逐渐稳定，无意注意的产生主要会受到兴趣、爱好的影响，这是无意注意发展和深化的具体表现。

无意注意的发展曲线如图 7-2 所示。在初二以前，无意注意的发展随年龄增长而递增,至初二达到峰值,之后出现缓慢下降的趋势(黄煜峰,雷雳,1993)。

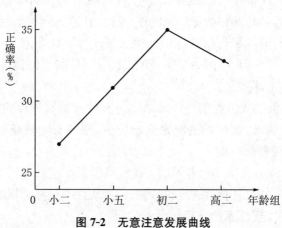

图 7-2　无意注意发展曲线

在无意注意逐渐深化的同时,有意注意也得到发展,并且逐渐取代了无意注意的优势地位。具体表现为学生在学习活动中的目的性、自觉性和计划性得以加强,注意逐渐具有自我组织、自我调节、自我控制的性质,注意的稳定性和集中性有了长足的发展。随着有意注意的逐渐稳定,还出现了更加高级的注意形态——有意后注意。

2. 随着年龄的增长,青少年的注意品质得以全面发展

注意稳定性不良在年龄较小的学生中是比较普遍的现象,这是由于他们的注意还不够内化,容易受外界刺激和自身兴趣的左右。而随着意志力的发展,青少年控制自己注意的能力显著增强,注意稳定性得到了迅速的提高。虽然注意稳定性随着年龄增长在不断发展,但发展的速度不尽相同,其中小学阶段发展速度较快,幼儿阶段和中学阶段发展速度相对较慢(沈德立,阴国恩,1990)。林镜秋等人(1988)研究发现,中学生无干扰注意稳定性是随年龄增长而上升的,且女生优于男生,但到了高中,女生与男生相比,优势不再显著,与初中女生的差异也不大,说明女生注意稳定性从初中到高中发展缓慢。李洪曾等人(1987)采取听录音校对测验纸的方法,也发现从小学到初中三年级,学生的注意稳定性随年龄增长而升高,个别差异逐渐缩小,且女生的注意稳定性始终高于男生,二者之间无交叉现象。

注意的广度除了与知觉对象的特点和性质有关,主要取决于个人的知识经验。青少年时期是知识经验迅速积累的时期,因此注意的广度也有长足的提高。陈惠芳等人(1989)研究了不同年龄群体的注意广度,结果表明,随着年龄增长,

注意广度日益扩大,13 岁儿童的注意广度已接近成年人水平(见表 7-1)。

表 7-1　不同年龄群体注意广度成绩比较

年　龄	4 岁	6 岁	7 岁	9 岁	11 岁	13 岁
成绩(点)	4.74	5.77	6.50	6.97	7.99	8.26

个体的注意分配能力发生较早但发展较为缓慢。林镜秋等人的研究发现小学二年级注意分配能力已经达到 0.583 3,初中二年级为 0.608 7,而高中二年级也只有 0.620 1。注意分配能力发展缓慢主要与注意的分配必须具备一定的条件有关。最初,学生只能在那些关系密切、形式相近的动作之间进行注意的分配,稍不留心,还会出现顾此失彼的现象。只有当各种技能逐渐熟练并加以严格训练之后,他们才可能在比较复杂的动作之间建立反应系统,使注意进行合理的分配,而这种技能熟练化和协调化的发展进程是比较缓慢的。基于对学生注意分配能力的考虑,老师对年龄较小的学生不提记笔记的要求,对高中生只要求记讲课要点,只有当学生进入大学以后老师才会要求他们记详细的课堂笔记。

注意转移的能力是随个体大脑神经系统内抑制能力、第二信号系统的发展而得以迅速发展的。研究表明,注意转移发展的趋势(见图 7-3)为:小学二年级至初中二年级是迅速增长时期,初中二年级至高中二年级是发展的停滞期,高中二年级到大学二年级是缓慢增长期(林镜秋,1996)。

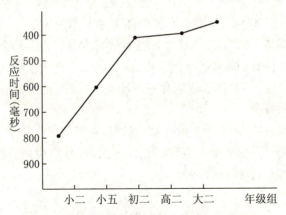

图 7-3　大中小学生注意转移发展的年龄曲线

王称丽等人(2012)研究了 7～15 岁学生注意力(注意综合品质)发展特点,结果发现,注意力随年龄增长呈不断发展的趋势。除 8～9 岁和 13～14 岁两个

年龄段学生的注意力发展较为平缓外,其他年龄段的发展都比较快速,男女生的注意力水平不存在显著差异,如图所示:

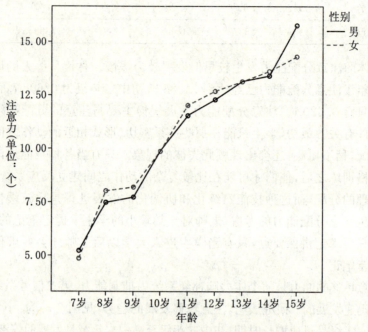

图7-4 7～15岁学生注意力水平发展图

　　总体来看,高中阶段的学生,由于大脑神经系统功能已基本发育成熟,内抑制能力加强,兴奋-抑制之间的相互转换能主动灵活地调节,因此可以说注意转移能力已基本具备。但实际上,学生在注意转移方面表现出的个体差异较大,有的学生在注意转移方面表现得主动及时,而有的学生在教学活动中则不够自觉,不能及时转移注意力,具体表现为思想开小差,或还惦记着前一项活动,从而跟不上教学变化的节奏。

　　研究和实践表明,考察学生的注意力品质,对提高学生的学业成绩和未来发展具有重要意义。许多学困生往往不是智力低,而是在注意力环节上出现了问题(殷恒婵,孟庆茂,钱铭佳,2000)。

第三节　注意规律在教育中的应用

　　我国古代著名哲学家、教育家荀子指出:"君子壹教,弟子壹学,亟成。"壹就是专一、集中注意。意思是说,教师专一地教,学生专一地学,很快就能够成功。

俄国教育家乌申斯基（Ушинского，1950）也说过："注意是一个唯一的门户，外在世界的印象，或者较为挨近的神经机体的状况，通过它才能在心里引起感觉来。"作为教师，如果不能把学生心灵的门户打开，那么不管他讲授的内容是何等地丰富和精彩，结果都是徒劳。

学术前沿 7-4　注意负荷和内隐序列学习的关系

注意与内隐序列学习的关系是内隐学习研究中基本问题之一，以往探讨注意与内隐序列学习关系的研究大多采用双任务范式，使用语音计数任务作为次要任务。有研究发现注意影响序列学习，有研究发现注意对序列学习没有影响。注意是否影响内隐序列学习还存在很大争议。实验采用单因素被试内实验设计，因素注意负荷分为两个水平（高和低），运用行为实验及事件相关电位技术，对内隐序列学习是否需要注意负荷的参与进行研究，结果发现高低注意负荷条件下出现了内隐序列学习效应，但学习量不存在显著的差异，说明内隐学习不受注意负荷影响。

（卢张龙，吕勇，沈德立，2011）

一、注意规律在教书育人中的应用

注意是一种心理现象，是心理活动对一定对象的指向和集中。在日常教学中我们应该尽可能让学生保持对教学过程的指向和集中，否则，教学过程就不算是成功的。下面我们就介绍一些注意规律在教书育人中的运用。

1. 运用无意注意的规律进行教学

个体的无意注意主要是受外界事物的刺激而不由自主地发生的，因而它对教学活动会产生两种截然不同的作用。一种是消极的干扰作用：由于教学活动以外的偶发事件引起学生的无意注意，分散了学生的注意力，干扰了正常的教学活动；另一种是积极的组织作用：通过对某些刺激物有意识的控制来吸引学生的无意注意，为教学活动服务。正因为无意注意的作用具有两重性，因此利用无意注意的实质就在于，通过控制刺激物的强度、对比、运动、变化和新异性等特点，尽可能发挥其积极的组织作用，消除其消极的干扰作用。在具体教学工作中，教师可以从以下几方面来运用无意注意的规律。

（1）注意讲演技巧。教师的讲演技巧对吸引学生的无意注意至关重要。首先，教师讲课时要注意语音、语调应有抑扬顿挫的变化，须避免平淡、呆板；其次，教师讲话时音量要保持适中，过强的声音容易造成学生听觉疲劳，过弱则无法使所有学生听到；第三，对重点的内容要在音量、音调上予以突出，并且给予必要的重复。对于重点内容的重复不是简单地再讲一遍，而是最好以不同的形式呈现同一内容；第四，讲课时应伴以适当的手势、表情，避免单调枯燥的讲述。

（2）注意板书和课件技巧。板书是课堂教学的主要辅助手段。从运用无意注意规律的角度看，应注重以下几方面：首先，要控制合理的使用量。过多的板书会破坏教学节奏，易导致学生注意涣散，而板书过少，则减少了教学形式的变化，也不利于学生注意的集中；其次，要重点突出。板书的书写应有重点和非重点之分，一般地方用白粉笔书写，重点处则用彩色粉笔标出，通过颜色的对比使学生清晰地看到；再次，在使用教学多媒体课件时，目标色和背景色要对比明显，字迹要清晰醒目，重要信息要凸显。已有研究表明，多媒体画面丰富多彩的视听效果，可以增强教学直观性和生动性，但如果过度采用与教学内容无直接关系的图像、音乐、动画等，只会使学习者把更多的无意注意放在精彩的画面和悦耳的音乐上，而无法专心于这些画面和音乐所蕴含的教学内容，将对学习者的学习产生干扰。

（3）注意教学形式的多样化。多样化的活动有利于吸引学生的无意注意，保持对教学活动的注意稳定性。教师上课时除采用演讲这一主要教学方式外，还应穿插使用其他教学形式，如个别提问、集体讨论、角色扮演、动手实验等。但具体教学形式的选择要根据教学内容而定，比如在日常生活中，学生都知道纸是易燃物，物理老师在讲解"热传递"的知识时，若能演示"纸锅烧水"的实验，则比单纯的语言讲解更能引起学生的无意注意。又比如，学习一篇语文课文，如果老师一味演讲，可能会使学生感觉厌倦，但如果能变换教学方式，采用教师演讲、学生角色表演、集体讨论等多种形式，那么教学效果就可能要好许多。此外，随着多媒体教学的发展，教师还可以配合教学内容使用录像、录音、投影、幻灯、电脑等设备，进一步丰富教学形式。

（4）注意教具的使用。配合教学内容选用适当的教具可以增加教学的生动性，引发学生学习的直接兴趣，吸引学生的无意注意。但如果教具使用不当，结果会适得其反。比如有的教师把在课中使用的教具在刚上课时就摆放在讲台上，新异的教具便成了干扰刺激。正确的做法应是先把教具放在讲台里，即使无法放置在讲台里，也要设法作必要的掩饰，待讲课使用时方才取出或移去遮掩。

（5）注意教学内容的组织。能够满足需要、符合兴趣的刺激物容易成为无意注意的对象，因此，教师在组织教学内容时，应充分考虑学生原有的知识经验，结合学生已知的具体实例，提高其学习的积极性，有效地维持注意。教学内容过难或过易，都容易使学生产生分心现象。在对教学内容的具体组织上，要特别重视开端的部分。良好的开头可以引起学生的直接兴趣。教师可以从现实中的生动事例说起，也可以从已学过知识的联系中巧妙引发，还可以在发人深省、耐人寻味的问题情境中展开……目的是通过生动形象、富有启发性的讲述来引起学生的无意注意。比如有一位自然常识课老师,在教《杠杆》一课时,设计了一个"看谁力气大"的问题情境,他故意挑选班上身材最高大的男同学与身材最瘦小的女同学作为对手,他的选择引起了同学们的哄堂大笑,大家都以为结果是不言而喻的。然后,这位老师要求男同学在接近门铁链处把门往外推,让女孩在门把手处用力把门往里推,比赛结果出乎大家的意料,女孩获胜了。什么道理呢? 这一问题紧紧吸引了学生的注意力。这种出奇制胜的方法使学生对学习内容本身产生了兴趣。

(6) 注意学生的听课情况。作为教师要关注学生的注意集中状况,一旦发现学生精神走神,应及时给予信号制止:目光凝视、摇头示意、提问或干脆突然停止讲课等,以变化的刺激引起学生的无意注意,切不可当场训斥,以免干扰集体的注意力。

2. 运用有意注意的规律进行教学

(1) 创造良好的教学环境。为了使学生集中注意学习,首先要尽量避免和排除外部无关刺激的干扰,因此教学环境要尽可能保持安静、整洁。作为教师,首先要关心教室外环境,一旦发现干扰刺激,如噪音、视觉干扰物或有害气体侵扰,要尽快予以排除,尽量创设相对安静的学习环境。但是,俄国生理学家谢切诺夫(Сеченов, 1957)说过:"绝对的,死气沉沉的寂静并不能提高,反而会降低智力工作的效果。"实验表明:人处于绝对安静的环境中并不能有效地工作,反而会逐渐地进入睡眠状态。所以,某些微弱的刺激不仅不会干扰学生的有意注意,而且会加强有意注意。其次,教师还应注意教室内的环境,仔细观察教室是否整洁、桌椅排列是否整齐,以及室内的装饰是否简洁、朴素等,尤其是对于教室如何装饰应引起重视。不少教师自己也会不自觉地过分修饰教室,但效果却适得其反。曾经有一位新教师,为了把教室布置得美观一点,在墙壁上贴满了五颜六色的画片,黑板周围也贴满了形形色色的标语、功课表、好人好事栏等,甚至连日光灯上也挂上彩纸……走进教室简直像走入了游艺园,她原本希望以此提高学生的学习兴趣,孰不知这些刺激已成为学习的"污染源",弄得学生眼花缭乱、注意力分散,学习受到严重影响。由此可见,良好的环境是有效教学的前提和保证。

(2) 培养间接兴趣。为了引发学生学习的间接兴趣,教师在一门课开始时应阐明本课的学习意义和重要性,让学生明确认识到本课知识对他们所具有的价值,以引起他们对学习结果的兴趣,从而积极调动他们对随后教学的有意注意。比如,有一位书法老师在课程开始时先向学生展示我国历代书法家的作品,让学生认识书法作为一门艺术的魅力,同时还让学生意识到优美的书法在我们的生活周围无所不在:书法展厅、黑板报、宣传标语、商店招牌……使学生体会学习书法的实用价值。通过教师的正确引导,学生的学习兴趣油然而生,教学取得了满意的效果。

（3）明确学习目的和任务，并使学生理解其意义。教师不仅要向学生阐明某课程的学习目的和意义，还要让学生认识到每一节课的学习目的和任务，从而使学生对教学活动的有意注意得到有效的维持。教师可以在一节课开头先扼要地阐述本节课的主要内容、学生必须掌握的重点及难点知识……让学生做到有的放矢，促使他们更有效地组织自己的注意。比如有物理老师在讲解"浮力"概念时，先将一空铝皮牙膏壳卷成团投入水中，并布置任务：谁能使沉底的牙膏壳浮出水面？面对这一明确而具体的任务，学生积极思考，争相发言，达到了很好的教学效果。

（4）合理地组织注意活动

① 指导学生组织自己的有意注意。教师应对学生如何组织自己的有意注意给予指导，如要求学生适时地提醒自己"坚持注意"，或反问自己"老师讲到哪里了？"通过这种语言的调节作用，可以促使学生把注意维持在当前活动上。

② 把智力活动与实际操作结合起来。教师教学中应要求学生听练结合，比如让学生适当做笔记或动手操作实验，由于实际操作本身也要求有意注意的参加，因此听练结合实际上是对学生的有意注意提出了更高的要求。

③ 关注学生身体和精神状况。学生良好的身体和精神状况是维持有意注意的内部条件，因此作为教师要关心学生的作息情况和情绪状态，劝说他们注意保持充足的睡眠和良好的心态，保证有充沛的精力投入学习。

3. 运用有意后注意规律进行教学

有意后注意对于教学活动来说是一种理想的注意状态。当学生进入有意后注意，学习便不再是压力和束缚，而成了一种享受。要使学生进入有意后注意，需要注意以下两点：

（1）引发直接兴趣。教师应通过各种高水平的教学技巧和创造性活动来使学生对教学活动产生直接兴趣。这里所说的教学技巧和创造性活动，既可以通过丰富的教学内容来实现，也可以通过多样的教学形式来展示，而目的都是为了引发学生学习的直接兴趣，为听课进入有意后注意创造条件。心理学家们研究和倡导的一种叫做"满怀兴趣学习"的方法，旨在使那些厌恶某门学科的学生建立起对这门学科的学习兴趣，经实验证明还是比较有效的。具体做法是：选择你不感兴趣的学科，坐下来充满信心地想象——这门学科是非常有趣的，我从今天起要好好学习这门课程，在这门课中我一定能获得无穷的乐趣。坚持几周以后，参与实验的学生对此课程的直接兴趣的确得到了提高。

（2）提高学生的操作活动水平。为了使学生听课能达到超然入化的水平，教师应努力提高学生对注意对象的操作活动水平，并尽可能使之达到自动化或半自动化的水平。比如，教师应有意识地训练学生记笔记的能力，在开始训练时,教师要把讲课的速度放慢,适当多写点板书,提醒学生什么该记、什么不该记。而随着学生记忆能力的提高,教师则可少写板书,少提醒,当学生记笔记的水平达到成熟,可以自如地边听边记,便为进入有意后注意打下了基础。

> **教育实践 7-2　新手教师的注意选择性特点**
>
> 　　教师选择注意与洞察力对课堂信息知觉的影响的研究结果表明,选择性注意对教师课堂信息判断的正确率起着重要的作用。选择性注意是教师课堂信息加工策略的重要构成成分之一,在教师课堂信息加工能力的发展过程中起着十分重要的作用。不同学科教师的选择性注意策略、洞察力和表征策略不存在学科差异(张学民等,2002)。因此,课堂教学中注意选择性能力是教师职业专长的一个重要组成部分,能够保证教学行为的有效性,提高教学的质量。与专家教师相比,新手教师的注意选择性较差。
>
> 　　新手教师由于对教学内容的重点、难点等把握还不十分准确,教学经验还比较匮乏,教学方法的运用还不十分灵活,还没有形成自己的教学常规和教学风格,因而他们在注意选择的指向性上多数以自己的教学为核心,把注意大部分指向自己的教学内容、教学方法等,较少照顾到学生的学习活动和学生的不同反应。在注意选择的典型性维度上,新手教师还不能分辨出学生课堂行为中哪些是具有典型意义的活动,哪些活动和课堂教学有密切的联系,哪些活动值得给予注意并加以处理等等。在注意选择的分配性维度上,由于新手教师在教学活动的诸方面还没有达到熟练化水平,因而也表现较差(胡志坚,2001)。
>
> 　　教师注意选择性能力的提高需要长期的教学实践和经验,因此在进行教师培养的过程中,注重注意选择性培养的同时,提供更多的实际教学机会,在实践中提升新手教师的注意选择性。

二、注意规律在自我教育中的应用

　　良好的注意力是学生顺利完成学习任务的保证,因此,每个学生都应重视对自己的注意力的培养。有研究表明,学困生和学优生的注意力存在显著的差异,学困生对分心物抑制能力弱,所以在对目标做出反应时,易受分心物的干扰。因而,其选择性注意效率比学优生低(金志成等,2003)。刘卿(1999)通过对学困儿童的注意力品质的探究发现,学习困难儿童在注意分配能力上有明显缺陷;注意广度与正常儿童比较也有偏低的倾向。张曼华等人(2004)对学困儿童注意力特点的研究发现,学困儿童在注意广度、注意稳定性的划削错误率和注意分配能力上与正常儿童相比都存在着显著性差异。另外,沈烈敏等(1999)研究发现注意力集中能力是一种个体主观不能自控的认知因子,无论初中生还是小学生,学业成绩优劣不同者在注意力方面均有显著差异。可见,学生的注意力对学生学习的影响不言而喻。学生在自我教育中运用注意规律可以从以下几个方面入手:

1. 认识自身注意品质的特点

要提高注意力,优化注意品质,首先要充分认识自身注意品质的特点。个体在注意品质方面呈现的差异较大,比如同样是注意品质不佳,有的学生表现为注意不易稳定,学习时易产生分心;有的学生则是注意不易转移,语文课已开始五分钟,他还念念不忘前面的数学课;而有的学生则是在注意分配方面有困难,上课时难以做到边听课边记笔记……因此,只有充分了解自身的注意特点,才能采取相应的措施,有针对性地加以训练,使注意力得以有效提高。

教育实践7-3　青少年注意力测验

殷恒婵(2003)根据国内外现有的注意力测验,并结合国内对注意现象的普遍看法,编制了《青少年注意力测验》,该测验由注意力转移、稳定性、广度和分配4个分测验组成。

注意力转移的测试加减法测验,测题由1～9自然数组成,要求被试交替进行"加""减"运算,并将结果写在两个数的中间。结果总数为22×12＝264个。如下图:

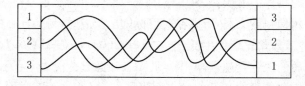

注意稳定性的测试采用视觉追踪测验,测题由起于左侧而止于右侧的多条曲线组成,A图中有10条曲线,B图中有25条曲线,曲线总数为35条。要求被试用眼睛从左侧开始追踪一条曲线,并将该线起始时的序号,用笔写到右侧曲线结束的方格内。

如下图:

注意广度的测试采用选4圈测验,测题是由画有不同数目圆圈的小方格组成。方格的总数量为26×25＝650个。要求被试找出画有4个圆圈的方格,并在方格上打"√"。

如下图：

注意分配能力的测试采用图形辨别测验,测题由两个大小不同,有缺口的圆环组成。由于圆环的缺口方向不同,就组成很多很近似的不同图形。图形总数为 $15 \times 20 = 300$ 个。要求被试找出指定的两种图形,并在图形上打"√"。

如下图：

从以下图中找出图形 ◎ 和 ◎

动手测试一下自己的注意力

下面表格中所列的数字为 10 至 59,如果你能在 30 秒内找到 3 个连续的数字(如 10、11、12 或 37、38、39 等),说明你的注意力水平属中等;如果你能在 15 秒内找到,说明你的注意力水平属于上等;而如果你要一分半钟才能找到,则说明你漫不经心,注意力需要好好训练了。

34	19	42	54	45
26	16	39	28	57
40	35	14	56	30
12	29	44	51	23
50	43	36	24	11
37	20	55	32	47
25	41	17	53	38
52	18	21	31	46
13	22	48	10	58
15	27	59	49	33

2. 善于科学用脑

要学会科学用脑,首先应做到劳逸结合,有的学生学习虽刻苦,但忽视休息,甚至学习古人"悬梁刺股"的精神挑灯夜战,结果头脑昏昏,注意力根本无法集中,学习效果可想而知。其次,每个学生应了解自己的"生物钟",并根据自己的生物钟,合理选择学习时间,以有助于注意力的集中和学习效率的提高。比如,"百灵鸟型"的学生可较多利用白天,"猫头鹰型"的学生可较多利用晚上等。只有科学地用脑,才能为注意力集中提供前提保证。

3. 培养良好的自制力

自制力是一个人控制和调节自己认识、情感和行动的能力。在学习中,往往会有各种内外干扰因素,因此为了与注意分散作斗争,维持自己的注意力,就必须有良好的自制力。为了增强自己的自制力,一方面应加强组织性、纪律性方面的教育;另一方面,由于自制力与人的第二信号系统的控制密切相关,因此,在训练中应借助语言,通过自我暗示等方式,如"必须注意"、"别开小差"等来增强自制力。

4. 养成良好的注意习惯

注意习惯是重要的学习习惯之一,良好的注意习惯包括专心听讲的习惯、注意及时转移的习惯等等。一个人一旦养成了有利于学习的注意习惯,就会在大脑皮层上建立起动力定型,自觉地集中注意力,从而使学习更富有成效。而要养成良好的注意力,则要从小、从点滴入手,正如前苏联心理学家索洛维契克所说:"要想在课堂上集中注意力,我们还是从一年级学做简单的事情开始吧:身体坐正,振作起来,做好听课准备……这样,我们就会非常容易地把注意力集中在老师的讲解上。"养成良好的注意习惯自然是一个漫长、艰苦的过程,但习惯一旦养成,则可使我们受用终身。

5. 培养良好的注意品质

注意品质的个体差异虽然与先天的神经系统类型有一定关系,但主要还是受后天生活实践的影响,因此,通过适当的教育和训练,注意的品质是可以大大改善的。

(1) 注意稳定性的训练

注意稳定性不佳往往与主体的意志力薄弱、情绪不稳定等因素有关,因此对于注意稳定性的训练应从提高意志力和情绪稳定性这两方面入手。具体的方法有:

① 意志锻炼法。规定自己在一定的时间内完成一定的工作量。开始时,规定的时间可以较短,并可选择自己感兴趣的事情做,然后逐渐过渡到在较长的时

间内完成自己没有兴趣的工作或学习任务。训练开始阶段可以设置一定的物质奖励,当自己完成任务情况较好时,便可获得奖励。然后逐渐过渡到自我口头奖励,如"我真棒!""下一次我可以做得更好!"

② 干扰训练法。让自己在外界有干扰的环境下完成学习或工作任务,正如毛泽东少年时代在城门口读书来锻炼自己的自制力。干扰刺激可以是电台广播、电视节目、外界的嘈杂声等。训练的原则与意志锻炼法相同,即干扰刺激应从小到大,训练时间应从短到长,学习任务应从易到难。

③ 静坐放松法。通过静坐放松训练,使自己能够心情舒畅、情绪稳定。具体操作如下:让自己端坐在椅子的1/3处,不要靠在椅背上。人体放松而不松懈,处于安静自然、轻松舒适的状态。头放正,下颌内收,舌抵腭,两腿自然分开,双脚着地,两手轻轻放在大腿上,呼吸自然、均匀。然后播放伴以抒情轻音乐的诱导语:

让我们进入一个美好而又清净的境界

我坐得松静自然、轻松舒适。

头松了、颈松了、肩松了、两臂松了、胸松了、腰松了、两腿松了、脚松了。

自上而下地松、静;松、静……

我轻松愉快,醒脑安神;

我头脑清晰,心情舒畅;

我思维敏锐,记忆力极好!

我精力充沛,思想集中;

我学习一定能取得好成绩;

松、静;松、静;松、静……

然后慢慢睁开双眼。

知识视界7-4 注意力训练的研究

张灵聪(1996)较早对注意力培养进行了研究,他依据为"当人在想象单摆摆动时,手部肌肉就会产生像实际摆动一样的肌肉电流,进而使手产生不自觉地摆动,最后导致单摆摆动"原理研制出"注意稳定训练仪"。与以往"注意集中能力测定仪"、"注意稳定性测试仪"和"追踪仪"等相比较,前者都是从外部刺激(简称外控)来测量或训练人的注意稳定,而张灵聪的"注意稳定训练仪"则是通过想象(内控)来训练人的注意稳定,所以更有利于提高被训练者的自控力。

殷恒婵(2000)则利用恩师 TM(MC2 Study TM)注意力训练仪对 221 名中小学生进行注意力培养的前后测实验,结果表明,经过训练,学生的注意力稳定性、注意广度、注意分配和转移性都有不同程度的改善,其中注意力稳定性这一注意基本品质的提高速度最快。而张英萍、刘宣文则采用认知行为训练方法改进一小学生课堂注意行为,结果表明:对个案进行认知行为训练非常有效(张英萍,刘宣文,2005)。另外,许多研究表明,书法训练(刘勇,1999)、围棋(徐平,2008)、早操(蒋建森,2004)、身体以及情绪控制训练(俞国良,董妍,2007)等,都对学生的注意力尤其是注意力稳定性有明显的提升作用。

(2) 注意转移的训练

改善注意转移的品质可以通过提高主体的自我控制能力来实现。具体做法如下:

按以下规则出两道题:

第一题:写两个数,把一个写在另一个的上边。例如 4 和 2,然后把它们加起来,把和的个位数写在右边的上方,像下面所示的那样,而把上面的那个数移到下面,继续这样做……

4 6 0 6 6 2 8 0

2 4 6 0 6 6 2 8

第二题:起始的两个数与上相同,然后把两个数的和的个位数写在右边的下面,把下面的数移到上面,继续这样做……

4 2 6 8 4 2 6 8

2 6 8 4 2 6 8 4

稍加练习后,随便请个人来,让他每隔半分钟向自己发出命令:"第一"、"第二"、"第一"、"第二"等,听了命令后,画一竖杠,立即改做另一题,尽可能准确而迅速地完成作业。检查后就会发现,错误主要发生在两题转换之间。通过多次训练,自我控制能力会得到提高,做题的错误率会减少,转换的速度也会加快。

(3) 注意广度的训练

训练注意广度的目的在于提高自身的整体知觉能力,具体做法如下:

给自己列一张数字表,表中的数字都是无规则的(如下所示),然后划去任意两个数之间的某个数,这些数字都可自己选定,如划去"1"和"8"之间的"6"

字等。

$$1\ 5\ 3\ 4\ 9\ 6\ 3\ 8\ 2\ 5\ 4\ 7\ 9$$
$$3\ 0\ 3\ 7\ 1\ 5\ 4\ 2\ 6\ 9\ 8\ 7\ 4$$
$$4\ 2\ 7\ 3\ 0\ 1\ 5\ 6\ 4\ 9\ 2\ 3\ 8$$

划数字训练的评分方法是计算划对、划错和漏划三种数据。全部划对的数字的总和称为粗分,划错的加上二分之一漏划的称为失误。粗分减去失误称为净分。用公式表示即为:

净分＝划对数－(划错数＋1/2 漏划数)

失误率＝(划错数＋1/2 漏划数)÷划对数×100%

通过比较多次训练间的净分和失误率,可以看出自己的注意广度是否得到扩大。

(4) 注意分配的训练

提高学习活动时的注意分配能力,关键在于训练自己掌握与学习活动有关的技能,并使各种技能协调化。比如在训练自己熟练写字的基础上,进一步练习边听边记的能力,从而为记课堂笔记打下基础。

教育实践 7-4　围棋活动对儿童注意力的影响

徐平(2008)研究了围棋活动对于儿童注意力、意志力和创造力的影响。结果表明,参与围棋活动后的儿童注意力较未参与围棋前有显著提升,围棋活动对儿童注意的稳定性、集中性及可持续性有很大影响,而对注意力的广度和转移性影响较小。这说明围棋活动提升了儿童注意力,主要集中在稳定性、集中性和可持续性上。

围棋是中国古代智慧的产物,是中国文化的瑰宝。从它诞生那一刻起,就充满神奇,让人感到扑朔迷离,不论什么时候,都充分展示其独特的个性。围棋不仅仅是一项复杂、有趣的竞技运动,而且是一种高级思维活动。围棋的对弈正好是一方提出问题、另一方解决问题的矛盾统一体。一方要想战胜对方,必须集中注意对方对弈过程中采取的策略,以便更好地思考问题,更好地解决问题。因此,围棋是提升儿童注意力的重要途径。而注意力的提升,对于儿童学习成绩以及实践活动的开展具有重要的影响。因此,围棋活动要有条不紊地在学校开展,为学生创设良好的竞技环境,同时还要注意随着年龄的不同而开设难易程度不同的围棋活动。

让我们回到本章开头提到的那个案例。王老师在熟练掌握教材知识、了解学生知识水平的基础上，精心备课。在教授《做意志坚强的人》时，采用故事引入，观看关于意志坚强的先进事例的视频，吸引学生的注意，引起学生的兴趣，并联系生活实际进行提问：同学们是意志坚强的人吗？为什么我们没有坚强的意志呢？我们碰到了什么难题导致我们无法坚定意志呢？王老师事先收集了学生在学习生活中碰到的挫折，在课堂中，以小组的形式，抽取纸条进行相应的表演，并以小组群策群力的方式，讨论"如何克服挫折"，把小组讨论的结果呈现在黑板上。

一堂课很快过去了。同学们始终精神饱满，注意力高度集中，取得了很好的教学效果。仔细分析，教师在教学中有意识地在几个方面考虑到注意规律的应用：

其一，教师一开始就通过视频的播放吸引学生的注意，使学生产生学习的兴趣，沉浸在课堂安静的氛围中。表演和讨论的教学形式使学生参与到教学活动中，激发了学习的积极性。

其二，学生表演的案例贴近实际，引起学生共鸣，而应对挫折的讨论也激发了学生的学习动机，学生希望获得克服挫折的方法，因而能够吸引学生的注意。

其三，教学内容的丰富、多媒体设备的使用、学生表演和讨论的开展，直接抓住了学生的注意，使多数学生的注意自然地从有意注意进入到有意后注意状态，既有助于减少疲劳，又提高注意集中程度。

本章小结

注意是心理活动对一定对象的指向和集中，指向性和集中性是注意的基本特性。注意可以分为无意注意、有意注意和有意后注意；无意注意是一种事先没有预定目的、不需要意志努力的注意。有意注意是一种有预定目的、在必要时需要做出意志努力的注意。有意后注意是在有意注意的基础上产生的一种与目的任务联系在一起、但又不需要意志努力的注意。注意的品质主要有注意的范围、注意的紧张性、注意的稳定性、注意的分配和注意的转移。关于注意发生的心理机制，目前存在三种影响较大的理论：过滤器模型、衰减模型和容量分配模型。本章还讨论了影响无意注意的原因、引起和维持有意注意的主要条件和有意后注意发生的条件；以及影响注意的范围、注意的紧张性、注意稳定性、注意的分配和注意转移等品质的因素。注意规律要合理恰当地应用在教书育人和自我教育中,以期达到提高教师的教学质量、培养学生良好注意品质的目的。

思考题

● 注意是怎样一种心理现象?它具有什么功能?

● 注意一般可分为哪几种?有意注意和无意注意的区别在哪里?

● 影响无意注意、有意注意和有意后注意的因素有哪些?

● 注意品质有哪些?

● 影响注意广度和注意稳定性的因素有哪些?

● 教师应怎样运用注意规律来组织教学?

探索题

● 赵老师是某中学的一位生物老师。她总是喜欢穿漂亮艳丽的衣服,显得格外精神、自信。她带来了教学仪器,小心地端放在讲台上。一切准备就绪,开始上课。她先宣布上次考试的成绩,勉励大家继续努力,争取期末取得好成绩。她讲课镇定自若,言语平静流畅。讲到重点地方,她会提醒学生注意,因而不需要重复以提高授课效率。突然她发现有个学生在开小差,出于对学生的关爱,她立即点名批评,制止了这种不良行为。下课铃响了,赵老师立即下课,她的风格是讲到哪里就哪里,从不喜欢拖堂影响学生的休息。请你运用所学的注意规律评判一下赵老师的课是否成功并说明理由。

● 请你分析现实教学中某位教师上课时运用注意规律的情况。

第八章 动　机

学习重点

- 掌握动机的概念
- 理解动机的规律
- 了解青少年学生的动机特点
- 掌握学习动机的培养与激发方法

你知道吗?

- 为什么许多孩子喜欢玩游戏而不喜欢学习?
- 为什么有些人积极参加集体活动而另一些人则游离于集体之外?
- 为什么有人喜欢参加极限运动?
- 为什么很多女性都觉得自己需要减肥?
- 为什么学生经常会问那些与课堂无关的、次要的问题?

　　快到上物理课的时间了,建华问同桌的晓康:"昨天的物理作业我还没做完,你做完了吗?"晓康说:"是的。"建华说:"自从我认识你,每次老师布置的作业你都会按时完成。"晓康笑了笑,说:"我倒没觉得做作业是负担,反而要是有什么东西没有学到的时候我会觉得烦恼。""我不行,有些课虽然我不喜欢但还是会努力学习,就是为了取得好成绩。可是物理课让我讨厌,所以连努力学习都做不到。哎,再这样下去,我的物理成绩肯定会惨不忍睹了。"建华说完挤出了一个无奈的笑容。

　　晓康和建华的情况你遇到过吗? 你认为建华的问题是什么? 你有什么办法可以帮助建华吗? 当你看完本章后,就能找到答案。

第一节　动机的概述

　　任何一个正常的人在清醒状态下做出任何事情都是有其内部的心理动力的,了解这种内部心理动力,对于我们更好地理解、预测甚至改变我们自己或他人的行为有着重要的意义。

一、动机的概念

心理学的研究表明,一个人之所以会出现某一行为,其直接的推动力来自于动机。因此,动机是直接推动一个人进行行为活动的内部动力。例如,饮食动机会导致一个人的饮食行为,学习动机会导致学生的学习行为。动机在人的行为活动中的具体作用可细析为四个方面:

1. 动机能激发个体产生某种行为

这里动机是引起行为的原动力,对行为起着始动作用。例如,一位学生有健美的动机,他便会在这一动机的驱动下,产生相应的行为。

2. 动机能使个体的行为指向某一目标

这里动机是引导行为的指示器,对行为起着导向作用。在上例中,那位学生会在健美动机的引导下,将激起的行为明确指向健美这一目标。

3. 动机能使个体的行为维持一定的时间

这里动机是保持行为的续动力,对行为起着续动作用。在上例中,那位学生会在健美动机的作用下,进行一段时间的健美活动。

4. 动机能调节个体行为的强度、时间和方向

这里动机是调节行为的控制器,对行为起着调控作用。在上例中,那位学生进行健美活动的行为强度、维持时间的长短,都受到动机的制约。如果行为活动未达到健美目标,动机还将驱使他转换行为活动方向以达到既定目标。

动机在这四方面的作用,构成其最本质的特征,也就成为动机概念的主要内涵。由这四种作用所合成的动机对个体行为的作用,犹如发动机、油门和方向盘所组成的动力操作系统对车辆的运行,其意义之重大不言而喻。正鉴于此,心理学家把**动机**(motivation)定义为:引起和维持一个人的行为活动,并使之朝向某一目标的心理倾向。

二、动机的种类

人们从事丰富多样的活动,而活动的背后存在各种动机,根据不同的角度可以对动机进行分类。

1. 根据动机的起源,可把动机区分为生物性动机和社会性动机

生物性动机(biological motives)与人的生物性需要相联系,如觅食动机、休闲动机、避险动机等。**社会性动机**(social motives)与人的社会性需要相联系,如交往动机、尊重动机、成就动机、奉献动机等。其中社会性动机还可进一步细分为基本社会性动机和高级社会性动机,分别与人的基本社会性需要和高级社会性需要相联系。关于这种社会性需要的细分见本章第

二节。

百家争鸣 8-1　关于成就动机的争论

成就动机是人们在完成任务过程中力求获得成功的内部动因,亦即个体对自己认为重要的、有价值的事情乐意去做、努力达到完美地步的一种内部推动力量。但不同的研究者对这种内部推动力量的原因有不同的解释。

归因理论认为人们对自己行为结果(成功或失败)之原因的知觉与评价是个体获得成功的内部动因,且这种归因信息是效能判断的重要来源,它通过直接作用于效能期待来影响行为表现。自主性动力理论认为,真正影响行为之自我激发和调节的是人们对行为的自主性或控制性意识。所谓自主性是指出自行为者意愿、由其自由抉择和承担责任;而控制性是指在某种压力下趋于特定行为。人们越是将行为知觉为自主的,就越能全身心地投入并负起责任。内在动机固然是自主的,但外在动机并非都是被迫的。同样,内部或外部激起的动机都存在着自主性和控制性两种情况。自我效能理论认为,人们仅凭意志力并不足以实施自己的行为,必须有效地运用其力量的自我保证,自我效能就起这样的作用。在动机作用过程中,起重要作用的不是能力而是对自己是否胜任的知觉。而成就目标理论则认为个体对获得或达到有价值的结果或目的的知觉是内部活动的原因。

综上所述,不同的研究者对成就动机的原因有不同的解释。归纳起来不难发现,归因理论是从个体对其行为结果认知的角度来解释内部原因的,自我效能理论是从个体对其自身能力认知的角度来解释内部原因的,成就目标理论是从个体对其行为目标认知的角度来解释内部原因的,而自主性动机理论是从个体自身活动意愿的角度来解释内部原因的。

（沃建中,黄华珍,林崇德,2001）

---

2. 根据动机的意义,可把动机区分为合理动机和不合理动机

合理动机(rational motives)是指与我们的社会利益相一致的、有利于个体健康发展的动机,它包括高尚的、正确的和在一定时期里有较多积极因素的动机。**不合理动机**(irrational motives)则是指不符合我们的社会利益和个体健康发展的动机,它包括低劣的、错误的和有较多消极因素的动机。

需要指出,将动机简单划分为高尚、正确与低劣、错误两类是欠妥的。在实际生活中,包括在教学活动中,有相当一些动机不能作这样简单的划分。例如,为分数而学习、为评奖学金而努力等动机就不能简单判定为高尚或低劣、正确或

错误的动机。当个体尚未培养起对学习活动的内在兴趣、又缺乏远大目标的有力激励的情况下，上述动机对完成学习任务、提高学习积极性仍有一定的积极因素，应作为合理动机考虑。但作为教育者，又必须清醒地看到这类合理性动机所具有的过渡性、阶段性特点，在运用分数和奖学金来激发学生学习动机的同时，要不失时机地培养学生正确和高尚的学习动机，鼓励学生为真正掌握文化知识而学习，为振兴中华、实现四化而学习。因此，将动机按合理性划分，分出不同的合理性层次，既符合客观实际，又有助于指导教学实践，对学生动机的培养和激发有一个正确的导向。

3. 根据动机的自主性水平不同，可以把动机分为内在动机、外在动机和非动机

自主性是指出自行为者意愿，并且由其自由抉择和承担责任。**内在动机**（intrinsic motivation）是由活动本身产生的快乐和满足所引起的，它不需要外在条件的参与，完全是自主性的。比如说，为了获取新的、有趣的知识而读书。**外在动机**（extrinsic motivation）是由活动外部的因素所引起的。根据自主性水平由低到高，可以把外在动机再分为外在规则动机、内转规则动机和认同规则动机。外在规则动机是为了获取积极的后果或避免消极的后果。如学生为了获取老师的表扬或迎合家长的要求而做作业。内转规则动机是指外在的要求转变为内在的要求，人们用内在的要求衡量自己的行为。比如，一个学生可能说："我在考试前通宵学习，如果不这样做我会感到内疚。"认同规则动机是指人们看重某一行为，并且无条件地执行。比如，一个学生可能说："我去上学，因为它对我很重要。"第三种动机是**非动机**（amotivation），它指人们的行为是由自己无法控制的力量引起，这种动机自主性水平最低。布鲁纳（Bruner）认为对于学习来说，最好的动机就是学习者对学习材料本身感兴趣，而不是外在的奖励或者竞争等刺激。内在动机对人的创造性具有很大的促进作用，如果个体内在动机水平高，就会主动提出任务，积极地面对困难，敢于冒风险，富有挑战性，思维新颖、独特、流畅，从而有助于创造性地解决问题；而外在动机对人的创造性具有消极作用，外在动机易使个体忽视任务本身，而过于关注外在目标，并易使个体产生焦虑感，对认知活动产生削弱作用，使个体难以创造性地解决问题（王玲凤，2002）。

内在动机和外在动机是相互作用的，高度的外在动机会削弱内在动机，即使一项活动个体从内心感兴趣，但明显的外在奖励会使内在动机减退。莱伯等（Lepper, et al., 1973）的研究表明，由于外在奖励的作用，原本对画图感兴趣的儿童变得很少画图了。

4. 根据动机在活动中的地位和所起作用的大小,可把动机区分为主导性动机和辅助性动机

对行为起支配作用的动机称为**主导性动机**(dominative motives);对行为起辅助作用的动机称为**辅助性动机**(assistant motives)。当主导性动机和辅助性动机之间的关系比较一致时,活动动力会加强;如果彼此冲突,活动动力会减弱。

百家争鸣 8-2 　外部动机和内部动机真的是相互对立的吗?

一直以来,心理学界都认为内部动机和外部动机是相互对立的。过度奖赏效应表明,当给予个体不适当的外部动机时,会降低个体从事某项活动的内部动机,使学生原有的学习兴趣下降或丧失。因此,无论是在教育领域还是管理领域,教师或领导都很注重激发学生或员工的内部动机。德西等人(Deci,2001)曾经做过一个元分析,得出结论认为外部动机确实会降低内部动机的水平。但有一项研究对学生的学习进行实际观察却发现,以排名作为外部动机或是强调多数学生的学习效果,并不一定会妨碍学生学习的内部动机。如果在学习活动中,要求学生制定各自的排名目标,学习活动是任务导向而非追求个人成功或避免失败,并且学习是基于个人兴趣的,那么在这些前提条件之下,排名这个外部动机可以帮助学生保持对学习的内在兴趣。这个研究说明外部动机与内部动机的关系并非简单地截然对立(Covington,2000)。随后,卡梅伦(Cameron,2001)对 100 多项研究进行分析发现,外部奖赏对内部动机有时起积极作用,有时起消极作用或者没有任何影响作用,因此问题的实质是外部动机对内部动机并不具有全面的影响。关于这个问题的争议至少说明外部动机和内部动机的关系并不像以往所认识的那样简单,有许多复杂的因素会影响两者之间的关系。

---

5. 根据动机与目标的远近关系划分,可把动机区分为远景性动机和近景性动机

远景性动机(distant motives)是指动机行为与长远目标相联系的一类动机。**近景性动机**(proximal motives)是指与近期目标相联系的一类动机。例如,学生在确定选修课程时,有的是考虑今后走上社会、踏上工作岗位的需要,有的只是考虑眼下是否容易通过考试,他们的择课动机便分属远景性和近景性动机范畴。远景性动机和近景性动机具有相对性,在一定条件下,两者可以相互转化。远景目标可分解为许多近景目标,近景目标要服从远景目标、体现远景目标。"千里之行,始于足下",是对远景性动机和近景性动机辩证关系的生动描述。

"新生 15"是什么？是指许多大学生入学第一年里,体重平均增加 15 磅的现象(Holm-Denoma, et al., 2008)。对于多数大学生而言,考上大学就意味着远离父母的管制。他们可以自由决定是否吃饭、什么时候吃饭,以及吃什么饭,甚至还可以喝酒或各种饮料。以前的规律生活和注重营养搭配的膳食安排完全被抛诸脑后,再加上学业压力与高中相比也有所减轻,于是很多大一的新生在入学后的第一年里都有不同程度的增重。新生 15 说明大学第一年,特别是大学第一学期是个过渡期,大学生开始学习如何管理和安排自己的生活,初获自由让他们过分放纵自己,只要喜欢不论是否需要都随意进食。但是一段时间之后也能回归理性,于是体重也在以后的学习生涯中回归正常。

6. 根据动机所涉及的活动划分,可把动机区分为学习动机、工作动机等

还可根据具体的活动范畴将动机区分为学习动机、工作动机、劳动动机、游戏动机、饮食动机、犯罪动机、自杀动机等,这种划分便于围绕人们的某一方面活动作进一步的动机分析和研究。

第二节　动机的一般规律

人类的各种动机是如何产生的？哪些因素对动机的形成有影响作用？青少年的动机有何特点？这些都是本节将要回答的问题。

一、动机作用的心理机制

一个人的行为由他的动机所推动,那么一个人的动机又是怎样产生和发生作用的呢？一般来说,动机的产生和发生作用是内驱力和诱因共同作用的结果。而内驱力是在需要的基础上产生的内在推动力,诱因是满足需要的外在刺激物,因此,归根结底,人的行为动机是由内因和外因、内在主观需要和外在的客观事物所共同制约和决定的。

1. 需要及其种类

需要(need)是人对客观事物的需求在头脑中的反映。它往往以人内部的缺乏或不平衡状态,表现出其生存和发展对于客观条件的依赖性。当个体某种需要没有得到满足时就会产生相应的动机,并且促使他去从事满足需要的行为活动。例如,一个口渴的人,会出于饮水的需要而产生相应的动机,并导致寻找水喝的行为活动;一个寂寞的人,会出于交往需要而产生相应动机,并导致走亲访友的行为活动;一个乐学的人,会出于求知需要而产生相应的动机,并导致学而

不倦的行为活动。需要是人的积极性的源泉,是动机产生的最根本的心理基础。

人的需要是多种多样的。有关需要种类的划分,在心理学界存在不同的理论观点。其中尤以马斯洛的需要层次理论(need hierarchy theory)影响最大。他把人类需要由低级到高级排列为七大类:第一类是生理需要,如吃、喝、睡、性、排泄等方面的需要;第二类是安全需要,如躲避危险、防御侵袭、排除不安定因素等方面的需要;第三类是归属和爱的需要,如交友、爱情、母爱、子恋、从属某一团体等方面的需要;第四类是尊重需要,如希望有实力、有成就、能胜任、有信心,以及要求独立和自由,或渴望名誉、威信、赏识、关心、重视、高度评价等方面的需要;第五类是认知需要,如知道、了解及探究事物等方面的需要;第六类是审美需要,如追求事物对称、秩序及美等方面的需要;第七类是自我实现需要,如充分发挥自己潜能、发现自我满足的方式等方面的需要(见图 8-1)(Maslow,1954)。

图 8-1　马斯洛需要层次模式
(Maslow, 1954)

马斯洛把人类需要看成是一个组织系统,并按优势出现的先后排列成等级,这对我们是有启发的。但他的划分缺乏明显的标准,且把人的所有需要都视为先天潜存的似本能(instinctoid)需要,也不符合客观事实。

马斯洛(Abraham H. Maslow,1908—1970)
　　美国当代著名社会心理学家、人格理论家,人本主义心理学的主要发起者,曾任美国心理学会主席(1968)。马斯洛提出的需要层次理论对于更好地理解人类的行为有着重大意义,是迄今为止最有影响力的需要理论。

可以把需要按生物性-社会性维度划分为两大类:生物性需要和社会性需要。生物性需要是指保存和维持个体生命和延续种族的那些需要。如生理需要、安全需要、运动需要等,其大部分为人和动物所共有(当然两者仍有本质区别)。社会性需要是指与人的社会生活相联系的那些需要。由于人的社会性需要十分复杂,又可细分为基本社会性需要和高级社会性需要。作为社会性需要,它们自然都是在社会环境下发展起来的,但基本社会性需要则较少受教育影响,带有一定的先天成分。如依恋需要、探究需要、交往需要、朴素的美的需要等,往往在个体早期就已出现,甚至在动物中也能发现其萌芽。哈洛(Harlow,1966)等人就曾做过这样的实验。他们制作了三种不同的金属母猴:第一种金属框架表面包着绒布且装有奶瓶;第二种只在表面包着绒布;第三种身上装有奶瓶,却未包绒布。然后观察小猴对三种假母猴的态度。结果发现小猴最喜欢第一种母猴,后两种母猴相比之下,小猴更多的是依偎在第二种母猴身边,只是在饥饿时才到第三种母猴那边去。这表明依恋需要(affiliation need)甚至对动物来说也不是派生的。而高级社会性需要更多地受教育影响,完全是后天发展的结果,为人类所独有。如求知需要、成就需要、贡献需要等,往往都是在基本社会性需要的基础上发展形成的,也可以说,是人类社会需要高度发展的结果。对于某一个体来说,未必都会有这种需要,它需要通过教育加以培养和发展。这样划分需要,尤其是在生物性需要与高级社会性需要之间划分出基本社会性需要,更符合人的需要发展的实际,更能反映人在生物属性与社会属性之间由前者向后者发展的轨迹(卢家楣,1986)。

哈洛(Harry F. Harlow,1905—1981)

美国比较心理学家,早期研究灵长类动物的问题解决和辨别反应学习,其后用学习定势的训练方法比较灵长类和其他动物的智力水平。曾荣获国家科学奖,1951 年当选为国家科学院院士,1958 年当选为美国心理学会主席,1960 年获美国心理学会颁发的杰出科学贡献奖。

2. 内驱力和诱因

虽然从总体上说需要是动机产生的最根本的心理基础,但在具体情境中,个体具有某种需要,未必一定引起相应的动机。模糊意识到的、未分化的需要叫**意向**(intention)。当个体有某种意向时,可能意识到一定的行为活动方向,但却不一定明确行为活动所依据的具体需要,因而缺乏对行为的动力作用。明确意识到并想实现的需要叫**愿望**(desire)。但如果愿望仅仅停留在头脑里,并不付诸实际行动,这种需要还是不能成为活动的动因。处于静态的需要怎样才能引起动机、产生行为呢?这便涉及行为发生机制中的另外两个概念:内驱力和诱因。

(1)内驱力

如前所说,需要往往以人内部的某种缺乏或不平衡状态,表现出其生存和发展对于客观条件的依赖性。而当这种缺乏或不平衡状态以动力的方式来表现其对客观条件的依赖性时,需要便以内驱力的形式从个体内部产生行为动力。因此,**内驱力**(drive)是由于人内部的某种缺乏或不平衡状态所产生的旨在恢复稳态的一种内在推动力。例如,体内食物缺乏导致人的一种不平衡状态,产生内驱力,引起觅食动机和行为。当饮食需要得到满足,内驱力就降低,觅食的动机和行为也就减弱或停止。因此,需要是内驱力的基础,两者在一般情况下呈正相关,只是在当个体有某种需要但已缺乏行为活动可能性时,内驱力水平才没有跟上需要水平。如长期挨饿的动物对食物需要强度大,而由于身体虚弱,其内驱力水平反而降低了。需要指出的是,在西方有关理论中,有不少人仅把内驱力囿于生理性范畴,认为只有当个体在生理需要得不到满足时才产生内驱力。其实,内驱力与需要一样,也有生物性内驱力和社会性内驱力之分。

(2) 诱因

个体是否最终产生动机和行为,往往不仅仅由其内驱力决定,在一般情况下,还需要一定的外部条件,这个外部条件就是我们所说的诱因。所谓**诱因**(incentive),就是指能满足个体需要的刺激物。诱因可分为正诱因和负诱因两种。凡是能使个体因趋向或获得它而满足其需要的刺激物为正诱因(positive incentive),而能使个体因逃离或回避它而满足其需要的刺激物为负诱因(negative incentive)。现代心理学越来越重视诱因对个体动机行为的影响。许多动物实验表明,内驱力并不能直接推动机体的动机行为,只是使有机体处于更易反应、准备反应的状态,诱因才能使机体真正产生动机,导致行为。在老鼠走迷宫的实验中,如果在终端没有食物(无正诱因),饥饿的老鼠(有较大内驱力)并不比饱食的老鼠(缺少内驱力)更积极;但若在终端放了食物(有正诱因),饥饿的老鼠就立刻飞跑。并且,当实验员把食物由大量换成小量,饥饿的老鼠也会相应地放慢速度,当食物增多,饥饿的鼠又会迅跑。这一实验突出反映诱因对动机行为的调节作用。事实上,在人类生活中也有许多类似的情况。当一个已经饱食了的人(缺少内驱力)看到异常精美的点心(正诱因),仍会忍不住再品尝一下,此举主要不是出于内驱力的推动,而是诱因的刺激。在教学中我们也常看到,枯燥的教学不但不能激起求知内驱力不强学生的听课动机,而且也难以激起求知内驱力较强学生的听课动机。因此,重视和强调诱因对个体动机的作用,在教学实践中更具有现实意义。教学的主要手段正是在于向学生提供各种诱因,以促使学生产生学习动机,进而养成良好的学习习惯。

二、影响动机的因素

个体的行为是在主观需要和客观事物的共同作用下,通过内驱力和诱因的形式被引发的。这可谓动机发生的最基本的模式。在具体情境中,情况要复杂得多,还有其他因素影响着个体的行为动机。只有以基本模式为框架并了解其他因素的影响,才能较全面地理解人的行为动机。

1. 价值观因素

价值观(values)是人们用以评价事物价值标准并以之指导行为的心理倾向系统。它制约着个体去发现事物对自己的意义、设计自己、确定并实现奋斗目标。价值观是个体出生后在社会生活实践中逐渐萌发和形成的。一旦形成,它具有相当的稳定性,时时处处都会自觉不自觉地根据自己内心的尺度来衡量客观事物的价值。虽然事物是客观存在的,但由于各人的价值观不同,因而对同一事物各人对其意义的评价和认识也就不同,进而影响人们对该事物的需要状况或程度、对人的行为产生相应的动力作用。人的实践活动是丰富多样的,与之相联系的价值观可有各种分类。德国哲学家、教育学家斯普兰格(Spranger,1928)根据社会文化生活方式,把人的价值观分为经济价值观、理论价值观、审美价值观、政治价值观和宗教价值观;雷赛尔(Rcescher,1969,转引自 Adelson,1980)则根据自我-他人维度,把价值观分为自我取向价值观和他人取向价值观;罗克奇(Rokeach,1973)根据工具-目标维度,把价值观分为工具性价值观和终极性价值观。而从表现形式上看,兴趣、信念、理想等都是价值观的主要表现形式,对人的行为动力的影响也主要通过这些形式得以具体化。

(1) 兴趣

这里指的是属于心理倾向的兴趣,而非属于情绪状态的兴趣。**兴趣**(interest)是建立在需要基础上、带有积极情绪色彩的认知和活动倾向。兴趣也是人们用以评价事物好恶的内心尺度,是价值观的初级形式。由于个体的兴趣所向与其需要相一致,又伴有积极的情绪体验的支持,因此它对个体的活动,尤其是认知活动具有巨大的推动作用。个体对活动的兴趣往往会发展成为活动的内在动机,对活动有持续作用。特别是在认知活动中,当个体的某种需要得到满足后,其兴趣不但不会减弱,反而会更加丰富和深化,产生与更高的认知活动水平相应的新的兴趣。而这种兴趣又会导致新的认知活动的内在动机。

(2) 信念

信念(belief)是个体对某些知识的真实性或某些观念的正确性抱有坚定的确信感和深刻的信任感并力求加以实现的心理倾向。信念是知和情的升华,也是知转化为行的中介、动力,是知、情、意的高度统一体。因此,信念不仅是一种认识活动,与人的知识经验和以这种知识经验为依据对未来的推断有密切的关系,而且通常充满高级情感,能指引个体的思想和行为,具有理论性的价值取向。

信念因处于个性心理倾向中的上层部分,故它对处于个性心理倾向中的基础部分的需要具有控制和调节的作用,它往往通过对个体需要的调控来影响其动机和行为。例如,人都有生存和安全的需要,但是,有"人民利益高于一切"信念的人,能在危险时刻挺身而出,或与暴徒搏斗,或与洪水抗争,以保护国家财产、人民生命。这就是他自觉抑制生存需要、安全需要,而激活利他需要、奉献需要所产生的行为动机。

(3) 理想

理想(idea)是个体对未来有可能实现的奋斗目标的向往和追求。它与信念紧密地联系在一起,以一定的信念为基础,是信念对象的未来形象和具体内容。因而理想比信念更具体、更丰富、更确定、更具有情感意义上的号召力。理想总是与奋斗目标相联系而影响人的行为动力的,它会激发人的活动向着一定的方向和对象奋进,会引发巨大的激励力量。理想具有十分明显的年龄特点。心理学研究表明,中学低年级学生的具体形象理想较多;中学中年级学生的综合形象理想较多;中学高年级学生则以概括性理想较多。这表明青少年理想的发展是从具体到概括、从幻想型发展到现实型、从偏于感性的认识发展到偏于理性或理论的认识(全国青少年心理研究协作组,1982)。而随着理想朝着理性方向的发展,它对个体行为的激励作用也会变得更为稳定、持久而有实际效能。

2. 情感因素

情感(affection)是人对客观现实的态度的体验。也就是人们在实践活动中出现的喜怒哀乐。在心理学史上,人们由于缺乏对情感现象的深入认识,曾在相当长的时期内,视情感为心理活动的副现象,甚至作为干扰因素而予以排斥。随着现代心理学的发展,人们对情感现象有了较多的研究和认识,揭示了情感的不少功能,其中一个十分突出的功能,便是情感的动力功能,即情感对个体行为活动所具有的增力或减力效能。同一个人,在同一需要——动机系统支配下活动,在情绪高涨与情绪低落两种情况下,其活动的动力强度有着十分明显的差别。情绪高涨时,他会竭尽全力,拼搏奋进,不达目标誓不罢休;情绪低落时,他则犹豫踌躇,一遇阻力便后退不前。正如马克思所说:"情欲、激情是人指向着自己的对象努力追求的性能。""热情就是一个人努力达到自己目标的一种积极的力量。"[1]科学心理学创始人冯特 Wundt 也曾强调情绪在意志行为中的动力作用。他认为,简单的意志行为可以引起冲动,复杂的意志行为可以引起有意行为和选择行为。而冲动行为的简单意志起源于原始情感,有意行为表现出立意情感,选

---

[1] 《马克思恩格斯全集》第三卷,第 644 页。

择行为中包含着的相反动机的竞争,形成意志过程中的决断情感(高觉敷,1983)。

3. 认知因素

虽说个体的行为动机来自主观需要与客观事物之间相互作用的结果,但客观事物符合自己需要的程度如何、满足的可能性有多大,却取决于个体的认知。因此,认知也是影响行为动力的一个因素。特别是随着认知心理学的发展,这方面的影响因素正日益受到重视,成为解释人类动机行为的一个重要组成部分。

(1) 效价和期望评价

心理学研究发现,目标或诱因能否激起个体的行为,取决于它对个体所具有的价值大小以及所获得的概率,前者称为**效价**(valence),后者称为**期望**(expectance)。个体行为动力为效价与期望的乘积(Atkinson,1964):

$$行为动机 = 效价 \times 期望$$

这里的效价和期望,都是个体的主观认知,而不是客观实际。也就是说,对于同一个人、同一个客体而言,他可能会做出不同的认知评价:或视之为很有价值的目标或诱因,或相反;或视之为有很高的获得率,或相反。这都取决于个体如何进行评价。而不同的评价结果对个体的行为动力施予不同的影响。一般来说,对客体的效价评估和期望评估越大,动机强度也就越大。

(2) 自我效能感

个体对期望的估计,在很大程度上与个体对自己从事该活动的胜任能力的判断有关,这样,这种对自我能力的判断也就会影响行为动力。自我效能感是由班杜拉提出的一个动机概念。班杜拉(Bandura,1977,1982)认为,在个体行为动机过程中,起主要作用的不是能力,而是个体对自己的能力能否胜任该任务的知觉。这也是自我概念中的一种。他称之为**"自我效能"**(self-efficacy)。当一个人遇到挑战性的任务时,如果他问自己:"我能做吗?"或者是问:"我有足够的技能胜任这项任务吗?"那这个人就是在谋求一种效能感。班杜拉强调自我效能的动机作用,他指出:人们的自我效能感决定了他们的动机水平,表现在人们付出努力的多少和面对困难坚持时间的久暂上。他们的自我效能感越强,他们付出的努力就越大,坚持的时间就越长。自我效能与自信不尽相同。**自信**(self-confidence)指个体对自己能力的总体上的信任。它虽然也是建立在对自己能力的认识与评价基础之上的,但个体自信心一旦形成,往往成为一种较为稳定的人格特征,而不与具体任务的完成直接联系在一起。

班杜拉等人的研究还进一步发现自我效能感对行为的具体影响：

① 影响个体对活动的选择性；

② 影响个体对活动的坚持性；

③ 影响个体对活动中所遇困难的态度；

④ 影响个体在活动时的情绪状态；

⑤ 影响个体在活动中新行为的习得和习得行为的表现。

班杜拉（Albert Bandura，1925—　　）

　　美国当代著名心理学家。班杜拉对心理学的最大贡献就是提出了社会学习理论与行为矫正技术。在动机理论中，班杜拉提出的自我效能感理论极具特色，对教育和工作实践有很好的指导作用。

（3）目标意识

个体对效价和期望的估计，又与自己的目标意识有着密切的联系。**目标**（goal）是行为所需达到的目的，又是引起行为动机的外部条件刺激。目标与诱因相类似，但又有区别。诱因是外部提供的刺激物，目标是个体设定的行为方向。在一般情况下，两者并不统一。例如，奖学金是学校向学生提供的一种诱因，而学生争取不争取奖学金、争取何等奖学金，则是他自己的努力目标。只有当诱因与目标相一致时，两者才能在同一客观事物上获得统一。动机使个体的行为指向一定的目标，反过来，目标的设立也会通过自我激励机制对个体动机发生作用。因此，目标意识也是影响个体行为动力的一个因素，并表现在以下几方面：

① 目标的明确性。头脑中对目标的意识越清晰、越具体，对个体行为动力的引发越有利。

② 目标的适当性。目标过低会降低成功价值；目标过高又会降低成功的概率。

③ 目标的价值性。目标的实现对满足个体需要越有效，其价值就越高，而价值越高，就越有利于增进个体的行为动力。

④ 目标的自觉性。这不仅涉及目标的设立是否出于自觉，而且也涉及对目标达成程度的充分意识。这就包括对活动结果原因的了解和相应的目标调整。

当个体设置的目标具有上述属性时，个体的成就会得到相应的提高。

教育实践 8-1　你在多大程度上是目标定向的？

请仔细思考下面各条陈述，看它们在多大程度上符合或不符合你的情况。

1. 我设置了长期和短期目标；

2. 我设置了具有挑战性的目标，它不会很容易就达到，也没有超过我能力所及的范围；

3. 我善于管理我的时间，并为事情设立优先等级，以确保做完那些最重要的事情；

4. 我总是定期制定"要做的事情"列表，并能够成功完成上面大部分事情；

5. 我总是为要做的事情设立最后期限，并总是能够做到；

6. 我总是定期监控目标的进展情况，必要时会对我的行为做一些改变；

7. 当我有压力时，我仍能够以清晰的、符合逻辑的方式来计划时间。

如果大部分陈述都符合你的情况，那么你有可能就是一个目标定向的人；如果这些陈述都不符合你，那么你就应该思考能够使你变得更加具有目标定向的方法。

(Santrock，吴思为等译，2011)

（4）归因作用

当人们进行某种活动取得成功或导致失败时，都会有一种对行为结果有所探求的倾向。这种对行为结果的原因的推论就称为**归因**（attribution）。心理学研究发现，归因不仅影响个体对自己行为的反思和再认识，而且会影响个体后继行为的动力。韦纳（Weiner，1972，1980）还提出归因理论来分析个体动机过程。他认为，人们对行为成败原因的分析可归纳为能力、运气、努力、任务难度、方法等因素。而这些因素又可进一步归纳为三个维度：控制性（可控与不可控）、稳定性（稳定与不稳定）和原因源（内部与外部），从而形成八种类型的因素（见表 8-1）。

表 8-1　人们对行为成败原因的分析可归纳为三个维度八种类型

	内部		外部	
	可控	不可控	可控	不可控
稳定因素	平时努力	能力	人际关系	任务难度
不稳定因素	方法	疲劳	他人帮助	运气

一般来说,把行为结果成败的原因归结为外部的或不可控的因素,会降低个体对后继行为的动力;而把行为结果成败的原因归结为内部的、可控的因素,则会增强个体对后继行为的动力。例如,把成败归因为努力程度、方法运用等,具有积极的促进作用。

（5）认知冲突

以美国心理学家费斯廷格(Festinger, 1957)为代表的一些认知心理学家还提出了认知失调的动机理论。他们认为,个体经常有保持心理平衡的倾向,但当个体对同一事物产生两种(或多种)不一致的认知时,就会产生心理紧张的失衡现象。个体为恢复平衡,产生旨在消除认知不一致的行为动力,因而认知失调具有认知动机作用。例如,当学生在课堂上发现某种新知识与自己头脑中的已有知识发生矛盾时,就会产生认知失调现象,引发学生试图弄懂新知识究竟是怎么回事的动机,以便与自己认知结构中已有的知识统一,消除认知失调,恢复平衡状态。特别要指出的是,个体由于努力认知,使认知不平衡引起的紧张感解除,代之以轻松、满意的情绪体验。这种积极的情绪体验对认知动机起到一种强化作用,增强了个体认知活动的动机。

4. 行为因素

个体的行为是在其动机的驱动下发生的,而发生的行为所产生的结果,又会影响个体随后行为的动机。这里所说的行为结果对个体行为动机的影响主要表现在两个方面:

（1）对行为动机的强化作用

强化(reinforcement)是指个体在学习过程中增强某种反应可能性的力量。例如,一位学生学习非常认真、刻苦,受到学校教师的表扬,他很高兴,随后他会出现更为认真、刻苦的学习行为。这里学生的学习行为受到强化,而教师的表扬便是强化物。斯金纳(Skinner, 1983)把能起强化作用的刺激物分为两类:一类是由于其呈现而增强反应频率的刺激,称为正强化物(positive reinforcer),如食物、娱乐等;另一类是由于其撤除而增强反应频率的刺激物,称为负强化物(negative reinforcer),如噪音、电击等。强化物与前面提到的诱因相类似,但有区别。诱因作为一种刺激物,呈现于个体行为发生之前,旨在激发动机,引起个体当前的定向行为;强化物也是一种刺激物,往往呈现于个体行为发生之后,旨在影响个体后继行为的反应倾向。在人类动机行为的研究中,强化作用一直是行为主义心理学派的一个核心概念。现代的 S-R 心理学家不仅用强化来解释学习行为的发生,而且用强化来解释动机的引起。按照他们的观点,个体之所以产生某种行为动机,是因为先前的行为与刺激通过强化建立了牢固的联系。

为什么很多孩子对游戏有那么大的热情,对学习却没有热情呢?因为孩子在玩游戏的过程中有乐趣,得了一百分会说"好",得了五百分会说"非常好",得了一千分就升一个级别,总是有东西在强化孩子进一步玩下去。相反,孩子写作业的时候,家长过去看了看却说"瞧你,字写得像蚯蚓似的,能不能写好点儿?"孩子遇到不会做的题目来请教家长,家长说"这么简单的题目都不会做?肯定没有认真听讲!"孩子考试得了90分,很多家长不是表扬孩子真棒,而是问"那10分是怎么扣掉的?"日积月累,孩子在学习中获得的强化很少,怎么能够有强烈的学习动机呢?

值得注意的是,心理学家麦克格罗(McCraw,1978)的研究发现,教师和家长对孩子经常采用外在强化手段(如奖励、惩罚、评价、竞争等)来激发他们学习的积极性的话,这些外在强化手段只能促进孩子完成有规律的、刻板的任务,对于启发性任务的完成却起到阻碍作用。有研究表明,外部奖赏甚至在一定条件下会削弱内在动机(吴增强,1995)。

(2) 通过对自我效能感的影响作用于行为动机

前面我们提到,作为认知因素的自我效能感,虽是个体对自己从事该活动的胜任能力的主观判断,但毕竟还是要受客观现实的制约。个体行为效果好不好、能否胜任,自然会影响个体的主观判断,并由此进而影响个体的动机。美国的乌拉罗格拉(Uguroglu,1979)等人考察了大量的研究报告,分析了2 322项动机测量与学业成就之间的相关,发现其中98%是正相关,即高的动机水平有助于取得高的学业成就,高的学业成就也能增强动机的水平。即学生在学习过程中,取得优良的学习成绩,能使学生增强自我效能感,满足求知欲,并产生积极的情绪体验,从而加强学习的动机。

三、动机系统决定个体行为

如上所述,人的行为动力是由主观需要和客观事物共同制约和决定的。而人的需要是极其丰富的,客观事物又是多种多样、千变万化的,因此,在个体与其周围世界相互作用、相互影响下,决定个体行为尤其是比较重要的行为的,常常不是一个单一的动机,而是一个动机系统。

1. 动机系统的静态结构

从静态上分析,一个人的动机系统包括若干个动机,这些动机以其不同的种类、不同的强度有机结合、相互联系,形成动机系统的内部结构。在这个内部结构中,有的动机称为主导性动机,它往往最强烈、持久,是决定内部结构特点的主要成分,在个体行为的驱动上发挥主导作用,而其余的非主导性动机则处于相对次要的地位。最终决定一个人行为的内在动力的,往往是若干动机所组成的动机系统产生的合力。由于每个人组成系统的动机的种类不同、强度不同,因而所产生的行为方向和力度也因人而异。例如,在对大学生入学动机的一项调查中发现,仅有一个动机驱动的人数最少,只占总数的7%,80%以上的大学生高考都有三个或三个以上动机组成的系统,其中60%的学生的主导动机是"通过深造进一步发展自己才能"(卢家楣,1988)。

2. 动机系统的动态结构

从动态上分析,一个人的动机系统内的各种动机都处于相互作用、不断变化之中。其动态特征表现在动机的冲突、合成和转化三个方面。

(1)动机冲突

动机冲突主要是由个体内部需要与需要之间以及需要与外界客观现实之间的矛盾引起的,可归纳为四类冲突情境:

① 双趋冲突。这是当个体具有分别追求两个目标的两个动机,但又必须在两个目标中作两择一的选择时所发生的冲突情境。犹如鱼与熊掌二者不可兼得。例如,有的中学毕业生既想早早工作,减轻家庭负担,又想报考大学,以求深造,便陷入这类动机冲突之中。

② 双避冲突。这是当个体具有想分别躲避两个目标的两个动机,但又必须在两个目标中作两择一的回避选择时所发生的冲突情境。即左右两难。例如,有的学生既想回避艰苦的学习活动,又想回避考试不及格的结局,便处在这种冲突之中。

③ 趋避冲突。这是当个体面对同一目标,同时产生接近和回避两种动机,但又必须做出取舍抉择时所发生的冲突情境。例如,有的青年自知缺乏社会交往经验和自身魅力,但又渴望与人交往,因而当他决定是否参加某一盛大的社会活动时,便处于这种冲突之中:既想参加,结识新朋友,又担心遭人冷遇、奚落而陷入尴尬局面。

④ 双重趋避冲突。当个体面临两个甚至两个以上目标,而每个目标都有积极和消极两方面时,便发生这类冲突情境。这实际上是多个接近-回避冲突混合而成的一种复杂模式。例如,处在学习气氛不浓的大学生宿舍里,有的同学想努力学习,好自为之,但又怕周围同学讥笑;想不理他们,走自己的路,但又恐影响人际关系;转而想随大流,但又觉虚度光阴,于心不安。事实上,在现实生活中人们遇到更多的是这类复杂的动机冲突。

(2)动机合成

当个体为着某一目标实施活动时,其行为受动机内部各有关动机的合力的支配,这个合力就是由与个体的各种有关动机相联系的内驱力、诱因以及种种因素所引起的各式各样的作用力合成的。在动机合成过程中,主导性动机无疑起着主要作用,但也不可忽视非主导性动机的力量。克服动机系统内不协调动机的消极作用,发挥协调动机的积极作用,以最终增强整个动机系统对个体行为的动力,是极有意义的实践课题。

(3) 动机转化

由于个体的动机受其内部和外部各种条件制约,而这种内外条件又处在不断变化之中。因此,动机系统内部的动机也会发生转化。一是动机种类的转化。在个体动机系统中有的动机消退了,新的动机产生了。例如,通过学校教育,有的同学克服了过去为分数而学习的动机,代之以为振兴中华而发奋学习的动机,使学习变得自觉而主动。二是动机强度上的转化。由于种种原因,原来主导性动机的强度可能减弱,下降为非主导性动机,而原来的非主导性动机的强度可能增大,上升为主导性动机。

四、青少年学习动机的特点

在青少年学校生活中最引起教育者关注的莫过于学习动机了。**学习动机**(motivation to learn)是引起和维持学生的学习活动,并使该活动朝着所设定的学习目标进行的内部动力。青少年学生的学习动机主要表现出以下几方面特点。

1. 青少年学习动机的主要内驱力成分

在学校教学环境中,不同的青少年学生同样努力学习追求成就,但其学习动机的内驱力是不一样的。美国心理学家奥苏伯尔(Ausubel,1968)认为:一般称之为学校情境中的成就动机,至少应包括三方面的内驱力,即认知内驱力、自我提高内驱力和亲和内驱力。后来另一位美国心理学家卡芬顿(Covington,1984)又提出了自我价值感内驱力。

(1) 认知内驱力

认知内驱力(cognitive drive)是出于了解和理解事物、掌握和运用知识以及系统阐述和解决问题的需要。它在个体身上最初表现为探究的需要。这种需要如前所述,带有一定的先天性。它是在探究反射的基础上发展形成的,具有明显的生物学意义,在高等动物和人类早期都可发现其各种表现形式。有人用猴子做实验:将猴子放在有野果和装有野果的箱子组成的环境中,猴子会花两小时去摸索打开箱子,而不去拿身边的野果;在没有任何奖赏的情况下,猴子会"主动"拆开一些机械装置;但若给猴子的每次成功操作以食物奖励,反而会使猴子降低操作兴趣。这表明猴子也有探究需要的萌芽。至于人类,早在婴幼儿时期就出现三种方式的探究活动：感官探究——凡有新奇事物出现，便以视、听觉感官探索；动作探究——在感官探究的基础上，以动作去摸索；言语探究——用已掌握的言语向他人询问、求解。但个体进入学校后，对某学科的认知内驱力则远不是先天性的，而是依赖于特定的学习经验。特别是当学生不断地获得学习的乐趣、成功的体验，看到知识的力量、学习的价值后，就更加会期望在随后的学习中进一步得到满足。这就使学生逐渐形成认知内驱力。这种内驱力使青少年学生的学习动机直接指向学习任务本身（为获得知识），而满足这种动机的奖励（知识的实际获得），也是由学习本身提供的。因而它导致的也就是如前所述的内在动机。内在动机是学习活动最重要、最稳定的动机，对学习者具有持续而强有力的推动作用。

（2）自我提高内驱力

自我提高内驱力（ego-enhancement drive）是出于想要通过学业成绩赢得相应地位的需要。这种内驱力与认知内驱力不一样，它并不使学习动机直接指向学习任务本身，且满足这种动机的奖励也并非由学习本身提供的，而是学习成就之外的一定的地位。因而这导致的是外在动机。一个人的成就总与他一定的地位相联系，在学校中学生的学业成就也总是与学生所赢得的地位相应。在学生心目中，学业成就越大，其相应的地位越高，反之，则越低。因此，自我提高内驱力也就成为青少年学生在学习期间力图以学业成就取得地位的一种手段。

（3）亲和内驱力

亲和内驱力（affiliative drive，也称附属内驱力）是指个体与他人（如家长、教师等等）亲近的心理倾向。这种心理倾向包括需要他人关心、需要友谊、需要爱情、需要他人的认可和支持等。这种内驱力与自我提高内驱力一样，导致的也是外在学习动机。只是满足这种动机的奖励不是学习成就之外的一定地位，而是获得同伴和长者的赞许或认可。这里必须指出的是：第一，青少年学生与长者在感情上具有依附性；第二，青少年学生将获得从长者的赞许或认可中引申出来的、不是由他本身成就水平决定的地位，即派生的地位；第三，享受到这种派生地位乐趣的青少年，会努力使行为符合长者期望，以不断地获得赞许，巩固派生地位。

（4）自我价值感内驱力

自我价值感内驱力（self-worth drive）是卡芬顿提出的一种追求成功的内驱力。成功的经验都是在克服困难之后才获得的，而克服困难则需要相当的能力。个体对自己获得成功的能力的评价可产生自我价值感。因此，能力、成功、自我价值感三者之间就形成了前因后果的连锁关系：有能力的人容易成功，成功经验导致自我价值感。经多次这样的经历之后，对自我价值感的追求也就成为成功动机的内驱力。对青少年学生来说，之所以努力学习、追求学业成功，正是为了从求学的成功经验中提升他们的自我价值。

以上我们概述了西方心理学家揭示的青少年学习动机中的几种主要内驱力成分。事实上，学习动机的内驱力成分并非仅限于此。对我国在校学生来说，出于奉献需要、为国家明天的发展多作贡献的需要的内驱力也是十分强调的。至于为逃避失败惩罚、丧失自尊威胁而努力学习的内驱力，在世界各国学生中都有相当的普遍性。

2. 青少年学习动机的发展趋势

(1) 青少年学习动机的自主性水平不断提高，但外在动机仍占优势

随着年龄的增长，青少年的个性不断发展，独立性、主动性不断增强，同时，学习价值观念逐渐内化，从而使动机的自主性不断增强。在小学，学生的学习动机以外在动机为主，并逐步由外在规则动机为主，向内转规则动机和认同规则动机发展。到了高中阶段，内在动机得到进一步发展，但外在动机仍占据优势，两者相互结合，使学习活动更加有效和持久。

我国心理学工作者近期对中学生学习动机类型的调查研究表明，从总体上看，我国中学生的外在学习动机要显著高于内在学习动机。这个结果表明，中学生目前学习的动因不是非常明确，而且，这种情况在男生和女生两个群体中是基本一致的。很多中学生可能并不知道自己是为了什么而学习，而又有相当一部分学生学习的动机不是发自内心的对知识的渴望，而是由于外部的其他原因促使他们进行学习。中学生为什么会出现外在学习动机强的特征呢？部分原因是当今的中学生面临的是严峻的中考和高考的压力，在他们的心目中，考上理想的高中和大学是学习的唯一目的；至于是要获得知识，或者是要对知识进行探索，那是将来的事情。这种情况是我们国家应试教育制度的产物，和现在提出的素质教育的目标以及方针是完全背离的。要改变这种情况，需要教育者探索出更有效的处理升学压力和教学内容之间矛盾的途径，学生的学习目的和动机才会发生改变。同时研究还表明，只有具有内在学习动机的学生，才会表现出对自己多方面学习能力的肯定，这种能力不仅表现在课堂学习中，更重要的是表现为日常的学习能力（张宏、沃建中，2003）。

(2) 青少年学习动机不断与长期目标结合，远景性动机逐渐占优势

近景性动机所追求的目标较近、较具体、较容易实现，但持续时间较短，而且不稳定，很容易受情境变化的影响；而远景性动机所追求的目标较远，不可

能立即实现,需要长期艰苦的努力,要对事物有深刻的认识,具有社会意义和深刻的个人意义。随着年龄的增长,青少年对事物的认识能力和预见性增强,并且在学习目的性的教育之下,逐渐能正确认识学习的社会意义和内在个人价值,从而把当前的学习与个人未来的职业发展、祖国需要和未来建设结合起来,把个人理想与崇高的社会主义和共产主义事业结合起来,远景性动机逐渐占据优势。

(3) 青少年学习动机不断与社会要求相联系,社会性学习动机趋于增强

随着青少年年龄和心理发展水平的增长,他们与社会接触的机会越来越多,范围也逐渐增大,因而他们的学习动机也越来越多地与各种社会要求相联系。刚入学的学生,其学习动机主要是为了获取老师、家长的赞许,同伴的尊重等;随着年级的升高,学生逐渐把自己的学习与求美、求知等社会性需要联系起来;到了中学阶段,随着学生自我意识不断增强和世界观的逐步确立,加之升学及就业等实际需要,他们的学习动机日益成熟,动机的内容常常会与生活态度、社会抱负和集体荣誉相结合,学习动机更多地与成就需要、贡献需要等高级社会性需要相联系,当然,其中也不乏急功近利、讲究实惠、追求眼前物质享受的动机。对大学生学习动机的调查发现,当代大学生学习动机的主流是积极向上的,有较强的社会责任感、历史使命感、时代紧迫感和作为时代青年的荣誉感,但仍有相当部分的学生(32%)的主导性学习动机是追求个人物质利益。可以说青少年的学习动机变得更强烈、更具体和实际了(赵为民,1994)。

(4) 男女青少年学习动机水平存在差异,女生的学习动机水平明显高于男生

调查发现,我国男女学生的学习动机存在差异,尤其在小学、初中阶段(司成勇、王萍,2001;刘玉娟等,1999)。造成这一现象的原因是多方面的,第一,男女学生身心发展的差异。女生身心发展要比男生早一二年,动机发展水平也相应比同年龄的男生高。第二,学校教育环境的影响。由于女生身心发展水平比同龄男生高,使女生当班干部的比例大大超过男生,更易受到教师的喜爱和信任,这些都会促进她们交往性动机的发展,增强她们追求成功的欲望,激发她们的学习动机。第三,社会环境和家庭教育的影响。由于种种原因,在就业方面,男生的机会大大多于女生,使部分男生具有了"优越感",减弱了追求学业成功的愿望,而这又激发了女生的学习动机。在家庭方面,多数家长对男生要求相对较低,较为宽松,而对女生要求较严格,这也在客观上促进了女生学习动机水平的提高。

第三节　动机规律在教育中的应用

　　动机规律可以用于教书育人。在理想的课堂上，学生们注意力集中、积极发问并且乐于学习，这种理想的课堂需要营造。老师能在很大程度上激起学生的求知欲并使他们学会对自己的学习负责。老师不可能让每个学生都取得成功，但是可以以一种积极的方式激发他们的动机，并且这可以影响到很多学生。动机规律也可以为自我教育所用，掌握并熟练应用动机规律，有助于让我们自己持续处于理想的动机状态中，从而在学业和生活中不断取得成功。

一、动机规律在教书育人中的应用

　　这里主要涉及的是如何在教学活动中应用动机规律来激发和培养学生的学习动机。

1. 提高教学的水平

　　激发学生学习动机的首要关键在于提供学习诱因。对于青少年学生来说，最好的学习诱因是什么呢？我们曾对 797 名大学一年级的新生进行问卷调查，结果发现，最富激励作用的是："好的教师"（卢家楣，1988）。它居所调查的各种诱因之首（占 78.4％，其他如分数、奖学金、教师鼓励、各种竞赛等只分别占 45.5％、44.1％、33.1％、16.7％）。这里"好的教师"，不仅仅是指教师的人品师德，更是指教师的教学水平。教学水平首先体现在教师对教学内容的处理上，好的教师善于通过引导性材料、问题情境等使学生的原有经验与新的教学内容之间产生认知冲突，从而激发学生的好奇心和求知欲。费斯汀格（Festinger，1957）曾指出，认知冲突会引起心理的不快，从而使个体产生降低冲突的动机，并采取行动去协调这种状态。其次，教学水平还体现在教学形式和方法的艺术性上，教学内容毕竟要通过教师的一定的教学形式和方法为学生所接受，作为教学内容载体的教学形式和方法的艺术性便是激发学生学习动机的最有效方法。同样的教学内容，经不同的教学处理，会产生完全不同的教学效果：优秀的教师"能使教学大纲变活，并补正最差的教科书"（Kalesnik，1976），而再好的教学内容，也会在缺乏教学艺术的教师手里变得枯燥、平淡、乏味。在学校中常可看到这样的情况：由于某位教师方法好，一门不太受欢迎的课也会激起学生意想不到的学习热情。它集中体现为教师在"小气候"里，充分发挥激发学生学习积极性的主观能动作用。这种方法的要点，是提高教师的教学技巧，使教学活动尽可能生动、有趣、富有吸引力,其实质是向学生提供学习活动的正诱因,旨在激发学生近景性内在学习动机。

2. 明确学习目标

由于目标对动机亦有影响,因此通过明确学习目标来激发学习动机,也是教学中不可忽视的一个方面。教师不仅要帮助学生明确总的学习目标,如整个大学期间的学习目标、某一学年的学习目标、某一学科的学习目标等,还要帮助学生明确具体的学习目标,如阶段学习目标、单元学习目标乃至某节课的学习目标,这对激发学习动机相当有效果。不少同学有这样的切身体会:只是笼统地向自己提出要在大学期间提高外语水平的要求,往往因方向不明,无从入手,抓抓停停,动力不大。倒不如有一个明确的目标,如争取在两年内达到外语四级水平。这样自己还会订出一个每学期的阶段目标,于是在词汇、听力、阅读和写作四个方面分配精力,踏踏实实,分段达标,表现出较强的学习动力。这种方法的要点是根据教学的要求,并结合学生的实际,帮助学生确立适当的具体目标。具体来说,总的目标要高些,使之不乏挑战的刺激。高尔基说过:"我常常重复这一句话:一个人追求的目标越高,他的才能就发展得越快,对社会就越有益,我确信这也是一个真理。"这是因为确立高的目标,有利于激发自己的潜能,增强远景性动机。但具体的目标又要切实可行,使之不失成功的机会,使具有远景性动机的学习行为,能在具体情景中为一系列近景性动机所激励。这种方法的实质是运用目标刺激动机,旨在激发远景性和近景性相结合的学习动机。

3. 给予学生及时和适当的反馈

对学生的学习结果予以及时反馈,可以增强他们的学习动机。学生在了解学习结果后,可以看到自己的进步,提高学习热情,增加努力程度,同时又能看到自己的不足,激起上进心,克服缺点,争取更好的成绩。应用反馈时应注意以下几点:

(1) 对学生的学习结果应及时反馈,对低年级学生更应如此;

(2) 对学生的各种学习结果应给予全面反馈;

(3) 应提供基于掌握而不是社会比较的反馈;

(4) 对学生的反馈应以正面反馈为主;

(5) 应随时让学生了解自己距离所定的学习目标还有多远;

(6) 对学习成绩不理想的学生,应从各个方面发现其可取之处并给予表扬与鼓励,以增强其自信心和上进心。

4. 正确应用强化

　　在学校里,正确应用强化是激发学生努力学习和养成良好行为习惯的重要手段。在应用强化激发学生的行为动机时,应注意针对所要引起的不同行为结果采用不同的强化方法。使用连续强化,个体的行为及行为倾向建立快,但消退也快;使用间隔强化则相反,个体的行为及行为倾向建立慢,消退也慢。一般说来,在课堂教学中,由于要让学生在一节课中始终保持对学习内容的注意及对学习过程的参与,应多采用连续强化的方法;而对于一种良好的行为习惯的培养,由于注重的是这种行为习惯的保持,所以应对与这种习惯有关的行为采用间隔强化的方法,特别是采用不定比与不定间隔的强化。因为在使用这种强化的情况下,虽然行为与行为倾向建立缓慢,但其消退也缓慢,最有利于行为习惯的最终养成。

　　此外,由于不适当的强化可能会削弱学生学习的内在动机,因此应用强化手段激励学生的学习动机时,应当淡化强化的外在控制作用,强调强化的信息作用,当学生对从事的活动具有较强的内在动机时,应尽量减少对他们的奖赏和评价,以免削弱学习的内在动机。

美国心理学家耐特和瑞莫斯(Knight & Remmers，1923)通过实验发现，如果被试认清学习的目标，那么就会产生强烈的学习动机。选择 10 名大学一年级学生组成实验组，并告诉他们如果要成为大学同学会会员，必须经过磨练和测验，命令他们 5 天之内，不能沐浴理发；强迫吃生猪肝；每天只能睡两小时，其间要做苦工或作徒步旅行；并给予各种侮辱及困扰。第 5 天的深夜，告诉他们每人要接受 7 次计算测验，每次 5 分钟，测验的成绩将决定同学会的会员资格。另外，选取 50 名大学三年级学生组成对照组，进行同样次数和时间的计算测验，但不告以测验的目的，并且测验前未受任何屈辱或困扰。结果发现，实验组的成绩几乎 3 倍于对照组。很显然，前者预先认清了学习目标，而后者只是盲目工作而已。

5. 提供成功机会

让学生在学习过程中不断得到某些成功的体验，已成为运用现代心理学研究成果激发学习动机的最重要手段之一。美国教育心理学家奥苏伯尔(Ausubel，1978)指出："动机与学习之间的关系是典型的相辅相成的关系，绝非一种单向性的关系。"因此，教师在传授知识的同时，应让学生获得成功的体验。学生一旦尝到学习的乐趣，既能使学习动机获得强化，又有助于产生自信心，增强自我效能感。而这又会对学习动机产生积极的促进作用。可以说，通过成功的机会来激发学习动机，具有多方面的综合效益。研究表明(张庆林，1995)：帮助学习落后、缺乏学习动力的学生的最好办法是帮助他们学习，特别是帮助他们学会学习，提高学习效率，使他们学有所得，学有进步，从而使学习动机得到增强。全国闻名的上海市闸北区第八中学的"成功教育"所取得的成效，就是这方面教学实践的一个有力佐证。

运用这种方法的要点，是控制教学的进度和难度，使学生的某些具体的学习目标不断得到实现，尤其是要尽可能创造条件，使学生有机会走出课堂，走向社会，将学得的知识运用于社会实践，在为社会服务的过程中获得巨大的成功喜悦。这种方法的实质，是既提高学生对学习活动成功概率的主观估计，又充分利用强化自我效能感等作用，旨在增强学习动机的强度和稳定性。

6. 引导学生对学业失败进行正确归因

学生在学习中遇到挫折，如果认识不正确，很可能导致学习动机减弱。这种情况在学生学习的初期阶段尤为突出。因此，要引导学生对挫折进行正确归因。学校教学中的实际情况比较复杂，涉及归因的因素比较多，这里根据韦纳

(Wiener)提出的归因模式,并结合学校实际,将学生可能的归因分析列表如下(见表8-2)。运用这种方法的要点,是促使学生的归因朝着有利于吸取教训、总结经验、增强信心、再接再厉的方面分析。其实质是利用归因对学习动机的积极影响,避免挫折对学生可能导致的学习动机减弱。

表 8-2　学生对挫折的归因

	内　部　原　因		外　部　原　因	
	较稳定原因	较不稳定原因	较稳定原因	较不稳定原因
易控制原因	学习态度、兴趣、方法	努力、注意	教学质量、师生关系	教师指导、同学帮助
不易控制原因	能力、经验、习惯、体质	心境、疲劳、疾病	任务难度、学习条件	运气、偶然事件

学术前沿 8-2　自我设阻的归因模式

在学校中,有一些学生试图否认他们为学习努力付出过的事实,这样一旦考得好就可以把成功归因于能力强。但还有一些学生则使用"自我设阻"的策略来保护自己的自尊心(Martin, Marsh, & Debus, 2001)。比如,把失败归因于任务太难("这次考试也太难了,那么多人都没过,难怪我也没过");归因于他人("这个老师讲课没有吸引力,要是换个老师我肯定能学好");归因于偶然因素("考试时我正好生病了,不在状态");归因于主观因素("我压根儿没学,要是学了肯定比他强"),等等。这些自我设阻的行为在那些低成就水平的学生身上非常普遍,他们常常在需要帮助的时候也不会选择去寻求帮助(Martin, et al., 2003)。类似这样的归因虽然可以在一定程度上保护自尊心,但却无助于积极学习行为的引发,从长远来看仍然是消极的归因。

---

7. 创设良好的学习心理环境

让学生的学习活动处于良好的心理氛围之中,对学生学习动机的激发和维持都有十分重要的意义。为此,教师特别要注意以下三点:

第一,要避免学生出现高度的焦虑。因为高度焦虑的学生难以发挥自己的认知操作水平,会因此而降低学习动机的强度(Gross & Mastenbraok, 1980,转引自张世富,1991)。

第二,要有合作化的教学取向。在学校教学中引入一定的竞争机制以激励学生学习是必要的,但新近的研究表明(Johnson, 1990;Slavin, 1991),创设为共同目标而努力的合作化目标结构的教学机制,能帮助学生完成复杂的智力任务和提高学生积极的学习动机,还可以促进形成同伴之间、教师与学生之间积极的相互作用。

第三,要满足学生的一些基本的合理需要。这可为促进学生发展高层次的学习动机创造条件。

第四,要善于调节学生的情绪。学生的认知过程和情感过程是一个有机的整体。因此学生的情绪状态对教学效果有着直接的影响。积极的情感对认知活动起着启动和激励的作用,能提高智力活动的效果。因此教师应善于了解和把握学生的情绪状态,善于引导和调节学生的情绪,使他们能以积极饱满的情绪学习。

二、动机规律在自我教育中的应用

对高师生来说,也存在着增强学习动力的问题。在自我教育中应用动机规律主要表现在以下几方面:

1. 进行人生观、价值观方面的自我教育

儿童时代的行为动机较多地依赖于外在诱因,因此动机多样而不稳定。但正确的人生观、价值观有助于提高动机的自我调控能力,使复杂多样的动机趋于统一、稳定,由以前的"常立志"逐渐向"立常志"发展,并且自我确立的动机也更加高尚、远大。相反,缺乏正确人生观、价值观的青少年自我调控能力较差,往往会随波逐流,失去前进的动力和目标。在我国改革开放、建立社会主义市场经济的今天,青少年形成正确的人生观、价值观尤为重要。社会上的某些偏见和暂时的不合理现象,很容易因为得不到正确认识而影响学生正在形成的价值观、人生观。现在有不少学生正是由于这方面的原因导致学习动力的不足。个体应通过个性心理倾向高层次的部分对低层次的部分的制约作用来调节需要,引发社会性内驱力,树立高尚的远景性动机。

2. 增进民族责任感、社会使命感

个体进入青少年时期,社会活动范围日益扩大,社会联系日趋增多,学生在心身发展的基础上,社会成熟度也日见提高。在这样的情况下,着力增进自身的民族责任感、社会使命感和时代紧迫感,使学习动力带有鲜明的社会性特点,不仅是可能的,而且是完全必要的。只有这样,青少年才能站在"民族""社会""时代"的高度来认识自己肩负的历史重任,认识自己的学习意义,为自己的学习找到新的强有力的动力源。

3. 调动自我激励机制

布朗(Brown, 1988)指出,学生对自己的言语指导同别人的言语指导一样,能获得增强动机的力量。如引起个人焦虑的言语指导,就能增强学习动机。当学生内心说："我必须为这次考试努力学习，否则会因不及格而退学"时，其动机便会增强。考茨(Katz，1993)指出，一般性的自我命名，如人紧张时用"努力试试"、"赶紧"等词语激励自己，能提高运动性作业和观念性作业的成绩，因为这种自我命名能激励学习动机。

4. 对行为结果正确归因，增强自我效能感

最新的研究表明，归因和自我效能感之间存在着相互影响。自我效能感高的个体往往把失败归于缺乏努力等较不稳定、易控制的因素，而自我效能感低的个体往往会把失败归于低能力等较稳定、不易控制的因素。同样，不同归因会影响到个体的自我效能感，如果把失败归因于能力会降低自我效能感，而把成功归因于能力则有助于增加自我效能感，因此帮助青少年对行为结果进行正确归因，可以提高自我效能感，进而对行为动机产生积极影响。

5. 强调学习的内在个人价值，增强自我取向成就动机

成就动机是学习动机的重要组成部分。肖凌之(1992)对我国高中生社会取向成就动机和自我取向成就动机进行了研究。结果表明，社会取向成就动机与学业成就关系不明显，而自我取向成就动机则对学业成绩有着较大的积极影响。因此强调学习的内在个人价值，即强调学习对个人修养、愉悦身心、充实和实现自我的作用和意义，对增强学生的学习动机以及动机功能的自主性具有积极的作用。

让我们回到本章开头提到的那个案例。晓康是具有内部学习动机的，所以他在意的是有没有理解和掌握知识，完成作业于他而言只是理解和掌握知识的途径，并不成为负担。建华则不同，他讨厌物理，即缺乏学习物理的兴趣，没有内部动机。即使对其他学科，建华也没有内部动机，因为他努力学习的目的是为了获得好成绩，这明显是外部学习动机。既然建华缺乏内部学习动机，也缺乏对物理课的学习兴趣，可以先采用强化等手段激发外部学习动机，设置问题情境引发学习兴趣，然后通过积累成功经验、恰当归因等提高自我效能感，逐渐培养内部动机。

本章小结

动机是人类行为的内部心理动力。需要和诱因是动机形成的内部及外部条件，两者缺一不可。价值观、理想、信念、情感等多种因素都对动机有影响作用。

根据不同的标准,可以将动机划分为不同的类型,其中尤其是内部动机与外部动机的划分是心理学家非常看重的。随着年龄的增长,人的动机也日趋复杂,多种多样的动机构成了静态的动机结构,并以动态的方式相互影响作用并最终影响人的行为表现。青少年由于心理发展的年龄阶段及所承担的学习任务要求,在学习动机上有着自己的特点。要想营造理想的课堂,激发和培养青少年积极的学习动机,需要教师采取多种手段和方法,一方面是激发学生的学习动机,另一方面也要鼓励并引导学生学会调控自己的学习动机。

思考题

● 能否尝试用本章的知识去解释某些日常生活行为的动机?

● 动机、需要、内驱力、诱因和目标之间的关系如何?

● 诱因和强化之间的联系与区别如何? 正负诱因和正负强化这两对概念如何掌握?

● 分析一下自己的学习动机如何?

● 寻找一个成功激发学习动机的案例,然后利用本章所学的知识分析一下。

● 同学考试受挫,应如何帮助他正确归因?

探索题

● 通过调查了解班上同学学习动机的主要内驱力成分。

● 运用动机规律并结合自己的学习经验,具体论述教学中教师在激发学生学习动机方面还有哪些行之有效的方法。

第九章 情 感

学习重点

- 情感的涵义
- 情绪、情感和情操的关系
- 情绪的状态及特征
- 情感的功能及情绪发生的心理机制
- 情感规律在教书育人和自我教育中的应用

你知道吗?

● "问世间情为何物,直教人生死相许",知道这句诗的意思吗? 你知道"情"为何物吗?

● 人们常说"冲动是魔鬼",你知道如何调控自己的情绪吗?

● "悲喜交加、悔恨交织、百感交集"等等,体现了情绪的什么特性?

● 有的中学生因一时成功,欣喜若狂,激动不已,又会因一点挫折,垂头丧气,懊丧不止,你知道这是青少年情感的什么特点吗?

● 一个人遇到喜事会精神气爽,面临困境会忧心忡忡,逢有不测则会忐忑不安等,这反映的是哪一种情绪状态?

● 憎恨时"咬牙切齿",紧张时"张口结舌",反映了一种什么样的情绪特性?

● 生活中常常有人"喜怒形于色",你知道表情与情绪之间的关系吗?

● 当身边的同伴产生不良情绪时,你是否总能觉察到呢? 你是如何辨别出来的呢?

● 在高涨情绪下,个体会全力以赴,努力奋进,克服困难,力达预定目标,这反映了情绪情感具有什么功能?

● 常言说,"困惑你的并不是问题本身,而是对问题的看法",这说明情绪的产生受什么影响?

● 在教育活动中,教师往往需要"晓之以理,动之以情",你知道教育过程中的情感规律吗? 知道如何应用吗?

小王是一所中学的地理教师。有一天，小王接到年级组长通知，下周校领导将陪同教育局部分领导一起听小王的地理公开课，以此了解该校地理课的教学现状。虽然小王毕业于某名牌师范大学，在校期间成绩优异，并经过师范专业培训，掌握了一般的教育理论和初步的教学技能。但是，由于刚刚毕业不久，缺乏必要的经验，即将面对这么多的领导讲课又是人生第一次，小王内心不免打了个寒战，心里顿时紧张起来。如何教学？教得不好怎么办？何况下次课需要讲的又是比较抽象的教学内容"天气与气候"。这是学生最难理解的内容之一，也是令很多老师头痛的一节课。小王非常想上好这堂课，以展示自己以及本校地理教师的教学胜任力。于是他和经验丰富的老师一起商量，该如何出色的表现呢？他们想到了教育界如今时髦的话：若要课上得好，一定要情知并茂。如果你是小王的同事，你怎样帮助小王备课，以发挥情感效应，取得良好的教学效果呢？当你看完本章后，就能找到答案。

第一节　情感的概述

从远古时期的沉迷、崇拜情感，到黑暗的中世纪排斥、恐惧、压抑、甚至扭曲情感，再到近代的放纵、表达情感，乃至今天人们开始正视、认识、调控情感，以期培养出健全、合理的高尚情感。从情感发展的脉搏中不难看出人类对情感世界逐步理性化的认知过程，体现出人们对情感世界认识的深度、广度逐步增强。那么究竟何谓情感呢？我们拟从以下几个方面对其加以具体说明。

一、情感的概念

情感（affection）是人对客观与现实的态度的体验。常言说："人非草木，孰能无情。"情感是人类心理活动的重要组成部分。作为一种心理现象，情感也是脑对客观现实的一种反映，这一点和认知活动一样，但它在反映的具体对象和方式上却与认知活动迥然不同。

认知活动是对客观事物本身存在的反映，如感知觉反映的是客观事物的表面特征和外部联系，思维反映的是客观事物的本质特征和内在联系，而情感则是以主体为中介的一种心理活动形式，反映的是客观事物与个体主观之间的某种关系。因而，同样的客观事物，会因个体主观因素的不同而产生不同的情感反应，甚至导致同一个人在不同状况下产生完全各异的情感反应。例如，同样是一杯茶水，对于喜欢品茶的人来说，会引起愉悦感，对于喜欢喝咖啡的人来说，则多少有些失望；当一个人口渴时，一杯茶水犹如雪中送炭，自然非常高兴，但倘若茶足饭饱时,一杯茶水就显得多余而无快感可言了。

认知活动是以认知的特有方式来反映对象的,如感知觉以映像的方式反映客观事物,思维以概念、表象和动作方式来反映客观事物,而情感则以体验的方式反映对象,并常伴随以明显的内部生理变化和外部表情运动。例如,当客观事物满足或未满足我们需要时,我们会产生愉快或不愉快的体验,并出现相应的生理变化和表情。人们正是用这种体验方式反映出人与客观世界的种种关系。

知识视界 9-1　知情观念的演进

心理学家和教育学家对认知与情绪关系的探讨,经历了一个从知情对立到知情交融的演变过程。在传统心理学中,由于理性主义的影响,人们总是倾向于把认知当作理性的化身,而把情绪看作非理性的象征,认为情绪是与认知相对立的心理现象,总是从紊乱、瓦解、冲动、不理智等消极意义上来解释情绪的性质及其对认知的影响;即使在传统情绪心理学领域内,也多是研究情绪如何受认知的控制性影响,而很少注意情绪本身具有何种作用或功能,以致直接或间接地把情绪看作是认知的伴随物或从属现象。在这种知情对立观念的影响下,教学理论和教学实践中自然形成了"重知轻情"、"知识本位"的教学观念。

20世纪下半叶,随着情绪的进化研究的兴起,许多情绪心理学家发现,情绪实质的起点在于进化,从进化的角度看,情绪是有机体力求应付和控制生存环境的心理衍生物,是为成功地增强有机体的生存能力而出现的心理工具,它的任何变化与发展,都是为适应环境所必需,具有功能上的有用性。因此,他们针对以往的知情对立观念,着力研究情绪对认知的唤起、组织、激励和调节作用。他们的研究结果表明,情绪的每次发生和发展、变化和转化、加强或减弱、存在或消失,都是十分具体而生动的操作过程;这个过程的进行,不是任意的、无方向的或无选择的,而是旨在服务于人,使人更适宜地生活,更方便于完成某种活动,更有利于认识外界和采取应答反应。而且,他们的研究很快在心理学界和教育学界激起强烈反响,引发了对"重知轻情"、"知识本位"的纠偏"运动","非智力因素"、"多元智力"、"情绪智力"等强调情绪的作用和功能的心理学理论相继产生,"情感性教学"、"愉快教育"、"以情优教"等教学理论和实践研究热潮不断涌现。

(乔建中,2010)

在相当长的时期内,人们只是把情感视为实践活动过程中出现的伴随现象或副现象(epiphenomenon),而无视这种现象在对人自身心理品质的发展和对实践活动所施予的推动作用上表现出的重要价值,甚至还有人把情感视为对理

智活动的干扰而将其置于消极的地位上："当人被周围情境刺激到他的大脑控制减弱或失去的地步……那么,这人就有了情绪"(Young,1961)。随着对情感现象研究的深入,人们对情感的认识也逐渐加深,进而印证了一百年前达尔文(Darwin,1872)依循"物竞天择"的自然规律审视人的情感所做出的论断:"情感生活受到进化法则的支配。"在人类漫长的进化和演变过程中,情感不仅没有退化,反而不断丰富,这就表明,情感不可能是一种副现象,更不可能是一种干扰或破坏性的东西,而是必有其帮助人类适应环境的作用。现代研究表明,情感是人的心理生活的重要组成部分,其对人的影响是多维度、全方位的。但要指出的是,情感的影响具有两重性:在一定条件下起着积极的促进作用,而在另外情况下,则起着消极的破坏作用。因此,我们要客观、全面地认识情感现象,把握情感的内在规律,以充分发挥其在教育实践中的积极作用。

二、情感的种类

无论在生活里,还是在工作中;无论在认识世界或改造世界的过程中,还是在认识自我或改造自我的完善中,人们的情感活动总是如影随形:或内隐含蓄,或外露明显,或悠悠缠绵,或激越猛烈,或瞬息即逝,或久持不退,或浅薄易变,或深沉稳固,或喜或忧,或愤或悲,形成了一个色彩斑斓、丰富多彩并为人类所独有的复杂的情感世界。从学理上,人们常常"把这种区别于认识活动、并同人的需要相联系的感情性反应统称为**感情**"(孟昭兰,1994)。但鉴于目前使用上的习惯,本章标题以及文中的有些地方仍用"情感"一词,实在必需时才用"感情"一词,以资区别。但严格地说,这一广义上的情感现象应称为感情,它包括如下三大类:

1. 情绪

情绪(emotion)是最基本的感情现象,着重体现感情的过程方面。它往往具有明显的外部表现、持续时间相对较短等特点。依据不同的标准,对其又可作进一步划分:

(1)按社会性划分,可分为生物性情绪和社会性情绪。

生物性情绪与生物性需要的满足与否相联系,是个体发展中最早出现的情绪,也是物种进化中最早出现的情绪,为人和动物所共有(当然仍有本质区别)。如美食引起的愉快体验、饥渴引起的痛苦体验、威胁引起的恐惧体验等都属于同一类情绪。国内外心理研究发现,人类婴儿出生后 4 个月已能观察到他们具有快乐、厌恶、愤怒、痛苦、惊奇等不同的情绪,恐惧的情绪出现较晚些,约在 6 个月左右才出现(Izard,1982)。社会性情绪则是在人类个体与养育者交往的过程中获得最初发展的。当个体形成情感和情操后,这些情感情操在具体情境中又有其具体的情绪性表现形式。例如,母亲看到自己的孩子所产生的愉快情绪,行人路遇不道德行为所产生的愤怒情绪,分别是母爱情感和道德情操在具体情境中的情绪性表现。因此,同样是喜怒哀乐的情绪,却可划归为不同的两类:抑或为生物性情绪,抑或为社会性情绪。它们在外表上无法分辨,唯视其与何种需要相联系,才能判其归属:若与生物性需要相联系,则为生物性情绪;若与社会性需要相联系,则为社会性情绪。

(2)按复杂性划分,可分为简单情绪和复杂情绪。

简单情绪,顾名思义,也就是人类中最基本、最普遍存在的一些单纯的情绪。我国古代名著《礼记》记载了人的"七情"——喜、怒、哀、惧、爱、恶、欲。西方跨文化研究后也提出六至十一种不同的基本情绪。当今,学界几乎已达成共识,关于简单情绪,一般至少包括如下几种:愉快、痛苦、愤怒、恐惧、惊奇等。而复杂情绪是个体在社会生活实践中,在简单情绪的基础上发生、发展的,诸如妒忌、谄媚、害羞、内疚、悲喜交加、悔恨交织、百感交集等。例如,按照美国心理学家普拉切克(Plutchik)的观点,简单情绪是接受、厌恶、愤怒、恐惧、愉快、悲伤、惊奇和期待八种,而各种复杂情绪是由这八种简单情绪复合而成的:爱为快乐和接受的复合、焦虑为恐惧和期待的复合、好奇为惊奇和接受的复合等等。

知识视界 9-2　关于基本情绪的种类

在英语词汇中,有 400 多个单词是用来描述情绪感受的,尽管它们之间的区别十分细微,但仔细分析还是可以看出不同:惊慌不同于恐惧;忧虑也有别于畏惧。用同义词的差异来区分不同情绪之间的界限比单纯对比不同的情绪要简单得多。一些理论家指出,用任何可以察觉的方式表现出来的反应,如眼前突然一亮、脸上现出光彩或口干舌燥,都属于情绪的范畴。

据此,20 世纪 70 年代,汤姆金斯(Tomkins)提出了八种基本情绪:兴趣、快乐、惊奇、痛苦、恐惧、悲愤、羞怯和轻蔑。后来,伊扎德(Izard)在他的基础上又增加了厌恶和内疚两种情绪。与此同时,美国加州大学的艾克曼(Ekman)博士提出了六种基本情绪:快乐、悲伤、愤怒、恐惧、厌恶、惊奇。1980 年,纽约爱因斯坦大学普拉切克(Plutchik)在艾克曼分类的基础上又加入容忍和期盼。1990 年,费希尔(Fisher)等人认为只有五种主要情绪:爱与快乐是两种基本情绪,而愤怒、悲伤和恐惧则属于消极情绪。

最近的社会结构理论进一步扩大了研究者的视野,不再把情绪的种类局限于五至七种基本情绪,而将人在社会化中逐渐产生的诸如希望、美慕、妒忌、傲慢、怜悯、内疚等融入认知评价成分的情绪体验,并将行为纳入情绪研究的范畴,这使得情绪心理学成为解释人的心理发展、心理生活和心理冲突的理论和实践依据。

(孙红玖,连煦,2002)

（3）按多维度划分，可分为各种具体情绪。

美国心理学家施洛伯格（Schloberg）于 50 年代提出从愉快-不愉快、注意-拒绝、激活水平这三个维度上划分情绪的方式，由此细分出快乐、爱、愉快、幸福、恐惧、惊奇、痛苦、注意等情绪（见图 9-1）。普拉切克则在 60 年代末提出从强度、相似性和两极性三个维度上划分情绪的方式，又由此细分出忧郁、哀伤、悲痛、忧虑、惧怕、恐惧、涣散、诧异、惊奇等等情绪（见图 9-2）。此外，当代情感心理学家伊扎德于 70 年代提出从愉快度、紧张度、激动度、确信度这四个维度上划分情绪的方式。愉快度表示主观体验的享乐色调；紧张度表示情绪的生理激活水平；激动度表示个体对情绪、情境出现的突然性，即个体缺乏预料和缺乏准备的程度；确信度表示个体胜任、承受感情的程度。虽划分方式尚未统一，但这些划分方式却为我们进行具体的情绪分类提供了很好的思路。

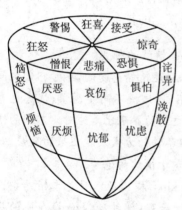

图 9-1　施洛伯格情绪三维模式图

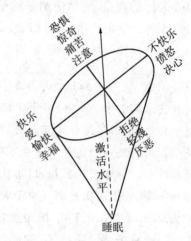

图 9-2　普拉切克情绪三维模式图

2. 情感

情感（feeling）是较高级的感情现象，着重体现感情的内容方面，具有较稳定持久、内隐含蓄的特点，与人的基本社会性需要相联系。所谓基本社会性需要是指个体在后天环境中形成和发展起来的，较少受教育影响，且带有一定的先天性成分的需要。例如，依恋需要、交往需要、尊重需要、探究需要、朴素的美的需要等都是这类基本社会性需要的典型。这些需要往往在个体发展的早期就已出现，甚至在一些高等动物中也有萌芽。

哈洛夫妇（Harlow & Harlow，1966）曾做过一个有趣的实验。他们分别用铁丝和毛巾布做了两个假猴母亲。铁丝母亲周围虽然冷冰冰的，但身上放有幼

322

猴可吃的奶瓶,而布母亲虽有近似母猴特有的"温暖"感觉,却没有奶瓶。然后看幼猴究竟喜欢和谁呆在一起。结果发现,幼猴大多时间依偎在布母亲身边,只有吃奶时才到铁丝母亲那里。这表明,依恋需要是客观存在的。

哈洛(Harry Frederick Harlow,1905—1981)
　　英国比较心理学家,早期研究灵长类动物的问题解决和辨别反应学习,其后用学习定势的训练方法比较灵长类和其他动物的智力水平。曾荣获英国国家科学奖,1951 年当选为英国国家科学院院士,1958 年当选为美国心理学会主席,1960 年获美国心理学会颁发的杰出科学贡献奖。

　　在另一项实验中(Butler & Harlow,1954),把猿猴放在一个不透明的箱子里。箱子上有两个窗口,各用一块不同颜色的硬片遮盖住,位置可随机变换,但其中只有一种颜色的卡片可被推开。一旦推开硬片,猿猴可自由窥视实验室 30 秒钟,以此作为奖赏,让猿猴学会推开有一定颜色的硬片遮住的窗口。这一实验则表明了探究需要的客观存在。

　　分别与依恋需要、交往需要、尊重需要、探究需要、朴素的美的需要等上述各种基本社会性需要相联系的情感有依恋感(如爱与恨)、归属感(如友谊感与孤独感)、自尊感(自尊与自卑)、好奇感、朴素的美感等。这些情感虽在一般情况下并不外露,但在具体情境中,也会因客观事物刺激而以情绪(其实就是社会性情绪)形式外显,表现为一定的喜怒哀乐。这里需要指出的是,这种有情感表现于外而产生的情绪会因情境变迁而变化,但情感本身则相对稳定。例如,母亲会因孩子进步而高兴,也会因孩子退步而难过,这种高兴或难过的情绪会随着情境而改变,但母亲爱孩子的依恋情感则不会轻易改变。

　　3. 情操

　　情操(sentiment)是最高级的感情现象,着重体现在感情的内容方面,具有更稳定、更含蓄的特点。它不仅与人的高级社会性需要相联系,而且还与一定的社会价值观念相结合。因为它是"以人的社会需要为中介,以某种思想和社会价值观念为中心的高级情感"(朱智贤,1989)。所谓高级社会性需要是指在基本社会性需要的基础上,受教育影响,后天形成和发展的社会需要。例如求德需要、求知需要、求美需要等,就是这类高级社会性需要的典型。与这些高级社会需要联系的情操有道德感、理智感和审美感。这也是我们人类最重要的三种高级情感。**道德感**(moral feeling)是个体用道德标准去评价自己或他人言行举止是否符合其道德需要所引起的态度体验,如义务感、责任感、集体主义情感、爱国主义情感、人道主义情感等,都属道德感范畴。**理智感**(rational feeling)是个体用真理或知识的标准去评价客观事物是否符合其求知需要所引起的态度体验,如对认知活动中新发现的喜悦、对追求科学和真理时的确信感、对某些知识经验或定论(包括定理、原则、规律的揭示等)的怀疑、对某些客观世界表现出的奇妙现象的惊诧等,都属理智感表现。**审美感**(aesthetic feeling)是个体用美的标准去评价客观事物是否符合其美的需要所引起的态度体验,如对艺术作品的欣赏、对自然景物的陶醉、对人文景观的感叹、对社会中和谐现象的赞许中所蕴含的各种情感,都属审美感表现。情操在平时更不外露,但在具体情境中,与情感一样,也会因客观事物刺激而以社会性情绪形式外显,同样表现为相应的喜怒哀乐,如战士在战场上对敌人表现出愤怒情绪,就是爱国主义情感(道德感)在具体情境中的情绪性表现。

学术前沿 9-1 五大类情感

我国情感分类一直沿用前苏联的体系,将高级情感分为道德情感、理智情感、审美情感三大类,但随着人类社会生活的丰富以及人们对情感现象认识的深化,这种分类也在实践中得到发展。在一项对我国 10～18 岁青少年情感素质的理论和实证研究中发现,青少年情感可分为五大类,每类又有下属若干种情感:

1. 道德情感(青少年根据一定的社会道德规范评价自己和他人行为时产生的一种内心体验),主要包括:①爱国感——对国家、民族的忠诚、热爱的情感;②同情感——对他人的挫折、不幸等遭遇的怜悯或同情的情感;③正直感——勇于坚持原则、主张公正的情感;④责任感——对自己分内的事勇于承担并尽力完成的情感。

2. 理智情感(青少年对认识活动成就进行评价时产生的一种内心体验),主要包括:①乐学感——指乐于学习的情感;②探究感——乐于对事物的特性、机制、规律等进行研究的情感;③自信感——对自己学习能力确信的情感;④好奇感——易于对新事物产生兴趣的情感;⑤成就感——在学习中追求成功的情感。

3. 审美情感(青少年在对物质或精神现象的美进行评价时产生的一种内心体验),主要包括:①自然美感——因自然事物的壮观、美丽、奇妙等而产生的美感;②艺术美感——因音乐、舞蹈、戏剧、戏曲、诗歌、散文、小说等艺术作品的表现形式、内容和涵义等而产生的美感;③工艺美感——因学习用品、生活器物之类实用品的美学特征而产生的美感;④环境美感——因学习、生活场所的洁净、有序、合理等而产生的美感;⑤科学美感——因科学内容的表现形式的简洁、对称、和谐等而产生的美感。

4. 生活情感(青少年对自己和他人的生命、生活进行评价时产生的一种内心体验),主要包括:①生活热爱感——寻求生活乐趣、向往美好生活的情感;②生命珍爱感——对人类、动物、植物等一切生命体的爱护和珍惜的情感;③自强感——指克服困难、积极进取以求获得自我发展的情感;④人生幸福感——指对自己的生活现状感到满意的情感。

5. 人际情感(青少年对自己与他人相处、交往活动时产生的一种内心体验),主要包括:①乐群感——乐意与他人交往、为别人或群体接纳的情感;②亲密感——能与他人交流内心体验的情感;③归属感——希望自己为别人或群体接纳的情感;④宽容感——能原谅别人而心安的情感;⑤合作感——愿意与他人共事的情感;⑥信用感——因信守承诺而欣慰的情感。

(卢家楣,2009;卢家楣,刘伟,贺雯等,2009)

百家争鸣 9-1　道德情绪在道德行为中的作用

柯尔伯格(Kohlberg)道德发展的六阶段模型认为道德推理导致了道德判断,而道德情绪并非道德判断的直接结果。尽管这一理论奠定了道德心理学在科学心理学中的地位,但这一理论却也明显忽视了道德情绪在道德发展过程中的重要作用。20世纪70年代末以来,一些心理学家开始重新审视道德情绪在个体道德发展中的作用。如林德在柯尔伯格道德理论的基础上提出了道德行为与发展的双面理论,该理论突出了道德情绪的地位,强调道德情绪是一种重要的道德视角,涉及个体所拥有的道德观念、价值观和道德态度等方面(罗乐,2010)。

道德情绪是人对客观事物与自身道德需要之关系的反映。它是一种复合情绪,主要包括厌恶、移情、内疚、羞耻、共情、尴尬、自豪等。心理学家早期较多关注负性效价道德情绪,如害羞、内疚和困窘等,随着积极心理学的兴起,研究者们开始将目光转移到一些积极情绪方面,如自豪、感戴等。道德情绪既能促进个体道德行为和道德品格的发展,同时也能阻断不道德行为的产生和发展(Eisenberg, 2000),具体表现为四个方面(Huebner, Dwyer, & Hauser, 2009):(1)不道德行为会导致个体产生耻辱、羞耻、愤怒或厌恶等道德情绪;(2)道德情绪会导致个体产生行为改变,例如厌恶情绪会使个体尽量避免做令他人受伤害的不道德行为,而内疚则可能导致自我惩罚,即对不道德行为的一种自我否认;(3)道德情绪强烈地影响着道德判断。个体能够根据预期的情绪反应来调整自己的实际行为,因而道德情绪具有一定的道德行为预见性,这种预见性主要来自于个体自身过去类似事件的经验积累。不仅如此,神经科学的相关研究也显示了类似的证据;(4)从道德行为的起源来看,个体早期的道德行为一定包含有某种情感动机。

(任俊,高肖肖,2011)

三、情绪状态

情绪的状态研究是情感研究中又一个十分活跃的领域。依据情绪发生的强度、持续性和紧张度，我们可以把情绪状态分为以下三种：

1. 心境

心境（mood）是一种比较微弱而持久的情绪状态。例如，一个人遇到喜事会精神气爽，面临困境会忧心忡忡，逢有不测则会忐忑不安等，这些都是心境的不同表现。学习的顺逆、工作的成败、人际关系的亲疏、健康状况的好坏，乃至生物节律的起伏、天气晴雨的变化等都可以成为某种心境的成因。

心境具有弥散性，它不是关于某一事物的特定体验，而是以同样的态度体验对待一切事物。当个体处于某种心境之中时，他的言行举止、心理活动都会蒙上一层相应的情绪色彩，即所谓"忧者见之则忧，喜者见之则喜"。例如，有的学生考试受挫，成绩不佳，往往会陷入闷闷不乐的心境中。这时他上课思维相对迟缓，注意力不够集中，课后做事也无精打采，甚至说起话来也有气无力，周围一切似乎都黯然失色。与之相反，有的学生学习顺利，又获得奖学金，心里乐滋滋的，在这一心境中，他上课时特别有精神，思路敏捷，反应快，课后做事也觉得格外轻松，与人交谈兴致勃勃，甚至进进出出还伴随歌声笑语，周围一切仿佛变得格外美好而富有生气。

心境持续时间有很大差别。某些心境可能持续几小时，而有些心境可能持续几周、几个月或更长的时间。一种心境的持续时间依赖于引起心境的客观刺激的性质。如失去亲人往往会使人较长时间处于郁闷心境中；一个人取得了重大的成就（如高考被录取、实验获得成功、作品初次问世等），在一段时间内会使人处于积极、愉快的心境中。人格特征也能影响心境的持续时间，同一件事情对某些人的心境影响较小，而对另一些人的影响则较大。一般来说，性格开朗的人往往时过境迁，而性格内向的人则容易耿耿于怀。可见，心境持续时间的长短与人的气质、性格有一定的关系。

心境有积极和消极之分。积极的心境使人振奋乐观，有利于发挥情感对人的各种促进作用。消极的心境则容易对人的各方面产生负面影响。由于在各种情绪状态中，人们最常经历的当属心境状态，也即人们更多地是在某种心境状态中活动的，后面将要提到的各种情感功能，也大都是在某种心境中发生作用的。因此，保持良好的心境状态，以充分发挥情感功能的积极作用是十分重要的。

2. 激情

激情(intensive emotion)是一种短暂而猛烈的情绪状态。如果把心境描绘为"和风细雨"的话,那么激情便可描绘成"狂风暴雨"。诸如欣喜若狂、悲痛欲绝、怒发冲冠、魂飞胆丧等都是激情的各种表现。引起激情的原因,一般是受到重大事件的强烈刺激,如极大的成功、严重的挫折、莫大的羞辱、巨大的不幸等。

激情具有冲动性的特点。所谓冲动性,是指个体处于激情状态时,其意志会失去对行为的控制,其意识会削弱对行为后果的考虑。激情爆发过程十分迅猛,大量心理能量在极短时间内喷薄而出,强度极大。处于激情中的人往往有一种"情不自禁"、"身不由己"的感受。激情发展大致经历三个阶段:(1)意识控制减弱,人的行为服从于体验的情绪;(2)意识控制失去,人的行为完全超出平常的反应;(3)激情平息,感到异常平静、乏力、冷漠,有时甚至会出现精力衰竭、精神萎靡的情形。

激情也有积极和消极之分。激情的积极表现为,它可以使人的情感完全卷入到当前的活动中,产生相应的情感效应,从而成为动员人的潜能并使其投入到某种行为的巨大动力。这在见义勇为、冲锋陷阵的特定环境中尤为突出。甚至在教学中,教师讲课讲到高潮时,也应带有一定的激情性,从而使讲课更投入、更富有感染力。至于激情的消极表现,主要是指它强大的破坏性和危害性。不少人正是在激情中,因一时的冲动失去理智而导致"一失足成千古恨"的结局。青少年犯罪中的激情性犯罪,就是一种无预谋、仅因一时激情造成的犯罪行为。

3. 应激

应激(stress)是一种高度紧张的情绪状态。它往往发生于出乎意料的危险情境或紧要关头,如突然遇到火灾、地震,遭到歹徒袭击,参加重大比赛、考试等,都有可能使人处于应激状态。产生应激的原因主要是由于个体已有的知识经验与面临事件提出的新要求不一致,又无现成办法可供参考;或个体已有的知识经验和能力不足以应付当前的境遇而产生无能为力的无助感和紧张感。

应激具有高度的紧张性。无论是出自于危险情境的应激状态,还是出于紧要关头的应激状态,个体都会由于客观事物的强烈刺激而导致其承受巨大的心理压力,并集中反映在情绪的紧张维度上。同时,在应激状态下,个体的这种紧张性还表现在生理上承受超乎寻常的负荷,以充分调动体内的各种机能资源去应付紧急、重大的事变。应激时的生理反应大致如下:当紧张刺激作用于大脑时,下丘脑产生兴奋,肾上腺髓质释放大量肾上腺素和去甲状腺素,从而大大增加通向体内有关部位(如心脏、骨骼肌等)的血流量,提高机体对紧张刺激的警戒能力和感受能力,增强体能以应付环境。但经常处于这一状态,则会削弱自身免疫功能,导致疾病。塞里(Selye,1936)在《各种伤害作用引起的综合征》里提出"应激"概念时,就指出在危急状态下的应激反应会导致适应性疾病。

个体在应激状态下的反应也有积极和消极两种情况。积极反应表现为急中生智、力量倍增,体力和智力都得到充分调动,获得"超水平发挥"。消极反应表现为惊慌失措、四肢瘫痪、意识狭窄、动作反复出错等。有的学生平时成绩尚好,但初次参加重大考试或比赛,往往临场发挥不佳,考砸了,便是应激的消极反应所致。当然,在一般情况下,应激更易导致的是消极反应,而非积极的反应。若要增加积极反应的倾向,事先的演练是有效手段。军人的实战训练、民兵的防空演习、学生的模拟考试等,都旨在促成应激状态下的积极反应。

百家争鸣 9-2　重新思考问题,改变思维方式

1. 重新评价情境

尽管你不能摆脱应激性事件(那个讨厌的邻居不可能搬走;你不可能改变失业或患有慢性疾病的事实),但你可以换一种不同的思维方式,我们称之为"重新评价"过程。重新评价可以使愤怒化为同情、忧虑转为果断、损失变成良机。

2. 从经验中学习

一些创伤性事件和不治之症的受害者报告说,经验使他们变得更坚强、更愉快,甚至会成为一名品质更优秀的人。在逆境中善于发现意义和好处的能力对心灵的康复非常重要,它能缓解严重疾病的进程。

3. 进行社会比较

在困难的情境中,成功的应对者通常会将自己与其他不幸的人相比较。即使他们患有致命的疾病,他们也会发现有些人的情况比自己还要糟。有时,成功的应对者也把自己与那些比他们做得更好的人进行比较。如果人们能够从被比较的人那里获得有关应对方式、控制疾病或改善压力情境的信息,这样的比较就是有益处的。

4. 培养幽默感

马丁(Martin, 2001)对幽默进行了 20 多年的研究,一直坚信幽默的益处。马丁发现,在应激发生期间,与在通风的房子里来回踱步相比,幽默是一种较好的应对方式,尤其是当这种幽默使你看到问题的荒谬性,并使你远离问题或者获得控制感的时候。不过,讽刺性的、怀有敌意的幽默往往会使事情变得更加糟糕。

(Wade & Tavris, 2006)

第二节　情感的一般规律

人类的情感往往因形式、内容、强度、持续的时间,以及人的主观因素等方面的不同而变化无穷,使得情感一度成为极为复杂的心理现象,以致给情感的规律研究带来很大的困难。然而,从许多学者对情感的概念、情感的分类,以及情感的状态研究中,仍不难发现其中存在着一些基本的情感特性、情感功能,以及情感发生的心理机制。特别是随着情绪心理学理论研究与实践探索的不断深入,学界对青少年的情感心理现象发现了前所未有的一致性特点。

一、情绪的特性

情绪研究历来受到情感心理的关注。已有的研究表明,与其他心理现象相比,情绪具有一系列相对稳定的特性。了解情绪的这些特性,不仅有利于我们在理论上更好地认识情感现象,也有利于我们在实践活动中更好地把握情感心理。

1. 情绪的生理特性

各种心理现象的背后都有一定的生理基础,情绪也不例外。但与其他心理现象不同的是,情绪发生时,个体身体内部会出现一系列明显的生理变化,这是情绪的一个重要特点,我们称之为情绪的生理特性。美国著名的心理学家詹姆斯(James, 1890)认为生理变化先于情绪体验。生理变化所引起的内导冲动传到大脑皮层时所引起的感觉就是情绪,如心率增加或肌肉紧张,导致人的情绪体验。情绪发生时的生理变化主要是通过人体内自主神经系统中的交感神经和副交感神经的颉颃作用导致的,它主要包括呼吸系统、血液循环系统、消化系统、内外分泌系统以及脑电、皮肤电反应(SCR)等一系列的变化(见表 9-1)。一般来说,交感神经与紧张且不快乐的情绪有关,其兴奋时会引起血管收缩、血压升高、心跳加快、消化器官运动减弱、血糖分泌增加、肾上腺素分泌增加、汗腺分泌加量等变化;副交感神经与平静且快乐的情绪有关,其兴奋时会引起一系列与上述相反的生理变化,血管扩张、血压下降、心跳减慢、消化器官运动加强、血糖分泌下降、肾上腺素分泌减少等。

表 9-1 交感神经系统与副交感神经系统机能活动比较

	交感神经系统	副交感神经系统
瞳　孔	放大	缩小
心　率	增快	减慢
血　压	升高	降低
血　糖	升高	降低
皮肤血管	收缩	舒张
支气管	舒张	收缩
冠状动脉	舒张	收缩
消化液分泌	抑制	增多
胃肠蠕动	抑制	增加
汗腺分泌	增加	减少
肾上腺分泌	增加	减少

詹姆斯(William James,1842—1910)

美国本土第一位哲学家和心理学家,也是教育学家,实用主义哲学的倡导人,美国机能主义心理学派创始人之一,美国最早的实验心理学家之一。1861 年进入哈佛大学学习化学、比较解剖学和生理学。1867 年去德国留学,在赫尔姆霍茨、冯特、微尔和的指导下学习医学、生理学和心理学。1875—1876 年在美国第一个开设心理学课程,讲解生理学和心理学的关系。一生著作颇丰,其中《心理学原理》(1890)一书既是当时实验心理学研究成果的基本总结,又是詹姆斯机能主义(或实用主义)心理学思想的集中体现。

一般来说,皮肤电反应(SCR)是情绪产生变化的一个敏感性指标。当一个人情绪发生时,自主神经活动引起皮肤内血管的收缩或舒张,以及汗腺分泌活动的变化,导致人体皮肤表面的导电系数发生相应变化。当人处在紧张的情绪状态时,皮肤导电电流增加,皮肤电阻下降。由于情绪具有生理特性,所以在研究情绪时,通过测量一个人的生理变化来了解其情绪状况,也就成为测量情绪的一个重要的客观手段。所谓"测谎仪",就是根据"说谎—紧张—生理反应"的原理制造出的一种包括测试皮肤电、脑电波、呼吸、脉搏、血压等反应在内的多导生理仪。现在还可以用"声音紧张分析器"来测量人所不能觉察的语音变化,来了解人的情绪状况,增加鉴定结果的可靠性。

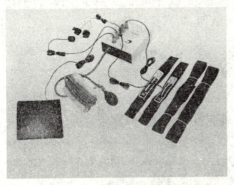
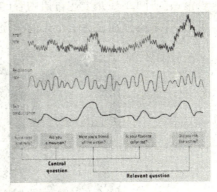

图 9-3　多通道心理生理测谎测试仪

2. 情绪的外显特征

当个体发生情绪时,还会出现身体外部变化,这是情绪不同于其他心理现象的又一个显著特点,我们称之为情绪的外显特征。这种情绪性的身体外部的变化被称作**表情**(emotional expression)。西方心理学将这一表情行为、情绪的生理反应与情绪的主观体验确定为情绪的三个基本成分。

人的表情可分为言语表情和非言语表情两大类。言语表情主要通过一个人言语时的音响、音速、停顿等变化来反映其不同的情绪。例如,当播音员转播足球比赛实况时,他的声音尖锐、急促、声嘶力竭,表达一种紧张而兴奋的情绪;当播出某领导人逝世的公告时,语调缓慢而深沉,表达一种悲痛的情绪。一般来说,喜悦时音调稍高,言语速度快,语音高低差别大;愤怒时声音高而尖且带颤抖;悲哀时音调低沉,言语缓慢无力等。非言语表情又包括面部表情和体态表情两方面,面部表情主要是通过面部的颜色、光泽、肌肉的收缩与舒展,以及纹路的变化来反映情绪(见图 9-4)。根据心理学家研究,认为人的面部表情基本上反映在嘴唇、眉毛以及眼睛光泽的变化上。如狂喜时嘴角向后伸,上唇略提,两眼闪光,两眉舒展,所谓"眉开眼笑";惊奇时张嘴、瞪眼、两眉竖起,所谓"目瞪口呆"。情绪心理学研究发现:最容易辨认的是愤怒、快乐、痛苦;较难辨认的是恐惧、悲哀;最难辨认的是怀疑、怜悯。艾克曼的实验证明,人脸的不同部位具有不同的表情作用。例如眼睛对表达忧伤最重要,口部对表达快乐与厌恶最重要,而前额能提供惊奇的信号,眼睛、嘴和前额等对表达愤怒情绪很重要。同时口部肌肉的变化也是表现情绪的重要线索。例如,憎恨时"咬牙切齿",紧张时"张口结舌"。体态表情主要通过四肢动作和身体姿势来反映情绪。如欢乐时的手舞足蹈、捧腹大笑;悲恸时的捶胸顿足;痛恨时的咬牙切齿等。其中手势是一种重要的体态表情,它协同或补充表达言语内容的情绪信息。"振臂高呼"、"双手一摊"、"手舞足蹈"等手势分别表达了个人的激愤、无可奈何、高兴等情绪。

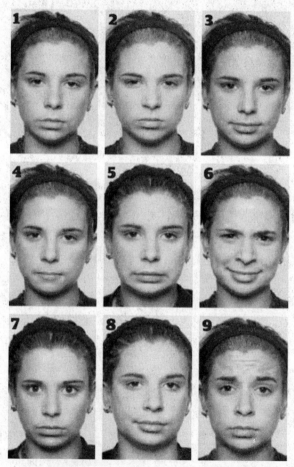

图9-4　人类的面部表情(转引自:艾克曼,2007)

　　人类表情本身也有一系列特点。第一,表情具有先天共性。某些基本表情在个体出生的最初几天里就得以表现,并且这些表情在世界各民族中具有相当的一致性。心理学家认为,在人的大脑皮层下存在着某些表情模式的先天程序。这种先天性为人类间的思想感情交流创造了有利条件,也给人们识别、研究和利用表情提供了便利。因此,心理学研究能找出一些情绪的共同面部表情模式,艺术工作者也能抓住各种基本的面部表情的典型模式,用一些最简单的图解线条十分成功地描绘出人的情绪状态。第二,表情具有后天习得性。人类表情是在先天发生基础上,又在后天社会交往中丰富、发展起来的。例如,先天盲婴在出生后不久拥有与正常婴儿同样的表情,这确实说明表情的先天共性。但在后天环境中,他们由于缺乏人际交往中人们对其表情的反馈和强化,表情逐渐变得淡薄、单调,与日趋丰富、细腻的正常婴儿的表情形成鲜明对照。这种后天习得性为人类表情的不断发展创造了有利条件,也是导致某些人类表情的社会文化背景差异的原因。第三,表情具有可控性。表情的生理基础与情绪不一样,后者主要受自主神经系统调节,一般不受大脑皮层的意识控制,而前者主要受躯体神经系统支配,可受大脑皮层的意识控制,从而显示出表情的可控性特点。我们既可以有意识地自然表现情绪,也可以夸大情绪或掩饰情绪,以符合社会交往、社会适应的需要。这种可控性为人类运用表情创造了有利条件。因此,教师也就有了在教育和教学中充分运用表情的可能性,他们可以通过自己的身体动作、言语声调等表情动作吸引学生的注意,鼓励或制止学生的行为,表明自己的态度,或者以帮助学生更好的对教学内容进行理解(见专栏教育实践9-1)。同时,教师也可通过观察学生的各种表情,来了解学生上课的情绪状态以及对教材内容的理解程度。

教育实践9-1 教学中的“表情解义”

在课堂教学中,对于某些现象或概念,当我们无法用言语来表达时,可以采用非言语形式来表达,如“表情释义”,即通过充分而又恰当地运用自己的言语表情——语音、语调、语速、停顿等,以及非言语表情——面容、目光、手势、姿态等,来更好地表达教学内容,反映内容中的思想感情,形象地解释某些现象、概念。

例如,一位优秀中学教师在讲解鲁迅先生的《孔乙己》时,因学生对课文中“孔乙己排出几文大钱”一句里的“排”字不太理解,他就神气地走到讲台边(讲台充当酒柜),很响亮地往讲台上“排”出几个分币,寥寥几个动作,把孔乙己的心态展露无疑,使同学更深一层地理解鲁迅笔下的“孔乙己”。再如,英语单词“strength”和“force”都可以译为“力”,但从词义上看,学生很难理解。老师在讲解时,就做了两个动作。他先握紧双拳,向上举起,并往下用力一拉,做了一个健美运动员的姿势,然后高声说:“strength”。接着,他右拳又奋力地向正前方击出,然后又高声地说:“force”。这样,学生在欢快中很快掌握了这两个单词词义的区别。

3. 情绪的两极性

情绪的两极性是指每一种情绪都能找到与之对立的情绪。在极性、性质、强度、紧张度等各个方面，人的情绪都存在着相对立的两极状态。

从极性上看，有正情绪和负情绪之分。正情绪也即肯定情绪，如快乐、高兴、满意、兴趣等；负情绪也即否定情绪，如悲伤、烦恼、愤怒、厌恶等。从性质上看，有积极情绪和消极情绪之分。积极情绪与社会利益相符，有利于个性发展；消极情绪则与社会利益违背，有碍于个性发展。顺便指出，积极情绪可以是正情绪，也可以是负情绪，消极情绪同样如此，情绪的性质和情绪的极性不是一回事。例如，愤怒是负情绪，但对敌人愤怒是积极情绪，而教师对学生动辄发怒，则是消极情绪。同样，愉快是正情绪，但出于幸灾乐祸的愉快则是消极情绪。因此，在教学中陶冶学生情感主要在于引发学生的积极情绪，而不论这一积极情绪是愉快情绪还是不愉快情绪。例如，教师在教学中可以引发学生对自己祖国的民族自豪感、自尊感，这是积极的、正性的情绪；也可以引发学生缅怀革命先烈的悲伤情绪，这是积极的、负性的情绪。

从强度上看，又有强弱不同的情绪之分，人的任何情绪在强度上都有着由强到弱的变化等级，如害怕有担心、惧怕、惊骇、恐怖等不同的强度。情绪的强弱可以反映或预测个体被它们支配的程度，强度越大，自我被情绪支配的程度越高。

从紧张度上看，有紧张和轻松的不同情绪之分。在对个体学习或生活具有决定意义的紧要关头或某些紧张时刻，情绪容易紧张；紧张关头过去以后，可以体验到明显的轻松。一般来说，情绪感的紧张程度对个体行为活动效率具有重要影响，中等程度的紧张效果比较好。

由此可见，情绪在两极性多维度上不同程度的结合构成了人类复杂而多变的情绪。

4. 情绪的情境性

人的情绪会随所处情境的变化而变化，这就是情绪的情境性。无论是基本情绪还是复杂情绪，都是个体在具体的某种情境之中，在客观事物的作用下，并以主客观之间的一定关系为中介而发生的，当情境发生变化时，情绪也易随之发生改变。因而，在日常生活中也常有这样的情况：当某人情绪不好时，周围人会劝他出去走走，换一下环境来调节情绪，其道理也是基于此。正因为情绪会随情境变化，并且这种变化总在情绪的两极之间发生（这是由前述的情绪两极性决定的），所以情绪也就表现出波动的特点。正如我国古代思想家所说："情，波也；水，流也；性，水也。"（《关尹子·五鉴篇》）"情之与性，犹波之与水；静时则水，动则是波；静时是性，动则是情。"（贺场）西方情绪心理学家扬（Young）和普里布拉姆(Pribram)也把情绪比作杯中晃动的水。我国心理学家燕国材(1981)甚至把情绪径直定义为"人的心理的一种异常波动状态"。情绪的情境性,或称之为情绪的波动性,为人们在特定场合朝着积极有益的方面转化提供了可能。

二、情感的功能

由于认识上的局限性,早期,一提到情感,人们往往将其与非理性联系在一起,从而将它看作是与认知相对立的东西,进而从紊乱、瓦解、冲动、不理智等消极意义上来解释情感的功能,从而想当然地认为情感仅具有消极的功能,这也致使在相当长的一段时间里情感所具有的积极功能在实际的教育教学活动中并没得到应有的发挥。如今,随着人类社会的进一步发展和人类实践活动的进一步开拓,情感心理学家们不仅发现了情感多种多样的功能,而且对情感功能的认识也更加全面。

1. 情感的动力功能

情感的动力功能(dynamic function of affection)是指情感对人的行为活动具有增力或减力的效能。现代心理学研究表明,情感不只是人类实践活动中所产生的一种态度体验,而且对人类行为动力施予直接的影响。在同样有目的、有动机的行为活动中,个体情绪的高涨与否会影响其活动的积极性:在高涨情绪下,个体会全力以赴,努力奋进,克服困难,力达预定目标;在低落情绪下,个体则缺乏冲力和拼劲,稍遇阻力,便畏缩不前,半途中辍。一项对11~15岁青少年的实验研究(柴文袖,王文娟,1984),更以量化手段揭示了正情绪和负情绪对实际活动所产生的增力和减力作用。该实验采用鼓励组和挫折组相对照的办法,让男女青少年进行400米赛跑。结果鼓励组情绪高涨,成绩提高,而挫折组情绪低落,成绩降低,两者差异显著(见表9-2)。

表9-2 接受鼓励或指责对男女运动员成绩的影响(单位:秒)

性 别	提高(降低)人数及成绩的变化量	总变化量相对值	每人平均变化量相对值	t	p
鼓励组 男(11人)	7人提高35.5, 4人降低−4.2	(提高) 31.3	(提高) 2.84	2.20	$0.05 < p < 0.1$
鼓励组 女(12人)	10人提高41.9, 2人降低−2.4	(提高) 39.5	(提高) 3.29	3.61	$p < 0.01$
挫折组 男(11人)	4人提高9.7, 7人降低−17.6	(降低) −7.9	(降低) −0.72	−0.83	$p > 0.05$
挫折组 女(12人)	4人提高5.3, 8人降低−22.2	(降低) −16.9	(降低) −1.41	−1.86	$0.05 < p < 0.2$

现代情感心理学中以汤姆金斯（Tomkins）和伊扎德为代表的动机-分化理论自60年代产生以来，就十分重视情感的动力功能。他们不仅认为情感具有"放大"内驱力的作用，而且认为情感本身可以离开内驱力而直接起到动机作用。在他们分析的人格系统中存在四种类型的动机结构：内驱力、情绪、情绪-认知相互作用、情绪-认知结构。其中情绪是核心，无论是与内驱力相联系的情绪，或是同认知相联系的情绪，抑或是蕴含在人格结构中的情绪特质，都起着重要的动机作用。美国心理学家利帕（Leeper，1948）进而认为，情绪性动机在指导行为上的效果上并不亚于甚至等同于有生理基础的动机，但它们都不依赖于生物组织的需要，而可由更细致而复杂的社会信号所激发，它们受到刺激物的意义（过去和现在）的制约。也正是由于情绪和动机一样都能推动行为，因此西方也把行为分为动机性行为（motivated behavior）和情绪性行为（emotional behavior）。在现代西方心理学教材中，"动机"和"情绪"往往被放在同一章中论述，这也在一定程度上反映了这种认识倾向。情感是否可直接归属于动机范畴，尚无定论，但情感对人的行为的动力作用，不仅在实践中，而且在理论上都已达成共识。我国情感心理学专家孟昭兰教授（1989）也特别强调："情绪的动机作用并非只体现在对内驱力的放大作用上，人类的高级目的行为和意志行为的驱力作用中，也无不包含着情绪因素。"这是因为动机和情感都与需要有直接关系。一般来说，动机是在需要和诱因的作用下发生的；情感的发生则受需要和客观事物之间的关系制约。但通过需要这一共同的媒介所维系着的这两种心理现象——动机和情感，在客观事物的趋向上并不总是一致的。因为人也会在负诱因（压力）作用下发生动机行为，但在情感上是否定的。例如，一个学生出于教师的压力（惩罚或压力）而学习，但在情感上是抵触、厌恶的。因此，这里就会出现两种情境：当情感与动机在需要和客观事物的关系上一致时，情感便起着积极的作用；而当不一致时，便起着消极的作用，从而表现出情感对个体行为活动的增力或减力效能。

2. 情感的调节功能

情感的调节功能（regulation function of affection）是指情感对一个人的认知操作活动具有组织或瓦解的效能。这是随着现代情感心理学家把注意力越来越多地集中于情感和认知的相互关系以后揭示出来的一个最为引人瞩目的功能。人们过去对情感的偏见也主要集中在情感对认知活动的干扰或破坏方面。然而，大量研究表明，适当的情感对人的认知过程具有积极的组织效能，而不适当的情感则会产生消极的瓦解作用。这一情感功能的揭示，不仅更新了在历史上把情感作为理智的对立面来认识的观念,而且打开了非智力因素直接影响智力因素的一条重要通道,对于人类的实践活动,尤其是教学活动,具有不可估量的价值。

教育实践 9-2　情绪调节教学模式的理论建构

　　情绪调节教学模式指的是:教师在一定教学目标指引下,通过管理和调节学生的情绪,引导和发挥课堂中学生的主要情绪对教学活动的积极作用,为学生的学习提供最佳情绪状态,从而调动学生学习的积极性。人本主义学习观和情绪心理学理论是其理论基础。好奇、兴趣、愉快和焦虑是课堂中主要的情绪。如何把课堂唤醒调整在适宜水平是情绪调节教学模式需要解决的问题。在教学过程中,教师应依据学生的生理唤醒、认知评价、人格特征三个方面的特点,灵活采取策略来诱发调节学生的情绪,培养学生积极的学习情感。

(郭德俊,田宝,陈艳玲,周鸿兵,2000)

　　情感对认知操作活动的积极与消极作用,首先反映在情绪的极性上。一般来说,快乐、兴趣、喜悦之类的正性情绪有助于促进认知操作活动,而恐惧、愤怒、悲哀之类的负性情绪会抑制或干扰认知操作活动。海特纳和鲍里夫(Haitner & Borrif, 1984)曾做过一个实验。他们选择令人愉快和不愉快的 6 个句子作为学习材料。实验时,先测定被试的心境,然后让被试对 6 个句子按照自己认为愉快或不愉快程度作等级评分。接着让被试学习随机呈现的 6 个句子。最后以自由回忆的方式写出自己记住的句子内容。实验结果发现,心境好的被试比心境不好的被试,不仅更能正确评定 6 个句子的愉快与不愉快程度,而且能记住更多的句子内容,如前述第五章表 5-7 所示。例如,处于第 8 等级心境(心境很好,很高兴)的 13 名被试和处于第 3 等级心境(心境不好,情绪低落)的 8 名被试在识记意义单位得分上有着显著差异,而在完全忘掉的句子方面的分析上,后者的遗忘量是前者的 4.5 倍! 孟昭兰教授以婴儿为被试进行了有关情绪状态对智能操作活动影响的系列实验研究。在实验室引发各种不同情绪的条件下,让被试完成规定的智能操作活动,并以完成的速度为主要量化指标,看被试在哪种情绪状态下进行正确的操作所需时间较少,即效率较高。一系列实验的结果表明:被试分别在快乐、兴趣和无怒等正情绪状态下进行智能操作活动的效率,明显高于被试在痛苦、惧怕和愤怒等负情绪状态下进行智能操作活动的效率(见表 9-3)。

表 9-3　正情绪和负情绪在认知操作上的总体差异比较

快乐	痛苦	兴趣	混合	惧怕	无怒	愤怒
125.2	174.7	46.6	72.0	178.0	100.4	142.1
$t=2.19$			$F=104.65$		$t=2.53$	
$df=111$			$df=58$		$df=71$	
$p<0.05$			$p<0.01$		$p<0.02$	

赫布(Donald Olding Hebb，1904—1985)

　　加拿大心理学家,提出细胞联合理论来解释知觉及在大量脑组织损伤条件下仍能保持一定智力水平的现象。他强调早期经验对智力发展的重要性,以及正常环境刺激是保持心理健康的重要因素。1960 年当选为美国心理学会主席,1961 年获美国心理学会颁发的杰出科学贡献奖,1979 年当选为国家科学院院士。

　　情感对认知操作活动的积极与消极作用还反映在情绪的强度上。早在上世纪 50 年代,心理学家赫布(Hebb)就发现,一个人的情绪唤醒水平和智能操作效率之间似乎存在着一种非线性关系。当情绪唤醒水平较低时,有机体得不到足够的情绪激励能量,智能操作效率不高。随着情绪唤醒水平的上升,其效率也相应提高。但唤醒水平上升到一定的高度后,再继续上升,情绪激励的能量过大,使人处于过度兴奋状态,反而影响效率。这样,便存在着情绪唤醒水平的最佳点——中等程度的情绪唤醒水平最有利于智能操作活动。嗣后,有人(Wolford,1974)不仅用实验证实了赫布的研究结果,而且发现,情绪唤醒水平的最佳点随智能操作活动的复杂性而变化。在实验中,设置三种难度的智能操作活动,结果发现,活动越复杂,唤醒水平的最佳点越偏低些(见图 9-5)。这就是反映情绪强度与

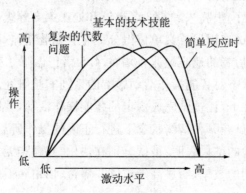

图 9-5　耶克斯-多德森定律

认知操作活动效率之间关系的耶克斯-多德森定律(Yerkes-Dodson law)。根据这一定律,我们在进行认知操作活动时,情绪强度不宜过高和过低,应保持中等水平,并且这一适中点还应根据认知操作活动难度作相应调整,难度大的,适中点偏低些,难度小的,适中点偏高些,这样才能积极发挥情感对认知操作活动的调节功能。

3. 情感的信号功能

情感的信号功能(signal function of affection)是指一个人的情感能通过表情外显而具有信息传递的效能。确切地说,一个人不仅能凭借表情传递情感信息,而且也能凭借表情传递自己的某种思想和愿望,一言以蔽之,能传递一个人的思想感情。研究表明,情感的信号功能在传递信息方面具有一系列独特的作用。

(1)加强言语的表达力。在人际交往过程中,表情伴随言语,能对言语进行必要的补充、丰富、修正和完善,从而提高说话者的表达能力,帮助他人更好地理解说话者的言语内容。同时,表情具有一定的直观性、形象性,也有助于说话者藉以表达一些较为抽象的言语,使听者较易接受、领会。正如前苏联著名教育家马卡连柯在谈到言语表情的作用时所说:"声调的运用之所以具有意义,倒不是仅仅为了嘹亮地唱歌,漂亮地谈吐,而是为了更准确地、生动地、有力地表现自己的思想感情。"

(2)提高言语的生动性。没有表情的言语,即使是再优美的语言,仍给人以呆板、平淡、缺乏生气、活力的印象。而富有表情的言语,则会使一句极普通的话语顿时散发诱人的魅力。

(3)替代言语。由于表情能传递一个人的思想感情,所以在许多场合,它可以单独承担信息的交流职能。表演艺术中早期的无声电影和现代哑剧,课堂教学中师生之间的种种体态语言的运用便是这方面的典型。

知识视界 9-3　人类的表情

达尔文(Darwin, 1872)在《人和动物的表情》(The expression of emotion in man and animals)一书中指出,人与动物在表情方面的发展具有延续性。但人类表情在丰富性、细腻性、社会性方面则与动物有着巨大的,甚至是根本性的区别。心理学家阿尔伯特(Mehrabian Albert, 1971)研究了使用英语的人们的交往现象后惊奇地发现,在日常生活中,55%的信息是靠非言语表情传递的,38%的信息是靠言语表情传递的,只有7%的信息才是靠言语传递的。Dale(1970)通过分析上百万份资料后做出这样的统计结果:在日常生活中,人们平均每一句话只用2.5秒钟,平均每天只讲10~11分钟的话,而大量的信息交流是靠非言语表情承担的。在两人以上的互动场合中,有65%的"社会意义"是通过非言语表情的交流方式传递的。据说,仅是人的脸部就能做出大约25 000种不同的表情。

（4）超越言语。首先，人类表情发展到今天已极为丰富，它能比言语更细腻、入微、传神地表达思想感情。英国著名戏剧家萧伯纳（Snavian）曾说过："动词'是'有五十种表现法，'不'有五百种左右的表现法，但这两词的书面形式却都只有一种。"两者差异由此可见。其次，表情比言语更富有真实感。人们在交流时，事实上存在着两个层次上的信息交流，第一个层次是通过言语实现的，第二个层次是通过表情实现的。常言道，"锣鼓听声，听话听音"。这里的"话"是指言语，而这里的"音"是指表情。当一个人的表情与言语所表达的态度不一致时，人们往往更倾向于把表情中流露出的态度视为其真正的内心意向，而把言语中表达的态度视为"表面文章"、口是心非。可见表情在人际信息交流中比言语略胜一筹。

4. 情感的保健功能

情感的保健功能（health function of affection）是指情感对一个人的身心健康具有增进或损害的效能。情绪的生理特性已告诉我们，当一个人发生情绪时，其身体内部会出现一系列的生理变化。而这些变化对人的身体影响是不同的。一般说，在愉快时，肾上腺素分泌适量，呼吸平和，血管舒张而血压偏低，唾液腺和消化腺分泌适中，肠胃蠕动加强等等，这些生理反应均有助于身体内部的调和与保养。但焦虑时，肾上腺素分泌过多，肝糖原分解，血压升高，心跳加速，消化腺分泌过量，肠胃蠕动过快，乃至出现腹泻或大小便不自主泄出。这一切又有碍身体内部的调养。倘若经常处于某种情绪状态，久而久之便会影响一个人的身体健康。在一项动物实验中（Weiss, 1972），通过控制电击状况，让动物被试分别处于三种不同环境之中：第一种在长期恐惧压力下，第二种在能预测的情绪压力刺激情境之中，第三种无任何情绪压力。实验结果为：在第一种环境中的白鼠由于长期胃液中盐酸分泌过多而导致严重的胃溃疡，第二种环境中的白鼠溃疡程度较轻，第三种环境中的白鼠无溃疡现象。

美国加州约翰·霍普金斯医学院的研究人员从 1948 年起对该院毕业生进行长达 30 年的关于情绪与健康关系的追踪研究。结果发现，年轻时倾向于压抑、焦虑和愤怒的人比生性稳静的人得结核病、心脏病、癌症等疾病的比例高出三倍。这种情绪与健康的关系，早在两千多年前就引起古希腊和中国古代医学的重视。希波克拉底（Hippocrates）曾论述过情绪与性格类型的致病作用。在我国的《黄帝内经》一书中更有情绪与疾病诊断、治疗、预防的关系的详尽论述。现代医学则发展起一门专门研究心理（主要是情绪）与躯体健康关系的分支科学——心身医学，并且进一步发现情绪调节健康的生理机制，主要是通过影响人体内的免疫系统的功能来对人的健康产生全面影响的。随着时代的发展，人们对"健康"的认识也不再囿于狭隘的生理学模式，而是广延于生理-心理-社会学模式，"健康"既包含生理健康，也包含心理健康。而情绪良好本身也是心理健康的一个重要组成部分。保持愉快、乐观的情绪状态能增强机体的抵抗力，提高有效适应环境的能力，减少疾病发生的可能性。这是因为健康的情绪能保持大脑及整个神经系统一定程度的张力状态，利于充分调动机体潜能，不仅能提高工作的效益和耐久性，而且能增强机体的活力，促进良好的食欲和睡眠，使机体产生强大的生理、心理驱力，保证神经、内分泌系统机能的正常运行，从而使机体处于健康状态。因此，情感的保健功能对现代社会生活中的每一个人，尤其是身心正处在发展之中的青少年来说，都具有十分重要的意义。

5. 情感的感染功能

情感的感染功能（infection function of affection）是指一个人的情感具有对他人情感施予影响的功能。当一个人发生情绪时，不仅自身能感受到并产生相应的主观体验，而且还能通过表情外显为他人所觉察，并引起他人相应的情绪反应。例如，你走过大街，看见有人被车撞伤，在路边痛苦地呻吟，你自己也会感到难过。西方心理学把这种现象称为移情。这就为教师凭借表情将教材中蕴涵的情感表现出来影响学生，使之获得相应的情感上体验提供了情感心理学理论基础。

美国情感心理学家斯托特兰德（Stotland，1978）认为，**移情**（empathy）就是"由于知觉到另一个人正在体验或将去体验一种情绪而使观察者产生的情绪性反应"。他用实验证实了这种现象。他让被试观察由自己助手充当的假被试接受透热疗法时的情景。假被试表现出三种可能的体验：痛苦、快乐和一般。被试在观察时看到假被试的三种不同的情绪体验，他们的生理反应同时被记录下来，结果发现，被试在观察时也产生相一致的情绪体验。在人们的日常生活中，当一个人的情绪引起另一个完全一致且有相当强度的情绪时，我们称之为情感共鸣。其实，这就是最典型、最突出的移情现象。心理学研究表明，一个人的情感会影响他人的情感，而他人的情感还能反过来再影响这个人原先的情感，这就使人与人之间的情感发生相互影响。这是情感的感染功能所导致的必然结果。情感的这一功能为人与人之间情感的交流提供了可能，有助于促进个体的情绪社会化，同时也有助于渲染、调节或控制他人的情感以达到"以情育情"的目的。

人们可以通过捕捉他人的情绪来感知周边人的情感变化,这一交互过程被称为情绪感染。情绪感染是建立人类互动的基础。如果他们想拥有一个顺利而广阔的社会交往,在情绪上的同步模仿是在所难免的。情绪感染使人们时刻追寻他人的感受和意图,即使当人们并没有专心去了解这些信息。

当前关于情绪感染形成机制的理论假设主要包括模仿-回馈机制、联想-学习机制、语言调节联想机制、认知机制、直接诱导机制等,其中模仿-回馈机制得到了大多数学者们的接受。学者们通过观察发现人类倾向于模仿周围人的面部表情、语言表达、动作及行为等,并且这些情绪特点模仿的时间间隔非常短暂,几乎是同步的。情绪感染的第二个过程称之为回馈过程,即:主体的情感体验时刻都在受到来自面部表情、声音、姿势和动作的模仿所带来的反馈与刺激。

虽然回馈过程并没有得到完全的验证,但大多数学者仍然支持这一观点,即:主体的情感体验时刻都受到面部表情、声音、姿势以及动作的模仿所带来的回馈的影响。

（王潇,李文忠,杜建刚,2010）

6. 情感的迁移功能

情感的迁移功能（transfer function of affection）是指一个人对他人的情感会迁移到与他人有关的对象上去的效能。自 1890 年詹姆斯首先进行了记忆训练的迁移实验之后,迁移现象引起了心理学家的极大兴趣,他们提出了不少有关认知方面的迁移理论。嗣后发现,迁移现象具有相当的普遍性,而非仅局限于认知。"由此可以看出,动作技能、知识、情感和态度都可以迁移。"（邵瑞珍,1983）一个人对他人有感情,那么对他人所结交的朋友,所经常使用、穿戴的东西,也都会产生好感。这似乎是把对他人的情感"迁移"到他人所接触的人和物上去了,这便是情感的迁移现象。中国有句成语叫"爱屋及乌",便生动而典范地概括了这一独特的情感现象。前苏联心理学家雅克布松（Якобсон, 1988）认为:"高级神经活动的规律……也可以解释为对具体情感所趋向的客体的范围的扩大过程,甚至也可以解释为所体验的情感的性质的变化过程,即情感迁移","周围现实的客体和现象起初对我们是无关痛痒的,由于在它们之间以及在引起我们的情绪反应的客体之间建立起暂时联系,这些客体和现象本身开始引起情绪反应。如果我们在某一具体的地方、家庭等有不愉快、委屈、受侮辱等强烈的体验,我们都会对这个地方、家庭等产生厌恶的态度。恋人不仅爱自己所爱的对象,而且对他们幸福约会的地方也会依恋；他开始对他平时不关心的周围生活的现象、客体产生了极大兴趣。……所体验的情感的性质之所以起变化是由于条件反射的联系。"这对我们认识情感迁移功能的内在机制有一定的启发。在教学中，教师挚爱的情感投射到学生的心灵上会唤起学生相应的情感反应，继而又把教师的爱迁移到教师所教的功课上，即所谓"亲其师，而信其道"。因此，教师要有效地运用情感的迁移功能，诱导学生热爱所学科目，一方面要重视"情感资本"的积累，与学生建立真挚的感情，让学生体验到老师的爱，并发展为师生互爱，从而使学生亲近你，愉快地接受你的教育。另一方面，要真正喜爱自己所教的学科，努力构筑与教学目标相适应的知识和能力结构。同时，根据学科的情感目标采取某种情感教学模式及其相应的教学策略来优化教学，创造良好的晕轮效应，从而使情感迁移功能在教学中起到改善学生对所学学科的倾向性效能。

三、情绪发生的心理机制

视角理论认为："一个视角就是一种观察方法，一种分析特定现象的有利位置或观点。视角一词意味着每个人的观点或分析框架绝不可能完全如实地反映现象，它总是有所取舍，总是不可避免地受到观察者本人先有的假设、理论、价值观及兴趣的中介。视角这一概念同时也意味着没有哪个人的视点能够充分地说明一个单一现象的丰富性和复杂性，更不用说去完全地说明一切社会现实的无穷的联系和方面了。"（Best，Karner，1999）可见，多样化的视角要比一个单一的视角更能提供通向研究现象的丰富道路。因此，在对情感内涵、情感特性、情感分类以及情感功能进行研究的同时，也应该对情感的心理发生机制进行研究。诚然，如同其他心理机制一样，情感的心理发生机制也相当复杂，但即便如此，通过学术界多年的探索，我们还是厘清了在心理层面上至少存在着以下一些因素对情绪心理机制的产生发挥着重要的影响。

1. 客体与需要关系是决定情绪的主要因素

我们在本章第一节中就已指出，客观事物本身并不直接决定一个人的情绪，而是有其主观上的中介，以致情绪是主客观之间的某种关系的反映，个体的需要便是其中的一个重要中介。需要是一个人对客观事物的要求在头脑中的反映，属个性倾向范畴。同样的客体在不同人身上之所以会引起不同的情绪反映，在很大程度上与人的需要不同有关。因此，决定个体情绪的一个重要因素，是客体与需要之间的关系。

这一关系首先决定情绪发生的极性。一般说，客观事物满足个体需要，产生正情绪，如快乐、喜悦、欢欣等；而客观事物不满足个体需要，则产生负情绪，如痛苦、愤怒、忧闷等。其次，这一关系决定情绪发生的种类。由于客观事物与需要之间的关系在现实生活中十分复杂,因此决定的情绪也会多种多样。例如,对个体生存需要构成威胁的客体,往往会引起恐惧;而有碍自尊需要满足的客体,则易导致焦虑;更有甚者,当客体与一个人的多种需要发生关系时,它虽满足个体某一需要,但同时又不能满足个体另一需要,便会产生诸如悲喜交加、爱恨交织的对立情绪,甚至百感交集之类的复杂情绪。再者,这一关系决定情绪发生的水平。由于人的需要有层次上的不同,有生物性需要,也有社会性需要;在社会性需要中,又有基本社会性需要和高级社会性需要之分,因此,吃喝玩乐之类的生物性需要满足与否所引起的情绪,在水平上自然不能与求知、创造、奉献之类的高级社会性需要满足与否所引起的情绪相提并论。事实上,需要的层次越高,与之相联系的情绪发生的水平也越高。最后,这一关系还决定了情绪发生的性质。凡与社会利益、个性健康发展的需要相一致的情绪就是积极情绪,反之,是消极情绪。

正因为客体与需要之间的关系在决定情绪的发生中有如此重要的作用,以致我们以往在定义情绪内涵时,也往往从需要和情绪的关系上加以界定。然而,随着人们对情绪现象的不断深入探究发现,把情绪发生的心理机制仅归结为受这一关系制约也是不全面的。事实上,在情绪发生的机制上,还有一些因素起着十分重要的作用。

2. 客体与预期关系是决定情绪的又一重要因素

预期(expectation)是一个人根据自己的经验、习惯对客观事物做出的一种事前估量,属认知范畴。它根植于个体在生活过程中逐渐内化形成的认知结构,并依据外来信息不断修正,始终处于动态变化之中。它可以被人充分意识到,表现为有意识的估量,也可以未被充分意识到,表现为潜意识的估量。例如,晴天出门未带雨具,这是因为"不会下雨"的潜意识估量所致。人的绝大多数行为活动都伴有预期,这是人的意识活动的超前性反映的表现。综合大量观察和研究材料发现,预期也是客观事物影响情绪的一个重要中介,客体与预期关系是决定情绪发生的又一重要因素(卢家楣,1988)。

这一关系首先决定情绪发生的强度。一般来说,客观事物超出个体预期越大,它满足个体需要与否所引起的情绪越强烈;反之,则越微弱。这种情况在生活中比比皆是。人们往往会因意外的收获感到格外高兴,也会因意外的失败感到分外懊丧;而对意料中发生的事,无论是满足需要还是不满足需要,产生的情绪要平静得多。在一项实验中(Epstein & Roupenian, 1970),给三组被试以电击刺激,测试其焦虑水平,让其中两组预知电击强度(一组得知强些,一组得知弱些),而第三组不知电击强度,结果表明,同样强度的刺激,若对其强度有准确预知，比无所预知引起的焦虑弱。贝克维茨（Berkowitz，1960）进行了一项实验，发现由没有预料到的挫折情境所引起的挫折感，要比可以预料到的挫折情境所引起的挫折感更为严重。我国心理学家卢家楣也成功利用"超出预期"这一因素，在真实的教学情境中诱发学生的情绪，以达到必要的强度。其次，这一关系还直接决定惊奇一类情绪的发生。我们知道，惊奇也是人类重要的基本情绪之一。但它的发生往往在个体明确客体与需要关系之前，因而不是由客体与需要之间的关系决定的。这也是以往试图用客体与需要关系作为唯一因素解释情绪发生现象时所出现的一个重要理论缺陷。其实，当与个体需要之间的关系尚不明确的客观事物出乎预期地发生时，只要超出预期达到一定程度，就会引起惊奇情绪，并可由超出预期的不同程度，区分出从新鲜感、新奇感到惊异、惊讶、惊愕，直至震惊、惊呆、惊厥等一系列不同强度的惊奇类情绪。这类情绪可称为中性情绪，与前苏联心理学家所讲的"不确定性情绪"（Петровский，1970，1976）是一致的："惊奇"是一种对突然发生的情况的情绪反应，它没有肯定或否定特征的明显表现（Петровский，1986），当然，这种中性情绪也会随着客体与需要关系的明确而转化，分别变为惊喜、惊恐、惊恸等富有极性的正负情绪。由于惊奇情绪的发生往往是认知活动与兴趣的先导，所以弄清客体与预期之间的关系直接决定惊奇一类情绪的心理机制，在教育活动中更具有重要意义。

3. 认知评价是决定情绪发生的关键因素

随着认知心理学的发展，现代情感心理学越来越重视情绪发生的认知理论。上世纪五十年代美国女心理学家阿诺德（Arnold）提出了情绪的评估—兴奋学说，六十年代美国心理学家沙赫特（Schachter）提出了情绪的认知—激活学说，几乎与此同时美国临床心理学家艾利斯（Ellis）提出了合理情绪疗法（情绪 ABC 理论），七八十年代拉扎勒斯（Lazarus）提出了情绪的认知—再评价学说。虽然这些理论的侧重点不同，但都充分肯定了认知评价在情绪发生中的作用。

艾利斯（Ellis Albert，1913—2007）

美国临床心理学家，合理情绪疗法（情绪 ABC 理论）的创始人和发展者，也是 20 世纪 60 年代美国性解放运动的先驱。1913 年生于匹兹堡，4 岁移居纽约。他认为，童年的经历使他发明了合理情绪疗法。在心理学临床中，他积极实践个体和群体的合理情绪行为疗法。艾利斯在写作上十分多产，其中特别有影响的著作是《治疗中的情绪和理性》（1962），该书充分展示了合理情绪治疗的理论和实践。

正如阿诺德举例所说:在森林里看到熊会产生恐惧,而在动物园里看到关在笼子里的熊却不产生恐惧。原因是情绪产生取决于人对情境的认知评价,通过评价来确定刺激情境对人的意义。这里的"意义",主要包括客观与需要和客观与预期两方面关系。也就是说,客观事物与需要、预期的关系究竟如何,最终受一个人头脑中认知评价的影响。例如,同样是考试得 80 分,学生会用不同的认知评价产生不同的情绪体验。若从成绩等第上评价,会因刚好划为"良"而庆幸;若从以往成绩比较中评价,则会因退步而不悦。心理学研究表明,这种认知评价会受一个人知识经验、思想方法和信念、价值观等的影响。受到挫折,缺乏辩证观念的人只看到事物失败的一面,产生悲观情绪,而具有辩证观念的人,会从"失败是成功之母"的角度认识挫折,避免消极情绪。

学术前沿 9-4　认知评价对情绪发生的影响

在情绪调节的探索中,认知评价的作用被大量研究所重视,成为该领域的研究热点。概括来看,认知评价与情绪关系的研究主要围绕两个方面展开:一方面,研究者通过分析个体对情绪与认知评价的自我报告,来探索评价在情绪发生过程中的作用。另一方面,研究者通过对认知重评策略的研究揭示评价与情绪的关系。认知重评是以非情绪的术语解释情绪相关刺激,通过对刺激的重新评价达到改变情绪的目的(Gross, 1998)。以上两方面的研究采用不同方法,从不同的侧面一致地得出了认知评价影响情绪发生的结论。

最近的一项研究中,以情绪片段为实验材料,以事先的评价背景影响被试的认知评价,采集生理指标与情绪自评指标反映情绪变化,考察认知评价对情绪的影响。结果发现,持有利于情绪调节评价的个体,负性情绪感受降低,皮肤电反应减弱,但心率无变化。研究表明,认知评价影响个体的主观情绪体验,并在一定程度上抑制负性情绪所致的生理唤起的增高。

(原琳,彭明,刘丹玮,周仁来,2011)

知识视界 9-4　情绪 ABC 理论

情绪 ABC 理论的创始者艾利斯认为:正是由于我们常有的一些不合理的信念才使我们产生情绪困扰。这些不合理的信念久而久之,就会引起情绪障碍。情绪 ABC 理论中:A 表示诱发性事件,B 表示个体针对此诱发性事件产生的一些信念,即对这件事的一些看法、解释。C 表示自己产生的情绪和行为的结果。通常人们会认为诱发事件 A 直接导致了人的情绪和行为结果 C,发生什么事就引起什么情绪体验。然而,同样一件事,对不同的人会引起不同的情绪体验。同样是参加一次竞赛考试,结果两个人都没拿奖。一个人无所谓,而另一个人却伤心欲绝。为什么? 就是诱发事件 A 与情绪、行为结果 C 之间还有个对诱发事件 A 的看法、解释的 B 在作怪。一个人可能认为:这次考试只是试一试,没拿奖也没关系,下次可以再来。另一个人可能说:我精心准备了那么长时间,竟然没过,是不是我太笨了,我还有什么用啊,人家会怎么评价我。于是不同的 B 带来的 C 大相径庭。

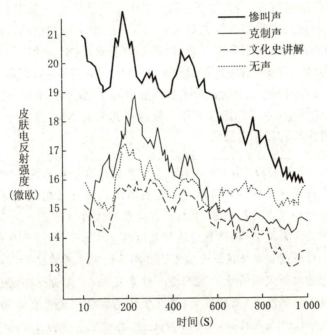

图 9-6　在不同配音下观看同一割礼影片时的皮肤电反应

四、青少年情感的特点

青少年是国家的未来和希望。对于青春期的青少年来讲,正处于情感走向成熟的关键时刻。青少年能否拥有一份属于自己的、良好的情感态度,直接关系着他们的健康成长。特别是在社会急速推进、竞争日益激烈的今天,青少年承负了来自社会、学校、家庭等多方面的期待和压力。作为学校,不仅要重视对青少年专业知识的教育,还要让他们具备健康的情感素质。只有这样,才能使其担负起肩上的那份责任。为了更好地引导青少年不断提升情感智慧,增强对情感的调控能力,让他们的情感更健康、更充实、更成熟,我们有必要先了解一下青少年的情感心理特点。

1. 青少年情绪的发展特点

情绪(emotion)是最基本的感情现象,着重于体现感情的过程方面。青少年情绪既有明显的激情冲动,又有缠绵的心境体验,既有日益丰富的社会性情绪的发展,又有迷惑他人的情绪文饰现象的出现。教师只有尽可能了解青少年情绪的种种特点,才能更好地认识青少年的情绪表现,并在与青少年的交往过程中加以注意和引导。

(1) 情绪兴奋性高、波动性大,且出现心境化

青少年的情绪特点,给人留下的第一个印象便是易激动,即我们所说的兴奋性高。保加利亚心理学家皮罗夫等人研究 5~17 岁个体的情绪反应时发现,神经活动的最兴奋型多见于 5 岁儿童,随着年龄渐增,兴奋型的比例下降,平衡型比例上升,但到了青少年期(女子 11~13 岁,男子 13~15 岁),兴奋型重新增多,到青春期结束再次减少。因此,同样的刺激情境,对成年人来说,可能不至于引起明显的情绪反应,但却能激起青年人较强烈的情绪体验,甚至导致冲动,也正因为如此,青少年容易爆发激情。

学术前沿 9-5　我国当代青少年情感素质现状调查

本研究在青少年情感素质理论和发展的情感分类思想指导下,在理论构想与实践探索相结合的基础上,编制了富有原创性的内含 6 个分问卷、可测查青少年 2 层次 6 大类 29 种情感发展状况的调查工具——《青少年情感素质问卷》,并以此对我国 3 类地区 9 大城市及其郊县的 117 所学校的 25 485 名青少年学生进行首次大规模情感素质测查。结果发现:我国青少年情感素质整体上处于积极正向状态,但亟待提高;男女生情感素质主要存在结构性差异;情感素质未随学段升高而提高,反有下降趋势,其中乐学感和自信感下降达显著水平;情感素质与学习成绩的自我评价、父母受教育程度呈正相关;师生关系良好、教师有情施教对青少年学生各方面情感素质发展具有重要而直接的促进作用。

(卢家楣,刘伟,贺雯等,2009)

同时,青少年的情绪又易波动起伏。这表现为,一方面青少年会因一时成功而欣喜若狂,激动不已,又会因一点挫折而垂头丧气,懊丧不止,从而出现情绪两极间的明显跌宕。另一方面,青少年还常会出现似乎莫名其妙的情绪波动、交替,给人以变化无常的感觉。有研究者曾对高中生情绪波动的情况进行过调查(沈家鲜等,1984),结果见下表(9-4):

表 9-4   对高中生情绪波动情况的一次调查

对生活充满憧憬,始终都沉浸在一种开朗的心情中	15%
经常脸挂愁容,无缘无故地忧郁	15%
上面两种心境交替上升像两条曲线,一会儿愉快,一会儿忧愁	70%
没有激烈的变化	0

另外,如果我们把青少年的情绪都视为急风暴雨、骤然突变的模式,那么我们将会忽略青少年情绪特点的另一个侧面—心境化。如前所述,心境是一种比较微弱而持续时间比较长的情绪状态。这与猛烈而短暂的激情现象正好相反。青少年,尤其是进入青年早期的高中生,会出现情绪时间明显延长的情况。这种延长表现在两个方面,一是延缓做出情绪反应,二是延长情绪反应过程,从而出现情绪反应心境化的趋势。例如,有的中学生在班上受到老师的批评,心里很不愉快,但当场并没有发作,老师也不在意,谁知事后他(她)竟会为此闷闷不乐好几天甚至个把星期。这种情况在儿童时期是没有的,儿童的情绪反应快,转变也快,缺乏心境状态,但到了青少年期,这却成为常有的事。

(2)情绪出现文饰现象和表情更加成熟

所谓情绪文饰现象,是指个体内部的情绪体验被外部的情绪表现所掩饰,出现表里不一的情绪现象。儿童的情绪表现是明显而真实的,高兴就是高兴的样子,不高兴就是不高兴的神态,外部的情绪表现与内部的情绪体验是一致的。但青少年却会出现内心很难过却脸带微笑,明明很高兴却装得若无其事,心里爱上班上的某位异性同学却又在公开场合表现得十分冷漠的种种情绪文饰现象,从而使青少年的情绪生活变得复杂化,令人难以捉摸。与此同时,青少年的情绪又表现出内隐性的特点,他们的内心非常渴望与人交流,吐露心声,但一见到熟人特别是长辈的时候,又难以鼓起倾诉的勇气,对于自己想了解的事情也往往绕圈子,不肯直言。

作为情绪特有的外部表现形式,表情具有独特而重要的社会交往功能。近二十年来我国心理学工作者对表情的发展进行了大量的研究。结果发现,在13、14岁以前,个体表情认知发展速度较快,在这之后,明显减缓,达到基本成熟,形成一条年龄分界线(黄煜峰等,1986;武珍等,1987)。还有研究(周秀章等,1986)发现,对人类六种基本表情正确认知到75%的年龄段为:高兴和愤怒4~5岁,轻蔑9~10岁,厌恶11~12岁,惊讶和恐惧13~14岁。这就是说,到了青少年期个体基本表情认知初步成熟。但是某些复杂的表情,如苦笑、尴尬、谄媚等,还需在青少年期进一步发展,其中谄媚表情认知最为困难(彭聃龄等,1985)。近几年来，由于研究方法的改进，有人（蒋长好等，2007）通过事件相关电位（ERP）研究发现，初中生、高中生和大学生在对悲伤和愉快面孔进行区分时引发同样的效应，有着同样的时间进程和类似的脑区分布。但是三个年龄段的 ERP 波幅大小不同，年龄越小青少年的 N2 波幅越大，年龄越大青少年的 P3 波幅越大。其中，N2 表示青少年对负性情绪控制的认知努力发展差异，P3 则反映大脑高级功能的发育过程，这就说明随着年龄的增长，青少年的情绪调节能力逐步增强，大脑高级功能的发育日趋完善。

（3）社会性情绪逐渐占据主导地位且情绪的表达逐渐符合社会规则

与青少年的社会化进程相一致的是，他们的情绪社会化程度也逐渐提高，这突出表现在两个方面：一是社会性情绪逐渐占据主导地位；二是情绪的表达逐渐符合社会规则。

社会性情绪是在人类个体与养育者交往过程中获得最初发展的，是与个体社会性需要满足与否相联系的情绪，在个体社会化不断发展的过程中，这类情绪又与社会评价相联系，从而使情绪反应的社会性越来越强（刘金花，1997）。我国的一项调查发现，小学生物质需要比较突出，而中学生的精神需要日益突出（余强基等，1985）。这表明社会性情绪在个体进入青少年期时才逐渐上升为主导地位，并且社会性情绪的水平不断提高。我们可以看到，儿童的喜怒哀乐多与吃喝玩乐有关，而青少年人的悲欢忧喜则多与学习、交往等相联系。有的家长往往不理解，为什么有时家里丰盛美味的菜肴并未能引起孩子的喜悦，而有时粗菜淡饭孩子却吃得津津有味呢？其实，这是孩子进入青少年期社会性情绪发展并占主导地位的表现。

情绪本质上是社会的，情绪表达的合适性会影响到人与人之间的关系。与儿童相比，青少年早期初步认识到情绪表达的适当性，但依然带有自我中心的痕迹。有人（顾石生，2004）曾对初二一个 44 人的班级进行过调查，结果显示，22位男生几乎都与家长发生过情绪冲突，20 位男生只知道自己的情绪反应，根本没想过家长的情绪，不知道也不想知道家长的情绪状况，只顾发泄自己的不满情绪，有 10 位男生产生过情绪激化、恶化现象；22 位女生几乎都有过与家长顶嘴、哭闹、埋怨家长、不理睬家长的情况，有 10 位女生截然不知家长的情绪状况，而只顾发泄自己的不满情绪。进入青少年中后期，由于观点采择能力的提高，他们开始逐渐考虑到周围人的感受，并自觉地从社会规则的角度表达情绪，即情绪的表达适合当时的社会场合，满足社会习俗的要求。一个人能理解和应用情绪表达的社会规则意味着他能用一种更合适的情绪去适应社会，维持良好的人际关系。这本身就是青少年社会化的重要内容之一。

2. 青少年情感的发展特点

情感(feeling)与个体的社会性需要相联系,着重于体现感情的内容方面,具有内隐、稳定的特点。人类的情感现象非常丰富、复杂,并会随着时代的发展、社会的演进、生活的多元化而得到相应的发展。个体进入青少年期,道德情感(由爱国感、关爱感、正直感和责任感等因子组成)、理智情感(由探究感、好奇感、乐学感、成就感和自信感等因子组成)、审美情感(由自然美感、艺术美感、工艺美感、环境美感和科学感等因子组成)、人际情感(由合作感、乐群感、归属感、信用感、亲密感和宽容感等因子组成)和生活情感(由幸福感、热爱感、珍爱感和自强感等因子组成)等都获得了重要的发展,并呈现出鲜明的特色。较全面地了解青少年情感的发展,将有助于教师更好地理解青少年学生,为针对性地培养和提高青少年情感创造有利条件。

青少年道德情感(moral feeling)是指青少年根据一定的社会道德规范评价自己和他人的行为时产生的一种内心体验。道德情感是人的情感过程在品德上的表现,一般称为品德的情感特征(林崇德,1989)。我国有学者(卢家楣等,2010)在理论推演与实践探索基础上,通过编制用于调查青少年道德情感的问卷工具,首次对我国三类地区九大城市及其郊县的 117 所学校的 25 485 名 11～19 岁青少年学生进行调查。结果表明:我国青少年道德情感总体正向积极但亟待提高;爱国感和关爱感发展可喜,正直感和责任感现状堪忧;女生道德情感及其关爱感和责任感优于男生(见表 9-5);青少年道德情感与学业自评、师生关系、教师有情施教的状况同步发展。我们从中获得的教育启示是:青少年道德情感的现状既令人欣慰,又给人警示;青少年正直感和责任感的培养急需加强;学校教育在青少年道德情感培养方面大有可为。

百家争鸣9-3　从自尊的文化差异说起

　　自尊(self-esteem)是个体对自己的总体的积极态度。自 1890 年詹姆斯在其《心理学原理》中对自尊进行论述后,一直是西方心理学研究的热点问题。20 世纪 80 年代后,中国研究者也对自尊进行了广泛的研究。近年来,自尊是否具有跨文化的普遍性成为研究者争论的焦点。研究表明,文化会影响自尊的表达方式。西方文化中的个体在外显与内隐层面、公开与私密情境都倾向于以直接的方式表达自尊,借助一系列的策略来提升自尊;而东方文化中的个体虽然在内隐层面和私密情境中表现出较高的自尊水平,但在外显层面和公开情境中则更含蓄地表达积极的自我评价。

(黄希庭,尹天子,2012)

表 9-5　青少年道德感的性别差异

	男生	女生	t	P	d
道德情感	4.42(0.61)	4.56(0.58)	−18.01	<0.001	−0.24
关爱感	4.74(0.86)	5.08(0.73)	−33.13	<0.001	−0.42
责任感	4.02(1.27)	4.29(1.19)	−16.95	<0.001	−0.22

青少年理智情感(rational feeling)产生于青少年获取知识的活动之中,是指青少年对认识活动及其成就进行评价时产生的一种内心体验。最近的一次全国范围内的大规模调查显示(卢家楣等,2009),青少年乐学感发展虽然呈现积极正向的趋势,但是与青少年理智情感及其他因子相比,则处于倒数第二;在乐学感的发展上并没有像认知一样随学段的升高而上升,相反出现随学段升高而下降的明显走势:乐学感由小学时的 5.01 跌到高中时的 4.10,落差十分悬殊。同时发现,青少年探究感平均得分在理智情感各因子中最低,女生更低于男生(见表 9-6)。这一结果令人堪忧,因为探究感直接影响青少年一代的钻研性、创造性的发展。另外发现,当前青少年在学习中对新事物产生兴趣的好奇感发展较好。

表 9-6　青少年理智感的年级差异

情　感	小学	初中	高中	F	P
理智情感	4.88(0.64)	4.58(0.70)	4.33(0.66)	1 454.47	<0.001
乐学感	5.01(0.87)	4.50(0.97)	4.10(0.94)	2 080.55	<0.001
自信感	4.88(0.85)	4.54(0.91)	4.26(0.91)	1 059.23	<0.001

青少年审美情感（aesthetic feeling）是指青少年按照审美标准对物质或精神现象的美进行评价时所产生的内心体验。在青少年情感素质的理论框架下，我国有学者（贺雯等，2010）进行青少年审美情感的研究，通过自编《青少年审美情感问卷》并在全国范围内实施调查。结果发现：我国青少年审美情感正向积极，但低于总体情感素质平均水平，其中最高的是自然美感，最低的是艺术美感；女生审美情感明显优于男生（见表9-7）；审美情感与学业自评、师生关系、教师有情施教等关系密切。

表 9-7　青少年审美情感的性别差异

题　项	男生	女生	t	P	d
审美情感	4.10(0.66)	4.45(0.65)	−42.99	<0.001	0.54
工艺美感	3.92(1.11)	4.57(1.01)	−48.34	<0.001	0.73
自然美感	4.59(0.88)	4.80(0.82)	−19.67	<0.001	0.22
艺术美感	3.67(1.17)	4.21(1.02)	−38.94	<0.001	0.49
环境美感	3.91(1.08)	4.21(1.05)	−22.57	<0.001	0.28

青少年人际情感（interpersonal feeling）是指青少年对自己与他人相处、交往活动评价时产生的一种内心体验。人际情感作为一个新近正式提出的概念，尚无这方面的直接研究资料，但已有不少研究与青少年人际情感相关。例如，有研究表明，青少年同伴关系和亲密感、归属感、合作感、信用感等密切相关：良好的人际关系是青少年获得亲密感、归属感、安全感和满足成就需要的重要前提（雷霞，2007）。又如，在2003年和2004年西安市开展的两项研究中发现，一方面，家长、老师、学生认为宽容是做人应该具有的重要品质之一，但另一方面，又发现现在的青少年普遍缺乏宽容感。这说明宽容对于促进青少年人际关系的意义，也反映了培养宽容感对提升青少年人际情感的重要价值。

青少年生活情感（life feeling）是指青少年对自己和他人的生命、生活进行评价时产生的一种内心体验。目前关于青少年生活情感的直接研究很少，但国内外与这一概念相关联的研究较为常见，且近年来有逐年增多的趋势。如关于青少年的幸福感已经由学术前沿的范围拓展到实践提升的领域，一些学校开始关注并积极提升学生的幸福感。再如，关于学生的自强感也有研究加以关注。有研究指出，成年人心目中的"自强"主要是指持久的意志力(郑剑虹，黄希庭，2004)，而高中生的自强人格则包括坚韧性、积极性等七个因素和坚韧性、目标性、人际开放性和积极性四方面的结构(郑剑虹，李启立，黎家安，2010)。还有研究发现，独立性、责任性和灵活性是被调查者最强调的自立特征，勇敢与拼搏、坚韧性和才干是被调查最强调的自强特征(夏凌翔，2005)。

> 学术前沿 9-6　我国青少年人际情感和生活情感现状调查研究
>
> 　在青少年情感素质的理论框架下，我国有学者(卢家楣等，2010)通过自编《青少年人际情感问卷》并在全国范围内实施调查，进行青少年人际情感的研究。结果发现：我国青少年人际情感正向积极，并与总体情感素质平均水平相当，其中信用感最高，合作感和亲密感最低；男生人际情感低于女生；人际情感与师生关系和教师有情施教关系密切。
>
> 　另外，我国还有学者(刘伟等，2010)通过自编《青少年生活情感问卷》并在全国范围内实施调查，进行青少年生活情感的研究。结果发现：我国青少年生活情感正向积极并高于总体情感素质平均水平，其中幸福感最高，自强感最低；生活情感与学业自评、师生关系、教师有情施教等学校中的因素关系密切。

第三节　情感规律在教育中的应用

认知与情感贯穿于教育的始终，共同成为受教育者精神成长两个重要的向度。然而，以往的研究，无论是在教育学领域还是心理学领域，多数学者将认知作为研究的焦点，而情感则或多或少遭受冷遇。近年来，随着新课改的深入推进和以情优教理念的实践引领，情感教学已取得了许多值得肯定的成效，尤其在具体的学科实践研究领域激起了越来越大的反响，并在一定程度上起到了普及教学"新思维"，使情感走进课堂，走进了学生的心灵。

教师的情绪在很大程度上决定着教师在教学过程中的面部表情、音调、手势、动作等非言语行为的表现。因此,情绪在教学中占据着十分重要的地位。

首先,教师要保持满意的情绪。一般教师都有这样的主观体验,在满意的情绪下课比较容易上好。教师的满意包括两个方面:第一,教师对自己满意。不满意的情绪得不到及时克服,再加上教学中出现新的问题,往往使教师神情沮丧。这是教学失败的重要原因。第二,教师对学生满意。教师要提醒并耐心等待学生做好一切准备工作,直到自己满意了再上课。教师千万不要在对学生不满的情况下愤然走上讲台。其次,教师要保持并流露出对学生的爱的情绪。在爱的情绪下,教师的思维活跃,也能够比较容易地处理师生之间的一些矛盾,从而使教学活动顺利进行。再次,教师的心情要保持轻松。教师轻松,课堂气氛就比较活跃。知识的洋流从教师的口中缓缓而出,使人较为容易接受。教师的心情一紧张,面肌固定,目光呆滞,学生一点也活泼不得,上课很难成功。

在教师的主导作用下,师生处于积极的情绪之中的时候,学生就很少思想开小差或进行与本课无关的其他事情。学生的注意力集中,对教材的感知、对讲授的理解就比较深刻,学生的记忆力也能得到较好的发挥。

（郭惠智,1985）

一、情感规律在教书育人中的应用

学校教育是教师和学生共同参与的双边活动,也是特定情境中的人际交往活动。无论是处于教育主导地位的教师,还是处于教育主体地位的学生,都是有血有肉、有情有感的个体。因此,整个教育活动是"一个涉及教师和学生在理性与情感两方面的动态的人际过程"。如何重视教育中的情感因素,发挥其积极作用以增进教育活动的科学性和艺术性,优化教育效果,也就成为现代学校教育改革的一个重要课题,也是教师日常的教书育人工作中不可忽视的一个重要方面。

所谓教材内容的情感价值,指教材内容在情感方面具有"动机—愉悦"性价值,即能满足学生的学习需要或学习期望,帮助学生达到既定的或理想的发展性目标,进而使学生把学习看作是一种有意义的活动愿意积极投入,并因此不断有所收益、有所成就而对教学活动本身产生愉悦的体验。与之相应,对教材内

1. 教学中的情感应用

教学是学校教育最主要的途径,也是最易出现重知轻情现象的一个教育领域。因此,强调教学中的情感应用,以达到以情优教的效果,具有十分重要的意义。情感教学心理学研究表明,教学中存在着静态的三大情感源点——教师、学生和教材。当教师和学生围绕着教材内容展开教学活动时,这些情感因素便被激活,并在师生间发生流动,产生动态的三大回路(包括十多条分支回路):师生间伴随教学中认知信息传递而形成的情感交流回路、师生间人际关系中的情感交流回路和师生情感的自控回路,以及各回路的支路,形成教学中情感交流的动态网络。但在传统教学中由于情感因素没有得到重视,其流动处于无目标、无控、无序的自然状态,缺乏构成系统的重要条件即系统的统一功能。因此,应该在对教学中的情感现象有正确认识的基础上,通过有组织的教学手段来充分调动情感因素的积极作用,将情感回路变成一个有目标、有控、有序的情感交流系统,以发挥为教学最终目标服务的统一功能。

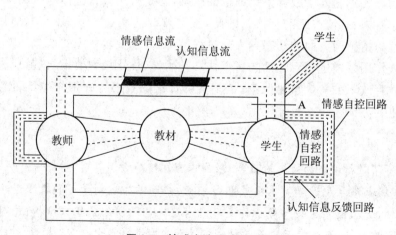

图 9-7 情感交流回路剖面图

学术前沿 9-8　教学中存在的三大情感回路——从动态上分析

情感教学心理学研究表明,从动态的角度分析,教学中存在的三大情感源点之间会发生情感互动,形成三大情感回路以及各回路自相应的一些支路,没有看清它们,就无法把握和驾驭教学中的情感现象、真正认识教学中的情知系统。

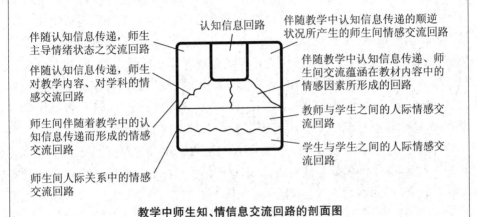

伴随认知信息传递,师生主导情绪状态之交流回路

伴随认知信息传递,师生对教学内容、对学科的情感交流回路

师生间伴随着教学中的认知信息传递而形成的情感交流回路

师生间人际关系中的情感交流回路

认知信息回路

伴随教学中认知信息传递的顺逆状况所产生的师生间情感交流回路

伴随教学中认知信息传递、师生间交流蕴涵在教材内容中的情感因素所形成的回路

教师与学生之间的人际情感交流回路

学生与学生之间的人际情感交流回路

教学中师生知、情信息交流回路的剖面图

1. 师生间伴随教学中认知信息传递而形成的情感交流回路,是教学中最大的一条情感交流回路,它又包括五条小支路:①伴随教学中认知信息传递的顺逆状况所产生的师生间情感交流回路;②伴随教学中认知信息传递,师生对学科、对教学内容的情感交流回路;③伴随教学中认知信息传递,师生间交流蕴涵在教材内容中的情感交流回路;④伴随教学中认知信息传递,师生主导情绪状态的交流回路;⑤伴随对教学中认知信息传递状况评价所产生的师生间情感交流回路。

2. 师生人际关系中的情感交流回路。包括以下四条小支路:①师生间情感的交流回路;②生生间情感的交流回路;③师生基本人际情感状况;④生生基本人际情感状况。

3. 师生情感的自控回路。包括两条小支路:①教师情感的自控回路,这是教师对自我情绪认知、监控和调节所形成的回路;②学生情感的自控回路,这是学生对自我情绪认知、监控和调节所形成的回路。

(卢家楣,2008)

情感教学心理学研究表明:情感是影响教学活动的重要心理因素之一,积极的情感对教师的教和学生的学都具有动力作用,是提高教学效率的重要条件。

那么如何利用教育中的情感因素以达到优化教学的效果呢？

（1）在教学中确定情感目标

以往人们在分析教学过程时，多数将注意力集中于教学中的认知系统，而忽视情感系统。事实上，教师、学生和教材既是构成教学中认知系统的三个基本要素，也是构成教学中丰富而复杂的情感现象的三个源点。教师的情感包括教师对教育和教学工作的情感、对所教学科及其有关知识内容的情感、对学生的情感、主导情绪状态和情绪表现（即表情运用状况）等。学生的情感包括学生对学校学习活动的情感、对所学课程及其有关知识内容的情感、对教师和其他同学的情感、主导情绪状态、课堂情绪气氛和情绪表现等。教材虽是物，但其内容直接或间接地反映了人类实践活动的情况，是"人化了的物"，其内容本身就蕴含着大量的情感因素。因此，当教师和学生围绕着教材内容展开教学活动时，不仅认知因素、情感因素也被激活了。正如美国教育心理学家布卢姆（Bloom）在描述学校学习模型时所指出的那样：学生是带着原先的认知行为和情感特点来接受教学的。因此，教学不仅要有认知目标，也要有情感目标。尽管情感目标需依据实际情况确定，但基本上应包含：让学生处于兴趣-愉悦情绪状态之中，为认知活动也为情感的陶冶创设良好的情绪背景；让学生在接受认知信息的同时获得各种积极情感和高尚情操的陶冶；让学生对学习活动本身产生积极的情感体验，形成良好的学习心向和好学、乐学的人格特征。

（2）在教学中通过认知信息回路调控情感

在认知信息回路与情感回路并存的教学活动中，教师不仅可以在情感信息回路内部调控学生的学习情感，也可以通过情知交互作用，从认知信息回路上调控情感，使之既有利于学生本身的发展，又有助于进一步促进教学中的认知发展。

① 精心选择教学内容。美国教育家布鲁纳（Bruner）在《教育过程》一书中明确指出："学习的最好刺激乃是对所学材料的兴趣。"对于中学生来说，在教学活动中真正能引起他们积极的情绪体验的，首先莫过于教学内容本身所具有的内在魅力。诚然，教学内容是根据学科教学大纲和教材选定的，但任课教师在这方面仍有一定的灵活性、主动性和创造性。"学校经常碰到教学大纲和教科书存在缺点的现象。但我们认为，全部工作都取决于教师，一个知识渊博的、热爱自己工作的、生气勃勃的、精力充沛的教师一定会使任何教学大纲变活，并补正最差的教科书。"（巴班斯基，1985）因此，教师可以而且应该根据学生的实际情况、学科发展的现状和社会政治文化生活的变化，对教学内容作适当调整、增补，以求精心选择。事实上，所选择教学内容的好坏，会直接引起学生完全不同的情绪体验："教师选择的教学内容可以是枯燥、单调的；可以不带个人的主观积极的情绪色彩，只是客观地提出一

系列的事实与概念。当然,这将在学生那里产生不满足的情绪感受。相反,教师选择的教学内容若是高质量的,那么它们就能引起学生满足的感受,教学活动使他们激动、感兴趣、思想集中、开心、兴奋"(鲍良克,1984)。这一方法是根据情绪发生的心理机制,通过高质量的教学内容(客观事物)满足学生求知需要的方式,来调控学生的情感。

② 巧妙组织教学内容。从教学内容的选择到教学内容的呈现,中间还有一个组织、加工的过程。通过这一过程,不仅将所选择的教学内容有机地组织起来,以体现内在的逻辑联系,而且更重要的是,要显示这些教学内容内在的魅力。这里的关键是,要尽可能使学生感到这些教学内容超出预期地满足自己的求知需要。例如,我们应尽可能地将看来比较经典性的教学内容,出乎意料地与当代社会、现代科技联系起来,使学生对教学内容产生明显的时代感;将某些看来有些"教条性"的教学内容,出乎意料地与现实社会、生产实践问题和未来的工作、事业问题联系起来,使学生对教学内容产生明显的实用感;将某些看来相当枯燥而又必要的教学内容,出乎意料地与生动的事例、有趣的知识联系起来,使学生对教学内容产生明显的趣味感;将某些看来似乎简单易懂的教学内容,出乎意料地与学生未曾思考过的问题、未曾接触过的领域联系起来,使学生对教学内容产生明显的新奇感,从而激起学生的学习热情。

教育实践9-4 从求知需要的满足中求乐

美国教育心理学家华尔特(Walter, 1976)说:"教师的工作本质上就是推销工作。因为教师要设法说服学生,使他们相信教师的这一学科是有价值的,是值得学习的。"其实,教师在这一过程中的作用就是要当好"推销员",把自己教授的教学内容从满足学生求知需要的角度,"推销"给学生,使学生乐于接受。例如,初中几何课"绪论"一节,按课文中内容讲:"几何学是研究物体的形状、大小及物体间相互位置关系的一门学科。"这不会引起学生快乐的情绪,因为他们并没有要研究物体形状、大小及相互位置关系的求知需要,他们甚至不理解为什么要学几何。因此,有位教师就巧妙地组织教学内容。他先是提出问题:为什么球架要造成三角形的? 为什么铁门要造成四边形的? 为什么车轮要造成圆形的? ……这些问题倒是引起学生了解发生在他们周围生活中种种几何现象的兴趣,激起他们要探索隐藏在这些现象背后秘密的求知需要,渴望教师告诉他们。这时那位教师才说,这都是几何课上要解决的问题,今后会逐步给大家讲解。并进而指出几何知识在工农业生产和日常生活中的作用。这样,在学生看来教学内容似乎能满足自己的求知需要,便怀着快乐的情绪听课了。

③ 择优采用教学形式。这里的教学形式是相对于教学内容而言的一个广义的概念，它包括教学的模式、策略、方法和手段等。在国内外教学中已出现各种各样的教学模式，仅美国师范教育专家乔依斯（Joyce）和韦尔（Weil）就从上百种教学模式中排选出发现法、掌握学习法、非指导性教学法等 25 种模式，而与模式相配合的各种策略的运用就更多了。至于教学手段，随着录音、录像、投影、电影、幻灯和多媒体等电化教学技术、设备的发展，也呈多样化趋势。这些都为教师教学形式的择优采用创造了有利条件。这里的关键是因"材"择法——根据不同的教学材料和教学对象的不同特点选择最佳教学形式，以满足学生在特定教学情景中的需要，产生相应的积极情绪体验。

（3）在教学中通过情感信息回路调控情感

在教学中通过情感信息回路调控学生情感，使之处于良好的情感氛围之中，不仅有利于直接促进学生各种情感的陶冶和培养，而且也有利于促进和优化学生的认知活动。

① 教材内容的情感性处理，是指在将教学内容向学生呈现的过程中，教师从情感角度着眼，对教学内容进行必要的加工处理，使之能充分发挥情感因素的积极作用。教材内容可分为四大类：一是蕴涵显性情感因素的教材。即通过语言文字材料、直观形象材料等使人能直接感受到其中所蕴涵的情感因素的教材，主要在艺术类、语文类（包括外语类）教材中；二是蕴涵隐性情感因素的教材。虽主要用以反映客观事实，并不带明显的情感色彩，但在反映客观事实的过程中仍然会不知不觉地使人感受到其中所隐含的情感因素的教材，在文理各科教材中都有，在史地类中更为多见；三是蕴涵悟性情感因素的教材。即本身不含显性或隐性情感因素，但却具有引起情感的某种因素，并能被具有一定领悟水平的个体所感受到而产生相应情感的教材，主要在理科类教材中；四是蕴涵中性情感因素的教材。就我们目前的认识和感受水平而言，完全不含情感因素的教材，仅囿于理科教材中，这类教材虽本身不含情感因素，但我们也可以通过一定的情感教学策略使其具有情感。

教育实践 9-5　教学内容的情感处理策略

1. 展示情感策略

该策略运用于蕴涵显性情感因素的教材内容。它的基本涵义是教师通过自己对教材内容的加工提炼，让教材内容中所蕴涵的显性情感因素得以尽可能的展示，从而使学生获得相应的情感体验。该策略所依据的主要心理学原理是情感的信号功能和感染功能。

2. 发掘情感策略

该策略运用于蕴涵隐性情感因素的教材内容。它的基本涵义是教师通过自己对教材内容的加工提炼，让教材内容中所蕴涵的隐性情感因素得以尽可能的发掘，从而使学生获得相应的情感体验。该策略所依据的主要心理学原理是情感的迁移功能。

3. 诱发情感策略

该策略运用于蕴涵悟性情感因素的教材内容。它的基本涵义是教师通过自己对教材内容的加工提炼，让教材内容中所蕴涵悟性情感因素为学生所尽可能地感悟到，从而使学生获得相应的情感体验。该策略所依据的主要心理学原理是认知评价在情绪发生机制中的作用。

4. 赋予情感策略

该策略运用于蕴涵中性情感因素的教材内容。它的基本涵义是教师通过自己对教材内容的加工提炼，赋予教材内容以一定的情感色彩，从而使学生获得相应的情感体验。该策略所依据的主要心理学原理是情感迁移功能。

（卢家楣，2000）

② 教师情感的自我调控。在教学过程中教师情感的自我调控具有特别重要的意义。这是因为情感具有感染功能，教师的情感会在教学过程中随时随地影响着学生的情感，起着极为重要的调控作用。在这方面教师尤要注意两种调控：一是教师情绪状态的调控。有不少教师没有意识到这一问题的重要性，对自己的情绪任由兴致、不加调控，有的还出于错误的认识，为体现教学的严肃性而故意绷着脸，表现出"冷静"、"沉着"、"严厉"的教态，这会影响学生的情绪，产生消极效果。正确的做法是，教师在教学活动中要始终调控好自己的情绪，处于饱满、振奋、愉悦、热忱的状态，以感染学生情绪、活跃教学气氛，为学生认知活动创造最佳的情绪背景，特别是当教师由于种种原因而情绪不佳时，更要以教师的责任感和敬业心调控自己，正如马卡连柯所说："从来不让自己有忧愁的神色和抑郁的面容。甚至有不愉快的事情，生病了，也不在儿童面前表现出来。"二是教师对所教学科的情感调控。以往教师考虑的是如何教好自己所教的学科，往往没有意识到自己对所教学科的情感会潜移默化地影响学生对该学科学习的情感和态度。正如苏霍姆林斯基所说："教师对教材冷漠的态度会影响学生的情绪，使其所讲述的材料好像和学生之间隔着一堵墙。"而"热爱自己学科的教师，他的学生也充满热爱知识、科学、书籍的感情"。因此，优秀教师不只是传授知识、培养能力，而且还要将自己对学科执着追求的精神、热忱和感受带给学生，以拨动、激

起学生情感上的涟漪和共鸣,这就要求教师不仅要避免在教学中流露对所教学科的冷漠乃至厌烦、反感等消极情感,而且还要重视培养学生对该学科的热爱之情。

③ 师生情感的交流。在教学活动中师生之间不仅交流认知,也交流情感;不仅交流教学内容中的情感,也交流着师生人际间的情感。而师生人际间的情感也会通过迁移功能影响学生对教学活动、教学内容的情感和态度。我国古代教学名著《学记》中"亲其师,信其道"之说,便深刻地揭示了这一道理。师生情感交流的核心便是爱心融入。这就要求教师从职业道德的高度认识师爱的意义,培养师爱情感,并掌握施爱于生的艺术。这里简介一些具体方法:

施爱于细微之处:俗话说"于细微之处见深情"。往往在师生交往的细微之处最能使学生感受到教师真诚而深厚的爱。对学生一道目光的友好接触,对其名字的一声亲切呼唤都会产生师爱的魅力。

施爱于需要之时:根据情绪发生的心理机制,教师首先应考虑如何将自己的师爱之情化为满足学生某些合理而迫切的需要的行为,这样才能从根本上引发学生的积极情感反应,促进师生在教学中的情感交流。

施爱于意料之外:根据情绪发生的心理机制,客观事物越超越出预期,产生的情绪强度越大。因此教师要使自己的行为能真正引起学生情感上的振动,从而产生师生情感上的炽热碰撞,那么教师就要设法在师生交往中使学生出现某些出乎意料的感觉。

教育实践 9-6　将师爱给予每个学生

教育家苏霍姆林斯基(Сухомлинский)说过:"如果你不爱学生,那么你的教育从一开始就失败了。"作为教师,有了爱也就有了教师职业的一切。师爱是最能打动学生的力量。两千年前,孔子的学生患上了恶疾,别人不敢接触他,而孔子却执手安慰,给了他心灵上强有力的支持。对学生来说,教师的爱是一种信任、一种尊重、一种鞭策。对于后进生尤其如此。在现实中,爱一个好学生并不难,因为他本身就讨人喜爱,爱一个坏学生才是对教师的重大考验。北京有一位普通的化学教师,几年来用爱心把一个个毫无学习兴趣的学生拉了回来,给他们学习的勇气和信心,让迷恋网络的男生成为班级里第一个留学出国的人,让早恋的女生考上了大学。他是用什么灵丹妙药让这些学生找到了学习的兴趣呢? 他的心声是:其实坏学生和好学生只有一步之遥,没有一个学生天生就是坏学生,他们缺少的就是爱。只要你付出足够的爱,他们就能迷途知返,向着有阳光的地方走去。

施爱于批评之中：师爱具有明显的教育性，这是一种慈与严相结合的爱。教师不仅要怀着一片爱心去鼓励、赞扬学生的点滴进步，也要怀着同样的爱心去批评、指正学生的缺点错误。由于批评易引起学生不悦、反感甚至恼怒的情绪，因此在批评时仍能让学生感受到教师的拳拳之心、真挚之情是不容易的，然而恰也是批评教育的艺术性之所在。

施爱于学生之间：教师一方面把自己对学生的爱直接施予学生，另一方面也要通过学生集体将爱传递给学生。这不仅有利于直接促进学生间的情感交流，增强集体的凝聚力，而且也有利于学生更深切地感受到蕴含在学生间情感背后的师爱。

施爱于教学之余：不仅在教学中，在教学之外也有大量的师生接触，注意课外的"感情投资"会获得教学中意想不到的收获。

教育实践 9-7 情感教学模式

随着人们对学习和教学中情感现象的逐步重视，情感教学模式应运而生。情感教学模式是在情感教学心理学的理论基础上形成的，以最大限度地发挥情感因素的积极作用来优化教学为目标，较为稳定的教学活动结构框架，并配有情感教学策略和评价体系。但这一教学模式不同于一般的以认知为主线的教学模式，它只是根据教学中情感本身的活动规律，以情感为主线，从情感维度规范教师在教学活动中的教学行为，以充分发挥情感的积极作用。其教学目标就是，通过对教学中情感因素的充分重视和有效调动，最大限度地发挥情感因素的积极作用，优化教学。

情感教学模式包括四个基本环节：诱发、陶冶、激励和调节。情感教学策略是有效推动情感教学模式运行的教学操作指南。在诱发环节上，有认知匹配策略、形式匹配策略、超出预期策略、目标吸引策略、情境模拟策略等；在陶冶环节上，有展示情感策略、赋予情感策略、发掘情感策略、诱发情感策略、情感迁移策略等；在激励环节上，有象征性评价策略、积极性评价策略、主体性评价策略、特色性评价策略、归因诱导策略等；在调控环节上，有创设氛围策略、张弛调节策略、表情调控策略、灵活分组策略、良性积累策略等。这些策略是通过理论演绎和实践归纳的途径获得的，是将情感教学心理学理论同一线教师的教学实践经验相结合的产物，具有可行性和有效性。

(卢家楣，2006)

---

2. 德育中的情感应用

尽管人们一直强调道德教育既要晓之以理又要动之以情，但是在具体的课堂教学和实践活动中,人们往往重理轻情。为了解决德育界长期以来的失衡现象,我们结合以上所探讨的如何选用情感心理规律优化一般教学过程,来着重探讨如何选用情感心理规律,优化德育过程。

(1) 利用情感的迁移功能,促进道德信念的形成

我们在讨论情感的发生机制时已明确:认识因素在情感的发生中起着重要的作用。事实上,学生作为主体,他对外部世界的反映总是包含认识与情感这两个不可分离的方面。在品德教育中也同样如此。学生在获得诸如价值体系等道德认识的同时,也会对这些内容产生相应的态度与情感。教师进行讲解,使学生产生一定的道德认识,固然是必要的,而与此同时,教师自身对这些道德观、价值观的诚挚的态度对学生的影响也尤为重要。

德育过程与一般的教学过程一样,是师生的双边活动过程。在这一过程中,学生会自觉或不自觉地接受教师情感与态度方面的影响。如果教师是学生所敬佩的对象,而同时教师又以其真挚、信任的态度向学生施以道德观、价值观的教育,学生则会在获得相应道德认识的同时,因情感的迁移作用而产生对教师的信任感,从而最终形成相应的道德信念。

这首先要求教师增强自我修养,成为学生心目中的楷模。这样师生将在态度、情感等方面达到和谐一致,学生在信任教师的同时,也信任其所传授的道德与价值观。只有"亲其师",才能"信其道"。其次,教师还应在德育过程中,自觉地展示自己的道德情感,做到既晓之以理,又动之以情。

(2) 利用情感的感染功能,引发道德情感的共鸣

就情感的内部过程而言,它是一种个体现象:表现为个体心理上的态度体验;而就个体与个体之间情感的相互影响而言,它又是一种社会现象:因情感共鸣,个体情感得以社会化。这也就是情感的感染功能。在品德教育过程中,如何利用这一功能引发情感共鸣,从而收到良好的效果呢?

首先,要有真情实感。这是情感共鸣发生的基本条件。例如,要向学生进行人民利益高于一切的价值观教育,教师可讲述有关人物的先进事迹,还可以组织学生看展览、看电影等,使学生在感人的事实中体会到真情实感,以免从概念到概念地理解那些抽象的道理。其次,教师还要发挥主导作用,把握时机,调节课堂气氛,最终引发情感共鸣。这同时要求教师具有较为丰富的表情,在适当的时候利用脸部表情、语调及相应的体态表露自己的喜怒哀乐,以引发共鸣。

(3) 利用情感的动力功能,促进道德行为的发生

我们知道,有了一定的道德认识与道德情感,如果不付诸行动,则不能收到良好的教育效果。道德行为的发生,既是培养学生一定品德的最终目标,同时也

是衡量一定品德是否形成的标志。

依照情感研究成果,相应的道德情感不仅是德育赖以进行的中介因素,也是推动学生做出相应的道德行为的直接原因。情感是活动过程中的一种体验,反过来它又对行为产生直接影响,成为行为的直接动力。在激发学生行为动机、促进其道德行为发生的过程中,我们应注意以下两点。其一,从行为动机到具体行为存在一个转化过程。例如,我们通过有关英模的感人事迹激发学生的爱国热情,并不是要学生直接去仿效他们的行为,而是要与平时的学习活动联系起来,让学生体会到只有学好本领才能报效祖国。其二,要引导学生做到持之以恒。已经发生的道德行为如果只是昙花一现,则无异于一时的冲动。引导学生持之以恒,同样要求教师自觉利用情感的动力功能,不断去激发学生。

二、情感规律在自我教育中的作用

苏霍姆林斯基说:"促进自我教育才是真正的教育。"自我教育贯穿于生命个体的整个过程。因此,培养学生养成良好的自我教育习惯是学校教育重要一环。就情感而言,我们惯于讲述情感规律对他人的影响和作用,殊不知它亦不失为自我教育的一个有效依据。

1. 要正确认识情感在自我发展中的意义

对师范生来说,情感在自身发展中的意义主要体现在以下几个方面:

(1)良好的情感有助于人格的完善。这是因为现代情感理论已揭示情感在人格结构中的地位,伊扎德的分化情感理论甚至将情感置于人格结构中的核心位置。一个人经常表现出某些情绪反应,获得某些情感体验,他就逐渐形成具有相应情感特点的人格特质。

(2)良好的情感有助于身心的健康。这在前一节有关情感的保健功能方面已有论述。

(3)良好的情感有助于学业的提高。这在前一节有关情感的调节、动力等功能方面已有论述。

同时,良好的情感更是教师素质修养十分重要的组成部分,具有自身发展和教师职业要求的双重意义。

2. 要有意识地陶冶高级社会情感

高级社会情感在个体身上并不是自发形成的,而是在丰富的社会实践环境中,尤其是在教育的影响下,在相应的情绪体验的基础上逐渐萌生、发展的。因此,作为师范生应利用高校学习生活和参与社会实践活动的机会,主动接受来自道德感、理智感和审美感方面的陶冶,珍惜在这些方面的情绪体验,为高级社会情感的发展做出积极的主观努力。例如,积极参加各种赈灾活动、社会公益活动、读书活动、创造发明活动、艺术鉴赏活动、游览祖国大好河山的活动等，并在活动中有意识地感受各种积极的情绪体验。

学术前沿 9-9　　中国当代青少年情感能力现状调查研究

在青少年情感素质的理论框架下，进行青少年情感能力的研究。青少年情感能力是指青少年以情感为操作对象所表现出的一种智力。本研究编制了《青少年情感能力问卷》并在全国范围内实施调查。结果发现：该问卷具有良好的信度和效度；我国青少年情感能力正向积极，但低于总体情感素质平均水平，其中情绪体验因子最高，而情绪感染和情绪调控两个因子则最低；情感能力与师生关系和教师有情施教关系密切。

（竺培梁，卢家楣，张萍，谢玮，2010）

---

3. 要提高情绪修养水平

情绪修养的实质就是善于调控自己情绪，使之经常处于良好的状态。良好状态的基调是愉悦、兴趣以及学习、工作时的紧张程度。情绪修养的关键就是学会消释和克服不良情绪。这里仅针对师范生来说较常见的不良情绪的调控方法作一些简介。

（1）排除苦恼

在师范生的学习生活中总会遇到不顺心的事，抑或挫折和失败，引起各种苦恼，表现为烦恼、痛苦、悲伤等。苦恼是一种负性情绪，不仅使人消沉，影响行为活动的积极性和智慧潜能的发挥，而且时间一长，更有碍健康。因此排除苦恼是提高情绪修养的一个重要方面。可根据情感规律采取以下几种方法：

① 铲除苦恼根源。产生苦恼的根本原因是客观事物不满足个体主观需要。因此一旦有不顺心的事发生，不能把自己的意识束缚于该事后果的思量之中，而应把注意力放在如何解决问题的努力上，以积极的态度直面现实，从根本上铲除引起苦恼的根源，是排除苦恼的最切实有效的方法之一。

② 改变认知角度。虽说客观事物不满足个体主观需要是产生苦恼的根本原因，但其直接原因仍是个体对客观事物与主观需要之间关系的认知评价，因此，有意识地改变自己的认知角度，"一分为二"地对待问题，努力从客观事物中分析、寻找合理的、积极的因素，是排除苦恼的有效方法。

③ 适当宣泄情绪。如果一时产生较强烈的苦恼情绪，不宜积压在心里，可采取适当的方式加以宣泄。如到操场上去跑几圈，或找一个合适的地方用木棍敲击砖石，待到累得满头大汗、气喘吁吁时心情会得到明显好转。有时，悲伤之极，不妨大哭一场，哭也是释放积聚能量、调节平衡的一种方式。

④ 调换环境。如前所述,情绪具有情境性,苦恼情绪也不例外。当苦恼情绪一时难以摆脱时,可到其他宿舍走走,或到图书馆里去看看自己平时感兴趣而没有时间去看的书,或到街上、闹市区逛一下,或去影院去看一场轻松的、喜剧电影,如是节假日,有条件的话,最好外出旅游、走亲访友,通过暂换环境排除苦恼。

⑤ 睡觉休息。苦恼缠绕、头绪紊乱时,睡觉休息也会收到意想不到的效果。因为睡觉时,大脑处于暂时放松、静息状态,情绪也得到彻底松弛。一觉醒来,人会异常冷静,刚刚被苦恼扰乱的头脑会变得异常清醒,有助于从新的角度思考问题,评价现实,梳理头绪,从而达到消除苦恼的目的。毛泽东生前就十分赞赏此法,他曾说:"烦恼时,睡上一觉最好。"

（2）学会制怒

怒,也是一种负性情绪,依据强度不同,可分为愠怒、愤怒、大怒和狂怒等。这里所指的主要是已进入激情状态的愤怒。怒在性质上具有两重性:积极的、充满凛然正气的怒和消极的、不该发作的怒。面对敌人的丑恶行径,义愤填膺、怒不可遏,与之作针锋相对的斗争,这是积极的怒;在并非原则性的问题上,为一些鸡毛蒜皮的小事而大动肝火、怒气冲冲、大发雷霆,这是消极的怒。克服和避免后一种怒,是情绪修养的又一重要内容。这是因为,一方面,处于激情状态的消极性的怒,会使我们的意识失去对行为的有效控制,失去对行为后果的冷静思考,往往会做出不明智的行为举止,影响人际关系,甚至做出"一失足成千古恨"的蠢事,同时还会损害健康。我国古代《黄帝内经》中就有"怒伤肝"的明确警示;另一方面,高师生又正处于血气方刚之时,易于情绪激动,爆发怒气。因此,可以说,能否善于制怒,也是衡量青年人情绪修养水平的一个重要标志。世界上根本不发怒的人恐怕少有,但要做到少发消极的怒是完全可能的,这需要着重把握两点:

① 要拓宽心理容量。心理容量(俗称气量)越大的人越能经受较强的刺激而不动怒。古人云:"君子所取者远,则必有所待,所就者大,则必有所忍。"胸怀宽广、度量宏大的人,能把注意力集中在对人生更有意义的事情上,不会因一时的成败得失或起伏变幻而冲动失节。为此,第一要培养远大的生活目标,习惯于从大局、从长远处着眼,不拘泥于小节琐事;第二要善于理解他人,一旦发生矛盾、冲突,要习惯于从对方的角度来看问题,以便心平气和地讲清道理;第三要尊重他人,因为事实上,一个人的脾气不管怎样暴烈,对其内心真正尊重的人是很少发火的;第四要提高文化知识修养,一般说,文化知识修养高的人,看问题比较通达,心理容量也就相对比较大,不易发火动怒。

② 要具有防怒措施。平时有一套防怒的操作手段,有利于临场有效制怒。

第一，在怒气刚产生时，及时制怒比较有效。一个非常有效的方法就是，把舌头在嘴里转十个圈，能使自己正急速膨胀的怒气顿时有所消退；第二，当怒气有所消退时，要自己反问自己，"如果真有道理能否延迟些时间再发火？"从而把自己的意识拉回冷静的、理智的状态；第三，针对自己易发火的特点，养成接受他人劝言和自我暗示的习惯，从外部诱导中获得制怒的信息和力量，如林则徐在自己的厅堂上高挂"制怒"大匾，每当他遇事欲怒时，看一看匾上的"制怒"二字，便用理智和自制力来调控情绪，避免发火。

（3）消除紧张

现代高校的学习生活讲究学习的效率和效益，强调竞争和挑战，紧张情绪是难免的，诚然，适度的紧张对学生来说是有益而必要的，但一旦过度，则走向反面，产生一系列消极影响，如大脑神经的兴奋抑制过程失调，出现暂时性的不平衡，干扰认知活动，降低活动的效率，并会引起心跳加速、血压升高等生理反应，不利于健康。特别是考试、测试时，过度紧张的问题尤为突出。

如何调节情绪，以防止过度紧张，也是师范生情绪修养的一个方面，这不仅有利于临场发挥智慧水平，而且也有利于平时身心健康，改善生活质量。临场紧张的消除方法主要有：

① 降低动机强度。对于每次测验、考试，我们理应全力以赴，努力考出水平。但走进考场临考时，头脑中就不要再考虑这次测验或考试的成败得失了，而是带着一份平常心，只要求自己像平时做练习那样正常发挥就可以了。

② 弱化自我意识。考试过度紧张的学生往往自我意识很强烈，过多地注意别人对自己的评价，关心自我在别人心目中的形象，一边考试一边还在担心自己落后于他人，这无疑是自我加压，徒增紧张感。因此，在考试时要弱化这方面的自我意识，只管自己潜心答题，不管他人评价与考试状况。

③ 进行放松操练。考试时应提早到场，试卷发放前往往也是最紧张的时候，如一时镇静不下来，可运用呼吸进行放松操练：双眼轻合，先深吸一口气，使全身肌肉紧张，达到极限后慢慢放松；同时，缓缓呼气，重复数次。此操练应平时加以练习、体会，考试时才能达到最佳放松效果。

④ 实施"焦点转移"。若考试中途出现怯场现象，可立即采用"焦点转移法"加以调节：伏桌暂歇片刻，做深呼吸，默数一、二、三、四……尽量回忆生活中自认为最有趣的事，待情绪平伏后再继续应试。

⑤ 重视"舌尖现象"。答题时，遇有一时记不起来的地方，切莫硬想，这可能就是前文提到过的舌尖现象——因情绪紧张引起的记忆短时抑制。这时，越急越想不出，越想不出越急，导致恶性循环。此时，不妨先做其他题目，有助于自动

解除抑制状态、恢复记忆。遇到难题,也不要过多纠缠,以免引发紧张情绪,而应暂搁一边,待最后解决。

⑥ 保证考试前休息。考试前夕切莫挑灯夜战,而要保证充分睡眠和休息,以免因休息不足而诱发紧张情绪。

百家争鸣9-4 降低学习中的威胁——源自脑科学的证据

当面临威胁时,大脑会立刻跳挡。杏仁核会通过丘脑直接短通路截取感觉信息,立刻产生无意识加工,打断正在进行的学习活动,占用大脑原本就有限的加工资源。这常常导致学习失败,无法使学生形成有意义的联结。在压力状态下,下丘脑—脑垂体—肾上腺轴激活,释放皮质醇(cortisol),进而引发一系列的身心反应:抑制免疫系统、血压增加、肌肉绷紧等。这些反应可以暂时帮助个体应对压力,但长期处于高皮质水平会导致海马细胞死亡,破坏学生的记忆;同时焦虑、威胁常常使个体注意力变得狭窄,考试焦虑个体产生注意偏差,而抑郁个体则呈现记忆偏差。总的来说,对大多数学习情景,中等以下的压力最好,高压力和威胁必须从学习环境中尽可能地降低或去除。

让我们回到本章开头提到的那个案例。一位老师在讲授"天气与气候"这部分内容时,他并不急着讲述教科书中的有关内容,而是提出了一个引起学生兴趣的问题:"大家听说过'东边日出西边雨,道是无晴却有晴'吗?比方说,此时此刻我们学校这里阳光普照,而你的家长却急匆匆地跑来学校送雨伞给你,说家里那边正下着倾盆大雨,以为学校这边也正下着大雨呢,你相信吗?另外,大家听说过'早穿棉袄午穿衫,怀抱火炉吃西瓜'吗?"由于中学生个体经验的不同,有的同学认为上述现象是事实,可能存在;有的同学却认为不可能出现上述看似奇怪的天气现象,于是乎持有不同观点的同学相互争执起来。此时,教师打开准备好的卫星云图,边打开边明确地告诉同学们,这是可以做到的,只要看看此图即可得到证实。这样一说,立即引起学生的兴趣。于是老师在黑板上写出基本的卫星云图符号,并说,今天我们就是来学习如何利用卫星云图识别天气。于是同学们都怀着急切要了解这种方法的心情,开始这方面的学习。

在教学中如何发挥情感因素的积极作用,教学的开始环节,即课程的导入环节是一个不可忽视的方面。一些有教学经验的优秀教师都十分注意课的导入问题,并把激发学生兴趣、激活认知作为课程导入的主要环节。本课讲授的是"天气与气候"问题,如果平铺展开,学生不知道这种抽象概念的实际用处,难以引起学生学习的兴趣。案例中老师先提出如上问题,大家认为这是根本不可能的事,但老师却将其变成了可能,且用的方法非常简单。这就大大超出预期,引起惊奇,并由此引发学习的兴趣。可以说,这是非常成功的符合兴趣一类情绪发生原理的导入方式。这对本章开头的案例中小王如何进行公开示范"天气与气候"具有较好的借鉴作用。

本章小结

情感是人对客观与现实的态度的体验。情绪的分类:按社会性划分,可分为生物性情绪和社会性情绪;按复杂性划分,可分为简单情绪和复杂情绪;按多维度划分,可分成多种具体情绪。情绪有三种心理状态:心境、激情和应激。心境是一种比较微弱而持久的情绪状态;激情是一种短暂而猛烈的情绪状态;应激是一种高度紧张的情绪状态。情绪的特性主要包括四个方面:情绪的生理特性、情绪的外显特性、情绪的两极性、情绪的情境性。情绪的两极性主要体现在:情绪极性、性质、强度、紧张度等四个方面。情绪的功能主要表现在:情绪的动力功能、调节功能、信号功能、保健功能、感染功能和迁移功能等六个方面。情绪发生的三个心理机制:客体与需要关系是决定情绪的主要因素;客体与预期关系是决定情绪的重要因素;认知评价是决定情绪发生的关键因素。青少年的情绪特点有三:一是兴奋性高、波动性大且出现心境化;二是出现情绪文饰现象和表情更加成熟;三是社会性情绪逐渐占据主导地位且情绪的表达逐渐符合社会规则。青少年的情感主要包括五种:道德情感,由爱国感、关爱感、正直感和责任感等因子组成;理智情感,由自然美感、艺术美感、工艺美感、环境美感和科学感等因子组成;审美情感,由自然美感、艺术美感、工艺美感、环境美感和科学感等因子组成;人际情感,由合作感、乐群感、归属感、信用感、亲密感和宽容感等因子组成;生活情感,由幸福感、热爱感、珍爱感和自强感等因子组成。情感规律无论在教书育人中还是在自我教育中都起着非常重要的作用。

思考题

- 何谓情绪? 主要有哪些种类,其划分的标准是什么?
- 情绪的状态有哪些? 其基本内涵及其特点各是什么?
- 情感是一种怎样的心理现象? 它与情绪、情操的关系如何?
- 情感具有哪些功能? 在学校教育中教师如何合理地应用这些功能?

● "情绪的调节功能"与"情绪调节的功能"是一回事吗？若不是，其区别与联系是什么？

● 毛泽东生前曾说："烦恼时，睡上一觉最好"，调节不良情绪的方法有哪些？

● 情绪发生的心理机制是什么？了解这方面知识对教学和德育工作有何启发？

● 青少年的情感具有哪些特点？如何树立青少年健康的情感观？

● 情感的规律有哪些？教师在教学中应如何利用这些规律提高学生的学习效率？

探索题

● 认知与情感贯穿于教育的始终，共同成为受教育者精神成长的两个重要的向度。早期，学界往往关注认知在教育过程中的功能，致使相当长的一段时间里情绪功能在实际的教育实践中并没得到应有的发挥。结合本章的内容，你知道在教学中，情绪具有哪些功能？知道如何利用这些情绪功能来促进学生的认知，从而提高学生的学习效率，进而实现"知情并茂"的教学效果吗？

● 根据本章的介绍，你知道教育过程中孕育哪些情感规律吗？如何利用这些情感规律来设计教学方案？

第十章　意　　志

学习重点

- 意志的涵义
- 意志的品质：独立性、果断性、坚韧性和自制性
- 意志与意志行动、延迟满足
- 意志与认识、情感及动机的关系
- 青少年意志发展的特点

你知道吗？

- 一个学生如果没有意志力，他的学习成绩会怎样？

- 有的学生家境很好、学习条件优越，但他浑浑噩噩、不思进取；也有的学生家境贫寒、身处恶劣的学习环境里，但他仍然顽强学习、不屈不挠。什么力量促使他这样顽强地学习？

- 军事指挥员在战场形势瞬息万变、错综复杂的情况下，能在多变的形势下迅速做出决断。说说军事指挥员应具有怎样的意志品质？

- 有的学生学习时常表现出"三天打鱼，两天晒网"，"一曝十寒"，结果常常是有头无尾。这类学生缺少怎样的意志品质？

- 一个人一旦做出决定，就应该去执行决定。为什么说执行决定是意志行动实现的关键阶段？

- 有人建议，教师可以在教学活动中有意设置一些挫折情境，让学生经受适当的困难，使他们在面对挫折、战胜挫折的过程中锻炼意志品质。你认为这种建议合理吗？

- 人们常说要锻炼意志力，你认为该怎样锻炼个人意志力呢？

　　初三学生小刚自制力差，意志薄弱。小刚自幼受到父母的百般宠爱，在家中是一个小皇帝，养成了随心所欲、我行我素的不良习惯。在学校他也不能很好地约束自己：上课有时讲话，有时睡觉，有时又小动作不断；放学后做作业总是马马虎虎，要么草草了事，要么一点不做就跑出去玩。随着年龄的增长、年级

的升高,小刚不仅学习成绩比较差,而且在生活自理、人际交往等多方面都表现不佳。小刚的表现令老师、父母揪心。新来的班主任刘老师了解到小刚的情况后,没有放弃对小刚的教育,而是采取了一系列的教育、干预措施。

刘老师是怎样帮助小刚克服意志品质方面的缺陷,提高他的意志力呢?当你看完本章后,就能替刘老师找到答案。

第一节 意志的概述

学生在学习知识的过程中,总不会是一帆风顺的,常会遇到各种挫折和干扰。学生在战胜挫折、排除干扰的过程中表现出有目的、有计划的行动的力量和决心。这就涉及意志。意志是学校教育中非常重要的心理现象,然而在心理学研究中却比较薄弱。

一、意志的概念

意志(will)是为实现预定目的时,对自己克服困难的活动和行为进行自觉组织、自我调节的心理过程。人在反映客观世界的过程中,不仅要接收内外丰富刺激,产生认识、情绪等,还要采取一定的意志行动,反作用于客观世界。人常常根据自己对客观事物的认识,先确定行动的目的,然后根据这个目的来调控自己的行动,并努力实现确定的目的。因此,意志具有两个基本特征:目的性和调控性。

1. 意志的目的性

人的意志活动具有明确的目的。在和环境相互作用的过程中,有些高等动物的意志行为也像是有目的性。但是,动物的行为根本达不到人类具有的自觉意识的水平。动物不可能意识到自己从事某行为的目的和后果,因此,动物的行为只能说是盲目的、无意的和偶然的。人类的活动和动物的行为有着本质区别。人类的活动是有目的、有意识、有计划的。人在从事某项活动之前,就产生了行动的目的,就在头脑中预想到此项活动的结果。他会以目的来支配自己的行动,他的后续行动的方法和样式都围绕这个目的。没有意志的目的性,就失去了自觉、能动地改造世界的前提。因此,动物只能以自身的活动去适应环境,只有人类才能通过有目的的、自觉的活动来改造世界,才能在自然界留下意志的印记。

2. 意志的调控性

人的意志能对自己的内外活动进行调节和控制。意志的调控性具有两种功能,即激励功能和抑制功能。激励功能是推动人们为达到预定目的所采取的行动,抑制功能是阻止人们从事与预定目的不符的行动。意志的这两项功能在实际行动中是不可分割的。古人说,当行则行,当止则止,这就是意志调控性的具体表现。例如,有人决心利用业余时间学好计算机理论知识和实际操作,这一动机推动他非常刻苦地学习计算机;但他为避免受到干扰,又不得不抑制自己学习其他知识的活动。意志的调控性还表现在克服种种困难上。学生在学习、生活中,总难免会遇到各种困难。面对这些困难,学生必须对自己的行为进行自觉的组织,必须进行自我调节。意志的调控性水平是以一个人克服困难的程度来表征的。

人的意志是在社会实践的过程中产生和发展的。人们在不断追求目标和达到目标的过程中逐步提高自己的意志水平。在社会实践的各领域中,人的意志都起着重要作用。学生为考上理想大学而刻苦学习;教师为教好学生而孜孜不倦;工人为多出优质产品而忘我工作;运动员为取得优异成绩而顽强拼搏。可见,人们要完成的各种社会实践活动都需要一定的意志力。任务越困难,需要人们的意志努力也越多,意志活动总是与克服困难紧密联系的。

二、意志的心理结构

意志具有其独特的心理结构,了解这些心理结构能帮助我们更好地培养优秀的意志品质。在意志行动中,人们有时会产生两个或两个以上的目标而引起各种冲突,也可能因为既定目标不能实现产生一种带有紧张、烦恼等情绪的挫折感。人们对目标的确定既与其期望相关,又是抉择的结果。因此,意志行动中的冲突、挫折、期望、抉择组成了复杂的意志心理结构。对于意志的心理结构的组成,国内学者也有相似的观点(黄希庭,2007)。以下从四个方面对意志的心理结构作一介绍。

1. 意志行动中的冲突

在意志活动中经常会产生一些冲突,这些冲突具有怎样的特征,我们又该如何来应对这些冲突呢?

在意志行动中,人们往往可能会有两个或两个以上的目标,而这些目标又不可能同时实现,这就引起了意志行动中的目标冲突。例如,某大学毕业生临近毕业,要考虑到底是工作还是考研?如果选择工作,就失去一次可能继续深造的机会;如果选择考研,又未必能考上,而且还可能耽误找到满意工作的机会。一个人既想考研又想找工作,冲突就出现了。冲突可能是由于理智的原因引起的,也可能由情绪等原因导致。但是,冲突一旦出现,就会伴有某些情绪,比如焦虑、紧张、烦恼和心神不定等。当问题对于个人来说十分重要,而可供选择的各种方案又都具有较强的吸引力、让人难以割舍时,冲突状态就会更棘手,令人备受煎熬。

勒温(Kurt Lewin, 1890—1947)
德国心理学家,以研究人类动机和团体动力学而著名,场论的创始人,社会心理学的先驱。试图用团体动力学的理论来解决社会实际问题,这一理论对以后的社会心理学发展有很大的影响。主要著作有:《拓扑心理学原理》、《社会科学中的场论》等。

德国心理学家勒温(Lewin, 1935)构建了描述冲突的结构模型,以说明不同冲突的性质和作用。此模型包含四个重要的概念:

(1) 效价

效价是指物体或活动的积极或消极的倾向。在图表中用"＋"、"－"符号来表示,当物体或活动对个体的影响倾向是积极的,即具有吸引力时用"＋"表示;而当物体或活动对个体的影响倾向是消极的,即具有排斥力时则用"－"表示。在接近-接近型冲突和回避-回避型冲突中,"＋"(吸引)、"－"(排斥)特性分别标示在不同的物体或活动上;在接近-回避型冲突及多重接近-回避型冲突中,正负效价标示在同一物体或活动之中,这时该物体或活动则具有两歧的效价。

(2) 向量

向量是指促使个体趋向或远离有效价的物体。

(3) 运动

个体在面对某种情境中出现的单一的驱动力(趋向的或远离的)时,个体使用的某种行动方式。

(4) 生活空间或场

生活空间或场是指每次冲突而产生的疆界。例如,在回避-回避型冲突中,疆界有着重要作用。假若没有疆界的限制,个体就有可能离开生活空间,不作任何反应,也就是完全回避整个情境。

下面以一个模型图来解释冲突结构模型。此模型图反映的是接近-回避型冲突。也就是,一个两歧效价的物体,正效价会产生正向量,它促使个体接近或移向这一物体。而负效价会引起负向量,它能促使个体回避或远离该物体。正是因为正负两方面力量的共同作用,从而形成接近-回避型冲突。图 10-1 的外周表示的是生活空间、场或疆界。

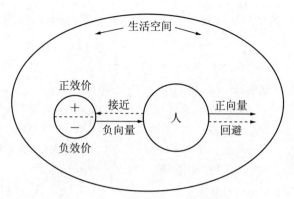

图 10-1　接近-回避冲突模型（彭聃龄，1988）

百家争鸣 10-1　心理冲突的理论研究

心理冲突往往伴随人的一生，人类就是在解决一个个冲突过程中不断成长，一次次走向成功。然而对于冲突产生的根源、冲突的内涵等，却是心理学界一直争论不休的话题。每个学派都从不同角度提出自己的观点，以下介绍一些具有代表性的理论。

1. 驱力理论。该理论认为，冲突是由于各种驱力同时作用于个体，当相反的两种驱力势力相当，人们难以决定行动的方向时所产生的焦虑不安的情绪状态。这个观点和现在关于冲突的定义比较相似。每种驱力代表着个体想要追求的一个目标，当两个目标不可兼得时，冲突就产生了。现实生活中的冲突往往不是单一的，更多地出现多重趋避冲突。

2. 社会文化冲突理论。该理论认为，每个人都生活在特定时期的社会文化中，特定的社会文化所包含的一些矛盾冲突也会融入个人的心理活动中。豪莱（Horney）认为西方社会文化中存在三种矛盾倾向：(1)竞争、成功与友爱、谦卑的矛盾。一方面，社会生活中的大量竞争使得一个人不得不与他人进行竞争。另一方面，社会又教导人们，人与人之间必须友爱、谦让、谦卑。(2)人们的享受需要与满足这些需要过程中遭受到的挫折之间的矛盾。随着现代社会经济的不断发展，人们的各种欲望日益膨胀。但客观环境不可能满足人们所有的欲望。(3)个人追求自由与受到的各种限制之间的矛盾。社会给予人许多自由的许诺，但在现实生活中，他们的自由会受到种种限制。正是由于社会文化本身所固有的冲突使人产生各种心理冲突。

3. 观念冲突理论。该理论认为，人类的多数冲突都来自于自身认知表征的不一致，"庸人自扰"也就是这个道理。劳特巴赫（Lauterbach）对心理冲突的定义是"存在于个人生活重要领域中的个人自身观念与态度、价值观及对事物看法的矛盾或不一致"。也就是说人们对于同一件事情,从不同的角度做不同的理解,却又无法统一这些观念,于是产生了心理冲突。解决这些心理冲突,需要重新认识问题,权衡利弊,做出比较适当的选择。

4. 角色冲突理论。该理论认为,每个人在各自的岗位上扮演着不同的角色。人们需要根据具体的环境做出角色的转换。当面临某种情境下的角色转换发生困难时,或者出现一个情境需要几个角色同时参与,而人们又无法胜任时就会产生心理冲突。随着身心不断成熟,阅历不断丰富,一个人所扮演的角色也不断增加。解决这些心理冲突,需要人们及时转换角色,胜任每个角色,同时能够担当多个角色。

(章明明,韩劢,2006)

2. 意志行动中的挫折

挫折(frustration)是指个体的意志行为受到严重阻碍,既定目标不能按预期实现时所产生的一种带有紧张、烦恼等情绪的状态和不良反应。挫折一般包含以下几方面内容:

(1) 挫折情境。即影响或妨碍意志行为的情境,这是产生挫折的前提。不同的情境使个体产生挫折感的程度不一样。

(2) 挫折认知。即个体对挫折情境的认知和评价,这是产生挫折和应对挫折的关键。挫折情境能否产生挫折,在很大程度上取决于个体对挫折情境的看法。由于个体的认知不同,即使在同一挫折情境下,个体对挫折的感受程度也是不同的。比如有的学生为在考试中取得80分的好成绩而高兴,而有的学生虽然得到同样的成绩却有沮丧感和失败感。

(3) 挫折反应。伴随着挫折认知而引起的情绪或行为上的反应,如气愤、紧张、焦虑和攻击等。当挫折情境、挫折认知和挫折反应三个因素同时具备时,就构成完整的心理挫折。但有时没有挫折情境,只有挫折认知和挫折反应两个方面,也能产生心理挫折。如有人总是担心领导怀疑自己的工作能力、不信任自己而产生焦虑、烦恼等情绪反应。

知识视界 10-1 吸水纸的故事

在德国,一位造纸工人在生产时,一不小心将配方弄错了,生产出一批质量不合格的废纸。于是,他被老板解雇了。

就在他一筹莫展、灰心丧气之时,一位朋友劝他:"任何事情都可能有其两面性,如果你换一种思路来看,或许你能从错误中找到有益的东西来。"于是,他对这批纸进行分析，他发现这批纸虽然不能写字，但吸水性能相当好，可以很快吸干家庭器具上的水分。接着，他把纸切成若干小份，取名为"吸水纸"，并拿到市场去卖，结果这些纸十分畅销，很快就卖光了。后来，他申请了"吸水纸"的专利，独家生产，赢利丰厚。

挫折的存在是必然客观的。任何人在生活和工作中都会碰到各种各样的问题，不可能总是一帆风顺，他们可能会被一些无法排除的因素干扰，而使某些预期的目标难以实现。挫折也不都是消极的，而是有弊也有利。在有些情况下，挫折可以激起人产生更大的意志努力，激励人们朝向预期的目标更加努力地前行。有研究表明（Amsel & Rossel，1952），大白鼠在遇到挫折之后出现了反应率暂时提高的现象。研究中将大白鼠分成强化组和挫折组两组。实验要求被试穿越一个设置好的通道，在通道的中间和终点各设置一个目标盒，即通道上设有两个目标盒。强化组通道中的两个目标盒都放有白鼠喜欢的食物；挫折组通道中位于中间目标盒没有放食物，而在位于终点的目标盒则放有食物。结果表明，挫折组的大白鼠跑的速度要明显快于强化组的大白鼠。虽然人类对挫折的反应要比动物更加复杂，但是这个实验表明个体在受挫折的情况下也可能会出现超强的意志行为。

3. 意志行动中的期望

期望是希望某些事发生的主观愿望，它是一种与未来有关的动机。期望实质上就是希望意志行动能达到的预期目的。期望的结果往往会带来某些需要的满足，这样就促使人产生为实现目标而引发的动机。在现实生活中一个人会有各种各样的期望，行为的结果有时会和期望一致，有时又可能和期望之间发生矛盾。于是一个人就要选择有可能实现的目标，并对目标做出细致、科学的安排，制定符合自己个人情况的近期目标、中期目标和远期目标。目标的选择和确定与一个人的抱负水平有着密切关系。抱负水平是指一个人估计自己完成某些重要事情所能达到的目标水平。抱负水平越高，选定的目标就越高，意志行动中的期望也就越高。例如一个人在打靶之前希望自己能打7环左右，但结果只打中了5环，于是就产生了失败感；如果他击中的是9环，这时就可能产生成功感。可见，成败感是一个人的期望与实际成就之间所产生的"正差"（抱负高于成就）和"负差"（抱负低于成就）时的一种主观体验和感受。

4. 意志行动中的抉择

心理学家冯特曾依据动机的特点把意志的基本形式划分为三个类型：冲动动作、有意动作和选择动作。冯特认为，在这三种类型中，选择动作最能体现出意志特点。要做出选择，就一定涉及决策问题。因此，抉择成为意志行为的一个基本特性。从目标确立、计划制定到决定执行，都需要意志行动中的抉择。

一个人时常会遇到两种或两种以上行动的可能，需要依据某种标准舍弃一个而选择另一个，并想方设法实现这一选择，这就可说该人做出了一项抉择。如果仅有一种可能性的行动，或者行动虽有多种可能性，但无需权衡优劣就可采取的行动，都不能称作抉择。抉择可以看成是问题解决的一个重要过程，它伴随问题而产生。一般认为，抉择过程可由以下一些彼此相互连接的阶段所组成：分析现状、明确问题；探寻各种可供选择的解决方案；对各种可供选择的方案进行分析、筛选与评估；做出决定，在各种方案中选择最佳方案；贯彻执行方案；监督执行。

三、意志品质

意志行动在不同的人身上会有不同表现。有人立场坚定，不轻易受周围人的影响而改变既定目标，也有的人很容易受他人的暗示；有人在关键时刻能当机立断，也有人则表现出优柔寡断、患得患失；有人具有顽强的毅力，勇于克服困难，也有人做事遇到困难就望而却步、虎头蛇尾；有人善于控制自己的言行，也有人意气用事、不能自律。这些构成了人的意志力的稳定因素，即**意志品质**（volitional characteristics）。意志品质主要包括独立性、果断性、坚韧性和自制性。

1. 独立性

独立性（independence）是指一个人倾向于自主做出决定、执行决定，深信自己的决定切实可行，不受周围环境的影响和他人言论左右。意大利著名诗人但丁（Dante，1265—1321）因反对当时的教皇统治，被教皇罗织种种罪名，最终被判终身流放。在他去世前五年，教皇当局提出若他当众认罪，即可允许其回国。但丁坚信自己是清白的，断然拒绝。他说："走自己的路，任别人去说吧。"他的言行表现出一种高度独立的意志特征。

和独立性相反的是依从性或受暗示性。这类人为人处事缺乏主见，容易相信别人，易受外界因素干扰，轻易就能改变自己原来的决定，这是意志薄弱的表现。伊索寓言故事中有这样一个笑话。一个人牵着一头驴和儿子一起去赶集，走在路上他听到有人说："真是傻瓜，有驴也不知道骑。"于是他让儿子骑上驴，自己则牵着驴走。不久，他又听到有人议论："这位父亲也太溺爱儿子了，父亲年龄大却徒步，儿子年轻却骑着驴。"于是，他赶紧把儿子扶下来，自己骑上驴。不一会儿，他又听到有人说："好狠心的父亲！自己骑着驴，却让儿子走。"听到这话后，他决定和儿子都骑上驴。可是刚骑上驴，就有人对他呵斥道："你们不怕把驴子压死吗？驴子不会说话，你们也不能这样欺负它。"最后，这位左右为难的父亲居然和儿子一起抬着驴子去赶集。这个故事告诉我们,一个人如果过分依从别人,没有自己的独立性,最终将一事无成。

独立性不同于独断性。独断的人做事常常一意孤行、主观片面。而独立性强的人则善于冷静地理性思考,一般不人云亦云,也不会拒绝他人的合理见解。

2. 果断性

果断性(decisiveness)是指一个人善于明辨是非,能在复杂的情境中迅速而合理地采取决定,并及时投入行动。具有果断性品质的人,往往善于抓住有利时机。如想获得事业成功,把握时机非常重要。时机又是容易变化和转瞬即逝的。如在战场上的形势常常错综复杂、千变万化,军事指挥员需要进行细致周密的分析,并在瞬息万变的形势中及时地做出决定。战斗的胜利与失败,不仅取决于指挥员的决策是否正确,还取决于决策是否及时。即使军事决策是正确的,但若在时间上延误了最佳时机,结果也可能以失败而告终。

与果断性相反的特性有两种,即优柔寡断和鲁莽。一是优柔寡断。这种人每逢抉择之时,总是犹犹豫豫,瞻前顾后,很难做出最终决定。即使做出决定,也不敢付诸行动,就怕行动出错而后悔。这种人做事效率较低,整日犹豫不决,又缺乏行动性,因而难以取得较大的成就。二是鲁莽。这种人每遇抉择,不假思索,仓促决定,没有考虑到主客观条件的限制,缺少事前缜密的思考和斟酌,结果常以失败而告终。优柔寡断和鲁莽都是意志薄弱的表现。因此,克服优柔寡断,需要当机立断;克服鲁莽草率,需要深思熟虑。

3. 坚韧性

坚韧性(perseverance)是指一个人为实现既定目标,在行动中坚持不懈、百折不挠地克服一切困难和障碍。人生是漫长的,实现人生总目标,可能需要数十年甚至一辈子的顽强拼搏。一个具有坚韧性的人,不会因失败而气馁,不会因成功而骄傲,不会因形形色色的诱惑受干扰,也不会被各种困难所吓倒。孙中山先生为推翻腐败无能的清政府,就特别坚持"韧性的战斗"。革命遇到无数次挫折和失败,但他从不放弃,始终保持旺盛的战斗力,最终推翻了清朝政府,建立了中华民国。但直到去世,他也未能看到革命的最后胜利。古今中外,无数思想家、科学家、艺术家之所以取得很大成就,除了具有卓越的才能外,无一例外地都具有高度坚韧性这一意志品质。看看下面这些例子吧:曹雪芹写《红楼梦》花了 10 年;司马迁写《史记》花了 15 年;达尔文写《物种起源》花了 20 年;李时珍写《本草纲目》花了 27 年;徐霞客写《徐霞客游记》花了 34 年;哥白尼写《天体运行论》花了 36 年;托尔斯泰写《战争与和平》花了 37 年;歌德写《浮士德》花了 60 年。

与坚韧性相反的特性有两种,即动摇和顽固。动摇的人常立志无常、见异思迁,虽然开始也会下决心,但一遇挫折,就退缩不前,或以各种借口为自己放弃找理由。这种人做事常表现为"三天打鱼,两天晒网"、"三分钟热度",其结果大多是虎头蛇尾。而固执的人常一意孤行、固守已见。他们顽固地依照一成不变的计划去办事,不能根据实际情况的变化而随时修改自己的行动计划和方法,其结果往往受到客观规律的制约。动摇和顽固也是意志薄弱的表现。

4. 自制力

自制力(self-control ability)是指一个人掌握和支配自己的行动和心理状态的能力。一个人应该是自己的主人。人要善于根据正确的原则调整自己,控制自己。在现实生活中,人的各种愿望和冲动有的是合理的,有的并不合理。合理的欲望和冲动在条件允许的情况下可能得以满足;但不合理的欲望和冲动就需要约束和控制自己。人生活在与他人紧密联系的社会环境中,个人的利益和愿望同他人愿望、社会利益时常会发生矛盾和冲突。人必须依据社会的准则和规范来约束自己,时常需要依据自己的根本利益来调整自己的行为。例如,有人在公共场所产生了吸烟的欲望,但当他看到墙上"不要在公共场所吸烟"的宣传广告语时,想到在公共场所吸烟会给他人的健康带来危害,于是主动克制自己,压制了不合理的欲望。

自制力可表现为抑制行动和发动行动两个方面。一方面,克服外部障碍或内部动机的困扰,强行抑制自己的某一行动;另一方面,在内外干扰的条件下,维持和发动某一行动。病人在身患疾病时遵从医嘱忌食自己喜爱的食物,学生在学校遵守课堂纪律和学校各种规章制度等,都属于自制力的表现。印第安人曼纽尔深入热带丛林,从事测绘工作,晚上便睡在帐篷里。早上醒来时,他忽然发现自己的睡袋里钻进了一条蛇,同他贴身而卧。根据经验,他知道这是一条咬上一口就会让人丧命的剧毒蝰蛇。在如此危急的时刻,他没有失色惊呼和手足乱动,而是表现得异常镇静,既不出声,也不动弹。他只用眼神和露在睡袋外的一只手艰难地向同伴道格拉斯表达意思。他用手划圈,让同伴知道"太阳"二字。道格拉斯明白了太阳的晒烤可以驱走怕热的蝰蛇。于是,同伴赶紧小心翼翼地拆去帐篷。太阳将睡袋晒热,蝰蛇因怕热而自行爬出了睡袋。曼纽尔逃过蛇口的主要原因,除了他具有蛇类经不起太阳晒烤的知识经验外,还有他面临险情时超人的自制力。克服外部困难,发动某项活动,做自己应做的事,这也是一种具有较强自制性的表现。一位72岁高龄的老人派克,为了为癌症研究筹集资金,她勇敢地选择作一次惊险的飞行。她将自己绑在一架特技飞机的翼部,让自己的身体完全暴露在机舱之外,飞到了1 000英尺的高空。这一事例所表现出的坚强意志令人叹为观止。

学术前沿 10-1　意商

　　有研究者在对大量成功人士的调查记录中,得出了一些在智商、情商以外的影响人类能力的品质。例如坚强的意志,行动的果断性、自觉性,独立思考的能力,难以想象的自制力,开朗的个性等等。以上这些属于哪一种"商"呢?心理学家们结合意志的研究成果,提出了意商的概念。

　　意商究竟指什么、它包含哪些方面、应该如何测量? 一些研究者认为,意商就是人们在为实现预定目标而克服困难途中所表现出来的能力。而意志的品质正好说明了这种能力包含的范围。意志的品质一般包括意志的独立性、果断性、坚韧性、自制性。对于意商的测量就是分别测量意志的四种品质,然后把它们量化相加。编制意商量表的重要任务是如何选择合适的事件,量化被试的作答,如何将意志的四个品质的成绩相加。

　　意商也和智商、情商一样,只能作为参考而已。从某种程度上,意商数值的大小更不能预测一个人未来成就的高低。与一个人的智商、情商相比,个体所表现出的意志力差异可能更大。例如,散步对于一般人来说是一件轻而易举的事,并不需要多少意志努力,但双腿有残疾的人可能要表现出巨大的意志力才可能完成这一活动。总之,意商反映的是一个人克服自己面临困难的能力,从某种意义上说,这种能力就是超越自我不断强大自己的能力。而对于相同的目标,不同的人体验到的困难程度有很大不同。

　　意商是一种"非理性"的、受后天影响较大的能力。它与一个人的学习、生活等密切相关,在生活的点点滴滴中潜移默化。意商离不开家庭、学校和社会的影响与教育,也离不开一个人的主观努力。我们每个人,不能因为自己智商或情商不高,就轻易否定自己、自暴自弃。只要我们有坚强的意志力,不畏困难,坚持不懈,最终一定会超越自我,获得成功。

(郝丽,2004)

第二节　意志的一般规律

　　人的意志是在活动中,特别是在克服困难的活动过程中表现出来的。人的意志与认识、情感和动机有着密切的关系,因此,我们在研究这些关系中去探索意志的某些规律,为教育实践服务。

一、意志和意志行动

　　人的意志是主观的。主观的东西要变为现实,必须要付诸行动。意志的体现离不开行动,行动一旦有意志参与便成为意志行动。

1. 意志行动的涵义

意志行动(volitional movement)是指受意志组织和控制的行动。它与没有意志参与的无意识行动、自动化行动、无目标行动、无动机行动等相区别。

2. 意志行动的基本特点与表现

意志行动是人类独有的,但并不是人类的一切行动都是意志行动。意志行动具有如下一些基本特征:

(1) 意志行动具有目的性。无目的的行动称为无意行为,比如,有的小孩看到地上的树叶喜欢习惯性地漫无目的地玩耍;有目的的行动称为有意行动,比如,学生按照自己制订的学习计划复习功课。意志行动是一种有意行动。人往往根据实践的需要和自己的目的和动机,带着一定的主观性去行动,表现出意志行动的计划性和目的性。

(2) 意志行动以随意行动为基础。人的行动可以按照是否受到意识控制而分为随意行动和不随意行动两类。不随意行动是不自主的行动,不受意识所控制,如吮吸反射;随意行动则是指自主的行动,受到意识所控制,如去图书馆看书、去电影院看电影等。意志行动属于随意行动。人对客观世界的反映是主动的,人能主动地根据需要去认识世界、反映世界。人不仅能够反映事物的表面现象,而且还能反映事物的内部属性和本质规律,能将认识由感性认识上升到理性认识。同时,人不仅仅能从社会实践中形成重要的思想,而且还能以正确的思想和理论为指导,通过实践活动把某些设想变成现实中的东西,这就是人们所说的在自然界打上人类"意志的印记"。

(3) 意志行动与克服困难相联系。有意行动按照克服困难的程度来分,可分为一般行动(非意志行动)和意志行动。一般行动虽说事前有一定的目的性,但是能够轻而易举地完成,无需意志参与。而意志行动必须克服困难才能完成,因此需要意志参与。例如,在凉风阵阵的夏夜漫步海边,这种行为虽有目的,但毫不费力,并不需要意志的努力,所以这种行动就属于一般行动;相反,如果是在烈日之下长途跋涉,则绝非易事,必须有意志的参与才能完成,这种行动便属于意志行动。

(4) 意志行动是发展性的。人的意志行动是发展的、前进的,不会只停留在某一阶段。人的意志随着实践的增加而不断发展、丰富和提高,会逐渐摆脱旧思想、旧观念的束缚,摆脱对客观事物及其规律知之不多的状态,使其意志行动上升到一个新的高度。

(5) 必须符合客观规律。人的意志行为表现为按照预定的目的来支配和调节行动。但是,即使按照预定的目的调节自己的行动,也未必能够达到目的。人的预定目的最终能否实现,还得看人的认识是否符合客观规律。如果人能够正确认识和把握客观规律,并依据客观规律确定行动目的、制订行动计划和采取正确的方法,经过不断努力,这个目的才有可能达到。

意志行动的特殊表现之一就是所谓的冒险行动。冒险是主体在活动结果具有不确定性或者对活动失败招致的不利后果有所预计的条件下进行的一种活动。因此一个人是否敢于为了自己的目标从事冒险行动,以及他能承担多大的风险,都从一个侧面鲜明地表现出他的意志力的强弱。在社会生活中,机遇常常伴随着风险。古往今来,人类许多伟大的发明创造和丰功伟绩,都曾经历过无数的风险。人类敢于面对、承担和战胜无数风险的历程,无不闪烁着巨大意志力量的光辉。

3. 意志行动的过程

意志总是通过一系列具体行动表现出来的。研究意志行动,主要是分析行动的心理方面,即心理对行动的组织和调节过程。意志行动的心理过程分为两个阶段,即采取决定阶段和执行决定阶段。

采取决定阶段是意志行动的开始阶段。它决定意志行动的方向,规定未来意志行动的轨道,因此是完成意志行动必不可少的重要阶段;执行决定阶段是意志行动的完成阶段,在这个阶段里,人的主观目的转化为客观结果,观念的东西转化为实际行动,实现主体对客观世界的改造。

(1) 采取决定阶段

决定的采取并不是刹那间就完成的,它是一个过程,有着丰富的心理学内容,体现出人的意志品质。

决定的采取,包括行动目的的确立、行动动机的取舍和行动手段的选择等环节。行动目的是指人的行动所要达到的目的是什么,行动动机则反映着人为什么要达到这一目的,行动手段是指借助什么具体行动去达到目的。人通常面临着不止一个而是几个可供采取的目的,这就要求个体必须进行选择。为了做出恰当的选择,必须根据每个目的的意义和价值,考虑其必要性,并根据主观和客观的条件,考虑其实现的可能性。如果每一种目的都有诱人之处,即都有某种必要性和可能性,就会使人产生心理上的冲突,使其在不同目的之间举棋不定。各个行动目的的诱人程度越是强烈和相近,这种冲突就越尖锐,做出抉择也就越困难。有时目的本身在客观性质上并不矛盾,但是不可能在同一时刻实现,也需要主体进行比较,权衡其轻重缓急,做出先后或主次的安排。克服这些困难,完成目的的确立,都要求人做出意志的努力。

目的确定之后,还需要决定达到目的的手段或途径。如果各种手段的选择余地很大,就要求分析和比较各种手段的有效性和合理性。有时由于知识经验不足而一时找不到合适的手段,或不同手段各有利弊,也会使人在手段的选择上犹豫不决,产生困惑。

在同一动机的驱策之下,会存在确立何种目的和选择何种手段的问题。这时目的和手段的抉择主要取决于个人的知识状况、能力水平以及有关的主客观条件。但是在很多情形下,影响人采取某种目的和手段而舍弃其他目的和手段的是不同的动机彼此斗争的结果。动机的斗争,常常是人在不同目的之间游移的重要内在原因。人之所以采取此项目的而放弃彼项目的,有时并不取决于对目的本身的客观必然性和可能性的认识,而是由于与此项目的相联系的动机战胜与彼项目的相联系的动机的结果。例如,一个上海的中学毕业生打算报考大学,是报考本市一般大学呢,还是报考外地重点大学? 尽管他有被重点大学录取的把握,并且了解重点大学有更高的学术水平,但他如果被追求大城市安逸生活的个人动机所主宰,就会回避可能会导致不习惯外地生活条件及远离父母的重点大学,而挑选一所专为本市培养人才的普通大学。

动机的斗争也影响着行动手段的选择。有的手段对达到目的是有效的,但它为社会道德所不容,为高尚动机所推动的人就不会选取这类手段。而为某种卑微动机所左右的人,则可能做出"不择手段"的事情。例如,一个真正怀着求得知识以更好地为建设祖国服务的动机而报考大学的人,为了达到被录取的目的,所采取的方法和途径是认真复习功课,踏实地做好各种准备工作,决不肯为获得高分而营私舞弊。但一个把大学当作获取个人名利的跳板、怀着谋私利的动机而报考大学的人,则可能为了被大学录取而钻营种种旁门邪道,甚至不惜做出违法乱纪的事情。

(2) 执行决定阶段

决定一经采取之后,决定的执行便是意志行动实现的关键阶段。因为即使行动的动机再高尚、行动的目的再美好、行动的手段再完善,如果不付诸实际行动,这一切也就失去了意义,不能构成意志行动。

执行决定常要求更多的意志努力。这是因为:第一,执行决定的行动要求巨大的智力或体力紧张,并要求忍受由行动或行动环境带来的种种不愉快的体验。例如坚持冬季户外长跑,要战胜气候严寒和生理疲劳;做科学研究要求艰苦而持久的思维探索。第二,积极而有效的行动,要求克服个体个性中原有的消极品质,如懒怠、保守等。第三,执行决定过程中,与既定目的不符的各种动机还可能在思想上重新出现,引诱人的行动脱离预定的轨道。第四,行动中会出现意料之外的新情况、新问题,而主体可能又缺乏应付新情况、解决新问题的现成手段,这也会造成人的行动的踌躇或徘徊。第五,在行动尚未完成之前,还可能产生新的动机、新的目的和手段,它们会在心理上同既定目的发生竞争,从而干扰行动的进程。所有这些方面,都是妨碍意志行动顺利进行的因素,要求人做出更多的意志努力。

这些困难的克服取决于一系列条件。坚定的信念和世界观是有效地克服困难的基本条件。信念和世界观是人的行动的一般准则,当人具有清晰的行动准则并坚信其正确时,才能坚决地同困难作斗争。

人所提出的目的的性质,对于困难的克服有着重要意义。"伟大的目的产生伟大的毅力"。目的越重大,越崇高,就越能促使个体产生力量去克服所遇到的困难。不过,目标切忌定得过高,不切实际,如果不具备实现的客观可能性,最终必然会导致行动的半途而废;同时,目标也不能定得太低,因为这样个体很容易就达到目的,不利于培养和锻炼人与困难作斗争的毅力。因此,为了培养意志,过高和过低的目的都是不可取的,它必须是明确而适当的。

二、意志与延迟满足

延迟满足(delay of gratification)是人的自我控制的一个方面。它是指甘愿为了更长远的目标而放弃暂时满足的抉择取向,在等待中体现自己的自我控制能力。延迟满足是近年研究的一个热点。自我控制是指一个人适时调整自己的行为,抑制某些可能发生某行为的能力。自我控制是人的重要的意志品质,主要表现在控制诱惑和延迟满足两个方面。自我控制是组成人的意志行为的重要成分之一。一个人如果不能很好地对自身进行有效控制,就不可能实现意志行动。

延迟满足不仅是青少年自我控制的核心成分和最重要的技能,是意志力和社会化的重要成分,也是伴随一个人终生的积极的人格变量。考诺耶(Cournoyer,1991)等人研究认为,延迟满足能力的个体差异在幼儿4岁左右就已出现了,并可预测童年、青少年、大学时期的认知、意志和社交能力。密斯切尔(Mischel,1998)等人对延迟满足能力的追踪研究发现,4岁至5岁就能做到延迟满足的儿童,在其后10余年,父母对其学业成绩、应对挫折、社会适应等方面都有较好的评价;而且在其升大学时的学业性测验(SAT)成绩也相对较高。冯德(Funder,1989)等人研究表明,延迟满足能力与其自我控制、意志的坚韧性、注意力、智谋、合作性等方面密切相关。可见,发展自我延迟满足能力是培养人的意志力的重要手段。

影响一个人的延迟满足的因素很多。归纳起来,可分为内部因素和外部因素两大方面:

1. 内部因素

生理因素对人的延迟满足有很大影响。人的神经系统的发展特点与延迟满足密切相关。神经生理学的研究表明行为抑制与大脑前额叶皮层有关。大脑前额叶是参与抑制的重要生理基础。婴幼儿刚出生时，其大脑的兴奋过程占主导，表现为容易冲动。随着年龄的增长，儿童大脑皮质的抑制功能逐渐增强，并能逐步控制自己的行为。到了青少年阶段，人的抑制机能的发展趋于成熟，并表现出较强的延迟满足能力。

人的自我控制能力总是与其自我意识水平相联系的。自我觉察、自我评价、注意控制、自我情绪调节等都会影响一个人的自我控制水平，进而表现为自我延迟满足能力的个体差异。例如，某学生评价自己是一个意志顽强的人，于是他做任何事都从严要求自己。这样他的自我控制能力增强了，延迟满足能力也就很强。

语言也能影响一个人的延迟满足能力。语言的影响主要体现在语言发展水平和成人的言语指导两方面。在对 3 岁幼儿的延迟满足实验中，幼儿常会出现自言自语现象，这说明幼儿语言已经发展到一定水平，并且幼儿已经将自言自语作为一种延迟满足的策略。米歇尔（Mischel，1996）的研究发现，成人给予"想有趣的事"的言语指导以分散其注意力，儿童的延迟满足的时间会延长。

2. 外部因素

刺激物的特点与人的延迟满足关系密切。对于青少年来说，不同的刺激物有着不同的心理意义。对于这些物体的延迟满足也表现出不同的水平。奖励物的价值和呈现方式的不同，延迟时间也会不同。有人（杨丽珠等，2002）对在四种注意任务下个体的延迟满足进行的实验表明，实验任务不同会影响人的延迟满足行为。

家庭环境也能对人的延迟满足产生影响。有研究表明，父母的教养方式对其子女的延迟满足能力起着重要作用。墨拉（Mauro，2000）等人研究发现，那些不能延迟满足的儿童，其母亲的教养方式更多和放纵型教养方式相一致。张积家等人（2008）的研究指出，家庭经济状况会影响人的延迟满足。家庭经济状况不好的儿童倾向于将道德行为和直接得到满足的事项联系，而家庭经济状况好的儿童延迟满足的观念倾向于和将来的奖赏性联系。

外在强化对青少年延迟满足的影响十分明显。成人经常对青少年某些合乎需要的行为予以奖励，而制止和惩罚成人认为难以接受的行为。成人使用不同的奖励和惩罚模式导致青少年做出相应的反应，从而影响他们的延迟满足能力的发展。当然，成人在运用奖励和惩罚的强化措施时一定要兑现，否则延迟满足的行为会大打折扣。

学术前沿 10-2　延迟满足的研究范式

美国社会心理学家米歇尔(Mischel, 1974)首次提出"延迟满足"的概念，还提出了延迟满足的基本研究范式，即自我延迟满足范式(Self-Imposed Delay，简称 SID)。

自我延迟满足范式分为两个阶段：延迟选择阶段和延迟维持阶段。处于延迟选择阶段时，"延迟者"宁愿放弃即时的满足而选择一个跟自己期望有关的长远目标；而处于延迟维持阶段时，"延迟者"在实现终极目标之前要一直维持他的延迟满足的选择。

SID 的一般程序是：首先，在正式实验开始前，在实验室中开展一些游戏活动，主试向被试呈现他喜爱的程度不一或同类数目不同的两类奖赏物，让被试选出其中更喜欢的一种。然后告诉被试："我现在有事要出去一会，如果你能等我回来，便将你更喜欢的奖赏物拿给你；如果你不想等我回来，可以通过按铃叫我回来，不过这样的话你就只能拿到你不是最喜欢的奖赏物。"主试在确定被试已经掌握规则后离开实验室，在远处观察儿童的行为。

延迟满足是儿童社会化发展的一种体现，反映了儿童对自我的控制能力和自我发展的水平。因此，对延迟满足的研究具有重要意义。

（欧阳娟，2012）

三、意志与认识、情感及动机的关系

1. 意志与认识的关系

意志和认识过程有着极为密切的联系。

意志的特征是具有自觉的目的。而人的任何目的都不是头脑里所固有的，也不是主观自生的，它是人过去和现在的认识活动的产物。目的虽是主观的东西，它的来源却是客观世界。人的行为目的不可能凭空产生，人确立这种或那种目的，归根结底取决于人的需要，而需要也是人对客观现实的反映，是通过人对自身需求的认识而形成的。物质需要是人对物质性需求的反映。因此，离开了认识过程，意志就无从产生。

人的行动目的也不是任意提出的，它受着客观规律的制约。从主观方面看，只有当人确信他的愿望和目的符合客观规律，具有实现的可能性时，他才有决心认同此项愿望和目的；从客观方面看，也只有他的愿望和目的确实符合客观规律时，他的意志行动才有可能得到实现。因此列宁说："人的目的是客观世界所产生的，是以它为前提的。"只有认识客观世界的规律，认识人自身的需要和客观规

388

律间的关系,才能提出和确立合理的目的。

实现意志活动还需要有行动的手段。关于行动手段的知识和技能,也是通过认识活动来获得的。个体的认识愈是丰富和深入,他所积累的相关知识和技能愈多,他在意志活动中对行动手段的执行才愈是顺利和有效。

众所周知,意志行动是与克服困难相联系的,因此在实现每一项具体的意志行动的时候,为了确立目的和选择克服困难的手段,通常要审度客观形势,分析现实条件,回顾以往经验,设想未来后果,拟定种种方案,编制行动计划,并对这一切进行反复的权衡和斟酌,这就必须依赖感知、记忆、想象、思维的过程。这些过程实际上构成了意志活动的理智成分。因此,离开认识过程,就不会有意志活动。而心理学家有关习得性无助的研究,似乎从反面证明了人对自己行为结果的认识会制约其意志行为的表现。赛利格曼(Seligman)等于20世纪60年代末发现,狗在连续多次遭受电击而无法躲避的情形下,会产生一种反应,即在即使可以躲避时也不再躲避而任其电击,这就是所谓习得性无助的现象。20世纪70年代中期,海若托(Hiroto,1975)等以大学生作被试,把被试分成两组,令其在强噪音干扰的条件下进行作业。其中一组对这种干扰可以设法躲避,另一组则根本无法躲避。然后,当两组被试均被置于可躲避的条件下作业时,后一组被试也很少试图去躲避噪音(张述祖,沈德立,1995)。这组被试在明显的有害刺激面前"认输"而不作努力,似乎表明他们意志的消失。这种变化是基于他们对以前行为结果的认知而发生的。

意志对认识过程也有巨大的影响,它会使认识更加具有目的性和方向性,也会使认识更加广泛和深入。人对外部世界有目的、有计划并需克服各种困难的认识活动,诸如观察活动的组织、随意注意的维持、随意识记的进行、创造性想象的实现、解决问题的思维活动的展开等等,都离不开人的意志努力,即离不开意志过程。这些认识活动只有在意志过程的支配和调节下,才能深入、完全地完成。

2. 意志与情感的关系

情感对意志的作用体现在两个方面。首先,情感可以成为意志的动力。通常来说,积极、乐观的情感或情绪对人的某些行为能起推动或支持作用,例如,对祖国的热爱和对敌人的仇恨,激励着人们去保卫祖国和消灭敌人。而一个对所要达到的目标抱着漠然、冷淡态度的人,是难以表现出坚强的意志的。其次,情感也可以成为意志的阻力。人在从事他所不乐意去干的活动时,就会发生这种情形。"不乐意"的情感,对于这项活动而言是一种消极的体验,它妨碍着意志行动的贯彻,造成意志过程的内部困难。此外,人在完成某项他所热衷但却又感到棘手的任务时,也可能发生这种情形,因为由外部困难所引起的消极的情感体验(困惑、焦虑、彷徨以至痛苦),也动摇和销蚀着人的意志。

意志对情感也存在影响,有时还表现为对情感的直接控制。意志力薄弱会导致意志行动半途而废,从而使人产生消极的情感,而意志坚强则可克服不良情感的干扰,把行动贯彻始终。比如一个遭遇不幸而陷于哀伤心境中的演员,为了不妨碍本职工作,在舞台上仍能成功地扮演喜剧角色,他就是凭借意志的力量,抑制一种情绪而激发另一种情绪。平时人们所说的"理智与情感的冲突",其实是由意志遵循理智的要求,从而实现对情感的驾驭。认识过程本身并不具有直接控制情感的功能,控制是由意志来完成的。所谓"理智战胜情感",是指意志的力量根据理智认识克服了与理智相矛盾的情感;而"情感战胜理智",是指意志力不足以抑制情感的冲动而成为情感的俘虏,背离了理智的方向。

总之,认识、情感和意志是密切联系、彼此渗透的。发生在实际生活中的同一心理活动通常既是认识的,又是情感的,也是意志的。任何意志过程总包含有理智成分和或多或少的情感成分,而认识和情感过程也包含有意志成分。事实上,并不存在纯粹的、不与任何认识和情感相关的意志过程。因此,不能把意志仅仅归结为反映活动的效应环节,而应看作是完整反映活动的一个方面。研究意志,就是研究统一的心理活动的意志方面。

3. 意志与动机的关系

人的意志行动是由一定的动机所推动的。对人的意志行动来说,动机的意义是多方面的。首先,动机是人的意志活动的推动者,表现出对人的意志活动的激励作用,是人的行为的积极性源泉。其次,动机作用表明人的意志行动的指向性:人为什么选择这种行动而非其他? 也就是说,动机决定行动方向选择的原因。最后,在上述推动作用和选择作用的基础上,动机就成为人的意志行动的调节手段:它不仅在行动的初始阶段指引个体做什么和如何去做,而且在行动的过程中指引个体修正、调整自己的行为。

动机可以由当前的具体事物所引起。如感到寒冷的人有取暖的需要,附近的木柴、引火物等,都能引起他产生烤火的动机。可是引起动机的远不限于当前的事物,也可以是事物的表象和概念,甚至是人的信念和道德理想等。例如对真理和正义的坚信和热爱、个人的责任感或事业心,在一定条件下都能成为动机,推动人去从事意志活动。

人的动机的性质和强度是各不相同的。不同性质和强度的动机,对人具有不同的意义,具有不同的推动力量。意志行动的方式、行动的坚持性和行动的效果,在很大程度上受到动机性质和强度的制约。

前苏联心理学家克瓦维拉施维里的研究证明了这一点。为了解被试执行"非常重要"和"重要性较小"的任务时抗干扰能力的区别,他要求大学生在延迟5分钟之后去完成某项工作,在这延迟时段内,安排有的被试从事有兴趣的活动,有的从事无兴趣的活动,有的则无所事事。实验结果如表10-1所示。从表中至少可以看出两点:第一,执行重要任务的成绩明显优于重要性较小的成绩(48:27);第二,执行非常重要任务受干扰(延缓期间所进行的活动的兴趣强弱)的程度较小,而执行不太重要任务受干扰的程度较大(39:43对21:12)(张述祖,沈德立,1995)。

表 10-1　任务重要性对抗干扰能力的影响

任　　务	空候(无所事事)	无兴趣活动	有兴趣活动
非常重要	48	39	43
重要性较小	27	21	12

在意志行动中,动机的社会性因素起着重要作用。社会性动机所产生的力量可能会很大,以致会超过和压制人的生物学本能。比如印度民族主义领袖甘地(Gandhi, 1869—1948)为了政治斗争的需要,可以抑制进食的自然需要,进行绝食斗争多日。战争是一种要求人的高度意志力的社会现象。在战争行动中,可以清楚地看出动机的性质同它对意志行动的推动力量之间的关系。古往今来,投身正义战争的士兵为崇高的动机所推动,具有一往无前、艰苦卓绝的精神,善于克服千难万险,表现出坚强的意志。在从事非正义战争的军队里,士兵为打仗而打仗,或仅为金钱或其他个人动机而战,他们在艰难和危险面前容易胆怯、动摇,表现出薄弱的意志。正义战争的领导者之所以高度重视战前动员的作用,不义战争的策动者之所以常常对自己的士兵作欺骗宣传、力图把他们的战争意图说得冠冕堂皇,其心理学依据就是人的不同性质的动机对意志行动具有不同的激励作用。

一个人复杂而多样的动机,以其一定的相互关系而构成动机系统。在同一个体身上,处于不同地位的动机在意志行动中所起的作用不同。某些动机比较强烈而稳定,另一些动机则比较微弱而不稳定。一个人最强烈、最稳定的动机,成为他的主导动机;这种主导动机对他而言,相对地具有更大的激励作用。在其他因素相等的条件下,人采取同他的主导动机相符合的意志行动时,通常比较容易实现。在实际生活中,可以看到人比较容易实现与他主导动机相一致的意志行动的例子。比如,少年儿童的游戏动机一般比较强烈。有的少年学生在学习方面害怕困难,意志表现较差,但他却可能在与同伴们的游戏中对克服困难表现出较大的顽强性和坚韧性。一个有着强烈的创造动机和探索欲望的科学家,要他坚持日常琐事方面的某项事情(虽然他也想做)也许难以持久,但他却能长期孜孜不倦、数十年如一日地专攻他所面对的艰难的课题。

前面说到,不同性质的动机可以具有不同的力量,但是某种动机对一定个体究竟能产生多大的推动力,最终还必须以个体的动机系统的特点为转移。比如游戏方面的动机对于儿童或者成人,其激励作用就不一样;求知类动机的激励作用,对学者和商人的激励作用也不尽相同。当我们谈论动机系统对人的行为的作用时,着重指明:因为同一种动机在个体身上占有不同地位,故而对人的行为会发生不同的影响;当我们谈论动机性质和它具有的力量的关系时,是指二者在多数社会成员身上表现出来的一般趋向。前者说的是个别性,后者说的是普遍性。普遍性是由个别性归纳而来的,同时它又具体地表现于个别性之中。

知识视界 10-2　断臂钢琴师刘伟

一场巨大的灾难突然降临到年仅 10 岁的刘伟身上。刘伟在与伙伴们玩耍时被高压电击中。这场灾难虽然没有夺走刘伟的生命,却让他永远失去了双臂。

在妈妈和病友的帮助下,病愈后的刘伟慢慢地从阴影中走出来,渐渐树立了生活的信心。12 岁时,他被选送进入北京市残疾人游泳队,刻苦训练让他在两年后的全国残疾人锦标赛上取得了两金一银的好成绩。良好的比赛成绩让刘伟对游泳充满了浓厚的兴趣,他满怀期望能去参加 2008 年北京残奥会,并为此不断努力。然而,霉运再次降临,由于高强度训练,导致免疫力下降,刘伟得了过敏性紫癜。为保住生命,刘伟不得不放弃训练。

刘伟说:"人最开心的事是从事自己喜欢的职业,所以我选择了音乐。"放弃游泳训练之后,他选择学习钢琴。为能够学有所成,他克服重重困难,每天坚持练习钢琴 7 个小时,从而达到钢琴七级水平。在中国达人秀表演中,他用双脚弹奏了一曲《梦中的婚礼》,震惊全场,当时他才 23 岁。评委问他是怎么做到的,刘伟说:"我觉得我的人生中只有两条路,要么赶紧死,要么精彩活。没有人规定说钢琴一定是要用手弹的。"这就是刘伟,一位勇敢、坚强、自信的断臂钢琴师。

四、意志的形成和发展

动物没有意志,意志是人所特有的心理现象,它是在漫长的从猿到人的进化历程中,随着人类的产生而产生的。人的意志发生的源泉不在机体内部,而在社会劳动之中;社会劳动对意志活动的产生提出了需要并提供了可能。

首先,劳动的社会性为意志的形成和发展提供了基本条件。人类的祖先在通过社会劳动来满足个人的需要时,还必须根据社会的要求,为满足整个社会的需要而行动。这是因为他们在长期的生活实践中认识到,必须首先从事某些并非直接满足个人需要的行动,才有可能满足个人的需要。比如,他必须先制造供别人使用的狩猎或捕鱼工具,别人使用这些工具去获得食物,然后才能供他果腹。这种使行动服从某种社会性的间接目的的情形,是意志产生的起点和基础。抑制个人的意愿和需求,忍受或克服个人生理上或心理上的困难,而使行动服从于既定目的、任务的能力就从这里形成和发展起来。

其次,劳动促进了心理的器官——大脑的进化,并促使语言的产生和发展。而人的自觉目的的提出以及达到目的的计划和手段的拟定,都需要借助于语言这个工具,而语言也正是在社会劳动中才产生出来的。因此,意志是随着人类的形成,在劳动和言语交际的基础上产生的。

从个体发展上看,意志产生的契机也是社会性的。初生婴儿没有所谓的意志活动。他们在与周围成人的交往中,最初学会根据成人的言语指令来调节自己的随意注意,尔后又逐步学会按照成人的要求来支配自己的身体动作,再以后,随着儿童完成对言语的掌握和自我意识的发展,他才慢慢地能够依照自己的愿望和意图去采取有目的的行动。

意志是人所特有的心理现象,任何时代、社会制度和阶级的人都有意志这样一种心理活动形式。但是不同时代、不同社会制度和不同阶级的人,他们的意志、动机和目的的思想内容是不尽相同的。从这个意义上讲,意志也受着社会历史条件的制约。

五、意志的控制与失控

意志作为一种心理品质,存在很大的个体差异。有的人具有顽强的意志,可以使事情朝着自己期望的方向发展;而有的人则恰好相反,很容易被外界的困难和压力所压倒,失去对事物的控制,这就是所谓的意志的控制与失控。

1. 意志控制

意志控制是指一个人能左右事件的进展和结果,使期望和目标相一致。意志控制的作用主要表现为:一是对外控制,即按照人的期望和目标来改变自然环境和社会环境;二是对内控制,即按照主体的期望和目标来改变自身的生理素质和心理素质。

意志控制实际上就是对行动的激励和克制。激励表现为推动人集中自己的一切力量、积极行动以达到预定目的。例如,一个人为了学好外语,意志推动他去背单词、听外语磁带、阅读大量英文资料、模仿范文写作等等。克制则表现为阻止或放弃妨碍预定目的实现的某些生活习惯或行为。例如,有的人为了提高学习成绩而放弃睡懒觉的习惯或减少玩游戏、打球等次数。因此,在具体活动中,意志对行动控制的激励和克制联系十分紧密。为实现预定目标所采取的行动越有激励性,就越能克制那些阻碍预定的目标实现的行为;反之,越是能克制那些与预定目标不一致的行为,为实现预定目标而采取的行动也就越有力。通过对行动的激励与克制,人的意志能对环境和自身进行很好的控制。

人的意志控制是要消除在实现预定目的过程中的内部障碍和外部障碍。内部障碍是指与实现预定目的相矛盾的内心种种干扰。例如,虽有预定目的,但对现实缺乏信心、决心;实现既定目标过程中出现疲劳、分心等现象。外部障碍是指与实现预定目的相矛盾的外部种种干扰。例如,大学生想自己创业,却面临资金不足、场地缺乏以及设备落后等现实压力,或者来自别人的阻碍、压制和打击等精神压力。只有克服这些来自内部和外部的障碍,人的意志的控制作用才能充分发挥,才能实现预定的目的。

人的意志控制能力表现出很大的个别差异。有的人能很好地控制自己的行动和情绪,即使面临外界压力也能坚持己见,朝着正确的目标迈进,他们不把责任归咎于环境和命运等不可控因素,而是由自己来承担所有责任。有的人则不能很好地控制自己的不良行为和情绪反应,面临困难时经常举棋不定,他们倾向于把责任归咎于环境和命运等不可控因素,自己不愿承受责任。因此,从行动结果的归因方面,可以把人的控制倾向分为内在控制型和外在控制型。内控型的人,相信自己能够控制环境,有较强的自信心,能够感受到自己的努力与行动后果之间的联系。外控型的人,相信自己是被环境或命运控制的,难以看到自己的努力或能力与行为结果之间的关联。

2. 意志失控

失控是指当一个人遇到困难或有威胁性的情况,自己感到无力应付时出现的对事件失去控制能力的表现。自然、社会环境以及人的生、老、病、死等都有可能成为威胁性因素而使我们丧失对事件的控制能力。例如,交通中断阻碍我们不能准时到达预定目的地,自身条件的不足影响自己大学毕业后的工作选择等等。人们在失控时的反应可能各不相同,但是一般都可能有以下一些行为反应:

(1) 寻找信息

一个人失控后首先渴望得到的是更多的信息,以从各种信息中形成对目前处境的认识。如果失控者获得了更多信息,会对目前处境的认识更加全面,可能会找到摆脱困境的办法,恢复对事件的控制能力。但也可能会带来两种不良后果:一是对来自环境的影响很敏感;二是对获得信息的理解很片面。例如,一个人患了某种疾病，自己往往会想方设法寻找各种信息来认识这种疾病，他可能对医生和周围人们关于疾病的谈话特别敏感，对报纸、电视等传媒的报道也特别留意，但对获得信息的理解常常很片面。

（2）对困境反应加剧

人在失控时会有恢复控制的倾向和愿望。有人曾做过这样的实验（Rickers-Ovsiankina，1928），研究者让被试做一些简单的作业，如数珠子、堆积木、做黏土手工等。在被试的作业做到中途时，主试以叫被试去室外为由让其中断作业。一会儿被试回到室内后，所有被试无一例外地自动重做前面的作业，重做率为100％。在另一项实验中，当被试被要求停止现在未完成的作业而改作其他的作业。这时被试明显地表现出想尽早完成被要求改做的作业，然后抽时间再重新去做前面被中断的作业，重做率为79％。即使不被允许，很多被试仍然坚持要完成被中断的作业。

如果人们对失控后的困境事先完全没有预料到，其消极影响则会更大。有实验证明，如果给被试以噪音或电击等困扰物，又不能让他们获得有关困扰物的信息，导致被试不能控制这些困扰物，其消极反应会明显加剧，例如心率加快、出现紧张焦虑情绪、肾上腺素分泌增多等不良反应。在另一项实验（Glass & Singer，1972）中，研究者让三组被试分别在无噪音、被试可控制的噪音和被试不可控制的噪音的实验条件下完成一项作业，然后让其中两组被试在无噪音条件下再完成一项作业。结果发现，不可控制的噪音干扰了前面两项任务的完成；而可控制噪音则不影响其他任务的完成水平。这些实验表明，即使在困境消失之后，失控仍然会对以后的行为产生消极影响。

（3）失控后的抗争与消沉

一个人在失控后的行为反应是多种多样的，最常见的有抗争和消沉两种。

当人已有的控制能力被强行剥夺或受到较大威胁时有可能会产生抗争或反抗反应。引起抗争的主要原因是本来可以做出的选择却被外力取消，或者自己将要做出选择时面临外界的巨大压力，这时人们就会选择抗争或反抗。在失控时，如果当事人认为行为结果的价值越大，或对自由选择的期望越高，而控制能力的剥夺又会影响这些方面的自由选择，这时引起抗争的强度就可能会越大。

人在失控时的抗争常会引起下列情绪或行为上的反应：①产生气愤、敌对或攻击情绪。如果你被强行夺走正在阅读的书籍、被别人无礼挡住前进的道路或受到严重不公正的待遇时，你可能就会产生上述情绪或行为反应。②尽力挽回失去的控制能力。上例中被别人夺走的书籍要求尽快返还；受到不公正待遇会竭力反抗，要求给予公正等。③对结果的认识会发生变化。被外力强制做出选择而自己却无能为力时，则可能会改变自己的认识。例如，青年男女的自由恋爱如果被外力强制拆散，就有可能会产生认识上的变化。

消沉是失控的另一种常见反应。它和抗争相反，是指因失败而放弃改变困境的种种努力，常产生于屡遭失败之后。如果屡次想改变困境、挽回控制力都没能取得成功的话，人就可能放弃各种努力，产生消沉反应。生活中某一方面的失控所引发的消沉反应可能会影响到其他方面，导致在做其他事情上也倾向于放弃自己的努力，甚至将可控制的事件也作为不能控制的事件来对待。消沉还可能会引发长期抑郁和焦虑等不良情绪。

人们在失控后对挫折的反应存在很大的差异。有的人坚持不懈，百折不挠，努力想挽回控制力，不达目标，誓不罢休。也有的人失控后心灰意冷，意志消退，乃至一蹶不振。一些研究表明，一个人在失控后所产生抗争或消沉反应可能与以下一些条件有关：

① 强内控型的人较易产生抗争，而强外控型的人则较易产生消沉。

② 经历失控次数较少的人较易产生抗争，而经历失控次数频繁的人则更易引发消沉。

③ 一般刚刚失控之后容易产生抗争，而在失控后经过多次努力失败后则更易产生消沉。

④ 长期习惯于有控制力的人（例如有成就的男性）较易产生抗争，而已经习惯于没有控制力的人（例如妇女或儿童）在遇到困难时更易选择放弃。

六、青少年意志的特点

青少年意志的发展既有个体间的差异，也有年龄特征。一般来说，青少年意志特点通常从自觉性、果断性、坚韧性和自制性四个方面的意志品质来考察。我国青少年意志具有如下一些特点：

1. 独立性不断增强，但容易受人暗示

意志的独立性从小学三四年级开始，学生一般能遵守纪律，自觉地学习和参加集体劳动，但自觉性还很不完善，极容易受到他人评价等的影响。初中阶段，青少年的独立性有了一定的发展，但仍然具有较强的受暗示性，其行为容易受家长、老师、同学等的影响。高中阶段青少年受暗示性明显减少，自己有了一定的主见，不会做任何事都先看别人怎么做，然后自己跟着跑。他们的行为目标和动机更加明确，不再像初中生那样只具有"近景性"，他们不仅具有短期目标，还具有长期的远大目标，学习的主动性和计划性明显增强。但高中生的自觉性容易产生独断，表现为一意孤行、争强好胜、喜欢争论，往往理由不充分，就坚持错误意见，却不能控制。

2. 果断性明显提高,但容易迟疑不定和轻率

学生的果断性在小学四年级开始有表现,但在整个小学和初中阶段,学生的果断性水平总体都不高,在需要作决定时迟疑不定、瞻前顾后,做出决断的能力还是比较低的。初中生还容易表现出轻率和优柔寡断的意志特征。没有考虑成熟就轻率从事,不仅成为初中生的学习障碍,也常会引起他们的各种品行问题。高中生由于思维能力的发展和生活经验不断丰富,在面临决定自己的人生选择时,逐渐学会深思熟虑,去解决一些复杂的、充满矛盾的问题。刘明等研究表明,意志果断性从小学二年级到初中二年级发展并不显著,到了高中一年级,才出现比较明显的提高。但与成人相比,高中生的果断性还不成熟,在关键时刻还容易患得患失。

3. 坚持性日趋稳定,但个体间差异明显

坚持性主要表现在两个方面:一是善于排除不符合行动目标的各种因素的干扰。二是善于长时间地维持符合既定目标的行动。一般来说,学生的坚持性是由他们所执行的任务是否合理以及任务的难度决定的。所执行的任务如果被认为是合理的,那么坚持性就会加强。任务的难度包含很多方面,其中一个重要因素是时间因素。学生执行的任务所坚持的时间长短往往与他的年龄有关。学生的年级越高,年龄越大,他的坚持性会越长。而主观上,学生的坚持性又与兴趣和需要、动机水平、对执行任务的理解和习惯有关。研究表明,学生在小学三年级的坚持性已经表现出来,但执行任务时还会出现决心大于行动、计划难以持久的现象。在中学阶段坚持性已比较稳定,但却表现出明显的个体差异。

4. 自制力趋于成熟,但很不稳定

自制力反映一个人意志的抑制职能。小学生的自制力一般比较薄弱,往往容易兴奋,带有一定的冲动性,行为举止较难控制。初中生的自制力有了很大的发展,表现为组织性、纪律性增强,执行任务时更能集中注意、投入其中。无论在维持课堂纪律上还是课外活动中,初中生都比小学生表现出更强的自律能力。但初中阶段所表现的青春期激情使得自制力很不稳定,情绪起伏不定。到了高中阶段,高中生的内部调节能力进一步增强,冲动性和盲目性明显减少,这些都为个体走向成熟打下坚实的基础。有人(黄煜峰,雷雳,1993)以学生在公益劳动中抵抗外部诱惑的程度作为评定指标,研究不同年级学生自制力发展的差别。研究把诱因出现后半小时内离开现场定位为一级水平,诱因再次出现后半小时内离开现场定位为二级水平,而自始至终坚持工作被定位为三级水平。结果发现,55%小学生处于二级水平,达到三级水平者甚少;而53%初中生达到三级水平;61%高中生达到三级水平。

知识视界 10-3　独生子女容易形成的意志特点

独生子女是我国实施"计划生育"政策产生的一个特殊群体。作为"独苗",父母容易把所有的精力和爱都倾注在孩子身上。尽量让孩子不受委屈,在没有挫折的环境下成长,包揽孩子生活中的一切事务等。由于父母的过分保护和溺爱,独生子女容易形成以下一些意志特点:

1. 独立性缺乏。独生子女在生活中缺乏独立解决问题的能力,缺乏主见。遇事难以自己做出决定,易受他人暗示。常先看别人怎么做,然后自己跟着跑。遇到困难又瞻前顾后,犹豫不决。他们习惯父母为自己安排的一切,什么事都想等待父母来解决。

2. 坚持性不足。在"温室"中长大的独生子女,坚持性不足。做事常常有始无终,畏首畏尾。他们不相信自己有解决问题的能力,于是半途而废。在和人交往时,他们不懂得如何与他人打交道,和人产生摩擦时常焦虑不安,忌恨对方,尽力回避和对方的交往。

3. 任性冲动。独生子女的父母易尽力满足子女的物质需求,而不管这种需要是否恰当。久而久之,独生子女认为满足自己的物质需要是轻而易举的事情。当自己的需要远远超出父母的能力范围而得不到满足时,容易表现出不满情绪,任性冲动,蛮横无理。

第三节　意志规律在教育中的应用

了解了意志的一般规律后,我们如何运用这些规律培养学生,使其具有坚强的意志? 以下介绍意志规律在教育当中的具体应用。

一、意志规律在教书育人中的应用

由于个人努力、后天教育和训练的不同,个人意志品质的差异十分明显。青少年学生的主要任务是学习,他们不仅要学习科学文化知识,还要学习各种社会规范和道德行为,这是一项十分艰巨的任务。因此,在教书育人的过程中,运用意志的有关规律帮助青少年学生更好地学习,并在学习过程中培养他们具有顽强的意志力,这是教育者应该十分重视的问题。

1. 以知促志,以正确的认识促进学生的意志行为

认识是意志的前提和基础,是意志行动达到预定目标的根本保证。只有对活动本身及其结果有着深刻的认识,才可能为完成任务做出最大程度的意志努力。在教学过程中,以对学习的正确认识来促进学生的意志行为,最终实现学习

目标的做法,就是在教学中具体运用了认识和意志关系的规律。

首先,在教学中让学生树立学习目标能激发行动的动机,唤起积极行动去实现这一目标。学习目标,应"适当、明确、具体",因为目标是意志行动的基本特征,行为目标越适当、明确、具体,行动的方向也就越能正确把握,对行动的推动力量也就越大。因此,教师在教学过程中应多采用目标定向或目标导向的方法,让学生树立学习目标,以引导学生的行动,并随时以目标的实现与否督促学生的意志行动,促进其学习任务的完成。

其次,对学习的意义和结果的认识也能激发学习中的意志努力。如前所述,人的意志力量的强弱在很大程度上是由动机的强弱决定的。在学习过程中,了解学习的意义、认清学习的结果便是激发动机进而激励意志的一种手段。所以,教师应利用一切机会积极引导学生认清学习的重要意义,引导学生展望在学习中战胜自我、获得成功后令人向往的情境,并施以适当的奖惩措施,以激发学生通过意志努力去获得学习上的成功。在国外的心理训练课程中,"自我暗示"是一项很重要的内容,要求学员尽可能清晰地想象自己在某件事上获得成功后的情境,以增强动机,加强信心,有助于意志行动的贯彻。

2. 以情增志,以积极的情感增强学生的意志力量

情感和意志也有密切关系。在教学活动中,教师应充分运用这一规律,通过引发学生积极的情感体验,增强学生克服困难的顽强意志,最终达到完成学习任务的目的。

积极的情感能激发起人的行动动机,使人表现出巨大的意志力量,从而以极大的热情去战胜困难,完成任务。这正是发挥了情感的动力功能。怎样才能引发学生的积极情感体验呢?首先,将学生对教师的情感迁移到学习中去。教师应与学生建立起真挚、亲密的师生关系,重视情感因素对教学的影响力量。在学校学习中,学生因喜爱某一位教师而克服困难努力学好这位教师所教学科的例子屡见不鲜。其次,在具体的教学活动中,教师在对学生的学习进行总结评价时,要以正向的、鼓励性的评价为主,不仅要及时对成功的行为结果进行表扬鼓励,在对待失败的行动结果的评价中也应尽量让学生看到自己的成绩和进步。这样能使学生产生愉悦感,增强自信心,促使他们敢于接受更高目标的挑战。相反,对行动结果的漠视或负性的评价,会令学生失望、沮丧,从而减弱他们的自信,使他们怯于面对下一步的考验。已有研究(Jucknat, 1937)表明,一个人信心的强度与他的成功率成正比例关系。前述关于习得性绝望的现象,是意志教育工作中应绝对予以避免的。为了使学生获得足够多的成功以及由此而带来的积极情感体验,教师宜在教学中遵循"小步子"原则,即让学生达到的行为目标不可

太高,必须适合他的现有水平,最好把一个大目标分解成若干个小目标让学生分段逐步完成,并在完成后及时给予鼓励性的评价。

3. 以难砺志,以困难的任务磨砺学生的意志品质

学校的日常教学是学习的主要活动内容,通过日常教学中具有一定困难的活动来磨炼学生意志,既有助于意志品质的培养,又能促进学习任务的顺利完成,获得一举两得的效果。在这方面,"挫折教育"的某些做法可以借鉴。教师可以在教学活动中有意设置一些困难情境,让学生经受适当的挫折,使他们在面对挫折、战胜挫折的过程中锻炼意志品质。但在实际操作中要注意:一要把握时机,一般来说,最好在学生的意志水平达到一定程度,对具体学习活动的意义、目的有一定的认识,并有相应的情感激励的条件下实施,才能取得好的效果,否则易产生"拔苗助长"的负面影响;二要注意个别差异,应根据学生的个性特点,尤其是心理承受能力的不同而区别对待。如对心理承受能力较强而又骄傲自满的学生,可较多使用这类方法以锻炼其意志,而对于自卑感强、心理承受能力较弱的学生,则应慎用这类方法。

4. 以范励志,以他人的榜样激励学生的意志行动

美国心理学家班杜拉的社会学习理论认为,人们的行为往往是通过观察、模仿榜样而习得的。在意志教育中,这种方法同样适用。教师不仅可以通过看电影、听报告、参观等形式来使学生了解各种英雄人物的优秀意志品质,还应以身作则,以自身的榜样示范来影响学生,而且后者的作用更加重要,对学生的影响力更大。试想一名做事犹豫不决、半途而废、对自身缺乏约束力的教师如何能培养出具有优秀意志品质的学生呢? 因此,教师要引导学生学习他人的榜样力量以激励自己的意志,促使他人的优良意志品质在自己身上的内化。

5. 以律管意,以严格的纪律来规范学生的意志行为

俗话说:"无以规矩,不能成方圆。"学生在校能顺利完成学习任务离不开遵守纪律。遵守纪律能体现一个人具有良好的意志品质。抵制不了外界的诱惑,对自己的行为缺乏控制甚至违反纪律的学生往往意志薄弱。教师要用严格的纪律去规范学生的行为,使他们接受学校纪律,养成自觉守纪的习惯。在实施过程中,教师要注重公平公正,做到有章可循,有规范可依。多使用如"学生守则"、"校纪校规"等大部分学生认可的行为规范来约束他们。此外,还要认真检查,及时强化,不能只提要求、忽视过程、忘记结果。同时,考虑青少年身心发展的特点,要关心学生、尊重学生、信任学生,适当开展有益于青少年身心健康发展的课外活动,让学生用严格的纪律确保自己意志朝向正确的方向发展。

教育实践 10-1　挫折教育

近年来，随着青少年自虐、自杀、犯罪等问题行为的屡屡曝光，青少年面对挫折所表现的种种极端行为引起教育界的广泛关注。对青少年进行挫折教育的呼声随之产生，并日趋强烈。

挫折教育最早是由美国学者亚当斯提出的。挫折教育是指遭遇挫折时对处理能力进行的教育。什么是挫折？挫折是个体的意志行为遭到严重阻碍，原有目标不能按时实现时所产生的一系列认知、情感和行为等反应的过程。挫折教育的内容主要是对青少年面对挫折时的认知、情感、行为等给予正确的引导教育。对青少年进行的挫折教育应注意以下几点：

第一，不能千篇一律地实施挫折教育，而应根据每位青少年的具体情况实施具有针对性的引导教育。有些教育者面对不同的学生，使用千篇一律的方式方法应对所有学生。其实，每位青少年的生理心理特点是不同的，在面对各种困难时所体验到的挫折感也有很大差异。所以，他们所需要的挫折教育的内容、方法等也不可能相同。

第二，纠正家长、学校和社会对挫折教育的错误理解。有人认为，挫折教育就是让孩子多吃苦头，提早地体验人世间的艰辛，为挫折教育而故意习难孩子。也有人认为，挫折教育就是要人为地创设一个挫折情境，然后按照既定的程序形式化地让孩子忍受挫折煎熬。实际上，挫折教育更重要的是教育者对于处在人生道路中尚未成熟的青少年面临困难时给予及时正确的引导教育，教育他们如何正视挫折、处理危机，以及重新定义自我，重拾信心。

第三，教育者要树立良好的教育榜样。同其他教育活动一样，挫折教育不仅需要被教育者虚心接受、努力改变，还需要教育者不断丰富自己的教育知识，以身作则，细心耐心。一种教育活动的好坏成效，除了取决于被教育者自己的努力外，还取决于教育者对教育活动的正确理解、对被教育者及时正确的引导以及给被教育者良好的榜样行为。

二、意志规律在自我教育中的应用

学生在了解意志的规律后，也应该在自己的学习、生活中对意志品质进行有意识地培养，这也是自我教育的一个重要方面。可从以下几方面入手：

1. 树立远大的理想和健康的人生观

人的行为是由他的行为动机所指引的，意志是遵循着自己的目的而对行为进行调节的过程，并且不同的行为动机和目的对人的推动作用是不同的。为了培养良好的意志品质,高尚动机的形成和发展不可或缺。青少年学生正处在人生观和世界观初步形成的关键时期,为了培养和发展高尚的行为动机,必须从大处着眼,树立远大的理想和健康的人生观。只有当一个人把自己的一生同祖国和人民的命运紧密联系起来,立志为祖国和社会而献身时,他服从于这一目的的一切具体行动才会获得丰富的社会意义,他就有可能以巨大的动力去克服个人遭遇的种种困难和干扰。大凡胸怀大志者,都有一种视个人得失安危于不顾的浩然正气。南宋的政治家、文学家文天祥(1236—1283)为敌人所俘,威胁利诱都不足以使之屈服,于性命难保之际还慨然写出"人生自古谁无死,留取丹心照汗青"的名句,表现了宁折不弯的民族气节和坚强的意志品质。而从中国科技大学少年班79级学生张凯的成长经历中,我们则看到了当代青少年身上那种不达目的誓不罢休的坚强毅力:张凯自幼立志学习鲁迅,不论酷暑严寒他都刻苦学习。他上初中时,父亲不幸去世,但他并没有被击倒,而是更刻苦地学习。当他不足15岁就被中国科技大学少年班破格录取的时候,很多人称他为"神童"、"天才",而他却说:"我不是'神',也不'奇',只是从小就立下了志气,志气是胜利和成功的先导。"

某些利己主义者也能在一定程度上发展意志力,但他们的意志品质绝不可能达到完美的高度。这是因为,在他们可能遭遇的各种困难中,有一些困难是他们注定无法超越的。比如,以个人的荣华富贵、吃喝玩乐为人生目的的人必定是贪生怕死之辈,这种人既以享乐为人生第一要义,就实难通过物质生活困苦的考验,至少无法通过死亡的考验。即使有的人不崇尚物质利益,仅以个人扬名为人生唯一追求,当他一旦意识到由于某些原因而成名无望时,也会很快沮丧颓唐,失去斗志。某些怀着个人野心投机革命队伍的人,某一天身陷敌人囚牢,在酷刑和死亡面前难免不叛变。由此可见,远大的理想和正确的人生观是培养坚强意志品质的首要前提。

一个有远大理想的人,当然绝不等同于一个空想家。为了把远大理想的人生观付诸实践,他必须正确对待他每天所从事的活动,包括学习和工作以及各种社会交往。这时,他对理想的执著具体化为他对具体活动所抱有的责任感,他应遵守社会公德,认真履行社会义务,包括对他所从事的职业尽责。在职业活动中,工人对产品负责,店员对顾客负责,医生对病人负责,教师对学生负责,领导人对他属下的群众负责,等等。每个人总是从事这种或那种社会活动或职业活动,这些活动构成他一生活动的主要内容,因此受人的理想和人生观所制约的强烈责任感是人的意志发展的重要前提。一个对事对人都采取漫不经心、玩世不恭态度的人,谈不上有什么坚强意志。

意志的自我教育主要有以下三种形式:第一,自我激励。有人常把名人诗句、格言箴语置于案旁,作为自己的座右铭。当学习、工作和生活遇到挫折时,他们会用这些座右铭来激励自己,使自己产生战胜困难的必胜信心和巨大动力。我国著名的美学家朱光潜就经常用这种方法来激励自己。第二,自我监督。一个人的行为只能依靠别人的监督,难以培养出顽强的意志。只有加强自我监督、自我约束,才有可能成为意志顽强的人。古往今来,无数著名人物都努力加强自我意志的锻炼,制定各种规则、要求来约束自己,从而取得事业上的成功。第三,自我批评。经常自我反省,能认清自己的优缺点,从而克服缺点,发扬优点,使自己的意志力得以加强。写日记是自我反省的一种好方法。每天写日记就像跟自己进行一次交流,给自己提供一面自检的明镜。而且写日记本身也是一种锻炼的方法。我国著名气象学家竺可桢就是一个典型的例子。他坚持写了六十多年的日记。直至去世的前一天,他还写了日记。

（燕国材,马加乐,1992)

2. 提出明确的锻炼意志的任务

懂得一个客观的道理是一回事,把道理贯彻于自己的实际行动又是另一回事。因此,是否向自己提出明确的锻炼意志的任务,其效果是大不一样的。良好的意志品质不可能自然而然地形成,必须下工夫锻炼才行。因此自己定出明确的任务是必不可少的。正如谢利凡诺夫(В. И. Селиванов, 1956)所说:"当意志的形成是在别人有目的的影响下进行的时候,通常说的是意志教育。但在一个人自己提出特别的任务去培养和加强自己的意志,并且在这方面采取实际行动时就说的是意志的自我教育了。"毛泽东从少年时期就立志"以天下为己任",为了实现理想,他在学生时代就自觉地磨炼自己的意志。刮风下大雨的时候,别人都躲在屋里,而他却迎着风雨在山林旷野中散步,并称之为"风浴"、"雨浴"。毛泽东把自我教育和自我锻炼当成生活中的大事来对待,终于锻炼出坚强而又坚韧的意志品质。同样,学生懂得了良好的意志品质只有通过坚持不懈的锻炼才能获得的道理后,就有可能有意识地明确提出意志锻炼的目标和计划,从而极大地促进意志的发展。

3. 系统从事有意义但自己不感兴趣的工作

生活中,有意义的工作远非都是令人兴趣盎然的。你若对一项有意义的工作(或活动)缺乏兴趣,千万不能消极回避,也不可借故推托。从事这类工作恰恰是考验和锻炼意志的机会,应当确定目标,强迫自己去做。

值得强调的是,培养学生的意志绝不能忽视任何"小事",必须从抓紧日常的小事做起。世上的大事都是由小事积成的,倘不在诸多小事上日积月累地锻炼意志力,而期望有朝一日在大事上能造就出一个意志坚强者,那简直是幻想。许多生活小事,例如贪睡者每天按时起床、贪玩者每次定时复习功课,都是实现意志的时机,同时也是锻炼意志的时机。如果把良好的意志品质比作一座大厦,那么这座大厦是由千百万次细小的成功行为的砖石垒砌起来的。每通过克服困难而完成一次具体行动,就等于为大厦增添一块砖瓦;相反,每一次对自己软弱的迁就和对困难的退缩,都意味着拆除一堆砖瓦。意志的大厦毁之容易建之难,一分的懈怠要用几分的努力去补偿。因此,诸如"我明天再开始吧"、"我下次再努力吧"之类的借口,是培养意志的大敌。有句古话:"勿以善小而不为,勿以恶小而为之。"这是从伦理角度对人的劝谕。如果把这里的"善"理解为"应作之事",把"恶"理解为"应禁之事",则此话对意志的培养是十分有益的。它告诉人们:不要推诿、拒绝和拖延去完成应该去做的每一件小事,也不要纵容、姑息和迁就自己去做不该做的每一件小事。《钢铁是怎样炼成的》一书中,有一段关于保尔·柯察金戒烟的描述:有一次,当着保尔·柯察金的面,几位战友争论一个人是否能克服自己的习惯,例如吸烟。保尔说,当然能够,是人支配习惯,而不是习惯支配人。这时,一个在座者挖苦他说:"漂亮话,柯察金就爱说漂亮话……他自己吸烟吗?吸烟。他知道吸烟没有好处吗?知道。可烟至今仍在他嘴上。"柯察金当即从嘴里拿出香烟说:"我再也不吸了。"从此以后,他真的没有再吸过一支烟。保尔·柯察金就是这样培养起自己果断和坚韧的意志。

4. 充分利用理智和情感坚持完成意志行动

当面临重大困难,意志行动的坚持发生危机时,人们应当动员自己的思维和想象活动,去向往和憧憬完成行动的美好结果,这样会增添克服障碍、追求诱人前景的勇气;当然,如果深刻地认识和真切地想象不完成行动将招致的严重后果,可能也会增强人们想方设法战胜困难的勇气。

一般来说,当人陷入困境之时,容易悲观失望,消减斗志;当人功成名就之日,又容易陶醉于荣耀,不思进取。这两种情形,都是对人的意志品质的考验。因此,困难时特别要想到光明,充满对未来的希望。解放前一些革命志士被反动派逮捕入狱,仍然乐观地坚持斗争,就源于他们心中燃烧着希望,确信共产主义事业必胜。当人处于境顺意遂的环境中,则应"居安思危",防止胜利冲昏头脑,警惕自己进取锐气的衰退。新中国诞生后,陈毅元帅有诗曰:"鹏程自今始,在莒永不忘。""在莒永不忘"说的是:公元前658年,齐桓公登位,他邀管仲、鲍叔、宁戚三人共饮。席间鲍叔祝酒说:"使公毋忘出奔于莒也,使管仲毋忘束缚而在于鲁也,使宁戚毋忘其饭牛而居于车下。"原来,齐桓公曾因国内之乱,从莒地仓皇出逃避难,管仲曾在战乱中被人绑于鲁国,宁戚则因生活潦倒,躺在牛车下乞讨度日。陈毅引用"在莒永不忘"的故事是表达自己的胸臆:牢记战争年代的艰难困苦,以自励在长征中永葆大鹏之志。对于学生来说,对于自己不喜爱但又很重要的学科或学习内容,应当在意志努力下完成,这不仅是知识学习的要求,同时也是意志锻炼的要求。这一过程就充分体现了以理智力量促进意志行动的道理。

5. 采取自警自戒、自律自励的具体方法

为了磨炼自己的意志,人们设想了许多具体的方法。有的人针对自己有待克服的弱点书写有关的格言警句置于案头,天天可见,所谓"座右铭"。《资治通鉴》的作者司马光(1019—1086)一生好学不倦,为抓紧时光多读书,他设计了一套独特的卧具:一架木板床,一条粗布被,一个圆木枕头。圆枕放在木板上,很容易滑掉,可使他不致贪睡,司马光称之为"警枕"。春秋时期的越王勾践在会稽败于吴国,屈服求和,但他从此不顾自己为君之尊,坚持夜间以稻草为褥,白昼口尝苦胆,借此不忘会稽之耻,砥砺坚强的复国之志。积十年的努力,终于转弱为强,灭亡了吴国。这就是历史上有名的"卧薪尝胆"。车尔尼雪夫斯基的小说《怎么办?》中叙述了一批革命者的成长历程。其中有个革命者叫作赫美托夫,他为了将来能忍受被捕后的严刑拷打,竟然每天睡在钉有钉子的床板上,经常被扎得鲜血直流。在当今社会,日本某些幼儿园一年四季让幼儿进行赤身裸体锻炼,甚至进行冬泳,除了达到锻炼体魄的目的,更主要的是磨练其意志;印度则规定了小孩的"饥饿日",以"饿其体肤,苦其心志……"。这类事例告诉我们,应制定合理的学习计划,坚持写日记等来鞭策和激励自己,以达到既定的目标。在不断克服困难、达到目的的进程中,人的意志品质就随之发展起来。

让我们再回到本章开头提到的那个案例,看一下班主任刘老师是如何帮助小刚克服意志品质方面的不足、提高他的意志力的:

第一,激发小刚对学习的兴趣。刘老师和小刚父母合作引导他将对玩的兴趣转移到对学习的兴趣。比如引导他参加集邮、摄影、科学小实验小组等。通过有意义的爱好,激发他对知识的渴求,从而达到"以知促意"。

第二,给小刚专门安排一个职位。利用小刚爱玩、体育能力不错的特长,将他推选为体育委员助理,这是一个专为小刚设置的职位。这一职位不仅使小刚的特长得以发挥,而且使小刚有更多的机会与同学交流,和同学建立起真挚、亲密的关系,也唤醒了小刚的自尊,提高他的自我约束能力,增强其意志力。

第三,刘老师增加了和小刚父母交流的次数。他要求小刚的父母改变对小刚一味放任的教育方式,而应对小刚日常的行为严格要求。例如,要求他准时起床,不睡懒觉;督促他每天在规定的时间内完成作业;自己的事情尽量自己完成,学会叠被、洗衣服、整理自己卧室等。"溺爱型"的父母教育方式可能是小刚不良的意志品质形成的重要原因,因此仅在学校对小刚进行教育是不够的,关键是要有父母的配合,通过新的教育方式培养小刚的独立性和自制力。

第四,对于小刚的点滴进步,刘老师在班里给予及时表扬。在担任体育委员助理之后,小刚从以前对班级事务的漠不关心转变为关心集体事务,并乐于帮助弱小同学。例如,一名同学上课时身体不适,小刚自告奋勇陪着这名同学去医院看病。在路上同学走不动时小刚还主动背他。刘老师利用这次机会,在班级里公开表扬小刚的行为。老师的鼓励使小刚在情感上产生愉悦感,增强自尊感和自信心,产生了向新的目标挑战的动力。

本章小结

意志是在实现预定目的时对自己克服困难的活动和行为的自觉组织和自我调节。意志的两个基本特征是:目的性和调控性。意志的心理结构包括意志行动中的冲突、意志行动中的挫折、意志行动中的期望、意志行动中的抉择。意志品质包括独立性、果断性、坚韧性和自制性。意志行动即指受意志组织和控制的行动。意志行动具有五个基本特征:行动是具有目的性的;行动以随意行动为基础;与克服困难相联系;行动是前进性的;必须符合客观规律。意志行动心理过程分为两个阶段,即采取决定阶段和执行决定阶段。意志的心理结构主要包括意志行动中的冲突和挫折、期望和抱负水平、选择与决策等。意志控制是指一个人能左右事件的进展和结果,使期望和目标相一致。意志失控是指当一个人遇到困难或有威胁性的情况,而自己感到无力应付时出现的对事件失去控制能力的表现。青少年的意志包括如下特点:独立性不断增强,但容易受人暗示;果断性明显提高,但容易迟疑不定和轻率;坚持性日趋稳定,但个体间差异明显;自制力趋于成熟,但很不稳定。意志规律要合理恰当地应用在教书育人和自我教育中,以期达到磨炼意志、培养良好的意志品质的目的。

思考题

● 意志的涵义是什么?意志具有哪些品质?

- 什么是意志行动？意志行动心理过程分为哪几个阶段？
- 意志与认识、情感和动机有什么关系？
- 青少年意志发展的特点是怎样的？
- 如何在学校教育中培养学生的意志力？
- 你能举出锻炼人的意志品质的几种方法吗？

探索题
- 请你做一次微型调查，运用量表调查某校学生意志品质的现状。
- 请你为自己设置某种具体的挫折，然后制订应对挫折的计划，并以实际行动战胜它。

下　编

　　本编以学校思想教育(泛指思想教育、道德教育、人生观教育、政治教育等)工作为主线,串接第十一章到第十八章共八章心理学内容,内分个性以及与个性发展有关的两个方面。个性方面内容包括气质和性格(个性的特征系统)、品德(个性的道德评价系统)、自我意识(个性的自我调节系统)等四章。与个性发展有关的内容包括人际交往(个性社会化的必由之路)、性心理(影响个性发展的重要因素)、心理健康(个性发展中出现的健康问题)、职业心理(个性走向成熟的重要阶段)等四章。事实上,与个性有关的内容远远不止这些,但这四章的内容更符合师范生今后在中学从事教书育人工作和现今自身发展的需要。同时,各章都融入有关青少年学生心理发展的特点以及师范生自我教育方面的内容,以便于师范生更好地认识今后的教育对象和完善自我。

第十一章 气 质

学习重点

- 气质的概念及心理特征
- 气质的几种主要理论解释
- 气质的类型及其心理行为特点
- 气质的测量方法
- 气质的一般规律,能够运用气质理论指导教学和自我素质的提高

你知道吗?

- 生活中我们经常说起"气质",你知道气质是指什么吗?
- 人的气质是由什么决定的?
- 气质可以改变吗?
- 你知道自己属于哪种气质类型呢?
- 你知道气质是怎么测定的吗?
- 气质对工作或学习的影响如何?

北京某中学初二(3)班举行一次秋游,为了避免堵车,大家决定早晨六点半就准时从学校出发。第二天,按计划汽车不到八点就把全班同学送到指定地点便返回了。大家高兴地来到旅游地点却大吃一惊——景点的大门紧闭,空无一人。大家仔细一看,离开门时间还有一个多小时。面对着紧闭的大门,顶着萧瑟的秋风,同学们有了不同的表现。首先有同学提出:"老师,公园的门不高,这里又没有人管,我们不要在这里傻等了,爬进去吧";有同学则在想着自己的主意:"老师是不会让我们爬进去的,一个多小时不能傻等着,我要自己找地方去玩会儿";有一部分同学则在那里自我伤感起来了:"老师,还有一个多小时,天又这样冷,可怎么办呀?"只有一小部分同学在静静地耐心等待老师的安排。

如果你是这个班级的班主任,面对同学们不同的反应,你会如何应对? 同学们不同的表现反映出什么心理现象? 当你看完本章后,就能找到答案。

第一节　气质的概述

日常生活中的气质，一般是指个人的行为举止、待人接物、谈吐外貌甚至衣着打扮、文化修养等等，而一般人们所讲的"性情"、"脾气"是气质的通俗讲法。有的人脾气安静、稳重，波澜不兴；有的人脾气暴躁，汹涌澎湃。那么，在心理学研究中是如何看待气质的呢？

一、气质的概念

气质（temperament）是一个人生来就具有的典型而稳定的心理活动的动力特征。气质是人的个性特征中的一项重要因素，它不仅影响着一个人性格的表现形式，而且在某些性格品质及能力的形成和发展中也会起一定的促进或延缓作用。

心理活动的动力特征主要表现在心理活动发生的强度、速度和灵活性及指向性等方面的外部特征上。心理活动的强度，指情绪的强弱、意志努力的程度等；心理活动的速度和灵活性，指知觉的速度、思维的敏捷性和灵活性、注意集中时间的长短及转移等；心理活动的指向性，指心理活动是指向于外部现实还是指向于个人的内心世界。

当然，心理活动的这些动力特征并不都属于气质特征。例如一个人不论有什么样的气质特征，在顺利时，总是情绪比较饱满，精神比较振奋，活动的节奏也比较快，表现出增力的积极情感体验和行为方式。而在不顺利之时，则往往会表现出精神不振、情绪低落，活动的节奏也会减慢，表现出减力的消极情感体验和行为方式。这些都是由活动的内容、目的和动机等引起的心理活动动力特征的表现，而不是气质特征的表现。

气质不是推动个体进行活动的心理原因，而是心理活动的稳定的动力特征，影响个体活动的一切方面。具有某种气质特征的人，在完全不同的活动中显示出同样性质的动力特点。巴甫洛夫（Павлов）指出："气质是每一个人的最一般的特征，是他的神经系统最基本的特征。而这种特征在每一个人的一切活动上都打上了一定的烙印。"可见，气质是不以人活动的动机、目的和内容为转移的，它仿佛给个体的整个心理活动都涂上独特的色彩。

二、气质的学说

从古至今，人们为了揭示气质的实质、探明其生理机制，进行了大量的研究，创立了许多不同的学说。

1. 气质的早期探索

在心理学史上，"气质"是一个很古老的概念。早在古希腊医学家恩培多克勒(Empedocles,约公元前483—前423)的"四根说"中就已经具有了气质和神经类型学说的萌芽。恩培多克勒认为,人的身体由四根构成:固体部分是土根,液体部分是水根,呼吸是空气根,血液是火根。这可以说是后来气质概念的萌芽。

我国春秋战国时期的医术《黄帝内经》中,曾依据阴阳五行学说,把人的某些心理上的个别差异与生理解剖特点联系起来,归纳总结出木、火、土、金、水五种不同的类型。又按阴阳的强弱,把人分为太阴、少阴、太阳、少阳和阴阳平和五类。

2. 气质的体质分类研究

(1) 气质的体液说

希波克拉底(Hippocrates,公元前460—前377)把四根说进一步发展为体液说。该理论认为构成人体内的体液有四种:血液、粘液、黄胆汁和黑胆汁。根据哪一种体液在人体内占优势,把人划分为四种类型:多血质、粘液质、胆汁质和抑郁质。在体液的混合比例中血液占优势的人属于多血质,粘液占优势的人属于粘液质,黄胆汁占优势的人属于胆汁质,黑胆汁占优势的人属于抑郁质。希波克拉底的体液说在500年后被罗马医生盖仑(Galen)所发展。后者将四种体液作种种配合而产生出13种气质类型,并用拉丁语"temperamentum"一词来表示气质这个概念。这便是近代"气质"(temperament)概念的来源。

希波克拉底关于四种气质类型的概念一直沿用至今。但限于当时的条件,他用体液来解释气质类型是缺乏科学依据的。

(2) 气质的体型说

德国精神病学家克瑞奇米尔(Kretschmer, 1925)根据对精神病患者的临床观察,认为人的身体结构与气质特点以及可能患有的精神病种类有一定的关系。而精神病患者与正常人只有量的差别,没有质的不同。他把人分为三类:肥胖型、瘦长型、斗士型,并认为狂躁症与肥胖型体质有关,精神分裂症与瘦长体型有关,癫痫症与斗士体型有关。

在克瑞奇米尔理论的基础上,美国心理学家谢尔顿(Sheldon)于1942年也主张体型与气质相关,谢尔顿把人分为三类:内胚叶型、中胚叶型和外胚叶型,它们各自的表现如表11-1所示。

表 11-1　谢尔顿关于体型与气质的关系

体　　型		气　　质	
类　型	特　征	类　型	特　征
内胚叶型	柔软而丰满,消化器官过度发达	内脏优势型	性喜悠闲,贪食,好交际
中胚叶型	肌肉发达,呈矩形,强有力	身体优势型	精力充沛,很自信,有胆识
外胚叶型	瘦长,虚弱,脑大,神经过敏	脑优势型	拘谨,胆量小,内倾,爱好艺术

（3）气质的血型说

气质血型说是由日本学者古川竹二（Takeji Furukawa，1927）最先提出的，后经西冈一义等人加以发展。该学说认为血型和"性格"（日本学者一般不对气质与性格作区分）之间有着密切的关系。血型有 A 型、B 型、AB 型和 O 型，气质也有相应的类型，可以根据人的血型判断其气质。A 型气质的特点是老实稳妥、温顺、多疑虑、怕羞、孤僻、离群、依靠他人、易冲动；B 型气质的特点是感觉灵敏、不怕羞、善于交际、好管闲事；AB 型气质的特点是以 A 型为主，含有 B 型的成分，内里是 A 型，外表是 B 型；O 型气质的特点是志向坚强、好胜、霸道、不听从指挥、爱支配别人、有胆识等。

目前学术界普遍认为，凭人的血型来判断人的气质类型是没有科学依据的，也有不少人根据自己的实际体验认为血型说并不可靠。

（4）气质的激素说

生理学家伯曼（Berman）等人提出，人的气质是由某种内分泌腺的活动所决定的。他以某种腺体特别发达或不发达为标准，将人分为五类：甲状腺型、脑垂体型、肾上腺型、副甲状腺型以及性腺过分活动型。例如甲状腺型，其体态为身体健康，头发茂密，双眼明亮，其气质特征是知觉灵敏、意志坚强、不易疲劳；脑垂体型，其体态为发育较好，体格纤细，其气质特征是情绪温柔、自制力强等。

生理学的研究表明，内分泌腺的活动、激素的合成是受神经系统支配的，同时内分泌腺的活动也影响着神经系统的活动。虽然气质的某些特点与某些内分泌腺的活动有关，但是，孤立地强调内分泌腺的活动对人的气质的决定作用，则是片面的。

3. 现代气质理论

（1）气质的活动特性说

1975 年美国心理学家巴斯（Buss）与普洛明（Plomin）经过多年研究，用反应活动的特性为指标，分出四种气质类型，形成气质的活动特性说（又称 EASI 理论）。在他们看来，气质是人格的一部分，是指那些在生命第一年就出现、持续终生并得益于遗传的人格特点。这些特点主要有情绪性（emotionality）、活动性（activity）、社交性（sociability）和冲动性（impulsivity），故称 EASI 理论。他们根据人的反应活动特性，把气质分为活动型、社交型、情绪型和冲动型四种类型。

活动型的人爱活动，总是抢先接受新任务，不知疲倦，在婴儿期表现为手脚不停地动，在儿童期表现为在教室里闲坐不住，在成年后有强烈的事业心；社交型的人渴望与别人建立亲密的联系，爱好社交，在婴儿期要求其保护人在身边，孤单时常大哭大闹，在儿童期易受到环境的影响，易接受教育，成年后与他人的

414

关系很融洽；情绪型的人觉醒程度和反应强度大，婴儿期经常哭闹，在儿童期容易激动，成年后喜怒无常，难以与他人合作相处；冲动型的人缺乏控制能力，在婴儿期等不得成人喂饭、换尿布等，在儿童期注意力容易分散，常常坐立不安，成年后行动带有冲动性。

1984年，巴斯和普洛明发现冲动性并不是一个独立的气质特点，于是将其更名为EAS理论。EAS理论是当代气质理论中的典型代表。

（2）气质的维量理论

美国纽约大学医学中心教授托马斯（Thomas，1977）和切斯（Chess，1977）通过对新生儿大量的调查研究发现，在1到3个月的新生儿中，存在着明显的、持久的气质特征，这些特征不容易改变，一直持续到成年。由此，认为应该采用维量化方法对气质进行评定，并提出鉴别气质的九个测量维量，分别是：活动水平（activity level）、节律性（rhythmicity）、趋避性（approach-withdrawal）、适应性（adaptability）、反应阈限（threshold of response）、反应强度（intensity of response）、心境（mood）、注意力分散度（distractivity）和坚持性（persistence）。

根据儿童这九种特征的表现，托马斯等人将婴儿的气质划分为四种类型：容易型儿童，他们往往是安静的，生理机能具有一定的规律性，对所有的人都很友好；困难型儿童，其生活缺乏规律性，睡眠和进食都较少，常大声地哭或笑，会突然发脾气，细微的环境变化也能引起强烈的反应，在接触陌生人和面临新事物时常表现出退缩；逐渐热情型儿童，他们的反应是温和的，既有积极的也有消极的，他们不很喜欢新的情境，但能以自己的速度产生兴趣并进入新的情境，面临新事物时，也有退缩行为，但其退缩反应并不强烈；平均型儿童，他们的各项反应都属于中等水平。

百家争鸣11-1　气质的测量维度

托马斯和切斯的九维度气质模式开创了儿童气质研究应用领域的先河，并在此基础上衍生出许多的测量工具。1992年，张雨青等人将托马斯和切斯的3～7岁儿童气质的父母和教师评定量表译成中文，对大陆四个城市的近千名儿童进行了测查，因素分析的结果分别获得六个因素的简单结构。对于父母评定量表来说，这六个因素分别被命名为：集中注意力、灵活性和自控能力、负面情绪性、羞怯或社会性退缩、活动水平和反应阈限、节律性。教师评定量表的因素分析结果共获得六个因素，即：集中注意力与活动性、适应性、反应阈限、社会性能力、负面情绪性、坚持性。这两份量表分别获得的六个因素似乎和托马斯与切斯的某些维度比较类似，然而，并没有证实他们的九个维度的气质结构。那么，在其他国家，甚至在该量表发源地——美国的研究结果又如何呢？马丁等

（Martin, et al., 1994）在一篇文章综述中，对运用托马斯和切斯及其衍生量表进行儿童气质测量的 12 个大样本作因素分析，结果表明：这些研究结果均未能证实托马斯和切斯的九维度的气质结构，最多只能获得七个因素的结构。

由于没有一项研究能够证实九个维度的儿童气质结构，这就促使我们不得不回过头来重新思考一下托马斯和切斯的九维度气质开始建立时的合理性和科学性。纽约纵向研究的分析是基于婴儿个体差异变化，因而早期儿童气质发展的维度则没有考虑到，例如，执行性注意拉夫和罗斯巴特（Ruff & Rothbart, 1996）：小婴儿在出生时注意力分散是自然反应，而到了上学阶段，直接影响着情绪和自我调节；其次，这九个维度起源于诊断而非心理测量目的，表现出相对的概念重叠。例如，情绪和适应维度、接近-退缩结构相互重叠。因而造成了跨文化研究过程中出现少于九个维度的现象。这样，虽然托马斯和切斯的九维度气质结构及三个次级因素具有重要的临床应用价值，但是，综合上述有关儿童研究文献的结果，可以推论：这个九维度的儿童气质结构缺乏研究的一致性，其科学性尚有不足。

除了托马斯和切斯这一主要的儿童气质研究途径之外，近年来大量的研究者纷纷提出了自己的气质概念。据斯特里劳（Strelau, 1991）报告说，迄今为止，气质研究者们已经确定出 80 多个气质的维度或因素。

（彭菲菲，刘文，2007）

（3）气质的调节说

调节说是上世纪 80 年代由波兰心理学家斯特里劳（Strelau）经过 25 年的实验研究提出的。这一理论吸取了巴甫洛夫高级神经活动学说的基本思想、前苏联心理学的活动论，同时引入了西方心理学有关唤醒的激活的观点。斯特里劳认为，气质是生物进化的产物，但又受到环境的影响而发生变化。气质在人的整个心理活动中，在人与环境的关系中起着调节作用。他指出，气质可以在行为的能量水平和时间特点中表现出来。反应性和活动性是两个与行为能量水平有关的气质基本维度，时间特性包括反应速度、灵活性、持续性、反应节奏和节律性，它们对有机体起着重要的调节作用。

斯特里劳的气质调节理论是现代气质心理学史上的一个重要理论成就，但它并没有脱离巴甫洛夫学说的基本思想。

（4）气质行为抑制性研究

凯根（Kagan）经过长期追踪研究后认为，在婴儿期气质中只有"抑制-非抑制"这一项内容可以一直保持到青春期以后而不变。这表明"抑制-非抑制"才有可能是划分婴儿气质的真正的、实质性的内容。凯根把儿童划分为抑制型和非抑制型。抑制型儿童的主导特征是拘束克制、谨慎小心和温和谦让，经常有高度情绪性和低度社交性。非抑制型儿童表现为活泼愉快、无拘无束、精力旺盛、冲动性强。从熟悉的家庭环境进入不熟悉的教室环境，是一件可以鉴别儿童气质类型的事情。凯根认为，抑制和非抑制特征是可以遗传的，但每一种气质类型的发展轨迹并不是固定不变的。

气质特征不仅是儿童早期个体差异的主要表现，而且是影响个体发展的一项重要因素。可以说，学术界对气质的探讨从未停止过。

凯根（Jerome Kagan，1929—　）

美国心理学家，对婴儿和儿童的认知和情绪发展的研究，尤其是对气质的形成根源的研究十分著名。1987年获美国心理学会颁发的杰出科学贡献奖。凯根采用"行为抑制"（behavior inhibition）这个词来描述个体气质的两极性，将儿童的气质分为抑制型和非抑制型。他的研究表明个体气质的差异既受环境影响又受基因制约。

三、气质的类型

气质类型是指在一类人身上共有的或相似的心理活动特征的有规律的组合。虽然希波克拉底的体液说以及盖伦对气质的分类的科学性受到人们的质疑，但他们根据长期的观察与临床经验所划分的四种气质类型与现实生活十分接近，因此一直为现代心理学所采用。尽管以体液作为气质类型的划分对气质类型的生成原因及其解释缺乏科学依据，可是后来的心理学基本上还是沿用了四种气质类型的名称，但内涵已大相径庭。在讲气质类型之前，我们有必要先了解一下气质的心理特征。

1. 气质的心理特征

气质的心理结构十分复杂，它由许多心理活动的特性交织而成，反映人在心理活动及行为上的各种动力性特征。这些心理指标主要包括：

（1）感受性　指人对外界刺激的感觉能力。人的感受性与感觉阈限成反比例的关系。表现在感受性上的动力特征的个别差异十分明显，有的人感觉能力强，其感觉阈限就小；而有的人感觉能力弱，其感觉阈限就大。这是神经系统强度特征的表现。

（2）耐受性　指人在接受外界刺激作用时表现在时间和强度上的经受外界刺激的能力。耐受性也是神经系统强度特性的反映。主要表现在长时间从事某项活动时注意力的集中性、对强烈刺激的耐受性、对长时间的思维活动保持高效率的坚持性等方面。

（3）反应的敏捷性　指心理反应和心理过程进行的速度，如记忆的快慢、思维的敏捷、注意转移的灵活性等；也指某些不随意的反应性，如不随意注意的指向性、不随意运动反应的指向性。反应的敏捷性是神经系统灵活性的表现。

（4）可塑性　这是指人对外界事物变化而随之改变、调节自己以适应外界环境的难易程度。如果不能随环境变化调节自己的行为使自己适应，则必然会因适应性差而导致心理发生偏差。一般说来，神经过程的灵活性与行为的可塑性关系十分密切。

（5）情绪的兴奋性　指以不同的速度对微弱刺激产生情绪反应的特性。不仅指情绪兴奋性的强度，而且还指对情绪抑制能力的强弱，即兴奋和抑制的平衡过程。情绪的兴奋性既和神经过程的强度特性有关，也和神经过程的平衡性有关。

（6）外向性和内向性　指心理活动、言语和动作反应是表现于外部还是内部的特性。表现于外部的称为外向性，表现于内部的称为内向性。外向性和内向性与神经系统功能的强度有关；外向性是兴奋过程强的表现，内向性是抑制过程强的表现。

气质的这些心理指标的不同组合便构成各种不同的气质类型，值得指出的是：这些心理指标与人的神经系统的活动特点有关，也即与人的遗传素质有密切关系。

2. 气质的类型

我们根据前面提到的各种气质心理特征的不同组合，来划分胆汁质（choleric temperament）、多血质（sanguine temperament）、粘液质（phlegmatic temperament）、抑郁质（melancholic temperament）这四种气质类型，见表 11-2。

表 11-2　典型气质类型与心理指标

气质类型	感受性	耐受性	敏捷性	可塑性	情绪兴奋性	倾向性	速度	不随意反应
胆汁质	低	较高	不灵活	小	高	外向	快	强
多血质	低	较高	灵活	大	高	外向	快	强
粘液质	低	高	不灵活	稳定	低	内向	慢	弱
抑郁质	高	低	不灵活	刻板	体验深刻	内向	慢	弱

根据上述典型气质的不同心理指标结构,具体在个体身上的典型心理特征和稳定的行为表现为:

(1) 胆汁质

直率开朗,情感体验强烈,情绪发生快而强,易冲动,但平息也快;在智力活动方面,对问题的理解具有粗枝大叶、不求甚解的倾向;在行动方面,生机勃勃,表里如一,但往往缺乏自制力,有顽强拼劲和果敢性,但缺乏耐心。

《水浒传》里的黑旋风李逵脾气暴躁、气力过人、为人耿直、忠义烈性、思想简单、行为冒失,他的气质是胆汁质的典型代表。具有这种气质类型的人就像"夏天里的一团火",有股火爆的脾气。这种人的情绪爆发快,但难持久,如同一阵狂风、一场雷阵雨,来去匆匆。概括地说,胆汁质的人精力充沛、易于冲动、反应迅速、易感情用事。整个心理活动笼罩着迅速而突发的色彩,具有外倾性。

(2) 多血质

易动感情,富于生气,情绪发生快而多变,表情丰富,外向,但情感体验不深;在智力活动方面,思维灵活,反应迅速,但常对事和问题不求甚解,兴趣广泛但易变化,注意力易转移;在行动方面,容易适应新环境,行动迅速,乐于参加活动,但坚持性较差,好交际,但往往交往不深。

浪子燕青聪明过人,灵活善变,使枪弄刀、弹琴吹奏、交结朋友等无所不会。心理学家把类似于燕青的气质叫做多血质。具有这种气质的人总是像春风一样"洋洋得意",富有朝气。这种人乖巧伶俐,惹人喜爱。他们的情绪丰富而外露,喜怒哀乐皆形于色。活泼、好动、乐观、灵活是他们的优点。他们喜欢与人交往,有种"自来熟"的本事,但交情粗浅。他们的言语表达能力强而且富有感染力,一件平淡无奇的小事能被他们描绘得精彩无比。轻率,不够沉着。活泼好动,反应迅速、行动敏捷、灵活。概括地说,多血质的人反应敏捷、有朝气、活泼好动、情感体验不深,具有外倾性。

(3) 粘液质

粘液质的人,情绪发生慢而弱,心情较平稳,兴奋性较弱,不易冲动;在智力活动方面,思维较迟缓,不灵活,但比较细致,喜欢沉思,头脑冷静,不易转移注意;在行动方面,动作缓慢,态度持重,自我控制能力和持久性较强,但容易因循守旧,不易改变旧习惯去适应新环境。

豹子头林冲沉着老练,身负深仇大恨,尚能坚韧持久,几经挫折,万般无奈,终于逼上梁山。心理学家把类似于林冲的气质叫做粘液质。这种气质就像是冬天一样无艳丽的色彩装点而"冰冷耐寒",缺乏生气。概括地说,粘液质的人坚韧、执拗、踏实、安静稳重、有些死板,具有内倾性。

（4）抑郁质

粘液质的人多愁善感,情绪体验深刻、持久,但外表很少流露、内向;在智力活动方面,观察敏锐,有较高的感受性,思维深刻;在行动方面,动作缓慢、单调、谨慎小心,不善与人交往,胆小、孤僻、扭捏,遇困难或挫折易畏缩。

《红楼梦》中的林黛玉聪颖多疑,孤僻清高,是抑郁质类型的典型代表。这种气质给人以"秋风落叶"般无奈忧愁的感觉。概括地说,抑郁质的人敏感、稳重、优柔寡断、孤独、行动缓慢,具有内倾性。

这四种典型的气质类型在情绪、行为和智力活动方面具有不同特点和表现（见图 11-1）。

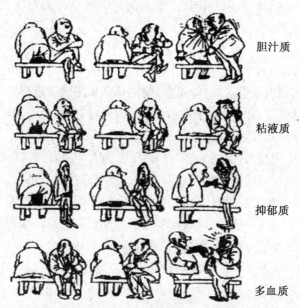

图 11-1　四种典型气质类型（Herluf Bidstrup）

四种气质显示了人们"四季"般的天性。但在现实生活中,单纯地属于这四种气质类型的人并不多,绝大多数人是四种气质相互混合、渗透,兼而有之。因此,在测定一个人的气质时,硬性地将其划分为某种典型气质类型是不可取的。

有学者从气质的情绪特性,即从情绪兴奋的敏感性、强度、速度、变化、外显性和易控性六个方面系统分析四种典型气质类型的情绪特性,认为胆汁质者"情绪粗犷",多血质者"情绪丰富",粘液质者"情绪贫乏",抑郁质者"多愁善感",对气质研究开创了新视界（卢家楣,1995）。

第二节　气质的一般规律

世界上的事物、现象千差万别,都有各自的规律。气质作为特殊的心理现象,也存在自身的一般性规律。气质所具有的规律性特征不仅体现在高级神经活动的特性方面,也体现在自身的天赋性、稳定性和可变性方面,还体现在其对性格和能力的影响方面。

一、高级神经活动类型与气质的对应关系

苏联生理学家巴甫洛夫在研究高级动物的条件反射时,发现不同动物高级神经活动(higher nervous activity)的兴奋和抑制过程中的独特的稳定的结合,构成动物的神经系统类型。巴甫洛夫的这一发现为高级神经活动类型与气质的对应关系研究提供了科学依据。

1. 高级神经活动的特性

巴甫洛夫的研究指出,高级神经活动过程(兴奋和抑制)具有三个基本特性,即:

强度:指个体的大脑皮层细胞经受强烈刺激或持久工作的能力,它有强弱之分。在一定限度内,强刺激引起强兴奋,弱刺激引起弱兴奋。但是,刺激很强时,并不是所有的有机体都能以相应的兴奋对它发生反应。

平衡性:指大脑皮质细胞兴奋和抑制过程的强度对比关系,若强弱相似为平衡,强弱不相似(一强一弱)则为不平衡。平衡有两种,一种是兴奋大于抑制,另一种为抑制大于兴奋。

灵活性:指个体对刺激的反应速度以及兴奋过程与抑制过程相互转换的难易程度。

2. 高级神经活动的类型

高级神经活动过程的三个基本特性的独特组合就形成了高级神经活动类型。巴甫洛夫认为,人类存在四种基本的高级神经活动类型。

(1)强而不平衡型,又称兴奋型。这种类型的个体兴奋过程强于抑制过程,具有容易激动、奔放不羁的特点,所以也称不可遏制型。

(2)强而平衡、灵活的类型,又称活泼型。这种类型个体的兴奋过程和抑制过程都较强,并且两者容易转化。具有反应敏捷、活泼、能很快适应外界环境的特点。

(3)强而平衡、不灵活的类型,又称安静型。这种类型个体的兴奋过程和抑制过程都较强,但两者不易转化。具有坚韧、迟缓的行动特征。

(4)弱型,又称抑制型。这种类型的个体兴奋过程和抑制过程都很弱,而且弱的抑制过程要强于弱的兴奋过程。具有胆小、经不起打击、消极防御的特征,持续的或过强的刺激能引起其精力的迅速耗竭,甚至正常的高级神经活动容易受破坏而患神经症。

3. 高级神经活动类型与气质的关系

巴甫洛夫根据高级神经活动特点所确定的四种神经活动类型的外部特点,恰恰相当于古希腊学者希波克拉底和盖仑对气质的分类描述,因此,巴甫洛夫认为高级神经活动类型是气质类型的生理基础——气质是"神经系统活动类型在行为方式上的外在表现",其关系见表 11-3。

表 11-3　高级神经活动类型与气质类型对应关系表

高级神经活动过程			高级神经活动类型	气质类型
强度	平衡性	灵活性		
强	不平衡		兴奋型(不可遏止型)	胆汁质
强	平衡	灵活	灵活型(活泼型)	多血质
强	平衡	不灵活	安静型	粘液质
弱			抑制型(弱型)	抑郁质

422

后来的学者又对此作了许多研究,发现神经活动类型并不总是和气质类型相吻合,气质是一种心理特征,而巴甫洛夫关于高级神经活动类型的学说为气质提供了自然科学基础,但影响气质的还包括整个个体的身体组织,社会环境对人的气质也有重要的影响作用。

正因为我们把巴甫洛夫的高级神经活动学说作为气质的生理基础,所以目前往往运用神经系统的特点来进行测试从而确定气质类型。

学术前沿 11-1　气质的努力控制

努力控制(effortful control)是近年来获得较多研究关注的气质成分之一。努力控制来源于罗斯巴特(Rothbart,1998)对儿童气质的父母评定问卷的因素分析,她通过数据分析发现幼儿的气质结构主要有三个维度:外倾性(extraversion)、负情绪(negative affectivity)和努力控制。罗斯巴特(Rothbart)把儿童气质与神经科学联系起来,为我们提供了另一种考察儿童气质的思路。

努力控制描述了有意自我调节能力上的个体差异,与执行注意有关,隶属于前部注意系统(主要包括 PFC 和 ACC)。在注意网络任务(ATT)中,鲁埃达等(Rueda, et al.,2004)借助于脑成像技术发现,24 个月的儿童只有当刺激呈现在同侧时,才能执行空间冲突任务;30 个月的儿童则能处理不一致的试验,而且努力控制高分同时负性情绪低分者成绩会更佳。伯恩等(Byrne, et al.,2008)利用 EATQ 问卷选择 11～13 岁儿童被试,借助 ERP 技术研究发现,无论对正性图片还是负性图片,负性情绪性得分越高,在头顶部的 LNP 波幅越小;而且对负性图片,亲和性得分越高,LPP 波幅越小。罗斯巴特(Rothbart)通过她在气质领域的理论与实证工作,对科学理解婴儿和儿童气质发展产生了深刻影响,主要涉及三个领域:气质的结构、气质的发展变化、反应性与调节性的相互作用过程。特别是她关于努力控制的概念获得广泛研究,与其他发展领域的研究形成了整合,如学术成就、心理病理学、情绪社会化、同伴互动、自尊、记忆等,预计将来仍会获得进一步研究。

(张文海,卢家楣,2010)

二、气质是天赋性、稳定性和可变性的统一

无论在民间,还是学术研究,气质都是人们谈论较多的话题。经过多年的研究,心理学家们发现气质不仅具有天赋性,也具有稳定性和可变性等特征。

1. 气质的天赋性

气质是高级神经活动在行为方式上的表现,而人的高级神经系统是由个体的生物因素所决定的,气质是生物进化的产物。研究表明,新生婴儿就已具有天赋的气质差异。迄今为止最有影响的气质研究是托马斯和切斯在1956年发起、持续30多年的追踪研究(New York Longitudinal Study,简称为NYLS)。这也是迄今为止持续时间最长、研究最全面的气质研究。该研究选取141名儿童,从出生后几个月起就对他们进行追踪观察,出生后第一年每3个月一次,1～5岁每半年一次,5岁后每年一次,一直持续到他们长大成人。研究发现,被试在出生后的几周就表现出明显的个体差异。如,有的孩子很容易哭泣,有的孩子则比较安静;有的孩子很容易安抚,有的孩子则需要好久才会平静下来;有的孩子生活很有规律,有的孩子则没有什么规律。此外,盖赛尔(Gesell,1880—1961)对新生儿的观察研究及我国心理学家林崇德对同卵双生子、异卵双生子的研究(1982),均证实了气质的天赋性及个体间的差异。早期气质存在一致的种族和性别差异,又一次说明了气质的天赋性。与白种婴儿相比,亚洲婴儿趋向于较不活泼、较不易怒和较少发声,难过时更容易被安抚,以及更善于使自己平静下来(Kagan et al.,1994;Lewis,Ramsay,& Kawakami,1993)。

2. 气质的稳定性和可变性

气质与其他个性心理特征相比,又具有更大的稳定性。因为人的高级神经活动类型特点是比较稳定的。气质的稳定性主要表现在以下两个方面。首先,气质不依赖于人的活动的具体目的、动机和内容。在不同性质的活动中,一个人的气质往往表现出相对稳定的特点。比如,一个情绪爱激动的学生,上课时可能爱举手发言,考试时可能显得心神不定,参加体育比赛可能沉不住气等。在这些活动中,尽管活动的内容、目的和动机不一样,其中却有相对稳定的气质特点。其次,气质的稳定性还表现在人生的不同时期,个人的气质特点是相对稳定的。卡斯皮(Caspi,2000)提出"儿童是成人的父亲"(The child is the father of the son)。他的研究发现:三岁时,行为表现为低控制性的孩子在成年时期容易表现出冲动、反社会的行为,并且在工作和学习中表现出容易与人发生冲突的特性;而行为表现为抑制性的儿童在成年时期则容易出现抑郁以及不善交际等特性。布拉帝尼等(Blatny, et al.,2007)对12～30个月大的孩子进行追踪研究,亦发现抑制性低的幼儿在中年时期容易表现出外向性(extraversion)的人格特征。盖赛尔对同卵双生子进行了14年的追踪观察,发现他们各自的气质发展几乎没有什么变化。

尽管气质具有天赋性和稳定性,但是不可否认,高级神经活动类型的特点有可能在一定条件下发生改变。个体气质特点的变化受到遗传变量、年龄变量、教育变量和其他社会变量的影响。经过实践教育和训练,有可能有意识地对某些气质加以"人为"的改造或者"掩饰"。比如,在集体生活的影响下,有些情绪易激动的人,可能变得比较能克制自己;有的动作缓慢的人,可能变得行动迅速起来。

当然气质的变化是一个长期的渐进的过程,是十分缓慢的,有时气质本身并没有得以改变而只是一种"掩饰",不过,气质的掩饰现象并不普遍存在,某种气质类型的人是否发生气质被掩饰的现象,主要取决于该种气质类型特点在人际交往中被他人肯定或否定的程度。因此根据气质类型特点进行因人而异的教育以使其更为集体所相容是有可能做到的。此外,在气质的变化改造中,性格也起到重要的作用。心理学研究表明,性格有可能改造气质。因为性格是人对客观现实的稳定态度和与之相适应的习惯化了的行为方式,性格可以使气质的消极因素得以抑制,使积极因素得以光大和发展,以更适应于社会实践的需要。而有时性格虽然只对气质表现起着掩饰作用,但如果引导得当,这种气质掩饰也会发展成气质改造。

三、气质对性格和能力的影响

性格是指表现在人对现实的态度和相应的行为方式中比较稳定的、具有核心意义的个性心理特征,是一种与社会相关最密切的人格特征。能力是人们顺利完成某种活动所必备的个性心理特征。研究表明,气质对性质和能力都有着重要的影响。

1. 气质对性格的影响

首先,气质影响性格的形成。父母对儿童的期望通过教养方式影响儿童的性格形成,同时,婴儿早期形成的气质特点必然会影响和修正父母的教养方式和态度。其次,气质影响性格特征的表现方式,使一个人的性格表现出独特的色彩。例如,同样是"勤劳"性格品质,胆汁质者常常是情绪饱满、迫不及待地工作;多血质者往往充满热情、灵活机智地工作;粘液质者从容不迫、持之以恒地工作;而抑郁质者则认真仔细、默默无闻地工作。工作方法不同,气质风格迥异,但性格特征都属于"勤劳"。不同气质类型的人可以有相同的性格特征,而同一气质类型的人也可以有不同的性格特征。例如,多血质可以具有勤劳、勇敢的特征,也可能具有懒惰、胆怯的性格。此外,气质也影响某些性格特征形成和发展的速度。例如,胆汁质和多血质者比粘液质者更容易形成果断和勇敢的特征,而粘液质者比多血质者更容易形成谨慎、坚忍不拔的性格特征。

波兰心理学家斯特里劳(Strelau, 1987)的研究进一步指出了气质对性格的影响机制:个体气质特点引起环境变化,从而影响性格发展;个体气质特点不同,环境对之影响也会不同,从而影响性格发展;个体气质特点不同,对刺激需求不同,使个体去选择合适的环境,从而影响性格发展。

2. 气质对能力的影响

(1) 气质对智力的影响

气质不能决定一个人智力发展的水平。智力水平高的人可能具有不同的气质,相同气质的人可能表现出不同的智力水平。气质虽然不能决定一个人智力发展的水平,但影响智力活动的特点和方式。林崇德教授指出:"气质作为一种非智力因素,对能力发展有着不可忽视的影响。"他还认为,影响智力活动的气质因素主要包括两个方面。

首先,心理活动的速度和灵活性影响智力活动的快慢和灵活性的高低。研究发现:多血质和胆汁质类型的中小学生,解题速度和灵活性都明显超过粘液质和抑郁质类型的中小学生。其次,心理活动的强度也会影响到适于从事的智力活动的类型。多血质和胆汁质的人,情绪感受和情绪表现都较强烈,而他们的抑制力又较差,故难从事需要细致和持久的智力活动;而粘液质和抑郁质的人,其情绪感受和表现较弱,但体验深刻,能经常地分析自己,因此他们较适合从事需要细致和持久特点的智力活动。

教育实践11-1　　多血质和抑郁质学生的智力活动风格案例

赖依捷斯调查了莫斯科某中学毕业班成绩最好的几位优等生,发现他们恰好是几种截然不同类型神经系统的代表。A生是多血质,其智力活动的风格是:学习精力充沛,不知疲倦地学习,B生是抑郁质,学习容易疲劳,每天中午要休息半个小时,精力才能恢复。在掌握新教材和复习旧教材时,其风格也迥异。A生对学习新教材极感兴趣,思维敏捷,回答老师提问反应迅速,掌握难度较大的知识较为容易,但课后复习旧教材提不起兴趣,作业草草完成;B生上课堂听讲显得有点困难,回答老师提问总是慢吞吞的,但经过深思熟虑的答案往往非常深刻、周到和准确,课后花更多的时间复习旧教材,认真做作业,从而表现出特别深刻和细致的思维活动的特征,甚至是其他类型所不能及的。

由此可见,气质完全不同的学生同样可以获得优异的成绩,但要想取得最佳的效果就必须学会分析自己的气质特征以及智力活动风格,选择出适合于自己学习的最佳学习方案。

(高友德,陈仙梅,1988)

---

(2) 气质对运动能力的影响

某些气质特点有利于某些能力的发展,而有些气质特点则会阻碍某些能力的发展。一项对国家优秀运动员的调查表明,优秀运动员由于运动项目的不同而具有不同的气质类型分布,如乒乓球运动员中进攻型选手以多血质、胆汁质者为多,防守型选手则以粘液质者为多。短跑、跳高、击剑、摔跤等运动项目以胆汁质者为适宜,体操则以多血质为宜,而长跑、登山则以粘液质者为佳。研究还发现,集体项目中不同气质运动员"互补"的作用,使集体项目水平得以更高发挥,如篮球、排球、足球等集体项目,既需要有多血质、胆汁质的进攻型选手,也需要有粘液质的防守型选手,整个球队才会更加协调、更充分地发挥出高水平。日本学者对相扑、围棋选手的气质类型做过更全面的研究分析,认为气质类型与运动能力的关系极为密切。

3. 气质不决定人的社会价值和成就高低

人的气质本身无好坏之分,气质类型也无好坏之分。每一种气质都有积极和消极两个方面,在这种情况下可能具有积极的意义,而在另一种情况下可能具有消极的意义。如胆汁质的人可成为积极、热情的人,也可发展成为任性、粗暴、易发脾气的人;多血质的人情感丰富,工作能力强,易适应新的环境,但注意力不够集中,兴趣容易转移,无恒心等。

正因为各种气质类型都有积极的一面,也有消极的一面,对某一活动既可能产生积极的促进作用,也可能产生消极的阻碍作用,因此气质本身并不决定人的社会价值和成就高低。据研究,俄国的四位著名作家就是四种气质的代表,普希金具有明显的胆汁质特征,赫尔岑具有多血质的特征,克雷洛夫属于粘液质,而果戈理属于抑郁质。类型各不相同,却并不影响他们同样在文学上取得杰出的成就。气质只是属于人的各种心理品质的动力方面,它渲染心理特征,却并不决定一个人性格的倾向性和能力的发展水平。所以气质相同的人可以成为对社会做出重大贡献、品德高尚的人,也可以成为一事无成、品德低劣的人;可以成为先进人物,也可以成为落后人物,甚至反动人物。反之,气质极不相同的人也都可以成为品德高尚的人,成为某一职业领域的能手或专家。因此,扬长避短,人尽其才,使各种气质类型都能在有利于自己气质类型发展的工作中施展作用,气质也就无所谓"好"与"坏"了。"在每一创造领域(科学、技术、艺术以及各种各样的劳动)的杰出人物中可以看到不同气质类型的代表人物。"(Лемровский, 1986)

总之,气质是人的天性,无好坏之分。它只给人们的言行涂上某种色彩,但不能决定人的社会价值,也不直接具有社会道德评价含义。

四、青少年气质的特点

青少年,是人类发育过程中的一段特殊时期。青少年因其肩负的特殊使命和责任感,越来越受到社会各界的关注。因此,了解青少年的气质特点,无疑将促进青少年更加成熟的社会角色扮演。

1. 青少年气质类型的分布特点

一般均认为,在实际生活中,只有部分人是前述四种典型气质类型的代表,许多人则是混合型气质,即接近于某种气质类型,同时又具备其他一种甚至两种气质类型的某些特点。因此,我国心理学工作者曾用气质问卷,将人的气质类型分为四种典型气质及各种混合型;运用"内田-克列别林测验法",将气质类型的不同组合划分为11种类型;运用《80.8神经类型测验法》,将神经类型划分为16种类型等等。有研究者对四川大学、南开大学、第四军医大学、复旦大学和安徽师范大学等五所高校364名大学生进行规模较大的气质测定,结果发现,在大学生中单一型典型气质占34.07%,混合型气质占65.93%,混合型气质主要包括胆汁-多血质、胆汁-粘液质、多血-胆汁质、多血-粘液质、粘液-胆汁质、抑郁-多血质、抑郁-粘液质等七种。在单一型和以某一类型为主并兼有其他类型的混合类型中,以多血质为最多(56.37%),其次是粘液质(84.18%)、胆汁质(13.73%),抑郁质为最少(5.77%)(许智权、阮承发,1987)。在另一项对男女大学生的气质类型分布的调查研究中发现,在女大学生中,多血质(51.0%)和粘液质(35.8%)类型比例明显大于男大学生多血质(41.3%)和粘液质(25.0%)类型比例,而在男大学生中胆汁质(19.8%)和抑郁质(19.0%)类型比例大于女大学生中的胆汁质(9.4%)和抑郁质(3.8%)(吴小玲,1984)。

新的研究则对气质类型的人群分布有新的调查结果。《中国青少年气质分布与发展研究》课题组研究结果表明,四种典型气质类型的人数占儿童、青少年总数的一半或稍多一点,而六种混合型气质类型的人数以胆汁-多血质为最多(12~21%),多血-抑郁质为最少(3%),且在少数混合型气质类型分布上,存在着一些显著差异。研究同时表明,气质分布具有不均衡性和相对稳定性;气质掩盖现象并不普遍存在,仅在胆汁质人群中明显表现出"气质缺陷"的掩饰现象;社会变量对儿童气质发展变化的影响是有限的,且某一具体的社会变量仅只是显著影响某种或几种气质类型的变化,而对另一些气质类型的影响则不显著;不同气质类型对年龄变量、社会变量的敏感性不同。

2. 青少年气质在一定条件下可以得到改造

前面已经谈到,气质既是天赋因素起了主要作用,表现出极大的稳定性,但在一定条件下,还是可以得到改造的。例如,安徽师范大学曾对306名77、78级大学生作气质分析,在77、78级大学生气质类型分布中,粘液质占45.2%,多血质占22.6%,抑郁质占17.7%,胆汁质占13.5%;在属于粘液质和抑郁质类型的192名学生中,约有60%原来是倾向于多血质或胆汁质的,而发生这种变化是由于外部环境的变化和压力(李铮,1982)。这就表明社会环境的因素对大学生气质的影响,导致这一特定群体气质类型比例的变化和被改造。

3. 青少年气质特点与父母教养方式的关系

青少年处在身心发展的关键时期,气质作为心理因素的一个典型代表调节着青少年的发展。据托马斯,切斯等关于儿童气质的研究发现,儿童气质与父母教养方式之间往往存在相互作用,一定的教养方式在一定的气质背景下发生作用。萨尼塔(Sunita, et al. , 1998)也发现,某些父母教养方式因子要通过中介变量影响儿童的发展。埃里克和南希(Eric & Nancy, 1998)的研究指出,青少年的气质能够调节父母的教养方式和青少年问题行为之间的关系。我国学者刘建榕、刘金花(2000)探究了初中生心理健康与气质和父母教养方式的关系,发现某些教养方式与不同的心理健康维度之间存在气质的中介作用。不同气质特点的人对父母某些教养方式的敏感性不同。情绪稳定、外向、对内外刺激感受性低、耐受性强的人容易适应父母的教养行为,更多感受到父母的爱与温暖,心理健康水平较高。而那些情绪不稳定、较内向、对内外刺激感受性高、耐受性低、体验深刻的人,更多感受到父母尤其是父亲的消极教养方式,他们的父母在孩子气质特点的影响下,可能愈加缺少耐心,表现出消极的教养行为,这样就可能导致孩子的心理健康水平较低。

4. 青少年气质特点与学业成就的关系

有关气质与学业成就的关系,是一个有很大争议的课题。尽管有学者认为气质主要影响个体的学习方式,而对学生的学习成绩则影响不大。但也有人认为气质是非智力因素的重要组成部分,直接制约智力与能力的性质、效率和特征。张履祥和钱含芬(1995)考察了 3 163 名中小学生的气质与学业成就的关系,发现学业成就与情绪性、内外向性气质特征相关显著,多血质、多血-粘液质和多血-胆汁质是有利于学习的气质类型。华东师范大学沈烈敏(2004)利用陈会昌修订编制的《气质调查问卷》、张厚粲等人修订的《瑞文标准推理测验》以及自行编制的《学习行为特征问卷》考察了 226 名大中学生的气质类型与学业成就的关系。研究发现,无论哪个学习年限段的学生的气质类型,与胆汁质、抑郁质有关的气质类型与学业不良有关,并认为其主要以任务坚持性和社会灵活性缺乏为特征影响学业不良学生的学习成就。因此,在教学当中依然要重视学生气质特点对学业成就的影响。

综上所述,青少年的气质既会受到社会环境因素的影响而发生变化或被改造,同时其本身也会对青少年的家庭、学校等生活产生影响。因此,我们更应重视这方面的研究和教育工作,使青少年的气质得以不断改造,不断自我完善,来适应学习与生活。

第三节　气质规律在教育中的应用

气质本身没有好坏之分,因此,我们不能偏爱某种气质类型的人或讨厌某种气质类型的人,因为各种气质都既有优点又有缺点。这样,掌握气质规律,并将其合理地应用到教育领域，就成为亟待解决的现实问题。由于教育分为教育他人和自我教育，因此，下面我们分别阐释气质规律在其中的应用，并以例示之。

一、气质规律在教书育人中的应用

就学校教育而言，其本质价值就在于教书育人，因此，作为教师，不仅要了解气质所具有的规律性特征，更要学会如何应用这些规律来教育学生，使其成为有气质、符合社会期望的人。

1. 教育学生要注意气质表现

教师可以采用多种研究方法来了解学生的气质特征，一般较为常用的有以下方法。

（1）观察法：具有典型气质类型的人，其气质特点在日常生活中比较容易观察出来。采用观察法观察学生的日常表现，一般均是在被了解的对象处于正常行动时，从有目的有计划地观察他的行动、言辞、表情等方面所收集的材料中，分析、研究、理解对象的心理。观察法的优点虽在于保持被试对象的心理的自然性，但是研究者往往处于被动地位，只能等待所要观察的现象自然出现，结果往往不尽理想。而且不易量化。采用观察法来了解被试的外部表现，往往不易分清性格和气质的各自特征，并且观察不太典型或混合型的人的气质相当困难，只有用更多的时间来观察个体在不同情况下的行为表现，才能将一个人的偶然表现和稳定的气质特征区别开。

（2）被试自述作业加研究者调查法：采用这种方法主要是由被试作自我评价、自我分析，因此被试的文化水平、自我评价及自我掩盖程度均影响到气质类型评定的精确性。

（3）作业测验法：又称行为评定法，主要有《内田－克列别林测验法》、《安费莫夫检查表法》、《80.8 神经类型测验法》等。由被试按测验要求在规定时间内完成一定的"作业"，分析作业的速度、数量、准确性及其他指标，来评定气质类型或神经类型。这类测验具有一定的客观性指标，但结果仍按已有的气质类型来进行解释，具有一定的局限性。

（4）问卷法：问卷法要求被试对一系列经过标准化的问题作答，然后再分析被试的心理特质、神经过程和气质类型，主要的气质问卷有《瑟斯顿气质量表》、《艾森克个性问卷》、《斯特里劳气质调查表》和北京师范大学陈会昌教授等编制的《气质调查问卷》等。自陈量表根据各种气质类型的人的气质行为表现列出自陈测验题，让被试回答是否符合自己的实际情况，根据得分来判别气质类型，使用简单，评分客观，为了解一般人的气质类型提供了较有效的简易工具，故在教育学、心理咨询、职业指导等方面具有一定的参考价值。但自陈量表往往只对人的外部表现做描述性判断，较难排除被试自我掩盖程度的影响，其行为样组的代表性尚待验证，同时也缺乏年龄和性别常模，因此只能对人的气质类型的评定起参考作用。陈会昌教授编制的《气质调查问卷》对于一般了解气质类型较为有效，且在我国使用较为广泛，有一定影响。

（5）仪器测定法：又称实验法，主要有动作神经过程测试仪等。一般由被试的左手、右手、左脚、右脚各控制一个反应键，通过声光刺激要求被试做出规定的简单反应时、综合反应时、被动反应时等不同图形反应，从而根据完成的速度、质量等加以综合评定其气质特征。实验法主要依据以下四个项目进行：①感受性测量。主要测量外界刺激达到哪种强度能对被试者产生心理影响；②耐受性测量。主要是测定在不同的刺激情境中，被试者的思维、情绪等是否保持稳定；③灵敏性测量。主要是测定被试者神经活动、特别是高级神经活动的灵活性；④兴奋性测量。主要是测量在兴奋状态下被试者是否能控制住自己而情绪不易外露。由于实验法测量人的气质特征要求严格控制环境，而且不能完全避免被试者思想、情绪等各种因素的干扰，因此还存在着一定的不足。

由于过去一般对学生的考查、特别是气质的考察往往采用观察的方法，主观臆测的成分较高，且往往有些学生自觉或不自觉地对自己气质的某些表现加以人为"掩饰"，因此不能做出正确评定。教师应善于掌握多种对学生进行气质考察的方法，既用观察的方法，也用实验、问卷、测试等各种方法，同时对学生的外显气质特征及隐含在内的性格特征综合考察，才能由表及里、由此及彼、去伪存真地把握学生个性的整体，不致产生偏差。

2. 考查学生要防止气质偏见

气质是高级神经活动类型特点在行为方式上的反映，影响个体性格特征的表现形式。教师往往会受到表面的气质特点的影响，产生一种定势，而忽视与气质相关联十分密切的性格特征，有时甚至会因教师本人与学生在气质某些方面的相似而产生认同或"共鸣"，也会因与学生在气质的某些方面相异而产生成见。这些均会直接或间接地影响教师对学生做出公正、全面、客观的分析与评价。需要注意的是，气质本身没有好坏之分，教师对学生的气质不应存在任何偏见，对同一种气质，如从不同角度看，会得出截然相反的结论。例如，对多血质的学生，偏爱则谓之积极主动、活泼灵巧，不喜则谓之哗众取宠、轻浮不稳重；对胆汁质的学生，偏爱则谓之直率爽朗、反应敏捷，不喜则谓之急躁粗心、简单冲动；对粘液质的学生，偏爱则谓之勤勤恳恳、踏踏实实，不喜则谓之从容有余、效率欠佳；对抑郁质的学生，绝大多数教师都不甚喜爱，而忽视了这类学生观察细致、耐心周到、情感体验深刻的特点，有时他们在某些方面的成绩甚至会超越多血质、胆汁质和粘液质学生,所以教师要更多地看到他们的优点,同时也要培养他们的自信心,鼓励他们的主动性。

3. 教育学生要注意气质特点

因材施教是一条很重要的教学原则,教师教育的目的不是设法改变学生原有的气质,而是要克服这种或那种气质的缺点,发展它的优点,使学生在原有气质的基础上建立优良的个性特征。教师对不同的"材"施以不同的"教",对不同气质类型的学生采取不同的教育方法,发扬气质优势,改造不符"需要"的气质的某些特征,就能使学生工作达到事半功倍的效率。一般而言,多血质、胆汁质的学生外向,善于交往,可多做些"抛头露面"的工作,如宣传、接待、联络、公关;粘液质的学生内向沉稳,可做些"按部就班"的事务工作;抑郁质的学生则可做些要求精细、耐心的工作。要多给予活动机会,要提高各类学生的自信心和积极性,这样才能各得其所。试想,在一项学生辩论会的活动中,如让抑郁质学生搞公关、让胆汁质学生搞选手签到,可能用人不当,扬短避长。教育工作者应该掌握学生的气质特点,帮助各种气质类型的学生向积极方面发展,并采取措施防止与纠正消极品质的形成。

4. 性格培养要考虑气质差异

性格虽然主要是在后天的环境、教育中形成、发展和培养起来的,但由于气质对性格不容忽视的影响,对不同气质类型性格的学生的培养也应采用不同的方法,必须充分考虑到气质的影响,考虑到气质的先天性、改变的长期性,不能急躁,不能希冀立竿见影。但同时也不能认为既然气质改造是长期的,在学校的较短学习期间不太可能收到较快成效,于是就忽视甚至放弃对学生性格、气质的培养。由于这种培养的长期性,学校建立学生心理档案,进行长期追踪研究,是一种较为有效的好方法。

5. 引导学生克服自己的气质弱点

作为教师,掌握气质的原理与规律不仅有利于教育教学,更重要的是可以指导学生正确认识自己的气质。教师应该使学生懂得,人的气质是不可选择的,要乐于接受自己的气质,因为每种气质都各有优劣之处。教师要指导学生充分发挥自己的主观能动性,相信气质虽然有极大的天赋性,但只要通过本人的努力,就可在后天得到改造,但要认识到这种改造的长期性和艰苦性。学生应意识到,气质类型虽然不同,成才机遇均等,只是因不同专业、职业对气质特点有不同的要求。发挥气质优势,克服气质弱点,可利于自己将来选择各种不同的职业和专业,以求人尽其才。总之,教师应调动学生的自我教育能力,自觉地克服气质的消极表现并巩固其积极的特性,真正做自己气质的主人。

教育实践 11-2　基于气质类型而因材施教的德育

在学校教育中,要根据学生的气质类型因材施教,才能取得理想的效果。徐州高级中学徐源老师针对不同气质类型的学生,提出了许多行之有效的德育工作方案。

案例 1　多血质

学生 A 属于坐不住的学生,甚至称得上"多动":转脸、下位、照镜子,说起话来也很有煽动力,常引起同学哄堂大笑。上课时也很难集中注意力,总是左顾右盼。对于老师的严肃批评,基本上都是"左耳进,右耳出",屡教不改。学生 A 是典型的多血质气质类型,活跃多动,善于交往,注意力分散,自控能力差等。她的这些气质品质决定了她的行为,所以在德育工作中,不能期望在短期之内改变她的所有不良行为,过于严厉的批评只会让她产生逆反心理。对这样的学生开展德育教育工作时,要采取温和友爱的谈话方式,这样孩子的情绪不会很激动。对于他们来说,改正品行错误可能只是一时半会儿,但德育教育本身是潜移默化的。

案例 2　胆汁质

学生 B 快人快语,直抒胸襟,办事利索果断,是一个精力旺盛、思维敏捷的学生。但是,他情绪体验强烈,容易激动,行为仪表喜欢与众不同。对于老师的批评教育稍有不称心,就拍案而起。胆汁质的学生容易激动,在德育过程中就要培养他们的自制力,与其争论时,说话要考虑。针对这样的学生,可在其情绪平静时,与其心平气和地促膝长谈,解开他们的心结。

案例 3　粘液质

学生 C 稳重、坚毅、有耐心,但缺乏同龄孩子的活力和生气,对周围的人冷漠、固执。平时总是安安静静地坐在位子上,从不参加文体活动。对于这样安静的学生,要鼓励其多参加活动,在公共场合展现自己的能力。在品德培养方面要着重在开拓思路、克服墨守成规的呆板的学习方式上,注意培养学生的果断性品格。

案例 4　抑郁质

学生 D 是一名典型的抑郁质气质类型的孩子,思维、行动缓慢,丢三落四,敏感多疑。学校实行导师制,每班分得三个名额。D 得到了其中一个名额,但她却总是惴惴不安,总是追问:"为什么班级这么多人,班主任偏偏给了我。我是不是哪儿不对劲?"于是她天天郁郁寡欢,坐立不安。对于这样敏感多疑、缺乏自信的学生,要更关心、体贴,批评时避免过重的刺激,少公开指名训斥。班主任在德育教育时应该多进行心理疏通,以鼓励表扬为主,引导其克服抑郁、怯懦,培养自信、自尊和胸怀宽阔的品格。

二、气质规律在自我教育中的应用

教师是一个特殊的职业,教师的言行、行为方式和道德观念直接影响到学生的发展,影响到国民的素质和国家的前途。师范生作为未来的教师,必须能正确认识与调控自己气质的优缺点,努力增强自身的言行修养,身体力行才能收到教育的实效。

1. 师范生要了解自身气质特点

由于不同的气质类型有不同的表现,师范生自然也就不可避免地具有各种气质类型。所谓要做老师,必须先做学生,要清楚地看到自身的气质类型的优缺点,了解自己气质对于学习、工作的重要性。了解自己的气质,可以通过自我观察、与同学比较或作气质测试,还可以在同学间相互评议等。若自身对气质类型存在某种偏见,应首先自我矫正这种不正确的观点。

多血质的学生反应灵活迅速,学习兴趣广泛,适应行为可塑性强。但是注意力容易分散,因此在求学时要防止自由散漫、用心不专,自我培养集中注意力和中心兴趣以及坚忍不拔的顽强品质。将来任教时,可发挥灵活多变的教学风格,让学生在活泼求新的教学氛围中增强求知欲,取得良好的教学效果。

胆汁质的学生思维敏捷,爽直果断,有进取心,不畏苦难,但常易急躁,缺乏耐心,因此在求学时应养成良好的自我控制能力。将来任教时,可发挥豪爽洒脱的教学风格,让学生在其热情奔放的教学氛围中受到感染和熏陶。

粘液质的学生沉着冷静,脚踏实地,但反应较慢,且较固执,因此在求学时应开拓思路,克服墨守成规的呆板学习方式。将来任教时,可发挥稳健踏实的教学风格,让学生在扎扎实实的教学氛围中打下良好的基础。

抑郁质的学生细心内向,谨慎温和,观察敏锐,但缺乏积极性,活动能力不强,适应行为的可塑性较差,缺乏自信心和果断性。该类型的学生在大学生中比例极少,应注意自身在求学中培养自尊心和积极性,克服羞怯、抑郁的心理,增强自信心,正确对待挫折,必要时还要学会心理自我表现调试。将来在任教时,可以自己的细腻教学风格来弥补不足。

2. 师范生要根据自己的气质特征不断改造、完善自己

由于师范生是一名未来的教师,应比一般学生有更高的修养和自觉性,在了解了自身的气质特征后,完全可以认识到自身气质的优缺点,扬长避短,不人为"掩盖"自身气质的不足之处。气质虽然受先天影响极大,但在长期的学习生活和将来的教学生涯中完全可以加以改造。研究证实气质类型与记忆、注意、观察等心理活动有较为密切的联系。因此,师范生应该根据自身的气质特点来进行学习,将来成为一名教师时,更要对学生因材施教、因势利导,对自身则努力根据

自己的气质特征形成独特的教学风格,不断自我完善。

让我们回到本章开头提到的那个案例。面对景点未开门这一问题,不同学生有不同的反应,而这恰恰体现出学生不同的气质类型。提议爬门进去的同学开朗直率,反应敏捷,但简单冲动,粗心急躁,具有胆汁质的气质特点。多血质的同学活泼好动,处事灵活,容易适应新的环境,情绪易于发生也易于改变,因此想要自己找地方玩会儿。抑郁质的同学感受性强,多愁善感,因此遇到此种情况容易沮丧忧郁,体验到种种委屈。粘液质的同学沉默寡言,善于克制隐忍,情绪不易发生也不容易外露,此时往往耐心等待老师的安排。

这就启发我们在日常的学生教育活动中,要了解不同气质类型学生的气质特点,采取不同形式的教育策略,开展有针对性的教学。胆汁质的学生容易激动,因此不能采取简单粗暴的方法,应该耐心和蔼,鼓励学生学会自制,持之以恒。对多血质的学生,要培养他们稳定的兴趣、做事的计划性和目的性,发挥他们热情奔放、机敏灵活的品质。对粘液质的学生,要鼓励他们独立完成任务,主动探索新问题,在集体活动中更多地表现自己。抑郁质的同学敏感性高,因此不要轻易在公共场所批评和指责,要多肯定他们的优点,培养他们参加各种活动的勇气,使他们在与不同人的交际氛围中树立起对自己各种能力的自信心,消除胆怯、害羞和疑虑等消极的不良心理品质。

本章小结

气质是一个人生来就具有的典型而稳定的心理活动的动力特征,不仅影响着一个人性格的表现形式,而且在某些性格品质及能力的形成和发展中也会起一定的促进或延缓的作用。心理活动的动力特征主要表现在心理活动发生的强度、速度和灵活性及指向性等方面的外部特征上,但只有那些不以人活动的动机、目的和内容为转移的动力特征,才是气质特征的表现。气质的学说主要有气质的体液说、体型说、激素说、活动特性说和气质的维量理论等,现代还涌现出很多气质理论,对气质的探讨从未停止过。气质的心理特征主要包括感受性、耐受性、反应敏捷性、可塑性、情绪兴奋性和向性。气质类型是指在一类人身上共有的或相似的心理活动特征的有规律的组合。根据各种气质心理特征的不同组合,可以把气质分为胆汁质、多血质、粘液质和抑郁质四种类型,每种气质类型在情绪、行为和智力活动方面都有不同特点。巴甫洛夫的研究强调高级神经活动类型与气质的对应关系,为气质研究提供了自然科学基础。气质是天赋性、稳定性和可变性的统一,影响人的性格、能力、亲子关系及学业表现,但不是个体社会价值和成就高低的绝对影响因素。在日常教学中,可采用观察法、作业测验法、问卷法和仪器测定法等方法了解学生的气质特点,针对不同气质类型开展有针对性的教学,从而取得理想的教学效果。

思考题

- 什么是气质? 生活概念中的"气质"与科学概念的"气质"有何区别?
- 古语"江山易改,禀性难移"、"三岁看大,七岁看老",对此你有什么看法?
- 典型气质类型的划分依据及各种典型气质类型的表现是什么?
- 分析自己的气质特征及对学习的影响。
- 怎样理解"气质类型无好坏之分"?
- 如何根据不同学生的气质特点开展有针对性的教学?

探索题

- 鉴定一下自己的气质类型,你长大后气质类型是否发生了变化? 如果发生了变化是受到哪些因素的影响? 并针对自身的气质弱点制订出切实可行的完善自身的方案。
- 选择某一个群体,做一次气质调查,并分析该群体成员的气质特征,提出完善的对策。

第十二章　性　格

学习重点

- 性格的内涵与结构
- 几种重要的性格理论、性格类型理论与性格特质理论之间的关系
- 良好性格包含的主要内容
- 性格形成的影响因素及对教师教学的启示
- 性格测量的主要方法以及如何评价测量结果
- 青少年性格发展的特点及与之相适应的教育方式

你知道吗?

- "江山易改,本性难移"和"近朱者赤,近墨者黑"是否矛盾?
- "三岁看大,七岁看老"有道理吗? 应该怎么看?
- 为什么有的学生看起来总是无忧无虑,开开心心,面对批评也能够一笑而过;而有的学生却心事重重,遇到一点挫折便敏感退缩? 可能受到哪些因素的影响?
- "智慧从来不能弥补性格的不足,而性格却常常弥补智慧的不足",你是怎么看待这句话的?
- 能力强的学生,将来是否一定会取得成功? 为什么说"我劝天公重抖擞,不拘一格降人才"?

李刚是一个处事果断、遇事有主意的男同学,但是,由于小时候体弱多病,加之又是独生子女,从小父母便对李刚非常迁就,只要李刚提出要求都尽可能地满足他,这样一来,李刚越来越任性,脾气也慢慢暴躁起来。自从上了中学以后,由于学习压力大,成绩不佳,心理需要又难以得到满足,暴躁的脾气表现得更加淋漓尽致,拳头时常要在班级里发挥作用。有一天,李刚的拳头先后落在了桌子上、好朋友的头上。那是 4 月 21 日,值日生来到教室检查卫生情况,刚走进教室,就听到几个同学不约而同地低声叫着同一个名字——李刚,并不断地重复,接踵而至的是嘈杂的议论声和不自然的笑声,只见李刚瞪大眼睛,歪着

脑袋，双手叉着腰大声地呵斥着："叫什么叫，瞧我好欺负呀！"说着举起拳头就要打周围的同学，被同桌的好友小亮一把拽住，可是，他这点邪火就撒到了小亮身上，一连几拳都打在小亮的头上，小亮却一记未还，同学们见此情景都愤愤不平，马上报告了老师。李刚边拍桌子边喊："别用班主任吓唬我，我不怕！"

在日常生活中，我们经常会看到，有人性格软弱，有人则刚毅；有人性格暴躁，有人则秉性温和。性格的内涵和外延是什么？人与人的性格为什么会差别这么大呢？其发展受到什么影响？青少年性格发展的特点何在？"我劝天公重抖擞，不拘一格降人才"，当今的时代需要怎样性格的人才？教育者应该如何看待和运用性格发展规律，帮助青少年在良好氛围中身心健康成长？当你看完本章后，就能找到答案。

第一节　性格的概述

东方古语云："积行成习，积习成性，积性成命"，西方也有名言："播下一个行为，收获一种习惯；播下一种习惯，收获一种性格；播下一种性格，收获一种命运。"可见对性格形成的看法都一样。什么是性格？尧谷子认为人的性格就是人性决定的人格。性格是人格的一部分，描述人的性格的词语非常之多，比如聪明伶俐，善解人意，风趣幽默，思想开放，积极进取等等，人的性格为什么会这样千差万别呢，性格究竟是什么、它的形成与什么因素有关呢？

一、性格的概念

同样面对地震的惨痛伤亡、准备不充分却迫在眉睫的期末考试、教室里争吵的两名同学，不同学生会有不同的看法和行为。对于同等难度的创造性任务，有的学生可能觉得新鲜有趣，跃跃欲试；有的学生则认为自己没有接触过，将之看成可能导致自己在老师、同学前丢面子，使"地位不保"的潜在威胁，因而想尽借口一再推脱；有的学生虽然也没有十足的信心，但抱着试试看、学东西的想法，克服恐惧，迎难而上。学生的这些不同表现都与性格有关。

性格（character）是指经由雕刻留下的印痕、标志、记号，后来不仅用它来表示事物的特性，也表示被"雕琢"了的人之特点。我国心理学界倾向于将性格及上一章所讲的气质纳入"人格（personality）"之下位概念。区别于个体气质之先天性特征，性格更侧重于其后天性属性，意指由外界环境所造成的、深层的人格结构，是个人对现实稳定的态度和习惯化了的行为方式。例如，诚实或虚伪、勤劳或懒惰、谦虚或骄傲等，都是人的性格特征。需要说明的是，心理学界也存在

438

将"性格"与"人格"概念等同使用的情况,如本章第二节中所讲的人格理论,就是对性格的论述。

在现实生活中,客观事物的影响会通过认知、情感和意志活动在个体的反应中保持下来,形成一定的态度体系。所谓态度(attitude)是个体对某一对象所持的评价和行为倾向。"某一对象"既可以是客观的事、物、人等,也可以是主观的,如个体自己。当个体在长期的生活事件中逐渐形成对现实的各种稳定的态度,并以一定的方式表现于个体的行为之中,构成个体所特有的行为方式时,其性格特征也就形成了。正如恩格斯所说:"人物的性格不仅表现在他做了什么,而且表现在他怎么做。""做什么"反映了个体对待现实的心理倾向,表明个体追求什么、拒绝什么,即人对现实的态度;"怎么做"反映了个体的行为特点,表明个体采取什么样的手段、如何追求既定目标,即人习惯化的行为方式。

需注意的是,性格是个体在长期实践活动中沉积下来的稳定态度和习惯化的行为方式,因此,在个别情况下个体所表现出的态度和行为,仅属一时一地的情境性反应,不能视为性格的特征。我们预期,今天乐观开朗的人,明天也是乐观开朗的;在工作中喜欢竞争的人,在体育运动中也可能争强好胜。正如我们平常说的"这就像是他干的事"、"他就是他",就是承认这种性格上的稳定性。当然,这并不等于说一个外向的人无论什么时间、场合,都像和朋友在一起时一样兴高采烈、滔滔不绝;也不等于说人是一成不变的。

二、性格的结构

性格结构非常复杂,它是由多成分、多侧面交织构成的。分析性格结构在于将其基本组成部分相对划分出来,找出彼此之间的联系,确定各部分在性格结构中的地位。

1. 性格的态度特征

性格的态度特征(attitudinal characteristics of character)指人在对客观现实的稳固态度方面所表现出的个体差异,由认知、情感、行为三种心理成分构成。认知成分由评价、期望等构成;情感成分包含好恶、愉快不愉快等心理体验;行为表现为对行动对象的倾向,是接近还是回避、是维护还是摧毁。客观现实的多种多样对应了个体性格中态度特征的多样性。

① 对社会、集体和他人的态度特征:如富于同情、热爱和平、助人为乐、正直不阿、谦逊有礼等;与此相对的有漠不关心、自私自利、暴戾好战、傲慢无礼等。

② 对工作和学习的态度特征:如勤奋或懒惰;认真负责或马虎敷衍;勇于创新或因循守旧;勤俭节约或挥霍浪费等。

③ 对自己的态度特征:如谦逊有礼或傲慢自负;严于律己或放任散漫等。

2. 性格的意志特征

性格的意志特征（volitional characteristics of character）指人对自我行为的控制水平、目标明确程度，以及在长期工作和克服困难情况下表现出来的个体差异。在长期的学习和工作中，有的人持之以恒，有的人见异思迁或半途而废。面对困境，有的人勇敢果断、镇定自若，也有的人怯懦畏缩、惊慌失措。

① 对行为目的明确程度的特征：如目的性或盲目性、独立性或易受暗示性等。

② 对行为的自觉控制水平的特征：如主动或被动、严于律己或冲动散漫等。

③ 在长时间工作中表现出来的特征：如坚韧有恒或虎头蛇尾、不懈钻研或浅尝辄止等。

④ 在紧急或困难情况下表现出来的特征：如沉着镇定或惊慌失措、果断勇敢或优柔寡断等。

3. 性格的情绪特征

性格的情绪特征（emotional characteristics of character）指人在情绪活动的强度、稳定性、持久性以及稳定心境等方面表现出来的个体差异。

① 强度特征：个体受情绪影响程度和情绪受意志控制的程度。如有的人情绪体验比较微弱，总能保持平静，容易通过意志控制；有的人情绪体验强烈，一经引起，难以用意志控制等。

② 稳定性特征：情绪起伏波动的程度。如有的人得意淡然，失意坦然，不论成功与失败，对情绪控制都比较容易；有的人则胜骄败馁，对情绪控制比较困难。

③ 持久性特征：个体受情绪影响的时间长短。如有的人遇到愉快的事情，当时很兴奋，事后很快恢复平静；而有的人愉快或悲伤的情绪会持续很久，难以忘怀。

④ 主导心境特征：不同主导心境在一个人身上表现的程度。如有的人总是心情愉快，而有的人则郁郁寡欢、心事重重。

4. 性格的理智特征

性格的理智特征（rational characteristics of character）指人的认知活动特点与风格，又称性格的认知特征。

① 感知方面的性格特征：如主动观察型和被动观察型、记录型和解释型、罗列型和概括型、快速型和精确型等。

② 记忆方面的性格特征：如主动记忆型和被动记忆型、直观形象记忆型和逻辑思维记忆型，还包括识记速度快慢、保持时间长短等。

③ 想象方面的性格特征：如主动想象型和被动想象型、幻想型和现实型、敢于想象型和想象受阻型、狭隘想象型和广阔想象型等。

440

④ 思维方面的性格特征：如独立型和依赖型、分析型和综合型等。

性格的四个方面特征相互联系，结合为独特的统一体，使个体形成不同于他人的独特性格。其中性格的态度特征格外引起重视，因为它直接体现了一个人对事物所特有的、稳定的倾向，也是一个人的本质属性和世界观的反映。

三、性格与气质、能力的关系

性格、气质与能力是个性心理特征的三个重要方面。其中，性格与气质的关系尤为密切。性格与气质二者有着相互渗透、彼此制约的复杂关系。在性格的表现上，就不可避免地涂上各种气质的色彩，也就是气质影响着性格的动力特征。性格与能力也有着相互影响、相互制约的密切关系，例如"勤能补拙"、"笨鸟先飞"说的就是性格特征对能力缺陷的补偿作用。

1. 性格与气质

如前所述，性格和气质一般被认为是"人格"概念中的两项稳定心理特征，二者相互制约与影响、区别并联系。

性格和气质的区别表现在：首先，气质具有先天性的特点，它更多地受到人的高级神经活动类型的影响，主要是在人的情绪与行为活动中表现出来的动力特征（即强度和速度等）。性格主要指个体行为的内容，是后天形成的，更多地受到社会生活条件的影响和制约，是人的态度体系和行为方式相结合而表现出来的、具有核心意义的个性心理特征。其次，气质无好坏之分，而性格有优劣之别。气质表现的范围狭窄，局限于心理活动的强度、速度等方面，可塑性小，变化很慢。性格表现范围广泛，几乎囊括人的社会生活各方面的心理特点，可塑性大。

性格与气质的关系密切，两者互相渗透并互相影响：首先，不同气质类型的人都可以形成某些相同的性格特征。例如，不同气质类型的个体都有可能拥有爱国、勤奋、乐于助人等性格特征，只是不同气质类型的个体在行为表现上带有不同的个人色彩——如同样具有乐于助人的性格特征，胆汁质气质的人，在行为表现上会带有满腔热情的特点；抑郁质气质的人，在行为表现上则更多带有共情的特点。其次，气质可以影响性格的形成与发展的速度。例如，自制力性格特征，对胆汁质气质的人来说，需要经过极大的克制和努力才能形成。但对于抑郁质气质的人而言，自制力的形成就比较容易。第三，性格对气质具有明显的影响。在一定程度上，性格可以掩盖和改造气质，由于个体的社会角色所要求，其性格会对他身上某些气质特征产生持续影响。例如，具有精湛医术的外科医生，会逐渐形成冷静沉着的性格特征，并掩盖或改造自己容易冲动与急躁的胆汁质气质特点。

2. 性格与能力

性格与能力的关系十分密切。首先,性格与能力两者是在相互作用与相互制约的过程中发展的。一方面,能力制约着性格的形成与发展。例如,学生精细观察力的发展,会影响性格的理智特征的形成与发展。另一方面,性格也会影响能力的发展。例如,学生具有很强的责任心,学习刻苦努力,那么其学习能力会因此而得到较快的发展。

其次,良好的性格对一个人的能力发挥具有积极的导向作用,而不良的性格则会把一个人的聪明才智引入歧途。勤奋的性格可以补偿某些能力的不足,俗语"勤能补拙"说的就是这个道理;相反,松散懒惰则会导致少年天才"小时了了,大未必佳"的遗憾。

再次,良好的性格与能力相结合,是取得事业成功的必要条件。一个人获得成功需要智力因素与非智力因素共同作用,而性格是非智力因素中最重要、最核心的因素。古今中外的许多大家,大都是同时具备较高能力和优秀性格品质的人。

四、性格的测量

标准化的测量工具能够帮助教师了解学生的性格特点,建立学生性格档案,从而更好地理解学生、因材施教。同时,教师通过对自身性格的测量,可以提高自我认识,扬长避短地选取符合自身特点的教学方式,有针对性地完善自身性格,从而全面提升师生心理健康水平和教学效果。

由于环境因素和个体行为的复杂性,要鉴定一个人的性格需要进行系统的观察与研究,需要将多种性格测量方法结合起来交叉应用,互相补充、互相印证,才能最好地把握性格特点。目前一般采用的方法有综合评定法、自然实验法、问卷调查法、投射测验法。

1. 综合评定法

综合评定法是指把观察、谈话、作品分析等多种方法结合起来加以运用以评定性格的方法。运用这种方法,可以通过多种途径来了解某个人在活动中对各种事件与现实环境的态度与行为,并系统地加以分析整理,归纳或找出能概括其态度与行为倾向的性格特征和形成原因。例如教师可以通过课堂观察、个别谈心、学生周记、家长反馈、班委反映等方式,全方位综合评定学生性格。

2. 自然实验法

自然实验法是指在自然条件下,实验者根据性格研究的目的,创设一定实验情境,以了解被试的某种性格特征。自然实验法是一种比较简便易行的研究方法,其优点是被试并不知道自己正在接受心理学实验,可以减少其伪装行为。例如,教师可以组织学生参加郊游并进行野炊,教师事先设定好郊游路线长短、难易程度,以及野炊工具、食物等,通过观察学生在自然状态下的表现,考查学生吃苦耐劳、团队合作等性格品质。

3. 问卷测验法

问卷测验法一般让被试按一定要求依次回答标准化问卷中的题目,然后根据回答得分来推知其性格类型和特征,是目前性格测验中常用的研究方法。常用的量表主要有:明尼苏达多项人格测验(MMPI)、卡特尔十六种人格因素测验(16PF)和艾森克人格问卷(EPQ)等。

(1) 明尼苏达多项人格测验(MMPI)

明尼苏达多项人格测验(Minnesota Multiphasic Personality Inventory,简称 MMPI)是由美国明尼苏达大学教授哈瑟韦(Hathaway)和麦金力(Mckinley)于 20 世纪 40 年代研制的,是迄今应用极广、颇具权威的纸笔式人格测验。该问卷的测验方法是分别对正常人和精神病人进行预测,以确定在哪些项目上不同的人具有不同的反应模式。因此该量表常用于鉴别精神疾病,也被用来评定正常人的人格特征。

MMPI 内容包括健康状态、情绪反应、社会态度、心身性症状、家庭婚姻问题等 26 类题目,可鉴别强迫症、偏执症、精神分裂症和抑郁性精神病等。原始的MMPI 由 550 个题目组成,每个题目涉及一种行为、态度或认知内容,所有问题都采用"是"、"否"、"不一定"来回答。测验分为 13 个分量表,其中 10 个临床量表,4 个效度量表(Hs 疑病;D 抑郁;Hy 癔病;Pd 精神病态;MF 男子气、女子气;Pa 妄想症;Pt 精神衰退;Sc 精神分裂症;Ma 轻躁狂;Si 社会内向;L 说谎分数;F 诈病分数;K 校正分数;Q 疑问分数)。

MMPI 十分庞大,能提供十分丰富的信息,但实施起来比较费时费力,尤其是对病人更为困难,往往要分段进行实施。

(2) 卡特尔十六种人格因素测验(16PF)

16PF 与 MMPI 不同,它是以正常人为对象而建立起来的量表。卡特尔和同事首先找出 4 500 多个用于描述人类行为的形容词,然后简化为 170 个涵盖原始词表主要含义的形容词。再要求大学生用这 170 个词来描述他们的熟人,最后用因素分析的统计技术区分出主因素,由此提出鉴别人格的 16 种根源特质,以反映人格的关键特征。

与 MMPI 相比,16PF 规模较小,但获得的信息十分丰富。16PF 共有 187道题目,每道题让被试从"是的"、"不一定"、"不是的"三个答案中选择最符合自己的答案,分别得 0 分、1 分和 2 分。然后运用统计方法把每种人格特征所得分数相加,转换成标准分数并填在格子图表中,能够比较直观地了解被试的人格轮廓。目前普遍认为 16PF 是迄今比较完善的人格特质评鉴方法。

（3）艾森克人格问卷（EPQ）

艾森克人格问卷（Eysenck Personality Questionnaire，简称 EPQ）是英国学者艾森克于 20 世纪四五十年代建立的自陈量表，分为成人和青少年两种。问卷由四个分量表 E，N，P，L 组成，分别测量人的内外倾、神经质、精神质、掩饰性（指被试是否真实地反映自己的感受）。

与 MMPI 和 16PF 相比，EPQ 的题目较少，只有八九十道测试题，测验时间较短，实施较为容易。但由于该测验所得到的结果相对简单，提供的信息量比较有限。

4. 投射测验法

投射测验是向被试呈现含义模棱两可的刺激物（如墨迹、模棱两可图片等），让被试在不受任何限制的情况下自由地解释或表现其反应，即在通过对刺激物的不知不觉反应中，表露其内在的态度、动机、需要、感情及性格特点，然后对其反应进行分析来推知若干人格特征。著名的投射测验有罗夏墨迹测验和主题统觉测验。

（1）罗夏墨迹测验

罗夏墨迹测验（Rorschach Inkblot Test）由瑞士精神病学家罗夏（Rorschach）所创，共有 10 张墨迹图片（5 张黑白的，3 张彩色的，2 张黑白和红色的）。例图见图 12-1。

测验时逐张问被试："你看到什么？""这像什么东西？""这使你想到什么？"允许转动图片，从各个角度观看。主试四个方面计分：①反应的部位（被试对墨迹图的反应着重什么部位？是全体、部分、小部分、细节或空白？）；②反应的决定因素（被试进行反应的决定因素是什么？是墨迹的形状，还是颜色？把图片看成静态的还是动态的？）；③反应的内容（被试把墨迹看成什么？）；④反应的普遍性（被试的反应和一般人相同，还是不同？）。

图 12-1　罗夏墨迹测验图例

图 12-2　主题统觉测验图例

（2）主题统觉测验

主题统觉测验（Thematic Apperception Test，简称 TAT）由美国心理学家默里

(Murray)和摩根(Morgan)所创,全套测验共 31 张图片(30 张黑白图片和 1 张空白图片),有的图片比较明显,有的图片比较模糊。例图见图 12-2。

测验时,要求被试根据图画内容主题,通过想象活动,自由地编造一个故事。故事要求包括四个方面的内容:①图画所描述的是什么? ②图画情境发生的前因后果是什么? ③图画中的人物有什么情感和思想? ④接下来可能发生什么结果?

投射测验有利于主试对被试作整体性的解释、探讨潜意识。但是投射测验的使用必须由受过专门训练的专业人员来操作,由于其中一些反应结果很难评定,计分又有一定的主观臆测,目前还缺乏方便、有效的信度和效度标准。

第二节 性格的一般规律

用于描述人的性格的词语非常之多,比如聪明伶俐、善解人意、风趣幽默、思想开放、积极进取等等,而且人与人之间的性格往往千差万别、风格迥异,那么性格的表现特征有没有规律性可循,能否将性格进行归类并解释,性格的形成与什么因素有关呢?

一、性格的类型理论

按照一定的原则对性格进行分类有助于揭示性格的本质,但由于性格结构和特征的复杂性,心理学至今还没有公认的性格类型分类标准。目前具有代表性的观点有以下几种:

1. 根据知、情、意三者所占优势划分

英国心理学家贝恩(Bain)和法国心理学家巴特(Ribot)等按照知、情、意在性格结构中何者占优势,将人的性格分为理智型、情绪型和意志型。理智型的人以理智来衡量一切并支配行动,依理论思考行事;情绪型的人不善于思考,但情绪体验深刻,行动受情绪左右;意志型的人具有明确的目的,行动主动性很强。在日常生活中,很少有仅某一种典型性格,绝大多数是混合型,例如理智-意志型、情绪-意志型。

2. 根据心理活动倾向性划分

瑞士心理学家荣格(Lung)根据人的心理活动倾向于外还是内,把性格分为外向型和内向型两类。外向型的人心理活动倾向于外部环境,特点是活泼开朗、喜欢交际;内向型的人心理活动倾向于内部,特点是谨慎小心、交际狭窄。同上,在现实生活中,极端的内外向类型的人都很少见,多为中间型,即一个人的性格在某些情境中外向,而在另外的情境中内向。

3. 根据独立性程度划分

美国心理学家威特金(Witkin)根据场独立性和场依存性的特点,把性格分为独立型和顺从型。独立型的人善于独立思考,不容易受外来因素的干扰,能够独立地发现问题和解决问题,但有时会把自己的意见强加于别人。顺从型的人易受外来因素的干扰,缺乏主见,容易不加分析地接受别人的意见而盲目行动,应变能力较差。

4. 根据价值观划分

德国哲学家、教育家斯普兰格(Spranger)等根据人的社会生活方式及由此形成的价值观,把人的性格分为六类:理论型、经济型、审美型、社会型、权力型和宗教型。理论型的人自制、好钻研、求知欲强,善于把自己的知识系统化、条理化,但往往脱离实际生活。经济型的人认为一切工作或活动都要从实际情况和需要出发,重视财力、物力、人力,讲求实效。审美型的人重视形象美与心灵美的和谐,认为美的价值高于一切,以优美、对称、整齐、合宜等作为绝对的衡量标准,对任何事物都从艺术的观点加以评论,对实际生活不太关心。社会型的人以关心他人、服务社会为职责,一般热衷于社会活动,表现为随和、善良、宽容,喜欢人际交往。权力型的人对权力具有极大的兴趣,获取权力是其行为的基本动机,一般都有领导他人和支配他人的欲望和才能,自我肯定、有活力、有信心,对人对己要求严格,但有时固执己见、自负专横。宗教型的人相信命运和超自然的力量,把宗教信仰作为生活的最高价值,一般具有坚定的信仰,富有同情心,但容易从现实生活中退却。在现实生活中,绝大多数人的性格都是各种类型的混合,即混合型。

此外,德国出生的美国心理学家弗洛姆(Fromm)将人的性格划分为生产倾向型和非生产倾向型两大类型,指出生产倾向是健康的性格,非生产倾向是不健康的性格。生产倾向型是人类发展的一种理想境界或目标,与马斯洛提出的自我实现的人相似。生产倾向型的个体能充分发挥潜能,成为创造者,对社会做出创造性的贡献。弗洛姆指出,获得生产性倾向的唯一方法,就是生活在健全的社会中,生活在促进创造性的社会中。在实际生活中,每个人的性格结构并非只有一种倾向性,而是几种倾向性的混合。一个人的心理是否健康,取决于其消极和积极的性格特征所占的比例。

5. 根据人际关系划分

日本学者矢田部达朗等人根据人际关系把性格划分为 A、B、C、D、E 五类典型。A 型性格的人情绪稳定,内外向性均衡,但主观能动性不够,交际能力较弱。B 型性格类型的人外向,情绪不稳定,社会适应性较差,遇事急躁,人际关系融洽。C 型性格类型的人内向,情绪稳定,社会适应性良好,但行为表现被动,不能胜任领导工作。D型性格类型的人外向,社会适应性良好,人际关系较好,有组织领导能力。E型性格类型的人内向,情绪不稳定,社会适应性一般或较差,不善于交际,但善于独立思考,有钻研性。

6. 根据性格与兴趣和职业的关系划分

美国学者霍兰德(Holland)提出了人格-职业匹配理论,认为一个人的性格与兴趣和职业密切相关,人们是在不断寻求能够发展兴趣、获得技能的职业。他把性格划分为六种类型:实际型、调查型、艺术型、社会型、企业型、传统型。实际型的人具有重实践、直率、随和、不爱社交、节俭、稳定、坚定等特征。调查型的人具有分析、好奇、内向、聪明、精确和富有理解力等特征。艺术型的人具有感情丰富、爱想象、富有创造性等特征。社会型的人具有爱社交、友好、慷慨、乐于助人、活跃、合作等特征。企业型的人具有爱冒险、外向、乐观、爱社交、健谈、喜欢领导他人等特征。传统型的人具有条理性、随和、自我约束、友好、务实、拘谨、保守等特征。

性格类型理论从不同角度出发,按某一原则将个体的性格划分为特定类型,具有一定的理论和现实意义。同时应当注意,性格的分类尚不完善,可能存在片面性和主观性,尤其容易忽视中间类型,因此在分析某个体的性格时需要格外谨慎。

百家争鸣12-1 性格类型的分类标准

心理学家们以各自的标准和原则对性格类型进行分类,下面是几种有代表性的观点:

1. 从心理机能上划分,性格可分为:理智型、情感型和意志型;

2. 从心理活动倾向性上划分,性格可分为内倾型和外倾型;

3. 从个体独立性上划分,性格分为独立型、顺从型、反抗型;

4. 海伦·帕玛根据人们不同的核心价值观和注意力焦点及行为习惯的不同,把人的性格分为九种。称为九型性格,包括:完美型、助人型、成就型、艺术型、理智型、疑惑型、活跃型、领袖型、和平型。

二、性格的特质理论

性格特质论者认为,性格由一组特质(trait)所组成。特质是构成性格的基本单位,特质决定个体的行为。性格特质是所有人共有的,但每一种特质在量上是因人而异的,这就造成了人与人之间性格上的差异。著名的特质论者有奥尔波特、卡特尔、艾森克等人。

1. 奥尔波特的特质理论

美国哈佛大学著名心理学家奥尔波特(Allport)是特质理论的创始者,他认为人格是由特质构成的。特质是指个人的神经心理结构,是个体遗传与环境相互作用后形成的对刺激信息反应的内在倾向,可由个体的外显行为推知。特质除了能对刺激信息做出行为和思维反应外,还能主动地引发自身的行为,使不同刺激信息导致个体相似的行为。例如,一个具有"谦虚"特质的人,对不同情境会做出类似的反应(见表 12-1)。

表 12-1　特质使刺激和反应趋于一致的模型

刺　　激	特　　质	反　　应
与领导一起工作→		→留意、小心、顺从
访友→		→文雅、克制、随和
遇见陌生人→	谦　　虚	→笨拙、尴尬、害羞
与母亲共进晚餐→		→热情迎合
受到同伴表扬→		→低调、不愿被人注意

奥尔波特将特质分为共同特质(common traits)和个人特质(personal traits)。共同特质指同样文化形态下人们所具有的一般特质,是在人们共同生活的社会环境和生活方式下形成的,并普遍地存在于每个人身上,是一种概括化了的行为倾向。个人特质是个人所独有的特质,代表个人的行为倾向。奥尔波特认为,世界上没有哪两个人的个人特质是相同的,因此个人特质是表现个人性格的重要因素,心理学应将重点放在对个人特质的研究上。

奥尔波特进而将个人特质按照其对个人行为的影响程度,划分为三个重叠交叉的层次:首要特质(cardinal traits)、主要特质(central traits)、次要特质(secondary traits)。首要特质又称根源特质,是个人最重要的特质,主导整个人格特征,渗透于人的一切活动之中,在人格结构中处于支配地位。例如,苹果公司创始人乔布斯(Jobs)的首要特质被认为是坚持自我的创新精神。主要特质是人格的重要组成部分,人格由彼此相联系的某些主要特质组成,主要特质虽然不像首要特质那样对个体的行为起支配作用,但也是影响行为的重要因素。例如,偏执、暴躁、专注、完美主义、改革精神被认为是乔布斯的几个主要特质。次要特质是个体仅在偶然情况下或某种特定场合下出现的特质,很容易随环境的变化而变化。例如《乔布斯传》中提到的,勇于坚持自我的乔布斯在听到 Think Different 的广告创意之初,也曾一度担心自己会因此被公众认为是个自大狂,片刻的犹豫和担忧是乔布斯的次要特质。因为几乎只是瞬间之后,他坚持自我、勇于创新的首要特质便使他决定采用这个广告创意。

448

奥尔波特(Gordon Allport，1897—1967)

尽管未得到弗洛伊德与铁钦纳等人的支持，具有反传统精神的高尔顿·奥尔波特一直坚持对人格特质的研究，为推动人格特质研究做出了巨大贡献。1921年和哥哥弗劳德·奥尔波特(Floyd Allport)共同出版了《人格特质：分类与测量》，该书被公认为是第一部关于特质的著作。1925年首次在美国的大学开设关于人格的课程，1939年当选为美国心理学会(APA)主席。

2. 卡特尔的特质论

英国出生的美国心理学家卡特尔(Cattell)是伊利诺斯大学心理学教授，是以因素分析研究人格特质的著名代表。卡特尔认为，人格是有可能对某人在某种情境中的行为进行预测的，根据一个人的人格特点，加上对情境因素的考虑，就可以预测一个人的行为反应的性质。

卡特尔赞同奥尔波特把人格特质划分为共同特质和个人特质的论点。但与奥尔波特不同的是，卡特尔并不过分强调个人特质的作用，而是探讨了环境因素对人格的影响。他认为在构成人格的特质中，有些是人皆有之的，有些是个人独有的；有些是遗传决定的，有些则受到环境的影响。为此卡特尔把特质分为表面特质(surface traits)和根源特质(source traits)。

卡特尔认为，表面特质反映了一个人的外在表现，是直接与环境接触的，常常随环境的变化而变化，是从外部行为观测到的特质，但它们不是人格特质的本质。根源特质是反映一个人整体人格的根本特性，是深藏于人格结构内层、具有动力性作用的特质，同时又是制约表面特质的潜在的基础因素，是建造人格大厦的基石。卡特尔认为，根源特质必须以表面特质为中介，一种根源特质可以影响多种表面特质，但需要运用因素分析的测量方法才能被发现。例如，"高傲"、"自信"、"主观"都是特质，因素分析发现这些特质之间具有很高的相关，因此可以用"支配性"这个根源特质加以解释。根源特质可进而分为体质特质和环境特质两类。

卡特尔采用因素分析确定了16种具有独立要素的根源特质，见表12-2所示，并据此编制了著名的卡特尔16种人格因素调查表(Sixteen Personality Factor Questionnaire，简称16PF)。

3. 艾森克的特质论

英国心理学家艾森克(Eysenck)是伦敦精神病研究院心理部主任、伦敦大学心理学系教授，他把人格特质理论与人格类型理论、因素分析方法与实验心理学方法有机地结合起来研究人格。他认为特质有时可能会发生混淆，只有维度才

表 12-2　卡特尔的 16 种人格特质

因素	特质名称	低分者特征	高分者特征
A	乐群性	缄默孤独	乐群外向
B	智慧性	迟钝、学识浅薄	聪慧、富有才识
C	稳定性	情绪激动	情绪稳定
E	支配性	谦逊、顺从	好强、固执
F	乐观性	严肃、谨慎	轻松、兴奋
G	有恒性	权宜、敷衍	有恒、负责
H	敢为性	畏怯、退缩	冒险、敢为
I	敏感性	理智、着重实际	敏感、感情用事
L	怀疑性	依赖、随和	怀疑、刚愎
M	幻想性	现实、墨守成规	幻想、狂妄不羁
N	机敏性	坦白直率、天真	精明能干、世故
O	忧虑性	安详沉着,有信心	忧虑抑郁、烦恼多端
Q1	实验性	保守、服从传统	自由、批评激进
Q2	独立性	依赖、附和	自立、当机立断
Q3	自律性	矛盾冲突、不明大体	知己知彼、自律严谨
Q4	紧张性	心平气和	紧张、困扰

是清楚的,维度是一个连续尺度,每个人都在这个连续尺度上占有一个特定的位置。经过长期研究,他提出了人格的基本维度及人格结构层次理论。

人格的三个基本维度是:外倾性、神经质、精神质。

外倾性(extraversion):艾森克认为,外向的人不容易受周围环境的影响,难以形成条件反射,具有情绪冲动、喜欢社交、渴望刺激、粗心大意、爱发脾气等人格特质。内向的人容易受环境的影响,容易形成条件反射,具有深思熟虑、不爱社交、冷漠、不喜欢刺激、喜欢有秩序的工作与生活、极少发脾气等人格特质。

神经质(neuroticism):神经质又称情绪性,表现为情绪稳定和不稳定。艾森克提出,情绪不稳定的人,表现出高焦虑、容易激动并且喜怒无常等人格特质;情绪稳定的人,情绪反应缓慢而微弱,而且容易恢复平静,这种人具有稳定、温和、自制和不易焦虑等人格特质。

精神质(psychoticism):又称倔强型,并非指精神病。得分高的人往往自我中心、冲动、冷酷、具有攻击性、缺乏同情心、不关心他人;得分低的人则比较温柔、善感。

艾森克认为用零散的"特质"来描述人格不准确、不系统,因此应采用"类型"的概念,类型是观察到的人格特质的综合。为此,艾森克根据内外向和神经质(稳定-不稳定)两个相互垂直的维度,将人格划分为四种组合类型:稳定内向型、稳定外向型、不稳定内向型、不稳定外向型。

图 12-3　艾森克的人格二维模型

艾森克的人格维度模型受到许多心理学家的赞同,从图 12-3 可以看出,每一种组合类型包含八种人格特质。四种组合类型又与传统的四种气质类型相对应,两者的关系见表 12-3 所示,这在理论上得到了相互支持、相互印证的结果。

表 12-3　人格类型、气质类型和人格特质三者的对应关系

气质类型	人格类型	人　格　特　质
胆汁质	不稳定外向型	敏感、不安、攻击、兴奋、多变、冲动、乐观、活跃
多血质	稳定外向型	善交际、开朗、健谈、易共鸣、活泼、随和、无忧无虑、爱表现
粘液质	稳定内向型	被动、谨慎、深思、平静、有节制、可信赖、性情平和、镇静
抑郁质	不稳定内向型	忧郁、焦虑、刻板、严肃、悲观、缄默、不善交际、安静

从上表可以看出,如果一个人在"有节制"的特质上得分高,就可以认为这个人属于稳定内向型;在"活泼"特质上得分高,就可以认为这个人属于稳定外向

型,并据此可以推断其气质类型。

艾森克提出人格的层次模型,认为特质是个体行为倾向的集合体,类型是特质的集合体。艾森克用因素分析法,得到四种不同类型的因素,代表不同的行为水平(见图12-4、表12-4)。对于特质与类型的关系这一问题,艾森克解决得相当出色。

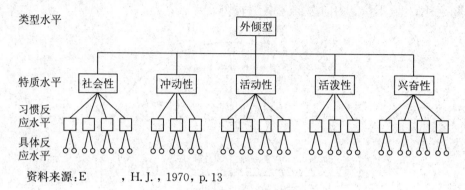

资料来源:E   ,H.J.,1970,p.13

图12-4 艾森克的人格层次组织

表12-4 因素与行为水平

层次	因　素	行为水平	层次	因　素	行为水平
1	普遍因素	类型	3	特殊因素	习惯性反应
2	群因素	特质	4	误差因素	特殊性反应

4. 五因素模型

近年来,研究者在人格描述形式上形成了较一致的共识,提出了大五模式,戈登伯格(Goldberg)称之为"人格心理学中的一场革命"。大五人格(OCEAN)取自其五大因素的首字母缩写组合,也被称为"人格的海洋"。不少研究者提出了各自的五因素模型,例如珀文(Pervin)和约翰(John)主编的《人格手册:理论与研究》一书中对大五特质的标记(见表12-5)。

表12-5 大五人格的五大因素

	低　　分	高　　分
开放性(O)	刻板	富于想象
	创造性差	创造性强
	遵守习俗	标新立异
	缺乏好奇心	有好奇心

	低　分	高　分
责任心（C）	马虎	认真
	懒惰	勤奋
	杂乱无章	井井有条
	不守时	守时
外向性（E）	孤独、不合群	喜欢参加集体活动
	安静	健谈
	被动	主动
	缄默	热情
宜人性（A）	多疑	信任
	刻薄	宽容
	无情	心软
	易怒	好脾气
神经质（N）	冷静	自寻烦恼
	不温不火	焦虑紧张
	自在	害羞
	感情淡漠	感情用事

1987 年美国心理学家特莱根（Tellegen）和沃勒（Waller）将评价维度引入人格结构（Tellegen & Waller，1987），提出大七人格模型，该模型中新增了正价（positive valence）和负价（negative valence）两个维度。正价如老练、机智、勤劳多产；负价如心胸狭窄、自负、凶暴。其余五个维度与"大五"基本对应。

我国王登峰等（2003）在系统收集词典、文学作品和被试用来描写具体人物的形容词的基础上，得到中国人大七人格模型（见表 12-6）。七个因素包括：外向性、善良、情绪性、才干、人际关系、行事风格和处世态度。

表 12-6　中国人与西方人人格结构对照

中国人的人格维度	西方人的人格维度
1. 精明强干—愚钝懦弱	1. 外向性（Extraversion）
精明果敢—退缩平庸	热情、合群、爱交际
机敏得体—羞怯保守	自信、活动性
优雅多才—肤浅愚钝	追求兴奋、积极情绪

中国人的人格维度	西方人的人格维度
2. 严谨自制—放纵任性 　　坚韧自制—浮躁任性 　　严谨自重—放纵狡猾 　　沉稳严肃—活跃轻松	2. 宜人性（Agreeableness） 　　信任、诚实、坦诚 　　利他、顺从 　　谦逊、质朴、温和、亲切
3. 淡泊诚信—功利虚荣 　　淡泊客观—贪心虚荣 　　诚信公正—功利虚假	3. 责任心（Conscientiousness） 　　能力、守秩序 　　负责任、追求成功 　　自我控制、严谨、深思熟虑
4. 温顺随和—暴躁倔强 　　温和宽厚—好斗计较 　　含蓄严谨—直率急躁	4. 神经质（Neuroticism） 　　焦虑、愤怒、敌意 　　抑郁、自我意识 　　冲动、脆弱
5. 外向活跃—内向沉静 　　活跃随和—安静拘束 　　开朗热情—拘谨多虑 　　主动亲和—被动孤僻	5. 开放性（Openness） 　　幻想、爱美、有美感 　　情感丰富、行动 　　观念、价值
6. 善良友好—薄情冷漠	
7. 热情豪爽—退缩自私	

　　性格的类型论和性格的特质论是两种主要的性格理论，各具所长，也各有欠缺。将从质上表示性格的类型论和从量上分析性格的特质论结合起来便能够取长补短。事实上，这两种理论已经开始融合。

三、性格的动态特征

　　性格的动态特征是指在性格的形成和发展过程中，性格特征所表现出来的整体性、多面性和可塑性。

　　1. 性格的整体性

　　性格的动态特征首先表现在性格的整体性上，即性格的各种特征之间具有一定的内在联系，使性格成为一个独特的整体。性格的态度特征和意志特征是最重要的组成部分，对理智特征和情感特征起着制约作用。而态度特征和意志特征本身也并非孤立存在，而是彼此间相互渗透、相互对应的。

2. 性格的多面性

性格的多面性指性格特征在不同场合会反映出性格的不同侧面。有一个真实的心理咨询案例：某初二女生在学校是老师和同学公认的模范学生，成绩优秀，英语和小提琴参加全国竞赛获奖，在老师面前懂事乖巧，与同学相处热情随和。但其家长反映，这位女生在家中极端任性，稍许不如意就大吵大闹，丝毫不考虑他人感受。此外，性格的多面性也能够发挥积极的效应。生活中常常强调性格的"多色调"发展，要求人在不同的情境中胜任不同的社会角色，既可以在日常学习中埋首苦读、勤奋自律，又能在休闲娱乐时活泼开朗、轻松自然。

3. 性格的可塑性

性格形成于个体和客观事物相互作用的过程中，同时在此过程中进一步发展变化。例如，在家庭里被过分溺爱的孩子，可能形成自私自利、不关心他人的性格特征，但如果生活环境发生了变化（如开始住校），经过一段集体生活后，原本自私自利的性格特征往往会发生改变。然而性格的可塑性也不是绝对的，它受个体已经形成的性格稳定程度的影响。已形成的性格越稳定深刻，环境刺激对性格的影响相对就越小。青少年的性格正处于形成和定型阶段，由于稳定的行为方式还未完全形成，一旦发现不良的性格特征可以通过强有力的教育加以影响，因此中学生的性格培养需要引起格外重视。

百家争鸣 12-2　性格的情境性与特质性之争

性格涉及个体对自身环境的适应，同时具备可变性和稳定性。我们不会对所有的情境都做出相同的反应。根据所处的环境和身边发生的事情，我们可能产生喜悦、悲伤、失望、尴尬、内疚、激动、焦虑等不同反应。即便是面对同一事件，不同个体的想法和反应也不尽相同。

我们的行为到底是由身处的情境决定的，还是由性格特质决定的？这是心理学一个由来已久的问题。目前对这个问题普遍接受的回答是：情境和性格特征二者共同决定着人的行为。心理学者的讨论现在转到了这个问题：情境是怎样影响我们的行为的？我们的行为是怎样反映出每个人的性格特点的？

麦克雷和科斯塔（McCrae & Costa, 1994）强调了时间稳定性（temporal stability）的观点。他们认为，随着时间的发展，人们在广泛的特质类型以及整体化倾向方面的相对位置一般很少发生变化。在强调总体行为跨情境稳定性的同时，他们还认为，特质并非完全的"重复性习惯"，它们有时会与瞬间的机遇发生交互作用。

米歇尔，翔田和门多萨-登顿（Mischel, Shoda, & Mendoza-Denton, 2002）关

注于由情境界定的性格一致性信号。他们认为,最有意义的一致性存在于个体对情境进行反应的稳定模式中,如个体在 A 情境下会产生 X 行为,在 B 情境下则产生 Y 行为。这需要深入地理解个体对情境的解释,稳定性就存在于对可变的解释中。

弗利森(Fleeson, 2004)进一步支持了当前多数研究者所认可的观点,即稳定性和可变性都是全面理解性格所必不可少的。他们研究发现,尽管随着情境的改变会出现很高的个体内变异(以某一性格特质为核心点),但与来自不同时间段的变异相比,这些变异的核心点会具有相对稳定的位置。

总结上述观点,性格应该被理解为一种行为分布,而不是行为水平;对于这种分布,我们既可以通过平均的个性化倾向加以描述,也可以借助一些心理过程(涉及对情境的特征性反应)进行描述。

(默夫,阿杜克,2007)

四、性格形成的影响因素

性格是遗传和环境交互作用的结果。遗传是性格的自然前提,在此基础上,环境对性格的形成和发展起决定作用。

1. 生物因素

生物因素是性格形成的自然基础,为其形成和发展提供了可能性。首先,一个人的相貌、身高、体重等生理特征,会因社会文化的评价与自我意识的作用,影响到自信心、自尊感等性格特征的形成。

另外,生理成熟的早晚也会影响性格的形成。研究表明,一般来说,早熟的男孩和晚熟的女孩在情感、性格和社会适应上处于一个相对有利的位置。早熟的男孩显得更加独立、自信,具有身体上的吸引力,在同伴中比较受欢迎,多数还是同学中的领袖人物,具有一定的权威,有不少还是"运动健将"。而晚熟的男孩在同伴和成人看来,往往显得紧张、缺乏自信,还有许多需求注意的行为。女孩的情况与男孩正好相反,早熟的女孩会经历许多社会困难,她们往往显得比较退缩且缺乏自信,心理也比较压抑,也更容易卷入越轨行为中(如酗酒、晚归、同居等),在学校中的成绩也不是很好。相比之下,晚熟的女孩适应较好,往往被认为具有身体上的吸引力、社会性较强,也多是学校中的"领袖"人物。有两个因素可以解释这种现象:一是青少年的身体发育和他所处的社会文化特点的匹配程度;二是青少年在生理上与同伴的适应程度(桑标,2009)。

基于大五人格结构、MMPI、EPQ 人格维度的性别差异的系列研究,结果显示了青少年到成人基本一致的趋势。青少年和成人女性均显示出比男性更多的神经质、外倾性、宜人性、焦虑和抑郁性特征,并且在这些特质方面表现得比男性更不稳定;而男性具有更加明显的开放性(Chapman et al,2007)。Rantanen 等(2007)发现,在神经质和外倾性上,女性比男性更不稳定。

此外,不仅先天的高级神经活动类型制约着人格的形成和发展,后天建立的暂时性神经联系也改造着神经类型的特征。

知识视界 12-1　脑损伤对性格的影响——盖奇事件

盖奇是一个能干的工头,1848 年 9 月,在爆破岩石的过程中,提前引爆的炸药使盖奇被手中的铁棍扎穿了脑部额叶。在年轻外科医生哈罗的精心治疗下,盖奇在 10 周后奇迹般地出院,并逐步恢复工作。工友们都说盖奇虽然头上有个洞,但话语如常,思维清晰,也没有疼痛的感觉。严重的脑损伤似乎对他没什么影响。

然而不久后,人们发现盖奇的性格发生了巨大变化。盖奇本是一个非常有能力的工头,思维机敏灵活,待人彬彬有礼。但事故之后,盖奇变得粗俗无礼,对事情缺乏耐心,顽固任性,又反复无常、优柔寡断。朋友们都说"他不再是盖奇了"。

出院后的盖奇已无法胜任以前的工作,他后来到一家马车行工作,负责赶马车和管理马匹。几年后盖奇的健康开始恶化,1860 年 2 月癫痫发作,同年 5 月去世。医学和心理学家对盖奇展开了广泛研究,认为大脑额叶与人的性格密切关联。

人格心理学领域的已有研究表明,大多数的人格特质都受到遗传的影响(Bouchard,2004)。例如自我超越(Gillespie, Cloninger, Heath, & Martin, 2003)、创造性(Waller, Bouchard, Lykken, Tellegen, & Blacker, 1993)、善良(Rushton, Fulker, Neale, Nias, & Eysenck, 1986)、希望(Plomin et al. , 1992)、领导力(Johnson, Vernon, Harris, & Jang, 2004)等性格都不同程度地受到遗传的影响。

知识视界 12-2　移植小伙子心肺　突然爱吃"肯德基"

据英国《每日邮报》、《每日明星报》报道,1988 年,美国前芭蕾舞蹈家克莱尔·西尔维亚 47 岁时接受了心脏和肺脏移植手术。然而自她接受心肺移植手术后,性格平和的她开始变得非常冲动和富有攻击性,并且爱喝啤酒、吃本来并不喜欢的肯德基炸鸡块。

由于自己个性发生如此巨大的变化,西尔维亚决定展开调查,她不知道自己是发疯了还是继承了心肺捐赠者的记忆。在经过艰苦的查找后,西尔维亚发现她的心肺捐赠者是名叫做蒂姆的 18 岁男孩,死于一场摩托车事故,蒂姆生前不仅富有攻击性,并且最爱吃肯德基炸鸡块。

2. 家庭因素

家庭是儿童出生后首先接触到的环境,个体性格最具可塑性的时期主要是在家庭中度过的。家庭因而被称为"制造人类性格的工厂"。家庭的影响来自很多方面,例如父母本身的性格特点、父母的教养观念和教养方式、亲子之间形成的依恋、家庭的完整性、家庭的社会经济地位、所处的社区氛围、家庭空间的大小,以及环境布置等。

(1) 父母教养方式

美国加利福尼亚大学心理学家鲍姆令德(Baumrind)曾对父母的教养行为与孩子人格发展的关系进行了长达十年的三次研究,这一研究已经成为发展心理学史上具有里程碑意义的经典研究之一。鲍姆令德提出了教养方式的两个维度:要求(demandingness)和反应性(responsiveness)。要求是指父母是否对孩子的行为建立适当的标准并坚持要求孩子去达到这些标准;反应性是指父母对孩子的接受和爱的程度,以及对孩子需求的敏感程度。根据这两个维度将父母教养方式分为四类(表 12-7):

表 12-7　教养方式的两个维度和四种类别

	接纳,反应	拒绝,不反应
要求,控制	权威型	专制型
纵容,不控制	放纵型	忽视型

① 权威型教养。在多数情况下,权威型教养(authoritative parenting)是最有利于孩子成长的抚养方法。鼓励孩子独立的同时,也会有一些限制和控制。亲子间言语交流较多,父母对孩子也表现出温和并充满感情。权威型父母会耐心倾听孩子的观点,并鼓励孩子参与家庭决策;设立恰当的目标,并坚持要求儿童服从和达到这些目标;支持儿童的积极行为,并且鼓励儿童成熟、独立和与年龄相符的行为。

在这种教养方式下成长的孩子,社会能力和认知能力都比较出色。在掌握新事物和同龄儿童交往过程中表现出很强的自信,具有较好的自控能力,并且心境比较乐观、积极,成就感也比较强。这种发展上的优势在青春期时仍然可以观察到,即这类青少年具有较高的自信,社会成熟度更高,学习上更勤奋,学业成绩也较好。

② 专制型教养。专制型教养(authoritarian parenting)的父母对孩子的要求很严厉,强加给儿童一些不经解释的规矩,提出很高的行为标准,这些标准和

要求甚至不近情理,孩子没有丝毫讨价还价的权利,"因为我说了,所以你必须这样做"。如果儿童出现稍许抵触,父母就会采取惩罚措施。从本质上看,这种教养方式只考虑到成人的需要,而忽视、抑制了儿童自己的想法和独立性。

这种教养方式下成长的孩子表现出较多焦虑、退缩等负面的情绪和行为,往往感觉不快乐。在青少年期,他们的适应状况也不如权威型抚养方式下成长的儿童。但是这类儿童在学校中往往有较好的表现,出现反社会行为的比率并不高。

③ 放纵型教养。放纵型教养(indulgent parenting)的父母对孩子充满了爱与期望,积极地投入孩子的养育中,但是却忘记了孩子的社会化任务,他们很少对孩子提出什么要求或施加任何控制,允许孩子想做什么就做什么。

这种教养方式下成长起来的孩子很难学习到自我控制,甚至会为所欲为,表现得很不成熟,自我中心、固执霸道,很难与同龄人相处。他们在任务面前缺乏恒心和毅力,当要求他们做的事情和愿望相背时,几乎根本不能控制自己的冲动,会以哭闹等方式寻求即时的满足。他们往往对父母缺乏尊重,表现出很强的依赖和无尽的需求。这种情况在男孩身上表现得尤为明显。

④ 忽视型教养。忽视型教养(neglectful parenting)的父母对孩子的成长表现出漠不关心的态度,他们既不会对孩子提出什么要求和行为标准,也不会表现出对孩子的关心。他们对孩子的成长所做得最多的是提供食物和衣物,或他们很容易就可以做到的事情,而不会去付出什么努力为孩子提供更好的生活和成长条件。父母之所以用这样的方式对待孩子,可能是因为父母自己的生活中充满了生存的压力,或者自己遭遇了重大的挫折或不幸,家庭关系出现重大问题,使他们没有时间和精力照顾孩子。

不管出于何种原因,这种极端的忽略可以视为对孩子的一种虐待,这是对孩子情感生活和物质生活的剥夺。由于和父母之间的互动很少,这种成长环境中的孩子社交能力不良,自控和独立能力都较差。而且,他们自尊水平较低,不成熟,与家庭疏远。进入青春期后,他们可能出现旷课和犯罪行为。

总体来说,在各种文化背景中,权威型教养方式都是最有利于少年儿童发展良好个性品质的教养方式。权威型儿童教养方式似乎通过以下几点创造出一种可以产生积极父母影响的情绪环境:第一,温暖的、参与性的父母对儿童提出的要求是安全的,为儿童提供了关心、自信和自我控制行为的榜样;第二,权威型父母会采用公平合理的方式对儿童进行控制,这会让儿童更加服从和进行内化;第三,权威型父母对儿童的要求符合儿童的能力,使得儿童有能力为自己的行为负责,由此培养高自尊和认知与社会成熟性;第四,权威型教养方式中的支持性是儿童心理弹性(resilience)的强有力来源,它可以保护儿童免受家庭压力和贫穷所带来的负面影响。

同时需要注意的是,家庭是一个处于不断成长与变化之中的系统,系统的某一环节的变化都会引发系统整体的调整。伴随孩子的成长,家庭系统同样需要调整才能保证整个系统的良性运行,即使是权威型教养,也需要随儿童的成长在具体的教养策略和方式上进行调整,这样才能满足成长需要。到了青春期,父母最重要的就是培养孩子的自主性,给孩子尝试和自我决定的机会。

(2)家庭结构

① 出生顺序。艾森伯格(Eisenberg)的研究认为,长子或独生子比中间的孩子或最小的孩子具有更多的优越感。孩子在家庭中越受重视,其性格发展越倾向自信、独立、优越感强。如果其地位发生变化,原有的性格特征也往往会随之产生不同程度的变化。

② 独生子女。随着我国计划生育政策的执行,独生女子性格的形成和发展问题得到越来越多的关注。研究发现,独生子女并不像人们想象的那样娇生惯养、自私任性。相反,他们与其他孩子一样在心理调适和社会交往能力方面发展得很好,而且在某些领域还出现优势。研究者认为,独生与非独生子女整体适应与社会能力上没有区别,包括成就动机、同伴威望、社会参与;在个性、社交性、个人控制方面无差别,唯一有差别的是独生子女的个人调整与成就动机比非独生子女更高(Mancillas,2006)。

实际上,中国的独生子女与其他孩子在社会交往能力和同伴认可方面没有多少差异。综合国内多年来这方面的研究,主要的研究结论及共识是(缪小春,2001):第一,认知方面独生子女具有优势;第二,在个性方面,独生子女内部差异很明显:合群性方面,入托入园的独生子女合群性明显更强,且独生子女和非独生子女之间的差异随着年龄的增高而逐渐减少甚至消失;在农村中,独生子女,特别是男童,任性、依赖、怯懦等不良品质更为严重;此外,独生子女性格特征与父母的生育意识有很大关系。目前中国少年儿童身上存在一些不良特征,可能主要不是由于他们是独生子女,而是由于其他原因造成的。

近来对青少年独生子女的研究几乎比较一致地表明独生子女的社交能力和适应性不仅没有不如非独生子女,反而能力更强。也有研究者认为,独生子女表现社交能力的同时也伴随着高焦虑。还有研究者认为独生子女的优势之一是重视和喜欢独处,研究发现他们并不因缺少同胞而感觉不安,低水平的合群是出于个人偏好,而不是由于缺乏社交技能(Mancillas,2006)。

③ 大家庭。成长于几代同堂的大家庭的孩子,其优点是孩子受成人教育和

爱抚时间较多,可能比一般孩子有更好的社会适应;不过,这种家庭中容易出现隔代溺爱,以及在教育孩子的观念和方法上出现代际不一致,从而使孩子无所适从,形成焦虑不安、恐惧等不良的特征。

④ 破碎家庭。杜亚松等(2002)对上海市 20 个区县中的 10 类家庭 8～21岁的儿童青少年进行心理卫生状况调查,结果显示特殊家庭行为问题发生率为8.1%,其中离异家庭儿童心理与行为问题发生率为 10.2%。

离异家庭由于长期以来家庭关系不和,使孩子长期生活在充满敌意、没有安全感的环境中,比单亲家庭更容易出现情绪和行为障碍。但研究同时指出儿童在对待父母离异的反应上有着很大的个体差异。儿童的年龄、气质和性别、家庭得到的社会支持和社区环境都会影响儿童对父母离异的调适。

然而,并不是父母离婚时儿童的年龄越小,对儿童心理发展的影响越大,因为经验的影响在很大程度上取决于孩子对事件的心理表征和内部体验。儿童的认知水平和情绪、性格发展决定了他对所遇事件的反应,决定了经验对其影响的程度。

父母离婚两年后,大多数儿童表现出适应性的提高。然而总体而言,父母离异的儿童和青少年,与父母有着稳定婚姻关系的儿童相比,在学业成就、自尊和社交能力方面的得分会略低一些,情绪和行为问题也多一些(Amato et al.,2001)。对有些儿童来说,持续的困难会在成人期转化为较差的适应性。

已经离异的父母,可以尝试实行联合培养(joint-custody),即让儿童和父母中的一方居住在一起,而另一方也可以按约定的时间来探望孩子,并且父母双方在面临决定抚育孩子过程中的重大问题时,享有同等的权利。联合抚养环境中成长的孩子,比起单亲抚养家庭中的儿童,能更好地适应(Bauserman,2002)。

3. 学校因素

进入青少年阶段后,个体自我意识高涨,独立自主的愿望增强,情绪情感容易变化,倾向于疏远父母而认同同伴,价值观逐渐形成。青少年性格的积极发展与学校良好的教学环境是分不开的,教师和集体氛围对学生的性格具有指导定向作用。另外,学校也是同伴群体聚集的场所,同伴群体常对人格的形成具有巨大影响。

① 班集体。学校的基本组织是班集体,班集体的特点、要求、舆论、评价对学生都是一种无形的巨大的教育力量。在教师的指导下,优秀的班集体会以正确的目的、对成员严格而又合理的要求以及强大的凝聚力影响学生,充分调动他们的主动性,从而促进其良好性格的形成。与此同时,学生在集体中通过参加学习、劳动和各种兴趣小组等活动,练习学生之间的交往,增强责任感和义务感,学会团结互助、尊重他人、遵守纪律,也培养乐观、坚强、勇敢等优秀品质。

优秀的班集体不仅可以促进学生良好性格的形成,还可以使一些不良的性格得以改变。日本心理学家岛真夫挑选出在班集体里地位较低的八名学生担任班级干部,并给予他们工作指导。一学期后,发现他们在学生中的地位发生了很大的变化,表现得自尊、有责任心、有安全感,整个班级的风气也有所改善。

② 教师。在教学过程中,教师可以培养学生良好的学习态度,使之保持适当的学习动机。例如,教师可以通过归因训练使学习成绩不良而自暴自弃的学生逐渐认识到,学习不好主要是努力程度不够导致的,从而提高学生的自信心和自我效能感等。

此外,师生关系也会直接影响学生的性格发展。勒温等把教师管教方式分为民主、专制、放任三种类型,各种管教方式与学生性格特征的关系见表 12-8。

表 12-8 教师的管教方式与学生的性格特征

管教方式	教师表现	学生性格特征
民主型	尊重学生的自尊心和人格	情绪稳定、积极、态度友好、有领导力
专制型	包办学生一切学习活动,全凭个人好恶对学生赞誉、贬损	情绪紧张、冷漠或带有攻击性,教师在场时毕恭毕敬,不在场时秩序混乱,缺乏自制性
放任型	不管理学生的行为,不指导学生学习	无团体目标、无组织、无纪律、放任

③ 同伴群体。同伴群体作为一种微观社会环境,具有文化性的特点,为学生提供了学习技能、交流经验、宣泄情绪、习得社会规则的机会,对其性格发展具有重要意义。同伴影响在青少年早期达到顶峰,青少年早期与同伴相处的时间超过家庭以及别的一切社会关系,之后随年龄的增长开始逐渐下降。

陈斌斌等人(2011)考察同伴圈子(peer social clusters)作为社会和文化情境的对儿童社会能力发展的影响。通过对城乡结合部小学 3 至 5 年级 898 名儿童一年的跟踪调查,结果表明圈子成员的社交性、亲社会性、自主性以及同伴接纳显著高于孤立者。城市儿童的自主性显著高于农村和流动儿童,后两者之间无显著差异。

4. 社会文化因素

每个人都处在特定的社会文化环境中,社会文化在一定程度上塑造了社会成员的性格特征,使其性格结构朝着相似的方向发展,这种相似性具有维系社会稳定的功能,又使每个人能稳固地"嵌入"整个文化形态。社会文化对性格的塑造功能还表现在不同文化的民族具有其固有的民族性格上。例如,说德国人冷静、日本人勤奋、法国人热情,就是指的民族性格。每一种文化为了使自己延续和发展起来,都崇尚它所需要的性格特征。巴里等人(Barry & Bacon, 1963)的研究表明,爱斯基摩人生活在冰天雪地的北极,以渔猎为生,需要坚定、独立、敢于冒险的人格。他们以仁慈宽大的方式管教孩子并鼓励他们个性化,以培养出成人所具备的性格特征。

文化对性格发展的影响还体现在特定教养方式对性格发展的不同塑造效果上。研究发现,在东方文化中,专制型教养方式下培养出来的儿童并没有大量表现出西方社会中孩子那样的适应性问题,相反却表现出孝敬父母、尊敬师长、爱好学习等良好的行为特征及性格品质。出现这种差异的原因主要在于东西方社会的价值取向和对这种教养方式的看法和理解不同。东方文化以社会价值取向为主流,专制型教养方式有利于家庭权威的形成和社会规则的内化。另一方面,在东方文化中,父母对孩子的严格管教往往是对孩子爱的表示,并不表示对孩子的遗弃和拒绝,而在西方文化中则正好相反。这表明,对父母行为的不同理解会导致相同教养行为对儿童发展的不同后果。在中国,过度干涉和保护似乎不会使孩子产生悲观的归因方式,这可能是由于我国固有的文化传统的影响,成人及其子女不会在内心给予一种负性评价(李旭等,2000)。

5. 主观因素

俄国教育家乌申斯基认为,人的自我教育是人格形成的基本条件之一,因为一切外来的影响都要通过自我调节起作用。社会各种影响只有为个人接受和理解,才能转化为个体的需要和动机,从而推动行动。发展系统论认为个体和情境均能对个体-情境关系的变化做出贡献,因此个体既是自身发展的结果,又是自身发展对此结果的生产者(Brandtstädter,2009)。SOC(选择、优化和补偿)理论从毕生发展的视角出发探讨个体如何对自身发展进行调节,提出发展是带有补偿的选择性最优化结果,认为成功的发展需要四种机制的有效调节——即选择性选择(elective selection)、基于损失的选择(loss-based selection)、优化(optimization)和补偿(compensation)(Freund & Baltes,1998)。

个体已有的心理发展水平对性格形成的作用,随着年龄增大而日益增强,个体已有的理想、信念和价值观等对接受社会影响有决定性作用。正如布特曼(Bultmann)所说:每一个人都是他自己性格的工程师。在 SOC 理论基础上,Gestsdóttir 和 Lerner(2007)提出了意向性自我调节(intentional self-regulation)的概念,用于描述青少年期才开始出现的自我调节新形式。意向性自我调节是指个体以增强个体功能或优化自我发展为目标,积极协调情境中的要求、资源与个人目标之间关系的一系列行动过程。如个体有时会努力改变实际情境以达到个人的目标和计划(同化过程),有时会改变自身的目标和计划去适应实际情境的限制(顺应过程)。

学术前沿 12-1　综合认知模型(Integrative Cognitive Model，ICM)

关于情境刺激与反应性攻击行为之间的内在认知机制研究是当前人格心理学领域的热点问题，不同学者从不同的角度探讨了各种重要认知过程在其中的作用。反应性攻击(reactive aggression)，也被称作报复攻击(retaliatory aggressive)，是个体在受到他人攻击或激惹后做出的即时性攻击反应，是一种对所知觉到威胁刺激的防御性、报复性的反应，这种攻击行为的作用是减轻威胁带来的紧张，或者消除威胁(Dodge & Coie，1987)。

目前关于反应性攻击的一些理论(Crick & Dodge，1994)过于强调某个认知加工过程的作用，很少注意个体自身特征的因素，如特质愤怒就是一个非常重要的因素。特质愤怒(trait anger)是一种持久而稳定的人格特质，包括在愤怒的频率、持续时间和强度上稳定的个体差异(Spielberger，Reheiser，& Sydeman，1995)。有些理论虽然考察了特质愤怒因素(Berkowitz，2003)，也考察了人格特征、情境与多种认知加工过程的共同作用(Anderson & Bushman，2002)，但却忽视了个体主动调节愤怒与反应性攻击的能力。

Wilkowski 和 Robinson(2010)提出了综合认知模型理论(Integrative Cognitive Model，ICM)。该模型整合多个相关理论，探讨在敌意情境下不同特质愤怒水平的个体反应性攻击行为出现差异的内部认知机制，构建了敌意解释、反思注意和努力控制三个核心认知加工过程之间的关系模型。该模型具有结构清晰、易于操控等特点，对该领域的实证研究与理论探索具有启发意义，并有巨大的应用价值。然而，该理论尚待囊括更多因素的综合实证研究支持，以及有关的神经生理研究和心理干预探索。

(杨丽珠，杜文轩，沈悦，2011)

五、青少年的性格发展特点

1. 性格的发展趋势

性格代表了人与人之间在感受、思考和行为倾向上相对稳定的差异性特征，其本质便是个体差异性，因此想要概括性地刻画出青少年整体的性格特点并不容易。相对可行的方式或许是在毕生发展的框架下描绘青少年整体性格的相对发展水平，而每一名青少年都可能具有偏离这个平均值的鲜明个性特点。

总体来讲，初中生性格特点有二，其一是不平衡性，其二是极端性或偏执性。高中生在性格发展上出现了一些新的特点，包括"自我意识的高度发展"、"价值观的确立"和出现"自治需求"(林崇德，2009)。曹子方(1996)指出，少年期的主要特点是一个半成熟、半幼稚的时期，是独立性与依赖性、自觉性和幼稚性错综矛盾的时期。而青年初期是心理性的断乳期,青年初期的一个显著特征是"封闭性"。青少年由于生理上的逐渐发育成熟,认知方式转换,逐渐达到成人水平,从而产生了改造社会和实现理想的需要。

当前为心理学界普遍接受的"成熟原则"(Maturity Principle)指出,随着年龄增长,为了更好地适应社会、完成社会角色所需承担的任务,人们日益发展出越来越成熟的性格,体现为宜人性、尽责性以及情绪稳定性这三种性格特质整体平均水平的不断增长(Roberts & Wood,2006)。由此,青少年群体较之于儿童,具有更强的与人合作、和谐相处的宜人性;通过自我调控以趋近目标的尽责性;以及应对压力和负性情绪的情绪稳定性。

然而,青少年群体的性格成熟程度要低于成人。对此,不同于传统观念所述的性格在 30 岁之后停止发展(Costa & McCrae,1994),实证研究的结果支持毕生发展理论(Baltes,1987),显示性格的成熟化进程在成年期继续显著地发展。一项基于 92 个追踪研究的元分析结果显示:第一,个体的社会主导性(Social Dominance,属于外倾性的一个维度)、尽责性和情绪稳定性随年龄增长,但增长最为显著的时期并非青春期,而是在成年早期(20~40 岁);第二,个体的社会活跃性(Social Vitality,属于外倾性的另一个维度)和开放性在青春期明显增长。

2. 性格的发展动力

我国古语有云:"江山易改,本性难移。"那么是什么驱使着青少年性格的发展变化呢? 社会投资理论(Social Investment Theory,SIT)指出,履行社会角色是性格成熟化进程的驱动力(Robert,Wood,& Smith,2005)。临近成人期的个体面临着一系列社会身份和社会任务的转变,比如一些学校会为迈入 18 岁的高中生举办成人仪式,这也提示着中学生们将面临社会赋予他们的新要求(例如更强的社会责任感和更多的社会承担)。这使得个体需要转变现有的行为模式去实现将要面临的社会角色,发展出与之匹配的、更加成熟的性格。有研究者指出,成熟化进程与一系列能力的获得密切相关,比如建立持久人际关系的能力和完成学业目标的能力等,而这些能力离不开高水平的宜人性、尽责性和情绪稳定性等性格特质(Hogan & Roberts,2004)。

一项针对中学生的研究支持了社会投资理论,该结果显示,随着中学毕业这一挑战性任务的临近,提高学业表现对中学生而言变得越来越重要,他们的尽责性这一性格特质随之不断增长(Bleidorn,2012)。

需要注意的是,新的、更高的社会期许并非一定立刻就带给青少年更加成熟的性格,性格的成熟化进程并不遵循完美的线性增长。事实上,新近的一项元分析研究(基于 14 篇关于青少年性格的研究)结果显示,在青春期初始,个体经历了一段性格成熟化降低的时期,体现为尽责性和开放性的暂时性降低。如何解释这一阶段青少年表现出的成熟性退化呢?丹尼森(Denissen et al.,2013)等的整合发展理论从自我调节的角度加以解释,即青少年在面临强烈的社会期许、社会任务的变化初期,由于缺乏足够的调节资源来达到新的要求,动荡期带来了焦虑情绪并降低了他们的自尊水平,因此可能表现出一段暂时的成熟性退化。然而通过调整自身习惯和目标,青少年逐渐达到了新的社会要求,并且完成得越来越熟练,他们的性格变得更加成熟。

3. 性格的发展差异

通过日常生活的体验便不难看出,同样是处于青春期的青少年,有的人在青春期性格产生了巨大的变化,而有的人似乎只是沿着原有的轨道略微地改变。对此的一个解释是"成熟—稳定说"(The Maturity-Stability Hypothesis),即如前所述,性格的发展遵循"成熟原则",而性格发展的主要动力是社会要求其成员具备成熟的性格,因此"成熟—稳定说"指出,具备更加成熟的性格类型的个体,其性格更加稳定。原因是他们的性格现状已经接近社会期许,因此相较于其他人受到更少的社会压力去进行性格改变(Donnellan, Conger, & Burzette, 2007; Roberts, Caspi, & Moffitt, 2001)。

实证研究支持了"成熟—稳定说"。例如,在一项从儿童早期至成人期的追踪研究中,4 岁的被试根据其性格特点被划分为弹性型、过度控制型或控制不足型。结果显示,弹性型儿童(表现为具有高灵活性、高自控力、自信、情绪稳定)在青春期重测性格时,表现出比另外两种非弹性型儿童显著更强的性格发展稳定性(Asendorpf, Denissen, & van Aken, 2008)。

男女青少年之间性格发展也具有一定的差异。例如,一项考察 11 岁至 17 岁性格发展的研究结果显示,女孩的性格特质平均水平表现出比男孩更加显著的变化(Shiner & Caspi, 2003)。对此的一种解释是,这种性别差异源于青春期女孩更快速的大脑皮层发展。另一种可能的解释是,也许社会对男女生性格具有不同的期许,因而同样的发展动力(社会期许)给男女生带来了不同的发展结果。例如,一些社会文化可能会期待女孩在青春期发展出越来越强的宜人性和尽责性,从而成为一名符合传统社会期许的、友善尽责的女孩。然而社会压力可能会期许男孩变得越来越专注于学业和事业,变得严谨沉稳。

第三节　性格规律在教育中的应用

在教育实践中,教师通常要"因材施教",或者要改变一个学生性格的缺点,这就要求教师要掌握性格测量的相关理论知识，还要知道良好性格的重要意义以及健康性格的内涵。青少年性格发展具有其特点，教师应注意把握塑造健康性格的规律，因材施教，使学生身心共同健康发展。

一、性格规律在教书育人中的应用

如前所述，性格具有可塑性，特别是青少年期是进一步塑造健全性格的重要阶段，在这一重要阶段中，学校教育对青少年性格的形成有重要的影响。

1. 以身立教是培养学生健康性格的根本

为人师表者都希望找到一条教育学生的捷径，殊不知最有效的教育就是教师自身为学生树立的榜样。"学生就是教师的影子。"教师必须言传身教，当好表率。教师的一言一行无不对学生起到潜移默化的影响作用。这种作用是巨大的、深远的，甚至是终生的。因此，教师必须加强自身修养，以身立教，方方面面做好学生的表率。举一个简单的例子，如果你把地上的果皮纸屑捡起放到垃圾箱里，比你天天强调"要讲卫生"好得多。

教师职业的特殊性质，决定教师的人格在整个教育过程中具有不可忽视的重要作用。孔子说过："其身正，不令而行；其身不正，虽令不从，不能正其身，如正人何？"捷克教育家夸美纽斯也指出："教师的职务是用自己的榜样教育学生。"俄国教育家乌申斯基则告诉我们："任何章程和任何纲领，任何人为的管理机构，无论他们设想得多么精巧，都不能代替人格在教育事业中的作用。"一句话，要照亮别人，首先自己心中要有火种。教师要想不愧为"人类灵魂工程师"的光荣称号，就必须在人格塑造上勇于履行"以身立教，为人师表"的道德要求。

教师在管理班级的工作中，必须开展好学生的健康心理教育和健全人格教育。首先，老师必须加强自身修养，以身立教去感化学生，使学生具有良好的自控力、自我平衡力、自我排除外界干扰力；其次，教师要以爱心、耐心、细心、恒心去教育学生；再次，建立民主、平等、和谐的师生关系，做到"晓之以理，动之以情，感之以行"，使学生具有高雅的兴趣爱好，高尚的道德情操和高层次的人生追求。这样，能使学生逐步形成健康的心理和健全的人格，学生只有具有健康的心理和健全的人格，才能真正成为符合新时代要求的对国家有用的人才。

2. 积极期待是培养学生健康性格的推力

皮格马利翁效应体现了教师期待对学生学业及性格发展所产生的巨大影响力。罗森塔尔教授是著名心理学家，教师们对他的话都深信不疑，名单对教师产生了暗示，从而对名单上的学生产生了积极的期望。这种期望通过教师日常的情感、语言和行为传递给学生，让这些学生也感受到了这种期望，认为自己是聪明的、优秀的，从而提高了自信心和对自己的要求，最终成为真正品学兼优的学生。

1968 年,美国著名心理学家罗森塔尔和助手们来到一所小学,从一至六年级各选了三个班级,对 18 个班级的学生进行了"未来发展趋势测验"。之后,罗森塔尔以赞赏的口吻将一份"最有发展前途者"的名单交给校长和相关教师,并叮嘱务必保密,以免影响实验的准确性。

8 个月后,罗森塔尔对这些学生进行再次测试,奇迹出现了:凡是名单上的学生,个个成绩有了较大的进步,并且性格更加活泼开朗,自信心强,求知欲旺盛,更乐于和别人打交道。罗森塔尔教授这才对教师说明了真相——自己其实对这些学生一点都不了解,当初的名单实际上是随机挑选的。罗森塔尔撒了一个"权威性谎言"。

为什么会出现这种现象——谎言成为预言?罗森塔尔把自己的实验结果称作"皮格马利翁效应",也就是教师的期待效应,这个名字来源于一则希腊故事:皮革马利翁是一位雕刻师,他耗尽心血雕刻出一位美丽的姑娘,并倾注了全部的爱给她。上帝被雕刻师的真诚打动,使雕像获得了生命。

(刘儒德,2006)

这种效应在教育中屡见不鲜。爱总能创造奇迹,尤其在孩子们身上。一个孩子放学回来,进门就兴高采烈地对母亲说:"妈妈,今天数学课发单元考卷,最后一题是 10 分的加分题,别人都不会,只有我一个人做对了。老师表扬了我,说我做题具有创造性。""那你考了多少分?"做母亲的始终比较关心结果。孩子满怀喜悦地回答:"66 分。""那不算加分题,你才考了 56 分呀,还创造什么呢,瞎猫碰到死耗子,蒙对啦。"母亲很不以为意。这让孩子非常不服气,红着脸嚷起来:"不是蒙对的,老师都说我具有创造性。"从此以后,这个孩子每天自己找题目做,越是难题,他越是要做出来不可,教师的期待在孩子身上发挥了巨大的推动力。

"创造性"究竟是什么? 这个学生也许说不清楚,或许连数学老师也说不清楚。而数学老师把握住学生一道偶然做对的题目及时对他进行表扬,变成了这个后进学生的一股巨大动力,鼓舞他去努力学习。仅仅半个学期,期末考试时他从一个"差等生"变成了第四名,从此成为数学尖子。

事实上,邓小平等(2011)通过对大量研究进行元分析,结果表明创造力与自尊之间呈现显著正相关。评价就和规则一样,会左右人的行为。个体的自尊越高,越不会怀疑自己的能力与价值,则越相信自己,会积极去体验自我、表现自我的潜能,因而有较佳的创造力。反之,个体对于自己持负面自我评价时,倾向于怀疑、否认自我的能力与价值,因而降低去体验与行动的行为,所以创造表现也难以发挥。此研究结果也验证了 Sternberg(2005)的说法，即持有正向自我概念的人会勇于尝试创造，同理，若个体持有负面自我概念则倾向于僵化的行为、思考，因而阻碍个体发展创造力。

早在半个世纪前，人民教育家陶行知就提醒教师："在你的教鞭下有瓦特，在你的冷眼里有牛顿，在你的讥笑里有爱迪生。"由于性格的多样性和可塑性，青少年学生正处于性格塑造的敏感期，教师的使命就是发现和培养每一名学生身上的闪光点。"世界上没有垃圾，只有放错了地方的财富。"教师不妨换一种眼光来看学生，报以更加积极的期望，相信一定会有许多新的发现，其实每一名教师都能够创造出"奇迹"。

教育实践 12-1　立坎纳人格教育的 11 条原则

立坎纳是人格教育的主要倡导者之一，他提出人格教育应遵守的 11 条原则，反映了美国倡导人格教育的一些主要思想：

1. 促进作为理想人格基础的核心伦理价值。关怀、诚实、公正、责任、尊重等表达了共有的人性，是形成良好人格的基础。

2. "人格"必须从思维、情感和行为等方面加以综合界定。在有效的人格教育中，人格必须被整体理解为包括道德生活的认知、情感和行为等不同方面。人格教育的任务就在于帮助学生和这个学习社群中的其他成员知道"善"并向往之、行为之。

3. 积极的、综合的人格教育原则。学校要有人格教育的自觉，不能坐等时机。要运用学校教育的所有方面和因素。"单独"(stand alone)的人格教育课程一开始可能是有益的，在运行的过程中可能也有一些有益的因素，但必须认识到不能以此取代将人格发展与学校生活整合在一起的综合方法。

4. 关怀社群原则。学校作为一个学习社群，必须体现理想的人格。学校应努力成为一个追求文明、关怀和公正的社会群体。

5. 道德活动机会原则。与智力学习一样，学生是道德学习的建构者，是通过在做中学学习道德的。人格教育必须提供、设计和利用道德活动，使学生有机会进行道德实践。

6. 在学术课程中进行人格教育的原则。人格教育和学术课程的学习不是互不相干的两个环节，而是提供强有力的相互支持的一个整体。

7. 内在动机原则。学校工作的各个方面都应力求发展学生实施核心伦理价值的内在动机。

8. 全员教育原则。全体教职员工必须都是学校这一学习的、道德的社群(learning and moral community)成员，都负有人格教育的责任，都支持、认同、遵守教育学生的核心价值。

9. 两种领导原则。学校必须有人专门负责人格教育的长远规划和日常运行的领导,学生也要通过自治、同伴冲突调节和跨年龄指导等方式参与人格教育。

10. 父母和社区成员共同参与原则。

11. 综合评价原则。既要评价学校这一社群的"人格"和教职员工作为人格教育者的成长与进步,也要评价学生所显示出的良好人格。

(黄希庭,2008)

3. 民主管理是培养学生健康性格的手段

所有的教师都希望学生能够健康成长,并且在教育学生时采取各种相应的策略,以实现自己的教育目标。但是由于各自的教育经验、文化素养、个性气质、所信奉的教育理论不同,再加上学生本身性格特点的千差万别,每个班级也由此而形成班级教育的特有风格。概括起来教育的基本模式有三种:专断型、民主型和放任型。

(1) 专断型:专断型的教师对学生的关心、爱护少了些,强制多了些,他们信奉"黄荆棍子出好人",在班上滥用权力来建立自己的绝对权威,不准学生有自己的不同见解,动辄惩罚。专断的结果葬送了学生许多宝贵品质,如独立性、创新精神、自尊心、自信心、同情心等。

(2) 民主型:这类教师与学生有积极的情感交流,以尊重学生、尊重学生集体为前提。他们既高度控制学生,又依靠和组织学生开展工作,尊重学生自我管理和民主管理,强调培养学生自主、自立、自理的精神。教师不是一人说了算,而是民主平等地征求学生意见,学生能直言不讳,对任何事情都敢于发表自己不同的见解。即使有时学生的意见是幼稚和错误的,也不会遭到奚落和嘲笑。这种班级培养出来的学生有理想、有道德、有纪律、有创新精神,交际能力强,办事能力强。

(3) 放任型:教师缺乏责任感,应付工作。对学生放任自流,没有明确要求,奖惩不明,他们或是不安心教师工作,或是不愿当教师,或面对"乱班"认为白费工夫,或是由于本身对教育的无能和对学生自觉的期望过高,结果造成班级松松垮垮,学生自由散漫,不支持、不关心集体、班级。

"亲其师方能信其道",只有采用民主型的教育模式,才能更好地培养学生健康的心理和健全的人格。

二、性格规律在自我教育中的应用

自我教育是良好性格形成与发展的内在动力。人与动物最本质的区别就是人有主观能动性,有自我调控能力,每个人都可以通过自我教育塑造自己良好的性格。俄国伟大的教育家乌申斯基认为,人的自我教育是性格形成的基本条件之一,因为一切外来的影响都要通过自我调节而起作用。

1. 通过自我践行培养自立的品质

自立(self-supporting)是指个体从自己过去依赖的事物独立出来,是自己行动、自己做主、自己判断、对自己的承诺和行为负起责任的过程。自立可分为身体自立、行动自立、心理自立、经济自立和社会自立五个方面;还可分为特质自立和状态自立。李媛、黄希庭(2002)的一项研究表明,高自立意识的大学生在行为上表现出较多的自主与自控行为,能较好地安排自己的生活计划,对挫折与困难能主动进行自我调节和控制,能积极参加学校的各种社团活动和其他形式的集体活动。他们有定向型的自我同一性,对自己有一致感,对未来有比较明确的认识,对自己有比较积极的认识。因此能更积极地投入学习和生活,拥有更和谐的人际关系,遇到挫折时采取更成熟的应对方式。

自立体现了务实的作风和做事的能力,而不是"语言的巨人,行动的矮子";自立,需要自觉地做实实在在的工作,需要具有解决各种实际问题的能力作为基础。

自立又是指一种独立工作的能力和敢于负责的态度,而不是那种处处依赖别人、毫无创见、喜欢随大流的心态。

自立是人生极其重要的品质,只有通过自我践行才能产生自立的品质。自我践行是四个环节中最重要的一环,如果不去践行,自我认识、自我要求都会成为纸上谈兵。教师和家长要设法帮助学生完成由想到做这极其重要的一步,这一步看似简单,却是关系到动机的远大或渺小的实质性的一步,涉及事情的成功和失败的关键一步。

2. 通过自我认识培养自信的品质

自信(self-confidence)就是相信自己。毕重增和黄希庭(2006)将自信界定为个体对自己的判断和能力的确信、有信心,并建构出一个包括开放创新、人际和谐、好我自纳、未来定向、毅力勇气五个维度的自信结构。自信还可以分为能力自信和品格自信,是一种具有正面情绪色彩的人格特质,在行为选择上扮演重要角色。自信水平高的人肯定自己的价值,有积极乐观情绪、健康心态,会选择比较现实的活动或目标。自信的人敢于尝试新领域,能更快地发展自己的兴趣和才华,与学习任务完成、比赛等方面的高绩效有密切联系。

自信,需要科学、正确地认识自己。所谓正确认识自己是指如实地认识自己,全面地认识自己,发展地认识自己。科学、正确地认识自己,一靠自己的实践活动,通过亲身的实践取得体验;二靠别人的准确评价,在别人正确的帮助下认识自己。所以,自信是指建立在科学、正确地认识自己的基础上对自己产生的信心。自信并不是人主观地认为自己没有缺点,而是相信自己能克服缺点,自己有克服缺点的能力。自信也不是教条地认为人应该没有缺点,而是相信自己即使有某些缺点,也不影响自己从整体上仍是优秀的、值得骄傲的。

自信并不是盲目地认为自己超过别人,而是不会因自己有某些缺陷而全面贬低自己,否定自己,失去前进的勇气。自信的人相信自己有潜力,自信的人认为每一个人可以有自己不同于别人的特色,都可以找到自己恰当的位置。因此,自信又是建立在对整个世界的科学、正确的认识而产生的对自身的一种信念。

3. 通过自我评价培养自尊的品质

自尊(self-esteem)是指个人评价自己的价值和重要性的情感体验,与自我价值感同义。黄希庭和余华(2002)提出多维度、多层次的自我价值感模型,抽象程度由高至低依次包括总体自我价值感、一般自我价值感(社会取向和自我取向两种)和特殊自我价值感(生理的、心理的、人际的、道德的、家庭的五个具体方面)三个层次。高自尊者乐观、主动、热情、乐于助人、有成就、少焦虑、无破坏感、感到充实和力量;而低自尊者表现为失望、抑郁、无助、孤立、不可爱、怕惹人生气、怕被注意。

自尊要有标准,自尊的核心问题是评价标准,所以苏联心理学家科恩说:"自尊心就是个人的价值判断",自尊也就是自己要捍卫自己的价值追求标准。自尊应该是体现了社会价值的一种自我价值追求,是指向深远的人生目标的追求,而不是为了虚荣心、为了面子的肤浅的价值追求,更不是出于狭隘目的、寻求私利的价值追求的自尊。

著名的詹姆士公式是:自尊=成就/追求。这个公式对每个人都是适用的,但是对于每一个人来说,真正的具体内容又可能不同,原因在于,对成就、对追求,每一个人的标准可能不一样。因此,在现实生活中,每个人的自尊表现又很不同。例如,有的人把为人类发展做贡献作为自己的追求;而有的人则把生活享受作为唯一的追求;有的人甚至把"面子"作为重要的追求。因此他们的自尊表现必然不同。虽然表现不同,但对每个人来说,因为它是人的最根本的追求,所以在重要性这一点上又是完全一样的。

青少年应该用正确的标准建立自尊,用正确的标准来评价自己的所作所为,用正确的价值追求形成自己的强大精神动力,准备用自己创造性的劳动对人类做出贡献,用这种方法提高自己的价值。要使自己具有既不向别人卑躬屈膝,又不容许别人歧视和侮辱自己,内心深处有一种超出物质利益的浩然气节。

4. 通过自我要求培养自强的品质

自强(self-strengthening)是指个人对未来充满希望,面对困难的挑战或挫败而不被负面情绪所压倒,相信自己能够设定目标,想出实现目标的办法,并推动自己达成目标。自强也是不断提升自我、充分发挥自身潜能、努力进取、克服困难的意志力。自强的人对未来抱有希望,把精力集中在产生积极的与目标相关的结果以及如何达成目标的途径上。

随着积极心理学运动的兴起,最近十几年来心理学家开始致力于对性格优点(character strengths)的研究,即通过个体的认知、情感和行为而反映出来的一组积极人格特质。彼得森和塞利格曼(Peterson & Seligram,2006)在对涉及性格优点和美德的大量文献(从精神病学、青少年发展到哲学、宗教、心理学)回顾的基础上,发现了在各种文化(包括中国的儒家思想和道教文化,南亚的佛教和印度教文化,西方的希腊哲学、犹太教、基督教、伊斯兰教)中普遍存在并得到证实的六种核心美德:智慧、勇气、人性、正义、节制和超越(Dahlsgaard, Peterson, & Seligman,2005)。他们根据 10 项标准从众多的性格优点中选择了 24 种性格优点分别归类到这六大核心美德中(VIA-Classification of Strengths,VIA-CS)(见表 12-9)(张宁,张雨青,2010)。

表 12-9　性格优点和美德分类(VIA-CS)(Peterson & Seligman, 2004)

美　德	性　格　优　点
智慧和知识(获得和使用知识的认知优点)	创造性(有新的想法和观点)
	好奇心(对外部世界感兴趣,喜欢探索)
	心胸开阔、思想开明(公平地看待所有证据)
	对学习的热爱(系统化地增长自己的知识)
	愿景、远见(理解世界,明智的忠告)
勇气(情感性优点,践行意志以达成目标)	勇敢(面对威胁和困难的时候不退缩)
	毅力(善始善终,坚持不懈)
	正直(真实地展现自我)
	活力(感到兴奋和充满活力)
人性(人际性优点,培养关系)	爱(珍视亲密关系)
	善良(帮助和照顾他人)
	社会智力(理解社会世界)

美　德	性　格　优　点
正义（奠定健康社会生活的公民美德）	公民行为（社会责任、忠诚、团队合作）
	公平（平等地对待每一个人）
	领导力（组织团体活动）
节制（防止过度的性格优点）	原谅和宽恕（原谅他人）
	谦卑、谦虚（不过度地抬高自己）
	谨慎（小心地进行各种选择）
	自我管理（管理自己的情感和行动）
超越（赋予意义，与世界产生联接的优点）	对美和卓越的欣赏（善于发现生活中的美）
	感恩（对生活中的美好事物表示感激）
	希望（期望并向着美好的未来而努力）
	幽默（看到生活光明的一面）
	精神性（对目标和意义的信念）

自强是出自内心自愿的要求，而不是教师、家长一厢情愿从外部强加的；自强，是在对自己有正确认识的基础上，有目的、有打算、自己积极提出来的对自己的要求，而不是一时冲动的感情用事，更不是出于嫉妒的盲目攀比。自强有不同的层次。一方面受到年龄条件的制约，一方面受到认识水平尤其是价值观的影响。因此，从动机到内容，可以将自强分出若干等级，如为满足生存需要，为满足生理欲望的需要，为满足情感的需要，为满足虚荣心的需要，为满足实现远大理想的需要等不同层次的自强。

让我们回到本章开头提到的那个案例。李刚这些不良习惯的形成其原因是多方面的。从家庭教育方面分析，家长因李刚自幼体弱多病，出现问题总是一味地迁就或采取不了了之的态度，这样一来，久而久之，李刚的坏脾气便成自然；从社会大环境分析，由于物质生活水平提高，当今的青少年普遍存在养尊处优的性格特点，大多孩子没有受过很大的挫折，所以耐挫力差，动辄就会发脾气、使性子，这是当今孩子的时代特点；从生理上来说，李刚正处于青春萌动期，这一时期的青少年普遍存在情绪化、非理性、易冲动等性格特点。面对李刚同学的性格暴躁问题，教师可以尝试采取以下方法帮助他。首先与他倾心交谈，用情感去融化他，让他知道自己的性格缺点。比如告诉他："男子汉应有勇气面对现实,应有一颗宽容之心,遇事要沉着冷静,好动拳头既不能解决问题,又伤了友情,也缺少君子风度。当遇到一些风言风语时,可以置之不理,也可以向老师或家长反映,取得他们的帮助。"其次,要激发爱的情感,比如召开班团会邀请平时与李刚接触较多的同学坐在一起,从不同的角度谈一谈大家对李刚的关爱,用情感去融化李刚。让大家一起讨论同学之间应该如何相处,在合适的时机也让李刚谈谈体会。

教育是教育者帮助成长中的生命最大程度地发挥天赋,教育者应当提醒自己,学生也是"人",是一个有血有肉、有思想有情感的个体,教育者应该以"心"换"心",用情感去修复缺失的个性。

本章小结

性格是指个体在对现实的稳定的态度和习惯化的行为方式中所表现出来的个性心理特征。良好的性格与能力相结合是取得事业成功的必要条件。性格类型是指某类人身上共同具有的性格特征的独特结合。性格类型论的不同研究视角包括:根据知、情、意在性格结构中何者占优势,根据心理活动的倾向性,根据场独立性和场依存性的特点,根据价值观,根据人际关系,根据人格——职业匹配理论等。性格特质论认为性格由一组特质(trait)所组成,特质是构成性格的基本单位,决定个体的行为。奥尔波特将特质分为共同特质和个人特质两类,并进而把个人特质划分为首要特质、主要特质、次要特质三个层次。卡特尔把特质分为表面特质和根源特质。艾森克提出了人格的基本维度及人格结构层次理论。此外,影响力较大的特质理论还有"大五(OCEAN)"、"大七"人格模型。性格的动态特征指在性格的形成和发展过程中,性格特征所表现出的整体性、多面性和可塑性。主要受到生物因素、社会文化因素、家庭因素、学校因素、主观因素的影响。测量性格目前一般采用综合评定法、自然实验法、问卷调查法、投射测验法,将多种方法结合起来交叉应用才能最好地把握性格特点。青少年性格发展具有其特点,教师应注意把握塑造健康性格的重要意义和规律,因材施教,使学生身心共同健康发展。

思考题

● 家庭对儿童性格的发展起着怎样的作用?何为最适合儿童成长的家庭

环境?

● 怎样看待性格的稳定性与可塑性?

● 性格在青少年发展过程中处于什么角色? 教师该怎样对待中学生性格教育?

● 你是否赞同"随着年龄的增长,父母的影响逐渐减小,而同伴的影响逐渐增大"这样的看法? 说说你的理论和事实根据。

探索题

● 新年要到了,你的朋友正在制定新年计划,他希望在新的一年中克服自己容易害羞的毛病。综合本章所学,你会给朋友提什么建议?

● 某中学准备招聘一名初二年级班主任,由你来负责招聘工作。在选拔流程中你会考虑哪些因素? 为什么?

第十三章 品 德 心 理

学习重点

- 品德的含义
- 品德的结构
- 品德心理研究主题的历史演变
- 影响品德发展的因素
- 青少年品德发展的特点
- 品德心理规律在教育中的应用

你知道吗?

- 品德与道德是一回事吗?

- 对"小明因想偷吃糖不小心打破了 1 个杯子,而小强开门不小心打破了门后的 10 个杯子,小明与小强谁更坏?"的问题,年幼孩子认为小强更坏,而年长孩子则认为小明更坏。你能解释这一现象吗?

- 当你看到他人忍受痛苦或享受欢乐时,你是否也能体验到不安或愉快的情感? 说说这是一种什么现象,它与道德行为有什么关系?

- "近朱者赤,近墨者黑",对这句话你怎么理解?

- 你知道怎么测量人的道德判断能力吗?

- 在日常生活中如何区分青少年的心理问题与品德问题? 请举例说明。

军军是一名初中生,性格从小就孤独乖僻,不愿与人交际,独来独往。父亲性格暴躁,动辄棍棒威迫,使他从小得不到家庭的温暖。他在原来班上的各科考试成绩除英语及格外,其余五门学科全挂"红灯"。父亲经常采用棍棒教育,反倒形成了他倔犟不服的脾气,并经常有打架、旷课甚至逃学等不良行为。

如何教育、转化这样一名问题学生,是摆在新接手这个班级班主任工作的李老师面前的问题。李老师该怎么做呢? 她将如何利用品德心理规律来改变他? 当你看完本章后,就能替李老师找到答案。

第一节　品德心理的概述

道德是社会为了协调和控制社会生活而向其成员提出的一系列行为准则的总和，而品德则是道德在个体身上的表现。品德是学校教育中非常重要的心理现象，促进学生品德的发展是学校教育的主要育人目标之一。本节我们将首先围绕品德的概念、品德的结构展开讨论，同时对品德研究的发展进行简要梳理。

一、品德的概念

品德（morality）又称道德品质，是指道德在个体身上表现出来的稳固心理特征。道德通过社会舆论、教育、榜样示范等手段，逐步转化为个体内在的道德意识，并在行动中表现出稳定的特点或倾向，这时，我们说外在的道德已经内化为个体的品德。品德是道德意识与道德行为的有机统一，离开道德行为就无所谓品德，同样，离开道德意识指引的行为也谈不上品德。品德是个性中具有道德价值的核心部分，是稳定的倾向和特征，偶尔的道德行为不是品德。道德和品德之间既有联系，又有区别。

1. 道德与品德的联系

道德与品德有极其密切的联系，两者相互依存，相互促进。品德是道德在个体身上的表现，离开社会道德，就谈不上个人品德。同样，社会道德只有通过个人品德才能真正发挥作用。个人品德也可以转化为社会道德的有机组成部分，从而丰富和发展社会道德。

2. 道德与品德的区别

道德与品德是两个不同的概念，两者的区别主要表现在：①道德是一种社会现象，而品德是一种个体心理现象。前者属于上层建筑的一部分，是意识形态的反映，它的发生、发展服从社会发展的规律，而不以个体的存亡或个别人品德的好坏为转移。后者属于个性的重要组成部分，它的发生、发展依附于具体存在的个人，既受制于社会发展规律，又服从心理发展规律；②道德与品德的内容不尽相同。道德是一定社会伦理行为规范的完整体系，而品德只是道德的部分表现；③道德主要是伦理学、社会学的研究对象，而品德则是心理学、教育学的研究对象。

明确道德与品德的区别和联系，既有助于正确把握这两个概念，又有助于辨别某些错误观点和做法。例如，用心理分析去解释社会道德的起源和动力，或用历史唯物主义观点去代替或否认心理学对品德形成的研究都是不正确的。

二、品德的结构

品德是一个多侧面、多形态、多水平、多序列的动态开放性系统。对品德结构的分析可以是多角度的。下面我们从静态和动态两个方面对品德结构进行分析。品德结构的静态分析是对品德构成成分的分析;品德结构的动态分析是从道德行为产生的动态过程中对品德的各组织形式的功能进行分析。

1. 品德的构成成分

品德像一切个性特征一样,在心理过程中形成,心理过程的"知"、"情"、"意"三要素相应构成品德的三要素,即道德认识、道德情感和道德行为。

(1) 道德认识

道德认识(morale cognition)是对道德规则及意义的认识。它包括道德知识的掌握、道德信念的确立和道德评价能力的发展。

道德认识是品德形成的基础,只有当一个人充分认识行为的道德意义,他的行为才可能称得上道德行为,也就是说,如果一个人无意中做了好事,其行为不能称为道德行为。

(2) 道德情感

道德情感(morale affection)是运用一定的道德标准评价自己和别人言行时产生的一种内心体验。当两个人的思想意图和行为举止符合一定的道德标准时,就会感到道德上的满足,从而产生积极的情绪体验。反之,则会产生消极的情绪体验。

道德情感是品德结构中的重要组成部分,是道德认识和道德行为的中介变量,道德认识只有与道德情感相结合,才会产生道德动机,从而推动道德行为。缺乏道德情感常常是造成知行脱节、言行不一的主要原因。因此,前苏联教育家苏霍姆林斯基(Сухомлинский,1961)说:"没有情感的道德就变成了干枯的、苍白的语句,这语句只能培养伪君子。"

(3) 道德行为

道德行为(morale behavior)是人在道德认识与道德情感推动下产生的涉及道德意义的行为。道德行为是品德的外部表现形态,也是道德教育的最终目的。

道德行为一般是一种意志行为,因为要实现预定的道德目的,常常要克服各种困难,需要道德意志参加。道德意志是道德行为的内部支配力量,是道德意识的能动作用的体现。道德意志主要反映在道德行为的自觉性、果断性、坚持性和自制力上。

道德行为除需要道德动机的推动和道德意志的调节外,还需要一定的道德行为技能,主要通过练习或实践而掌握。道德行为通过多次重复和有意识的练习,会形成道德行为习惯。道德行为习惯是一种自动化的道德行为,它不需要任何条件,会自发地产生,而且十分稳定。养成良好的道德行为习惯,是品德培养的重要目的。

以上三种品德构成成分是彼此联系、相互制约的,它们构成品德的完整结构。然而,历史上对品德各构成成分的作用,却长期存在着唯智派与行为派之争。唯智派认为,人的品德主要取决于道德知识的掌握与道德动机的形成,因而他们强调说理教育。行为派则认为,一个人只要养成良好的行为习惯,就会出现好的品德,因而他们强调行为训练。以上两派的观点尽管都有一些道理,但却都存在片面夸大品德结构中某一成分的作用而抹煞其他成分的作用的缺陷。如果教育者片面强调道德认识的作用,把工作重心放在口头说理上,则有可能造成学生言行脱节的后果。同样,如果只顾行为习惯的训练,而不让学生懂得道德行为的依据,也会使学生的道德评价能力和道德行为灵活性的发展受到限制。因此,只有品德的各种成分协调发展,才能保证良好品德的形成。

2. 品德的动态结构

品德从动态分析角度可分为定向系统、操作系统和反馈系统(林崇德,1988)。

(1) 品德的定向系统

品德的定向系统是由个体的道德认识、道德需要、道德动机和道德意志等组成,具有对道德行为的激发、定向和调节功能,以提高道德行为的自觉性、正确性和积极性。

品德的定向系统按照一定序列表现它的功能,它在明确道德问题、确定道德途径、做出道德决策、实施道德计划等过程中起定向作用,这些作用决定品德的目的性和方向性,制约品德发展的水平,影响道德行为的产生。

(2) 品德的操作系统

品德的操作系统是个体在具体的道德情境中产生道德行为的一系列过程所组成的一个子系统。它包括对道德情境的知觉过程、解决道德问题的决策过程和道德行为的实施过程。

个体在面临具体的道德情境时,首先要知觉这一情境的特点,并用已有道德经验去理解这一情境的道德意义。如果他成功地理解这一情境的道德意义,就会激活品德的定向系统,从而产生相应的道德动机。如果他不能理解情境的道德意义,他将要么停止活动,要么继续搜集有关信息,直至理解当前情境。

解决道德问题的决策过程包括三个阶段,一是明确道德问题,这是在对道德情境知觉基础上,进一步对事件的是非善恶及自身卷入的必要性和紧迫性等做出判断。一旦确定事件的性质及自身卷入的必要性和紧迫性,就进入第二阶段——选择道德途径。道德途径的选择常取决于道德动机斗争状况与道德行为习惯作用的程度,在这两个因素支配下,主体确定怎样的行为途径才是道德的。第三阶段是做出道德决策。道德决策是品德水平的直接体现,是道德行为的内部基础。

道德行为的实施过程就是将内部的道德意向转化为外显的道德行为的过程。这个过程有时瞬间就能完成,但是,在复杂条件下,有时将会延缓道德行为的出现。

在以上操作系统运行过程中,品德的定向系统始终参与其中,并起着过滤、定向和调节的作用。

(3)品德的反馈系统

品德的反馈系统是指个体做出道德行为后,根据各种反馈信息不断调节自己的行为,使之更符合道德规范的过程。

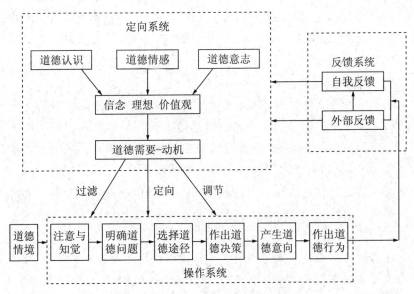

图 13-1　品德的动态结构

个体获得反馈信息有两条途径,一是来自他人与社会的外部反馈;二是来自主体内部的自我反馈。不论是外部反馈还是自我反馈,都可分为正反馈和负反馈。正反馈会增强行为动机,负反馈则减弱或消除行为动机。

品德动态结构的三个子系统相互联系,相互制约,共同构成品德这一复杂系统(见图 13-1)。

由于品德结构本身的复杂性,国内外心理学家对品德结构的观点不尽相同。下面介绍几种主要观点,以帮助大家更好地理解品德结构。

1. 品德结构两部分说

原苏联的心理学家克鲁捷茨(Круткеий,1984)和美国心理学家柯尔伯格(Kohlberg,1984)将品德看成是道德知识和道德行为的统一体。

我国的心理学工作者左其沛(1992)认为,品德由道德需要和道德能力两部分组成。道德需要还包括由它决定的动机、态度、理想、信念等,决定着品德的方向、性质和发展水平,是品德结构中的核心成分。道德能力包括道德知识、道德判断能力和道德行为技能等。

2. 品德三环结构说

这一观点试图用辩证的、系统的方法分析品德结构,提出影响人的品德心理发展的四大系统:①世界观核心系统;②心理要素系统;③个性意识倾向系统;④品德能力系统。围绕着世界观核心系统,其他三个系统形成一个开放性的三环交错结构,而且每一系统又具有自己的亚结构,从而构成一个多维的完整的品德结构(赵志毅,1987)。

3. 品德结构三系统说

这是北京师范大学林崇德教授(1988)的观点。他认为品德结构是个多侧面、多形态、多水平、多联系、多序列的动态的开放性整体系统。它包括三个子系统:①品德的深层结构和发展结构的关系系统,即道德动机系统和道德行为方式系统;②品德的心理过程和行为活动的关系系统,即道德认识、道德情感、道德意志和道德行为的品德心理特征系统;③品德心理活动和外部活动的关系及其组织形式系统,即品德的定向、操作和反馈系统。

4. 品德结构综合说

这是西南师范大学曾欣然的观点。他认为品德是由三个方面 12 项维度及其多层次关系综合而成的整体结构。三个方面分别是:①品德心理智能系统。包含品德认识、品德情感、品德意志、品德行为、品德自我评价。从其作用可分为定向系统、动力系统、能力系统、控制系统和自动反馈调节系统。②品德心理内容构成系统。包含品德行为遵循的社会行为规范,品德行为作用对象的内心需要,品德行为效果的社会意义、社会价值。③品德意识系统。包括意识到自己的社会地位、社会责任;意识到自己在道德行为过程中的心理活动;意识到自己的态度,有选择地进行行为反应(曾欣然等,1990)。

5. 品德结构的生成、执行、定型结构说

这是北京师范大学章志光等(1993)在多年研究基础上提出的品德结构设想。他们认为品德结构可分成生成结构、执行结构和定型结构。生成结构是指个体从非道德状态过渡到开始出现道德行为或初步形成道德性时的心理结构。执行结构是指个人在道德性生成结构基础上发展起来的更有意识地对待道德情境,经历内部冲突、主动定向、考虑决策和调节行为等环节的一种复杂的心理过程及其结构。定型结构是指个体具有品德的心理结构。它是在执行结构基础上形成的,可能具有更高激活性、阶段简缩性和自动化功能的结构。很显然,章志光是从品德形成不同阶段来分析品德结构的。

三、品德心理研究主题的扩展

品德心理研究发轫于上世纪二三十年代,60 年代则形成了系统理论和研究热潮。此后,该领域各方面研究不断深入和拓展,表现之一是其研究主题从公正到关爱、宽恕的发展(岑国桢,1998)。进入 21 世纪后,积极心理学的兴起以及网络的普遍使用对品德心理研究产生了巨大影响。

1. 70 年代中期前的主题是公正

上世纪 70 年代中期以前,品德心理研究的主题主要以公正为核心展开。如皮亚杰对儿童道德判断的研究和探讨,柯尔伯格对青少年道德推理能力发展规律的研究,都是围绕公正展开的。公正主题的内涵涉及道德关系的要求和评价、心理机制、道德问题的发生和表现及其解决。在道德关系的要求和评价方面,公正主题阐明了人际关系的本质应该是对等与公平的,人人都有各自的权利和义务,并根据社会公正的规范和价值观来评价一个人的道德表现;在道德关系的心理机制方面,公正主要揭示了"互惠的预期"起着主导作用,即个体要求自己像别人对待自己那样对待人,也希望别人像自己对待别人那样对待自己;在道德问题的发生、表现及解决方面,公正主题指出,道德问题的表现不胜枚举,但不同的价值判断和行为抉择则是它们的共同表现。而道德问题的根本原因是人际道德关系的互动中"互惠"机制受到了伤害、对等和公平的性质受到了破坏,因此道德问题的解决有赖于客观存在不偏不倚的社会规范和准则,还有赖于个体公正意识的发展和成熟,前者是道德问题解决的外部条件,后者即是解决的主体条件。

2. 70 年代中期后关爱是又一主题

上世纪 70 年代中后期,曾是柯尔伯格研究生的吉利根(Gilligan)提出关爱也是品德心理研究的又一重要主题。关爱主题的内涵所涉及的与公正相同。在道德关系的要求和评价方面,关爱主题阐述了人际道德关系的本质还具有关爱这一要素,个体的道德成熟不仅要求具有公正感,还应该能够关爱他人,人们之间的紧密联系除了以公正来协调,还要求以积极的情感体验来维系,人人都应该维护和发展与他人积极的人际关系,这既是道德的要求,也是道德评价的标准。关于道德关系的心理机制,关爱主题揭示移情起着主导作用,即一个人只有具备移情能力、产生移情体验,才能在人际相互作用中彼此理解,产生积极的内心体验和行为倾向,才能关爱他人;在道德问题的发生、表现、解决方面,关爱主题指出,道德问题的存在还决定于人们是否能从具体情境来理解他人面临的道德问题、是否具有帮助他人解除苦痛和重负的意向和行为,道德问题会在人际关系的诸具体心理成分上得到反映,道德问题的解决则有赖于有关人员表现真情和爱心以及从事关爱的具体行动。

3. 90 年代的又一主题是宽恕

宽恕作为上世纪 90 年代出现的品德心理研究新主题,其内涵正从不同角度被予以探讨。从经验的角度对宽恕的界定是:受另一个人严重伤害的个体通常会与这个人抗争,宽恕就是个体停止对这种人的抗争并无条件地把对方作为人来认同和接纳。宽恕只发生在人与人之间,在造成持续而深重的身心伤害之后,宽恕是个体的一种选择,而不是外部强加的结果;宽恕需要时间,它是一个漫长而艰难的过程;宽恕并不以犯过者的悔过为必要条件;宽恕的对象即犯过者的过错并不一定是故意的;宽恕受内外因素影响,如伤害的严重程度、原来的人际关系状况、宽恕者的心理素质等;宽恕最终会使双方都发生这样那样的变化。

从知、情、行三者心理结构来对宽恕作界定。认知方面,宽恕时一个人就不再有报复性的谴责和念头,产生可能尊重对方、良好祝愿之类的积极性思维活动。情感方面,内心消极情绪逐渐淡化,体验到对立情绪在慢慢缓解,最终为中性情绪甚至积极情绪所取代。行为方面,一个人不会再去做出报复行动,并可能表现出愿意与对方共同参与某些活动。

关于宽恕的研究,涉及发展心理学、咨询与临床心理学及社会心理学等领域。发展心理学研究了宽恕的发展阶段,有人将宽恕发展的阶段与柯尔伯格的有关公正的道德发展阶段理论相联系(Enright,1989)。多数研究证实男女两性在宽恕他人、宽恕自己方面不存在显著性差异。宽恕他人、宽恕自己与大五人格存在显著关联,其中宜人性、谨慎性、外倾性等人格维度对宽恕他人、宽恕自己具有正向预测作用,神经性则对它们具有负向预测作用。同时,许多研究证明,移情与宽恕之间存在显著正相关,移情对宽恕有正向预测力。移情对宽恕他人有显著正向预测作用,对宽恕自己则有负向预测作用;移情充当了宜人性、谨慎性、开放性等人格维度与宽恕他人间的中介变量,还充当了开放性与宽恕自己间的中介变量。移情是被一些研究者界定为对他人情绪状态的同感性体验,而被他人视为是以同情、亲切和体谅为特征的特定情绪。研究表明被试报告的对特定侵犯者的宽恕程度和他们对侵犯者体验到的移情程度存在正相关。沉思对宽恕他人、宽恕自己具有负向预测作用,沉思充当了除开放性外的其他人格维度与宽恕他人、宽恕自己间的中介变量。同时有研究还得出结论,宽恕与消极沉思呈显著负相关。归因也是宽恕的一个重要因素,包括对冒犯后果的认知、对冒犯者行为意向的解释、对冒犯行为能否避免等的认知。研究表明:宽恕冒犯者的人评价冒犯事件的严重性程度更低,评价冒犯者是可容忍的,他们对冒犯行为的解释较为充分和真诚。在咨询与临床心理学方面,许多研究报告指出宽恕对心理健康有积极促进作用,并已经将宽恕应用于治疗实践。许多研究者还探讨宽恕的潜在社会心理法则,并试图对多种理论观点进行整合。

4. 21 世纪积极心理学的掀起

积极心理学是 20 世纪末兴起于美国的一股重要心理学力量,也是当今心理学舞台上比较活跃的一个领域。积极心理学的核心思想在于强调人本身所固有的积极因素,强调人的价值与人文关怀,主张心理学的研究要以人实际的、潜在的、具有建设性的力量、美德和善端为出发点,用积极的心态对人的心理现象做出新的解读,寻找其规律,从而激发人自身内在的积极力量和优秀品质,并利用这些积极力量和优秀品质来帮助普通人或具有一定天赋的人最大限度地挖掘自身的潜力并获得幸福的生活。积极心理学研究的美德包括认识力量、情感力量、人际力量、公平性力量、避免极端的力量和精神超越等六大方面二十多项美德。

积极心理学研究人类的力量和美德,并探索如何增强人性中的积极层面,帮助人们不断地发展和完善自己,这对道德教育具有借鉴意义。近年来我国许多学者积极探索积极心理学在青少年道德教育中的运用,取得了很好的效果。

5. 当前品德心理研究的几个热点

当前品德心理研究出现一些新热点,如道德敏感性、道德虚伪、道德推脱等。下面做一简单介绍。

道德敏感性(moral sensitivity)是指人对社会环境及他人情感、利益和各种需要敏锐的感受性,它是制约中小学生道德行为的重要因素(王云强,郭本禹,2012)。道德敏感性是莱士特(Rest, 1982)道德四成分模型中第一种成分,是道德行为发生之前逻辑上的初始心理成分，包含着认知与情感的复杂交互作用。根据郑信军和岑国桢(2009)的研究，道德敏感性由四个因素组成：责任敏感性、规范敏感性、情绪敏感性和人际敏感性。其中责任敏感性包括两个小因素：宽容和责任归属；规范敏感性包括两个小因素：社会公德意识和尊重他人的意识；情绪敏感性包括两个小因素：情感表达和情感理解；人际敏感性包括两个小因素：处理人际差异和关爱他人。

道德虚伪(moral hypocrisy)在个体层面是指人们言行不一，在人际层面是指人们持有双重标准。作为一种复杂的心理现象，道德虚伪现象普遍存在，而在很多时候又难以察觉。因为跟道德正直(moral integrity)相同的是，道德虚伪者在他人面前也会做出道德的样子，只有在不被人察觉的情况下他们才会自我谋利，即使这样他们可能也依然认为自己是道德的。心理学家通常从道德动机、认知失调以及精神分析的角度考察道德虚伪。诱发道德虚伪通常会促使个体做出跟他们公开承诺不相一致的行为。作为一种机会主义的适应策略，道德虚伪可能起源于群体适应情境下的自我谋利需要，带有欺骗他人和自欺的特点。除了情绪、权力等因素之外，未来研究需要考察自恋、羞耻、社会操纵能力、情商、文化因素对道德虚伪的影响(吴宝沛，高树玲，2012)。

道德推脱(moral disengagement)是指个体产生的一些特定的认知倾向，这些认知倾向包括重新定义自己的行为使其伤害性显得更小、最大程度地减少自己在行为后果中的责任和降低对受伤目标痛苦的认同。道德推脱可以解释为什么正常人做了不道德行为而没有明显的内疚和自责。根据这一理论，大多数人都建立了个人道德行为标准，这些标准起着自我调节作用，可以引导良好的行为和制止不良行为，而与这些标准相抵触的行为会导致个体的内疚和自责。因此，个体的行为通常与其内部的道德标准相符合，但是这一自我调节功能只有在被激活时才能起作用。道德推脱在道德自我调节过程中起着重要作用，可以使道德自我调节功能有选择地激活或失效。当个体违反其内部道德标准时，可通过道德推脱使道德的自我调节功能失效，进而摆脱内疚和自责，因此，具有高道德推脱的个体更有可能做出不道德行为(杨继平，王兴超，高玲，2010)。潘清泉和周宗奎(2009)综合国内外研究，总结出道德推脱的一套相互关联的认知机制，包含有8个成分，即道德合理化(moral justification)、委婉化表达(euphemistic labeling)、有利对比(advantageous comparison)、责任转移(displacement of responsibility)、责任扩散(diffusion of responsibility)、结果曲解(distortion of consequences)、非人化(dehumanization)和过失归因(attribution of blame)。这些道德推脱机制都可以使得道德自我调节过程失去调节和控制作用，从而可能使得个体更多地表现出非道德行为，而没有伴随着内疚感。根据具体作用不同划分,道德推脱的 8 个成分可以分为三大类:第一类,使内部道德控制失效的机制,包括道德合理化、委婉化表达和有利对比。这类机制推动个体对于自己的残忍行为或者伤害行为的认知重构,使得行为对于潜在对象的伤害看起来更小。第二类,模糊或者最小化个体在破坏行为中的主动作用的机制,即责任转移、责任扩散以及忽视或者歪曲行为的结果;责任转移或者责任扩散的认知机制可以最小化个体行为引起的伤害中个体应该承担的责任。责任转移往往是将自己行为的责任归因于权威人物或者外界的压力。责任扩散则往往是归因责任到一个群体的所有成员而不是任何一个个体身上。第三类,关注于受伤害对象的不好或者令人讨厌的行为或者特征的机制。通过重构行为的结果,或者最小化行为的后果或者最小化这些行为可能引起他人痛苦的知觉,可以免除个体内在道德标准对于自己的控制,使自己的标准与行为不存在认知上的冲突。潘清泉、周宗奎的研究发现个体的移情倾向性和道德认同与道德推脱负向相关,个体的犬儒主义特征与道德推脱正向相关,而不同类型的控制点倾向对道德推脱有着不同的影响。道德推脱可能更易导致非道德行为的发生。根据道德推脱的影响因素,采取教育干预措施可以有效控制和降低个体的道德推脱倾向,进而降低非道德行为发生的可能性。

学术前沿 13-1　国际道德教育研究的关键文献与高影响人物的可视化分析

利用 CiteSpaceⅡ来确定近十年国际道德教育研究的关键文献和高影响人物,以期对当前国际道德教育研究有一个更全面更深刻的认识。在美国信息研究所(ISI)的 SSCI 数据库中,选定"moral education"研究主题,文献年限限定为 1999—2008 年,并下载相关全部数据题录(其中引文题录为 215 830 条),然后运用 CitespaceⅡ进行文献共引网络图谱的绘制,时间段同样选定为 1999—2008 年,年分段(time scaling)选为 1 年,同时设置合理阈值,运行得到道德教育研究领域 1999—2008 年文献共引网络图谱。

在文献共引网络图谱中,关键节点文献是共引网络中连接两个以上聚类群组、具有中介作用的节点。一般来说,关键节点的点度中心性较高,在整个网络中所起到的"桥梁"作用越大。从知识理论的角度看,关键节点文献通常是在该领域中提出重大理论或是创新概念的文献。笔者按照出版年代为序进行剖析和解读:第一部为 1969 年科尔伯格(Kohlberg)的著作《社会化理论与研究手册》,书中科尔伯格提出道德教育的三阶段六水平的道德发展阶段模型,从而掀起国际道德教育关于道德认知发展规律研究的高潮。第二部是罗尔斯(Rawls)的《正义论》,该著作前后三易其稿终成 20 世纪下半叶伦理学、政治哲学领域最重要的理论著作,于 1971 年正式出版发行,旋即在学术界产生巨大反响。著作中关于"公正"的阐述对当代西方道德教育研究产生了深刻影响,虽然《正义论》更多的是对政治哲学方面的贡献,但是罗尔斯关于正义的讨论有助于研究道德教育关于正义标准的定义,进而讨论道德与非道德之间的关系,所以《正义论》成为国际道德教育研究领域的关键文献不足为奇。第三部是吉利根于1982年出版的著作《不同的声音:心理学理论和妇女的发展》,此书是吉利根阐述其关心理论的第一本书,她在书中鲜明地提出了女性在自我观念形成和道德发展方面与男性的不同,著作建立在批判科尔伯格、皮亚杰(Piaget)等西方道德发展心理学观点的基础之上,旨在引起人们对两性在道德发展阶段的不同的重视,关注女性"不同的声音"。该书在西方社会被视为当代女性主义理论的经典性著作,改变了以往皮亚杰和科尔伯格研究道德认知发展时只关注男性的局面,开创了西方道德教育女性主义及其关心理论的先河。第四部是诺丁斯(Noddings)的《关心:伦理和道德教育的女性探讨》,在书中诺丁斯审视了"关心"和"被关心"的含义,并对另一个人的关心如何关系到更开阔的道德景象,以及在教育领域关心最终如何发挥作用等问题进行了详细的阐述。诺丁斯论述了吉利根涉及但并未深化的许多问题,其重要特色就在于把关心伦理学系统化和理论化,由此可见诺丁斯的这本著作对关心道德学派的建立和发展起到了奠基性作用。第五部是詹姆士·瑞斯特(Rest)的《道德发展的研究和理论》,该书建立了确定问题测验(defining issues test)的理论和方法,这是一个道德发展的构成模型。这个模型源于传统的科尔伯格理论和科尔伯格的道德发展阶段,瑞斯特称该方法为"新科尔伯格方法"。确定问题测验为增强效度采用李克特量表进行定量测验,该方法是当代国际道德教育心理学在研究方法上的一个里程碑式的突破。第六部是《道德判断测量:标准问题评分手册》,第一作者是现就职于卡内基基金会的安妮·科尔比(Colby),第二作者则是科尔伯格,该书主要阐述了后期科尔伯格的思想及其变化,因此产生了非常高的影响力也理所当然。第七部是安东尼·吉登斯(Giddens)的《现代性与自我认同》,书中吉登斯的自我认同理论着重强调主体的反思性和主体的自我建构性,这对道德教育中应该强调学生的反思性道德学习以帮助学生形成初步道德智慧,以及教育者应该充分尊重人的个性发展,充分发挥其主体性意识,培养其良好品质的自我构建都起到了很大的理论指导作用。第八部是詹姆士·瑞斯特的《后习俗道德思考》,因为瑞斯特等把"确定问题测验"修订成为"确定问题测验-2",所以相关"修订"成果发表后在道德教育研究领域又掀起了关于对这一研究的新波澜,这也正是该书成为国际道德教育研究关键文献之一的原因。

(潘黎,傅维利,2011)

6. 新时期道德教育面临的新问题

21世纪是网络的时代,互联网的普及极大地改变了人类的工作、学习和生活方式。青少年是网络的主力军,网络对青少年的影响更大。截至2012年12月(中国互联网络信息中心,2013),中国的网民总数为5.64亿人,其中学生网民占25.1%,网络游戏用户已经达到3.36亿人。在如此巨大的青少年群体中,网络带给青少年丰富的信息与知识的同时,也使青少年容易在网络世界中迷失自己,如恶作剧、网络失信、恣意纵情、欺骗、网络成瘾等消极影响。

加强青少年的网络道德教育是新时期学校道德教育中的一个新任务。美国网络伦理研究者巴戈(Barger)认为,在虚拟世界中,人类道德呈现弱化趋势,诚实、公正、友爱、互助等现实社会中的道德规范受到前所未有的冲击,主要缘于网络少有禁忌。尼葛洛庞帝(Negroponte)也说,在网络中,人是自由的个体存在,网络社会是一个"自己管理自己"、"自己对自己负责"、"自己是自己的国王"的特殊世界,而网络本身缺乏足够的监督与惩治功能。因此,要实现网络空间的净化,除了在技术层面增强网络世界的安全性之外,对网络主体的道德提升极为重要,其中,网络道德的教育必不可少。实际上,当前青少年网络道德教育确已引起全社会的重视。

第二节 品德心理的一般规律

品德是道德在个体身上表现出来的稳固心理特征,它的形成和发展受到内外部环境的影响。家庭教育、学校教育和社会环境构成影响个体品德的外部因素,处于身心迅速发展变化阶段的青少年具有独特的年龄特征。这些是本节所要论述的品德心理的一般规律性。

一、影响品德发展的因素

品德的发生、发展是一个复杂过程,许多因素影响着这一过程。遗传与生理成熟是品德发生、发展的生物学前提,环境教育在品德发展中起决定作用,实践活动是儿童、青少年品德发展的必要基础。我们重点讨论环境教育因素对儿童、青少年品德发展的影响。

1. 家庭教育

家庭是儿童的第一所学校,父母是儿童的第一任老师。家庭不仅是儿童活动的主要场所,而且是影响儿童、青少年品德发展的最早、最连续持久的环境因素。

家庭结构是否完整对儿童身心发展有重要影响。在那些因父母离异或死亡造成的破裂家庭中,孩子由于缺乏应有的父爱或母爱,心灵上受到创伤,再加上家庭教育力量单薄,对孩子品德发展易造成不利影响。根据国内外有关调查结果显示,破裂家庭青少年犯罪率远远高于正常家庭。

我国有关研究表明,家长的文化程度、品德修养对其子女的品德发展也有显著影响。家长的文化程度是影响家长教育观念、教养方式和教育能力的重要因素。一般来说,家长文化程度越高,越容易接受先进的教育观念和合理的教养方式,也具有较高的教育能力,因而有利于子女的品德发展。父母常常是孩子心目中的榜样,他们的言行举止对孩子有直接影响,因而,家长自身的品德修养将对孩子产生潜移默化的影响(丁瑜,1985)。

家长对子女的教养态度和方式对子女品德发展也有重要影响(详细内容见"性格"一章)。家庭气氛对子女的品德发展也有一定影响。家庭气氛是指家庭集体中的人际关系、情绪色彩和一般态度。如果家庭充满和睦温馨、积极向上的气氛,孩子就会有安全感和舒适感,这种气氛容易激励孩子奋发向上,形成良好品德。如果家庭气氛一直很紧张,父母一直争吵不休,孩子长期生活在这种缺乏温暖和安全感的环境中,身心发展将会受到严重损害,品德发展也会受到不良影响。有些家庭缺乏健康的精神生活,追求低级趣味,整个家庭散发着一种庸俗腐朽的气息,在这种家庭氛围中,孩子的心灵也会受到污染,很难形成正确的人生观、世界观。

2. 学校教育

学校是有目的、有计划、有系统地教育儿童和青少年的专门机构,因而对儿童和青少年的品德发展起着主导作用。

学校德育是学校教育的重要组成部分,是根据教育方针和学生身心发展规律有计划地塑造学生心灵的教育活动。学校德育主要通过学科教育、班校会、团队活动、课外活动等途径影响学生,实现其教育目标的。学校对德育工作的重视程度和工作质量好坏直接影响着学生的品德发展。

学校集体是影响学生健康成长的重要因素。它通过集体舆论、班风、校风、教师的态度及作风等方式影响学生的品德发展。

集体舆论是指集体中占优势的态度与观点,它是集体影响其成员思想与行为的重要方式。当集体成员做出与集体舆论一致的行为时,他将得到集体舆论的肯定和鼓励,从而使这种行为得到强化;反之,他将受到集体舆论的否定和谴责,从而使这种行为受到制止。良好的集体舆论将有效地对学生的思想观念和道德行为进行调节,帮助他们形成良好的品德,矫正不良行为。

班风、校风是指班集体、校集体长期形成的一种作风、一种气氛,即集体成员中普遍具有的、占优势的言行倾向性。班风、校风是一种无声的命令,是一种潜移默化的影响力。一般说,如果班集体的主导风气(班风)不健康,将会影响该集体中几乎所有成员。我国的一项调查发现,具有良好而稳定班风的班集体对改造学生的不良道德行为习惯具有明显效果(林崇德,1983)。

教师在学校中处于特殊地位,教师对学生的态度、教师的工作作风和自身的品德修养将对学生的品德发展产生很大影响。热爱学生、尊重学生的老师,容易赢得学生的欢迎和尊敬,容易取得良好的教育效果;对学生态度粗暴或冷漠的教师,往往会引起学生的反感,从而影响其教育效果。教师作风民主,学生将朝着情绪稳定、态度友好和具有领导能力等方向发展;教师作风专制,易于导致学生情绪紧张、冷漠、攻击性和不能自治。教师自身的品德修养起着“以身立教,为人师表”的作用,是影响学生品德发展的一个不可忽视的因素。

3. 社会环境

家庭、学校是社会的组成部分,社会除通过家庭、学校影响儿童、青少年品德发展外,还通过其他各种渠道对儿童、青少年产生直接影响。

社会生产方式是在宏观上制约儿童、青少年品德发展的重要因素。因为社会生产方式决定着上层建筑,决定着社会道德体系的性质和道德的基本原则,而品德是社会道德在个体身上的反映,所以,品德在宏观上必然受社会生产方式的制约。因此,社会生产方式的变革,必然会引起道德领域的矛盾冲突,从而影响处于这一社会的儿童、青少年品德的变化。

与社会生产方式相比,社会风气、社区文化、大众传媒、校外教育机构、社会团体、校外友伴、亲戚邻居等社会生活诸因素则更直接地影响儿童、青少年品德的发展。以上社会生活诸因素的影响往往无处不在,无时不有;有积极的,也有消极的;有经常的,也有偶然的;有自觉的,也有自发的。因此,净化社会环境,调节社会各因素的影响,形成正确的教育合力,是培养学生良好品德的重要环节。

二、道德认识的发展

道德认识的形成是一个复杂的过程,主要包括道德概念的形成、道德信念的确立和道德评价能力的发展三个主要环节。

1. 道德概念的形成

道德概念(morale concept)是人对社会道德现象的一般的、本质特征的反映。学生掌握道德概念是在感性道德观念基础上,通过对道德知识的学习,逐步对道德规范有正确的理解,最后形成自己的道德观念。

(1)感性道德表象的积累

感性道德表象是指由直接道德经验所形成的对道德规范的感性认识。它是形成道德概念的基础。研究表明，早期道德经验的积累所形成的感性道德表象，对一个人的品德发展影响很大。儿童总是凭借具体的道德形象，直观地领会道德的含义。只有让儿童多积累正面的道德经验，形成积极的感性道德表象，才能使他们真正理解道德规范，形成正确的道德概念。

在影响感性道德表象形成因素的研究方面，有研究者认为，儿童感性道德表象的产生有赖于儿童对社会道德现象的观察认知、成人对儿童行为的褒贬评价以及儿童自身所产生的情感体验(陈安福，1987)。因此，在道德认识教育中，要重视培养儿童对社会道德现象的观察力，对儿童的行为表现要及时准确地评价，注意儿童情感体验的倾向与强度。

（2）道德知识的理解

感性道德表象还不是对道德规范的一般的、本质特征的反映，还需要经过道德知识学习，理解道德规范的实质，才能形成正确的道德概念。儿童和青少年对道德知识的理解，受道德经验和思维能力的制约，表现出明显的年龄特征。李怀美等(1989)曾对我国 2 714 名中小学生（男女、城市和农村、重点校和非重点校）道德概念理解水平的发展进行考察，结果发现，中小学生道德概念理解水平的发展随年级提高而上升，各年级之间存在显著差异。低年级小学生对道德概念的理解片面肤浅，只停留在一些表面现象上，小学五年级到中学二年级学生逐步能够理解具体的道德概念，但对较抽象的道德概念理解上还有困难。高中生已经能较深刻地理解道德概念的本质。根据林崇德(1980)的研究，初三以上的青少年，在正确教育指导下，才能初步揭示道德概念的实质，上升到从基本要求上加以认识。

（3）道德观念的形成

形成道德概念与掌握自然科学概念不同，自然科学概念反映客观世界的本质与规律，个体在认识这些本质与规律后，一般都会自觉地遵循这些规律，否则会受到自然界无情的惩罚。道德概念反映的是人们应当具有什么样的行为，最初只是形成知识性的道德概念，也就是说，只是知道应该怎样做，只是将道德行为规范作为一种知识来掌握，但并未内化为自己的道德需要，还没有准备用道德行为规范来指导自己的行为。有些人的道德知识与道德行为脱节，其原因就是他们形成的还只是知识性的道德概念，并未内化为自己的内在需要。因此，我们的道德教育不能停留在让学生了解行为规范是什么这一层面上，而应该把外在规范内化为学生自己的道德观念，从而指导他们的行为。

要让学生承认、接受并遵循道德规范，必须消除学生心理上的意义障碍。所谓意义障碍是指受教育者在接受教育中由于某些心理原因而产生的心理障碍。产生意义障碍的原因较复杂，常见的有以下几种：一是由于知识经验的局限使学生对成人的要求难以理解或误解;二是成人提出的要求不符合学生的实际需要;三是教师或家长对学生采用强烈粗暴的态度,伤害了学生的自尊心;四是学生感到教师在处理某些问题上不够公正;五是教师和家长对学生的要求不一致、不统一或不一贯,使学生无所适从;六是教师和家长言行不一。为了消除意义障碍,教育者必须首先了解学生,尊重学生;其次,处理问题要公正,向学生提出要求要合理,前后一致;另外,教育者要以身作则,树立良好榜样。

2. 道德信念的确立

道德信念(morale belief)是坚信道德规范的正确性并伴有情绪色彩与动力性的道德观念。它是与道德情感、道德行为紧密联系的一种坚定的道德观。道德信念是道德认识高度发展的结果,是道德动机较高级的形式,是道德认识转化为道德行为的强大动力,是品德形成的关键性因素。

一旦一个人将社会的道德准则内化为自己的道德信念,他将自觉地遵守这些道德准则,表现出道德行为的坚定性和一贯性。因此,引导学生将道德知识转化为道德信念是德育的一项重要任务。由道德知识转化为道德信念,是一个缓慢的发展过程。有人将儿童和青少年道德信念发展划分为四个时期(李山川,1991)。

(1) 无道德信念时期(约 10 岁前)

这个时期的儿童正处在道德认识的感性经验阶段,道德思维能力差,只能接受一些具体的、形象的道德知识,是道德信念产生的准备时期。

(2) 道德信念萌芽时期(10～15 岁)

这个时期的学生,已表现出道德信念的内在愿望和要求,但这种道德信念还不稳定、不成熟,支配道德行为的力量不强。

(3) 道德信念初步形成时期(15～18 岁)

这个时期的学生,正处在由道德信念萌芽时期向道德信念确立时期的过渡阶段。他们已经积累大量的道德知识经验,形成自己的道德观念,并知道自己的行动原则,但是,这些道德观念的抽象水平不高,坚定性和稳定性还较差。

(4) 道德信念确立时期(约 18 岁以后)

这个时期的学生,由于已经掌握一些在性质上非常概括化和抽象化的道德观念和原则,并与自己的人生观、世界观和理想联系起来,有了明确的行动目标,因而他们的道德信念具有稳定性、坚定性和一贯性的特点。

当然,上述各时期的年龄划分不是绝对的,常表现出极大的个体差异。影响道德信念形成的除了道德认识的深度外,还与一个人的道德实践以及由此产生的道德情感体验的性质和强度紧密相关。因此,有计划地组织学生进行道德实践,在实践中让他们体验积极、愉快的情感,获得证明道德要求正确性的经验,将有利于学生道德信念的确立。

3. 道德评价能力的发展

道德评价(morale evaluation)是个体依据已掌握的道德标准对别人和自己的行为进行是非善恶的判断过程。

国内外大量研究表明,儿童和青少年道德评价能力的发展有如下规律。

(1) 从"他律"到"自律"

这是瑞士儿童心理学家皮亚杰(Piaget)发现的规律。皮亚杰(1932)发现,年幼儿童的道德判断受自身以外的价值标准所支配,他们盲目服从权威,将规则绝对化,只注重行为后果,不考虑行为动机;将惩罚看作天意,是一种报应。皮亚杰将这种道德判断称为他律道德(heteronomous morality)。随着儿童年龄增长,儿童的道德判断逐步由自己的道德价值标准所支配,他们不再盲目服从权威,而强调公平和公道,注重行为动机,考虑惩罚应以让犯过者认识过错为目的。皮亚杰将年长儿童的这种道德判断称为自律道德(autonomous morality)。从"他律"到"自律"是儿童道德判断能力发展的普遍规律。

(2) 从"对人"到"对己"

学生的道德评价能力总是从评价别人开始,逐步发展到评价自己。由于小学生自我意识水平较低,他们还不会将自己作为评价对象,只会对他人行为做出表面性评价。到了中学,随着自我意识迅速发展,他们开始更多地关心自己的内心世界,自我评价能力也逐步发展起来。学生的自我评价能力是从别人评价自己的过程中逐渐掌握的。少年学生的自我评价往往偏高,高中生的自我评价才日趋恰当(时蓉华,王伟,1985)。

(3) 从"片面"到"全面"

小学生和初中生的道德评价往往带有很大的片面性,容易受情境和个人情绪的影响,爱做绝对肯定或绝对否定的评价。例如,有人问初中生"你最讨厌的同学身上有什么优点?"大部分学生回答没有优点,只有缺点。他们的道德评价易受一时一事的偶然因素影响,他们看到某人在某一时间做了一件好事,往往就认为他什么都好,相反,看到一个人偶尔犯了一次错误,就认为他什么都不好。直到高中以后,学生才逐步学会全面、客观地评价他人与自己。他们能够根据影响某种行为的各种因素、行为产生的原因和动机以及行为表现的性质与后果等诸方面情况做出较为全面、客观的评价(魏明霞,1983)。

4. 道德推理能力的发展

美国心理学家柯尔伯格(Kohlberg,1984)运用道德两难故事对儿童和青少年道德推理能力发展进行深入研究,概括出儿童和青少年道德推理能力发展中存在前习俗水平、习俗水平和后习俗水平三种不同的水平,而且每一水平存在两个阶段(三个水平共六个阶段)。柯尔伯格认为,道德发展的顺序是固定的,可是并不是所有人都在同样年龄达到同样的发展阶段。事实上,很多人永远无法达到道德推理的最高水平,他们只能停留在较低水平上进行道德判断。

柯尔伯格(Lawrence Kohlberg, 1927—1987)

美国著名的发展心理学家和道德教育学家,被誉为"现代道德认知发展理论之父"。长期致力于道德认知发展体系的构建,并将之应用于学校道德教育实践。主要著作有:《社会化理论与研究手册》、《阶段与继续:对社会化的认知发展》、《儿童对道德准则的定向的发展》、《道德性格和道德意识形态的发展》等。

知识视界13-1 道德两难故事

为了测定人们的道德发展水平,柯尔伯格设计了一些道德两难故事,让人们只对故事中的主人公行为进行判断。这些故事都包含一个道德价值上矛盾冲突的道德问题,当人们对主人公行为做出判断以后,主试再问他一系列的问题,以查证他为什么这样判断。下面我们以"海因茨偷药"这一两难故事为例,来说明这种测量道德发展水平的方法。

有一位妇女患了癌症,生命垂危。医生认为只有一种药可以救她。这种药成本很高,而制药师更以10倍于成本的价格出售,一剂索款2 000元。病妇的丈夫海因茨向所有的熟人借钱,凑起来还缺一半。他请求制药师便宜些卖给他,或赊给他,过些日子再付款。在遭到制药师拒绝后,海因茨就闯进制药师的店里,为妻子偷取了这种药。海因茨应该去偷药吗?

对以上问题的回答"应该"或"不应该"并不重要。重要的是"应该"或"不应该"的理由。一个回答"海因茨应该去偷药"的人,他的道德水平可能很低,如果他的理由是"他先提出了请求,又不偷大的东西"或"海因茨爱他的妻子,他不愿失去她",也就是他只根据行为的结果或根据自己的需要和快乐做出判断;他的道德水平也可能很高,如果他的理由是"尽管偷药法律是不允许的,但为了拯救生命,被迫去偷药是可以理解的"。同样,回答"海因茨不应该去偷药"的人,他的道德水平可能很低,如果他的出发点是避免惩罚;也可能很高,如果他的出发点是维护高级的道德原则。因此,我们用两难故事可以测量人们不同的道德水平。柯尔伯格就是通过两难故事把人们的道德发展划分为三个水平六个阶段的。柯尔伯格的研究只限于公正(justice)的道德范畴内。

后来,有人将宽恕纳入道德发展的研究主题,并将个体对宽恕理解的发展阶段与柯尔伯格的发展阶段相联系(Enright,1989;傅宏,2002)。表 13-1 是公正与宽恕发展阶段的对照。

表 13-1 公正与宽恕发展阶段比较

阶 段	公 正	宽 恕
阶段 1	惩罚与服从定向。相信公正应该由一个可以做出惩罚的权威来决定。	报复性宽恕。当我采用同等水平的报复惩罚了对方之后,我就可以宽恕他了。
阶段 2	相对公正。采用互惠的方式来定义公正,如果你帮助了我,我就必定要帮助你。	归还和补偿性宽恕。如果我能够把我所失去的重新补偿回来,那么,我会宽恕。或者,当我如果不去宽恕而感到内疚时,我也会通过宽恕来去除这种内疚。
阶段 3	好孩子公正。我主要根据团体成员的感觉来决定对错。我这么做是为了取得同伴的好感。	预期的宽恕。当其他人要求我这么做的时候,我便会宽恕。
阶段 4	法与秩序公正。社会的法律将指导做出公正判断。维护法律是为了得到一个有秩序的社会。	合法的宽恕。当我所信仰的宗教要求我去这么做的时候,我会宽恕。
阶段 5	社会关系定向。尽管存在不公正的法规和游戏规则,但愿意去维持一定的社会关系。相信公正和法规是相应于社会的变化而改变。	社会和谐需要的宽恕。宽恕是为了重建和谐和良好人际关系。宽恕可以减少社会冲突。宽恕是控制社会和维护和平关系的方式。
阶段 6	人类的伦理定向选择。对于公正的感受是基于维护全体人类的权益考虑。人心中的良知胜过法规。	宽恕是爱。我的宽恕是无条件的,因为它提升了我的爱的体验。我必须要关爱每个人,他们对我的伤害并不能改变我对他仍爱的感受。

三、道德情感的发展

道德情感是品德的重要成分,也是我国传统情感分类体系中的一大类。道德情感的发展,主要体现在道德情感形式发展、移情能力发展等方面。

1. 道德情感形式的发展

从发展的角度看,个体先有直觉的道德情感体验,然后有形象性的道德情感体验,最后出现伦理的道德情感体验。直觉的道德情感体验是由对某种道德情境的直接感知而迅速产生的一种情感体验。这种道德情感体验尽管在个体身上出现最早,但并不能简单地说它是最低级的。因为这种道德情感体验在成人身上也常出现,例如见义勇为的行为常由它推动,它正是过去道德认识、道德经验的直觉反映。

形象性的道德情感体验是与具体道德形象相联系的道德情感。例如,当儿童听了一个报告、看了一本小说、看了一部电影或电视片,一些栩栩如生的人物形象和他们高尚的思想与情操往往会激起儿童情感上的强烈共鸣,有些形象则终生难忘,只要一想起这些形象,就会激励自己像他们那样不断进取,做一个品德高尚的人。

伦理性道德情感体验是一种意识到道德理论的更自觉的情绪体验,它建立在对道德规范有较深刻的认识基础上。它具有清晰的意识性和高度的自觉性,即能清晰地意识到社会道德要求,并能自觉地按这些要求行事;它具有较高的概括性和较强的理论性,即这种情感体验是在对大量道德经验进行抽象与概括、上升到一定理论高度后形成的;它具有相对的稳定性与深刻性,由于这种情感体验建立在较深刻的道德认识基础上,因而比较稳定,对道德行为具有持久的动力作用。伦理性道德情感体验在个体身上出现最晚,直到青年期这种情感才开始占重要地位。

2. 道德情感的发展趋势

李怀美等人(1989)对中小学生道德情感的发展趋势进行研究,发现中小学生道德情感发展呈现五种不同水平:

(1) 自然、直接的情感。以直接感受到的痛苦与快乐为依据。

(2) 由对直接的个人得失的预测引起的情感。与学生对直接赏罚的预测相联系,以个人得失为转移。

(3) 按照社会反应而行动的情感。这时,个体的行为开始摆脱直接依据个人意愿,而开始注意社会的反应,社会的奖赏对行为的影响越来越大。

(4) 不管自愿与否,由必须遵守道德行为准则的外部作用力引起的情感。处于这一水平的学生,认为不管自己愿意不愿意,都必须服从社会的外部作用力、遵守道德行为准则。

(5) 高度概括性的、理论型的道德情感。这种情感的特点以已被内化并结合成为自我抽象道德观念为依据,不仅具有较高的自觉性,而且已成为一种激励的力量。

学术前沿 13-2　当前我国青少年道德情感发展水平

我国社会的深刻转型、信息时代的日新月异、社会思潮的日益多元等时代发展特点,以及独生子女、物质优越、青春发育等个体成长特征,使得青少年发展问题格外引人注目。近两年,大众传媒上充斥着"90后炫富女"、"烧钱男"、"非主流"、"门"事件、熊姐等关于青少年的新闻事件,引发社会各界对当代青少年价值观和思想道德的议论、评价甚至忧虑、失望和谩骂,并导致社会上在"我国当代青少年的思想道德现状如何"这一问题上众说纷纭、莫衷一是:有"爬坡说"（认为青少年主流思想道德较好，同时承认目前青少年思想道德方面存在不足），有"滑坡说"（虽认同目前青少年思想道德整体较好，但强调青少年存在的问题极其严重），也有"中间说"（认为目前青少年思想道德状况喜忧参半）。

我国青少年道德发展水平究竟如何呢？卢家楣带领研究团队，运用自编的内含爱国感、关爱感、正直感和责任感四因子、富有原创性且具良好信效度的《青少年道德情感调查问卷》，首次对我国三类地区九大城市及其郊县的 117 所学校的 25 485 名 11～19 岁青少年学生进行调查，以期从道德情感这一视角揭示青少年道德发展状况。结果发现：我国青少年道德情感总平均得分为 4.50 分，正处于问卷中设定的 6 点等级评分中"有点符合"（4 分）和"基本符合"（5 分）之间的中界线上，说明我国青少年道德情感总体上处于正向、积极状态。这是当代青少年道德情感的基调。从汶川地震、玉树地震以及舟曲山洪泥石流灾害中涌现的大批勇敢施救、关爱他人同学、舍己救人的抗震救灾英雄少年和北京奥运会、北京残奥会以及上海世博会期间活跃的无数志愿奉献、服务他人的青少年志愿者身上，完全可以看到这种情感。但又必须看到，这一得分与"基本符合"还有一定距离，离"完全符合"（6 分）更有相当差距，说明我国青少年道德情感整体水平仍然不高，还有很大的发展空间。

本次调查用无可辩驳的事实揭示出我国当代青少年道德情感的基本面貌：一方面，青少年道德情感的主流是好的，中小学思想道德教育总体上是有成效的，这可让各级教育行政部门和广大的中小学教师感到欣慰，并树立教育的信心；另一方面，青少年道德情感的整体水平尚不高，离教育目标还有相当差距，这又为学校德育工作提出了警示，使中小学教师感到任重道远。

（卢家楣等，2010）

3. 移情能力的发展

移情（empathy）是指在人际交往中，人们彼此在情感上的相互作用。当个体看到他人忍受痛苦或享受欢乐时，自己也能体验到不安或愉快的情感。移情是维系积极的社会关系、激发和促进亲社会行为的重要动因。移情体验的产生必须具备下列三个条件：一是对他人情绪表达的知觉，即能识别他人的各种不同情绪以及它们所表达的意义；二是对他人所处情境的理解，即能设身处地考虑他人情绪表达的真正意义；三是相应的情绪体验的经验，即个体应有类似情境下相应的情绪体验的经验，例如，受伤时的痛苦、受欺侮后的愤怒等。当个体具备了以上三个条件，一旦他知觉到一个受害者的情绪表达，能很快理解受害者的处境，会唤起自己生活经验中的类似情绪反应，从而产生移情性体验。

从不同角度对移情的研究结果表明,移情能力的发展具有三个水平:即个体水平、社会水平和综合水平。让我们联系移情能力发展的三个水平来考察它们形成和发展的特征。

（1）个体水平

儿童在移情能力发展的过程中,最初是从自我觉知和自我敏感这一水平开始的,也就是说,儿童是从通过自我观察和社会反馈对自己的需要、动机、态度、行为等的了解和推测开始的。随着自我觉知和自我敏感的发展,儿童的自我形象逐步形成。与此同时,儿童又逐渐意识到别人也具有独立的内部状态,即意识到别人的知觉、思维、情感、态度和意向。这种自我意识和自我敏感性的发展使儿童逐渐能清晰地区分自我与别人的不同的需要和情感,并且开始出现角色承担的能力,这就是说,当他们观察到别人处于困扰或愉悦的情境时,就会敏感到别人的情绪状态,有意识地唤起自己的有关经验,从而产生共鸣性的情绪状态。

这种共鸣性情感状态的出现,是道德教育的一个极为重要的标志。德育工作要及时地利用这一时机去促进这种自我敏感性的外投,充分引发他们的情绪性反应。这是因为,一个人的这种自我觉知和自我敏感性如不加以适当引导,就很有可能内投为自我关注。这样,这个人的自我敏感性就将一味地被封闭在自我的小天地里,对他人的需要和问题不加关心和注意,事不关己,高高挂起,甚至发展到连拔一毛而利天下也不干的地步。

（2）社会水平

随着年龄的增长,儿童的道德经验日益增多,感受也日益丰富起来,他们的移情性情绪体验也出现了新的特征,他们的自我觉知和自我敏感性水平有了较大的提高,不仅能意识到每个人都知道别人各有其自己的思想和感情,而且这一水平的儿童还能从第三者的角度来看待别人的思想感情。这时期儿童的移情性情绪体验无疑已进入了社会性控制的水平。

从道德实践看,这一移情性情绪体验特征标志着这一阶段的儿童已能从他们的道德经验中体验到有时会需要别人的帮助,并且确实得到了别人的帮助,因而在某种特定的情境中会敏感到别人也需要帮助,并且感到应当回报别人的恩惠。这就是说,他们已经有可能设身处地和推己及人地去做出利他行为了。这时,德育工作的重要任务就是应当采取一定的教育措施,去巩固和发展这一移情性体验的特征。

（3）综合水平

这一阶段的青少年已积累了极为丰富的道德经验,他们的反省思维能力也大为提高,他们在经历各种道德实践,如助人为乐、奉献爱心等一系列活动的基础上,不断地进行着整合作用,把他们的移情性情绪体验的控制水平扩展到"老吾老以及人之老"、"幼吾幼以及人之幼"、"己所不欲,勿施于人"等等观念性的综合水平。这一控制水平实际上已经是情与理的交融状态,也就是说,已进入通情而至于达理的境地了。

任何一名善于做思想转化工作的教师、班主任和德育工作者往往总是从"将心比心"的感情投入工作入手,做到使学生对老师"高山仰止,景行行止",甚至以老师的言行举止、性格作为终生楷模。与此同理,任何一位心理治疗学家的首要任务,就是与患者通情,建立良好的情感上的联系,这几乎是取得应有疗效的一条必经途径。

四、道德行为的发展

关于道德行为发展的水平或阶段,不同的研究者会从不同角度提出不同的看法。

1. 根据道德控制程度划分的道德行为发展

学生道德行为有不同的发展水平。美国心理学家索里和特尔福德(Sawrey & Telford,1983)根据行为的道德控制程度将行为分为三种水平五个步骤:

(1) 生物水平:第一步是进行物质赏罚。这是儿童道德控制发展的开始,这时控制儿童行为的是直接感受到的快乐或痛苦。例如,当儿童做了一件好事,父母就奖励给他(她)一个玩具,当儿童做了一件坏事,父母就减少他(她)的零用钱,这样,让儿童直接感受到做好事后的快乐或做坏事后的痛苦,以此控制儿童的行为。第二步是对物质赏罚的预测,如果某种行为使儿童得到物质的奖赏,那么这一行为就被强化而保持下来,否则就被逐步排除。儿童在取得这些经验之后,就会用来预测并控制自己的行为。

(2) 社会水平:第三步是借助行为的理想实现的,是采取社会的赏罚。社会的赏罚是别人用语言、手势、面部表情和姿势等表达的对行为的赞赏或谴责。这时社会赏罚代替物质赏罚而起作用。第四步是按社会赏罚的预测而采取行动。

(3) 观念水平:第五步是最高的控制,是按照已被内化并结合成为自我的抽象的行为观念而行动。

2. 根据道德行为表现划分道德行为发展

我国心理学工作者根据学生道德行为的表现概括为四种水平(李山川,1991)。

(1) 受外在监督的道德行为水平

学生最初的道德行为是在社会、集体、他人的监督下表现出来的,这种受监督的道德行为可分为三个不同层次:第一,缺乏内在道德动机的、带强制性的遵从型道德行为,这种道德行为一旦离开外在监督,稍有放松,就会发生道德行为的倒退;第二,虽然有一定的道德认识,但需要经常提醒、帮助或监督的道德行为;第三,受情境性影响的道德行为,即正确的道德行为不具有经常性、一贯性和稳定性。

(2) 效法榜样的模仿性道德行为水平

学生的这种道德行为是在榜样的行为模式的影响下表现出来的,它不带有强制性,往往带有情境性、主动性和形象性。

（3）形成道德习惯的道德行为水平

学生的这种道德行为,已经成为与一定的道德需要和倾向性相联系的自动化的行为方式,它已不需要外在的监督,已转化为内在的道德品质。

（4）独立自觉的道德行为水平

学生的这种道德行为,已经把社会道德规范和要求转化为自己的直接的道德需要,完全发自内心,既无须社会的外在监督,也无须特别的意志努力;当碰到干扰和困难时,也能坚持道德行为,排除干扰和困难。

知识视界 13-2　社会学习理论与道德行为发展

对道德行为的发展与教育方面的研究,首推美国心理学家班杜拉(Bandura,1986)。班杜拉在系统研究的基础上,提出社会学习理论。班杜拉认为,除了学习者对刺激做出反应后给予直接强化、使学习者掌握行为反应的直接学习外,还有一种间接学习,这就是学习者在社会交往中通过对榜样人物的示范行为进行观察而无需予以直接强化的学习。间接学习又称观察学习(observational learning)。观察学习更符合人类学习的实际情况,更能说明个体道德行为的学习过程。

班杜拉指出,行为(包括道德行为)可以通过观察学习而获得,也可以通过观察学习而改变。观察学习既依赖于榜样的示范活动,还依赖于学习者通过观察在自己头脑中形成的榜样行为以及有关背景的表象,所以,观察学习者只要处在相似于榜样行为的情境时就会做出与榜样相似的行为反应。

观察学习受多种因素影响。首先是榜样的特点、榜样与观察者的相似性、榜样的地位和声誉、能力与教养等都对观察学习产生影响。观察者的特点也是影响因素之一,观察者加工和保持信息的能力是获得榜样行为的一个基本条件,观察者的焦虑水平和某些人格特征也会影响观察榜样行为和对观察所获得信息的加工与保持。榜样呈示的形式和特点也会影响榜样行为的获得。另外,行为的强化方式也影响观察者去操作所获得的榜样行为。强化可以直接进行,即每当学习者按榜样的示范行为进行操作时就给予强化,如表扬、奖励等,这会增加他以后操作这种行为的频率。强化也可间接实施,即让学习者看到榜样因展示模式行为而受强化所产生的替代性强化。这种替代性强化有助于获得榜样行为,它既为学习者去操作榜样行为提供诱因,又为学习者提供了有关特征信息,便于他抓住行为特点而正确地加以模仿。

五、青少年品德心理的特点

受各种内外部因素的综合影响,青少年品德心理的发展不仅呈现出有别于其他年龄群体的基本特点,而且在品德各构成成分方面体现出鲜明的青少年期特征。了解青少年品德发展特点,是促进青少年品德发展、进而提升其道德素质的重要前提。

北京师大林崇德教授汇总我国青少年品德发展资料,概括出青少年品德心理的基本特点(1992)。

1. 青少年的品德逐步成为一种以自律为形式、遵守道德准则和运用信念来调节行为的道德品质

这种品德具有六个方面的特征:

(1) 独立而自觉地按道德准则来调节行为。所谓独立性,即皮亚杰的"自律",也就是服从自己的价值标准和道德原则;所谓自觉性,即目的性,也就是按自己道德动机去行动,以符合某种伦理的要求。

(2) 道德信念在道德动机中占据相当的地位。青少年时期是道德信念形成时期,道德信念一旦形成,就成为道德动机的重要成分,使青少年的道德行为更有原则性和自觉性。

(3) 品德心理中自我意识明显化。青少年随着自我意识的发展,自我评价、自我体验、自我调节能力不断增强,反省性、监控性的品德特点越来越明显。

(4) 道德行为习惯逐步巩固。在青少年品德的发展中,逐步养成与道德伦理相适应的良好的道德习惯,这是伦理道德培养的最重要目的。

(5) 品德发展与世界观形成的一致性。青少年是世界观萌芽和形成的时期,世界观既受个体的道德价值观念所制约,又赋予其道德的哲学基础,两者相辅相成,具有一致性。

(6) 品德结构的组织形式完善化。青少年的品德结构日趋完善,品德的定向系统、操作系统和反馈系统能协调活动。

2. 青少年品德处于动荡性向成熟型过渡的时期

(1) 少年时期品德发展表现出明显的动荡性的特点。少年期品德尚不成熟,处于一种内在矛盾状态。他们的道德动机日渐信念化和理想化,但又存在着易变性和敏感性;他们道德观念的原则性和概括性在增强,但又带有一定程度的具体经验性的特点;他们的道德情感表现得比较丰富且强烈,但好冲动而不拘小节,爱表现又时有假象;他们的道德意识以及自制力逐步形成,但又相当脆弱,容易受外界的影响,抗诱惑的能力并不强;他们的道德行为有了一定的目的性和决策性,自尊心、自信心增强,渴望独立自主地做好事,但愿望与实际行动之间又有

一定距离;他们开始喜欢从社会意义和人生价值方面来衡量和评价自己,但还缺乏耐心与韧性,往往时冷时热,中道易辙或半途而废。这一时期是品德两极分化严重的阶段,品德不良甚至违法犯罪正是从这一阶段开始的。少年期品德的动荡性反映了少年期心理的半幼稚和半成熟、独立性与依赖性错综复杂、充满矛盾的特点。

(2)青年初期是品德趋向成熟的开始。青年初期心理日趋成熟,动荡性日益减少,品德也进入了以自律为形式、遵守道德准则、运用信念来调节行为的品德成熟期。

3. 青少年品德的发展存在着关键期和成熟期

许多研究资料表明,初二年级是青少年阶段品德发展的关键期。在这一时期,学生品德两极分化严重,变化最大,是教育的关键期。到初三或高一年级,学生品德发展趋于稳定,进入了初步成熟期。

第三节　品德心理规律在教育中的应用

揭示品德心理的一般规律,不仅是为了更好地了解品德这一心理现象,更主要的是为了运用这些规律,提高青少年品德教育的针对性和实效性。本节将从教书育人和自我教育两个方面详述品德心理规律的实践应用。

一、品德心理规律在教书育人中的应用

1. 晓之以理——学生道德认识的提高

(1)重视培养学生对社会道德现象的观察力

学生道德认识发展经历从低级到高级、从具体到抽象、从感性到理性的发展过程。学生道德概念的掌握常需要凭借具体的道德形象。在社会生活中存在着大量生动、形象的道德现象,通过引导学生对社会道德现象加以观察分析,可为学生提供丰富具体的道德形象,形成感性道德表象,为进一步掌握道德概念打下基础。学生通过对社会道德现象的观察与分析,还能将已有的道德知识与社会生活实际相联系,既能进一步加深对原有道德知识的理解,又能养成理论与实际相结合的良好习惯。

(2)采用讲解与讨论相结合的方法

道德教育需要教师讲解道德知识,但切忌空洞说教。教师应联系学生的道德经验,提供具体的榜样和典型事例,通过分析、比较,帮助学生理解道德概念。为了发挥学生在道德教育中的主体积极性,教师除了讲解外,还应有计划地组织学生开展道德问题讨论。美国心理学家柯尔伯格曾进行"按学生小组道德讨论的形式"的实验研究(Kohlberg & Blatt，1973；Kohlberg & Fenton，1978)，取得良好的教育效果。教师在组织学生讨论中应注意如下三个方面：①道德问题讨论的内容必须是一些能引起学生认知冲突的道德问题，这些道德问题可以从社会生活中收集，也可以从学校教育过程中学生普遍感觉迷惑的问题中选取。②道德讨论小组应由处于不同道德水平的学生混合而成。这样才能使学生有机会接触高于他们推理水平的道德判断，触动他们原有的道德经验结构，以达到改变自己原有的道德经验结构的目的。③教师在学生道德讨论过程中要发挥主导作用。教师应该具备儿童道德发展的理论知识，根据学生道德发展的阶段特点，在道德讨论中启发学生积极思考，主动交谈或辩论，做出判断，寻找自己认为是正确的答案。教师还应善于鼓励学生在讨论中考虑他人的观点或意见，协调与他人的分歧。总之，教师在整个道德讨论过程中应该扮演一位"精神助产士"的角色。这种让学生主动参与道德问题讨论的方式能引起学生道德认知冲突，通过学生间相互影响和自身的积极思考，能有效改进学生原有道德经验结构，提高道德判断能力。

(3) 充分发挥学科教学的德育功能

学科教学是学校教育的主要形式，也是品德教育的主阵地。在各学科教学内容中蕴含着丰富的品德教育素材，例如政治课中的马列主义基本观点、共产主义道德规范和原则；语文课中革命领袖、英雄模范人物的事迹和祖国优秀的文化遗产；历史课中祖国古代的辉煌成就，近代遭受帝国主义列强侵略、压迫的历史等，都是开展思想品德教育的好教材。数理化等理科课程中同样具有丰富的德育素材。北京东城区教育局有一个物理德育研究小组，经过专题研究，提出了《中学物理课的德育内容》，明确了物理教学中的三方面德育内容：一是道德素质的培养；二是辩证唯物主义教育；三是爱国主义教育。他们还编写了《中学物理课各年级的德育计划》和《对中学物理课开展德育方式、方法的十条建议》，使德育在物理教学中落到实处，收到了良好的效果。

许多教师根据学科特点，探索实施德育的科学途径。北京师范大学附中曾满祥根据语文学科的特点，总结出语文课中开展品德教育的三条原则：一是语言品味的原则，教师要引导学生仔细阅读课文，从语言形式入手理解思想内容，从中接受教材所赋予的思想政治教育；二是情境感染原则，教师引导学生置身于作品所描绘的情境中，使他们如临其境，如见其人，如历其事，展开联想和想象，充分接受文学形象的感染，从而潜移默化地受到教育；三是情理融合原则，教师要引导学生领悟文中所蕴含的感情，讲课中要把理性分析和感情熏陶结合起来，对那些思想政治性强的议论文，教师应以鲜明的激情把它教好(陈金明，1992)。

自古以来,根本不存在只教书不育人的教师,问题在于是自觉还是不自觉,是用什么思想品德去影响学生。"教书育人"是每位教师的光荣职责,我们应该自觉地寓德育于教学之中,使两者结合得更自然、更紧密、更科学,使学科教学发挥更大的德育功能。

(4) 对学生的行为表现要及时准确地评价

学生的道德评价能力是在社会生活过程中,在舆论、别人的评价、教育影响下逐步形成与发展的。学生的自我评价能力往往落后于对别人的评价能力,他们有时能正确评价别人行为的好坏,但却不善于分析自己行为的是非。因此,教师对学生的行为表现要及时准确地评价,让学生根据教师的评价及时调节自己的行为,同时形成正确的道德观念。学生的同一行为,如果教师的评价不同,学生产生的体验不同,就会造成不同的影响。如果学生的行为是正确的,教师没有及时表扬,或者反而批评,这会导致学生思想混乱,道德评价标准模糊,从而影响正确道德观念的形成。

教师在对学生的行为作及时准确评价的同时,还应注意培养学生的自我评价能力,最终使他们能摆脱对教师评价的依赖,能独立、恰当地评价他人和自己。

(5) 让学生获得道德实践的经验

要使学生的道德知识转化为道德信念,一个重要条件是通过本人的道德实践,证实并体验到道德要求的正确性。不然,尽管学生将这些道德要求及其社会意义背得滚瓜烂熟,也不会真正成为自己的道德需要而具有支配行为的力量。为了让学生获得道德实践的经验以形成信念,教师在传授道德规范的知识或提出道德要求的同时,应当为学生创设一些能使他们获得实践经验的客观条件。例如,教师要求学生助人为乐,就应该发动学生在班级、学校和社会中学雷锋、做好事,让学生在助人的道德实践中体验到助人的乐趣,从而相信这一道德要求的正确性。这样,经过多次的实践和经验的积累,学生就会逐步将这一道德要求内化为自己的道德信念,成为推动助人行为的内部力量。

2. 动之以情——学生道德情感的培养

(1) 知情结合,促进道德情感的发展

道德情感与道德认识有密切的联系,道德情感总是在一定的道德认识基础上产生,并随着道德认识的发展而发展的。如果我们对某种事物缺乏认识,就不会有对这种事物的爱与恨。一个对祖国的过去和现在了解甚微的人,不可能产生深厚的爱国主义情感。常言道:"知之深,爱之切。"一个人的道德情感水平常制约于他的道德认识水平,高级的伦理性道德情感总是在个体掌握一定道德理论的基础上才形成的。因此,丰富学生的知识,提高他们的道德认识水平,是促进道德情感不断升华的一个重要途径。当然,旨在提高学生道德认识的道德教育同样离不开道德情感的参与,晓之以理,又动之以情,知情结合,相互促进,才容易收到教育的效果。

(2) 通过美育陶冶学生的情操

美育,也称美感教育,是培养学生正确的审美观念、健康的审美趣味和稳固的审美情操的教育实践。美育的教育功能历来受到中外哲学家、艺术家和教育家们的重视。我国古代教育家孔子就曾提出"兴于诗,立于礼,成于乐"的观点。近代教育家蔡元培认为,美育可以"陶冶吾人之感情,使有高尚纯洁之习惯";前苏联教育家苏霍姆林斯基(1961)认为,"美是一种心灵的体操——它使我们精神正直,良心纯洁,情感和信念端正。"我们可以通过美育这一独特的教育手段,丰富学生的精神生活,净化他们的心灵,陶冶他们的情操。

学校的美育是通过文学艺术教育和借助大自然与现实生活中的美来进行的。优秀的文学艺术作品可以深刻揭示社会生活的本质,唤起人们对真、善、美的热爱和追求,对假、恶、丑的痛恨和唾弃。自然的美所引起的美感也可与道德感融为一体,因为许多自然美是人民长期劳动加以改造的结果,它们常常与家乡、祖国联系在一起。现实生活中的美使人更加热爱生活,奋发向上。总之,美育通过生动、鲜明的形象给人以美的享受的同时,起到了陶冶情操的特殊作用,是道德情感教育的有效方式。

(3) 重视教师情感的感化作用

教育是师生共同参与的双向交流过程,在这一过程中,教师自身情感的性质和特点将对学生产生巨大的影响。马克思有句名言:"用爱来交换爱。"教育实践亦证明,师生之间具有良好的情感基础是教育成功的前提。人的情感具有强烈的感染性,师生之间的情感交流是教育力量的源泉。教师对学生真挚的爱,会激起学生对教师的信任感、亲切感,从而乐于接受教师的教育。教师的爱又是学生获得积极情感体验的重要来源。学生取得进步时能得到老师的及时肯定和表扬,碰到困难时能得到老师的关心和帮助,这些都会引起学生高兴、感激等情感体验,这些情感体验可激励学生奋发向上,也有利于他们的身心健康。

教师自身的情感对学生具有潜移默化的作用。美国心理学家鲍德温在研究了73位教师与1000名学生的相互关系后指出,一个情绪极度紧张的教师,很可能会干扰其学生的情绪,而一个情绪稳定的教师,也会使他的学生情绪趋于稳定。所以,要培养学生高尚的道德情感,教师必须自己具有这种情感。要学生激动,首先就要教师感动。真情才能换取真情,矫揉造作、虚情假意不仅不会收到教育的效果,而且还会造成不利的影响。

3. 持之以恒——学生道德行为的训练

（1）激发道德动机

道德动机是道德行为的内在原因，它的性质和水平决定着道德行为的性质和水平。道德动机的产生主要与个人的道德需要、道德认识和道德情境等因素有关。高水平的道德认识、良好的道德情境、正确的道德需要，就可能产生高尚的道德动机。因此，教师应注意提高学生的道德需要，从而转化为高级的道德动机。一个人往往同时存在几种动机，当这些动机相互矛盾时，就会产生动机斗争，动机斗争的结果决定着道德行为的产生及其性质。教师在品德教育中，要根据学生道德动机斗争的规律，依靠学生道德意志力，促使道德动机战胜不道德动机，低级动机升华为高级动机，动摇的道德动机转化为坚定的道德动机，从而推动道德行为的产生和巩固。

（2）掌握道德行为方式

掌握道德行为方式是产生道德行为的必要条件。教师可通过以下形式指导学生掌握道德行为方式：

① 道德行为方式的讲解和典型行为分析。如礼貌行为的讲解，教师可说明在各种场合正确的礼貌用语和行为举止，并列举典型行为加以分析，让学生掌握有关道德行为方式的知识。

② 榜样示范。在讲解基础上，教师还应向学生提供榜样，展示有关的道德行为方式，让学生观察学习。

③ 道德行为方式的练习与反馈。道德行为方式一定要通过反复练习才能掌握，教师应重视学生道德行为方式的练习，并及时提供反馈信息，纠正不适当的行为方式，强化正确的行为方式。

（3）养成道德行为习惯

道德行为习惯是一个人不需要外在监督和意志努力即可自动实现的道德行为。它可使道德行为经常化、巩固化和自动化，因此它是道德品质形成的重要标志，是道德教育的主要目标。学生道德行为习惯是在反复训练和实践基础上养成的。道德行为习惯训练方式很多，有重复训练法、模拟训练法、角色扮演训练法、具体任务训练法、道德实践训练法和社会实践训练法等。在训练过程中，及时反馈和各种强化直接影响着训练效果。道德行为的强化方式从来源分有外部强化和内部强化，从时间分有及时性强化、延缓性强化、连续性强化和间歇性强化。外部强化来源于外部的评价、奖惩、集体舆论等，内部强化来源于个体的自我评价、自我体验、自我激励等。教师不仅要善于给予学生适当的外部强化，而且还应注意培养学生的自我强化能力。在强化时间选择上应视具体情况而定。

及时性强化容易与行为形成联系,强化效果一般较明显,但当学生情绪冲动时,不宜立即进行负强化。延缓性强化能避开学生情绪冲动期,以寻找适宜的强化时机。连续性强化能巩固强化效果,但有时会造成强化习惯化而失去强化效果。间歇性强化可造成学生期待心理,促进自我监督能力的提高。

在道德行为习惯养成中,创设良好教育情境,形成正确的集体舆论,树立先进榜样,消除不良行为习惯等,都是不容忽视的环节。

(4) 矫正品德不良行为

有些学生由于各种主客观原因,形成某些品德不良行为。对这些品德不良学生的教育,不光对他们本人,而且对整个集体都是很重要的。矫正学生的品德不良行为,只有采取符合其心理活动规律和心理特点的教育措施,才会奏效。下面我们分析矫正品德不良行为的心理学依据。

① 创设良好的道德环境,消除疑惧心理。品行不良的学生因经常受到成人、教师的批评、惩罚和同学们的歧视,所以对老师和进步同学有戒心和敌意。对教师的教育要求有一种对抗性情绪。因此,为了使他们更好地接受教育,首先必须消除他们的对抗情绪和消极的态度定势。要做到这一点,教师应设法改善师生关系和同学间的关系。教师真心实意地尊重、关心和爱护这些学生,用爱心感化他们,让他们感受到教师的诚意,把教师作为知心朋友。教师还应该教育集体正确地对待和热情帮助这些学生,让他们感受到集体的温暖,看到自己在集体中享有一定地位,明确自己对集体的责任。这样,他们才会乐于接受教师和集体的教育。

② 了解不良行为动机。行为总是受特定动机所驱使的。一种不良行为可能有几种不同的动机,例如,打架行为,有的是为了报复(如因为他人骂了他),有的是为了称王称霸,有的是受人唆使,等等。只有了解了真正的行为动机,才能采取针对性的教育措施。

③ 提高道德认识,增强是非感。品行不良学生是非观念差,缺乏辨别是非的能力。例如,他们把违反纪律看作是"英雄行为",把帮助同学作弊看成是"友谊"、"够朋友"。因此,要从根本上转变其不良行为,必须提高他们的道德认识,形成正确的道德观念,增强辨别是非能力。增强这些学生辨别是非能力的有效方法是结合实例,分析正反两方面的经验教训,让他们从中得到借鉴,认识到改正自己不良行为的必要性。

④ 抓住时机,促使转化。品德不良行为的转变,一般要经过醒悟、反复、巩固、稳定的过程。品德不良学生如果出现醒悟,即他们开始意识到行为的严重性和危害性并有改正错误的意向和愿望时,教育者应及时抓住这一教育关键时机,

给予鼓励和帮助。特别当他们开始在行动上有改正错误的表现时,教师应当及时给予肯定、表扬和鼓励。因为这时他们对教师的态度特别敏感,教师的肯定和鼓励会进一步激起他们前进的热情和信心,促使他们进一步朝好的方向转化。

⑤ 锻炼意志力,巩固良好行为习惯。在不良行为矫正初期,外界的诱因会使不良行为出现反复。这时教师采取适当措施,切断外界诱因对品德不良行为学生的影响十分必要。但是,更重要的是培养学生抗拒诱惑的能力。因此,当这些学生有一段时间的良好表现后,应有控制地让他们与一些诱因接触,以锻炼他们的意志力,从而进一步巩固良好的行为习惯。

对学生品德不良行为的矫正,还应考虑不良行为的性质与程度,学生的年龄、性别和个性特点,做到因事、因人而异,使各项措施更具针对性。

教育实践 13-1   美国青少年公民道德教育特点

建立和完善对青少年进行公民道德教育的机制是美国教育的特色之一。长期以来,美国在对青少年公民进行道德教育的过程中,形成了特有的人本化、个性化的教育理念,多样性、灵活性的教育方法,渗透性、社会性的教育途径,充分发挥了政治性、阶级性的教育功能,有着一整套独特的理论与实践体系,对青少年公民道德素质培养提高发挥了重要作用。美国青少年公民道德教育的特点主要有:

第一,立足历史,注重弘扬与培养民族精神。美国是个多民族的移民国家,建国至今只有200多年。历史文化的积淀较少,但是美国人很会利用有限的历史文化资源进行爱国主义教育和美国精神的弘扬。从华盛顿纪念碑到林肯纪念堂再到杰弗逊纪念馆,都在宣扬着"美国精神",宣扬着美国的"独立、自由、民主和人权",强调青少年必须要具备美国的"国民精神",要时时处处为美利坚的强大而自豪和尽责,并把不断涌入的新移民"美国化"。可以说立足历史,弘扬与培育民族精神,把青少年培育成为具有爱国精神,能对国家尽到责任和义务,是美国公民道德教育的基本目标。

第二,以培养有责任公民为目标的伦理道德教育。注重青少年冷静处理现实生活问题的伦理道德规范和道德推理能力的教育是美国公民教育发展的重中之重,而自律、自尊和尊重他人的价值、责任感、对真善美的追求、公共精神、批判地看待问题的头脑、善于妥协、倾听、民主精神等内容一直是道德教育的亮点。在美国的学校,普遍把培育有责任的公民、有良好职业道德的专业人才作为宗旨和目标。美国学校的人文社会科学课程中都渗透了道德教育的内容。

第三,以个人主义为核心的价值观教育。美国的价值观是以个人主义为核心的。美国的个人主义价值观是在资本主义生产方式的基础上产生的,是资本主义制度的理论内核和思想前提,它反映了资本主义的道德准则和精神要求,是美国文化的精髓和要义。但美国企图在全世界推行一种价值观和一种文明,其本身就是不民主的、不文明的,这集中地体现了以个人主义为核心的美国价值观的实质。

第四,以培养合格公民为目标的法制教育。法治与权利意识教育也是美国公民道德教育中的重要内容,应该说这属于美国公民教育中最直接的政治性教育。近年来,美国社会"把教育的注意力集中在强调青年对法律和宪法的学习方面,并结合道德教育来培养公民,旨在使公民了解本国的法律、增强对违法行为的正确判断能力,用法律规范自己的行为,成为一个遵纪守法的好公民"。可以说培养青少年具有国家意识、遵纪守法、诚实守信、尊重他人权利和自由、积极参与各项社会事务、关心他人、自觉履行自己的社会职责已经成为美国公民道德教育中的主流意识。

第五,以培养健康人格为目的的心理教育。颓废的价值观盛行,"越来越多的青少年暴力犯罪、越来越多的不诚实、越来越多的自损行为"、同伴仇视、性早熟、越来越多的自我中心和不断衰弱的公民责任和道德文盲等问题正在引起美国社会的普遍关注。面对这种情况,帮助青少年学会用他人的眼光、心理、心态看待事物,培养健康人格成为美国公民道德教育的重要内容。健康人格教育几乎涉及学校课程的所有领域,成为公民道德教育的重要内容,可以说健康人格教育也是美国公民道德教育的特色之一。

(吕志,黄紫华,2012)

4. 道德敏感性的培养

道德敏感性的培养应该采取知情并重的方法,可以从以下五个策略入手来培养中小学生的道德敏感性(王云强,郭本禹,2012)。

(1) 培养理解和表达情感的能力

理解情感包括认识自己和他人的需求和情感,即情感内省和人际情感觉知。表达情感需要考虑时机和方式,是社会化的重要方面。理解和表达情感对于人际交往是必备的,尤其是在面临道德问题和道德冲突时。要培养中小学生的理解情感能力,首先要使他们准确体验自我情绪感受和了解相应的身体变化。其次,要使中小学生学会理性分析情感。最后,要使中小学生学会关注和满足他人的需求。

要让中小学生善于表达情感可以从以下三点入手:①增强中小学生对情感表达重要性的认识;②教给中小学生情感表达的一般步骤。通过假想的或者真实的案例,练习主要是角色扮演的方法,让他们掌握以下基本步骤:确认此时的感受;预测对方将如何做出反应;思考使你产生这一感受的人或者事情是什么;假设把这一情感表达出来,结果有何利弊;选择时间、地点和方式表达出自己的感受;③训练中小学生进行合理的情感表达。如同情的表达、消极情感的适宜表达、情感的快速抉择能力,即在来不及理性思考合理的情感表达方式时如何习惯性地恰当表达自己的伤心或者生气等。

（2）提升观点采择能力

观点采择即理解和采纳他人的观点,指的是从他人的角度理解问题。已有研究表明,观点采择能力与亲社会行为密切相关。它有助于中小学生摆脱自我中心,提高道德认知,是增强道德敏感性的重要基础。推论训练是提升中小学生观点采择能力的重要途径。进行推论训练首先要让他们充分认识到人与人之间的"不同",第二要让中小学生尽力体验各种不同的观点,第三要让中小学生尝试采纳别人的观点。

（3）让学生学会主动关爱他人

在理解他人的情感和观点后,中小学生需要把对自己的关注扩展到对他人的关注上。当中小学生愿意感知和理解他人并且具备关注他人的意识时,他们才有可能做出决定并采取行动,以满足他人的需求、促进良好的人际关系。这就要让中小学生学会关注和关爱他人。学会主动关爱他人的第一步是明确自己的独立性和与他人的关联性。学会主动关爱他人的关键是掌握关爱的技巧。这里需要解决三个问题:一是认识共情。让学生思考当自己遇到困难时是否愿意别人共情,同时思考共情的价值和表达方式。二是掌握关爱的表达方式。要求学生关注日常生活中、电影或电视上看到的表达关爱的方式,既包括平常与亲人朋友积极、亲密的交流,又包括在亲人朋友遇到困难时如何进行帮助。在观察讨论的基础上,争取今后表现得更好。三是不断扩展关爱的范围。将关爱由身边的亲人朋友逐步扩展到生活在同一个社区、群体的人乃至遭受自然灾害和生活困难等需要关爱的外人。学会主动关爱他人尤其离不开教师的指导,教师要成为示范关爱的榜样。

（4）培养良好人际认知

人际认知指的是对人际关系的认知,包括对自己与他人关系的认知以及对他人与他人人际关系的认知。它影响到人们对当前情境的理解和行为决策,进而影响道德敏感性的产生。对于中小学生道德敏感性而言,良好的人际认知主要包括悦纳人际差异和预防社会偏见。悦纳人际差异是指不仅要认识到我们自身的多样性，我们每人扮演着许多不同的角色，我们的想法、所认可的价值观念也是多种多样的；而且要认识到我们所处的群体内存在多样性，没有任何一个班级、学校、家庭和团体是由同一类人组成的，懂得如何与不同想法、观念、价值甚至文化的人交流是非常重要的。预防社会偏见也有助于道德敏感性的培养。偏见是人类本性的一部分，是指人们不以客观事实为根据建立的对特定人或事物的情感色彩明显的倾向性态度。它很容易引起人们对某些人的错误认识甚至歧视，屏蔽人们的道德敏感性，从而做出不道德的行为或者没有做出积极的道德行为。要使中小学生预防社会偏见，先要让他们体验偏见的影响。例如，可以通过情景模拟法（蒙上眼睛在街上行走，或者把声音关掉看电视）让学生体验残疾人遭遇到的痛苦和人们的歧视。同时，引导学生反思自己的语言和行为中、生活中存在的各类偏见，包括性别的、身材的等。此外，教师一旦发现学生身上的偏见，千万不能忽视，而要及时进行引导，努力创设尊重、平等、关爱的氛围，启发他们用心倾听、换位思考、触动情感，进而消除偏见。

（5）注重假设推理训练

道德敏感性高的人能够对当前发生的事件和人们的行为产生多种可能的解释，并能在行动之前较为准确地预见可能的后果。因此，为了培养中小学生的道德敏感性，需要对他们进行假设推理训练。这一训练可从两个方面来进行：一是提出解释和产生选择训练。对事件产生多种解释和意识到有多种选择，是解决问题、做出道德行为的关键。二是结果推理训练。结果推理涉及对事件因果关系的理解，以及根据这种理解来预测可能的结果（短期的、长期的以及对所有人的影响）。还可以选择一个道德两难情境，这一情境既包含对所涉及的个人的影响，又涉及对整个社区/全球的影响，如皮草与动物保护问题，启发学生们考虑直接和间接的后果。

5. 道德虚伪和道德推脱的预防

道德虚伪与道德推脱受到许多个体因素影响，如移情倾向性、道德认同、犬儒主义特征和责任归因倾向。这些个体因素反映了个体看待他人、事件以及自己的方式，从而可能促进或者阻止道德虚伪和道德推脱（潘清泉，周宗奎，2009）。

（1）促进儿童与青少年移情能力发展

移情是影响儿童和青少年利他性发展的重要情感因素，它推动儿童亲社会道德推理能力和无私助人倾向的发展。研究表明，对他人和生命的尊重是道德发展的基础和道德行为的决定性因素。移情对于道德发展和道德判断都有非常根本的影响。高移情的人更可能考虑到他人的关心。因为高移情的人对于他人的经历有着更高的自我卷入度,这种高水平的唤醒状态激发个体更多地帮助那些需要帮助的人,并减少伤害他人的动机。作为一种倾向性特征,移情有助于个体更敏锐地意识并体会他人的需要和情感,从而可能抑制道德虚伪与道德脱离。所以促进儿童与青少年移情能力发展是预防道德虚伪和道德推脱的重要途径。

(2) 增强儿童与青少年的道德认同

道德认同是认同的一种形式,是由具体的道德特征构成的一种相对稳定的自我概念。道德认同可以作为个体的一种自我调节机制,为个体行为确立标准并激发个体的道德行为。道德认同为个体创造了一种真实表现自我的需要,因此,个体就有了采取与自己的认同一致行为的需要。强烈的道德认同感促进个体以道德的方式行动,因而道德认同可以发挥动机效能,道德认同使道德虚伪和道德推脱失去作用。

(3) 预防儿童与青少年犬儒主义特征

犬儒主义特征是个体发展起来的对于人性的一种哲学观,即个体的一种普遍的态度,其特征是挫败感和幻灭感,以及对于他人、群体、规矩、社会习俗和制度的不信任。个体的犬儒主义特征会推动道德推脱。因为高犬儒主义个体对于他人有着根本性的不信任。他们更可能质疑他人的动机、更可能扩散责任,因为他们认为每一个人都是自私的,也更可能转移责任给他人,特别是领导等权威人物。如果个体的犬儒主义特性比较高,他更易认为他人是缺乏正直或者缺乏利他主义的。由于对他人的不信任,具有高犬儒主义特征的个体更可能责备那些可能的受害对象,认为他们受到非道德行为的不良后果是理所应当的,因此更可能产生道德虚伪和道德推脱现象。预防儿童与青少年犬儒主义特征,是阻止道德虚伪和道德推脱的一个有效策略。

(4) 恰当的责任归因

当人们进行某种活动取得成功或导致失败时,会对行为结果的原因进行推论,这称为归因。不同的人对事件结果责任的归因不同,有人将行为结果归结为外部的或不可控的因素,这会降低个体后继行为的动力;有人将行为结果成败的原因归结为内部的、可控的因素,则会增强个体对后继行为的动力。归因为内部的人更可能对自己的行为负责,而较少可能将非道德行为的责任转移或者扩散给他人,从而较少可能出现道德虚伪和道德脱离。

6. 加强网络道德教育

针对青少年网络成瘾等新问题,必须加强网络道德教育。青少年网德教育应注意如下四点:

(1) 确立"以青少年为本"的网德教育理念。"以青少年为本"的核心是突出青少年在网德教育中的主体地位,它既是以人为本在青少年网德教育中的体现,又矫正了当前网德教育对青少年主体人格的遮蔽。青少年网德教育的真正要义是通过道德教育促进青少年的成长。

（2）制订层次递进式的网德教育方案。任何对青少年网德教育目标的强迫或拔高都脱离了青少年自身的认知能力与心理特征。开展道德教育时,需要引导青少年对道德现象与道德矛盾进行自我考察与自我判断,此外,还需要教育者设计与提炼各种网络道德冲突,按照由低到高的顺序促进青少年进行思考,促进青少年道德认知的提高。

（3）开展"对话-辩论"的网德教育方法。这是与传统的灌输式的道德教育模式相区别的教育方法,在这种模式中,教育者与受教育者以及受教育者之间都是平等的主体,它超越了传统教育模式中教育者与受教育者之间的层级差距,彼此之间平等对话、尊重对方、有序辩论。这种方式可以在深层次上触发受教育者的道德认知,提高个体的道德能力。

（4）营造诚信公正的网德教育环境。网络环境的整体道德氛围对个体的影响相当大。所以,我们在关注青少年网德教育本身的同时,必须努力营造诚信公正的网德教育环境,通过各种方式,诸如制度、法律以及道德的力量来支持青少年网德教育。

二、品德心理规律在自我教育中的应用

师范生是未来的教师,将肩负教书育人的重任,师范生个人道德修养水平将影响下一代的道德面貌。因此,提高师范生道德修养水平是高师教育的重要目标。师范生优良品德的形成,除了受学校教育、家庭教育和良好社会环境影响外,还需依靠自我教育的力量。所谓自我教育就是自己（主体自我）对自己（客体自我）进行教育。自我教育的特点是教育者与受教育者是同一个人,因此可以随时随地进行,不受任何条件限制,是一种最理想的教育形式。师范生应充分利用这种教育形式,努力提高自身品德修养,朝着合格教师的品德标准不断前进。

1. 对照标准,寻找差距

对自己的正确认识和评价是自我教育的开端。为了正确评价自己,需要一个合适的参照标准。师范生自我评价的参照标准一是师范的培养目标;二是优秀中学教师的光辉榜样。师范院校根据社会对未来中学教师的要求,制订了师范生培养目标。这一培养目标是师范生将来成为合格中学教师的基础,因此师范生应经常以这一标准衡量自己,不断缩小与它的差距,最终达到这一目标要求。榜样的力量是无穷的,优秀中学教师是中学教师的杰出代表,是师范生的学习楷模。优秀中学教师的崇高师德像一面镜子,可照出我们自身的不足,明确今后努力的方向。

2. 明确目标,制订计划

在对自己进行客观评价的基础上,还应提出自我教育的奋斗目标。这一目标既要有先进性,又要有现实性。先进性是指符合社会要求,并在自己实际水平基础上有较大提高;现实性是指这一目标不脱离自己的实际情况与可能性,通过本人努力,是完全可实现的。为了保证我们的奋斗目标的先进性和现实性,除了要正确评价自己以外,还应积极参加社会调查和社会实践活动,访问优秀教师,了解中学教育现状,熟悉社会对我们的要求,明确自身肩负的责任。我们应该既要有长远目标,又有近期目标。因为如果光有长远目标,没有近期目标,往往会使我们不知从何做起,也不便于自我检查。如果只有近期目标,没有长远目标,也会使我们缺乏远大理想,目光短浅,不利于良好品德的形成。目标确定后,就要制订实现目标的计划。计划应该比较具体,对每一目标应该落实具体措施和步骤,有分阶段的检查和指标。计划也应突出重点,每一阶段应有一个重点解决的问题。例如,大学一年级的重点是适应大学的学习和生活,确立专业思想。当然,每个人具体情况不同,所要解决的重点问题也不一样。

3. 实施计划,贵在坚持

目标和计划制订好以后,接着就是一个如何实施的问题。我们经常看到,很多人每年、每学期都有新打算、新计划,但是往往虎头蛇尾。他们往往在制订计划时决心很大,但随着时间推延,热情逐渐减退,最终半途而废。要完成计划,实现目标,虽然需要许多主客观条件,但是其中最重要的就是本人的意志力。有了坚强的意志力,我们就能战胜各种困难,最终实现自己的奋斗目标。坚强的意志需要在实践活动中锻炼,学习活动、文体活动、公益劳动、社会活动都是锻炼意志的途径。只要我们有意志锻炼的自觉性,注意从日常生活中的点滴小事做起,从纪律性和作息制度做起,持之以恒,养成自我检查、自我监督的习惯,我们的意志力必将在自我锻炼中不断增强。

4. 一日三省,不断完善

品德自我修养的最高境界是"慎独"。所谓"慎独",就是既要坚持做到"吾日三省吾身",经常检查自己的言行有无越轨之处,对照道德原则进行自我解剖,不断完善自我;同时还要做到"敏于事而慎于言",道德嗅觉敏锐,明辨是非,为事谨慎,三思后行,决不鲁莽。我们应该在品德自我修养中努力做到一日三省,持之以恒,自觉构建崇高师德,为今后从事教育事业做好充分准备。

让我们回到本章开头提到的那个案例。新来的班主任李老师是这样做的：

第一，李老师将注意聚焦于军军的品德行为上，而非学习上。她认为，与学习成绩相比，转化军军的问题行为是更为重要的事。她相信，一旦军军养成良好的品德行为习惯，再帮助他提高学习成绩要容易得多。

第二，李老师认真分析了军军出现问题行为的原因。可以归结为两点：一是粗暴、简单的家庭教育方式，家长对子女的教养态度和方式对子女品德发展有重要影响；二是军军正处于身心急剧发展的青少年阶段，行为自制力比较弱，自我控制能力比较差，容易出现动荡与起伏。

在确定了问题、找到了问题原因后，李老师开始实施她的教育转化行动。首先，李老师通过与军军父亲的深入沟通，帮助其父转变了教育观念和教育方法，不再采取棍棒教育，而是耐心教诲、积极期望。其次，李老师多次找军军谈心聊天，先动之以情，后晓之以理，提高军军对良好品行的认识，并寻找其闪光点，不断实施鼓励，让军军树立自信。同时，李老师请军军担任班级劳动委员，让军军在班级工作实践中体会到自身价值，体会为班级负责任的道德情感。当然，李老师深知，对于青少年早期的军军而言，这种转化并非一朝一夕之功，如何防止军军行为的反复，提高良好行为的持续性，需要她付出耐心。李老师担任军军班主任两年，在她的耐心教育下，军军最终成为一名品学兼优的好学生。他中学毕业后报考了师范大学，后来当了一名教师。他立志要成为像李老师那样的好教师，为祖国培养更多的人才。

本章小结

品德，又称道德品质，是指道德在个体身上表现出来的稳固心理特征。品德是一个多侧面、多形态、多水平、多序列的动态开放性系统。对品德结构的分析可以是多角度的。道德认识、道德情感和道德行为是品德的三大结构成分。品德心理研究主题曾有四次扩展，当前又出现了很多新的品德心理研究热点。青少年品德发展受家庭教育、学校教育和社会环境三大因素的影响。道德认识的形成是一个复杂的过程，主要包括道德概念的形成、道德信念的确立和道德评价能力的发展三个主要环节。个体道德情感的发展先有直觉的道德情感体验，然后有形象性的道德情感体验，最后出现伦理的道德情感体验。移情是指在人际交往中，人们彼此在情感上的相互作用。移情能力的发展具有三个水平：即个体水平、社会水平和综合水平。根据行为的道德控制程度将行为分为生物水平、社会水平和观念水平。社会学习理论认为道德行为是观察学习的结果。青少年的品德逐步成为一种以自律为形式、遵守道德准则和运用信念来调节行为的道德品质;青少年品德处于动荡性向成熟型过渡的时期;青少年品德的发展存在着关键期和成熟期。在教育育人和自我教育中,要充分发挥、有效利用品德心理规律的作用,以达到提升青少年品德心理发展、养成良好品德行为习惯的目的。

思考题

- 什么是品德? 道德与品德的关系如何?
- 试分析品德的静态结构与动态结构。
- 试述道德认识发展的一般规律。
- 青少年品德心理有哪些特点?
- 谈谈如何根据品德心理规律进行自我教育。
- 如何根据青少年品德心理规律进行教育?

探索题

- 调查两名中学生(其中一名品德优良,另一名品德较差),根据调查资料分析影响这两名中学生品德发展的主要因素。
- 拜访一名优秀的中学班主任老师,总结这位班主任老师是如何应用品德心理规律开展学生品德教育的。

第十四章 自我意识

学习重点

- 掌握自我意识的概念、结构和作用
- 了解自我意识是如何产生的
- 了解自我意识的重要概念，如自我认识、自我评价、自尊
- 掌握青春期自我意识的发展规律
- 了解如何在教育中运用自我意识的理论和规律

你知道吗？

- 你是怎样认识到自己不同于他人的？

- 高级动物有没有自我意识呢？还是只有人类才有自我意识？

- 如果让你描述自己，你会用哪些语言和词汇呢？

- 如果让你的朋友来描述你，他们又会怎么说呢？

- 明天有一场重要的考试，可是今晚有一场你力挺的篮球队的比赛直播，你会怎么办呢？

在一堂中学心理课上，老师让学生思考"二十五年后的自己"并写在纸上，李雷却正在思索现在的自己："如果我生活在完全不同的国家、城市或家庭中，那么我就可能说另一种语言，有完全不同的个性，用完全不同的方式看待世界。"

李雷的思索突然被身边的韩梅梅打断，"李雷，老师让你回答他的问题呢。"

"哦，我刚刚正在想一些问题。比如现在的我想要什么，我相信什么。我觉得我的哥哥很了不起，他知道自己想要什么。而很多时候，我总是很迷茫。我时常会想，真实的我是什么样子？我将会变成怎样的人？"

青少年时期的李雷正试着构想自己的样子——个人的价值观和生活追求的方向。随着青少年身体上的急剧变化，他们也对自己做出重新反思。青少年将从更多方面、更为统一的角度来描述自己。这是为什么呢？当你看完本章后，就能找到答案。

第一节　自我意识的概述

　　自我（或自我意识）是人格的主要组成部分，是衡量人格成熟水平的标志，是整合、统一人格各个部分的核心力量，也是推动人格发展的内部动因。

　　自我是一个动力系统，由知、情、意三方面构成。"知"即自我认知，包括自我概念和自我评价等；"情"即自我的情绪体验，包括自我感受、自尊等；"意"即自我控制，包括自我控制和自我调节等。其中，自我概念、自尊和自我控制是个体自我系统最主要的方面。

　　自我具有两个基本特征：一是区别于他人的"分离感"，即个体意识到自己作为一个独立的个体，在生理、认知和情感方面都具有自身的独特性；二是跨时间、跨空间的"稳定的同一感"，即个体知道自己是长期且持续地存在的，不会随着环境及自身的变化而否认自己是同一个人。

一、自我意识的概念

　　自我意识的概念，心理学家的理解有所不同。比较普遍的观点包括：

　　1. 自我意识就是关于自我的意识；

　　2. 自我意识是关于一个人对自己与他人的关系的观念系统；

　　3. 自我意识就是自我；

　　4. 自我意识是自己对所有属于自己身心状况的认识。

　　概括而言，自我意识是个体对自我（包括生理、心理及社会关系诸方面）的意识，是一种多维度、多层次的综合性的心理系统，它不仅体现在认知上（自我认识），而且体现在情感（自我体验）和意志（自我控制）上；它不是与其他心理活动并行或独立的，而是统领人的整个心理和行为并渗透其中，对人的心理和行为起调控作用。因此，自我意识是人对自我的生理、心理及社会关系诸方面的认知、体验和调节，它渗透于整个心理和行为中，并对之起调控作用的综合系统。

二、自我意识的结构

　　1. 自我认识

　　自我认识（self-cognition）是自我意识的认知成分，指个体对生理自我、心理自我、社会自我的认识，主要涉及"我是谁"、"我为什么是这样的人"等问题。它包括自我感觉、自我观察、自我概念、自我分析和自我评价等层次。自我概念是自我认识中最主要的方面，集中反映了个体自我认识乃至自我意识的发展水平，也是自我体验和自我调控的前提。个体是否拥有一个正确的自我概念非常重要。正如图 14-1 所示，所有人都有六个不同的自我：现实自我、自己所认为的自我、别人眼中的自我、自己认为别人所了解的自我、自己认为将会成为的自我、自己认为别人希望他们成为的自我。

图 14-1　六种不同的自我

2. 自我体验

自我体验(self-experience)是自我意识的情感成分,反映个体对自己所持的态度,主要涉及"我是否满意自己或悦纳自我"等问题,包括自我感受、自尊、自卑等方面。其中,自尊是自我体验中最主要的方面。人的自尊程度直接维系于他的自我评价状况,通常同自我评价成正比关系。自尊的程度也会影响个体自我调节的方向和力度。

3. 自我调控

自我调控(self-regulation)是自我意识的意志成分,指个体对自己行为与心理活动的自我作用过程。它包括自主、自律、自我监督、自我控制等方面。其中,自我控制(self-control)是自我调控中最主要的方面。自我调控的实现受自我认识、自我体验的制约,同时它也可以反转过来通过心理和行为的调节而影响个体自我认识和自我体验的过程。自我调控的实现是自我意识能动性质的集中体现。

西方最早比较系统研究自我结构的心理学家是詹姆斯(James,1890)。他认为自我分为四种成分,即:身体的、精神的、社会的、纯粹的自我,开创了自我研究的先河。

人本主义先驱罗杰斯通过临床对患者进行访谈总结后,认为自我包括主观我和客观我两个方面。主观我是自我的主动力量,客观我是主观我认识的对象。此外,罗杰斯还根据临床实践,提出了现实我和理想我的结构划分。

弗里曼(Freeman,1992)的研究发现,自我意识的发展呈现曲线变化,从小学到初中逐年下降,随后开始上升,到大学毕业后开始下降,到中年后又开始回升,然后随年龄的增长而平缓下降。

国内学者韩进之等(1985)研究表明:我国中小学生自我意识发展趋势呈曲线形,在这一趋势中呈现出三个上升期和两个平稳期,即小学一年级到三年级、小学五年级到初一、初三到高二是三个上升期,小学三年级到五年级、初一到初三为两个平稳期。其中自我评价发展速度较快,其独立性随年级升高而增高,但到了初三以后发展缓慢。自我体验的发展是先快后慢,呈曲线形,但不能随理性认识同步发展。自我控制的发展由于受内外不同因素的影响,有待进一步研究(见图 14-2)。

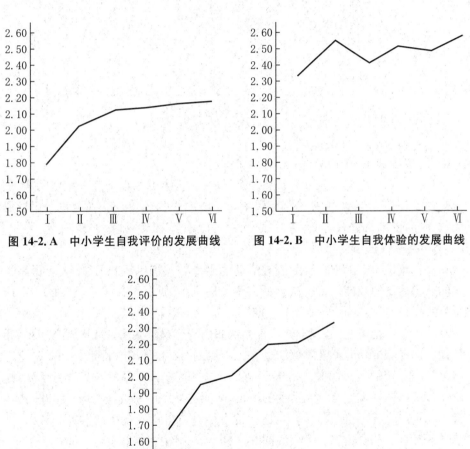

图 14-2. A 中小学生自我评价的发展曲线   图 14-2. B 中小学生自我体验的发展曲线

图 14-2. C 中小学生自我控制的发展曲线

对我国中学生自我意识发展的研究发现(程乐华等,2000),以学生自评为指标(最低1分,最高5分),学生在生理自我方面的平均值要高于心理自我和社会自我,而心理自我和社会自我的均值接近。学生的平均分以初三为界,两端呈现出不同的发展态势:初三之前,发展较为缓慢,且有下降趋势,到初三下降至最低;初三以后,发展加速,到高二已远远超出初中水平(图14-3)。

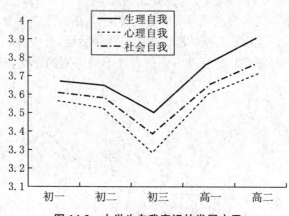

图14-3　中学生自我意识的发展水平

三、自我意识的作用

自我意识的作用十分巨大。从种系发展看,人类的心理具有自我意识,大大地优越于任何高等动物;从个体发展看,人类个体进入青年期,其自我意识发展成熟,脱离少年儿童的幼稚,真正具有了人的责任感和义务感。

1. 提高认识功能

自我意识使人能把自己的心理活动也当作客体加以反映,这就大大提高了人的认识活动的效能。人的认识活动不论感觉、知觉、记忆、想象、思维等,都由于自我意识的存在而更加自觉、更加合理、更加有效。

从上个世纪末起,心理学界对于元认知的研究日益关注。从本质上来说,**元认知**(metacognition)就是对认知过程的认知。人不仅能对外部世界的对象进行感觉、知觉、记忆、想象和思维,人还能对自己的这些认识过程本身进行认知,这就使人有可能发现原有认识活动的不足,从而选择和运用更好的认知策略,使认知活动更加完善、更加有效。不难看出,个体对自身认知过程的监控和改善,意味着人在认识和改造客观世界的同时,也可以改造他的主观世界。

2. 丰富感情世界

对于人类儿童来说,他们所意识到的现实只是外部世界,还不能意识到自己的内心世界。进入青年期以后,自我意识发展成熟,心中"自我"概念逐渐明晰和稳定,青年人真正发现了自己的情感世界。他们意识到"自我"的独一无二、与众不同,才会逐渐产生"孤独"之感;他们体验到自尊的需要,才会产生与自尊感相联系的"羞赧感"和"腼腆感"。由于他们发现了一个自己的内部世界,他们才时常感到"内在"自我和"外在"行为的种种不符或冲突,从而产生"苦闷"、"彷徨"等新的情感。总之,是自我意识的存在和发展,才使得人的情绪生活变得日益丰富、细致而复杂。

3. 促进意志发展

意志以人确定自觉的行为目的为开端。而自觉目的的提出又是以自我意识的存在为前提的,因为任何自觉行为总有自己的主体,那就是"自我"。自我的自主性的实现需要个人监督,需要意志的力量,无论其表现形式是施力于外部,促使环境服从主体的要求;还是施力于内部,促使自身特性与需求适应环境,都离不开自我意识的作用,离不开在意识中对自我和环境的明确区分。

个体意志力的表现同动机的性质和力量密切相关。社会意义丰富的动机通常比社会意义贫乏的动机更能支持人的意志行为。不过社会意义的丰富与否,是要通过行为者的个体意识从主观上加以认定的。诸多动机之中,个体自尊的维护和自尊的水平,是影响意志力的重要因素。而自尊的水平及其发展,是直接同自我意识的水平和发展密切相关的,前者是后者的表现性质之一。

4. 道德的必要前提

人的"自我"概念不仅包含现实的自我,还包含着理想的自我。亦即当个体被问到"我是谁"时,不仅要回答"我现在是谁",还要回答"我将是谁"和"我应该是谁"的问题。由于人不是游离于社会之外的抽象个体,他的自我概念不能不受到他生活于其中的社会规范的制约。每个个体都在社会体系中处于一定的角色地位,社会对他有着一定的角色期望,这些角色期望承载着社会规范,去要求、约束个体的心理和行为。因此,一个人的自我意识里,就包容了道德、信念和道德体验以及与之相联系的诸如责任、义务、使命、荣誉等价值观念的内容。

由此看来,自我意识不仅极大地促进了人类个体的认识、情感和意志等心理功能的发展,而且使人成为拥有道德意识和道德行为的个体,从而极大地丰富了人的社会属性;自我意识不仅提高了人类认识客观世界的效率,而且开拓了人类认识和改造主观世界的可能性,从而极大地增加了人类意识的主观能动性,提升了人的意识的反映层次。

第二节　自我意识的一般规律

自我意识不是人类与生俱来的,它是人类通过与外部世界的相互作用,特别是与同社会的人的相互作用,才逐渐形成起来的能力。自我意识不仅是人脑对主体自身的意识与反应,而且人的发展离不开周围环境,特别是人与人之间关系的制约和影响,所以自我意识也反映人与周围现实之间的关系。自我意识是人类特有的反应形式,是人的心理区别于动物心理的一大特征,它的形成与发展遵循一定的规律性。

一、自我意识的发生

新生儿最初不知道自己身体的存在,在吮吸手指等感觉活动中,出现了主体(自我)感觉。1岁末时,幼儿开始能将自己的动作和动作对象区别开来;随后能将自己和自己的动作区分开来。这种物-我知觉分化标志着儿童出现了最初的主体意识,即主体我。主体我的出现,意味着个体可以将自我看作是行动者,包括知道自我与周围世界是分离的,以及可以控制自己的思想和行动。

除了主体我,客体我是自我意识的另一个重要方面,即将自我看作是一个知识体和评价体的感觉。它涵盖所有使自我独特的属性,包括身体特征、拥有物和(随着儿童长大)态度、信念以及人格特质。在个体成长的第二年期间,幼儿开始构建客体我,他们开始知道自我的身体特征。在一项研究中,9到24个月的婴幼儿被领到镜子前。然后,借口给他们擦脸,要求母亲将红色的颜料涂在儿童鼻子上。1岁以下的儿童不能认出镜子里的自己。但是到15个月时,儿童会去擦他们的鼻子:他们意识到镜子里的映像是自己,能敏锐地察觉到自己独特的外表(Lewis & Brooks-Gunn,1979)。到2岁时,大部分儿童都能辨认自己。18~24个月的儿童中借助镜子立即擦自己鼻子的人数迅速增加,表明在自我的发生上出现了质的飞跃。

当儿童会说话时,语言能够帮助他们认识自己,也能够帮助他们表达对自己的认识。到2岁末的时候,几乎所有的儿童都能用他们的名字、物主代词"我的"或人称代词"我"来指代自己。他们用"我"来指代自己,把自己同自己以外的他人和他物明白地区分开来。这标志着他们自我意识发展的又一次飞跃。在生活中不难发现,一旦会以某个名称称呼自己,儿童就会表现得有点自作主张。尤其当儿童会以"我"自称时,常常会听到他们对自己的要求、自己所属物的强调,也会显得任性,他们会说:我要……这是我的、我自己……

处于自我意识发展初期的儿童,对自我的认识有五个主要特点:

第一,自我、心理和身体的混淆。幼儿通常把自我、心理和身体相混淆。大部分幼儿认为自我是身体的一部分,常常是头部。对他们来说,可以从许多物理维度来描述自我,如大小、形状和颜色。

知识视界 14-1　黑猩猩的镜像识别

为了检验人类是否唯一具有自我意识的物种,研究者进行了一系列有创造性的实验。盖洛普的实验(Gallup, 1977)采用了之后被刘易斯(Lewis)等人广泛采用的镜像识别任务,评估动物在镜子中识别自己的能力。盖洛普推断,镜像识别意味着未充分发展的自我概念的存在,因为这需要具备了解你和镜子中的影像是同一个这样一个道理。

在最初的研究中,盖洛普把黑猩猩带到一面全身镜前,在 10 天里谨慎地记录下它们的行为。盖洛普指出,首先,动物对镜像的反应是以为镜子里的是另外一只猩猩。慢慢地,这种行为被自我导向行为所代替。例如,它会看着镜子整理自己身上不能直接看到的部分,并且会对着镜子剔牙。盖洛普认为这种行为的转变意味着黑猩猩已经开始认识到镜子里的动物实际上就是它自己。

后续的研究为这一主张提供了更强有力的证据。盖洛普(1977)在后来的一项研究中对每一只黑猩猩进行麻醉,在它们失去意识的时候把它们的眉毛染上无味的红色。这样做是为了让黑猩猩只有在照镜子的时候才能够看到这个变化。这些动物醒来后又被带到镜子前,它们指向染色处的行为被录了下来。在与它们先前的行为进行比较以后,盖洛普发现这些黑猩猩在看到镜子里的影像后又超过 25 次触摸了被染色的地方。而这些行为在控制组(一群从未被带到镜子前的黑猩猩)中并没有出现。这些发现意味着实验组的黑猩猩在第一次时已经学会了从镜子中识别它们自己,并且意识到镜子里额头被染红的猩猩就是自己。

有大量的研究都得到了与盖洛普(1977)一样的结果,并且对其他动物是否会表现出同样的自我识别进行了检验(如 Meddin, 1979;Povinelli, Rulf, Landau, & Bierschwale, 1993)。研究表明,除了人类,只有两个物种(黑猩猩和猩猩)能够从镜子中识别自己。出于尚未知晓的原因,大猩猩虽然与人类极为相似,但却没能通过镜像识别测验。

由于前人理论指出,自我意识是在社会交往背景中逐渐形成的能力,盖洛普用独立饲养的黑猩猩重复了自己先前的实验,它们从未见过其他的黑猩猩。如果社会交往对自我发展非常必要,那么从来没机会从"其他黑猩猩眼里"看待它们自己的黑猩猩会在这个任务中失败。事实果然如此,独立饲养的黑猩猩没有表现出任何说明它们知道镜子里的影像就是自己的迹象。只有在经过三个月的社会交往后它们才表现出自我识别的信号。

(布朗,2004)

第二,具体的描述。学龄前儿童用具体的词语思考和定义自己。让一个 5 岁的孩子描绘他们自己时,他很可能回答道:"我叫小明,今年 5 岁。我妈妈给我买了件新衣服,我有很多很多的玩具,我能够自己刷牙了……"从这些描述中,我们可以看到学前儿童用以描述自我的主要是可以观察到的具体特征,如名字、外貌以及日常行为。

第三,物质性描述(physical description)。幼儿也通过许多身体和物质上的属性区分自己和他人。4 岁的炜炜说,"我和林林不一样,因为我比较高;我和我姐姐不一样,因为我有辆自行车。"

第四,动态描述(active description)。动态维度(active dimension)是儿童早期自我的一个核心成分。例如,学龄前儿童通常会使用与活动相关的词描述自己,比如玩耍。

第五,不现实的积极高估。儿童早期的自我评价通常是不现实的积极评价,代表了对个人特质的高估(Harter,2006)。幼儿会说,"我知道自己的一切",但事实上并不真正知道;或者会说"我从不害怕",但实际上并非真的如此。之所以会出现对自己的不现实积极高估,是因为幼儿很难区分他们想要拥有的能力和实际的能力,不能够产生区别于现实自我的理想自我,以及很少进行社会比较。幼儿的自我评价也反映了他们不能意识到自己可以拥有相反的品质,比如"好"和"坏"或"友好"和"刻薄"(Harter,2006)。

二、自我意识中的自我

在"自我意识的发生"部分,我们提到自我中的"主体我"和"客体我",也就是心理学家所说的"主我"和"宾我"。詹姆斯(James,1890)是最先认识到自我意识中自我的两种属性的心理学家之一。他建议用主我来指代自我中积极地直觉、思考的部分;用宾我来指代自我中被注意、思考或知觉的客体。主我和宾我是自我的两个重要方面,但心理学家更多地关注宾我的性质,所以本节也将先探索宾我的性质,再考察主我的性质。

1. 宾我的性质

宾我包括个体对"我是谁"、"我是怎样的人"、"我的信念"等方面的看法以及"我的感受"、"我的情感"等方面的感觉。

詹姆斯用术语"经验自我"来指代人们对于他们自己的各种各样的看法。他认为"我们每个人的经验自我就是所谓的宾我",经验自我由三类成分组成:物质自我、社会自我和精神自我。

物质自我指的是真实的物体、人或地点。物质自我包括躯体自我和躯体外(超越躯体)的自我。我们对自我的感知并不局限于我们的身体,还涉及其他人

（我的朋友）、财物（我的自行车）、地点（我的家）以及劳动成果（我的绘画作品）。但不仅仅是这些物理实体才构成物质自我，有关"我"的所有物都是物质自我的一部分，它并不一定是物理实体的，更重要的是"我的心理"主宰的（Scheibe，1985），例如"这是我最喜欢的餐馆"，由于"喜欢"这个情绪状态使"餐馆"也构成了自我的一部分。也就是说，在谈到躯体外的自我（延伸的自我）时所要说明的东西，包括了与"我"有关的人、地点和关于表明"我是谁"的心理部分。

社会自我指的是我们被他人如何看待和承认。詹姆斯认为"有多少人认可个体并将对个体的印象印入他们心中，个体就拥有多少社会自我"。简单来说，个体身处不同的社会角色、社会情境时将会表现出不同的行为（内部的和外部的），也就是不同的"社会自我"。正是由于这种倾向向心理学家们提出了一个重要问题：是否存在一个超越社会角色的稳定的、核心的自我？一些心理学家认为，因为自我由各种社会角色构成，并不存在一个独立于社会角色之外的真实自我。詹姆斯则相信，在不同的社会特性中还存在一种普遍的自我。虽然社会角色是自我的一个重要方面，但它并不是唯一的、最重要的方面。总之，社会自我包括我们所拥有的各种社会地位和我们所扮演的各种社会角色。但从本质上看，我们如何看待他人对我们的看法更为重要。

精神自我是我们的内部或我们的心理自我。它由除真实物体、人或地方，或社会角色外的被我们成为"我的"任何东西构成。我们所感知到的能力、态度、情绪、兴趣、动机、意见、特质以及愿望都是精神自我的组成部分。总之，精神自我指的是我们所感知到的内部的心理品质，它代表了我们对于自己的主观体验——我们对自己有什么样的感受。

2. 主我的性质

根据詹姆斯的主张"用主我来指代自我中积极地知觉、思考的部分"，那么主我似乎与所有的基本心理过程（知觉、思维、感觉等）都有关。但事实上，是我们对它们的主观意识（而不是这些过程）构成了主我。主我指的是我们对于自身正在思考或正在知觉的意识，而不是身体或心理过程，类似心理学中常说的"元"（meta）这一概念。

自我中的主我更类似于"我"的本质，即刨除了物质的"我"、社会外衣的"我"、精神的"我"，个体区别于他者真正的所在。哲学家们将这种人的本质称为"个人特性"，它将我们的多种感觉、知觉、心理联合了起来。对于个人特性，哲学家们各执一词，难有定论。早期哲学家认为个人特性是灵魂；洛克将个人特性归结为记忆；休谟声称个人特性完全是虚幻的东西；詹姆斯则指出个人特性是我们对于自身存在的不间断的记忆。

詹姆斯(William James，1842—1910)

美国心理学家和哲学家,美国机能主义心理学和实用主义哲学的先驱,美国心理学会的创始人之一。1875年,建立美国第一个心理学实验室。1904年当选为美国心理学会主席,1906年当选为国家科学院院士。1900年出版两卷本著作《心理学原理》,几乎概括整个十九世纪的心理学。该书既是当时实验心理学研究成果的基本总结,又是詹姆斯机能主义(或实用主义)心理学思想的集中体现。

三、自我意识中的重要成分

"人贵有自知之明",全面而正确的自我认知是培养健全的自我意识的基础。自我认知是从多方位建立的,既有自己对自己的认识与评价,也有他人对自己的认识与评价。健康的自我意识对个体的发展至关重要,一个人只有意识到自己是谁、应该做什么的时候,才会自觉自律地去行动。一个人意识到自己的长处和不足,有助于他发扬优点,克服缺点,取得自我教育的积极效果。可见,自我意识在人的道德判断、个性的形成中具有极为重要的作用。自我意识是怎么形成的,自我意识的发展具有哪些特点,如何培养积极健康的自我意识呢?

1. 自我认识

塞万提斯在《唐吉诃德》中写道:"把认识自己作为自己的任务,这是世界上最困难的课程。"

有儿童这样描述自己:"我今年四年级,在学校中的人缘很好。因为我待人友好,乐于助人而且能够保守秘密。我会尽量不发脾气,和朋友在一起时我很开心,没有人陪我会难过。在学校里,我觉得我很有语言天赋,最近的一次英语考试我得了全班第一。不过我的数学成绩不太好,觉得自己在数学方面很笨。我的爸爸妈妈都很喜欢我,其他小朋友也很喜欢我。这些都让我更喜欢我自己。"(改编自 Harter，1999)

在这名儿童的描述中,充满了关于"我"的信息,那么我们是怎样了解到这些有关自己的内容的呢? 一般来说,自我认识有三种主要来源,物理世界、社会世界、思维和情感的内部(心理)世界。自我认识的每一种来源都提供了关于自己的重要信息。

(1) 物理世界

物理世界为我们了解自身提供了手段。如果你想要知道自己有多高,可以对自己的身高进行测量;如果你想知道自己能跑多快,可以参加田径赛。我们可以运用物理世界中的线索来获得关于自身的一些重要知识,但这种来源也有很大的局限性。

首先,许多特性在物理现实中并不存在(Festinger,1954)。比如对自己那些抽象的、概括的特性描述,"善良"、"友好"、"幽默"、"自律"等,我们不可能拿出一把标尺来测量。虽然关于我们有多聪明,可以采用智力测验的方式获得,但对于那些摸不着、看不见、有关自己的物理信息却是缺乏的。

其次,即便可以用物理世界的线索来评估这些特征,得来的信息也未必是我们所需的、有意义的。比如,测量知道自己的身高并不能告诉我们自己是高是矮,我们需要先知道别人的身高,然后再与自己比较。因而很多情况下人们在思考自己时,都是通过比较得出描述的。例如上述儿童描述自己数学成绩不好,显然是通过与班级其他同学比较才得出的评价。所以当我们说自己独立时,其实心里想的是比其他人要更加独立;当我们说自己有才干时,其实心里在说我们要比其他人更有才干。所以,物理世界的线索能提供给我们的信息,有时并不能表达真正的关于"我"的内容。

(2)社会世界

既然人们在得出自己特性时有赖于和他人比较,那么寻求"我是谁"以及"我是什么样子"时必须更多地依赖于社会世界。其中社会比较和反射性评价两种社会过程尤为重要。

正如在物理世界中的我所指出的,人们会进行社会比较。人们把自己的特征与他人进行比较,并由此得出关于自己特点的线索。费斯廷格(Festinger,1954)最早对社会比较过程进行研究。他假定人们有想要知道自己真正的样子的需要,因而人们可以通过将自己和他人进行比较来满足这种需求。当然,你所得出的关于你自己的结论在很大程度上依赖于你在和谁比较。研究者假设当我们和相似的人进行比较时所获得的信息是最可靠的(Festinger,1954)。事实上,也确实有相当多的证据表明人们在很多方面都愿意和与自己相似的人做比较(Wood,1989)。不过,有时人们也会把自己同稍稍比自己强的人(向上比较)以及在某些方面稍逊于自己的人(向下比较)做比较(Collins,1996)。

人们获得自我认识的另一种方式是观察其他人对自己的反应。例如,一个人讲了个笑话,观察到周围的人都笑了,这个人有理由认为自己是个有幽默感的人。这个过程被称为反射性评价过程。

罗森塔尔效应是说明反射性评价的绝佳案例。教师通过与学生交往的频率、注视的目光、评价的内容和语气神态,将自己对学生的期望或明或暗地传递给学生,学生从教师对自己的反应中采择到他人的观点,与自己的观点合并起来，形成了关于自我的评价，并且将这种评价化为自我调节的标准。

（3）内部（心理）世界

用来自自身内部世界的信息了解自己，似乎比之前的两种方式更为可靠有效。它包括三个过程：内省、自我知觉、因果归因。

内省指个体向内部寻求答案，直接考虑我们的态度、情感和动机。例如你想知道自己是否是个幽默的人，就可以问自己在与朋友聚会、同人交往时是否擅长谈笑、让大家愉快。如果是，那么你可以得出自己是个幽默的人的结论。一般认为内省是一种了解自己的非常可靠的方式。毕竟，还有什么比检验我们自己的思想和情感更好的方式来了解我们自己呢？不过，也有研究者指出，当我们对"我为什么这样想"的原因想得太多时，会降低自我认识的准确性（Wilson & La Fleur, 1995）。

自我知觉理论是关于人们如何对其自身行为进行解释的理论。不过该理论假设人们不总是知道自己做事的原因，在这种情况下，我们是通过分析事情所发生的背景来推断我们行为的原因的。例如问一个青少年在班级中是否合群，他可能会思考，班级中没有特别讨厌他的人，也没有他特别反感的人，同学们对他的态度比较友善，那么他推断自己是个合群的人。上述过程就是自我知觉的过程。自我知觉过程与内省过程相类似，都要解释原因。但前者是通过分析间接地推断我们的态度、情感和动机，后者则是直接检验。

因果归因是对为什么的回答（Weiner, 1985）。例如一个人哭得很伤心，我们会猜测他丢了重要的东西、他考试考砸了、他有抑郁症等，这就是我们在对他人的某种行为归因。这种归因当然也适用于个体自身。在本段开头的那位儿童对自己的描述中，他认为自己的数学成绩不太好，在数学方面很笨。他将其归因为自己的数学能力差（很笨），但如果他归因为数学测验太难了，或许就不会得出自己"在数学方面很笨"这样的结论。

我们试着将上述过程串联起来，看看它们是如何促使个体认为自己是个人缘好的人。一开始，他可能会想象自己在聚会时的行为举止。如果他总是很容易地融入人群，他就会通过这一自我知觉过程认为自己人缘不错。他也可以通过内省方式考察他在社会情境中的情感。如果他对和他人在一起感到开心和自在，那他就可以得出自己人缘不错这样的结论。人们也可能告诉过他这一点。如果他准确地知觉到他人的先前所说，并把这种看法纳入自己的自我概念当中，他可能会通过反射性评价过程认识到他具有人缘好的特点。最后，他也可以将他的社会活动水平与他人进行比较，并得出和多数人比起来他的社会性要好一些的结论。

2. 自我评价

个体通过各种渠道获得关于自身的知识后,会对自己做出评价,那么这些评价与实际情况是否相符? 个体对自己的评价和他人对我的评价又是否一致?

(1) 自我偏好

许多研究者发现人们在评价自己时,有个有趣的倾向,那就是认为自己比别人好。例如认为自己比别人公正、更加富有和拥有更好的人格、开车开得比别人好等。关于这种倾向最富有戏剧性的描述源于 1976 年美国大学委员会所做的调查。该调查要求近 100 万高中生对自己和同伴进行比较(Dunning, Meyerowitx, & Holzberg, 1989)。70%的学生认为自己的领导才能高于平均水平,60%的学生认为自己的运动能力高于平均水平,85%的学生认为自己与他人相处的能力高于平均水平。在这些人当中,25%的人认为自己属于最出色的 1%那部分人里的一员。显然高中生们对自己的评价与现实情境是相互矛盾的,多数人都比其他人好从逻辑上看是不可能的。但这种自我偏好未必有坏处,因为它并不是一种妄自尊大,而是有利于自尊发展的、提升自我效能感的因素(Farnham & Greenwald, 2000)。此外,个体的这种自我偏好还会扩展至跟自己有关的群体的偏好。例如,对本种族的偏好(Greenwald, McGhee, & Schwartz, 1998; Banaji & Bhaskar, 2006)、性别偏好(Katz & Zalk, 1978)等。

这种对自己的偏好不仅局限于一些特质上,个体对自己的行为能力也往往会产生高估。比如,多数学生预测他们在班上的成绩比实际成绩好,高估他们参与社会活动频次的可能性。并且在问人们对自己的预测有多大信心时,人们通常也是非常自信的(Osberg & Shrauger, 1986)。

(2) 自我评价与他人看法之间的一致性

自我评价与客观标准之间关系的研究比较少,主要是因为很多有关自我的描述难有客观标准或难以客观测量。不过对智力评价是个例外,有研究显示,人们对智力的自我评价与他们在标准智力测验中的得分的相关系数在 0.3 左右。

与上述研究情况相反,关于自我评价和他人判断之间关系的研究数量颇多。不少研究发现,他人或称旁观者之间的评价的一致性是较高的,一般能达到0.6,而与个体对自己的评价的相关较低。一项研究要求 415 名 6~8 年级孩子评价他们在班里受男生或女生欢迎的程度,评价结果与这些孩子的实际受欢迎程度(同伴评价)做比较,研究得出两者之间的相关为 0.32(Felson & Bohrnstedt, 1983)。可见自我知觉和对他人的知觉之间并不存在较大联系。对于一些人格特质的评价,越与自己熟知的旁观者的评价与自我评价间的相关将越高。例如,尽管陌生人能很好地判断你的社交特征,但只有你的家人和朋友才能了解你是个多么好奇的人(Paulhus & Bruce, 1992)。

但即使是他人评价,也很难说清楚是否更符合客观标准。或许当局者迷,旁观者清,多听取他人评价应该有利于更好地认识自己。

3. 自我调控

自我调控是自我意识的执行方面,自我意识的能动性最终体现在自我调控之上。前文谈到的个人认知结构的调整,如注意聚焦方向的调整以及自我体验的合理化,其实都是自我调控的具体表现。离开了自我调控,自我评价和自我体验都将流于自发状态,最终将导致整个自我意识的弱化,不利于个体主观世界发展,也不利于个体对客观世界的改造活动。

案例:聪聪上学期期末考试成绩不佳,心情非常郁闷,他去找班主任交谈。班主任建议他除了做好复习和预习外,可以尝试每次给自己定一系列小目标,比如说下次考试争取接近平均分、再下次达到平均分、超过平均分,最终取得理想的成绩。聪聪听后在下一个学期上课认真听讲勤记笔记,每天回家都会做一次复习工作,对一天的学习进行小结,找出其中自己还存疑的地方进一步解决,对每个阶段的测验都做好记录查看是否达到预计目标。通过一个学年的努力,聪聪的成绩终于名列前茅。

为了强化自我调控,首先要激发个体自我调控的动机,在思想上充分认识到自我调控对个体心理和行为发展的巨大必要性和重要性,同时坚信自我调控是可以学会并养成习惯的,从而产生进行自我调控的迫切意愿。

其次,要保证自我调控的经常性。古人说:"吾日三省吾身。"提倡频繁地反躬自省,不仅从修身养性的角度说是有益的,而且从心理发展的角度说也是有着积极意义的。经常反省使人随时了解自己,发现问题,认清差距,分析原因,寻找解决办法。经常反省、善于反省是心理发展到一定水平的表现,经常有效地反省,又必将促进个体心理水平的进一步发展。因此倘能进入良性循环,就会出现"正反馈"效应,促使个体获益匪浅。

最后,自我调控的目标要水涨船高。调控的方向总是指向所欲达到的理想目标的。每次具体自我调控的目标固然不宜定得太高,但随着每次调控目标的实现,必须不断提出新的更高的调控目标。而最终的远期目标应是相当高远的,才能使自己持续不断地进步并达到日臻完善的境地。

4. 自尊

自尊(self-esteem)指的是自我所做出的对自己的价值判断,以及由这种判断所引起的情感。对自我的价值评判或称自我价值感影响着个体的情绪体验、行为表现及长期的心理适应。这种影响可以称为自我预言的实现,即一旦个体认为自己是一个什么样的人，不管是积极的还是消极的判断，自我就会向着这个预言的方向发展，并最终导致预言的实现。

作为自我意识中非常重要的一个方面，国内有研究者提出（李晓文，1993），自尊需要是儿童自我意识发展的内在动力。当儿童开始学会认识事件对于自我的关系和意义从而更为主动、合理地满足自尊需要时，自我意识便得以发展。

用因素分析的方法可以对自尊的结构进行探索。在儿童早期自尊就出现了，到 4 岁时，学前儿童就已经有了不少自尊——例如，在学校里学东西、与父母相处、感到身体吸引人的自尊（Marsh，Ellis，& Craven，2002）。如哈特（Harter，1982，1986）让儿童对自我的许多方面做等级判断，如"我喜欢上学"、"同学们都很喜欢我"等。他的研究发现学前儿童至少可以区分出两个方面的自尊，社会接受（自己受欢迎的程度）和能力（自己擅长做什么、不擅长做什么）。但此时的儿童还很难区分理想能力与实际能力，如果问他们可以做到多好时，他们通常会认为自己的能力非常强，而且会低估任务的难度（Harter，2003）。到 6～7 岁的时候，儿童至少形成了三个方面的自尊：学业自尊、身体自尊、社会自尊。随着儿童的成长，这三个方面又会不断地细化，形成一个层级结构（见图 14-4）。

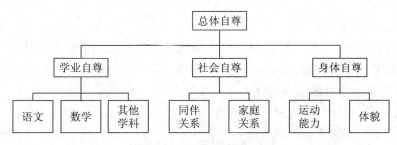

图 14-4　自尊层级结构图

百家争鸣 14-1　先爱自己还是先爱他人

回忆一下你的成长经历，在谈到自尊自爱时，人们似乎总是说"只有先学会爱自己，才能爱别人"（Fromm，1956）。同时，长久以来研究者们认为提高个体自尊是改善个体问题行为的有效方法，因为他们认为低自尊是导致各种行为问题（如药物滥用、未成年怀孕、暴力倾向等）的根源（Satir，1972）。但事实并非如此，低自尊与个体的社会问题并不相关，也不存在预测能力（Mecca et al.，1989）。对提高自尊持反对意见的研究者认为，仅仅通过提高或加强自尊，人们会把注意力聚焦于自身，而这会促进一定程度的自我意识、自我关注和自私的发展。当人们为了提高自尊而将注意力放在他人身上时，这种注意从本质上来说是自私的,因为在这种情况下对于他人的关心是次要的,并不会加强我们对他人的关心和爱护。所以"我们只有先学会爱自己,才能爱别人"这句话是完全错误的。

具有讽刺意味的是,如果我们把这句话反过来说,或许才更接近真实情况、更贴切、也更有益处——"我们只有先学会爱他人,才能爱自己"。支持这一观点的研究者建议我们应该关注他人的幸福并和他人建立起亲密的关系、情感的联系和怜悯之心,如此才能更好地解决许多社会问题,帮助个体更完善地发展自我(Burr & Christensen,1992)。

（赖斯和多金,2009）

对于总体自尊而言,层级结构中不同方面的评判对于总体自尊而言并不具有相同重要的意义。某些自己比较重视的方面,对于总体自尊有更大的影响,如有的儿童重视学校中的成绩,有的则重视父母对自己的评价。

学业自尊预示着儿童认为学校课程的重要性、有用性和有趣性,还预示着他们努力的愿望,以及他们在这些课程上的成绩。有着较高社会自尊的儿童通常受到同学们的喜爱(Harter,1999;Jacobs et al.,2003)。此外,不论年龄、性别、社会经济地位、种族群体如何,有着较高自尊的个体倾向于能更好地调节、善于交际以及尽心尽责。相反,在各个方面表现出低自尊的个体,往往与焦虑、抑郁、反社会行为相联系(Robins et al.,2002)。

四、青少年自我意识的特点

青春期,个体身体的发育带来相关的生理变化,加上认知的发展和社会期望的变化,这一切都使青春期成为一个重大的发展转折期。根据皮亚杰的理论观点,抽象思维能力将出现于青春早期的形式运算阶段。新的思维方式赋予青少年假设演绎能力去建立形式理论,而且许多研究者认为自我意识是一种个人认识论(Greenwald,1980;Epstein,1991;Markus,1980)。因而认知能力的发展,促使青少年的自我意识有别于其他年龄阶段的个体。

1. 青春期的自我认识

青春期是自我认识发展的一个重要时期,实现由"客观化期"到"主观化期"的过渡。自我认识在青春期的发展是复杂的,包括自我的许多方面(Harter,1998,2006;Nurmi,2004)。

随着自我水平的不断提高,青少年进行自我评价的需要越来越强烈,并带有强烈的社会比较倾向。将自己的状态与他人的状态进行对比,从而获得比较明确的自我评价,是促使青少年心理发展的一个重要途径。青少年的自我认识具有以下一些特点：

第一，抽象化与理想化。根据皮亚杰的认知发展理论，青少年的思考方式变得更加抽象化和理想化。在描述自己的时候，青少年比儿童更多地使用抽象和理想化的标签。如，14岁的明明对自己的描述是："我是个普通人。我优柔寡断。我不知道我是谁。"

第二，自我关注。青少年比儿童有更多的自我关注，这种自我关注反映了青少年的自我中心主义。

第三，自我内部的矛盾。随着青少年开始在不同的关系背景下将自我的概念区分成不同的角色，他们感到在不同自我之间存在显著的矛盾（Harter，2006）。青少年可能会这样描述自己："我虽情绪波动较大但也善解人意，虽长得不好看却很有吸引力，很无趣也很好奇，关心别人也不总那么在乎，内向但喜欢热闹。"在青春期早期，青少年倾向于把这些相反的特质看作是互相矛盾的，这可能会导致内部冲突。青少年在不同的社会情境中，如在父母面前、在老师面前、在一般同学面前、在好朋友面前，面临着不同的社会压力和要求。在不同的社会情境中对自我有不同的要求，会表现出自我不同的侧面。而在青少年早期，他们还不能将这些特征有机地联系起来，尚没有认识到它们之间的内在一致性。因此，他们经常会出现"哪一个是真正的我"这样的困惑。到了青春期中晚期，青少年开始理解为什么一个人会有相反的特质，更能将这种矛盾看作是一种适应性，并把这些相反的自我标签整合进逐渐形成的同一性中（Fischer & Bidell，2006；Harter，2006）。

第四，波动的自我。青少年的自我认识在不同情境和不同时间会发生波动（Harter，1990，2006）。通常直到青春期晚期甚至成年早期，在青少年建立起一个更为完善的自我理论之前，青少年的自我都表现出持续变化的特点。

第五，真实自我和理想自我。作为真实自我的补充，青少年逐渐发展起建构理想自我的能力。一种观点认为，理想自我或想象自我的一个重要方面就是可能自我——个体可能会成为的、希望成为的以及害怕成为的自我（Markus & Nurius，1986）。因此，青少年的可能自我既包括他们希望成为什么样子，也包括他们害怕自己变成怎样的人。未来的积极自我特征（进入好的大学、得到赞赏、拥有成功的职业生涯）能够对未来的积极状态起引导作用；未来的消极自我特征（失业、孤单、没进入好大学）可以指明应该避免哪些情况。

2. 青春期的自我体验

自尊是自我体验的最主要方面，随着青春期的到来，在前述自尊结构的基础上，自尊的层级结构中又出现了亲密朋友、异性吸引力、工作能力等新的维度。

这反映了这一时期青少年对这些问题的关心。

学术前沿 14-1　青少年自尊与学业成就之间的关系

青少年往往面临较大的学业与考试压力,令青少年不得不在各类课业中周旋。那么自尊和青少年的学习成绩之间是否相关? Baumeister 等人的研究发现,在学习成绩与自尊之间只存在中等程度的相关,而且这种相关也并不意味着高自尊会带来较好的成绩(Baumeister et al., 2003)。增强学生自尊的尝试并未提高他们的学业成绩,有时甚至引起相反的作用。而高自尊也并不能有效防止青少年吸烟、酗酒、接触毒品、过早的性行为等问题行为。该研究指出,高自尊确实会给人们带来不少益处,但仅限于提高主动性和增强良好的自我感觉方面。

另一方面的证据,如下图所示,美国青少年的自尊在过去的几十年中迅猛上升(Twenge & Campbell,2001)。但是和他们的前辈相比,美国青少年成绩较差,并且表现出更多的反社会行为和其他调节问题。因此,学习成绩究竟与自尊是一种怎样的关系,在当代儿童发展中仍值得进一步探究。

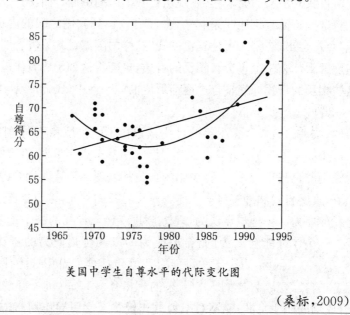

美国中学生自尊水平的代际变化图

(桑标,2009)

未成年人的自尊整体来看具有较高的稳定性,重测信度系数都在 0.70～0.90 之间,但也经历了一些波动。在儿童由幼儿园入小学、由小学入初中、由初中升高中时,自尊水平都有较大的降低。出现这种现象的原因可能是由于一方面未成年人到新环境中会面临新的要求和挑战,会出现一段时间的适应困难期,从而影响他们对自我的真实认知能力的评价。另一方面,新的环境中未成年人要面临新的社会比较对象,这也会使他们的自我意象出现一段时间的不稳定,从而造成自尊水平的下降。随着他们评价不同的优点和缺点,个体在自尊上的差别从儿童期到青春期变得越来越稳定。

一般来说,青少年一直被认为是低自尊的(Robins et al.,2002)。但实际上,大部分青少年都有积极的自我意象。大规模跨文化研究发现,世界各地区——美国、澳大利亚、孟加拉国、匈牙利、以色列、意大利、日本、中国台湾、土耳其和西德——青少年的自我意象近3/4是健康的(Offer & Barglow,1988)。

除了那些突然面临转学的青少年,大多数年轻人的自尊水平呈上升趋势(Twenge & Campbell,2001)。将过去与现在的自我相比,青少年认为他们现在变得更成熟、能干、漂亮、并且更具吸引力(Hart,Fegley,& Brengelman,1993)。一项对十三个工业国家青少年的调查研究显示,多数个体对生活都有一种乐观的态度。对自己的未来和以后的职业有一种高度的掌控感,并且相信自己有能力应对生活中出现的问题(Grob & Flammer,1999)。

但令研究者觉得玩味的是,青少年的自尊与知觉到的外貌特征是相关的。例如研究者们发现,在青春期整体自尊与外貌特征间的相关要高于与学术能力、社会认可、行为管理以及运动能力之间的相关(Fox Calkins & Bell,1994;Harter,1999)(见表14-1)。不过,和知觉到的外貌特征间的这种相关并不局限在青春期,而是从儿童早期到成年中期持续存在(Harter,1999,2006)。这种对外表的关注最早凸显在青春期的早期,但它会持续人的一生。

表14-1 自尊与外貌特征及其他能力之间的相关

领　　域	Harter 的美国样本	其他国家
外貌特征	.65	.62
学术能力	.48	.42
社会认可	.46	.40
行为管理	.45	.45
运动能力	.33	.30

注:其他国家指英国、爱尔兰、澳大利亚、加拿大、德国、意大利、希腊、荷兰和日本。

3. 青春期的自我调控

自我调控可分为被动的自我调控和主动的自我调控。前者指主要出于外部因素,如他人或环境的明确指令或压力而致的自我调控;后者指由于主体自设目标、自定要求而致的自我调控。不过,这两者并无严格区分,主要是看究竟是外界要求直接导致,还是由个体自身内化的标准所导致。

自我控制(self-control)是自我调控中最主要的方面,指的是对过度强反应的抑制和对过度弱反应的唤起能力。比如,小明想看动画片,但是作业还没有完成。如果小明抑制了自己想看动画片的冲动而坚持完成了作业,那么他就使用了自我控制。

大多数研究者认为,自控最早发生于出生后 12～18 个月之间,此时儿童开始意识到照料者的希望与期望,并愿意遵守照料者的简单命令与要求,即对父母指示的服从(compliance)。大约在 2 岁左右,随着儿童认知能力的提高,尤其是心理表征能力的发展,儿童的自我控制能力逐渐发展起来。这时的儿童能够在没有外界监控的情况下服从父母的要求,并根据他人的要求延缓自己的行为。大约从 3 岁时开始,儿童逐渐获得自我连续性和自我统一性的认识,开始把自己的行为与父母的要求联系起来。儿童能意识到,当他们在家里、操场或亲戚家时,可以在哪里玩、不能在哪里玩;可以碰哪些东西、不能碰哪些东西。

延迟满足(delay of gratification)是对儿童早期自控研究的经典范式。研究者通常设计一些典型的实验情境,对儿童在实验情境中的行为表现进行评价,藉以测定儿童的自控水平。学前儿童变得更擅长自我控制,他们学习如何抵制诱惑,以及给自己指令来保持注意力的集中(Thompson,2006)。

米歇尔将"延迟满足"解释为一种甘愿为更有价值的长远目标而放弃即时满足的抉择取向,以及在等待期中展示的自制能力。这类在儿童早期出现的自控能力将预测他们青少年期的许多行为。米歇尔采用自我延迟满足范式,对斯坦福大学附属幼儿园的 653 名 4～5 岁儿童进行延迟满足的实验(Mischel et al.,1970)。10 年后,向其中仍能找到地址的被试家庭发放问卷,进行跟踪调查。调查结果发现,在延迟满足情境中能等待较长时间的儿童,到青少年期,父母评价他们有较高的学业与社会能力、言语流畅、理性而又专注、有计划,更有能力处置挫折与压力,在学业能力倾向测试(SAT)中比同伴的得分更高(Mischel et al.,1988)。

目前针对青少年的自我调节研究还比较少。一方面,青春期认知技能的进步(如逻辑思维)、自我反省的增加、更高的独立性导致了自我控制的增强。认知能力的发展也使青少年能更好地理解为了渴望的东西而延迟满足(如在班级里得到好名次)的重要性,而不是去寻求即时满足(如听摇滚乐或上网游戏)。另一方面,不可战胜感的增强(可能会导致冒险行为)和社会比较可能会导致青少年较少的自我控制。

对于研究者而言采用何种刺激物是对青少年延迟满足能力测定的难点,目前比较常用的刺激物是金钱(Funder & Block,1989；White et al.,1994)。在对美国城市高中生的延迟满足的研究中(Wulfert et al,2002),研究者给予青少年这样两个选择：立刻获得 7 美元和一周后获得 10 美元。结果发现,那些没能表现出延迟满足的青少年,也就是选择立刻获得金钱的青少年,通常不能很好地进行自我调节,表现出更多的吸烟、饮酒、吸食大麻、较差的自我概念以及学业成绩不佳等行为。

第三节 自我意识规律在教育中的应用

教育的根本任务是培养健全发展的年轻一代。一个健全的现代人,不仅应具备有关客观世界的丰富知识和技能,而且应当具备有关人类自身、有关自己的知识和相应的能力。因此自我意识的规律在教书育人过程中显得十分重要且有用。

一、自我意识规律在教书育人中的应用

1. 帮助青少年正确认识自我

中小学阶段的学生已经有了"自我"的概念,但他们心目中的自我概念又不同程度地带有朦胧性、散乱性和不确定性。为了帮助他们发展其自我概念的明晰性、系统性和确定性,一方面需要让青少年懂得自我概念的内容组成和发展；另一方面要教会学生从各种途径来认识自己,包括从别人对自己的态度和评价来认识自己,通过把自己同别人相比较来认识自己,通过评价自己的活动产品来认识自己以及运用对自己的生活有意义的尺度来整合各种信息从而认识和评价自己,等等。

案例：

李某,女,15 岁,初二学生。学习成绩较好,智商中上等。外向型性格,开朗,有个性,思维活跃,敢说敢做。但她盛气凌人,自以为是,孤芳自赏；认为周边的同学都不如自己优秀,且人与人之间无信任和善良可言,皆唯利是图；对他人缺乏真诚。虽然李某学习成绩好,但同学不太喜欢她。她与家长、老师说话也是咄咄逼人,与人沟通时总带着争吵的神态,难以心平气和地交流。由于自以为是,所以不太受人欢迎。她想交知心朋友,但同学敬而远之。所担任的班级工作常因同学的不合作而使她不能如愿。她因而情绪极受影响,气哭过几次,辞职几次,甚至想走绝路。

中学生正处在身心发育的高峰时期,独立意识和自我意识逐渐增强。李某因学习成绩好,思维活跃,加之性格外向,敢说敢做,因而不隐藏自己的喜、怒、

哀、乐,说话易得罪同学。但她的过于自信使她只看得到自己优势的一面,而对于自己的劣势视若无睹。同学因被她瞧不起而远之,所以她没有知心朋友来交流思想,也缺乏同伴的认可。由于李某不能很好地全面认识自己,使得她虽然身为优等生,却处处得不到他人的友善和关爱。

为了帮助李某正确了解自己并融洽地与他人相处,班主任和心理老师让李某写日记《推荐我自己》,帮助她从中分析自己的优劣,意识到自己的不足,并提出一些改善自己的措施。只有在对自己有充分了解后,才会产生改正自己的强烈欲望。教师还让她每天发现本班一位同学的优点、长处,记录下来,并与自己对照是否有值得学习和借鉴的地方,以此改变她总以挑剔的眼光审视别人的习惯,慢慢消除她的嫉妒心理,学会欣赏他人。每过1~2周后把她表扬过的同学叫到一起,让他们知道李某赞扬他们,也请他们指出李某的优点和不足。这种相互评价和比较有助于青少年从多角度更客观、全面地认识自己。由于李某学习成绩较好,为了发挥她这一优势,老师分配她"一帮一"学习互助同学,而该同学在班里属人缘挺好的学生。这样,李某因为与该生关系密切而融入圈内。李某学习成绩好,威信备增。乐于助人的新形象使同学们接受她。渐渐她找到了知心朋友,不再孤独,终于有人喜欢她了。

通过老师和同学的配合,李某积极主动地参与,经过近一学期的辅导工作,李某的心情轻松愉快,不再有高人一等的态度,与同学们相处和谐多了,朋友也多了,对班集体更关心,不仅会谈论自己的想法,也能虚心接受老师和同学的合理建议。同学们都说:"李某变文静多了,挺招人喜欢的。"

教育实践 14-1　一个高中女生的自我描述

我已步入"花季"的年龄,我究竟是一个什么样的人呢? 我很爱美,我总希望自己拥有一个清纯可爱的外表……我希望自己处处整洁干净,有条不紊、有时把自己的房间收拾得出奇地干净……我爱一切能表现美的事物,我爱画画、唱歌、听音乐……我是一个理想主义者,妈妈说我是一个过于浪漫的人,我也经常能感受到自己变化不定、波澜起伏的内心情感,我容易对哪怕是一面之缘的男孩产生好感,我总幻想在遥远的地方有位白马王子在等待着我……我有极强的同情心,我见不得别人受苦,最不忍心看乞丐沿街乞讨,我的内心非常渴望我将来成为一个成功的人,成为一个优秀的完人。我讨厌平庸,我不安于现状,我一定要活得与众不同,因此,我对自己要求非常严格,我的学习非常好,我也从不松懈,我想达到的学习目标一定要实现,我也基本上实现了我的学习目标,即使我不喜欢的课程我也努力学习,我要在各门功课中都达到完美优秀。我非常敏感,不愿意听别人的批评,即使是非常婉转的意见我也不爱听,有时候甚至有小心眼,我总是妒忌比我强的人(尤其是女孩),总想超过她,如果不能我就觉得非常不舒服,甚至会有自卑感。除了学习外,我认为自己也非常漂亮,我身材苗条,我的气质就像电影明星一样,同时,我也希望我的品质也像电影中的一些优秀的女主人公。我愿意和男孩子交往,他们爽朗大方、一点也不小气,不像有些女孩子小心眼。我还特别喜欢运动,喜欢篮球、排球,我爱听轻音乐,特别是小提琴曲,像《梁祝》,我特别爱听。我有时觉得自己非常成熟,什么都明白,可有时又觉得自己傻傻的。我觉得我的意志力不是特别坚强,我常常会盼望出现奇迹,可我又不怕苦和累,我也很怕死亡,但我从来不去想死后的事,那与我没有关系,我的心目中总是充满理想和美好的愿望,可是生活中有时总和想象的不一样,所以有时候我也很失望,但总是过一会儿就好了……这就是我。我认为我是一个非常好的女孩子,我希望我将来成为一个事业成功的女强人,我不怕世俗的目光,我也相信我能够实现!

2. 帮助青少年树立理想自我

正确认识现实的自我是发展的起点,成为理想的自我是发展的目标。因此理想自我的合理确立对青少年的成长极为重要。所谓合理,其一是理想的目标要高尚而远大,这就要求学生认识外部世界,认识外部世界对未来个体的需求,从而让个人理想同外部世界的发展相适应。其二是理想的目标要切合实际,要从当下的自我实际状况出发。此外,从进入初中到高中毕业,青少年的知识程度、认知能力和生活经验都有了很大增长,他们的现实自我也在不断发展,因此树立理想自我也必须随青少年年龄的增长而由浅入深、由简略至丰满。

案例:

赵某是一位初二年级的女同学,长着一对会说话的大眼睛,头发黄黄的,稍稍有些蜷曲,成绩中游,中等智商,非常腼腆,性格内向,在人面前不拘言笑,上课从不主动举手发言,老师提问时总是低着头不出声,即使回答也常说"我不会",脸蛋涨得绯红。下课除了上厕所外总是静静地坐在自己的座位上发呆,这种发呆的情况上课时也时有发生。老师问她自己的想法时,她总显得很迷茫。在一堂写作课上,老师布置大家写下自己未来可能的成就,赵某只写了几句话,表示不知道,可能毫无成就,一切听从家人安排。

作为青春期的少年,对自己的未来一片迷茫并不奇怪,但像赵某这样,对未来毫无期待、理想自我如此渺小,确实需要正确引导。赵某的学习成绩并不差,但面对激烈的竞争、升学的压力,却觉得自己这也不行,那也不如别人。这种自卑心理不仅使得她缺乏竞争勇气,缺乏自信心,也显得对于自己的未来毫不关心,缺乏目标,且总觉得自己差强人意。在未来的人生道路上,赵某这种状态难免让人忧虑。

赵某学校的心理老师试图帮助她正确评价自己,树立理想自我。例如,开展形式多样的评比活动,用激励的方式使其扬长避短,让她自主设立了自己的成长档案,每月评一次,让她通过自评、小组评,把自己所取得的进步记录下来。在评价中赵某从他人的肯定中得到了满足,获得了自信;在自我批评中,学会反省,逐步完善自己。为了调动她的自我教育意识,每个月都给她以正确的评价,使她在评价中自我激励,迸发个人力量,不断自律、自信、自强。同时赵某的班主任与心理老师积极配合,给予班中学生更多的自主空间,也让赵某参与到班级管理事务中,使赵某明白自己能做什么、擅长什么以及哪里不足。并且在此过程中,赵某也更多地与同学交流,有了同伴群体的榜样和参照作用,赵某更清晰地明白自己在同龄人中的位置,而不再像从前一样觉得自己哪里都不如他人。老师们对赵某取得的进步进行了具体表扬,还鼓励赵某多阅读课外书籍、拓宽眼界、提出自己的见解,既要了解自己,也要了解外部世界。

学期末的时候,赵某不再像之前一样上课总是低着头不敢回答问题,而是经过仔细思考能认真地回答问题。当教师再要求她写下自己的未来时,赵某写道:希望以后自己是个开朗、有能力和影响力的人,最好能周游世界、当一个建筑设计师。

教育实践14-2 人为什么要活着

与小博的相识缘于他到咨询室来找我探讨问题。高中以来,小博成绩一直不错。高三了,面临高考,可是他却觉得干什么都没有意义,学习没有激情,学习效率也挺低的。

"老师,您说人为什么要活着呢? 人存在的意义是什么呢? 这个世界的存在又有什么意义呢?"

我知道他遇到了想不通的问题,感到困惑、苦恼,于是反问他:"能不能先告诉我你的看法?"

"老师,我觉得人活着的目的就是为了生存。任何生物,它们所做的一切都是为了生存,真是太可悲了。我觉得这世界上的任何事情都是没有意义的。"

"你有没有和别人交流过这些想法呢?"

"我和我的好朋友说过,可是他们根本不感兴趣,也理解不了我说的话。他们都觉得我闲得没事在胡思乱想,说我大脑有问题。"

"我非常理解你现在百思不得其解的心情。其实这个问题可以有很多种答案，它涉及哲学层面，而很多哲学问题是仁者见仁、智者见智的。其实，你完全可以换个角度考虑问题。不知道你平时喜欢看哪些方面的书，可以交流的人多不多？"

"我平时看书不太多，可以交流思想的人也不多。我跟同学说这些，他们也不能理解。"

"我建议你可以看些文史哲方面的书，尤其是哲学的，从浅显的看起，看看哲学家们是如何解答这些问题的。这样可以开阔你的视野。"于是，我向他推荐了相关书目，并建议他系统地看，有疑问多和别人交流。

高考过后，小博阅读了一些相关的书，和我讨论过几次问题，思维开阔了许多，脸上少了些迷茫，多了些自信。最后一次，他来向我报喜，他考上了国内一所名牌大学。

3. 引导青少年积极体验自我

自我意识的教育其实并不局限于学校的心理老师或班主任，每一位教师都有责任培养学生的自我意识。有位物理老师，在教学过程中非常注重培养学生独立思考的学习习惯，让学生独立推导有关物理原理的结论。

在一堂课上，学生需要学习"第一宇宙速度"这一新知识点。教学时，老师不直接告诉学生答案以及演算过程，而是首先引入人造卫星的例子，要求学生思考人造卫星至少需要多大的速度才能进入宇宙。该老师引导学生进入航天物理学家的"角色"进行假设和推理。

假设卫星（或地球上的物体）在地面附近绕地球做"匀速圆周运动"，其轨道半径近似等于地球半径 $R=6.37×106$ 米。物体所受重力等于万有引力，由于是做"匀速圆周运动"，万有引力又等于卫星的向心力。当学生领悟到这一规律时，已接近得出第一宇宙速度了。

于是，老师要求学生进入下一步的精确计算，并让他们思考在物体进入宇宙后，它们的速度又会发生怎样的变化呢？

兴致勃勃的学生们通过公式 $mg = GMm/R^2 = mv^2/R$，计算出 $v=\sqrt{gR}=7.9$ km/s。其中地面处的重力加速度 $g = 9.8$ m/s^2。而这个速度也是物体恰好能离开地面的速度。但是随着高度的增加，地球引力下降，根据 $GMm/R^2 = mv^2/R$，$v=\sqrt{GM/R}$，G 减小 R 增加，所以环绕地球飞行所需的飞行速度 v 也会降低。在实际情况中，所有航天飞行器都是在距地面很高的大气层外飞行，所以它们的飞行速度都比第一宇宙速度低。

通过教师的步步引导，学生靠自己的思考得出了结论，这种方式让学生对原本死板的物理学知识感到津津有味，并且更乐于深入思索了。

除了在课堂上引导学生独立思考，这位老师还让学生独立编制物理自我检测题。在让学生编制检测题之前，老师明确指出试题结构、难易程度。结果发现学生积极性很高，认真看书，查阅资料，人人均能交上一份满意的试卷。老师看了学生出的自我检测题后，挑出其中好的试题印发给学生做练习。

除此之外，老师在教学过程中还注重引导学生对自己的学习效果进行评价。例如试卷与作业的批改，采取教师批改、学生各自改、学生互相批改等多样化方式相结合。在这个过程中，老师引导学生将自我评价与别人评价多做比较，逐步学会客观评价。

一位物理老师能把普通的物理课上得这么有趣生动，能将学生的积极性激发得如此之高，确实让人佩服。这位老师的成功之处在哪里呢？我们简单分析一下：

首先，这位老师满足了学生独立自主的需求。随着儿童进入青春期以后，自我意识飞速发展并产生了成人感，出现了强烈的独立自主的需要，这种需要在高中阶段有了进一步的发展。他们希望摆脱成人的束缚，作为一个独立的个体与成人建立一种平等的关系，他们要求自己的事情由自己来做。在这一时期，琐碎的说教、过多的限制会使他们反感。这位老师要求学生自己寻求答案，让学生有了独立自主学习的机会，获得了成人感。当然，老师对高中生独立自主的需要既要尊重，又不能放任自流，即在尊重的同时必须严格要求。所以，紧接着老师又予以指导，促使学生进一步思考，知其然还要知其所以然。在这一时期学生的"独立"还是相对的，某些物理理论的掌握难度大，所以在学习时仍旧需要老师的循循善诱，否则会使教学走向"学生中心论"的极端。在学生出试题时，老师也明确地指出试题结构、难易程度等要求，很好地给予学生指导。并且老师在审阅学生出的试题之后，经挑选才将其中合适的试题印发给学生做。这样既给予学生反馈，也进一步激发起学生出测试题的动机。

其次，让学生在推导结论的过程中获得成功的体验。在高中阶段，学生的自尊心得到进一步的发展。自尊心的确立，作为一种动机成分，有力地影响着个体整个个性的发展。这位老师不直接给出问题的结论，而是要求学生自主探索，得出定律。学生一旦发现答案，就很强烈地获得了成功的体验，继而他们就会肯定自我，接纳自我。这对于学生个性的发展有百利而无一害。

最后，帮助学生学会客观地进行自我评价。在高中阶段，学生自我评价的独立性有了进一步的发展。老师充分认识到这一点，于是除了老师批改作业外，还让学生自己批改作业或相互批改作业。这样，学生获得了自我评价的机会，他们会在批改作业的过程中学会正确地认识自己、评价自己。但是，学生此时的自我评价还没有完全独立，所以老师又引导学生将自我评价与别人评价多做比较，防止学生在自我评价时出现偏差。

二、自我意识规律在自我教育中的应用

自我意识与自我教育有着密切的联系，自我意识是自我教育的前提，是自我教育发展的初级阶段，自我意识的良好发展可以促进自我教育的形成与发展；自我教育是自我意识发展的高级阶段，良好的自我教育也可以更好地促进科学自我意识的形成。两者既相互联系，又相互影响、相互制约。

1. 全面认识自我

通常青少年的理想自我与现实自我差距太大，不能正确认识自我。全面科学的自我认识既是自我教育的结果，也是科学自我教育的前提。

首先，青少年要通过分析他人对自己的评价来认识自我。心理学家研究表明，个体的自我认识要受到他人评价和态度的影响。因此，青少年在积极认识世界、改造世界的社会活动中丰富自我的同时，正确地开展批评与自我批评，正确对待老师给予的正确评价，都有利于学生自我认识能力的提高；其次，青少年要通过与他人的比较来认识自我。人们总是不由自主地将自己与他人进行比较，在比较中对自己做出评价。因此，青少年不仅要和自己条件差不多的人比，更要勇敢地与周围的强者比。在比较中认清自己的优势和劣势、长处和短处，取长补短，缩小差距；再次，青少年要通过自我比较来认识自我。通过现在的自我与过去的自我相比较来进一步认识自我，正确看待自己的进步，悦纳自己，同时也要超越自己，不要满足于现有的成绩，要树立恰当的抱负水平，过高或过低的抱负水平都是不正确自我认识的结果，既不利于悦纳自己，也不利于自我实现；最后，青少年要通过自我剖析、自我反思来提高自我认识水平，要"吾日三省我身，为人谋而不忠乎？与朋友交而不信乎？传不习乎"。自我反思有利于提高自我意识水平，自我意识是自我认识的基础。通过反思既要看到自己的优点，从而接纳自己，也要清楚自己的缺点，时刻鞭策自己。

2. 积极悦纳自我

自我悦纳是指个体能正确评价自己、接受自己，并在此基础上使自我得到良好的发展。自我悦纳不仅指接纳自己人格中的优点、长处，更要接受自己的缺点与不足。在接受不足这个情况的基础上，努力改进自己、完善自己，而不是妄自菲薄，失去信心。是否悦纳自我是能否发展健康自我的关键和核心。

悦纳自我是种境界，是我们在现代社会所应具有的素质。首先应该明白什

么是悦纳自我。总的来说,悦纳自我包括三方面。第一,接受自己的全部,无论优点还是缺点,无论成功还是失败。第二,无条件地接受自己,接受自己的程度不以自己是否做错事有所改变。第三,喜欢自己,肯定自己的价值,有愉快感和满足感。只有能够真正做到如此,我们才能真正地悦纳、认识自我。

心理健康的人首先要有自知之明。对自己能做出恰当评价的人,既能了解自我,又能接受自我,体验自我存在的价值。一个悦纳自己的人,并不意味着他的一切都是完美的,而是说他在接受自己优点的同时,也了解自己的缺点,很坦然地承认自己的不足之处。而后不断克服缺点,注意自我形象塑造,把握自己做人准则,不断完善自己,更加自信地面对生活,走向成功。这是一种修养,也是一种难能可贵的品质。

悦纳自我是心理健康的表现。当你快乐地接受自己,你的整个心胸便会舒展和开阔,同时你会发现,你也更加容易接受他人。良好的自我悦纳可以有效缓解发展中的矛盾冲突,使个体得到健康发展。马斯洛的需要理论认为:人有自尊的需要,这是仅次于自我实现需要的第二高层次的需要。自我悦纳即产生高自尊。

每一个人都是一个"独特的我"。无论男性还是女性,都各有各的价值。每个人都是美丽的。我们会因为可爱而美丽。积极的、健康的性格可以通过平时的努力来培养。人的能力是多方面的。要愉快地接受自己,并通过努力,改进和发展自己。

如何做到悦纳自己? ①勇敢地接受自己的缺点、不足或缺陷。每个人都有自己不完美的地方,接受自己的不完美,每天给自己一个完美的笑脸。②每天想一次自己的优点和长处,并发扬这些优点和长处。③取得成功的时候,尽情体验自己的喜悦,并与他人分享。④悦纳自我,就是欣然接受自己。⑤客观地评价自己。

3. 努力完善自我

完善自我是个体在认识自我、悦纳自我的基础上,自觉规划行为目标,主动调节自身行为,使个性全面发展以适应社会的过程。

首先,青少年要全面认识自己,尤其是自己的缺点,这是自我完善的前提。"人无完人,金无足赤。"每个人都有缺点,有缺点并不可怕,可怕的是不敢正视它或者熟视无睹,正如我们要客观公正地看到自己的优点一样,我们也要敢于面对缺点,既不能因为优点的存在而自满,也不能因为缺点的存在自卑,既要悦纳自己,也要审视自己。唯有此,才能一分为二地评价自己,面对自己的缺点,并在生活中不断地警示自己,改正缺点,完善自我。其次,青少年要确立正确的理想自我,也就是在自我认识、自我悦纳的基础上,按照社会的要求和个人的特点来确立自己的发展目标。要确立正确的理想自我,首先必须要正确认识社会,需要青少年认真学习理论知识,积极参加社会实践,认识社会发展的规律,在社会发展的主流中挑战、充实自我,在纷繁复杂的社会现实中认识和把握自我,并不断调整、充实、塑造自我,为自我寻求合适的社会坐标。同时,要很清楚地知道社会处在不断变化发展的过程中,对社会的认识不能停留在某个水平上,否则对自我的认识也可能产生错位。再次,将理论上的自我认识与社会实践相接触,不断调整原有的自我认识,经反复多次,才能使自我意识中的独立意识、自尊心、自信心、自制力、自我理想一次又一次地螺旋式上升,达到新的发展水平,从而完善自我。

让我们回到本章开头提到的那个案例。青春期的李雷正在用内省的方式描述自己的样子,试图了解真实的自己,他可以从物理世界、社会世界和内部(心理)世界等渠道来获取关于自身的知识。随着年龄的增长,李雷会逐渐学会多方面、客观地评价自己,增加了自尊的维度并更有效地进行自我调节,最终青少年李雷知道自己想要什么,不再迷茫。当然在进入人生的不同阶段后,李雷将会再次经历了解自己、体验自己、调节自己的过程。

本章小结

自我意识是人格的主要组成部分;自我意识是一个动力系统,其中,自我概念、自尊和自我控制是个体自我系统最主要的方面;自我意识的最基本特征是"分离感"和"稳定的同一感"。自我意识的作用巨大,它提高人的认知功能,使人形成一个丰富的感情世界,促进人意志的发展,是道德发展的必要前提。自我意识是个体通过与外界的相互作用发展起来的,并非天生,语言的成熟也会带动自我意识的发展。"点红实验"能有效观测儿童是否具有自我意识。在自我意识中包含着"主我"和"宾我",它们都是主观的心理现象。主我指我们对于自身正在思考或正在知觉的意识;宾我指我们对于自己的各种各样的看法。个体通过物理世界、社会世界和内部(心理)世界的信息来了解自己。个体在评价自己时往往具有自我偏好,与客观标准未必相符,与他人对自己的评价也不总是相关的。个体对自己价值的判断——自尊,是儿童自我意识发展的内在动力,随着年龄增长,自尊的结构也会日趋细化。青少年的自我意识具有该年龄段独有的特点。在自我认识方面,实现"客观化期"到"主观化期"的过渡。在自我体验方面,由于自尊层级的细化,青少年的自我体验内容更为丰富,整体自尊稳定。在自我调控方面,一方面,认知能力的进步使青少年自我控制增强;另一方面,冒险行为和社会比较会导致青少年较少地自我控制。了解自我意识的特点和发展规律将有效帮助教育工作者开展教书育人的工作。教师除了能帮助学生正确、客观、全面地认识和评价自己并树立理想自我外,还能将自我意识的规律应用至教学领域。

思考题

- 什么是自我意识?它有哪些重要功能?
- 自我意识是如何发生的?
- 你能从哪些渠道认识自己?
- 青春期的自我发展具有哪些特点?

探索题

- 试着写下你对当前的自己的描述,分析你是从哪些方面谈论自己的。现在的你更看重哪方面的自己?和以前有什么不同吗?
- 寻找一位青少年,试着分析他(她)自我控制的特点,了解青少年个体在日常生活中运用哪些方法进行自我控制。

第十五章 人际交往

学习重点

- 人际交往的概念、分类和一般原则
- 比较社会交换理论、自我呈现理论和符号相关理论的异同点
- 人际交往的一般过程和信息沟通的基本工具
- 人际认知的含义和相关心理效应
- 人际吸引的含义和影响因素
- 人际交往规律在教育领域的应用

你知道吗?

- 倘若三个月不和其他人联系,不见面、不打电话,你觉得你会有什么样的体验?
- 演说家在演说时除注意语言表达外,还特别注重眼神和动作的表达,原因何在?
- 在生活中,你会觉得和某些人很投缘,有些人则不然,背后的原因是什么?
- 人们都说,美貌的人在交往中占优势,这是为什么呢?
- 俗话说,君子之交淡如水,小人之交甘若醴,知道人际交往的影响因素吗?
- 和他人第一次见面时,人都会形成第一印象,第一印象准确吗?

今年刚升初二的张琳最近是班主任的关注焦点。下课时张琳总是默默无闻地一个人坐在位置上若有所思,不像其他同学一样聊天或者打闹。以前的张琳是个性格开朗的孩子,走到哪里都是欢声笑语一片。现在的张琳就像是变了一个人。班主任找张琳的好朋友谈话后得知,张琳在和同学打闹玩笑的时候,同学说她长得像王熙凤,并问她是不是心计很多。于是,张琳最近开始烦恼自己的相貌,也不敢多和班上同学讲话,怕多说多错。班主任打算和张琳谈谈心,但是张琳面对班主任却默不吭声,就是不肯把心里话说出来。

以上这种情况,对于许多初中教师来说并不陌生。这是什么原因呢? 当你看完本章后就能找到答案。

第一节　人际交往的概述

人的本质不是单个人所固有的抽象物,在其现实性上,它是一切社会关系的总和。这是哲学对人的本质所下的定义。人不是孤立存在的个体,他打从一出生就是社会关系中的人,与其他个体间存在着这样或那样的关系。人与人之间关系的建立在互动中实现,每个人从出生开始,就在和他人进行人际互动,和父母、亲人、朋友甚至仅有一面之缘的陌生人,人际交往是个体生活中不可缺少的环节。

一、人际交往的概念

人际交往的概念虽然出现较晚,但其富有的内涵及特征却非常丰富。

人际交往(interpersonal communication)指的是在社会活动中,人们运用语言符号系统或者非语言符号系统相互之间交流信息、沟通情感的过程。人际交往具有四个基本特征:

首先,人际交往具有明确具体的交往对象。既然人际交往是交流信息的过程,则该过程中必然存在信息的发送者和接受者。信息交流是一个双向的过程,因而交往双方担任的角色是不固定的,即并非一方总是信息接受者,另一方总是信息发送者。在人际交往过程中,双方总是同时担任这两个角色。

其次,人际交往具有明确的交往目的。个体总会通过与他人交往来满足自己的某些需要,可以是沟通感情,也可以是交换信息。但不论是传递信息抑或是沟通感情,人际交往总是具有明确的目的性。

第三,人际交往存在多种多样的交往方式。人与人之间的交往方式并不局限于口头交流或书信交流,还包含其他许多形式。尤其是当今网络的快速发展和广泛渗透,大大丰富了人际交流的方式。

最后,无论是何种方式的交换,都存在着信息的交换。不同的人之间发生接触,其中一方总要传达些什么东西给另一方,否则接触就失去了意义。人们交换信息最重要的手段是语言,人借助语言工具把自己的思想、情感和需求等传达给另一个人。

二、人际交往的分类

人际交往是人的需要,在人类历史发展进程中,为了交流信息和沟通情感,形成了不同形式的交往方式。心理学中，按照不同的分类标准，可将人际交往划分为不同的形式。

1. 直接交往和间接交往

以交往是否经过一定的中间环节作为划分标准，人际交往方式可划分为直接交往和间接交往。直接交往不通过任何中间环节，是面对面的交往。我们平日里的交往大多数属于直接交往，如与朋友相聚交谈。间接交往则需要经过一定的中间环节才能实现，如双方书信往来或者通过电话交流等。

人类社会最早产生的交往方式是直接交往，即面对面的交往方式。在这种交往形式中，交往的心理学特征表现得最充分、最完整。直接交往的基本组成要素是言语，同时也可应用面部和身体表情。可以说，整个机体都能成为直接交往的工具。直接交往过程往往具有强烈的情绪色彩，能够增强交往双方的相互影响。在直接交往的基础上，随着人类发展进程的推进，人类社会出现了各种间接的交往方式。在间接交往的形式中，文字起着决定性的作用。文字的出现，克服了直接交往在空间和时间上的限制，扩大了信息传播的范围。

2. 单向交往与双向交往

以交往过程中是否存在信息反馈为划分标准，人际交往方式可分为单向交往和双向交往。单向交往中信息源和接受者的位置不变，即一方只负责发出信息，另一方只负责接受信息，信息传递过程中不存在信息反馈。如演讲或者作报告一般属于单向交往。单向交往的信息传递速度快，信息发送者压力较小。但由于交往过程中缺少信息的反馈，因而难以了解交往的效果。除此之外，信息接受者没有反馈信息的机会，不能产生平等参与感，不利于建立交往双方的感情。

双向交往中信息源和接受者的位置不停地改变，交往双方同时担任信息发出者和接受者的角色。例如商业谈判、课堂讨论等大多属于双向交往方式，交往过程中可以随时掌握信息反馈。双向交往更有利于形成交往双方和谐的人际关系和良好的沟通氛围。但双向交往信息传递速度较慢，此外信息源位置的不断变换易干扰信息的传递，使交往欠缺条理。

3. 正式交往和非正式交往

以人际交往的组织系统为划分标准，人际交往方式可分为正式交往和非正式交往。前者是通过组织规定的通道进行信息的传递和交流。如请示汇报制度、组织之间的人员来往等。按信息流动的方向，可将正式交往进一步分为上行交往——下情上报，下行交往——上情下达和平行交往——同级组织中的交往。正式交往信息通道规范，信息传达的准确性较高。非正式交往是在正式交往外的信息传递与交流。与正式交往的官方性、规范化相比，非正式交往通常是多元化、非规范化的。非正式交往的形式灵活，信息的传播速度快，但存在着随意和信息可靠性不高的缺点。

4. 口头交往和书面交往

按照交往的形式划分，人际交往还可分为口头交往和书面交往。前者是面对面的口头交流，如会谈、讨论或者审讯等。口头交往信息传递速度快，能够立刻得到信息反馈，有助于建立共鸣和共识。口头交往过程中，双方还能够使用身体语言来提升信息传递的准确性。但口头交往局限性也很大，不仅受时空条件的限制，而且受信息发送者和接受者自身条件的限制。如果信息发送者拙于言辞，无法准确地传递信息，会使得接受者不明其意；如果信息接受者理解能力不够，不善于分析信息，会导致信息理解偏差，影响交往效果。书面交往是文字形式的交往，在人类产生文字后被广泛采用，如报刊、书籍、信件等都属于文字交往形式。面对多个信息接受者时，书面交往的效率高于口头交往。书面交往不受时空限制，便于保存和查对。同时，信息的接受者有充裕的时间加工信息，可以对信息进行反复推敲，以获取更加准确的理解。但书面交往中，较难实现及时的信息反馈，且不如口头交往可以借助身体语言来帮助信息的传递。

5. 现实交往和虚拟交往

按照交往双方角色的确定性划分，人际交往分为现实交往和虚拟交往。现实交往中，交往双方的身份和角色有着较清晰的把握。面对面交往是最普遍的现实交往方式。随着网络技术的普遍应用，虚拟交往方式越来越多地受到人们的追捧。虚拟交往中，交往双方可以匿名，可以扮演多种多样的角色。交往双方的身份和角色往往是不确定的，交往过程主要靠主观感受和想象来引导。

人际交往是一个动态过程，在信息沟通、交流感情的活动过程中，人际交往的形式多种多样，具有各自的功能。

三、人际交往的一般原则

正所谓无规矩不成方圆，这个道理同样适用于人际交往。在人与人的交往过程中，存在着一些基本的行为原则。这些原则被称为人际交往的基本原则。

1. 尊重平等原则

尊重平等原则指在与人交往时应一视同仁，并且尊重对方。在真正的友谊的建立过程中，个人的才智、出身、外貌、经济和教育水平、成长经历等内部和外部条件上虽然存在差异，但每个人在人格上毋庸置疑是平等的。与人交往时，如若盛气凌人，摆出一副高人一等的架势，对方就会敬而远之，唯恐避之不及。只有以平等的姿态出现，不嫌贫爱富，不因出身或背景而区别对待，给予对方应有的尊重，才可形成和谐的人际交往关系。尊重平等是促进个人与他人良好人际关系的前提。

2. 交互原则

交互原则强调人际交往双方的相互对应性。对于一方的主动接触置之不理，犹如寒冬三月给他人泼冷水，怎能期望对方还会再与自己往来？交往是相互的，有来有往才能成行。交互原则除了强调交往双方保持积极回应之外，还包含另一层意思：人在交往中将对方的反应作为自身反应的一种参照，即个体根据交往对象的回应来决定自己接下来的行为。古语有云："爱人者，人恒爱之；敬人者，人恒敬之"，正体现了交往原则的这层含义。

知识视界 15-1　心理平衡倾向

心理学家福阿夫妇发现，任何人都有着保护自己心理平衡的倾向，都要求自身同他人的关系保持某种适当性、合理性，并根据这种适当性、合理性使自己的行为与他人的关系得到解释。这样，当别人对我们做出一个友好的行为，对我们表示接纳和支持，我们也会感到"应该"对别人报以相应的回答。这种"应该"的意识会使我们产生一种心理压力，迫使我们对别人也表示相应的接纳行动。否则，我们的行为就是不合理、不适应的，就会妨碍自己以某种观念为基础的心理平衡。

（逄晓娟，安世龙，2008）

---

3. 团结互利

人际交往中的一个重要原则就是互利。人都希望在交往中获得益处，如若交往过程中总是一方付出，一方受益；或者交往双方的付出和受益不均等，那么在任意情况下，交往都很难持续下去。福阿（Foa，1980）认为人际交往中有六种基本回报类型，分别是：金钱、物品、信息、服务、地位和感情。交往双方总是希望从这段关系中获取以上一种或几种回报。互利原则还要求双方在交往过程中不能只顾自己。在追求得益的同时，也要充分考虑对方的利益，为对方付出。在遵循互利原则时非常重要的一点是，切勿将其与庸俗意义上的等价交换、权钱交易画等号。互利不是商场交易，而是双方出自真心的相互付出、相互奉献。古语有云"投桃报李、礼尚往来"，包含的便是互利原则。

4. 真诚守信

心理学家安德森（Anderson，1968）研究大众喜爱的个性品质，结果发现排名靠前的是真诚和诚实,而不受欢迎的品质则包括说谎、虚伪、不诚实等。由此可见,真诚守信在人们眼中处在相当重要的地位。在人与人的交往中,若不秉承真诚守信的原则,以恶意欺瞒的方式进行交往,一旦被发现,则双方的交往很难进行下去,日后也很难重建已经遭受破坏的关系。总而言之,诚信是促进个人与他人之间和谐交往的保证,它要求交往双方抱着心诚意善的动机和态度,相互信任,重信用、守信义。

5. 互相谅解

天下之大,百态众生。每个人的气质和性格特点各不相同,成长背景和生活经历也各有差异。差异的存在使得人在交往中难免出现认识不同、观点相左的时刻,也会因此发生误解和矛盾。相互谅解原则需要交往双方抱着谅解的心态接纳彼此的不同,对非原则性的问题不斤斤计较,大度容人。中国古人有云"海纳百川,有容乃大",正是提倡包容差异性,以广阔的胸怀接纳他人。

四、人际交往的理论

作为社会的人,一项基本的活动便是人际交往。众多社会学家和心理学家构建了各自的理论来解释交往行为。其中具有代表性的理论包括社会交换理论、自我呈现理论和符号相互作用理论。

1. 社会交换理论

社会学家霍曼斯(Homans,1958)采用经济概念对交往行为进行解释,提出了社会交换理论。在该理论看来,人际交往是一个社会交换的过程,人们之间的所有活动都是交换,是一种准经济交易。与他人交往时,个体希望获取一定的利益作为回报。这种理论假定交换中的个体都是自利的,人们都试图使收益最大化,成本最小化,从而确保交换结果是一个正的净收益。可交换的东西非常广泛,不仅仅是物质的,也可以是"社会性"的,包括信息、金钱、地位、情感和非物质商品等。

霍曼斯认为人在交换的过程中总会对自己的得失进行计算,所有人都希望能够尽可能地获得更多的报偿,付出较少的代价。个体在社会交往中如果付出较多,他就会试图从双方的交往中获得更多的额外回报,以达到平衡。如果个体的付出和报偿不成正比,他就会产生不公平感,从而终止这种社会交往。相反,如果一个人在社会交往中总是获得大于付出,他就会希望继续保持这种社会交往,但同时也会产生内疚感。只有当个体感到自己的付出与收益达到平衡,或者自己的报偿与代价之比与对方等同时,个体才会产生满意感,并希望双方的社会交往继续保持下去。人们总是倾向于保持可以获益的关系,同时尽量避免造成损失的关系,人际交往就是在这样的动机下产生的。

2. 自我呈现理论

自我呈现理论由社会学家戈夫曼(Goffman, 1959)提出。他认为，交往是一种社会互动过程，关键是参与者借助于自己的言行在他人面前展现自我。人们都倾向于突出自身众多属性中的某些有利于个人形象的属性，而隐藏其他属性。任何人都可能采取各种策略来控制自身的外在印象，试图加深他人对自身的印象。

该理论强调自我呈现是社会影响的一种手段。个体通过展现自我对他人施加影响，并操控他人对自身的印象，从而达到控制他人行为的目的。戈夫曼指出，不同个体在交往中持有的动机和目的可能截然不同，然而纵使动机和目的存在差异，人的兴趣总是在于控制他人的行为，尤其是他人对待自己的方式。人总会通过一定的策略来呈现自我，保持自身良好的形象。

3. 符号相互作用理论

符号相互作用理论又称为象征性交往理论，由社会心理学家米德(Mead, 1922)在综合了杜威、詹姆斯等人观点的基础上提出。在该理论中，符号指代具有象征意义的事物，如语言、文字、动作等等。符号相互作用理论非常强调语言作为符号、意义系统在社会行为中的重要作用。米德认为社会成员在与他人交往的过程中，不断学习符号的象征意义，进而运用这些有意义的符号来理解他人的行为。也就是说，人们的人际交往互动是以各种各样的符号为中介进行的，人们以符号作为沟通信息的工具，来彼此理解对方的态度、行为、目的等，从而实现协同交往。

米德认为，在人际互动的过程中，最重要的符号是人类的语言，它是所有符号中最灵活的一个系统，不单单指口头语言，还包括书面语言和身体语言。借助于语言符号，人们可以传达各种意义，实现复杂交往。

以上三种理论从不同侧面说明了人际交往的一部分问题。人际交往过程确实借助于各种各样的符号系统，而人们在互动中构建良好的外在形象，试图改变他人的行为和转变他人对自身的看法，也是人之常情。然而这三种理论都没有完满地解释人际交往中的所有问题，并非适用于各种情况。

五、人际交往的重要性

人际交往作为人类的一项基本社会活动，对其生存和发展都起着极为重要的作用。

1. 交往促进个体深化自我认识

个体总会对自身形成一定的评价，比如"我是个理智的人，我很懂得照顾别人"等等。自我评价影响着个体为人处世的方式。若个体的自我认识仅仅建立在自身的基础上,从不源自于他人的反馈,这样的评价难免过于主观,也不太准确。个体有可能对自己给予过高的评价,从而洋洋得意;也可能对自己评价过低,从而自怨自艾。在人际交往过程中,个体能够获得来自于他人的反馈,有助于形成更加准确的自我评价。

2. 交往是个体正常的心理机能得以发生发展的必要条件

人际交往是人在社会生存过程中最为重要和基本的刺激来源,对于个体形成健全的人格具有重要的意义。呱呱坠地的婴儿还不具有从事实践生活的能力,也未形成健全的心理机能。通过和抚养者的交往,婴儿获得生理和心理上的满足感。之后随着年龄的增长,交往范围的扩大,交往对象的复杂,个体逐渐形成了心理理论、观点采择等重要的能力,社会意识由低级迈向高级,促进了健全人格特征的形成。与他人的交往拉开了个体社会化进程的序幕,缺乏社会交往会严重影响个体正常社会功能的建立。

心理学家哈罗(Harlow, 1975)曾做过一个著名的"社会剥夺"实验。实验以恒河猴为研究对象,主试把一部分幼猴隔绝在一个没有任何交往对象的环境中,另一部分幼猴和族群其他成员一起居住。结果发现,相较之下,被剥夺了社会交往机会的幼猴长大后明显缺乏安全感,性格古怪,情绪波动起伏很大,无法与其他猴子进行正常的交往,甚至连基本的觅食和求偶行为都受到严重的影响。可见,社会交往对个体建立健全的社会功能有着至关重要的作用。除此之外,科学家对于"狼孩"、"猪孩"的研究,也充分证明了社会交往对个体形成健全的人格特征和社会功能的重大意义。由野兽抚养长大的"狼孩"因缺乏正常的人际交往环境,认知能力的发展受到严重阻碍,无法正常适应人类社会。

即使到了成年阶段,个体的心理机能已经发展成熟,正常的交往活动依然是他们维持和进一步发展心理机能的必要条件。个体的许多心理机能需要在个体交往中不断强化,一旦缺乏正常的人际交往环境,他业已获得的心理机能也将衰退。

百家争鸣 15-1　关于交往动机的理论

人类为何一定要和他人进行交往,这源于人类的本性——社会性。社会性指的是人类愿意与其他个体进行交往并结成团体的倾向,这种倾向称为亲和。对于人类的亲和行为,心理学家给出了不同的解释。

麦独孤(McDougall, 1908)运用本能的概念来解释人类的亲和性,认为人类天生带有许多固有的特性,其中之一就是要寻求同伴结合在一起的倾向。原始社会缺乏武器,原始人只能赤手空拳地与自然搏斗获得生存下去的机会。面对自然界强大的力量,原始人选择团结在一起,将力量聚集起来。这样一来,每个人的生存几率都增加了。根据进化论的观点,任何可以增加生物体生存机会的特性历经数代就变为生物体的显性基因。也就是说,具有这些特性的人在自然界生存了下来,在经历无数次繁殖之后,他们的后代也都具有这样的特性。和其他个体生活在一起的人类祖先,不仅自己存活下来,还使自己比单独生存的祖先有了更多的后代。因此,这种与他人一起生活的社会性倾向就保留了下来,慢慢成为人类的一种本能。

某些心理学家认为人类儿童时期的无助性,导致个体必须要与他人群居生活。人类婴幼儿在出生后,在很长一段时间内都不具有独立生活的能力,他们需要通过父母或者其他抚养者的照料才能够存活下来。因此,人类婴幼儿在最初几年是必须要和其他人群居在一起的。

有些心理学家则认为亲和是后期学习的结果。人类生命的早期,孩子们和成年人一起生活。在这样和他人互动的过程中,孩子们学会只要和他人在一起生活就可以满足自己的需要,需要的满足强化了与他人一起生活的优势。久而久之,与他人共同生活成为日常生活的一种习惯。而且,这种学习影响人一生的行为,当个体成长为有独立生活能力的成人时,这种与他人一起生活的习惯仍然没有被抛弃。

其他一些心理学家强调与他人一起生活能满足多种需要。比如爱情的需要、对于成就的需要等等。每一种需要的满足都需要和他人建立起联系。虽然这些需要不是人生存不可或缺的基本需要,然而这些需要若得到满足,能使人过上精神更加富裕的生活,有助于人们的成长。因而人们希望这些需要能够得到满足,与他人在一起生活便成为必备的条件。

(崔丽娟,2008)

3. 交往是维持个体心理健康的必需要素

人际交往对于个体的心理健康起着极为重要的作用。交往是人的基本需要之一,若剥夺个体与他人交往的机会,会对个体的身心健康产生消极影响。心理学家赫伦和斯科特(Heron & Scott,1956)做过一个著名的"感觉剥夺实验"。如图 15-1 所示,研究人员让参与实验的自愿者装备上特制道具,以尽可能减少感觉刺激。实验期间,被试者除了得到必需的食物和水之外,几乎无法获得其他任何刺激。实验进行三天后,被试的身心表现出严重的不

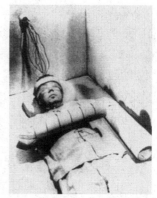

图 15-1　感觉剥夺实验

适反应。事实表明,交往的剥夺就像感觉的剥夺一样,会对个体的身心造成严重的不良影响。个体若缺乏和外界的交往,很容易陷入抑郁、孤独等消极情绪中。

个体通过交往传达情感、交流思想,分享彼此的喜怒哀乐,这种互动的关系带给个体安全感,还能增强人与人之间的亲密感和归属感。心理学家马斯洛(Maslow, 1943)提出了人的五大基本需要,包括生理需要、安全需要、归属和爱的需要、尊重需要、自我实现的需要。离开了交往,这五大基本需要都很难得到满足。

与他人交往是人生来就会的本领,交往是个体的基本需要。缺乏正常的交往环境,会影响个体形成健全的心理机能,阻碍个体保持心理健康。一般情况下,缺乏人际交往会造成个体的消极情绪反应和心理紊乱。总之,交往是维持人的正常心理、生理健康的一个必要因素。

第二节　人际交往的一般规律

在人际交往的过程中,有的人很受他人欢迎,有的人却容易遭别人排斥,为什么呢? 这主要是因为在人际交往的过程中也存在一定的规律。掌握这些规律,好似如虎添翼,忽视这些规律,犹如雪上加霜。

一、人际交往的过程

无论何种交往方式,过程中必然发生信息的交换。发信者发出的各种信息传达到收信者并被收信者接收。人际交往过程实际上可以看作是信息发送和接收的过程。

1. 交往的过程的基本要素

任何信息传递过程都包含几个必需的要素。(1)发信者——信源,它是信息的发出者。编码所要传达的信息,将其符号化并传达出去。发信者既可以是个人,也可以以团体的形式存在。(2)信息——发信者传递的具体内容,可以是动作性的,也可以是文字性的。(3)信道——信息从发信者传达到收信者的媒介,如人的发音器官、书籍等等。(4)收信者——信息传达的目标。接受信息并对其做出反应的个人或群体。交往的过程往往不是单方向的,而是相互的过程。因此,交往过程中信息的传递不是单方向的,而是存在一定的反馈。在这种情况下,发信者和收信者的位置是不固定的,交往双方既是发信者亦是收信者。

2. 交往的信息传递过程

人际交往中信息传递一般遵循如下过程:发信者将信息进行编码,转化为具有一定意义的符号,通过信道传递给收信者。收信者对符号信息进行解码变为意义信息,再根据意义信息的内容给予适当的反馈信息,反馈信息借助信道传递到原发信者,这样便完成了一个完整的信息传递过程。在这个过程中,信息的转换是非常重要的环节,包括编码和译码两种基本操作。编码即发信者将所要传达的信息符号化,转变为文字或动作等。发信者要注意将信息编制为收信者能够理解的符号,否则信息传递至收信者后也不能被其接受,信息就失去了意义。收信者在接收信息后,接着要进行译码的操作,即根据自身的知识经验系统将符号化的信息还原为意义。译码过程的顺利进行要求信息的发送者和接收者拥有共同的经验领域,也就是说,传递的信息要同时存在于二者的知识结构中。如果让一位化学家和一位画家谈论专业问题,那必然会发生交流困难,因为传递的专业信息不属于二者的共同经验领域。俗话说"隔行如隔山"、"鸡同鸭讲"说的就是这个道理。

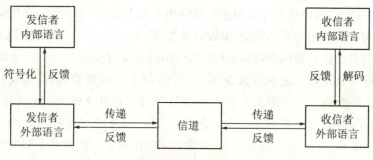

图15-2　信息传递过程

3. 信息传递过程的工具

信息传递过程必须借助于一定的工具,即符号系统。一般可以把符号系统划分为两类,即语言符号系统和非语言符号系统。

(1) 语言符号系统

语言符号系统是人类传递信息最为常用也是最为有力的手段。语言是人类社会约定俗成的符号系统,它为社会成员所共同掌握。语言是传递信息的工具,同时它又是由于人们交往的需要在交往实践中形成和发展起来的,因此语言的发展和社会交往的发展是相互促进的。利用语言符号系统传递信息,不仅效率高,而且信息的意义保存最为完整。

语言符号系统可以分为口头语言和书面语言两种。在人类社会历史上,口头语言的出现早于书面文字。在面对面的直接交往中,人们大多数使用口头语言。日常生活中口语语言随处可见,不论是朋友交谈,还是会议演讲,使用口语语言都可以迅速地传递信息,及时获得反馈。使用口头语言传递信息速度快,效率高。然而,口头语言却受到时空的限制,也受到发信者和收信者自身条件的限制。自从文字出现之后,书面语言就广泛出现于人类交往过程中。采用书面语言进行交往,不受时空的限制,使交往影响的范围大为扩大。除此之外,个体可以有充裕的时间加工所要传递的信息,可以对信息反复斟酌,以达到更好的编码效果。

(2) 非语言符号系统

非语言符号系统是指动作、表情、实物、环境等符号系统,同样可以有效地传递信息。非语言符号系统可以补充、调整、代替或强调语言信息,在人际交往中起到非常重要的辅助作用。非语言符号系统一般包括表情、手势、眼神、动作、空间距离以及说话时的语音语调、停顿、节奏等类语言因素。

表情动作、手势、眼神和空间距离等可以统归为身体语言。身体语言是非常有利的表达手段,通过面部表情能够观察出当事人最真实的情绪,利用不同的姿势可以表达出各种各样的情绪和状态(如图 15-3)。人与人之间的空间距离能够传达出很多信息。美国学者霍尔(Hall,2008)根据对美国白人中产阶级的研究提出四种人际距离。公众距离 3.657～7.62 米是正式场合、演讲或其他公共事物中的人际距离。社交距离 1.219～3.657 米是彼此认识的人们的交往距离,商业交往多发生在这个距离上。个人距离 0.457～1.219 米是朋友之间交往的距离。亲密距离 0～0.457 米是亲人、夫妻之间的距离。在此距离上双方均可感受到对方的气味、呼吸、体温等私密性感觉刺激。根据交往双方距离可以推断出两者关系的疏密程度。有些时候,身体语言传达出来的信息甚至比语言符号系统还要真实和丰富。比如一个情绪抑郁的人往往不愿和外人交谈,沉默寡言。但是通过他的身体语言,比如低垂着头、紧皱着眉头,可以揣摩出他当时的情绪状态。心理学家热衷于身体语言的研究,就此衍生出一门颇有魅力的新学科——人体语言学。

说话时的语音语调、停顿、节奏等类语言因素可以归类为辅助语言系统。在平常交往中,类语言因素能够补充传达语言的含义,以更准确地传递信息。比如中国古词有"下雨天留客天留我不留",若采取不同的停顿点,能传达出截然不同的信息。类语言因素可以表达出语言本身所不能表达的意思,在许多场合下,类语言因素是极其重要的信息来源。如一句"你真行啊!"可以声调高扬地朗声说出,表示敬佩和赞许;也可以咬牙切齿地吐出每个字,表示藐视和挖苦。在人际交往中,懂得抓住类语言因素传达出的信息,不仅能够避免不必要的误解和麻烦,对方可能还会觉得彼此有无言的默契,更愿意深交。

上述两类符号系统在信息沟通过程中是不可缺少的工具。在人际交往过程

1. 好奇　2. 疑惑　3. 不感兴趣　4. 拒绝　5. 观察

6. 自我满足　7. 欢迎　8. 果断　9. 隐秘　10. 探究

11. 专注　12. 暴怒　13. 激动　14. 舒展

15. 奇怪、　16. 鬼鬼祟祟　17. 羞怯　18. 思索　19. 做作
支配、怀疑

图 15-3　各种身体姿势及其含义

中，两类符号系统很少单独出现，往往是共同发挥作用。而且一般情况是，二者搭配得越好，信息沟通越能取得好的效果。

二、交往中的人际认知

在人际交往过程中，除了信息的传递之外，还有一个非常重要的侧面是人与人之间的认知。交往双方力图了解对方的观点、态度、行为的理由等等，还对自己在他人眼中的印象特别感兴趣。这种交往过程中人对人的知觉、理解和评价过程称为人际认知。人际认知在交往过程中非常关键，个体只有了解交往对象，才能对其建立一定的评价，并据此选择交往关系的发展方向，是知己之交还是点头之交。人际认知是人际交往的前提，同时又是其结果。个体根据对他人的印象，选择交往的方式和程度。而在交往过程中获得的信息又完善了个体对他人的了解和评价，甚至可能颠覆原先的印象。

人际认知过程中存在某些常见的心理效应，影响着个体对他人知觉、理解和评价的准确性。这些心理效应主要包括首因效应、近因效应、晕轮效应、投射效应和刻板印象等。

1. 首因效应

首因效应（Primacy effect）指的是个体在和交往对象初次接触时，对他人形成的第一印象在个体头脑中占据主导地位，决定了对他人的评价。人与人交往时，会根据对他人衣着穿戴、言谈举止的直观观察和归因判断，对其性格特征、生活背景等个人情况做一定的初评和预估，并根据评价结果来选择与他人的交往方式。首因效应反映个体最初输入的信息对于后期对他人和事物的认知起到关键的影响。第一印象对于人际交往的影响最大，作用时间最久。而且第一印象一旦形成，便很难转变。就算后来输入的信息与最初印象不符，大部分人还是会自然地服从于最初形成的第一印象，以形成整体一致的印象。美国心理学家卢钦斯（Luchins, 1957）借由一个非常简单巧妙的实验范式证实了首因效应的存在。他编写了两段文字，用以描述一个叫做杰姆的人。第一段文字将杰姆描绘为一个友好和善的人，第二段文字将杰姆描述成孤僻冷淡的人。卢钦斯将这两段文字自由组合，形成两篇不同结构的文章。第一篇文章前半段描述杰姆友好和善，后半段将杰姆塑造为一个冷淡孤僻的人。第二篇文章则和第一篇正好相反。被试读完文章后都需完成一个关于杰姆为人的评估量表。结果发现，文章的构架对于被试对杰姆的印象评估影响很大。阅读第一篇文章的78%被试将杰姆评价为友善，而读第二篇文章的被试只有18%的人这么认为。由此可见，首因效应在个体对他人进行评价的过程中影响极大。

2. 近因效应

与首因效应相对，人际交往过程中还存在一种心理效应称为近因效应。近因效应体现了个体获得的最新信息在评价他人过程中的影响。**近因效应**（recency effect)又被称为新颖效应,指的是个体对于他人最新的认识在个体头脑中所占的主导位置,决定了对他人的印象。从定义上看,近因效应和首因效应似乎是完全矛盾的。然而事实上并非如此,原因在于两种效应出现的情形大不相同。首因效应一般在交往初期发挥影响,而随着交往双方彼此的熟识,近因效应的影响开始体现出来。卢钦斯(Luchins, 1957)采用与首因效应实验相似的范式证实了近因效应的存在。他在被试所阅读文章的两段文字中间插入一系列认知活动,被试最后同样需要完成评估量表。结果发现,大部分人会根据文章的第二段文字内容对杰姆进行评价。由此证实,近因效应在人际交往过程中同样对个体的评价过程有直接的影响作用。

3. 晕轮效应

晕轮效应(Halo effect)最先由心理学家爱德华・桑代克(Thorndike)于20世纪20年代提出,指的是人们对他人的认知和判断往往只从局部出发,扩散而得出整体印象,也即常常以偏概全。人际交往过程中的晕轮效应体现为,若个体表现出的某一特征掩盖了其他特征,他人就会将这点特征作为评价该个体的主要标准。比如,一个人若被标签为好人,那么他做任何事都会被赋予好的评价;一个人若被贴上坏的标签,那么他即使做好事也会被一并评价为别有用心。晕轮效应使得人们在评价他人时容易"以偏概全",很难得到完全客观的评价结果。

外貌是研究者较为公认的具有晕轮效应的特征之一。人们总倾向于把"美"和"好"联系起来,认为外貌美的人也会具有其他优秀的品质。兰迪和西格(Landy & Sigall, 1974)以男性作为被试,让他们阅读以电视的社会影响为主题的短文。短文的作者都是女性,短文的质量有好有坏。男性被试被分为三组,第一组被试阅读的短文上附有一张魅力女士的照片。第二组所附的照片是一位相貌普通的女士。第三组被试为控制组,短文没有附任何照片。

表15-1为被试对短文质量的评价结果。显而易见,不论短文的质量如何,第一组短文获得的评价总是好于第二组,而控制组则介于二者之间。由此可见,有魅力的外貌会引发"辐射效应",导致人们的评价具有明显的偏向性。

表 15-1　魅力与被试评价

短文的客观质量	作者外表吸引力			总计
	有魅力	控制组	无魅力	
好	6.7	6.6	5.9	6.4
坏	5.2	4.7	2.7	4.2
总计	6.0	5.5	4.3	

4. 投射效应

人际交往过程中,个体总是自觉或不自觉地以己度人,认为别人和自己具有相同的想法、感情或者意志等。比如自己喜欢吃火锅,就想当然地认为自己的伴侣也爱吃;或者自作主张地为朋友办一个自己觉得很妙、朋友却完全不感兴趣的派对。日常生活中的这种现象被称之为**投射效应**(projection effect)。个体在与他人交往过程中,往往有强烈的倾向假定交往对象和自己有共同之处。

由于投射效应的存在,个体在猜测他人的想法时,结果很可能反映的就是自身的心理特征。一个内心自卑的人,总觉得旁人在嘲笑自己。一个悲观主义者,认为整个世界都在和他作对。有人说"你看别人是什么,就代表你在自己眼中是什么",讲的就是投射效应的作用。

5. 刻板印象

刻板印象(impression of stereotype)是人们头脑中存在的对另一群体或者群体成员的简单化看法和固定印象。刻板印象的形成往往不以直接经验为依据,也不以客观的事实材料为基础,只凭某种偏见或道听途说而形成。刻板印象在生活中存在十分广泛,尤其是性格刻板印象。大众给予男性的标签是强壮、独立和胆大,而女生应该是柔弱、温柔和胆小的。男孩应当玩变形金刚或者汽车等玩具,而女孩则玩洋娃娃。如果个体做出背离刻板印象的行为,就会被周围人看作不合常规。

如果刻板印象与认识对象相一致,则可以节省认知时间,简化认知过程。但大多数情况下,刻板印象与认识对象是不一致的,这就严重影响了人际交往过程。比如家庭富裕的人会认为贫穷出身的人品位不够高雅、见识短浅等;家境一般的人会觉得含着金汤匙出身的人眼高手低、自以为是。双方不准确的刻板印象会对彼此的交往产生阻碍。

知识视界 15-2　刻板印象经典研究

刻板印象一词最早由李普曼于 1922 年提出。此后人们开始针对刻板印象在生活中的影响进行大量研究。教育领域的刻板印象研究最早开始于 20 世纪 70 年代,研究者通过对教科书中任务的分析发现了性别不公平问题,虽然没有明确地提出刻板印象问题,但人格特征、角色行为等重要维度在研究中都有所涉及。研究教育领域的刻板印象,大多采用调查研究,另外还有文献分析和逻辑分析。具体采取的方法主要有访谈法、问卷法和观察法。

卡茨(Katz, 1933)研究了大学生的刻板印象,至今被封为刻板印象研究领域的经典之作。他提供给大学生一个形容词词表,上面包含积极和消极的形容词。然后由被试选择符合某一群体的形容词。那些以最高频率出现的形容词就是对该群体的刻板印象。该研究的重要性在于,证实了像种族、民族这样的无形之物也存在刻板印象,并且提供了一种快捷便利的方法来测量刻板印象。操作简单易懂,节约时间和人力。

(王沛,1999)

三、交往中的人际吸引

在人际交往过程中,人们总会有这样的体验:似乎和某些交往对象的心理距离特别近,相互之间有志趣相投的感觉。人们偏好于将这些人称为"知己"。一个人与知己之间的心理距离与普通人相比肯定是不同的。心理距离远近的差异可以用人际吸引程度来解释。人际吸引程度越高,心理距离越近,反之亦然。心理学里将**人际吸引**(interpersonal attraction)定义为人与人之间由于积极的认知和情感体验而在心理和行为上的相互趋近倾向。人际吸引可以表现为很多形式,譬如喜爱、友情等等,而爱情则是人际吸引的最高形式。交往双方吸引与否以及吸引的程度受到许多因素的影响。

1. 邻近性

空间上的邻近性是影响人际吸引的一个重要因素。双方空间上距离越近,交往频率相对也越高,越有可能成为好朋友。试想一下,你从小到大交的好朋友,是不是都是一些离你距离很近的人?比如小学时的同桌、大学时的寝室室友、工作时坐你旁边的工作伙伴。俗话说"远亲不如近邻",正反映了邻近性原则。空间距离越近,交往频率越高,交往双方更容易卸下防备感,自然比较容易建立亲密的关系。费斯廷格(Festinger, 1950)做了一项著名研究,探寻了住房距离对于人际吸引的影响。他们访谈了西威斯特多特区 170 个住房条件相似的住户,了解他们平日里最常见到的三个人。结果显示,居民和住得最近的人关系最亲密。在一层楼的五个单元中,两个最远的房主的选择率是 10%,隔一个门的邻居选择率是 22%,而选择紧邻的邻居的占 41%。虽然只是多走几步路、多花几秒钟时间而已,但仅仅这几步路距离却影响了人际关系的亲疏。

邻近性在人际交往领域并非一直起到密切人际关系的作用。有时距离太近、交往过于频繁时,也有可能导致矛盾的产生,反而不利于良好人际关系的建立。如果交往双方彼此的关系是消极的,那空间上的接近很有可能恶化两者的关系,距离远些反而更有利于相处。这就是为什么吵架的夫妻很多时候会选择分居一段时间,给双方关系一个缓和的机会。如果执意待在一起,恐怕事态会变得更糟。

2. 相似性

物以类聚，人以群分。具有相似点的人更容易建立友谊，这反映了相似性在人际交往过程中起到的促进作用。个人的诸多特征，如外貌、民族、宗教、年龄、兴趣、信仰、教育水平等方面的相似都可以成为人际吸引的因素。其中，性格特征、态度和价值观上的相似更能密切人与人之间的关系。纽加姆（Newcomb，1961）做过一项关于相似性的研究。实验被试是 17 名大学生，他们要在专门的实验基地共同居住 4 个月。在分配宿舍前，被试接受了关于经济、政治等方面的价值观和人格特征的测定。根据结果，将价值观和人格特征相似的学生分在一个寝室，而把不相似的人分在另一个寝室，一起生活。实验期间，定期让学生评价对于室友的看法和喜欢程度。结果发现，在最初的彼此接触中，临近性成为影响人际交往密切性的主要因素，随着交往的深入，彼此之间的相似性越大，越能成为好朋友。

相似性为何可以促进人际吸引？一个可能的原因是，和相似的人交往可以获得一定的回报。在众多观点相异的人群中，相似的人会认同对方的观点，这是对双方的一种肯定，能够提升彼此的自信。除此之外，在面对和自身持有的不同观点时，个体心理上会有一定的不适感。为避免这样消极的体验，个体倾向于和具有相似性的人交往，这样更易建立和谐的人际关系。

3. 互补性

当交往双方的某些方面互补时，更容易相互吸引。互补可以表现在性格层面上，比如有支配欲望的人和依赖性强的人可以相处得很好，两者的处事模式彼此契合；也可以是社会角色层面上的，比如说工作伙伴。一般而言，互补性对于人际吸引的影响发生在交往多年的好朋友身上，或是相濡以沫的夫妻之间。研究者考察了从普通朋友到夫妻一系列不同亲密程度的关系中发挥影响的人际吸引因素。结果发现，在交往的初期，空间距离因素、个人特质因素如外貌等以及社会资源如经济地位等因素是构成人际吸引的重要因素。在交往双方彼此了解之后，二者的价值观和态度上的相似变得更加关键。而进一步发展到友谊甚至夫妻关系时，性格特征上的互补等有着举足轻重的地位。由此可以看出，临近性、相似性和互补性都是影响人际吸引的重要因素，三者在人际关系的不同发展阶段发挥作用。

4. 熟悉性

在人际交往过程中，熟悉性是一个非常重要的影响因素。比如年龄小的孩子见到陌生人时，可能会嚎啕大哭。但见面次数多了以后，表现则会有明显的变化，不仅不哭，还会主动一起玩耍。人在面对陌生的交往对象时，总是会留个心眼，谨慎地应付。而熟悉之后，了解了彼此的性格特征和处世方式，交往双方内心的警戒感下降，争端和矛盾会减少，交往变得更加舒适。戒心的解除和交往的舒适感提升,有助于增加交往过程中的积极情绪体验。自然而然,人们对于交往对象的好感也会提升。社会心理学中的曝光效应体现了熟悉性因素和人际吸引之间的关系。曝光效应又称熟悉定律,意思是人们会偏好自己熟悉的事物。20世纪60年代,扎琼克(Zajonc,1968)进行了一系列有关曝光效应的实验,结果证明只要让被试多次和某刺激接触,对该刺激的评价会普遍高于被试接触较少的其他类似刺激。其中一个实验是让一群被试观看某校的毕业纪念相册,所有被试之前都没有接触过该毕业相册中的任何人。看完相册后,被试再观看一系列照片,照片中的人物在毕业相册上的出现次数有所差异,分为20多次、10多次和几次三类。被试最后要对照片中人物的喜爱程度做出评价。结果发现,相册中出现次数愈多的人,对于被试来说熟悉程度愈高,相对更具吸引力(见图15-4)。

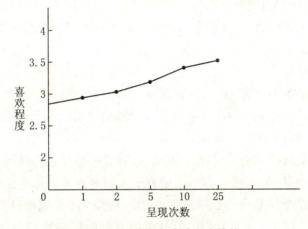

图 15-4　呈现次数与喜欢程度的关系

5. 个人特质

对于人际交往而言,最重要的影响因素是交往主体的个人特质。这些特质主要包括外貌特点、人格特质和能力特征等。

(1) 外貌特点

"爱美之心,人皆有之",人们对于外貌好的人总有所偏爱。当其他条件相同时,外貌好的人具有更大的吸引力。外貌不仅包括人的容貌,还包括体态、风度等,一个举止优雅、容貌出众的人能博得周围人更多的喜爱。外貌的优势在求偶行为中表现得更为明显,外貌好的人总是更多地受到异性的追求。

西格尔和安荣森(Sigall & Aronson,1969)通过巧妙的实验揭示了外貌的优势。实验结果表明相较于相貌普通的女性,漂亮的女性对男性的交往行为更有影响力。实验中两类女性扮作临床心理学研究生充当实验助手,一类为相貌出众的女性，一类为相貌平凡的女性。实验助手给男性被试的个性特点作临床心理学评价，最后给予被试的评价有肯定与否定之分。评价结果就有漂亮-肯定、漂亮-否定、不漂亮-肯定、不漂亮-否定四种情况。实验结果表明，在女性不漂亮的条件下，男性被试不太看重评价的结果，他们事后对实验助手的喜欢水平都是中等。但在女性漂亮的情况下，被试非常看重评价的结果。在他们得到肯定评价时，他们对女性评价者的喜爱水平在四种情况中最高。而当他们得到否定性评价时，他们对女评价者的喜欢水平在四种情况中最低，但他们被询问是否继续参与研究时，他们表现出非常愿意与漂亮的女评价者交往。可见，来自漂亮女性的否定对被试如此重要，以至于使他们希望自己有机会改变漂亮女性对自己的评价。这种偏好与性别无关，无论是同性之间的评价，还是异性之间的评价，相貌好的人始终占优势。

外貌导致的吸引力，主要在交往初期起较大作用。随着交往的深入，外貌的影响作用会逐渐减少。

（2）人格特质

在交往双方相互了解后，人格特质对人际吸引的影响作用大于外貌特点。一个人的人格魅力在交往中往往起着推波助澜的作用。一个人如果具有善良、诚实、热情、活泼开朗等性格特征，他在人际交往中就容易对他人产生很强的吸引力。而一个喜欢欺骗别人、自私自利的人，就算外貌异常出众，也不会博得他人的喜爱。安德森（Anderson，1968）研究了人们对各种性格特征的重视程度。他将555个描绘个性品质的形容词列成表格，让大学生被试按照喜欢程度由高到低排成序列。结果如表15-2所示，排名前五位的性格特征为真诚、诚实、理解、忠诚和真实，人们更愿意和具有这些性格特征的人交往。安德森的研究是在20世纪90年代进行的，但时至今日，相似的研究仍得到一致的结果。真诚等个性品质是吸引他人的重要影响因素。

表15-2　个性品质喜好程度排列

最积极品质	中间品质	最消极品质
真诚	固执	古怪
诚实	刻板	不友好
理解	大胆	敌意
忠诚	谨慎	饶舌
真实	易激动	自私
可信	文静	粗鲁
智慧	冲动	自负

最积极品质	中间品质	最消极品质
可信赖	好斗	贪婪
有思想	腼腆	不真诚
体贴	易动情	不善良
热情	羞怯	不可信
善良	天真	恶毒
友好	不明朗	虚假
快乐	好动	令人讨厌
不自私	空想	不老实
幽默	追求物欲	冷酷
负责	反叛	邪恶
开朗	孤独	装假
信任	依赖别人	说谎

（3）能力特征

在其他条件都相同的情况下，有能力的人一般能更多地博得周围人的喜爱。可能的解释是，有能力的人能给周围人更多的指导和建议，减少犯错误的可能性，人们倾向于和对自己有利的人交往。正所谓"大树底下好乘凉"，有能力的人能够像大树一样给周围人安全感。当然，能力因素对于人际交往的促进作用不是永恒的。太过出类拔萃的人会给人距离感，周围人为免伤自信会选择远离这些鹤立鸡群的人物。人们往往更喜欢那些有缺点的"才高八斗"之人。能力出众的人暴露缺点、走下神坛，反而会拉近与周围人的距离，增加吸引力。

除以上谈到的影响因素外，影响人际吸引的还有一些其他的因素，诸如自我暴露和喜欢的相互性。前者是指交往双方把自己的内心活动和情感状态告知对方。自我暴露是建立信任的有效途径，开诚布公地交流思想和情感，会拉近彼此的心理距离。在心理咨询中，自我暴露是建立来访者和咨询师信任关系的最重要的技巧。喜欢的相互性表示对于喜欢自己的人，人们往往也会不由自主地喜欢对方。当然，相互性原则不是在所有情况下都适合，这要取决于交往双方的性格。总而言之，人与人的交往是一个复杂而多层次的过程，在交往过程的不同阶段和状态下，发挥影响作用的因素也不尽相同。

四、青少年人际交往的特点

进入青春期后，青少年人际交往的特点和儿童时期相比有很大的不同。尤其是初中时期，孩子的生理和心理上都经历着一场成熟的蜕变，相应的人际交往也有明显的变化。

1. 青少年人际交往的主要类型

青少年的人际交往类型主要包括代际交往、师生交往和同伴交往。

（1）代际交往

代际交往指的是家里两代人之间的交往，主要是父母和孩子之间的交往。青少年时期的孩子经历心理上的"断乳"期，他们想要通过挑战父母的权威来证明自己可以像成人一样思考和生活。除此之外，孩子和父母之间思想和经验上的代沟也愈发突出了两者的差异。在这样的情况下，孩子交往的重心从家庭移向了学校。然而，代际交往仍然是青少年身心发展过程中的重要部分，恰当的交往模式能够帮助青少年平稳顺利地度过"动荡的"青春期。

（2）师生交往

学校中的人际关系是青少年人际关系中非常重要的组成部分。在学校中，最基本的人际关系就是师生关系和同学关系。从教书育人的角度来看，师生关系是最主要的。师生关系的性质和质量如何，会极大地影响到孩子对于权威和学校的印象。有研究表明，积极的师生关系有助于建立孩子对学校的良好印象，从而诱发学习动机。

（3）同伴交往

同伴交往是青少年时期最主要也最重要的交往方式。青少年可以从同伴交往中获得从父母和老师那里得不到的经验和技能。和同伴在一起时，青少年可以体验到归属感，满足他们对于爱和尊重的需要。青少年在和同龄人相处的过程中，了解他人对自己的评价，能够形成更加准确客观的自我认识。同伴关系就像社会生活中复杂关系的一个缩影，从中获得的经验和成长，为青少年踏入社会做好充分的准备。

2. 青少年人际交往的一般特点

青少年时期的交往活动有其特点，可以归纳为如下几点：

（1）交往对象和范围的变化

个体在进入青少年之前，交往活动主要集中在家庭范围内，孩子的主要交往对象和感情的依赖对象是父母，亲子关系在此时尤为重要。而随着年龄的增长，个体对自己的生活有了更多的决定权。青少年对于外部世界充满了好奇，家庭或者学校已经不能满足他们的需求，青少年交往的范围慢慢扩大到社会。经历着生理和心理上急剧变化的青少年追求独立性，强烈地想要从父母的权威中脱离出来，独立地进行思考和活动。因此，家庭成员之间的接触已经满足不了青少年对于情感沟通和思想交流的需要；他们急切地寻求外部的支持，在这时候同龄伙伴变得尤为重要。对于经历着同样阶段的同龄人来说，彼此能够理解对方的感受,拥有更多的共同语言。青少年需要同龄伙伴给予情感上的支持。一般来说,青少年时期的同伴交往影响远大于同父母、长辈间的交往。交往对象和交往范围的变化标志着青少年从儿童期向成人期的转变,对青少年的认知和情感活动都有重大影响,为其成为一个真正的社会人打下坚实的基础。

(2) 交往方式的多元化

青少年时期的交往方式不再局限于面对面的交往,更加多元化的交往方式慢慢出现,如以笔会友、网络交往等。交往方式的多元化发展也进一步扩大了青少年的交友圈,打破了之前以周围地域为主的交往。尤其是网络的高速发展,极大地丰富了青少年的交往方式。网络的便利性为这群还未踏进社会的孩子开启了新世界的窗口,数不尽的信息瞬间涌入青少年的生活中。作为易感人群,网络人际交往给青少年的生活方式、价值观念带来的挑战是前所未有的。网络交往大部分是虚拟的,青少年可以在网络上扮演任何角色。在虚拟角色的交往中,双方不需要为说出的话担负很大的责任,心理负担较小。然而网络的虚拟性对于初经世事的青少年来说,存在太多的未知和诱惑。他们容易被欺骗,受到伤害。所以,网络交往虽然丰富了青少年的生活,但也增加了成长过程中的危险。

(3) 交往内容的丰富性

进入青春期之前,儿童的交往一般围绕着游戏和玩耍,谈论的话题较多和外部事件相联系,很少涉及个人感受或者内心的私隐之事。而迈入中学后,随着逻辑思维能力和自我意识的发展,青少年更多地把关注点由外部事件投向自己的内心世界。在这个阶段,青少年的内心活动极其丰富,他们关注自身,关注周围人对自己的看法,甚至关注一些诸如生死的哲学问题。纷繁的思绪缠绕着这些年轻的心,他们急需向外界倾吐内心的想法,而伙伴就是最好的分享对象。初中生之间,已常常分享对人或事的评价、对学校和老师的态度和感受。到了高中时,个体交谈的话题除了学习之外,则更多地涉及未来理想和职业规划等等。

(4) 交往的态度和目的的变化

儿童时期的交往态度是顺从的,很容易信任交往对象,为了被团体接纳,一般会掩盖真实想法。随着青少年自我意识的发展,人际交往过程更多地受到自我意识的控制。青少年在交往过程中比儿童要更加深思熟虑,不再轻易向陌生人掏心掏肺,在群体中会更多地表达自己的想法。和成人相比,青少年的交往态度还是较直接和真诚的。青少年的交往目的由儿童时期的寻找游戏伙伴到寻找给予情感支持和分享心事的朋友。随着情绪体验的丰富,青少年在交友时更多地希望朋友能够分享喜怒哀乐,而非只是玩伴。

（5）择友标准的变化

童年期的择友标准集中于表面的特征，长得漂亮、成绩优秀或者写得一手好字的孩子会得到其他孩子的欢迎。交友主要以活动为中心，能相处愉快就是朋友。朋友要绝对遵守伙伴间无形的发展，对整个团体忠贞不贰。而到了初中时期，择友标准则更多地向内在特质转移，强调性格爱好上的统一、能够彼此理解等。但是友谊的稳定性还有所欠缺，随便一件小事不和，都能让好朋友不欢而散。

高中时期的青少年友谊要比初中时稳定和深刻得多，他们在择友时更注重内在的品质和情趣，即强调对方的气质、性格、能力和兴趣爱好等（易法建，1996）。由于此时青少年的判断力、自我调节能力都得到了相对的提高，因而能够做到求大同、存小异，朋友间的一些非原则性问题不会影响友谊的继续。青少年志趣爱好不断拓展，内心的丰富使高中生的交往领域比初中生广泛得多，他们更倾向于选择不同的朋友来满足自己不同的需要。

第三节　人际交往规律在教育中的应用

教育是一种有目的、有组织、有计划、系统地传授知识和技术规范等的社会活动。从宏观上看，教育分为学校教育和自我教育两大类。人际交往规律在两类教育中都有着极其重要的应用价值。

一、人际交往规律在学校教育中的应用

人们在学校受到的教育是毕生教育的重要组成部分。可以说，人最关键的成长时期和转折期基本上都是在学校度过的。前苏联教育学家霍姆林斯基曾把儿童比作一块大理石，把这块大理石雕刻成一座雕塑需要六位雕刻家：家庭、学校、儿童所在的集体、儿童本人、书籍和偶然出现的因素。从排列顺序上来看，家庭被列在首位，可见家庭在儿童成长过程中起到极其重要的作用。学校教育对于一个人的未来发展也起着举足轻重的作用。而个体在学校习得知识，无论是教师传道授业解惑还是同学之间互相学习，无时无刻不是通过交往活动实现的。因此，教师作为学校教育的重要载体，若能对人际交往的规律和应用有所把握，便能借此取得更好的教育成果。

1. 优化与教育对象的信息沟通过程

前文提到，人际交往过程需要经历一系列的阶段，才能将信息从发出者传递到接受者。教师在向学生传递知识的过程中，应当保证每一个阶段的顺利和高效。在第一个阶段中，教师应当运用学生熟悉的符号系统对知识进行编码，也就是说编码运用的符号应当处于教师和学生的共同经验范围内，这样传授的知识

才能被译码，为学生所接收。在知识传递的中间环节，教师若同时利用多种传递通道，就能提高效率。比如在讲课时，除了采用直接讲授的方式之外，还可以加入多媒体教学等其他方式。教师除了关注自身作为发信者传递信息的准确有效性之外，还需要关注学生作为受信者的信息译码环节，如信息的译码出现差错，教师有必要及时帮助学生纠正错误，正确理解信息。

语言符号系统和非语言符号系统是信息传递的主要工具。若收信者的符号系统中拥有丰富的知识储备，那么他在译码阶段遇到不能理解的符号可能性更小。因而丰富收信者的符号系统，能够帮助其更有效地对信息进行译码。身为传授知识者的老师，本身就应该担负起丰富学生符号系统的责任。除此之外，老师本身应当具有丰富的语言符号和非语言符号。语言是人际沟通的基本工具，教师毋庸置疑理当具有娴熟的言语技能，才能保证对信息准确有效地编码。而非语言符号则起着重要的辅助作用，可以补充和强调语言信息。在上课时，学生往往紧盯着老师的一举一动、一颦一笑，他们不仅从老师的言语中理解知识，还能从教师的语调、眼神、动作中感受知识。那些懂得利用非语言手段的老师，授课的效果往往好于只借助语言的老师。总之，教师在和学生沟通时，除了语言之外，非语言手段也是不可或缺的。

师生之间的人际交往不是一个单向的过程，而是存在信息的反馈。也就是说，教师和学生既担当信息发出者责任，同时又扮演着信息接受者的角色。教师作为信息的接受者，首先应当对于学生惯用的语言符号系统有所了解，对他们的讲话风格做到心中有数，避免意思上的误解。此外，还应当善于捕捉学生发出的非语言信息。通过眼神或肢体语言等观察学生所处的真实状态，比如可以根据学生的眼神、脸部表情判断学生是在专心听讲还是心不在焉。

2. 避免认知偏差，建立师生间的客观评价

前文提到人际认知的过程中存在一些常见的心理效应，包括首因效应、近因效应、晕轮效应等等。这些心理效应都可能导致教师对学生产生认知偏差，建立不够准确的印象，从而阻碍师生间的交流。

教师要警惕首因效应的影响，如若将第一印象作为判定学生的标准，这种判定往往是不公平且不准确的。学生与老师的第一次接触时表现出的性格特征或者行为习惯等只是冰山一角。教师如果抱着窥一斑而知全豹的想法来对待第一印象，就会很武断地给学生贴上一个标签。学生的发展本是一个动态的过程，并非止步不前，仅根据第一印象来评价学生，很难得到对他的全面认识。除此之外，教师还需要关注近因效应的影响，切忌因为最近一次的错误就完全否定学生之前的成绩。总之，教师不能只着眼于一时一事，而应全面地关注学生的各个方

面,给予学生客观的评价。

实验证明,教师在对学生进行评价时,晕轮效应是非常普遍的现象。弗莱斯(Humphrey,1982)等人进行了类似的评定实验,均发现了教师评定学生时的晕轮效应。实验程序是让教师就学生的性格特征和自我控制能力进行评价。结果发现,教师的评价结果和测验的标准没有相关,而与学生的 IQ、学业成绩有相当高的正相关。由此可见,教师在对学生进行评价时,明显受到与智商和成绩有关的晕轮效应的影响。这种不公正的评价行为必然使一部分学生产生不平等的情感体验,这种体验将对师生间的和谐关系产生疏离作用。此外,对学业优秀学生的积极倾向的晕轮效应,可能会忽视其发展中本可以防微杜渐的一些问题;对学业成绩后进学生的消极倾向的晕轮效应,可能延误对其发展中的诸多优良品质的发现与发扬。为尽量避免晕轮效应造成消极影响,教师需要全面地关注学生的全方位发展,对每一个学生投入同样多的耐心和爱心。

教师在和孩子交往的过程中切忌投射效应,即把自己的想法、愿望、感情或意志归属到孩子身上。教师常会将自己的想法投射到孩子的身上,以自己的心理去揣度孩子的想法。比如自己认为数语英非常重要,就断定学生们也应该绝对重视这几门课,学生若是喜欢其他副科,就觉得是"不务正业"。教师在与孩子交往时会有强烈的投射心理,他们会觉得一切做法都是为了学生的将来,却没有充分关注学生自己的想法。然而,我们必须注意到,教师和学生所处的年代不同,二者往往具有不同的思想、处世态度和方法。如果教师和学生交往时总是将自己的想法等同于学生的想法,武断地代替其做决定,很容易误解学生的真实想法。如果学生不服从教师的决定,教师就会把他列为"不听话"的学生,贴上消极的标签。每个学生都具有独特的性格特征和兴趣爱好,教师在和学生互动时应当尊重其独特性,为他们提供充分的发展空间。尤其是进入青春期的学生,喜欢表达自我、追求特立独行,如果教师将自己的想法强加于学生,往往会导致师生关系陷入僵局。教师应当以一颗更加包容的心,更加耐心地与学生沟通,倾听他们的心声。

高二的学生张娟最近非常困扰,她正面临文理分科的选择。张娟自己对理科非常感兴趣,同时她的文科成绩也非常好。班主任朱老师劝张娟选文科,朱老师说"女生就应该读文科,理科是男生读的,不适合女生"。听了朱老师的话,张娟更加矛盾了,她不理解朱老师为什么说女生就该读文科这样的话。朱老师的话反映了性别刻板印象的影响。有的教师在和学生交往中带有明显的性别刻板印象,他们认为男生和女生之间存在差异,这种差异不仅是生物遗传上的,还有性格上的。在他们看来,优秀的男生是思维敏捷、果断的,女生大多温和、文静但缺乏创造力。男生适合学理科,而女生的文科成绩较好。在性别刻板印象的指引下,教师对男女学生的期望和要求有所不同。以做数学几何题为例,教师总会要求男生提出尽可能多的解题思路,而女生只要能想出一种就算达到要求。类似这样的区别对待,久而久之会影响到学生对于自己的要求和评价。男女生可能出现明显的偏科现象,降低对于自身性别不占优势的科目的成绩要求,这对于学生未来的思维和学业发展有着深远影响。每个学生身上都充满着无限的可能性和广阔的发展空间,教师切勿用性别刻板印象来为学生套上枷锁。

教育实践 15-1　双性化教育

"双性化"是希腊语 Androgyny 的词根 andro(男)和 gyn(女)的结合,意思是男性化和女性化的结合。在心理学中,双性化是指个体既具有男性人格特征,又具有女性人格特征,即兼具强悍和温柔、大胆与细致等特征。双性化教育作为一种家庭教育新理念,屏弃了传统的、绝对的"单性化教育"。传统的"单性化教育"秉承相对严格的性别定型,即男性只培养粗犷、大胆等大众公认男性应当具有的性格特征,而女性只鼓励发展温柔、细致等女性特质。教育者们发现此类教育方式会限制孩子的智力、个性的全面健康发展。双性化教育反对严格的性格定型,尽可能消除性格刻板印象的消极影响。它鼓励孩子们在发挥自己的"性别"优势的同时,注意向异性学习,克服自己性格的"软肋",进而促进自己身心的全面发展和人格的完美。如:男孩可以学习女孩的细心、善于表达和善解人意,而女孩则可以学习男孩的刚毅、坚定和开朗。双性化教育有利于个体心智的全面发展,兼有"两性之长"的男女在竞争激烈的现代社会里往往更能占据优势地位。

(韩爱晶,2007)

---

3. 保持师生间相互吸引的状态

为了教育工作的顺利开展,师生之间的关系应当是紧密而亲切的。教师若能吸引学生,在课堂上学生的注意力就会集中在老师身上,上课能获得更好的教学效果;课堂下,学生更愿意与老师进行交流,老师能更好地理解学生的发展情况。根据人际吸引规律中的邻近性,缩短空间距离、增加交往频率可以增加人际吸引的程度。在学生眼中,老师是权威的象征,与老师在一起时学生心理不可避免地会存在距离感。在这样的情况下,教师应当多主动深入到学生群体中去,以真挚的感情为基础理解对方,使师生在交流中增进感情、加深理解。根据相似律原则,具有相似点的人能够互相吸引。因此,教师应当努力寻找与学生之间的共同点,努力增加共同语言,以激发感情上的共鸣,拉近师生间的心理距离。根据人际吸引的个人特征因素,教师若要保持和学生之间的相互吸引,需要加强个性修养,提高人格魅力,不仅仅用丰富的知识来吸引学生,还应当以人格的魅力去感染他们。

二、人际交往规律在自我教育中的应用

交往是人的基本社会需要,人的一切社会活动都离不开交往。在交往过程中,个体慢慢习得生存和发展所必备的技能。适当地运用交往规律,能够帮助个体更好地维系与他人的人际关系,更有效地满足自己各项需求,更高效地习得各种技能。

1. 以真诚的态度对待他人

前文提到人际吸引的影响因素包括自我暴露,即交往双方把自己的内心活动和情感状态告知对方。交往双方彼此吐露心事,能够拉近心理上的距离。自我暴露就是真诚待人的体现。任何人都希望从外界获取的信息是真实可靠的。交往双方都抱着心诚意善的动机和态度进行互动,这样建立的人际关系才是长久的,交往双方能从这段关系中得到悦纳。一个满嘴谎言的人一旦暴露,人们为了保护自身不受伤害,都会选择远离他。

对青少年来说,不论是和老师交往,还是和同学互动,都应当表现出真诚的态度。俗话说"良言一句三冬暖,恶语伤人六月寒"。如果为了自身的利益,无中生有、嫉妒诽谤的话,一旦被人识破,以后再想获取他人的信任就很难。对他人真诚,别人也会以同样的信任回报于你。

真诚与他人交往,还体现为对交往对象的尊重。面对不同的交往对象,不因出身或背景而区别对待,同样尊重对方,才可形成和谐的人际交往关系。

学术前沿 15-1　青少年人际交往的能力发展特点

人际交往能力对于个体发展具有十分重要的作用。近年来,我国有学者以 726 名初、高中生为被试,采用自编的人际交往能力问卷,从交往动力、交往认知和交往技能三个层面考察青少年人际交往能力的发展特点。结果表明:(1)交往动力上存在显著的年级差异。初二交往欲望的得分显著高于高一,初中生主动性的得分显著高于高中生;(2)交往认知上表现出年级和性别的交互作用;(3)交往技能上存在显著的年级和性别差异。初中生在情绪能力和适应能力上的得分显著高于高中生;女生提供支持的能力高于男生。

(王英春,邹泓,2009)

---

2. 不戴有色眼镜看人

每个人都具有独特的人格和思想,这些特性很难在一次接触中就全部表现出来。人与人的相识往往是一个渐进的过程,在一次又一次的接触中增进彼此的了解。前文提到个体在人际认知过程中会有意或无意识受到某些效应的影响。这些效应往往导致个体对他人的认知出现偏差。在现实生活中不乏这样的例子,比如人们总爱戴着有色眼镜看人,从初次见面时对方的穿着和谈吐来判定其品性和出身,或者大家总觉得成绩好的学生应当是各方面都非常优秀的。当然,这些情况下得到的评判往往是欠准确的。与人交往时,不能单凭主观臆想或某次表现来评判他人的好坏优劣,切勿以貌取人、以年龄取人、以穿戴取人、以学历取人,而要全面考察其性格特点、处世态度、人生观和价值观等。

3. 增强个人魅力

在群体当中,拥有个人魅力的个体总是焦点所在,吸引着周围人的目光。人与人之所以会相互吸引,外貌特点、性格特质和能力等个人特征是起到促进作用的因素之一。在与他人交往时,首先应当注重仪表之美,整齐干净的仪表总是给人舒适的感觉。关注仪表不等于花费大把时间在梳妆打扮之上,只是以一个舒爽的面貌示人,既是尊重他人也是尊重自己。提升个人魅力还需完善自己的个性品质,不矫揉造作,不蛮横无理,以宜人的性格接纳他人。拥有自信也是非常关键的。一个人想要提升个人魅力,获得别人的肯定,首先就必须肯定自己。一个自信的人总是自然而然地散发魅力。当然,提升能力也是不可或缺的,有能力的人可以给周围人提供建议和帮助,自然会受到大家欢迎。当然除了能力之外,一颗乐于助人的心也是重要的。

4. 运用多种方式进行交流

个体在交往时,除了使用语言进行沟通外,还能借助非语言途径起到辅助作用。语言是最常用的沟通媒介,拥有娴熟的语言技巧能够提高彼此沟通的效率。熟练的语言运用者知道如何用语言来让对方感觉到"如沐春风",同时也满足自己的需要。在某些条件下,非语言技巧的表达能力甚至超越语言。一个眼神、一个动作都能发挥奇妙的作用。青少年正处在受教育的黄金时期,在平日里要注意加强自己的语言功底。除此之外,还应当培养对非语言信息的敏感性,善于通过非语言手段传达自己的想法。充分利用表情、动作、语调甚至空间距离来传情达意。

5. 倾听和赞美

更多的时候,人们需要的并不是优秀的述说者,而是真诚的倾听者。如果没有倾听,交往中根本不存在你来我往的互动。愿意倾听的人,能够让诉说的人感到信任和温暖,而彼此的信任是建立良好互动关系的基础。一个好的倾听者需要具备同感的能力。**同感**(empathy),即能够体会到对方的感受,能够设身处地地为对方着想。述说者感到被理解、被认同,有助于缩短双方的心理距离,建立信任关系。每个人都希望获得他人的赞美和认同,这样的积极体验能带来愉悦感,提升自信。与人交往时,适当地给予对方赞美,不仅能激发他人与你交往的热情,还为这段关系注入了积极的力量,令友谊之花常开。

让我们回到本章开头提到的那个案例。张琳同学与老师和同学交往中的表现,正是青少年特有的人际交往特点。同学说张琳长得像王熙凤并问她是不是心计很多,反映了人际认知过程中存在的刻板印象这一心理效应。随着逻辑思维能力和自我意识的发展,处于青春期的张琳同学经历着心理上的断乳期。她的关注点由外部世界转向自己的内心世界,更多地关注自身形象,关注周围人尤其是同伴对自己的看法。因而她对同学们由于刻板印象造成的偏见十分在意,以至于她像是变了一个人。另一方面,青少年时期追求独立、反抗权威,主要倾诉对象已不是父母甚至老师等成人角色。他们不愿意与老师交流内心的想法和感受,因而会出现,心里有话,但又不愿意在班主任面前坦言的情景。

人们常说"人际交往是一门学问"。事实上确实如此,人际交往过程中存在诸多规律和法则。若能将这些规律运用到教育领域中,那么不论是师生关系还是生生关系,都能实现一个和谐互利的状态,于青少年的身心成长发展起到推波助澜的作用。

本章小结

人际交往指的是在社会活动中,人们运用语言符号系统或者非语言符号系统相互之间交流信息、沟通情感的过程。它是人类生存和发展的必要条件,是人类基本心理机能得以发生和发展的必需要素。人际交往具有四个基本的特征:有明确具体的交往对象,有明确的交往目的,有多种多样的交往方式,必然存在信息的传递。人际交往中的信息沟通过程以符号系统为工具,要经历一系列步骤,其中编码和译码是两个关键过程。在人际交往过程中,除了信息的传递之外,还有一个非常重要的侧面是人与人之间的认知。人际认知过程中存在某些常见的心理效应,影响着个体对他人知觉、理解和评价的准确性。这些心理效应主要包括首因效应、近因效应、晕轮效应、投射效应和刻板印象等。交往双方互相吸引受到许多因素的影响,其中包括邻近性、熟悉性、个人特征、互补性、相似性。将人际交往的规律实践于教育领域,在学校教育中要注意优化与教育对象的信息沟通过程;避免认知偏差,建立师生间的客观评价;保持师生间相互吸引的状态。在自我教育中,需要注意以真诚的态度对待周围人;以全面观察为依据评价交往对象;增强个人魅力;学会倾听和赞扬。

思考题

● 什么是人际交往,人际交往的基本过程是什么?

● 人为什么要进行交往,关于人际交往动机的理论有哪些?

● 人际认知的概念是什么,人际认知过程中存在哪些心理效应?

● 有哪些因素影响人与人之间的相互吸引程度?

● 青少年交往的一般特点是什么? 为什么会出现这些特点?

探索题

● 根据自身的交往经验,想一想你与好朋友之间相互吸引的原因是什么?
从中你获得了什么启发?

● 回忆你在青少年时期与老师、同学的交往情形,总结其中人际交往的特点。

第十六章 性 心 理

学习重点

- 了解性、性别与性心理的基本概念
- 文化对性别角色刻板印象的影响
- 青少年的性心理发展规律
- 如何看待手淫
- 性、性别与性心理的规律在教育中的应用

你知道吗?

- 隐秘的性心理能被人洞察吗?
- 性意识觉醒和萌动通常发生在什么时候?
- 听说过第三性征吗?
- 对异性爱慕是否就是恋爱?
- 异性友谊是否必定会导致爱情?
- 对青少年要不要进行性教育?

小夏升入高中后,在陌生的环境中,和一位初中时认识的女同学关系十分要好,两人常在一起学习、吃饭。久而久之,同学们说她们是同性恋。别人说多了,她开始怀疑自己是不是真的同性恋了,心里十分害怕,但又不敢跟家长说。

小柯正上高二,他考的是重点高中,从高一开始就住校,同寝室的阿强不但学习好,各方面都很优秀,小柯与他关系很要好。这学期开学后没几天,阿强因为家里有事请了几天假没来上课,小柯突然感觉很不适应,晚上连觉都睡不好,总想着阿强,就像电影中恋人分离互相想念一样。对于自己的这种感觉,小柯觉得有些害怕,担心自己是不是同性恋呢?当你看完本章后,就能找到答案。

第一节　性心理的概述

什么是"性"？在词典中，"性"解释为"在雌雄不同特征之基础上形成的两种有机体之一"。"性"包含许多意义：生殖、性别、性爱和性别认同等等。这么多含义中，"性别"看起来最好理解，男性就是男人，女性就是女人。然而，真是这样简单吗？本节具体阐述探讨。

一、性的概念

性（sex）来自于拉丁词根，意思是"切断或分离"，将有机体分为雄性和雌性两种类别。性的一个用法是指性别，即为男性还是女性的状态。性也被用来指解剖结构，叫性器官，性器官在生殖和性愉悦中发挥作用。当谈到为了生育或愉悦而进行的有性器官参与的身体活动时，也用性来表示，如手淫、拥抱、亲吻、性交等。性也指与性爱相关的感受、经历或欲望，如性幻想和念头、强烈的性欲或对他人产生了性吸引的感受。

我们通常会在每天的交谈中尽量清楚地表达"性"的意思，当我们说起一个新生儿的性时，我们指的是生理结构上的性别。当我们谈到"性别"时，通常指是男性还是女性的一种状态，即性别同一性和性别角色。性行为一词指表达性爱或亲密感情的身体活动，性行为可能包含也可能不包含生殖行为，比如说手淫就是愉悦自我而不是为了生育的性行为，亲吻、拥抱、用手刺激性器官都是产生性刺激的性行为，即使它们都不直接引起生育。

总之，性是我们作为有性的个体的经历和表达自我的方式，我们意识到自己是男性还是女性是我们的性的一部分，因为它反映了我们有性经历和性反应的能力。无论我们是否有性交或性幻想，甚至由于疾病失去了生殖器官的感觉，性始终是我们自己很重要的一部分。

二、性别角色

性别角色（gender role）是指每种性别所被期望的适宜的行为模式。在某些文化中，通常鼓励男孩要强壮、敏捷、有攻击性、有支配性和成功，女性则应该敏感、被动、易动感情，并"天生"要对生儿育女感兴趣。"为什么一个女人不能像男人？"这是音乐剧《窈窕淑女》中的一句歌词。在歌中，教授感慨女人的情绪化和变化无常，而男人却是理性的和可靠的。在这里，"情绪化的女人"是一种刻板印象，同样，"理性的男人"也是一种刻板印象。所有的文化中都有对不同性别角色的规定。如下面的笑话所示，这种期望往往导致男性角色和女性角色的刻板印象。

问："换一个电灯泡需要几个男人？"

答："一个也不用。真正的男人不怕黑，用不着灯！"

这个笑话反映了北美文化中对男性角色的刻板印象。性别角色刻板印象（gender role stereotypes）极大程度地影响着男性和女性。性别角色刻板印象是一种过于简单化但被广泛接受的信条，即认为男性应该做什么，女性应该做什么。性别角色影响着我们的行为，然而性别角色刻板印象却将习得的性别角色视为固有的生物学差异。也就是说，从文化的角度界定的行为方式很可能发展成对于男性和女性能做什么、不能做什么的错误信念。像所有刻板印象一样，这些建立在性别角色上的刻板印象忽略了人性奇妙的多样性。性别角色刻板印象可能是一个主要的职业障碍。对于大多数工作来说，你的性别可能会降低你被录用的可能性。不过，近20年来极端的刻板印象已经在某种程度上逐渐淡化了。了解一下其他的文化，我们就知道我们的性别角色决不是"天然的"或世界通用的。其中最有趣的可能就是人类学家对新几内亚柴姆布利族人所做的观察。柴姆布利族中，女性捕鱼、制造，控制地区的权力和经济生活，在追求异性和性关系上女性也是主动的。而男性被期望是依赖他人和轻佻的，他们注重外表，特别喜欢用鲜花和珠宝装饰自己，艺术、游戏和戏剧演出占据了他们的大部分时间。

三、性别认同

性别认同（gender identity）指对自身性别的认识，即对自己生物学特性上是男性还是女性的一个分类。完整的性别概念包括两个基本成分：一是性别同一性，二是性别恒常性。性别同一性指对自己性别的辨认和理解，无论什么情况下都知道自己是男性还是女性，在3岁左右就能达到性别的同一性；性别恒常性包括三方面内容：1. 性别的稳定性（时间恒常性）：一个人的性别不会随时间或年龄而发生变化；2. 性别的一致性（情景恒常性）：指一个人的性别不会随其服饰、发型等而发生变化；3. 性别的非动机性：一个人的性别不会随其愿望而随意改变。性别认同开始于被"贴标签"的时刻，如"你是一个男孩"、"你是一个女孩"。此后，性别认同又被性别角色社会化（gender role socialization）加以定型，这就是性别角色理论。性别角色理论认为，在特定的文化中，男孩或女孩要学会那些被认为是属于这个性别的适当行为。性别角色社会化反映了来自父母、同伴和文化的微妙压力，这些压力敦促男孩子要"像个男孩子"，女孩子要"像个女孩子"。2岁幼儿能够意识到性别角色的不同。到3岁或4岁的时候，性别认同通常已经形成。

关于男女两性性别角色特征的形成有这样四种理论解释：

1. 社会生物学理论：强调两性间发生学和荷尔蒙的差异在儿童性别化过程中的决定作用；

2. 精神分析理论：认为性别化是与同性别父母认同的结果之一；

3. 社会学习理论：认为性别化是通过观察学习和工具性条件反射获得的；

4. 认知理论：认为儿童首先学会完成性别的分类任务，在此基础上，他们更容易感受、注意、记忆那些与自己性别一致的活动和行为，从而发展起与自己性别相联系的行为模式。

（范丽恒，2001）

四、性心理

性心理（sexual psychology）是人类个体伴随着性生理发育而出现的一系列与性有关的心理现象，主要是指性意识及其在此基础上产生的性情感、性兴趣和性兴奋。

性意识是性心理的核心内容。在性生理发育成熟过程中，青少年会逐渐领悟两性差异和两性关系，并随之产生从未有过的特殊的心理体验，这种领悟和心理体验，便是所谓的性意识（sexual consciousness）。性意识在性生理发育之前虽然已经有所显露，但这种显露还只是停留在"领悟"的水平上，还没有达到产生特殊心理体验的水平。

对性的特殊心理体验，突出地表现在性情感、性兴趣和性兴奋上。

1. 性情感（sexual feeling）是指对异性的倾慕与好感，渴望了解异性、亲近异性，感到异性对自己有一种吸引力，也希望自己能引起异性的注意，向往与异性进行交际。处在性生理发育过程中的青少年，普遍有一种和异性一起学习、活动就劲头十足、心情愉悦的感觉，因而他们总是设法追求和创造这种环境。他们喜欢在背后议论异性，喜欢打听男女之间的事，总想知道自己所喜爱的异性在想什么、干什么。如果在与异性交际中受挫，他们就会感到沮丧、痛苦，有时甚至还会产生嫉妒、愤恨的心理。可以说，对异性的向往是青少年在进入性生理发育期后出现的一种特有的情感体验，而且随着年龄的增长，向往的比例也逐年提高（邓明昱，1986）（表16-1）。

表 16-1　不同年龄组学生对异性向往情况

年　　龄		10—11	12	13	14	15	16	17	18	合计
男生	人数	2	5	14	31	52	58	86	71	325
	发生率(%)	*	5.0	10.9	23.1	40.3	53.7	65.2	83.5	38.2
女生	人数	1	10	27	43	66	69	103	82	401
	发生率(%)	*	8.1	21.8	31.6	51.6	52.7	75.2	88.2	45.7

注：＊样本较少，未计算发生率。

2. 性兴趣(sexual interest)是指对性知识的渴求，这是由对性问题产生强烈的神秘感和好奇心引起的。处在性生理发育过程中的青少年会公开或隐蔽地对性生理现象进行自我认识和探求，也会通过描写性的科普读物了解男女生殖器官的构造以及月经、遗精等生理现象。据调查（姚佩宽，1985），中学生对下列问题特别感兴趣：(1)男女生殖系统结构和功能情况怎样？(2)月经是什么？为什么女孩子有月经？(3)来月经时为什么肚子会痛？怎样才能不痛？(4)月经来潮会影响智力吗？(5)遗精是怎么回事？为什么会遗精？(6)遗精次数多会影响健康吗？隔多少时间遗精才算正常？怎样才能使自己保持正常遗精？(7)阴茎包皮过长怎么办？(8)性欲是怎么回事？有了性欲怎么办？(9)过早性交有害处吗？怎样才是正当的两性关系？(10)怀孕是怎么回事？(11)过早怀孕有什么害处？(12)怎样防止怀孕？(13)怀孕了，有什么简便方法解决？(14)什么叫手淫？为什么会手淫？手淫有什么坏处？怎么克服手淫？(15)人类社会中除了男性、女性，有没有第三性？(16)中学生应该不应该谈恋爱？什么年龄谈恋爱最适宜？(17)已经恋爱了该怎么办？可见，青少年渴望了解的性知识内容极其广泛，既有生理方面的问题，也有心理方面的问题，既有恋爱问题，也有生育问题。

3. 性兴奋(sexual exciting)是性欲的体现，与性兴趣同步产生。在性生理发育初期，性兴奋虽然伴随着从未有过的冲动和激动，但常被认为是"低级的"、"龌龊的"、"可耻的"，因而设法加以隐瞒。然而性兴奋并不因此而减弱或消失，相反，随着性器官的发育成熟和性兴趣的日益强烈，性兴奋反而变得越发明显。因此，青少年常处于对性兴奋既感到羞耻却又能激起冲动、既想控制又难以控制的矛盾境地，结果兴奋、激动的心理常常与不安、自责的心理交织在一起。随着性生理和性心理的日趋成熟，这种矛盾心态在一定程度上得到缓解，对性兴奋会日益习惯。在此基础上，不少青少年甚至还会幻想异性的肉体，幻想和异性接吻、拥抱。

五、性生理

性心理是伴随着性生理发育成熟而出现的心理变化，性生理则是性心理赖以产生和发展的生理变化。性生理是性心理的前提条件，性心理则是性生理的必然结果。

性生理发育成熟的开始年龄和结束年龄，男女青少年不一样。一般地讲，女性性生理发育成熟的开始和结束年龄都要比男性早两年左右：女性为 10～18 岁，其中 10～13 岁为性生理发育成熟的迅猛阶段；男性为 12～20 岁，其中 12～15 岁为性生理发育成熟的迅猛阶段。

性生理发育成熟的标志是第一性征即生殖器官（又称性器官）由原来的幼稚状态发展成为成熟状态，成为具有生殖功能的成熟器官。男性睾丸开始分泌雄激素和少量的雌激素；女性卵巢开始分泌雌激素、孕激素和少量的雄激素。同时，由于第一性征的影响，第二性征即体态也随之发生明显的变化。女性第二性征发育的最早指标是乳房，乳晕出现、乳头突出、乳房膨大，继而腋毛、阴毛长出，骨盆变大，全身皮下脂肪增多，尤其以胸部、肩部、臀部和耻骨联合部分脂肪为多，形成女性丰满体态。男性第二性征发育的突出指标是毛发，胡须及腋毛、阴毛长出，喉结变大，声音变为低沉，肌肉骨骼发育坚实，形成男性雄伟体格。

女性初潮，即女性第一次来月经，意味着女性生殖机能已开始趋向成熟。初潮年龄一般为 12～14 岁。男性首次遗精，即在非性交状态下第一次出现射精，意味着男性生殖机能开始趋向成熟。首次遗精一般发生在 14～16 岁，常在睡梦中出现。

由于性生理发育成熟，男女青少年心理开始发生从未有过的与性相联系的变化。这种变化突出地体现在性意识的觉醒上，即开始意识到两性差异和两性关系，并出现性的心理体验。这种心理体验，除了产生性情感和性兴趣外，性兴奋尤其明显。性兴奋是由神经末梢构成的各种感受器接受刺激，感受器把机体内外环境刺激的信息，如声、光、气味、机械刺激、情绪状态等变为神经冲动，此种冲动再沿传入神经纤维到达反射中枢引起的。性兴奋虽属中枢神经系统的低级部位管理，但也受大脑皮层的控制和调节。大脑皮层既可以激发低级中枢管理的性兴奋，也可以抑制低级中枢管理的性兴奋。

六、性度

性度(degree of sex difference)是指抛开男女生理上的天赋差别,而依据一个人的体质、性格、行为表现和能力特征来区别的男性化或女性化的程度。性度相对于第一性征和第二性征而言,通常被称之为**第三性征**(tertiary sexual characteristic)。**第一性征**(primary sexual characteristics)指性器官和生殖器官本身,如女性的阴道、卵巢和子宫,男性的阴茎、睾丸和阴囊。**第二性征**(secondary sexual characteristics)是一些更外显的、非生殖器官的身体特征,在青春期出现,是由来自垂体的激素信号引发的,如乳房、体形、胡须等。第一性征和第二性征是区别男女两性的生理差异,而第三性征则是区别男性化和女性化程度的心理差异。前者的区别是绝对的,男性就是男性,女性就是女性,后者则是相对的,因为就心理差异而言,人原本都是两性的,后来才向男性和女性分化,但这种分化并未达到绝对单性的程度,即男性也会具有女性的某些性征,如温柔、顺从、脆弱、细致、富有同情心、喜欢较安静的活动等;女性也会具有男性的某些性征,如勇敢、坚强、支配性、成就感、喜欢有竞争性的激烈活动等。只是就一般情况而言,男性的"男性度"更强一些,女性的"女性度"更强一些而已。如果相反,男性的"女性度"高且明显突出,女性的"男性度"高且明显突出,这就属于"性倒错"。性倒错者在第三性征中则更像异性,即所谓"男性女性化"(独立性差,注重穿着打扮,喜欢烹调等家务劳动,易于动感情,遇事耿耿于怀,喜欢与男性交往,对女性有逃避厌恶的反应等)和"女性男性化"(支配性、攻击性强,好冒险,比较敏感,粗鲁,不易动感情,做事泼辣、自信,喜欢与女性交往,对男性有逃避或厌恶的反应等)。人们常说的"男子气"和"女子气"指的就是这种性度和第三性征的表现。

关于性度特征,即"男子气"和"女子气"应具有哪些典型特征,国内外学者都有过诸多研究和论述。有研究者对美国 74 所大学的男学生和 80 所大学的女学生作调查后,整理出典型的"男子气"和"女子气"特征,见表 16-2。

表 16-2　美国青年中典型的男子气和女子气特征

男子气特征	女子气特征
攻击性很强	不使用粗劣的语言
独立性很强	非常健谈
不易动感情	非常婉转
情感不外露	非常温和
客观性很强	对他人情感敏感
不易受外界影响	虔诚
支配感很强	非常注意自己的外貌
非常喜欢数学和科学	爱好清洁
在一般危急中不激动	文静
主动性很强	安全需要强烈
竞争性很强	欣赏文学艺术
逻辑性很强	易表达温柔情感
善于处世	
擅长经商	
直率	
知道世道常情	
情感不易受打击	
富于冒险精神	
往往以领导自居	
自信心很强	
对于自己的攻击行为满不在乎	
抱负很大	
易将情感和理智分开	
没有依赖性	
从不因外貌自负	
认为男子总是优于女子	
能与男子无拘束地谈论性问题	

我国学者刘金花(1987)对 3 至 12 年级 1231 名男女学生调查后得出的分别为异性肯定的"男子气"和"女子气"特征见表 16-3 和 16-4(表中顺序号越小,肯定该项评价的人数越多)。

表 16-3 （为女学生所肯定的）男性学生的个性特征

顺序 年级	1	2	3	4	5	6	7	8
3—6	勇敢、大胆	坚强、自尊、好胜、有主见	聪明、知识面广△	直爽、开朗、心胸宽广△				
7—9	聪明、知识面广	直爽、开朗、心胸宽广	坚强、自尊、好胜、有主见	勇敢、大胆				
10—12	直爽、开朗、心胸宽广	坚强、自尊、好胜、有主见△	风趣幽默、健谈、富有想象力△	聪明、知识面广△	勇敢、大胆	热情	有事业心○	潇洒大方○

注:打同样记号的项目,评价地位同样高,如"有事业心"和"潇洒大方"属同一顺序。表16-4同。

表 16-4 （为男学生所肯定的）女性学生的个性特征

顺序 年级	1	2	3	4	5	6
3—6	文雅	爱美、爱漂亮				
7—9	文雅	爱美、爱漂亮	细心	自尊		
10—12	文雅	爱美、爱漂亮	细心△	温柔△	自尊○	大方○

尽管国内外学者对"男子气"和"女子气"特征在文字表述上有所不同,具体特征的侧重面也有所差异,但在总体上还是能够相互认同的。

学术前沿 16-1　心理两性人——男性特质和女性特质

有研究者认为男性特质和女性特质是相互独立的人格维度。一个看起来很男性化的人,不论其真实性别是男是女,都还是会具有女性化的特质——而且反之亦然。一个同时拥有"男性化"的自信和机械技能(比如在科学、商业上的能力)和"女性化"的母性和合作的人,可以同时符合男性化和女性化的性别角色刻板印象。他们被认为是心理两性。自信和机械技能与男性化的刻板印象一致,而养育和合作则与女性化的刻板印象一致。

心理两性人这个词字面上的意思是"男人-女人"。两性人听起来好像与机器人、无性别或变性手术有关,但实际上是指那些同时具有男子气和女子气特质的人。那些心理两性的人,也许能唤起广泛的男性化和女性化特质来满足不同状况的需求,并且表现出他们的欲望和本性。

贝姆(Bem)相信,我们复杂的社会需要性别角色上的灵活性。她认为现在的社会比以往更需要男性文雅、慈悲、敏感和顺从,同时也更需要女性坚强、自我信赖、独立和有雄心,这是环境要求的。简而言之,两性人会具有更好的适应力。比如,研究者发现心理两性人无论是男性还是女性,都在群体压力下显示"男性化"的独立以应对环境。但是在与宠物或婴儿交流时却显示了"女性化"的养育性。心理两性的青少年,更少从事传统上认为是男性化或女性化的职业。

贝姆认为,性别刻板印象和刻板的性别角色严重地限制了行为,特别是限制了男人的行为。她相信男子气的男人在表现热情、嬉戏和关心时有更多的困难,即使在适宜的时候他也不去表达,他们认为感情外露太"娘娘腔",不是男子汉所为。高度女子气的女人不愿表现得独立和自信,即使在需要这些品质的时候她们也不去那样做。

"男子气"特质的优点是独立和自信,因此,在"男子气"上得分高者往往与高自尊和在各种情境中的成功相联系。"女子气"特质的长处表现在有教养和处理人际关系方面,因此,在"女子气"上得分高的人往往更容易寻求并获得社会支持,具有更密切的社会关系,婚姻更幸福。总的来说,不论你是男人还是女人,同时具有"男子气"和"女子气"特质是有益的。

第二节　性心理的一般规律

性心理发展有其规律可循,了解和掌握性心理发展阶段、发展特点、性别差异等一般规律,有助于青少年形成正确的认识,培养正确的爱情观,提高心理健康水平。

一、性意识发展的基本阶段

性意识是伴随着性生理发育成熟而必然出现的一种性心理现象。性意识在性生理发育成熟过程中的表现和发展的基本特点是:由朦胧走向明朗,由贫乏走向丰富,由幼稚走向成熟。

美国心理学家赫洛克(Hurlock)把性意识的发展分为四个时期:第一,性的反感期——当自己身上发生思春期(即性生理发育期或青春发育期)的生理变化时,由于明确了人类的性生理,因而产生了对性的不安、害羞和反感。认为两性在感情上的接近是不纯洁的表现,对异性采取的态度与其说是冷淡,倒不如说是粗暴。第二,向往年长异性的牛犊恋期——向往的对象是年长异性时,称为迷恋,向往的对象是年长同性时,则称为英雄崇拜。对年长异性的迷恋,从性意识觉醒的角度讲,又称为"牛犊恋"。向往异性长者对于思春期的不安定心情具有相当程度的补偿作用。第三,接近异性的狂热期——此时一般只把年龄相当的异性作为向往的对象,在各种群体活动中,男女都努力设法引起异性对自己的注意。第四,浪漫的恋爱期——浪漫恋爱的特征是爱情集中于一个异性,对其他异性的关心显著减少。喜欢寻求与自己选择的对象单独在一起活动,不喜欢参加群体性的社会活动,经常陷于预想结婚的遐想之中。

就我国而言,处于性生理发育成熟过程中的青少年性意识的表现和发展大体有疏远期、爱慕期和恋爱期三个阶段。

1. 疏远期

疏远期一般发生在性生理发育初期,持续时间约为半年至一年。

疏远期的产生是直接由性生理发育导致第一性征的变化和第二性征的出现而引起的。正是由于性的发育,使早已解决了的性的认同问题重新提出来。问题倒不在于少年开始怀疑性的认同(只有在病理场合下才是这样),而在于"男性"和"女性"的标准复杂化了,性的因素本身(出现了副性征、性的兴趣等)在这些标准中具有越来越大的作用。这就是说,由于性生理的发育,原来男女两性两小无猜、心地坦然的自然亲近开始消失。这种现象最早发生在女性身上,而且在整个疏远期,女性都比男性更为敏感、更为突出。因为随着青春发育期的到来,女性比男性更早也更明显地感到了自己生理上的变化,这种变化必定会使她们产生害羞感。她们会紧紧束住渐渐隆起的乳房,唯恐异性发现她们的秘密,因而她们总是有意无意地回避异性,而且还常常故意疏远异性。在她们看来男女交往是羞死人的,是不可思议的。男性在青春发育期开始后也会出现这种疏远异性现象,他们自以为已长大为男子汉,因而对异性不屑一顾,总感到异性太拘泥、太婆婆妈妈,在内心深处总有一种隐隐约约的反感之情。这样,在这个阶段,男女青少年只要私下悄悄说上几句话,或者男女同学一起被教师叫到黑板前演算例题,他们立刻就会大惊小怪,女同学会窃笑、讥讽,男同学会嘲弄、起哄。这就更使他们惧怕相互之间的接触和亲近。如果彼此不得不交际的话,也是严肃有余,显得极为别扭或一本正经。对异性的疏远期,类似于赫洛克的性反感期。

2. 爱慕期

爱慕期发生于性生理发育成熟的中后期,持续时间约四至五年。这是性意识表现和发展的一个重要阶段,也是青少年在整个中学时代性意识表现和发展时间最长的一个阶段。

度过了对异性的疏远期以后,随着性生理发育高峰期的出现,异性之间的接近愿望便开始产生并逐渐明朗化,同时以情感吸引和实际接触需求的形式强烈地表现出来。爱慕期性意识的特点是:

(1) 相互显示

喜欢在异性面前表现自己,以引起对方的注意并对自己表示肯定。女性会着意打扮自己,总觉得异性老盯着自己,因而言谈举止显得紧张、羞涩、腼腆;男性会有意在异性面前显示自己的风度和能力,以引起异性的好感。正是因为这个特点,所以有时会引起同性间的矛盾,女性会由于同伴受到异性更多的注意而产生嫉妒心理,男性会由于同伴在异性面前奚落自己而产生愤恨心理。

(2) 感情隐秘

在与异性接触时的感情交流是隐晦、含蓄的,常常以试探的形式进行。女性用眼神传情,或找借口求助于异性,以获取对方对自己感情流露的反应;男性则借口与女性说话,或通过主动帮助异性做事,以得到对方对自己感情反馈的信息,因而很少能真正达到感情上的交流。正因为这个缘故,所以男女青少年常常会把异性对自己的好感当作对自己的倾心,把自己对异性的爱慕之情当作"爱情",从而造成不必要的精神苦恼。

(3) 对象广泛

一般说来,周围的同龄异性,只要有某种契机拨动了自己的感情,都有可能成为亲近的对象,因而爱慕对象并不是特定的异性,而带有不确定性。这种不确定性有时也会表现在喜爱、向往、崇拜年龄稍长而有一定威信和名声的异性上。不仅会由于激动而给自己思慕的电视电影演员、歌星、作家写信甚至寄赠相片、礼物,翘首以待希望能得到他们的回信并与之交往,成为名符其实的追星族,而且有时对异性教师也会产生超过尊敬的亲近感情,以致在与异性教师进行学习方面的接触时,也显得手足无措、极不自然。

严格地讲,爱慕期表现出来的对异性的倾慕心理和行为,只是一种正常的异性吸引,是性意识成熟过程中对异性的感情的自然流露和释放,并不带有严格意义上的爱情内涵。对异性的爱慕期,相当于赫洛克提出的向往年长异性的牛犊恋期和接近异性的狂热期两个时期。

3. 恋爱期

恋爱期一般始于性生理发育成熟后期,这是性意识表现和发展相对成熟的阶段。

恋爱期是基于爱慕期发展起来的,但又与爱慕期有着本质的区别。严格地讲,只有从这个阶段起,才能产生和形成具有实质内涵的爱情。青少年恋爱期性意识的特点是:

(1) 异性之间开始按照各自心中的偶像寻找自己的"意中人",追求的对象是特定的异性,喜欢与自己选择的异性单独在一起活动,出现了不喜欢参加集体活动的带有"离群"色彩的心理倾向。

(2) 爱情带有浪漫性。浪漫爱情的特点,是把恋爱看成为一种神秘、奇妙、难以理解的力量。这个阶段的青少年,有的认为爱情是一种缘分,可遇不可求,有缘无分,即使苦苦追求也是白费心力,故十分崇尚"一见钟情";有的认为爱情同任何其他感情一样,是可以培养出来的,有缘就有分,只要锲而不舍、穷追猛求,即使是"骄傲的白天鹅"也有可能心甘情愿地飞到自己身边;有的认为真正的爱情一生只有一次,错过了机会,就再也无法找回,因而只要产生了爱情,就非她不娶,非他不嫁,什么天下何处无芳草,我就只要这芳草丛中那么一点红。显然,这种带有浪漫色彩的青少年特有的爱情,与稳定、和谐、以注重现实为特点的带有责任感的爱情是不尽相同的。

(3) 开始摆脱爱慕期的隐晦态度,彼此之间出现了交流内心感情的强烈倾向,试图通过幽会等方式来显示以志趣情操为内容的爱恋感情。

(4) 产生了占有欲,并在此基础上出现毫不掩饰的嫉妒心理。当然。这种占有欲主要还是精神性的、情绪性的。青少年会寻找一切机会留意自己爱恋的异性的一举一动,对自己爱恋的异性与自己同性同伴的接触表示不满,甚至疑神疑鬼,对自己的同性同伴与自己爱恋的异性接触表现出尴尬、愤恨,显得心胸极为狭隘、极为自私。恋爱期相当于赫洛克提出的浪漫的恋爱期。

二、爱情三元理论

成熟的性意识表现为爱情。当代著名心理学家斯腾伯格(Sternberg,1986)提出的"**爱情三元理论**"将许多理论家提出的多种爱情形式如激情之爱、浪漫之爱、伴侣之爱间的关系进行了整合。他认为三块不同的基石能够组合成不同类型的爱情。爱情的第一个成分是"**亲密**"(intimacy),对另一个人产生的心灵相近、互相契合、互相归属的爱恋感觉,它包括热情、理解、交流、愿意得到和付出情感支持,分享彼此最内在的想法;第二个成分是"**激情**"(passion),以身体的欲望激起为特征,形式常常是对性的渴望,从伴侣处得到满足的任何强烈的情感需要都属于这一类别;第三个成分是"**承诺**"(commitment),包括将自己投身于一份感情的决定及维持感情的努力,无论世事如何变化,对关系的保持做出的承诺。在斯腾伯格的理论中,这三个成分被看做两人分享的爱情三角形的三个边。每个程度会由浅到深,所以三角形可能有着各种不同的大小和形状;而每个成分的强弱形态则构成了八个不同的爱情类型。

斯腾伯格(Robert J. Sternberg,1949—)

美国心理学家,曾任美国心理学会主席、IBM 公司的客座心理学教授,并在耶鲁大学心理学系从事研究工作。当今研究创造力的权威,在国际学术界上享有盛名。研究领域包括爱情和人际关系、人类智慧和创造性等。最大的贡献是提出了人类智力的三元理论。还致力于人类的创造性、思维方式和学习方式等领域的研究,提出了大量富有创造性的理论,已因自己的科研成果获得了多项殊荣。

斯腾伯格的爱情模型是三角形的,在这个三角形中,三角形的每个角代表爱情的一个成分,通过这样的模型可以将不同形式的爱情概念化(见图 16-1)。

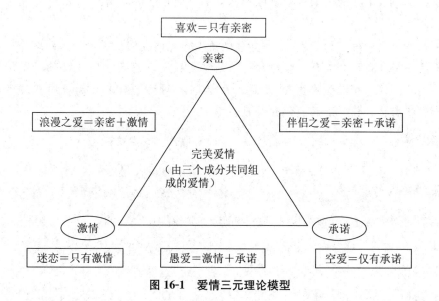

图 16-1　爱情三元理论模型

斯腾伯格将爱情类型划分为"无爱"、"喜欢"、"迷恋"、"空爱"、"浪漫之爱"、"伴侣之爱"、"愚爱"、"完美之爱"八种(见表 16-5):

表 16-5 根据斯腾伯格爱情三元理论而分类出的爱情类型

类　型	特　征
1. 无爱	三个成分在关系中都不存在。大多数的人际关系属于此类——由某种原因引发的互动或相识,不涉及爱情的任何一种成分。
2. 喜欢	对另一个人爱的体验或者友谊,其中存在亲密,但缺乏激情和承诺。
3. 迷恋	一见钟情,其中一方体验到另一方的激情爱慕,缺少爱情的亲密和承诺。
4. 空爱	以承诺为主的爱,缺少激情或者亲密。不存在情感亲近或身体吸引,没有活力的关系状态。
5. 浪漫之爱	包含激情和亲密,缺少承诺的情感体验。
6. 伴侣之爱	由亲密感和承诺发展而来。这种爱常常发生在长期关系中,伴侣之间的激情已经褪色,而被一种承诺关系所代替。
7. 愚爱	表现为旋风式的浪漫和"闪电般的婚姻",其中存在激情和承诺,但是缺少亲密。
8. 完美之爱	激情、亲密和承诺三个成分都在其中,我们大多数人都以此为目标来寻找浪漫关系。维持完美的爱情,可能会比拥有它更难。

教育实践 16-1　斯腾伯格的爱情三元量表

　　哪个因素是你的爱情中最强大的? 亲密,激情,还是承诺? 所有三个因素都包含,还是只有其中的两个?

　　为了完成以下的量表,请在空格中填上你爱的或密切关心的人的名字。然后用一个 9 点评分来表示你对每一项的赞同程度,1 表示"完全不同意",5 表示"一般",9 表示"完全同意"。用这几个数字之间的分数来表示赞同程度的分数。然后将分数与后面的评分对照。

亲密成分
1. 我很支持_____的幸福。
2. 我和_____之间关系很好。
3. 在我需要时,我很依赖_____。
4. _____也能在需要时依赖我。
5. 我愿意和_____分享我自己以及我拥有的东西。
6. 我从_____那里得到许多情感支持。
7. 我给_____许多情感支持。
8. 我和_____沟通良好。
9. 在我的生活中,我非常看重_____。
10. 我感觉与_____亲近。
11. 我和_____之间的关系让我感觉舒服。

12. 我感觉我真正理解_____。
13. 我感觉_____真正理解我。
14. 我感觉我能真正信任_____。
15. 我可以向_____分享我自己内心深处个人的想法。

激情成分
16. 只要见到_____就会让我兴奋。
17. 我发觉一整天我都会频繁地想到_____。
18. 我和_____的关系非常浪漫。
19. 我发现_____非常具有个人魅力。
20. 我认为_____很理想。
21. 我无法想像另一个人可能会带给_____的快乐。

594

22. 和其他人相比,我更愿意和_____
    呆在一起。

23. 没有什么比我和_____之间的关
    系更重要的了。

24. 我特别喜欢和_____保持身体
    接触。

25. 在我和_____的关系中有一种"魔
    力"的东西。

26. 我崇拜_____。

27. 我不能想像我的生活中如果没有
    _____的状况。

28. 我和_____关系充满激情。

29. 当我看到爱情题材的电影和书时,我
    都会想到_____。

30. 我对他充满了_____。

承诺成分

31. 我知道我关心_____。

32. 我保证我会和_____保持关系。

33. 因为我已经对_____做出了承诺,我不
    会让其他人干扰我们的关系。

34. 我相信我和_____的关系是稳定的。

35. 我不会让任何事情干扰我对_____的
    承诺。

36. 我期望我对_____的爱一直到永远。

37. 我会常常感觉对_____强烈的责任感。

38. 我认为我对_____的承诺不会变化。

39. 我无法想像我与_____关系结束的
    情景。

40. 我能确定我对_____的爱。

41. 我认为我和_____的关系会长久。

42. 我认为我和_____的关系是我做出的
    一个好决定。

43. 我感觉对_____有一种责任感。

44. 我打算继续和_____保持关系。

即使当与_____很难相处时,我也会维持
我们的关系承诺。

斯腾伯格爱情三元量表的计分方法:

首先,将你在每道题上的得分相加,量表共分三部分:亲密、激情、承诺,将三部分的得分
各除以15,这样,每个分量表都会得出一个平均分。若你在分量表上的平均分是5分,说明
你处在中等水平。衡量这三个量表的得分,你会发现自己是如何定义爱情的、你在这三方面
的权重如何。例如,你发现对你来说激情比承诺更重要,一段恋爱关系刚开始的时候尤其如
此。有意思的是,过了一年,你也许会发现自己的感觉变了很多。你也可以让你的恋人做这
个问卷,看看你们两人的答案有什么异同点。对比你们两人在三个分量表上的得分,你会发
现你们对待这段关系的态度有哪些共同的地方。

(斯滕伯格,2010)

三、性兴趣与性兴奋发展的基本特点

随着青少年生理心理的发展变化,其性兴趣和性兴奋也随之发展,特点如下:

1. 性兴趣发展的基本特点

青少年性兴趣的产生在于性生理的发育,这是由于性腺激素的大量分泌造
成的。随着性器官的发育和第二性征的出现,青少年越来越对性发生兴趣。尽
管这种兴趣是隐蔽的、难以启齿的,而且还带有明显的羞耻感,但仍然会通过各
种渠道、各种方式强烈地表现出来。他们会主动地去寻找介绍生殖生理和性知
识的书籍阅读,并对性器官的变化和第二性征的出现表示惊讶、神秘,他们也会

对影视中屡屡出现的男女接吻、拥抱以及其他带有性因素的爱抚动作感到迷惑、新奇,对中外文学作品中隐晦的性心理描写感到吃惊、晕眩,从而促使他们产生试图了解和探索性奥秘的欲望;他们也会偷偷地去欣赏雕塑、绘画等裸体艺术作品,并把视线集中于乳房、性器官等敏感的部分;他们甚至还会根据获得的生殖系统的知识去观察自己已经有所变化的生殖器官。所有这些表现,虽然多少还带有好奇心和神秘感的成分,然而这种好奇心和神秘感是与性意识紧密联系在一起的,是在对性发生强烈兴趣的基础上形成的。

国外有研究者曾研究过青少年对性的兴趣,他们让 5、7、9、11 年级的学生和大学生匿名列举他们感兴趣的问题,结果在总结出的 31 种兴趣中,有 5 种与性有关,其中处于性生理发育初期的 7 年级学生,在 5 种与性有关的兴趣中,尤其对"两性关系"的兴趣更甚于其他 4 种兴趣。

当然,性兴趣是因人而异的,有的强烈些,有的相对弱些;有的经常产生性困惑而予以主动追求,有的则只有在外界某些性的材料或信息刺激下才会产生;有的会付诸行动,通过各种途径和手段去探索性的奥秘以满足对性的好奇心,有的则把对性的兴趣仅仅停留在想象阶段。然而,在性意识驱使下对性产生兴趣,则是青少年处于性生理发育成熟阶段性心理发展的一个与以往任何年龄阶段都具有本质不同的表现。

2. 性兴奋发展的基本特点

在各种有关性的因素的刺激下,青少年常常会采取性代偿行为和自慰行为,来应对与性兴趣同步发生的性兴奋。

性代偿行为(sex compensatory behavior)是通过观看色情材料和偷看异性肉体而满足性兴奋的行为。性代偿行为是性兴趣在行为上的表现。其特点是把性知识书籍中的插图,影视、文学作品中的描写当作色情材料欣赏,甚至把艺术体操、技巧表演、健美比赛、游泳运动和芭蕾舞的异性运动员和演员,通过心理上的"透视"幻想成色情的对象。在性兴奋的驱使下,个别意识不良的青少年还会去偷听和偷看男女私情,有的甚至还会去偷看异性换衣、洗澡。显然,性代偿行为的某些表现是有悖于道德的,甚至是违法的。

自慰行为(masturbation behavior)是通过手淫来满足性兴奋的行为。手淫是用手或其他物品摩擦、玩弄生殖器官而引起性的快感、满足性需求的行为。青少年的手淫常常是在性兴奋亢进时产生的,是缓和由生理原因(如性器官受到机械刺激等)而引起的性紧张以及在检验自己性潜能的愿望驱使下,试图探索自己的性能力,从而获得生理快感的手段。青少年的手淫与已婚成人暂时替代异性和正常性生活的手淫是不同的。但是,任何类型的手淫都会伴随着鲜明的色情形象和幻想,都会在其中为自己选择异性伴侣和情境。青少年时期的手淫也不例外。只是由于没有类似的性经验,青少年的手淫带有更明显的幻想成分而已。

青少年的手淫常常带有罪过感和对后果的恐惧感,这种难以摆脱的感觉,会使他们怀疑自己的品行,降低自尊心,把自己看成是可耻的、卑鄙的,因而对人格的发展有着很大的影响。

知识视界 16-2　手淫

很多性的表达方式并不需要性伴侣,或是说一般不用在有性伴侣的情况下发生。手淫是一个人的性表达方式中最重要的一种。手淫是指直接刺激生殖器官。性愉悦并不是人们手淫的唯一原因,根据"美国健康与社会生活调查"的研究结果,下表中列出了手淫的原因。

手淫的原因	男性	女性
放松	26%	32%
缓解性紧张	73%	63%
没有性伙伴	32%	32%
性伙伴不愿意发生性活动	16%	6%
无聊	11%	5%
为达到生理愉悦感	40%	42%
有助于睡眠	16%	12%
恐惧艾滋病和其他性传播感染	7%	5%
其他原因	5%	5%

手淫有害吗? 目前并没有科学证据证明手淫是有害健康的。手淫不会导致精神错乱、手上长手、肉瘤或任何一种提及过的心理和生理疾病,很少因为动作粗暴而使生殖器受伤。手淫本身也没有心理危害,但是如果把手淫当作唯一的性发泄途径而拒绝任何发生性关系的机会,就另当别论了。

在每个社会群体中,男性报告的手淫率都高于女性,传统的女性可能仍然是社会压力的对象,教育她们女性寻求性愉悦的行为要比男性受到更多的限制。所以,女性比男性更渴望从有性关系背景的性行为中获得性愉悦。

无论男性还是女性,受教育程度越高的人手淫频率越高,可能因为接受的教育越多,越可能了解到手淫本身是无害的,也就越有可能不受社会传统的束缚。

(吴志明,2011)

四、青少年性心理的特点

1. 青少年性心理的一般特点

随着性心理的发展,青少年表现出一系列性心理行为,如对性知识的兴趣,对异性的好感,性欲望,性冲动,性幻想和自慰行为等,概括起来青少年性心理的特点主要表现为:

(1) 性心理的朦胧性

青春期性机能的成熟使青少年开始了性意识的觉醒,引起青少年心理上的微妙变化。社会心理学家把青少年的这段心理变化称为"朦胧期",就像人们认识事物认识世界,从无知到已知总要经过这一似知非知的朦胧阶段一样。

一般女孩在 10~13 岁,男孩在 11~15 岁进入性朦胧期,伴随着性生理的变化,男孩和女孩产生了对性知识的强烈需求,他们非常关注自己的周围伙伴的发育变化,心中有很多疑惑等待找到答案,很想知道发生在自己身上的变化是否正常。所以,常常有意识地通过一些途径来寻求性知识,如翻阅医学书刊,收听专栏广播,暗中与他人比较等。

教育工作者应当正视青少年出现的性意识萌动的现象,不要一味的"堵",更多的是要"疏"。

(2) 性心理的压抑性

青春期是人一生中性能量较为旺盛的时期,伴随着性生理发育的成熟,他们急切地想接触异性,但是紧张的性际关系、纪律制度、社会舆论、传统的心理等因素,又迫使他们把性冲动的能量严密地"包装"在平静的外表里,而得不到正确的合乎道德的释放,从而导致性心理的压抑。

长期的压抑之下,部分青少年就会沉浸于"青春期幻想"中,把异性"情人化",为了吸引异性的注意,骚首弄姿,推推搡搡,或以奇装异服炫耀自己。更有甚者还可能以扭曲的方式、变态的行为表现出来,如"厕所文学"、同性恋、窥视或恋物等。

教育工作者应当正视青少年的性心理需要,坚持正确的教育和引导。根据青少年中普遍存在的正当性心理需要,我们应该采用心理诱导的顺势原则,即从主体的心理趋向入手,设法引导到正确需要的心理轨道上去,开展有目的、有意识的活动。

2. 青少年性心理的性别差异特点

(1) 青少年性意识发展的性别差异

① 疏远期的男女差异

在性意识的疏远期,男青少年的表现并不十分明显,对异性也并不十分敏感。虽然他们也因自己生理上的变化而意识到男女有别,但因这种变化不像女性那样显著因而意识不很强烈。虽然男青少年在整个疏远期也不愿接触异性,然而并不那么主动、那么自觉。他们仍然像童年期那样"独来独往"、"我行我素",按照自己的意愿去从事自己喜欢的一切活动。而当他们明显产生羞涩感而企图主动、自觉地回避和疏远异性时,女性这时已经跨入了爱慕期。所以,男青少年在疏远期与异性主动疏远所带来的情绪体验不深,以至于相当数量的男青少年还未领略与异性疏远的意蕴就已经进入了爱慕期。

女性在性意识的疏远期则对异性十分敏感。由于步入性生理发育期的时间比男青少年更早,体态变化先于男青少年出现且变化明显,因而羞涩感也更为强烈。女青少年一旦发现自己的身体发生了从未有过的异样变化,她们就会主动、自觉地回避异性,尽量减少和异性不必要的接触。她们唯恐男青少年发觉自己体态上的微妙变化,也唯恐同性伙伴嘲笑和奚落自己同男性毫无顾忌的接触,因而她们总是不自然地、忸怩羞怯地去疏远男性。有时因活动需要不得不与男性交往时,她们也会不由自主地使自己陷入窘境,甚至不知所措,大大降低意识水平,影响活动效率。

② 爱慕期的男女差异

在性意识的爱慕期,男青少年会产生一种周围异性突然变得可爱起来的神秘感觉,他们开始注视和留意起周围的女性,并逐渐为她们日新月异的容貌变化和日益显示出来的温柔文静的气质所吸引。他们盼望与女性接近,但又显得十分怯懦,给人一种似乎还没有完全摆脱疏远期的羞怯的感觉。因此,他们与女性接触时,既激动,又紧张,既欣喜,又羞涩,常常显得笨手笨脚,不知所措。但是过不了多久,他们就逐渐适应了和女性的接触,日益变得坦然起来。

男青少年在整个爱慕期阶段都会对女性保持强烈的兴趣。他们会千方百计地设法接近女性,企图与异性交往,抓住可能的机会在女性面前显示和炫耀自己,主动帮助女性解决她们自己不容易解决的困难,在女性面前精心地掩饰自己的弱点和在女性看来可能是"缺陷"的某些个性特点。他们会按照男子汉的形象来控制和调节自己的举止,表现出为异性所喜欢的气质和风度。如果同性伙伴在女性面前贬低他们的形象,他们便会感到备加羞愧,或者忿恨难忍。

男青少年在爱慕期对女性的兴趣还表现在背后对女性的评头论足上。他们会津津乐道地评论周围女性的容貌、身材、服饰、发型,并给她们打分。对于容貌姣好的女性,他们会交口赞誉;对长相欠佳的女性,他们则会嘲笑讥讽。

男青少年在爱慕期阶段也会对某一个特定的女性表现出倾慕的感情,并想方设法让对方了解自己的这种感情,积极创造与对方进行交往的机会。一旦自己的心迹被对方认可和接受,他们便会陷入狂喜的冥冥"恋情"之中。尽管这种"恋情"实际上只是一种异性吸引所产生的"激情",并不真正具有严格意义上"恋爱"的本质内容,但其表面的相似性常会被他们当作初恋看待,以至于日思夜想,感情难以控制。如果自己的倾慕感情对方毫无察觉或察觉后无动于衷,甚至予以拒绝,他们就会陷入难以名状的痛苦之中。然而,男青少年对某一特定女性所表现出的倾慕感情,无论对方接受与否,大多也是不稳定的,激情过后,时过境迁,这种感情也就烟消云散。

男青少年在爱慕期阶段,有时也会表现出对年长异性的某些独特的感情,如对知名度很高又以其表演和作品深深感染过自己的年龄稍长的女演员、女作家表现出由衷的敬佩和爱意,但这种感情常常是隐蔽的,一般不会轻易流露,而是把它深深地埋藏在心中。

女青少年在爱慕期,虽然刚开始仍然难以摆脱疏远期遗留下来的羞涩感,但已经能够大胆地正视男性,开始对男性发生兴趣,并揣摩和观察男性可能出现的体态变化。她们打扮、修饰,注意自己的服装、发型,经常照镜子,努力使自己的仪表保持整洁,以此来引起男性的注意并对自己有个良好的印象。她们渴望和与她们同样"成熟"的男性接近,渴望在各方面得到男性的帮助,渴望男性重视自己。她们对男性对自己的好感表示欣喜、幸福,对男性对自己的冷落显得怨恨、悲观,对男性对自己同性伙伴的热情感到嫉妒、不满。因此,有这么一段不太长的时间,女青少年甚至比男青少年更主动地去接近异性,并通过与异性的接触获得愉悦的情感体验。

但是,女青少年在爱慕期的大部分时间里与异性的交往都是被动的。由于性格内向,她们一般不会主动表现出对异性的好感,不会轻易流露对异性的情感体验。她们在男性面前显得文静、温柔,固然反映了她们的性格特点,但也反映了想给男性一个良好印象的愿望,以使自己在男性面前树立一个标准女性的美好形象,从而使男性产生对自己的爱慕情感。在这种心理驱使下,女青少年也常常会对同性伙伴在异性面前有意无意地贬损自己而耿耿于怀,甚至影响亲密伙伴关系。

女青少年在爱慕期也喜欢在私下议论异性,议论的细致程度比男青少年更有过之而无不及。她们不但评论异性的举止、风度是否具有男子汉的气质,性格、能力是否符合男子汉的标准,而且也评论异性的鼻子、眼睛甚至眉毛和牙齿。她们对脂粉气十足的"奶油小生"往往不屑一顾,尽管这些女性腔浓重的男青少年也长得唇红齿白、眉清目秀,但她们并不把他们当作自己心目中理想的男性。她们喜欢男性度较高的男青少年,在她们看来,男青少年应该兼具大方、开朗、潇洒、倜傥、活跃、多情的品格,只有这样的男青少年才具有魅力,才为她们所爱慕。当然,她们也不是对所有熟悉和认识的男青少年都妄加置评,而是只对符合或接近符合她们心目中标准男性形象的英俊男青少年才乐意评头品足。对那些不容易引起她们注意的男青少年,她们一般是不会多加议论甚至根本就不会去议论的。

女青少年在爱慕期对某一特定异性产生倾慕的现象,较之男青少年更为普遍,而且极容易把这种仅仅为异性吸引而产生的感情看作是真正的"恋情",是自己初恋的表现。她们能对之倾慕而产生所谓"恋情"的男青少年,一般都符合她们心目中的男性模式,尽管这种男性模式很可能非常幼稚,但她们却极为推崇。因此,一旦在现实中找到心中的男性模式,就有可能使她们春心摇动,并以女性特有的脉脉温情去触动男青少年的爱慕之心。然而她们又不愿意主动表露,而只是默默地埋在心中,所以这种对某一特定异性的倾慕之情,常常只能以一种自我心理安慰的形式而存在,并在此过程中备感苦恼。只有当这种倾慕之情强烈到难以自抑的时候,她们才会大胆地通过传纸条或找机会接触的方式隐隐约约、遮遮盖盖地表露埋藏在心中的情意。如果这种情意被理解和接受,她们就会感到从未有过的幸福;如果这种情意被婉转或直截了当地拒绝,她们就会产生一种失落感,会感到一种不可名状的痛苦。在现实生活中,女青少年主动向男青少年吐露爱慕之意而如愿以偿的毕竟不多,因而这也就进一步加深了女青少年在性意识上的内在倾向。

女青少年在爱慕期同样也会对年长的异性表露出一种独特的感情。但较之男青少年,年长异性的范围更广些。这些年长异性,既可能是名演员、名作家,也可能是教师、大学生、研究生,甚至可能是在各方面深深关心和帮助过她们的从事其他各种职业的人。女青少年的这种感情有时是隐蔽的,或只表露在与同性伙伴的闲谈之中;有时则是外显的,频频给自己向往的年长异性写信,以表示自己稚童式的心迹,甚至向对方"求爱"。她们也知道这样做无济于事,但控制不了自己的情感,压抑不了这种多少带有"爱情"成分的倾慕、喜爱之情。

③ 恋爱期的男女差异

在性意识的恋爱期,男青少年开始以自己特有的标准选择自己心目中的恋人,他们喜欢自己未来的恋人具有体态匀称、容貌端正的姿色,喜欢她们具有热情、善良、和蔼、忠诚、温柔、文雅、体贴、深沉等品性,并且追求感情上的默契融洽以及其中的浪漫色彩。但是,即使处于性生理发育成熟后期,男青少年在短期内也还不可能像成年人那样具有明朗和确切的恋爱动机,也不可能对自己选择恋人的标准作更深一层的思考,因此他们更多地也只是滞留在美好想象的意境之中。他们比较、鉴别所有自己能接触到的异性,但常常因难以中意而作罢。有时他们也与某一特定的异性相交往,并且多少也带有"爱情"的色彩,然而这种交往并不稳定,仍然带着爱慕期感情不深沉且容易转移的特点。

女青少年在进入恋爱期后,会逐步摆脱爱慕期的幼稚和"痴情",她们渴望得到真正的爱情,渴望被人发现和被人理解,但却把这种愿望和渴求深深埋藏于心中,而只是偷偷地以更苛求的标准"寻访"自己的意中人。但由于她们的意识倾向性和个性心理特征在短期内还难以完全定型,因而有时连自己定的选择"意中人"的标准内涵是什么、自己需要和追求的到底是什么也未必搞得清。一会儿追求外形,要求对方身材魁梧、长相英俊、仪表潇洒、谈吐高雅;一会儿追求内心,要求对方感情深沉、态度诚实、脾气随和、心地善良。可以说,她们的标准随时变化,经常变更。

（2）青少年性兴趣与性兴奋发展的性别差异

① 青少年性兴趣发展的性别差异

青少年性兴趣发展的性别差异,主要表现在对性的关心以及向往与异性的交往上。对性的关心,一般地讲,男青少年比女青少年更为强烈(表16-6)。男青少年不仅对出现第二性征持肯定态度的比例高于女青少年,而且对来自各方面的性信息也更为敏感,他们比女青少年更迫切地想了解性的奥秘,更大胆地去阅读与性有关的生理卫生书籍,甚至阅读直接阐述性知识的科普小册子。女青少年则对出现第二性征持否定态度的比例高于男青少年,女青少年虽然也常常阅读性生理的科普书籍和性心理的文艺书籍,但常常是带着羞涩、好奇、紧张、不安等复杂的心情秘密地进行的,她们不想让同性伙伴知道自己对性问题的兴趣,更不愿意让异性了解自己对性问题的探索(诧摩武俊等,1984)(表16-7)。

表16-6　青少年性关心的性别差异(%)

年龄 性别	10	11	12	13	14	15	16	17	18	19	20	21	22
男	11.6	19.2	42.1	69.0	84.1	91.8	95.5	97.4	98.3	98.9	99.0	99.2	100.0
女	5.6	9.9	24.8	44.3	59.9	72.3	81.1	85.3	89.6	92.1	94.4	96.0	97.7

表 16-7　发现自己身体有变化时的印象

		男生	女生
持肯定态度的	认为自己要成人了	12.8%	9.6%
	高兴的	3.1%	2.2%
	认为是理所当然的	24.1%	16.7%
	认为无所谓的	32.7%	18.6%
		72.7%	47.1%
持否定态度的	怕羞的	2.6%	6.1%
	感到不安的	4.8%	13.0%
	伤感的	0.7%	1.4%
	有一种说不出的心情的	13.0%	28.3%
		21.1%	48.8%
	其他	0.7%	1.2%
	没回答的	5.2%	2.8%

　　向往与异性交往,女青少年则比男青少年更为强烈。在整个青少年阶段,除了个别年龄段外,其他年龄段女青少年向往与异性交往的比例都明显高于男青少年,而不向往与异性交往的比例都明显低于男青少年(姚佩宽,1986)(表 16-8)。

表 16-8　中学生对异性向往的调查(1 698 人)

	年级	女生(%)	男生(%)		年级	女生(%)	男生(%)
向往与异性交往	初一	10.34	5	不向往与异性交往	初一	89.66	95
	初二	34.12	16.66		初二	65.88	83.34
	高一	30.2	54.5		高一	69.8	45.5
	高二	81.5	61.5		高二	18.5	38.5

　　当然,向往与异性交往的动机,男女青少年也是不同的。一般地讲,男青少年更注意女青少年的外表,女青少年则更注重男青少年的内在气质。据研究,男青少年向往与异性交往的原因依次是:对方漂亮可爱,可以相互了解,温柔亲切,有力量有帮助。女青少年向往与异性交往的原因则依次是:能相互了解,有力量有帮助,能学习社交技巧,有安全感和稳定感。

　　② 青少年性兴奋发展的性别差异

　　青少年性兴奋发展的性别差异主要表现在产生性兴奋的时间和比例以及性兴奋激起的特点上。性兴奋产生的时间和比例,男青少年都要比女青少年早和高(表16-9)。男青少年在性生理发育的初期就已经有了强烈的性兴奋,13岁产生性兴奋的人数就已经超过了一半(53.9%),而女青少年在性生理发育初期性兴奋不很明显,只有到了性生理发育成熟的晚期,约18岁时,产生性兴奋的人数才会超过半数(50.6%)。

表 16-9　青少年性兴奋发展的性别差异(%)

年龄 性别	10	11	12	13	14	15	16	17	18	19	20	21	22
男	8.7	13.9	29.7	53.9	72.0	82.5	88.4	91.3	94.4	96.1	97.3	96.9	97.0
女	2.2	2.7	7.0	12.5	19.5	28.8	37.9	43.2	50.6	60.3	68.7	74.6	82.5

在性兴奋激起的特点上,男青少年的性代偿行为和手淫比较明显。男青少年不但在观赏影视或画报中穿着袒露的女性、在阅读性生理或性心理书刊时会伴随着性的幻想,而且也会去听内容不健康的谈话、猥亵诲淫的笑话,从而试图减轻由性问题引起的精神紧张。同时,男青少年手淫行为也比较普遍,国内外大多数学者认为起码在半数以上,手淫年龄一般也在14~16岁之间,正值男青少年青春发育的高峰期(依田新,1981)(图16-2)。

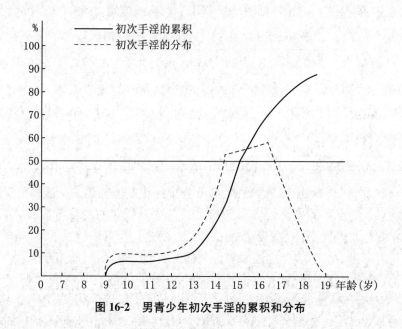

图 16-2　男青少年初次手淫的累积和分布

女青少年并不像男青少年那样表现明显的性代偿行为和手淫行为。有人

(海德,1987)研究发现:"女性在性成熟的青春期到来的时候,她们一方面本能地经常出现荒诞离奇的性幻想和春梦;另一方面她们受着一些宗教的、文化的和人格观念的影响……在这种情况下,她们的矛盾情绪的一个概念是有性感或性活动,但它绝不是性欲与性交。……到了青春期,绝大多数男性都已学会了以手淫来获得生殖器快感的知识。但是许多女孩子还对此一无所知。"她们性兴奋激起的特点是出现"皮肤饥饿",即期望互相接触和抚摸。这种对皮肤感觉的需求,是女青少年"被爱"心理的反映,她们朦朦胧胧地希望能被自己所钟爱的异性"施爱",尽管这种意识并不很清晰地有所指向,但却无疑带有性的色彩,因此,女青少年的性兴奋带有弥散性,而并不集中于生殖器官。这也是女青少年之所以性代偿行为和手淫行为没有男青少年明显的重要原因之一。

第三节　性心理规律在教育中的应用

随着时代的发展、社会的进步,性心理也逐渐揭开了她神秘的面纱。性心理不仅在学术领域开始开展越来越丰富而深入的研究,性心理教育也开始逐步走进课堂,走进青少年心中。对性心理教育的科学性、开放性、适当性还有待达成共识和提升。

一、性心理规律在教书育人中的应用

首先,性心理规律在教育教学中、在教书育人中可以有如下应用:

1. 正视成长差异,适应成长变化

(1) 正视成长差异

两个完全正常健康的 16 岁男孩,一个常被误认为是 12 岁,另一个却常被误认为是 20 岁,这种现象说明青少年的身体发育存在着很大的个体差异,有的早熟,有的晚熟。

早熟的男孩由于身体成熟,体魄健壮,在体育活动中表现出色,很容易得到同伴的羡慕和尊重,也容易得到老师和家长的肯定,成为受欢迎的人物或被选为班干部。另外,早熟男孩的心理体验比同龄男孩丰富,与正常成熟的同龄女孩更接近,因此他们更喜欢和愿意与同龄女孩交往。这有利于形成积极的社会态度和自信心的发展。但早熟的男孩并不像成人认为的那样成熟,因此,他们的行为举止往往会背离成人的要求,由此导致彼此间的矛盾和冲突,从而容易使他们的自尊心受到伤害。此外,早熟的男孩在日常生活和学习中往往会出现一些失误,如过高估计自己的能力等。因此,教育者对他们的要求不能超越其年龄阶段,不能简单地以成人的方式对待他们,要认识到他们稚嫩的方面,有效缓解他们的心

理矛盾,保护他们的自信心和自尊心,促进他们健康成长。

早熟的女孩在成长过程中表现出较高的认知能力和适应技巧。但与早熟男孩相比,早熟女孩将遭遇更多的麻烦和苦恼。由于青春期女孩的成熟本来就比男孩早约 2 年,早熟女孩又比其他女孩提早成熟 1～2 年。因此,她们会体验到周围同伴尚未体验到的感受与变化,会与同龄人产生"不同步"的感觉,从而易使她们感到心理焦虑、紧张和负担过重,导致其自信心不足,产生不良的自我概念。因此,教育者要给予她们更多的关注,帮助她们减轻心理困扰,以缓解由于早熟带给她们的心理压力和紧张情绪,使其形成良好的自我概念和自我认同感。

晚熟的男孩大多有很强的自卑感。因为他们缺乏同龄男孩的身体魅力,身材比较矮小,肌肉也欠发达,在体育活动中也没有出色表现。所以,他们在同伴交往中往往处于劣势,居于被动和次要地位,但他们内心深处又在极力寻求他人的关注和重视,所以他们常常会产生紧张与焦虑情绪。晚熟男孩在运动及与女孩的交往方面也处于不利地位,在集体中常被忽略,从而易产生自我怀疑、依赖、被拒绝和无助感。但漫长的青春调适,也往往会使晚熟男孩在认知、适应技巧、求知欲和进取心等方面有很好的表现。教育者要鼓励晚熟男孩,让他们知道成熟早晚因人而异,不论早晚都是正常的,使他们坦然、自信地适应自然的成长节奏。

晚熟的女孩比较幸运,由于她们青春发育期迟了 1～2 年,正好与同龄正常发育的男孩一同进入青春期。这样,她们就有较多的机会与同龄的男孩接触,与他们拥有共同的认知方式、交往内容及情感体验,有利于她们形成良好的情绪、情感和人际关系。但晚熟的女孩常常也会产生较多的焦虑以及自我怀疑,因为当她们看到早熟和正常发育的同龄女孩的女性特征时,常常担心自己是不是发育不正常。教育者要引导晚熟的女孩,帮助她们了解成长发育的个体差异,正确认识自己的发育状况,解除她们的心理疑虑,保障她们的健康成长。

青少年的成长发育速度受到多种因素的影响,主要包括遗传、环境和体育锻炼等。研究表明,遗传对个体的成长发育有重要作用,尤其是对最终身高和体型等影响较大。一般而言,父母高其子女也高,父母肥胖者,其子女肥胖者也较多。成长环境对青少年成长发育也有非常重要的影响。青少年所处的社会经济条件,居住环境、家庭状况、生活条件、饮食习惯和营养因素等,都会对其成长发育产生影响。一般来说,良好的环境会促进青少年的健康成长,不良的环境会抑制其成长。另外,体育锻炼对青少年的成长发育也有重要影响,正确、科学的体育锻炼能促进青少年的生长与发育。青少年精力充沛,适量的体育运动可提高心肺功能,加速神经系统的反应,特别是对促进长管状骨的增殖有明显的作用。体育锻炼可使男孩的肌肉力量更好更快地发展,可使女孩体内堆积的脂肪减少,体态更加健美匀称。

(2) 适应成长变化

青春期是一生中最重要的时期之一,青少年不仅要适应自己身心的发展变化,还要适应周围同学参差不齐的成长速度。无论发育早晚,只要与班里大多数人不同步,就可能面临被议论被指点甚至被嘲弄的压力。其实身体的发育因人而异,每个人的先天遗传和后天环境有着很大的差别,身体的发育和青春期到来的早晚都是参差不齐的,但最终都会由此走向成熟。而且,完全成熟后的每个个体之间的差异也是非常巨大的,就像每个人的长相是独特的一样,每个人的发育也是独特的。应该教育青少年尊重别人的独特性,更重要的一点是教导青少年要接纳自己的与众不同,以自信、坦然、平和的心态面对自己的独特之处。虽然自己的发育速度、时间早晚与别人不同,但只要是在正常的范围内,就不必有过多的担心。

另外,性器官的发育成熟与第二性征的出现也会给青少年带来许多烦恼与困惑,尤其是首次遗精和月经初潮。首次遗精会对青少年产生很大的影响,由于他们对遗精毫无心理准备会感到恐慌,同时也会产生与性有关的心理体验。另外,有些青少年还误认为遗精会影响身体健康,从而产生害羞、新奇和恐惧等心理体验,严重者可能会极度焦虑,影响正常的学习和生活。事实上,大多数青春期的男孩都会有梦遗,遗精是正常的生理现象,对健康并无损害。教育青少年对此不必惊慌,要懂得科学的性生理知识,养成良好的生活习惯,积极参加有益的文体活动,远离不健康的娱乐活动,不看色情杂志和音像制品等。

月经初潮对女性青少年的心理也会产生很大影响。如果女孩对相关知识不了解,没有很好的心理准备,同时父母对性问题持否定和保守态度,她们会产生害羞、紧张、局促不安和焦虑等心理体验,严重的也可影响正常的生活和学习。事实上,月经是很正常的生理现象,月经期间的紧张也是可以控制的。家长应告诉孩子一些性卫生保健知识,帮助她们对即将发生的变化做好准备。同时女孩也应多了解一些性生理卫生知识,月经期间注意休息,注意清洁卫生,避免劳累和精神刺激,保持愉快的心情,这样经期紧张和焦虑就会慢慢消除。

2. 中学生异性交往的教育

对异性交往的认识和态度是帮助青少年建立正常异性关系的前提。中学生心理萌发的异性吸引是性心理和性生理走向成熟的必然结果,是一种正常的表现。对中学生而言,异性同学之间的正常交往不仅有利于学习的进步,而且也有利于个性的全面发展。研究表明,男女中学生的交往有利于增进对异性的了解,丰富自身的情感体验，扩大社会交往的范围；增进与人沟通的社会交往能力，促进人格的全面健康发展。一般来讲，既有同性朋友又有异性朋友的中学生，往往性格比较开朗，为人诚恳热情，乐于帮助同学，自制力也比较强。而那些只在同性同学中交朋友的人，往往缺乏健全的情感体验，不具备与异性沟通的社会交往能力，社交范围和生活圈子也比较狭小，人格发展不甚完善。

调查结果显示，大约80％的青少年向往与异性交往，并且随年龄的增长，这一趋势显著增加。因此，首先，作为教师必须树立起异性交往是正常的、必然的这一观念，不向异性交往者投去异样的目光。要理解和尊重学生的情感，通过谈心等方式，引导他们树立正确的情感倾向和异性交往模式。同时家长和社会要正确看待青少年男女之间的交往，提倡男女生之间进行正常的交往。这既有利于减轻青少年对异性的神秘感和促进异性交往的公开化，也有利于教师和家长对青少年异性交往的正确引导和及时监管。其次，要加强青春期教育，开设青春期课程，树立全面教育观，创设宽松的氛围，为孩子提供一个思维活跃、心理健康的空间。采用适当的方式引导青少年进行异性交往，如通过主题班会、文体娱乐、郊游等活动，结合异性正常交往的原则及时给予学生指导，也可通过个别谈话、小组讨论和团体辅导等向学生说明早恋等不适当异性交往的危害。

教师在指导中学生进行正常异性交往时，要告诫和建议学生把握好"自然"与"适度"两个原则。所谓自然原则，就是在与异性交往过程中，言语、表情、行为举止、情感流露及所思所想要做到自然、顺畅，既不过分夸张，也不闪烁其词；既不盲目冲动，也不矫揉造作。消除异性交往中的不自然感是建立正常异性关系的前提。自然原则的最好体现是淡化性别，像对待同性同学那样对待异性同学，像建立同性关系那样建立异性关系，像进行同性交往那样进行异性交往。同学关系不要因为异性的加入和存在而变得不舒服或不自然。

所谓适度原则，是指异性交往的程度和异性交往的方式要恰到好处，应为大多数人所接受。既不为异性交往过早而萌动情爱，也不因回避或拒绝异性而对交往双方造成心灵伤害；既不过多地参与异性之间的"单独活动"，也不在异性面前如临大敌，拒不接纳异性的热情帮助。当然，要做到为大多数人所接受并不容易，但中学生在与异性交往中，只要做到自然、适度、坦诚相待就可以了。

3. 中学生恋爱问题的处理

（1）中学生早恋的原因

中学生的主要任务是学习，谈恋爱本应是学业完成后方可考虑的事。但是也有许多学生在中学阶段就开始了他们的恋爱。导致中学生早早介入恋爱的原因是多方面的。有学生自身诸多主观因素的影响，也有社会文化、家庭和学校教育等客观因素的影响。

① 主观因素

首先，改革开放以来，人民生活水平普遍提高，饮食和营养结构发生了很大变化，学生性成熟的时间提前了。调查显示，我国初中一年级女生（约12岁）中，月经来潮者已有57.93%，初中二年级男生（约13岁）中，遗精者已有59.34%。青少年进入青春期后，由于性器官的发育，第二性征显露出来，加之体内分泌大量的雄激素、雌激素，性机能开始成熟。他们很容易产生兴奋、冲动和神经过敏。在惊异于自己身体急剧变化的同时，也充满了对异性的好奇，并渴望与异性之间的交往。所有这些都为中学生早恋奠定了基础。

其次，很多中学生对学习失去信心和兴趣，部分学生认为读书没用，无心学习，精神空虚。此外，部分学生则因为课余时间无所事事，尤其住校生生活空虚寂寞、枯燥无味。为了打发这无聊的时光，有些学生就会把谈恋爱当成精神寄托。还有部分中学生，特别是女生喜欢吃零食、喜欢到处游玩，但又因受家庭经济条件的限制，无法满足自己吃喝玩乐的愿望，便随意找个异性谈恋爱，以恋爱为本钱，叫对方掏腰包供自己吃喝玩乐，追求物质享受。

另外，中学生大都有极强的自尊心，喜欢表现自己，希望引起别人的注意。一些爱慕虚荣的学生常常把谈恋爱作为他们表现自己、出风头、满足虚荣心的一种方式。他们认为谈恋爱是漂亮、有魅力、有本事的表现，认为自己有男朋友或女朋友很光荣。

② 社会因素

当代中学生出生在改革开放的20世纪90年代后期和21世纪初期。从他们开始懂事起，便融入了目不暇接的开放社会。他们稚嫩、好奇的眼睛，每天都在搜寻着诞生的新事物，对性信息十分敏感。以爱情为主题的流行音乐不断撞击着一颗颗年轻的心。在多元、开放、宽容的信息社会中，当代中学生的眼界更趋向新潮前卫的外来文化。打开电视，各种"婚姻速配"类的栏目让人眼花缭乱；打开电脑，黄色网站、垃圾网站比比皆是；大街上，所谓"民间艺术团"招揽生意的、仅穿"三点式"的女郎；电影院门前不堪入目的宣传画，让人脸红心跳；书店里摆着的光看书名就让人想入非非的书籍。

在网络时代，人的生活方式发生了巨大的变化。神奇的虚拟世界、巨大的信息量可以实现学生许多虚拟的梦想。网络世界的丰富多彩，对于娱乐方式单调、想象力丰富、生命力旺盛的中学生无疑是个好去处。但是受利益驱动，网上的色情暴力内容屡禁不止，并不断改变其传播手段。这些都是诱发中学生过早介入恋爱的重要因素。

③ 家庭因素

许多过早谈恋爱的中学生来自不良的家庭。这样的家庭或结构缺失,或教育失当,从而给学生带来许多不利的影响。

结构缺失家庭主要是单亲家庭、再婚家庭或双亲缺失家庭。这样的家庭由于结构缺失,孩子长期缺少父爱或母爱,缺乏必要的家庭教育,在心理上产生许多障碍。他们一旦遇到关心自己的异性,就会产生强烈的好感和依赖感。

教育缺失家庭缺乏家庭交流,对孩子教育简单或粗暴,横加干涉孩子的交往,如偷听电话、偷看日记、私拆信件的侵犯隐私的行为,使孩子产生逆反心理;只关心孩子的分数,忽略他们的做人教育和心理变化;有些家长对孩子过分溺爱,对孩子的教育采取放任方式,使他们的行为缺乏一定的规范;有些家庭不和睦或关系破裂,感情纠纷较多,使孩子由于缺乏足够的父爱母爱,感情饥饿,进入青春期之后,他们容易在异性朋友中寻求安慰。这样的家庭要么父母行为不端,在潜移默化中影响着自己的孩子;要么家庭不和睦,孩子很难享受家庭温暖;要么家长要求过于苛刻,视男女交往如大敌,处处严加防范,结果反而事与愿违;要么过于溺爱,孩子永远长不大,在家依附父母,在外依附别人。

④ 学校教育因素

长期以来,受应试教育的影响,社会、家长对一所学校的评价以升学率为唯一的标准,使重智育、轻德育,重视知识传授、忽视思想道德教育及心理素质教育成为普遍现象。学校为抵御社会的不良现象,纷纷采取措施实行封闭式管理。老师视男女关系和性教育为禁区,时时小心翼翼,不肯轻易涉及,生怕"触雷"。一旦发现学生有早恋现象又高度紧张,草木皆兵,大做文章。这种"只堵不疏"的做法显然难以收到预期的效果,客观上为中学生早恋现象起了推波助澜的作用。

(2) 青少年恋爱的误区

美好的爱情能够加深彼此的了解,增进彼此的亲密。但是中学生由于年龄小,社会阅历少,思想单纯,在与异性交往中容易走入误区。

① 网恋

如今,网络已成为人们生活中不可缺少的成分,网络对中学生的生活和人际交往产生了巨大影响。互联网的发展突破了交往的时空限制,拓宽了人际交往模式。网聊、网恋不知不觉成为校园情感生活的重要组成部分,在校园中不断蔓延。

人们把网恋定义为柏拉图式的建立在想象基础上的精神恋爱。在网上,人和人之间是一种精神上的交流和慰藉,一般反映人潜意识中的幻想,情感反而比现实生活中表现得更为直接和纯粹。距离产生美,网恋与现实无关,也许正是这种虚幻的美丽,给了人很大想象的空间,也给了网恋极大的市场。青少年学生之所以喜欢网聊、网恋，就是因为网络提供的是一个毫无阻隔、无比宽广的交流空间，不需要彼此刻意掩饰自己。

网恋的热烈程度一点也不亚于现实中的恋爱，但正是因为网络的不现实性和不真实性，致使它的成功率非常之低。网恋多属于精神恋爱，抛去那些欺骗性的网恋不谈，即使双方都极为认真，也是幻想的成分居多。网恋有的只是情感上、精神上的沟通，真正现实中的许多问题在网络上根本无法体现出来，比如一个人的性格特点，在网上展现的只是很小的一部分，是聊天时比较单一的感觉。对方日常生活中的所作所为只能通过言辞来描述，这种感觉并不完全可靠，即使对方没有欺骗性质，但言辞上毕竟还带有某种修饰的成分，与现实中的真正接触存在着很大的差距。没有经过现实的磨炼，没有经过真实的接触，这种虚无的爱恋又能够持续多久呢？

因此，尽管网恋的魅力无穷，但要教育青少年学生，必须清楚自己是什么样的身份，有没有条件和资格网恋，这跟现实恋爱的条件是等同的。还应提醒青少年学生必须对网恋有清醒的认识，以防有人目的不纯，利用网络欺骗感情，甚至从事一些不法活动，从而最终酿成悲剧。另外，网络上即使有爱，也必须回到现实中才能得到发展，否则一切不过是空中楼阁、海市蜃楼、水中月镜中花，太虚幻太缥缈了。

② 婚前性行为

青少年时期可能会有强烈的性冲动，这本身是很正常的生理现象。但如果对自己的欲望和冲动不加控制，就可能带来严重的后果。

婚前性行为通常指男女双方在没有办理合法婚姻手续前的性交行为。青少年发育的前倾化、性生理成熟与性心理发育滞后之间的不平衡，成为青年婚前性行为发生率增加的原因之一。中学生无论从生理发育还是心理发展以及所处的社会地位来说，都没有足够的能力和责任担负性行为及其后果。中学生所发生的婚前性行为是被社会舆论、道德规范所反对的，是一种性过错。

在我国，如果在校学生未婚先孕将会面临很严重的后果。如果生下小孩，则学业无法完成，提前十几年担负起养育孩子的责任，还要承受未婚生子的巨大社会舆论压力，这对于自身还处于发育阶段的青少年来讲是根本无法完成的任务。如果做人工流产，由于青少年身体发育还不完善，在人流过程中，很容易造成性器官损伤，引起盆腔炎等感染性疾病，甚至造成终生不育。另外，由于学生往往都是瞒着教师和家长做人流的，承受着很大的心理压力，加之学习负担，术后得不到充分休息和营养保障，将会落下很多病症，带来难以愈合的生理和心理创伤。因此，一定要教育青少年要为自己和他人负责，避免过早发生性行为。

如果不加控制,过早发生性行为,导致怀孕及流产会给男女双方造成很大伤害,也会给未来的婚姻生活蒙上阴影。万一发生不洁性行为,感染上艾滋病或者其他性病,一生都会因此完全改变。而且以性关系为纽带的爱情极不稳固,婚前性行为对女性的负面影响远远超过男性,如果有过性行为后女生被男友抛弃,更会产生强烈的挫败感和自我否定。为了一生的幸福,一定要教育青少年在恋爱中控制自己的冲动,避免因过早发生不该有的性行为而给身心造成一系列的伤害。

事实上,婚前性行为不仅给青少年自身带来很多负面影响,更会给社会带来一系列问题。调查显示,未成年人怀孕与流产已成为困扰社会的一大问题。分析问题的原因,我们发现,绝大多数青少年有关性的知识不是太多,而是太少、太不科学,严重缺乏调节性心理冲突的技能与方法,缺乏自我保护意识,性道德观念淡薄。在特定的情景下,当性冲动出现时,就会失去控制,造成彼此间的伤害。要杜绝婚前性行为给青少年带来伤害,就应通过教育不断提升青少年的性观念,减少性行为的盲目性,增强责任感,让青少年切实能为自己和他人的健康幸福负起责任。

教育实践 16-2 性心理规律在教育中的应用举例

张某,女,初三学生。性格外向、开朗、活泼,爱交往,能歌善舞,是班级文体委员。从初二开始,虽然与班中女生交往仍一如既往地主动、热情,但逐渐开始更热衷于与男生交往,常刻意打扮自己,因家庭经济条件优裕,常穿新潮服装。无论是上课还是下课时,对班上的几位"帅哥"时不时会偷偷瞥上一眼。尽管羞涩,但有时还是会故意找借口与"帅哥"亲近,如故意问一道题目、故意借一本书等。对"帅哥"对待自己的态度也十分留意,如果"帅哥"不经意疏远了自己,便会产生失落感,显得沮丧痛苦。升入初三后,对其中一位李姓"帅哥"产生了恋情,从此再也无心主持班中的文体活动,开始逐渐疏远广大同学。只要有机会和时间,就与李姓男生幽会,有一次竟被同学看到他俩在校园的僻静角落亲吻,结果传得满城风雨、人人皆知。但张某不为所动。当李姓男生因人言可畏而紧张有所收敛时,她反而激励他、安慰他,要他像男子汉一样拿出勇气追求自己的幸福。在她看来,爱情是一种缘分,可遇不可求,既然已经碰到了,就不能坐失机会,否则,这种缘分也许再也无法找回。结果,张某整天神思恍惚,学习成绩一落千丈,由班上的前5名一下子退到倒数第10名。不仅如此,张某的性格似乎也不知不觉发生了变化,变得有些内向起来,常常显得疑神疑鬼。只要看到李姓男生与其他女生说笑,心里就会酸楚、不满,而看到其他女生主动与李姓男生接触,就会表现出尴尬、愤懑。

这是一个典型的由异性爱慕逐渐演变为早恋的案例。

张某在初二阶段出现异性爱慕可以理解,这说明她的性意识已经开始由朦胧逐渐走向明朗,由贫乏逐渐走向丰富,由幼稚逐渐走向成熟。青少年性意识发展爱慕期的"相互显示"、"情感隐秘"和"对象广泛"的特点在她身上表现得非常明显。这种异性爱慕仍然属于正常的异性吸引的范围,不带有严格意义上的爱情内涵。

但是,张某在初三阶段的心理和行为表现则已不是一般意义上的异性爱慕,已经演变成早恋了。

早恋不是严格意义上的恋爱,严格意义上的恋爱的初始表现通常发生在性意识发展的恋爱期,而早恋一般发生在性意识发展的爱慕期,是还不到恋爱年龄即性意识发展还处于爱慕期的"恋爱"。然而,早恋毕竟不是单纯的异性吸引和异性爱慕,而已经有了爱情的某些内涵。例如追求的对象是特定的异性,对爱恋的对象产生了精神上、情绪上的占有观念等。

早恋是建立在异性吸引基础上的异性爱慕的延伸,但这种延伸由于发生在爱慕期阶段,并不是必然、必经的过程。早恋对性意识发展尚处在爱慕期的青少年来讲,由于过早体验爱情的滋味而容易诱发狂热,是不合适的,常常也是有害的。因为他们思想上尚未定型,心理上尚未成熟,经济上尚未独立,事业上尚未定向,各方面都还处在发展阶段。即使是在性意识发展处在恋爱期的恋爱,青少年的所谓爱情也与成人稳定、和谐、以注重现实为特点的带有责任感的爱情有着质的不同,更何况是处在爱慕期的早恋呢?

因此,对青少年早恋应该防微杜渐,教师和家长要随时把握他们在异性交往中的心态,一旦发现有早恋的迹象,就要及时并机智地通过疏导平和地予以解决,既要理解、宽容,不要动辄批评甚至斥责,要为他们未来着想,也要帮助、指导,帮助他们树立远大理想和崇高的生活目标,及时脱出早恋的漩涡,指导他们正确对待异性,用意志力量和自控能力驾驭自己的感情,使他们把主要精力用在学习上。

二、性心理规律在自我教育中的应用

性心理规律在自我教育中的应用可以体现如下:

1. 提高性道德水平

性心理与人的道德品质密不可分。一个大学生,尤其是高师生,如果自己道德意志薄弱、道德情趣低下,同时又缺乏自我调节和行为控制能力,那么,不仅在受到性刺激、产生性冲动时,会情不自禁地放纵自己,从而造成不良后果,而且也难以有说服力地去影响和教育他人以及自己未来的学生。因此,为人师表,自己一定要先从提高性道德认识入手,发展健康的性道德情感,培养良好的性道德习惯。

提高性道德认识水平,就要正确认识两性关系的社会属性。人类两性关系的本质是社会属性而非自然属性,任何社会都要通过道德和法律形式,规定两性交往的社会准则,不能把性仅仅看作是一种自然本能而随心所欲。

发展健康的性道德情感,就要正确对待男女之间的交往。男女交往应该是自然的、公开的,应该学会用理智控制自己的情感冲动,即使对某个异性产生好感,也要把握感情的分寸,并注意时间和场合。男女之间的一般交往,要热情而不轻浮、大方而不庸俗,讲究仪表、举止和谈吐。

培养良好的性道德习惯,要从日常生活小事入手,如不用污秽的语言议论异性,不和异性开低级下流的玩笑,去异性宿舍和家里时要先征得对方的同意,帮助异性做一些对方难以胜任的事情,不传阅不健康的书刊,不传播男女关系的隐私,对异性要客气、礼貌等。只有在这些方面严格要求自己,才能逐渐把自己塑造成具有文明行为习惯的人。

2. 端正恋爱态度,树立正确的恋爱观

当今大学生恋爱已成为普遍的社会现象。其特点是:(1)恋爱已转为公开,过去那种怕为人知、偷偷进行的恋爱现象现在已很少见到;(2)恋爱具有低龄化趋势,过去高年级谈恋爱比较突出,现在低年级谈恋爱已很普遍;(3)恋爱观发生了消极变化,表现为:①认为只有体验过被喻为"幸福皇冠上的明珠"的爱情,才不虚度大学里的青春年华。②认为恋爱能获得感情上的慰藉,满足精神上的需求,实现自身的价值。在一些大学生看来,不去体验体验爱情的甜蜜,就不可能真正懂得生活的价值。③认为恋爱纯属个人私事,不必受他人态度和社会规范所左右。

大学生的恋爱,需要端正恋爱态度,树立正确的恋爱观。爱情不是人生游戏,而是一种社会责任,爱情虽然离不开感情,但也不可能没有理智,离开了理智,爱情将是盲目的、非理性的。所以,大学生对待恋爱一定要慎重,也要自重,这是当代大学生尤其是即将为人师表的高师生应该引起高度重视的。

3. 正确认识和有效预防艾滋病

艾滋病是全球范围内传播最广的性病,目前仍是不治之症。如果不幸感染,后果将不堪设想。因此,作为当代大学生,我们必须要对艾滋病及其传播途径、表现有所了解,以便学会预防,保护自己。

(1) 要认识艾滋病的危害性

艾滋病是获得性免疫缺陷综合征(acquired immune deficiency syndrome, AIDS)的简称,是人体感染了人类免疫缺陷病毒(human immunodeficiency virus, HIV,又称艾滋病病毒)所导致的传染病。通俗地讲,艾滋病就是人体的免疫系统被艾滋病病毒破坏,使人体丧失抵抗各种疾病的能力,从而发生多种机会性感染或肿瘤,最后导致死亡的一种严重传染病。这种病毒终生传染,破坏人的免疫系统,随着人体免疫力的降低,人会越来越频繁地感染各种致病微生物,而且感染的程度也会越来越严重,最终会因各种复合感染而导致死亡。

(2) 要了解艾滋病的传播途径

艾滋病的传染源主要是艾滋病病人和 HIV 感染者(病毒携带者)。艾滋病毒的传播途径主要包括性接触、血液和母婴传播三种,性接触是艾滋病最主要的传播途径。艾滋病可通过性交的方式在男性之间、男女之间传播。性接触越多,感染艾滋病的危险越大。共用注射器吸毒是经血液传播艾滋病的重要危险行为,输入或注射被艾滋病病毒污染的血液或血液制品也会感染艾滋病。使用被艾滋病病毒污染的注射器、针灸针或剃须刀等能够侵入人体的器械都可能传播艾滋病。约 1/3 感染了艾滋病病毒的妇女会通过妊娠、分娩和哺乳把艾滋病传染给婴幼儿。

艾滋病病毒对外界环境的抵抗力较弱,离开人体后,常温下只能生存数小时至数天。高温、干燥以及常用消毒剂都可以杀灭这种病毒。与艾滋病病人及感染者的日常生活和工作接触不会感染艾滋病,如握手、共同进餐、共用工具和办公用具等都不会感染艾滋病。艾滋病也不会经马桶坐圈、电话机、餐饮具、卧具、游泳池或公共浴池等公共设施传播。

(3) 要知道感染艾滋病后的表现

艾滋病病毒在人体内的潜伏期平均为 2~10 年。HIV 感染者在发展成艾滋病病人以前外表看上去很健康,他们可以没有任何症状地生活和工作很多年,但能够将病毒传染给其他人。艾滋病临床上分为三期:①急性感染期:约 1 个月左右,是艾滋病病毒侵袭人体后刺激机体引发的反应,病人可出现发热、皮疹、恶心、呕吐、腹泻等症状;②潜伏期:平均 2~10 年,病人可以没有任何症状,但病毒持续繁殖,有强烈的破坏作用,具有较强的传染性;③艾滋病期:约一年半左右,病人出现原因不明的淋巴结肿大,同时出现发热、疲劳、肌肉酸痛、食欲不振、消瘦和腹泻等全身症状。严重的病人最主要的表现是致病性感染、恶性肿瘤的发生以及找不到原因的细胞免疫缺陷。此期传染性极高。

(4) 要懂得艾滋病的预防措施

洁身自爱、遵守性道德是预防经性传播艾滋病的根本措施。正确使用避孕套(安全套)不仅能避孕,还能减少感染艾滋病等性病的危险。共用注射器吸毒是传播艾滋病的重要途径,因此我们一定要拒绝毒品,珍爱生命。还要避免不必要的输血和注射,不接受没有严格消毒器具的不安全拔牙和美容等,不使用未经艾滋病病毒抗体检测的血液和血液制品。具体预防措施有:①注意性安全,避免与艾滋病患者、疑似感染者及高发病率者发生性接触;②不用未经消毒的注射器和针头；③不接受艾滋病患者、疑似感染者及高发病率者献血；④避免使用境外生产的血液制品；⑤防止口、眼、鼻、黏膜与可疑感染物接触；⑥防止与他人共用可能被血液污染的器具，如牙刷、剃刀等。

让我们回到本章开头提到的那两个案例。小夏和小柯都因与同性同学相处密切，情感亲密，而担心自己是同性恋而苦恼。在生活中确实有的学生经常与同性同学或朋友形影不离，经常关注同性同学、朋友，喜欢看同性明星的照片，女孩不喜欢打扮、吃零食、说八卦、撒娇，男孩不喜欢运动等，常会被青少年认为是同性恋。而家长则会认为孩子和某个同性伙伴天天在一起玩，还搂搂抱抱的，这是同性恋，是件不得了的事，为此不知所措或严厉批评孩子。

实际上，18岁之前，青少年的性取向处在不稳定时期，对异性同性都有好感。因此，中学生出现同性依恋现象很正常，绝大部分并不是真正的"同性恋"，而是生长发育期旺盛的性生理活动受到压抑后的一种变形释放。在这个阶段，许多少男少女表现出与自身的性别相背离的性心理或性行为，这可能是在成长中，内心萌动的爱情无法在与异性的交往中实现，于是在和一个同性好朋友的友情中进行模仿和角色扮演，或因为独立能力差、依赖性较重、人际交往能力不良，会对同性伙伴在心理上产生过度依赖，因此给自己带来同性恋的错觉。如果父母过分压制孩子与异性交往，使孩子正常的情感宣泄无法得到满足，就很容易寻找同性来宣泄。

对于家长来说，不能忽视为孩子提供和异性交往的机会，因为只有在这些交往中，他们才可以完成对自己性别角色的认同、性倾向的确立。否则，孩子很可能会把想与异性交往的愿望放在同性身上，模仿异性之间的关系进行角色扮演。要帮助孩子克服在异性同学面前的自卑心理。鼓励他们从更多角度去看待自己、评价自己，建立自信，让他们认同自己的性别角色。如果发现自己的孩子有同性恋倾向，如只喜欢与同性在一起、对异性有明显的厌恶感时，不要贸然地阻止或是大发雷霆，孩子这时正处于痛苦、矛盾之中，最需要有人关心、引导，粗暴地干涉只会让孩子不信任你、远离你。父母要给孩子提供安全的空间，多听听他们的感受。

青少年要有意识地锻炼自己的独立能力，多加强与异性间的交往，努力克服经常利用同性来刺激自己性兴奋的习惯。

本章小结

性是我们作为有性的个体的经历和表达自我的方式，我们意识到自己是男性还是女性是我们的性的一部分,因为它反映我们有性经历和性反应的能力。性心理是人类个体伴随着性生理发育而出现的一系列与性有关的心理现象,主要是指性意识及在此基础上产生的性情感、性兴趣和性兴奋。性意识发展包括疏远期、爱慕期和恋爱期三个阶段。斯腾伯格提出的爱情三元理论包括亲密、激情、承诺三个成分,构成八个不同的爱情类型。青少年性心理发展在性意识、性兴趣、性兴奋发展等方面均有性别差异。在教书育人过程中,教师与家长需正视青少年性心理成长差异,适应他们的成长变化;了解他们的异性交往特点,掌握他们的恋爱问题处理,及时进行恰当的疏导和干预,以帮助青少年顺利过渡到青春期。在自我教育中,青少年需提高性道德水平;端正恋爱态度,树立正确的恋爱观;正确认识和有效预防艾滋病,以保证自己的身心健康发展。

思考题

● 什么是性、性别和性心理?

● 什么是第三性特征?

● 性意识发展有哪些基本阶段? 每个阶段的特点是什么?

● 爱情三元理论在生活中如何应用?

● 如何正确认识和科学处理中学生的早恋?

探索题

● 请联系自己的中学时代经历写一篇有关"异性友谊"的议论文。字数约800～1 000 字。

● 结合当前青少年的实际拟订一份性教育计划。

第十七章 心理健康

学习重点

- 心理健康的概念与标准
- 心理辅导的概念、目标与内容
- 影响心理健康的因素
- 青少年心理健康问题的特点
- 心理健康规律在教育中的应用

你知道吗?

- 为什么人的健康不仅仅是躯体健康,还应该包括心理健康?
- 你认为完全没有"心理困惑"的人存在吗?
- 你知道心理辅导、心理咨询与心理治疗三者之间的区别吗?
- 心理咨询有句名言:"问题不是问题,如何面对才是问题",你如何理解此话的意思?
- 当你遇到烦恼的时候,怎么进行自我心理调适?

有一次,我去外地讲学,为一位患有抑郁症的优秀生小林做了咨询。就读高二的小林同学成绩一直是班级第一、年级第一,可是就是这个"第一名"害了他。为了保住这个第一,他背上了沉重的思想包袱,心理压力越来越大,每到考试前,往往彻夜失眠。咨询过程中,我发现他头脑里有不少错误想法(在认知疗法中称之为功能失调性思维,或者非理性信念)。例如,"我一想到将来考不取重点大学,心里很担心";"我与名人比较,他们太伟大了,而我太渺小了";"我常常感到自己很自卑,别的同学比我强";"我没有什么优点";"我从来没有失败过,我害怕失败,我认为失败是耻辱";"我做什么事都要有 100%的成功"等等。可见小林内心充满完美主义以及由此导致的自卑等歪曲的认知。从班主任那里了解到小林是一个品学兼优的学生,但是却存在比较严重的心理问题。小林的问题能否通过思想教育工作来解决? 如果不能,如何进行心理辅导和心理治疗? 当你看完本章后,就能找到答案。

由上述案例可见,品行兼优的学生也可能产生心理不健康的问题,需要心理辅导。本章讨论心理健康的概念与标准、心理健康的一般规律以及在教育中的应用。

第一节 心理健康的概述

近年来青少年心理健康越来越成为全社会共同关心的问题,主要源于学校、教育两方面的挑战:一是社会转型对学校的挑战,二是现代社会对未来公民的素质要求。

急剧的社会变迁使青少年面临的外部世界变得日益复杂。例如,多元文化的冲击,给学生价值观的形成带来负面影响,互联网使学生的视野远远超出校园,拓展至世界的各个角落;市场经济的发展带来社会阶层的分化、家庭不断瓦解、下岗人员增多,处境不利的学生增加;再加上升学的压力和沉重的课业负担等等,使青少年面临的心理压力越来越大,由此而产生的心理问题和危机事件(诸如离家出走、暴力倾向甚至自残自杀等等)也越来越多。此外,更多的青少年面临成长的心理困惑需要得到老师的辅导和帮助。

21世纪的社会发展趋势对学校教育提出了更高的目标和要求。未来社会的公民不仅要聪敏智慧、道德高尚,而且还要身心健康、人格和谐、自主发展和富有创造精神。学校教育要为他们的终身幸福、实现其生命的意义奠定基础。因为青少年是未来的社会公民,对学生健康心理的培养,将对未来我国提高人力资源质量、综合竞争力和可持续发展能力具有重大战略意义。

一、心理健康的概念

随着社会的进步与发展,心理健康正日益备受人们的关注与重视。何谓健康?何谓心理健康?心理健康的涵义是什么?有统一的概念界定吗?以下详细阐述。

1. 心理健康的涵义

人们对心理健康的认识与对健康的认识密切相关,心理健康概念发展是在健康概念演变的过程中逐渐形成的。

(1) 健康的涵义

长期以来,人们一直持有"没有疾病就是建康"的传统观念,然而,随着社会不断进步与发展,心理社会因素对于健康和疾病的影响越来越受到人们的关注。联合国世界卫生组织早在1948年就明确指出:"**健康**(health),不仅是指没有疾病或虚弱,而且指包括身体、心理和社会适应在内的健全状态。"这就是健康的"生物-心理-社会医学模式"。它包含三个基本要素:躯体健康、心理健康、社会适应能力。1992年世界卫生组织进一步指出：一个人只有在躯体健康、心理健康、社会适应良好和道德健康四方面都健全，才算是完全健康的人。可以说躯体健康是健康的基础，而心理健康是整个健康概念的核心（卢家楣，2011）。

（2）心理健康的涵义

关于心理健康的涵义，国内外学者由于所处的社会文化背景不同、研究问题的视角和观点不同，因而表述各不相同：

西方学者从不同方面作了许多论述。

① **心理健康**（mental health）是一种良好的心理状态。早在1929年，美国举行的第三次儿童健康及保护会议上就指出："心理健康是指个人在其适应过程中，能发挥其最高的知能而获得满足、感觉愉快的心理状态，同时在其社会中，能谨慎其行为，并有敢于面对现实人生的能力。"

② **心理健康能充分发挥自身潜能**。英格里希（English）定义："心理健康是指一种持续的心理情况，当事人在那种情况下能作良好适应，具有生命的活力，而能充分发展其身心的潜能，这乃是一种积极的、丰富的情况，不仅是免于心理疾病而已。"

③ **心理健康是对社会环境的适应**。精神医学专家曼宁吉（Menninger）说："心理健康是指人们对于环境及相互间具有最高效率及快乐的适应情况，不只是要有效率，也不只是要能有满足之感，或是能愉快地接受生活的规范，而是需要三者兼备，心理健康的人应能保持平静的情绪、敏锐的智能、适应社会环境的行为和愉快的气质。"波孟（Bomeng）认为："心理健康就是合乎某一水准的社会行为，一方面能为社会所接受，另一方面能为本身带来快乐。"（朱敬先，1992）

人本主义心理学家马斯洛（Maslow）认为，健康的人应该具备的心理品质是：对现实有效认知；自动自发；能悦纳自己、他人及自然；在感情上能保持独立，有自己的生活；有基本哲学与道德原则，不盲目附从；对生活经常有新感受，有广阔的生活领域；深挚而有选择性的社会关系；具有真正的民主态度，创造性的观念和幽默感；能承受欢乐与忧伤的经验。

我国传统文化虽然没有直接提出"心理健康"，但在有关"人"和如何做人以及理想人格方面的论述不少。理想人格是人们一生所追求自我完善的目标，在一定意义上反映了心理健康观。从《周易》开始，中国古代的思想家就设计出理想人格的模式。这个模式有两个层次：低层次的是"君子"，高层次的为"圣人"。对这两个层次的要求不完全一样，一般来说，君子必须具备仁、义、礼、智四德；圣人也是一样，但在智的修养上，圣人却要高过一般的君子。

结合西方与我国传统文化的心理健康观，我国有些学者认为心理健康并不是固定的状态,而应将它看成富有伸缩性的情况,比较性多于绝对性,它不是使所有的人变成一个样子,而是使各人依据自己情况获得充分发展,走上健康之路(朱敬先,1992)。

黄坚原(1976)认为:心理健康的人是有工作的,而且能把本身的智慧和能力在其工作中发挥出来,以获得成就;同时他常能从工作中得到满足之感,因此他通常是乐于工作的。心理不健康的人常有不必要的疑虑与恐惧,不能把精神与注意放在工作上,从而降低了工作效率。心理健康的人不但能将自己的学识能力从工作中表现出来,而且工作上的成就为他带来满足,转而增加对工作的兴趣,因而乐于工作,不会把工作看成负担或痛苦。

心理健康的人是有朋友的,他乐于与人交往,而且常能和他人建立良好的关系,他在与人相处时,正面的态度(如尊敬、信任、喜悦等)常多于负面的态度(如仇恨、妒忌、畏惧、憎恨等)。

心理健康的人对于他本身应有适当的了解,并进而能有悦纳自己的态度,他愿意努力发展其身心的潜能,对于无法补救的缺陷也能安然接受,而不作无谓地怨尤。一个人在生活环境中要使自己与环境相适应,则对自己的了解十分重要,正确的自我概念是心理健康的条件,可以据此来选择对其本身最适合的行为。人不但要了解自己,而且要适当地接纳自己、不讨厌自己、无自卑感。一个有自卑感的人,担心、内疚、紧张,要运用防卫性行为来保护自己,因而对现实环境不易了解与适应。一个人悦纳自己、承认自己的短处,就会努力发展身心潜能,使自己更完善。

心理健康的人应能和现实环境保持良好的接触,对环境能进行正确而客观的观察,并能健全而有效地适应。他对于生活中各项问题能以切实的方法加以处理,而不企图逃避。一个心理健康的人虽然未必都能解决所遇到的问题,但他采取的方法应是积极性的、有针对性的,即使遭遇挫折和失败,其适应方式也是成熟健全的。同时,因为对环境有正确的了解,他能运用现实环境满足自己的需求,解决自己的问题,而不必以幻想来逃避现实(吴增强,2004)。

百家争鸣 17-1　什么是心理健康?

《简明不列颠百科全书》将心理健康解释为:心理健康指个体心理在本身及环境条件许可范围内所能达到的最佳功能状态,而不是指绝对的十全十美。

马斯洛和密特尔曼(Maslow & Mittelman)提出的 10 条标准是:具有适度的安全感;具有适度的自我评价;具有适度的自发性与感应性;与现实环境保持良好的接触;能保持人格的完整与和谐;善于从经验中学习;在团体中能保持良好的人际关系;有切合实际的生活目标;适度的接受个人的需要;在不违背团体的原则下

能保持自己的个性。

> 　　贾浩达(Jahoda)的心理健康标准：了解自己的身份和自己的心情；有所成就，又能面向未来；心理状态完整美好，能够抗御应激；自主，而且能认识自己需要什么；真实地、毫不歪曲地理解客观现实，然而又能具有同情和同感；做环境的主人；能工作、能爱、能玩、也能解决问题。

> 　　社会学家玻姆(Boehm)认为，心理健康就是合乎某一水准的社会行为。一方面能为社会所接受，另一方面能为本身带来快乐。

> 　　个体成长观(personal growth)把心理健康解释为人的积极的心理品质和潜能最为完整的发展(Schultz，1977)，认为心理潜能的最佳发展取决于人在一生中是否能够成就某种事业。

> 　　在对主观幸福感(subject well-being)的研究中，心理健康被定义为积极的情感和生活满意两种概念的综合，认为正性情绪和负性情绪就是心理健康的不同维度，把二者之间的平衡作为幸福的指标，而生活满意度被看作是一种认知成分，是幸福感的一种补充，是衡量心理健康的关键指标(Bradburn，1969；Andrews，1980；Diener，1984)。

> 　　总之，心理健康目前还没有一个统一的概念，每个定义都强调心理健康的某个重要特征，值得借鉴。

> （中华心理教育网）

2. 心理健康概念讨论

综观国内外学者有关心理健康的论述，虽然提法各有不同，但总体精神相近，主要集中在四个方面：即心理状态、成长发展、社会适应和道德伦理。事实上，这四个方面缺一不可，以下分别讨论：

(1) 保持良好的心理状态

这又分为情绪状态和认知状态。良好的情绪状态是指平和、稳定和愉悦。平和，是指心境宁静、安怡，不浮躁；稳定，是指情绪平稳，不大起大落。情绪化的人往往使他人难以适应，也很难与人共处，当然也影响自我判断力和学习、工作的效率；愉悦，是指心情快乐，是一个人必不可少的精神养料。良好的认知状态是指自知、自控和自律。自知，即要认识自我又接纳自我；自控，即要善于控制自己的情绪，具有坚强的意志力，同时也要约束、节制自己过度的欲望；自律，即无需外在压力的规范而形成驾驭自我的能力，达到自我超越。

(2) 具有良好的社会适应性

大多数学者界定的心理健康标准都有这一条。首先要了解外界环境；其次是对生活的态度积极,能够乐观、坚定地面对各种困境;再次要妥善处理人际关系,宽容、热心、友爱和合群。多元智能理论倡导者加特纳把人际关系作为第六种智能,其对人的重要性可见一斑。良好的社会适应不仅是适应环境,还要主动地建设和改造环境。

(3) 具备积极的成长发展趋势

一个心理健康的人应该是不断成长、不断成熟、走向自我完善和自我实现,并在成长过程中能够克服种种困难和挫折。成长不仅是未成年人的课题,人的一生都面临着成长的课题,只是各个阶段的内容不同。儿童青少年的成长课题主要是如何从生物人发展为社会人,如何完成学业,为今后的职业生涯作准备;成年人的成长课题主要是如何完成家庭幸福和事业有成两大使命;老年人的成长课题主要是如何平静、愉快、安乐地走完人生的最后一段。

(4) 具有高尚的道德伦理精神

心理健康的人应该是一个有道德修养的人,这是因为人的生理、心理和精神这三个层面整合构成完善的人格,心理健康与精神高尚密不可分。这在古今中外都有理论论述。波孟说:"心理健康就是合乎某一标准的社会行为,一方面能为社会所接受,另一方面能为本身带来快乐。"前者便是一种社会规范。马斯洛也说过:心理健康的人,应具备"基本哲学与道德原则"。

马斯洛的"自我实现"的人格,本身也是富有道德情操的人,"自我实现的人坚持向着越来越完善的存在前进,而这也就意味着,他坚持向着大多数人愿意叫的美好价值前进,向着安详、仁慈、英勇、正直、热爱、无私、善良前进"。

我国也有学者提出心理健康的道德伦理标准:"能将其精力转化为创造性和建设性活动的能力"、"有较长远而稳定的符合社会进步方向的人生哲学、价值观和道德观"、"具有高度社会义务感和责任感"、"自我实现,尽己所能贡献社会、创造人生"等(周燕,1996)。

我们认为,心理健康的人应该具备进步的价值观、积极的人生观、责任感、奉献精神和正义感。一个人若缺少这些道德伦理精神,很难说是一个心理健康的人。

二、心理健康的标准

我们了解了心理健康是什么,接下来继续探讨心理健康的标准,以帮助我们了解怎样的状况是健康的心理状况,怎样的状况属于异常状态。

1. 异常心理划分标准

论及心理健康的标准,自然要涉及正常心理与异常心理的划分标准,异常心理划分标准的作用,主要是在正常人群中检测心理异常的样例,它是为防治性目标服务的。但值得注意的是,不能把这种划分标准作为面向绝大多数正常人的心理健康标准,因为心理健康标准着眼于发展性目标,是如何使人的心理更加健康的标准,可以说是一种人人争取要达到的理想目标。心理健康标准与心理异常标准是两个性质不同的概念。

异常心理的划分标准一般公认有四种方法:

(1) 经验标准

这有两种意义:一是指病人自己的主观经验,他们自己感觉到忧郁、不愉快,自己不能自我控制某些行为,从而寻找医生的帮助。二是指根据自身的活动体验来判别正常或异常。这使一般人把常态的已有经验作为出发点。这种标准的主观性很大,因为不同研究者的判断有较大的差异。

(2) 社会规范标准

即在社会规范的基础上来衡量、判断行为是否异常。一般来说,人的行为总是与环境协调一致的。人依照社会生活的需要来适应环境、改造环境。因此,他们的行为符合社会准则,根据社会需求和道德规范行事。所以这一标准是根据人的行为的社会意义及个人的适应程度为出发点。研究者主要考察当事人对人、对己的态度在群体中的表现,与他人交往和处理人际关系是否恰当,对社会事件的看法和反应是否适合社会的要求。社会规范标准为较多的临床心理学家采用。但人的社会适应行为和能力是受时间、地区、习俗、文化等条件影响的,因此,这一标准也并非一成不变。

(3) 临床诊断标准

有些异常心理现象或致病因素在常人身上是不存在的,若在临床诊断中发现某人身上有这些病因或症状,就可以认定为"异常",如有神经症或精神病症状的人,是心理异常者。这一标准为医学界人士所支持,比较客观,也比较准确,但运用的范围比较狭窄。因为疾病的病因与症状的出现远远不是单一的,心理异常现象是多种因素导致的心身生理机制的障碍。

(4) 统计学标准

这一标准来源于对正常心理特征的心理测量,它是以大样本统计中的人数频率的常态分布为依据,居中间的大多数人为正常,居两端者为异常。确定一个人的行为异常与否是以其心理特征是否偏离平均值为依据。在这里异常是一个相对的概念,其程度是根据其与全体的平均偏离程度来确定的。这个标准比较机械,不是任何情况都可以适用的,有些行为的分配不一定是常态曲线;有些数量虽是常态分布,但仅有一端是变态,另一端则是优秀状态,如智力水平,一端是低能,另一端则是超常(张伯源,陈仲庚,1988)。

与统计学标准相联系的是心理测验的判断标准,这两者是根据同一原则进行判断的。上述这些标准各有所长，也各有缺点，目前还没有一个完善的标准。可见区别心理正常或异常，是由多种因素决定的，不能单凭一个标准下结论。同时，这项工作必须由专业工作者来做。但对于常人怀疑自己某种行为是否异常，也可从以下几点作自我检测：

——这项行为有无明显妨碍你的工作，使工作效率显著降低；

——这项行为有无明显影响你对自己的态度，使你讨厌自己；

——这项行为有无明显妨碍你和别人的关系，使别人不愿和你交往，或使你不愿和别人继续交往；

——这项行为是否明显妨碍你和现实环境的接触，使你不易辨认环境，或想远离环境。

如果你对上述四个问题的回答都是否定的，则这项行为对你没有什么不良影响；若是肯定的，那么最好寻求心理咨询医生或临床心理学家的帮助。

2. 对心理健康标准的认识

讨论心理健康标准需要注意以下几个问题：

心理健康是一个动态的概念，也就是说，心理健康在不同的历史时期有不同的要求。因为随着社会的变迁，不同的社会对人有不同的要求。安贫乐道，在封建社会可能是一种理想的保持心理平衡的观念，而在现代社会，就会使人不思进取，容易在竞争的社会中遭到淘汰。制定心理健康标准，要立足现代社会对人的素质的要求，要体现时代性，当然也要发扬传统文化的精华。

心理健康是一种积极的社会适应。许多学者在论述心理健康标准时都将社会适应作为重要的一条。适应有两种：消极的适应是指个体被动地适应环境；而积极的适应则是指个体一边调整自我的需求，一边企图改变环境的条件，即改造环境。心理健康不只是个体的问题，群体与社会也有心理健康的问题，我们不能认为适应于病态的、不健康社会的人的心理是健康的。在那样的社会里，不满现状、敢于挑战，才是健康、理想的人格，是一种积极的适应。人不是一个被动的客体，而是一个富有创造性、具有自主发展的主体，人不但要适应环境，还要改造环境。有人强调心理健康的标准应该是生存标准与发展标准兼顾。生存标准是个人生命存在，更强调适应环境，顺应社会主流文化；而发展标准则着眼于个人与社会的发展，追求最有价值地创造生活，强调能动地适应和改造环境，通过挖掘个人最大身心潜力，求得身心的满足，成为崇高、有尊严、自尊的人。我们认为，这种发展标准是一种积极的适应。

心理健康是健全的人格发展。人的心理是知、情、行统整的过程。目前心理辅导比较注重人的情绪层面与行为层面的问题。其实，思想层面的提升更为重要,思想层面包括人的价值观、人生观、道德观等。如前所说,心理健康标准若不把伦理道德标准放进去,实际上是有缺陷的、不健全的心理健康标准。

心理健康的相对性。人的一生发展经历不同的阶段,各个阶段的人,其心理特征和心理健康标准不应该是完全划一的,而应该各有侧重。另外,由于文化差异,不能完全照搬西方的心理健康标准,需要结合本土实际。

3. 青少年心理健康标准

根据上述讨论,儿童青少年的心理健康标准应该有别于成年人。具体表述如下:

具有良好的认识自己、接纳自己的心态和意识;

能够调节、控制自己的情绪,使之保持愉悦、平静;

能够承受挫折,具有较强的抗逆力;

能够较客观地认识周围的环境,适应环境并改造环境;

人际关系协调,具有合群、同情、爱心、助人的精神;

具有健康的生活方式与生活习惯;

思维发展正常,有创造力;

有积极的人生态度、道德观、价值观和良好的行为规范。

三、心理辅导

人在成长过程中难免遇到这样那样的困惑、困难或困境等,可能引发阶段性心理不那么健康快乐的状态,有时可以通过自我心理调适来应对,必要时需要进行专业的心理辅导,以帮助求助者渡过难关,达到新的适应与平衡状态。

1. 心理辅导概念界定

"辅导"一词,在英文里对应的术语是"guidance",有引导辅助别人的意思。张春兴对辅导的定义是:辅导是一个教育的历程,在辅导历程中,受过专业训练的辅导人员运用其专业技能,协助受辅者了解自己,认识世界,根据其自身条件(如能力、兴趣、经验、需求等),建立有益于个人和社会的生活目标,并使之在教育、职业及人际关系等各方面的发展上,能充分展现其性向,从而获得最佳的生活适应。

张春兴(1992)指出辅导有四个特征:其一,辅导是连续不断的历程,人的一生任何阶段均需辅导;其二,辅导是合作和民主式的协助,根据受辅者的需求而辅导,而非强迫式的指导;其三,辅导重视个别差异,旨在配合个人条件,辅其自主,导其自立;其四,辅导的目标是个人与社会兼顾,期使个体在发展中既利于己,也利于人。

根据学校教育的目标,心理辅导可以界定如下:

心理辅导（psychological guidance）是指教育者运用心理学、教育学、社会学、行为科学乃至临床心理学等多种学科的理论和技术，通过小组辅导、个别辅导、心理辅导课程以及家庭心理辅导等多种形式，帮助学生自我认识，自我接纳，自我调节，从而充分开发自身潜能，促进其心理健康与人格和谐发展的一种教育服务。

这个表述有以下几点含义：

——心理辅导的直接目标是提高全体学生的心理素质，最终目标是促进学生人格的健全发展。

——心理辅导是帮助学生开发自身潜能、促进其成长发展的自我教育活动，通过他助、互助，培养其自助能力。

——心理辅导是具有现代教育理念的方法和技术，它不是一种带有指示性的说教，而是耐心细致的聆听和诱导；它不是一种替代，而是一种协助和服务。

2. 心理辅导、心理咨询、心理治疗

心理辅导、心理咨询和心理治疗是既有联系又有区别的三种心理服务模式。其共同点在于：其一，都是帮助当事人解决心理的问题，使当事人获得认知、情绪和行为的改变；其二，都需要在受助者与助人者之间建立良好的关系；其三，涉及的理论、技术和方法基本相同。因此，许多学者建议把心理辅导、心理咨询和心理治疗看着是一条线上的不同点，是连续的，而不是割裂的，其间的差异是程度的，而非本质的。

这三者的差异主要表现在服务对象、服务功能、干预方法的侧重点，以及服务人员等方面。**心理治疗**（psychotherapy）是以心理疾病患者为对象，经由精神医学的治疗计划，达到治愈的目的，主要由精神病医生和临床心理医生来承担。**心理咨询**（psychological counseling）是以心理障碍者为对象，主要由临床心理医生和其他心理咨询专业人员来承担。心理辅导是以一般正常人为对象（在学校里以全体学生为对象），通过各种辅导活动，提高其心理素质，促进心理健康，主要由学校心理辅导人员和教师承担。当然，这三者也不是截然分开，承担心理咨询的专业人员有时也进行心理治疗的工作，学校心理辅导教师有时在处理个案时，也在一定程度上扮演心理咨询师的角色。

3. 心理辅导目标

心理辅导有两类基本目标。从积极意义上讲，叫发展性目标，即通过提高每个学生的学习、生活、人际交往和社会适应等方面的心理素质，充分开发他们的潜能，使之健康成长。从消极意义上讲，叫防治性目标，即通过对学生心理问题的预防和矫治，进而促进他们的心理健康。学校心理辅导应该以发展性目标为主,防治性目标为辅,这已经得到大家的基本认同。

知识视界 17-1　美国学校心理咨询目标

美国学校心理咨询协会(ASCA,1997)制定的学校心理咨询国家标准中把学业发展、职业发展和个性/社会性发展作为学校辅导三大目标,同时该协会指出,这些"必定成为决定学校咨询规划质量和效能的重要因素"。施密特(Schmidt)将学业发展改为教育发展,认为后者含义更为宽泛,"所谓'教育'指追求终生学习;而学业则更接近特定学科和课程论文有关的成就"。其中,教育发展是指让所有的学生拥有取得学业成功的平等机会,例如,心理咨询人员和教师借助课堂指导活动以鼓励学生积极自我概念发展。职业发展是指为学生进行职业准备和职业选择的辅导,具体包括:①提供有关工作世界图景和当前职业机会准确信息;②对学生的兴趣和能力进行评估,并对学生讲解测评结果,以便学生做出恰当的职业选择;③鼓励学生多做一些选择。个性和社会性发展是指让学生理解、接纳自我,与他人和谐相处。

(施密特,2005)

笔者认为,学校心理辅导的目标大致应包括以下两方面:

(1) 发展性目标

帮助学生认识自己、接纳自己;

帮助学生学习发展良好的人际关系,培养合群性、同情心;

帮助学生适应学校生活环境,热爱学校生活;

帮助学生发展学习能力,培养正确的学习观念、良好的学习兴趣与学习习惯;

帮助学生提高承受挫折的能力,培养良好的意志品质;

帮助学生在学习、生活中学会调节、控制自己的情绪,经常保持乐观、平和、愉快的心境;

帮助学生培养独立自主的精神,懂得对自己的行为负责;

帮助学生培养创造力和创新精神。

(2) 防治性目标

辅导学习困难的学生,改进他们的学业成绩;

辅导有情绪困扰、行为问题的学生,改善他们的情绪,矫正他们的行为;

辅导家庭环境不利的学生,帮助他们健康成长;

辅导学业优秀的学生与智力超常的学生,使他们获得更佳发展;

辅导有心理困扰的学生,促进他们心理健康。

4. 心理辅导内容

根据上述目标,笔者将学校心理辅导内容规划为四大主题:学习辅导、人格辅导、生活辅导和生涯辅导。

(1) 学习辅导

学习辅导旨在帮助学生改进学业成就,提高其学习心理品质与技能,并对学生的各种学习心理问题进行辅导。学习辅导有积极的与消极的之分。积极的学习辅导是对学生的良好的学习技能、学习方法、学习习惯和学习动机的态度进行训练与辅导,以培养学生良好的学习心理品质。消极的学习辅导是对学生在学习中产生的障碍进行矫治,如帮助学生克服厌学心理,矫治注意力障碍、自卑自弃心理、学校恐惧症等等。过去,我们常常将学习活动中的认知、情感、行为片面地割裂开来,有时强调认知,有时强调情感等等,缺少整合的系统观。系统论告诉我们,一个系统只有在其内部形成有序的结构,才会发挥最佳功能。人的心理是一个有机整体,知、情、行三者密不可分,这三者协调发展,能使个体产生最佳的学习效率。我们应该认识到学习是获得人生智慧与经验的过程,也是个人成长的过程。它需要人的热情、态度、价值信念、方法策略等等。

(2) 人格辅导

由于中小学生正处于人格成长与发展的敏感期,学校教育不仅有义务和责任对学生进行人格教育,更有条件进行系统、有计划、分阶段逐步推进的人格教育。学校心理辅导就是整个学校教育进行人格教育的重要一部分。

人格辅导作为学校心理辅导的一部分,旨在帮助、促进学生社会适应和人格健康成长和发展,即个性与社会性发展。

社会适应是社会性发展的主要体现,它既是人格成长与发展的基础和条件,又是人格特征赖以展现的载体,个体人格的稳定性和行为方式都直接体现在个体的社会适应中。个体要有良好的社会适应,必须既充分认识自己,又充分认识自身之外的周围环境(包括自身之外的他人、物理环境、社会组织、社会文化等等),并积极寻求两者的沟通和融合,从而达到个体与环境的良性互动和协调。

个性发展即努力培养适应社会现实要求的生活态度、价值观念和社会行为模式。就现代社会中的个体而言,必须具有现代人的人格特征。针对目前中国的现代化进程,有学者提出,当代中国人特别要重视培养耐挫能力、合作与合群品质、终身学习的态度和能力、尊重多元化价值并具有独立判断和选择能力等。

人格辅导的主要内容包括自我意识辅导、情绪辅导、人际交往辅导、青春期及性心理辅导等。

人本主义心理学家马斯洛（Maslow，1956）提出著名的关于自我实现的人格特征描述，被视为"最有参考价值的见解"。他的自我实现的人格特征包含：①能准确地知觉现实；②悦纳自己、他人和周围世界；③能自然地表述自己的情绪和思想；④注重问题而不注重自我；⑤独立自主；⑥对于自然条件和文化环境有自主性；⑦有不断更新的欣赏力；⑧具有高峰体验；⑨有深厚的社会感情；⑩有至深的知交以及亲密的家人；⑪有民主的性格；⑫有很强的伦理观念；⑬富有哲理的幽默感；⑭有旺盛的创造力；⑮有对现实的批判精神。除上述优秀品质外，马斯洛也提到自我实现者也存在愚蠢、挥霍、粗心、顽固、虚荣、自负等缺点。

特质论心理学家奥尔波特提出了判断健康成熟人格的六项标准：①自我扩展能力；②与他人热情交往的能力；③自我接纳能力和安全感；④实际的现实知觉；⑤自我客观化；⑥统一的人生哲学。

各学派对于健全人格的定义见仁见智。我国学者黄希庭通过理论和实证研究，提出自立、自信、自尊、自强的"四自人格"来概括健全人格的基础。

（黄希庭，2008）

（3）生活辅导

生活辅导包括两方面内容，一方面是通过丰富日常休闲活动，培养学生健康的生活情趣；另一方面帮助学生应对负性生活事件，培养乐观的生活态度。这对于学生将来获得幸福而充实的生活具有潜在的影响，同时对于发展他们的个性、增长才干、提高学习效率也具有正向迁移作用。

休闲对人的发展的价值主要表现在休闲活动的性质和休闲活动的内容之中。对中小学生而言，在闲暇时间里，如果以积极进取的方式取代消极打发日子的方式，就能让休闲活动变得充实有益、丰富多彩，消除学习疲劳，缓解因学习紧张而带来的心理压力。听音乐、观赏戏剧、逛公园、练书法、游览名胜、参观展览以及阅读文学作品等，既可得到娱乐和休息，又可提高文化素养和审美鉴赏能力，升华道德境界。杜威（Dewey，1990）说："富于娱乐性的休闲不仅在当时有益于身体健康，更重要的是它对性情的陶冶可能有长期的作用。为此，教育的任务就是帮助人们为享受娱乐性的休闲而做好充分的准备。"目前的现实情况是学生学习压力大、课业负担重、学习时间长，很少有休闲的机会和时间。

生活中充满了各种丧失，如失去亲近的人、失去未来各种可能性以及身体的损害等，可以说丧失与成长共存，它们会带来生活的改变。儿童遇到的创伤性事件主要是亲人与同伴的亡故,这些丧失与哀伤事件会引起孩子巨大的心理悲痛和创伤,不仅影响他们当下的生活与学习,甚至会留下终身的阴影。汶川地震中,无数儿童丧失亲人和同伴,人们对丧失与哀伤辅导、灾后心理干预给予了前所未有的重视。

近年来,随着互联网迅速发展与普及,网络已成为学生获取知识、联系世界的重要途径。如何帮助学生合理利用网络、遵守网络道德、避免网络沉迷、树立网络安全意识等,已成为学生成长中的重要问题,这些也是生活辅导的重要内容。

(4) 生涯辅导

升学与择业是人生发展的必然过程,是事关个人前途的重大事件。生涯辅导是为学生未来的生活作准备的,旨在帮助学生在了解了自己的能力、特长、兴趣和社会就业条件的基础上,确立自己的职业意向,进行职业选择和准备,为今后顺利踏上社会打下良好的基础。它通过对学生的生涯认知、生涯导向、生涯试探、生涯选择、生涯安置、生涯进展等一系列有步骤、有阶段的辅导活动,实现学生生涯成熟的目标。

① 了解职业辅导。包括了解职业、了解专业和了解社会,主要介绍职业的分类,介绍高一级学校专业内容及与未来职业的关系,帮助学生研究职业内容和收集职业资料。

② 了解自己辅导。帮助学生了解自己的职业能力、职业兴趣、职业个性等心理特点和自身的生理特点。

③ 人生探索辅导。树立正确的职业观和择业观,帮助学生了解职业的内涵和职业在人生中的重要意义,懂得学习与未来所从事职业的关系。同时要教育学生正确对待社会分工和职业差别,树立正确的职业理想,能根据社会需要和自身条件选择专业或职业。

④ 合理选择辅导。帮助学生根据自己的身心特点和职业的要求,发现自己的长处,找出不足,在选择职业的过程中扬长避短,选择最适合自身特点的职业或专业。同时帮助学生面对自己未来的道路,通过理性分析和自身努力,达到自己的职业理想;辅导学生掌握填报升学志愿和求职择业的技巧。

第二节 心理健康一般规律

心理健康是躯体健康的保证和动力,是智力发展和脑功能健全的重要标志,也是培养良好心理素质的基础。所以,心理健康对青少年健康成长、全面发展具有重要意义。心理健康是否有一定规律可循？本节将予以探讨。

一、影响心理健康的因素

人的心理健康受到许多因素的影响，一般可以包括：生物因素、心理因素和环境因素。

1. 生物因素

（1）内分泌系统

内分泌系统是一个重要的调节系统，与某些心理障碍密切相关，比如焦虑和心境障碍。人体有多种内分泌腺，每一种腺分泌一种特定的激素，释放出来的激素进入血液循环。肾上腺分泌的肾上腺素用来应对压力，它让我们的身体活跃，准备迎接可能的威胁或者挑战。

（2）神经递质

神经系统中，神经递质水平和神经内分泌活性通过复杂的相互作用来调节我们的情感和行为，从而对心理障碍产生影响。神经递质的流动是我们理解心理障碍的关键。可能起重要作用的神经递质有四种：5-羟色胺、γ-氨基丁酸（GABA）、去甲肾上腺素和多巴胺。

5-羟色胺系统调节我们的行为、心境和思维过程。情绪不稳定、好冲动以及对环境过度反应常常和 5-羟色胺的活性极度降低联系在一起；攻击性行为、自杀、过度饮食和过度的性行为也和 5-羟色胺活性降低有关。

γ-氨基丁酸（GABA）可以降低突触后活性，从而抑制很多行为和情感，但是其主要作用还是缓解焦虑。

中枢神经系统内有很多去甲肾上腺素循环通路。其中一条通路从后脑开始，而这个区域是很多基本的机体功能如呼吸的控制中心；另外一条通路可以在我们处于危险情况的时候，影响我们的紧急（或者警戒）反应。这提示去甲肾上腺素可能和惊恐状态有关，更有可能的是，由于它的回路遍布大脑，这个系统调节更加一般性的行为倾向。

多巴胺这种神经递质属于儿茶酚胺类，它就像一个开关，可以打开各种脑回路，使其他的神经递质抑制或者促进情绪和行为，它与冒险性、外向性及寻求快乐的活动有关，如对注意缺陷多动障碍有潜在影响（Barlow，2006）。

2. 心理因素

（1）认知倾向

认知倾向对青少年情绪障碍存在影响。外在事件或父母行为并不直接影响青少年的情绪状态，而是首先影响他们的认知倾向，导致负性情绪的产生。美国心理学家贝克（Beck，1976）最早提出认知情绪模型，他认为认知是行为和情感的中介,人们早年经验形成了"功能失调性认知假设",一旦被某种严重的生活事件所激活,则产生大量的"负性自动思维",导致抑郁等负性情绪产生。青少年在成长过程中对自我及外界环境的认识和评价逐渐形成,但仍处于粗浅、表面的层面上,对外界环境的信息加工处理一旦出现失误和偏差,产生负性自动思维,形成消极的归因方式,自我评价降低,就容易产生抑郁、焦虑等负性情绪。根据贝克认知模型发现,如果消极的认知图式被反复激活,则抑郁症状反复发作。一项对青少年抑郁认知的研究发现,目前患有抑郁和抑郁康复后的青少年与从未患抑郁的同龄人相比,他们的消极图式和负性认知倾向突出,如果这种消极的认知倾向未得以改变,可能还容易复发抑郁。

贝克(Aaron Temkin Beck,1921—)

美国著名心理学家,1946年在耶鲁大学获医学博士学位,1953年获美国神经和精神病学会颁发的精神病学证书。认知治疗(cognitive therapy,CT)的创立者,编制了著名的贝克抑郁量表(BDI),在抑郁症领域中做出了拓荒性的努力,在心理学和医学两个方面都做出了卓越的贡献。主要著作有《抑郁症:病因与治疗》、《认知治疗与情绪困扰》、《焦虑症和恐惧症:一种认知的观点》等。

阿诺德(Arnold)也强调认知评价在抑郁情绪中的作用,并提出抑郁障碍的社会-认知心理因素模型说,认为认知和社会应激交互作用,应激源通过认知因素起作用,会使认知倾向偏倚,产生消极的归因方式导致抑郁情绪,而应激源对抑郁的直接作用很小。国外有研究发现青少年在经历家庭破裂、性问题和吸毒等应激情况时,对应激事件不能正确评价而出现认知偏差,多表现情绪不稳定,易烦躁和抑郁,行为具有攻击性。有研究发现消极的认知倾向是青少年抑郁症的预测因子之一。但也有研究认为消极的认知和归因方式对自杀的预测无特异性,不能预测抑郁症的严重程度。消极的认知倾向虽然是引起抑郁情绪的风险因素,但并不能说明二者的因果关系,但可以肯定,改变不良的认知倾向有助于缓解抑郁情绪。青少年焦虑障碍的研究也证实存在认知偏差的现象。负性的认知与情感痛苦经验相关联,焦虑程度高的个体存在认知偏差和消极痛苦的经验。高度躯体焦虑的个体被发现趋于回避积极的经历。按照焦虑的认知理论,可以解释焦虑的认知偏差,即有焦虑障碍的青少年往往对不确定的情景存在认知机能障碍或偏差,他们过高估计危险,低估了他们应对危险的能力和解决问题的能力。

拉扎勒斯(Lazarus)深入研究了认知对情绪的影响,认为情绪的发生与认知的评价、再评价的过程有关,当这种认知评价、再评价的过程发生偏差,则影响情绪的极性。他不认为认知评价出现一次偏差就导致情绪的改变,而是多次认知评价出现偏差,才可能强化认知系统,最终形成内倾或消极的认知倾向并固着下来。这表明青少年情绪障碍的认知心理治疗也需要一个逐步改变不良认知的过程,而非朝令夕改。

（2）人格因素

个性心理因素与青少年情绪障碍相关联。发展理论认为,青少年个性发展存在不稳定性,易受到各种因素的影响而表现出波动性情绪。青少年情绪的稳定性和积极性受到损伤,则表现出情绪问题,如恐惧、焦虑、担忧、抑郁和强迫等。在各种诱因作用下,一些青少年容易出现情绪症状,发现病前多有某种易感素质,即负性情绪与某种人格特质相关联,例如焦虑、抑郁与神经质有关,热心和正面情绪与外倾有关,而不同的个体由于存在个性的差异,其情绪反应和变化也存在不同的差异（Larsen, 1998）。青少年情绪障碍多有个性脆弱、过分依赖、自责、被动、胆小等易感素质。

国内张亚林、杨德森（2001）等研究报告,神经症患者不同的个性特征决定其罹患某种神经症亚型的倾向性,如焦虑障碍患者病前多表现焦虑、担心、易怒等人格特征,完美主义人格倾向的人易患抑郁症和强迫症,他们往往追求完美,过度投入工作和学习,过度排除享乐,犹豫不决,过度关注规则、细节和步骤。青少年的个性心理受到影响而发生偏移,情绪障碍和行为问题也很突出。青少年品行障碍和情绪障碍相关研究表明,品行障碍青少年情绪问题的发生率较高。一些研究发现,在儿童期有品行障碍的青少年表现情感水准低,情绪不稳定,抑郁、焦虑症状明显。边缘型和反社会型人格障碍与情绪障碍的相关程度较高,具有此类型人格的个体存在情绪的过度反应、情绪平稳程度慢、情绪强度高、对刺激的反应迅速等特点,而且大多数品行障碍和反社会型人格的女性在青少年早期就存在抑郁或焦虑障碍。但品行障碍和情绪障碍是各自独立的疾病还是存在共病现象,有待深入研究。

3. 环境因素

（1）家庭环境因素

家庭环境因素可能是情绪障碍重要的病理心理机制之一。家庭功能模式理论和系统模式理论认为,家庭是对青少年心理发展最有影响力的因素,青少年心理健康的关键是良好的家庭环境。发展理论认为青少年在心理生理发育过程中,绝大多数时间是在家庭这个平衡完整的系统环境中度过的,如家庭环境系统失衡或功能失调,控制能力减弱,则会对子女心身发展产生不利影响。主要表现在以下几个方面（张勇,张亚林,2006）：

① 家庭环境特征和父母教养方式　青少年情绪问题与家庭环境不良有密切关系,如家庭成员间亲密程度低,父母对子女关注和关心不够,或者是父母采用消极的沟通方式,使子女害怕或不愿与父母进行真实的情感交流,再加上学业、成长、经济等原因导致家庭成员间矛盾冲突多,发生争执、对抗,长期生活在这样的家庭环境中,青少年易出现焦虑、抑郁情绪。研究者将上述家庭称为"风险家庭","风险家庭"还表现为家庭成员间缺乏相互支持和鼓励,家庭中缺乏约束和道德准则等特征,这些不利因素都可能导致子女心理发展偏倚,承受能力脆弱,出现心理社会功能不同程度的瓦解甚至破裂,尤其是情感和社会功能严重受损。

在家庭系统中,父母教养方式对青少年的心理健康亦有重要影响。父母的情感温暖、理解和接纳是子女心理正常发育的重要条件。相反,父母对子女过多地拒绝、否认、干涉,会使子女产生无价值感、无能力感、无位置感,同时又受自尊心驱使,过分注意自我言行、举止和自身价值,期望得到父母和外界的认可,易导致内心冲突,表现为抑郁、焦虑不安、恐惧、强迫等情绪障碍。另外,父母的过度保护也是一种与子女焦虑、抑郁相关的不良教养方式。

② 家庭暴力,父母物质滥用　青少年情绪问题与家庭暴力相关。家庭暴力是一种破坏家庭系统完整性、平衡性的行为。家庭暴力包括躯体虐待、精神虐待和性虐待三种方式。儿童虐待是家庭暴力中一种严重危害青少年心身健康的行为,尤其对情绪的影响显著。国外研究发现有性虐待史的青少年,早期即出现抑郁和焦虑情绪,如果性虐待发生在家庭中,则容易反复出现这种行为,受虐青少年的焦虑、抑郁症状十分突出。如果受虐对象是女性,消极情绪更明显,有可能持续终生,儿童期女性性虐待可能是抑郁症的重要风险因子。

国内调查发现青少年受虐方式以躯体和精神虐待最为常见,由于中国传统上"打是亲,骂是爱"的观念根深蒂固,父母对子女多采取惩罚(主要是打骂)、忽视、拒绝、过度干涉的行为方式来管教子女,受虐青少年多表现自卑、绝望甚至自伤、自杀行为。

物质滥用增加了家庭暴力的危险性,这可能导致青少年情绪问题。父亲长期过度饮酒,发生打骂、拒绝和忽视子女的危险增加,使子女生活在一个不和谐、不稳定的家庭环境中,易出现焦虑、抑郁、无望感甚至自杀行为。在嗜酒或药物滥用家庭中,青少年出现情绪问题也存在性别差异,母亲有酒精依赖,女孩比男孩抑郁明显,而父亲有酒精依赖,男孩比女孩易表现为抑郁。

③ 父母罹患精神疾病　父母患有精神疾病,子女出现各种情绪问题的风险会明显增高。父母患有神经症、精神分裂症或情感障碍,不仅从遗传因素上增加了子女患情绪障碍的风险性,而且患病父母异常的个性、情绪和行为方式也会使

子女模仿,表现不良的情绪和应对方式。同时,由于家庭中缺乏凝聚力,组织性差,使子女难与父母相处,冲突明显增多,情感表达和交流少,存在子女自我评价低、应对能力差等不良结局。抑郁症患者消极的社会认知、低自尊和自我控制力差,与青少年的心身健康问题相关。研究发现,若父母一方患有抑郁症,其子女至少有一半会患抑郁症,抑郁症患者的子女患重性抑郁的风险较正常对照组高三倍,患恐惧症的风险要高三倍,患惊恐障碍的风险要高五倍,患焦虑障碍的风险是一般人群的两倍。

④ 父母离异,子女被遗弃或无家可归 父母离异与青少年负性情绪相关。父母离异,子女被遗弃或无家可归,对青少年而言是一个应激事件,会引发其不良情绪的产生。父母婚姻破裂而离异,子女缺乏父爱或母爱,缺乏双方的关注和接纳,易表现情感困惑和冷漠。父母相互推卸责任,子女经常被拒绝,甚至被打骂,负性情绪更加突出。在单亲家庭中,父母一方对青少年的过度保护、关注和干涉,子女的焦虑、抑郁和强迫情绪也同样显著。无家可归青少年情绪障碍的发病率较高,几乎每一个无家可归青少年都表现有焦虑和抑郁情绪。

(2) 社会环境

虽然社会环境对青少年心理健康的影响不如家庭环境直接。但是我国目前片面追求升学的功利主义教育制度,往往给广大青少年造成过重的压力,影响其心理健康的现象比较突出。功利主义教育的特征是:以选拔式考试为指挥棒,以智育为中心,以高难度的课程为基本内容,以选拔考试成绩优秀学生、淘汰落后学生为目的,由此而产生大量学业失败学生也就不足为怪了。学业失败给孩子带来的最大伤害莫过于自尊自信的动摇。来自教师、家长乃至同伴的非议与冷遇,会使学生感到自己一无是处、毫无价值,自卑感与日俱增。

4. 生物与环境的相互作用

1983 年,著名的神经学家和诺贝尔奖获得者坎德尔(Kandel)推测,学习的过程不仅仅会影响行为。他提示说,人体细胞的遗传学结构可能会因为学习而发生改变,即静止或者不活动的基因和环境相互作用会使之激活。换句话说,环境的因素会激活某种基因。这种机制可能导致神经元末梢受体数量的变化,从而影响大脑的生化功能。这个交互作用叫素质-应激模式(Barlow, 2006)。

很多年以前,科学家就提出了基因与环境相互作用的假说。根据素质-应激模式,个体会以多基因的方式遗传获得某种特性或者行为倾向,然后在某种应激条件下被激活。每种遗传倾向就是一种素质,即产生某种障碍的易感性。当合适的生活事件如某种应激源发生的时候,就会产生某些障碍。

卡斯皮(Caspi, 2003)的研究证实了这种模式。他们对 847 名被试从 3 岁起

追踪 23 年,得到结论:

(1) 两个长基因的个体比两个短基因的个体能够更好地应付应激;

(2) 短对偶基因者比长对偶基因者,在经历了至少四次应激事件后,发生抑郁的可能性高出一倍;

(3) 在短对偶基因者中,童年受到创伤和虐待的比没有受到虐待的,成年后发生抑郁的可能性高出一倍以上(63%比 30%);

(4) 长对偶基因者童年时的应激经历与成年时抑郁发生率没有显著相关(均为 30%)。

二、心理健康与压力

现代社会随着生活节奏的加快、竞争的加剧,人所面临的精神压力也越来越大。如何应付这些压力,保持个体的情绪健康,更好地面对生活、学习和工作的挑战,是一个现代人人生道路上的重大问题。青少年也不例外,尽管青少年面临的压力与成年人有所不同,但许多事实表明,不少青少年的心理困惑和反抗情绪往往与他们面临过重的心理压力有关。

1. 心理压力

压力(stress,又称为应激)一词来源于拉丁文 stringere,原意是"扩张、延伸、抽取"等,意思是动员生理和心理的资源,来满足有机体的要求。后来这个术语被引入物理学和工程学中,例如当一个充满气体的气球遇到外力或高压时发生爆炸,这种外力在物理学上就称为压力。19 世纪末开始,生理学家、心理学家、社会学家和医生借用这个词来描述动物和人类在紧张状态下的生理、心理和行为反应。不同的学科、不同的学者对压力的概念有不同的定义。

根据多兰得(Dorland)医学词典(1985,第 26 版)的定义:"压力是来自躯体、精神或情绪,来自内部或外部的任何不良刺激的生物学反应的总和。该反应有扰乱机体内稳态的倾向,如果补偿反应不合适或不正确,则可能患病。这个词也用于指引不同反应的各种刺激。"这个定义具有明显的生物学和医学特点(吴增强,2007)。

最早系统提出压力理论的是加拿大学者塞里(Seley),他认为,压力是内外环境中各种因素作用于机体时所产生的非特异性反应,表现为一种特殊症状群。所谓非特异性反应是说各种各样的不同因素都可以引起这种反应。机体暴露于各种不同的刺激之下时,如冷、热、缺氧、长期情绪矛盾、水和电解质平衡失调,都可以产生同样的压力反应。而引起压力的因素称为压力源(stressor),但不管压力源是愉快的或不愉快的,产生的压力反应都没有差异。这两种完全相反的感受产生相同的身体影响,似乎是矛盾的,但研究表明确实如此。所谓特殊症状群是指压力症状群具有的特定的过程和表现。

我国学者也从不同的角度提出对压力的定义。张伯源、陈仲庚(1986)认为：紧张状态(压力)是人或有机体在某种环境刺激的作用下所产生的一种适应环境的反应状态，即在一定的社会生活环境中，对一个人能产生影响的刺激和情境，被其感知到并做出主观评价后就会产生相应的一些心理生理变化，从而对刺激做出相应的反应。如果这个刺激或情境需要人做出较大的努力去进行适应，甚至超过一个人所能负担的适应能力，这时就会出现紧张状态(压力)。

张春兴(1992)认为：压力指个体生理或心理上感受到威胁时的一种紧张状态。这种紧张状态使人在情绪上产生不愉快甚至痛苦的感受。压力具有示警的功能，可使人面对压力来源，进而消除压力的来源，解除威胁。

综合上述各家意见，笔者认为，**压力**是个体与环境交互作用的过程中，面临一定的生活事件和情境，所感受到威胁时的一种紧张状态，它可以导致个体的情绪和行为问题，也可以激发个体的机能。

2. 压力对心理健康的影响

压力具有两重性，适度压力能够提高机体应激水平，是有积极意义的；而过度压力则压抑个人身心活动。如，过重的压力会影响人的睡眠。大量研究已经得出结论，有规律的睡眠是健康的基础，而慢性失眠则常与多种心理健康问题有关。情绪上的压力被认为是引发失眠的首因，心理上的焦虑状态会使思维异常活跃，脑细胞活动兴奋，使人难以入眠；而睡眠不好反过来也会影响压力水平，使人更加易怒、兴趣低落、愤世嫉俗等，继而形成恶性循环。

三、心理健康与挫折

在现实生活中，每个人都会遇到失败和挫折，然而每个人经受挫折后的反应不同，有的人灰心丧气，情绪低落，而有的人更加发奋和努力。这是由于每个人对挫折的认识不同、应付方式不同。可见挫折与心理健康的关系非常密切。

1. 挫折的概念

挫折是个体在从事有目的活动的过程中，遇到障碍或干扰，致使个人目标不能实现、需要不能满足时的心理状态。从这个概念出发，形成挫折有以下几个条件：一是必须具备必要的动机和目标；二是必须有满足动机和达到目的的手段和行动；三是必须要有挫折情境发生；四是不仅个体在主观上意识到阻力的存在，并且还使自己处于一种紧张状态或产生一种与此对应的情绪反应。

2. 挫折的反应

一个人经常遇到挫折难免会灰心丧气、情绪低落、焦躁不安等，这些消极心理状态，在心理学中有一个专门的术语，叫习得性无助。

所谓**习得性无助**(Learned helplessness)是指,个人经历失败与挫折后,面临问题时产生的无能为力的心理状态。习得性无助这一术语最初是由塞利格曼(Seligman, 1967)研究动物行为时提出的。他发现,当动物无法避免有害或不快的情境而获得失败经验时,会对日后应付特定事物的能力起破坏性效应。习得性无助使得个人在认知上表现为失去正常的判断能力,形成固定的消极观念;情绪上表现为情绪低落、抑郁、悲观、无精打采;动机上表现为行为没有任何努力的企图。

(1) 社交习得性无助

格茨和德威克(Goetz & Dweck,1980)研究了社会拒绝情境下的习得性无助。研究者在问卷中提出一系列假设的社会情境,要求被试对每个假设中的不同拒绝做出反应。如,"假如你家旁边搬来一个新邻居,新来的女孩或男孩不喜欢你,这是什么原因?"等等。三周以后,观察每个被试在一定情境下面临同伴拒绝时的表现和反应。研究结果发现:

① 习得性无助儿童比其他儿童在拒绝以后表现出更多消极行为,他们中的39%有社交退缩。

② 习得性无助儿童比其他儿童面临困难时更缺乏新的策略,更喜欢重复无效策略或放弃有效策略。

从社会动机模式分析,习得性无助儿童认为社会归因或个人归因是固定不变的,他们常采用获得社会归因判断的操作目标,为了避免社会归因的否定判断,故采取退避行为。而自主性儿童认为社会归因是可以改变的,常采取增长社会能力的学习目标,表现出社交自主的行为。

(2) 学业习得性无助

学业习得性无助主要表现在:认知上怀疑自己的学习能力,觉得自己难以应付课堂学习任务;情感上心灰意懒、自暴自弃,害怕学业失败,并由此产生高焦虑或其他消极情感;行为上逃避学习。例如,选择容易的作业、回避困难的作业、抄袭别人作业乃至逃课逃学等等。学业不良学生的习得性无助不是一朝一夕形成的,而是个体在经常性的学习失败情境中习得的行为方式。其动机过程大致由两条途径发展。一是失败的信息引起消极的情感体验。因为经常失败招致教师、家长更多的批评抱怨,由此感到灰心、沮丧,并严重损害个人的自尊和自信,为了维持自尊便会产生消极的防御机制,其主要表现形式之一就是逃避学习。二是失败的信息通过归因的中介影响自我信念的确立,进而构成消极的自我概念。大量研究表明学业不良学生在成就归因上存在归因障碍。

如卡尔(Carr, 1991)的报告指出,低成就学生在成败归因倾向上更多归因于外部因素或者不可控因素。这些学生身上有种"被支配"的经历，相信自己的生活是被外部力量控制着，结果是由机会和运气决定的，自己无能为力。在能力倾向上，他们不认为自己的能力、知识和策略方法可以有效地支持学习。这些归因障碍深深影响学业不良学生的自我概念，容易形成实体理论倾向的自我信念，他们自认为难以由个人意志控制自己行动，缺乏执着精神，表现出消极应付学习的行为方式。相反，学业高成就学生从自身寻找力量和动力，内部的可控归因促进积极的自尊、自我信念和动机水平。另外，个人的情感体验与信念、自尊是交互影响的，构成动机过程的内循环，不愉快、消沉、沮丧的负性情感会削弱自信和自尊；同样，消极的信念、低自尊又会促使个人在失败面前灰心丧气。

3. 挫折的应对

应对挫折可以从两方面考虑，一是克服习得性无助，二是增强抗挫能力。

（1）克服习得性无助

① 重视过程，不要太看重结果。成就目标理论指出，过于看重结果的学生一般对外界的评价比较敏感，他们相信成功或者失败是判断人的能力的依据，所以他们极力避免显示自己的能力不足，学习时容易患得患失。而重视过程的学生关心自己能力的提高甚于自身能力的评价，他们更相信成就状况是促进自身能力增长的机遇，失败和挫折可以帮助自己调整策略，并使自己获得新的学习技能。

② 对于失败情境要合理归因。把失败归因于能力不足，容易使人产生自卑自弃心理。因此对于失败情境能力归因倾向的学生要加以引导，转向努力的归因。

③ 强化自我评价，淡化他人评价。以自我参照的评价，可以发现自己的进步与问题，尤其对于学习落后的学生来说，自我评价比与他人比较可能更具有激励作用。

（2）提高心理弹性

心理弹性作为一种积极心理品质越来越受到人们关注。**心理弹性**（resilience）是指儿童在面临压力和逆境时没有被击垮，而是很好地应对了这些危险处境的能力。它从积极的一面来看待儿童所处的不利环境。

研究发现，心理弹性强的儿童有几个明显特征：更加积极地对待问题；能够得到别人积极的关注；能够接受和应对生活中的挑战。研究发现，对于心理弹性形成起关键作用的是内部和外部保护性因素。内部保护性因素包括儿童的潜在特质、能力、自我信念等，外部保护因素包括家庭和社会环境等。提高学生的心理弹性，可以让他们以积极的心态面对挫折。

学术前沿 17-1　高中生心理弹性与应对方式相关研究

通过采用《青少年心理韧性量表(HKRA)》和《应对方式问卷》对 2 763 名高中生进行问卷调查,研究结果表明:(1)高中生的心理弹性处于中等偏上水平;(2)高中生的应对方式之中外部疏导机制和心理调节机制与其心理弹性呈显著正相关,而自我防御机制与其心理弹性呈显著负相关;(3)调整心态、倾诉、总结经验、转移、调节情绪和转换视角等六种应对方式对高中生的心理弹性有正向预测作用,而退缩和推诿这两种应对方式对高中生的心理弹性有负向预测作用。

提升高中生心理弹性的建议:

1. 培养高中生良好的非智力因素。有学者提出,通过在学校开设一些赏识教育方面的课程或讲座,帮助学生掌握一些自我调节情绪的技巧和方法,赋予学生一定的权利等方法来培养学生积极的人格,让学生拥有乐观积极向上的精神,从而有助于提高学生的心理弹性。良好的非智力因素有助于高中生在抉择时慎重思考并权衡各种看法和观点,明确自身的目标与志向,对自己的未来寄予适当的期望水平。

2. 教师要经常与学生家长沟通。从研究结果来看,高中生增强自身心理弹性的源泉主要是家长、自身和同伴。随年龄的增长,高中生的烦恼会越来越多,作为家人、朋友和老师,给予高中生正确的指导十分重要。在高中生面对压力、挫折而不知所措时,帮他们分析遇到的情况,引导他们倾诉,教会他们正确使用调整心态、总结经验、转移、调节情绪和转换视角这些积极主动的应对方式,使他们建立全面的思考方式,积极面对困难从而提高自身的心理弹性。

3. 创设良好的学校、社会环境。从研究结果来看,教师、学校及社会对高中生增强心理弹性的作用并不明显。为此,想要提高高中生的心理弹性水平,教师应该花更多时间关注学生的心理健康,学校应该加强心理健康方面的师资、条件建设;社会应该营造更多有利于高中生心理健康发展的资源。只有多方面共同努力,才能从实质上提高高中生的心理弹性水平,优化其应对方式。

(张旭东等,2013)

四、青少年心理健康问题的特点

青少年心理健康问题的特点主要表现在以下几个方面:

1. 生理、心理、社会成熟不协调

生理成熟、心理成熟与社会成熟的不协调是导致青少年内心冲突的根源。

青少年时期是个体从儿童向成人发展的过渡期,心理成熟滞后于生理成熟是这个时期最为突出的特点,又称为"第二次心理断乳"。心理成熟的滞后表现在:独立性与依赖性的矛盾,理想我与现实我的矛盾,闭锁性与开放性的矛盾等等,这些矛盾本质上就是自我认同与角色混乱的冲突。

台湾心理学家张春兴(1998)列举了青少年在以下几方面的具体表现:

由于身体上性生理的成熟,使他感到性冲动的压力。由于对性知识的缺乏和社会的禁忌,使他对因性冲动而起的压力与困惑不知如何处理。由于学校和社会的要求,使他对日益繁重的课业与考试成败的压力感到苦恼。在求学时只模糊地知道求学成败关系着未来,然而对未来的方向自己却茫然无知。儿童时期的生活多由父母安排,很多事情的决定都是被动的。可是到了青少年期,很多事情要靠自己做主,而且父母也期望他有能力去选择。而青少年们自己则往往因缺乏价值判断的标准,在选择判断时,感到彷徨无措。

2. 认知发展与情绪发展不协调

认知与情绪发展的不协调使得青少年情绪问题日益增多。脑科学的研究表明,青少年的大脑远未成熟,在青春期之后的很长一段时间里,会发生大范围的结构性变化。在情感的发展方面,青少年阶段尤为重要,部分是因为大脑中荷尔蒙的大量分泌,青少年的前额叶仍然在发展,这常常使得他们容易冲动、情绪不稳。青少年期认知能力充分发展,而情绪还没有成熟,这种不同步的现象称为"高马力、低控制"。因此,帮助青少年学会情绪管理是心理辅导的一项重要内容。

3. 青少年压力源特点

江光荣、靳岳滨(1999)的调查发现,我国城市中学生的压力源主要是:学习负担、师生关系、家庭变故、父母及亲子关系以及恋爱交友等方面。其中学习负担和师生关系问题是当前主要的压力源。

楼玮群等人(2000)对2 986名上海高中生的调查显示,高中生的压力源可归结为六个方面:社会人际关系和性发展、学习和学业、与父母交往、未来前途、经济、健康。比例最高的压力源是:考试成绩不够理想(33.4%),在学习上落后于其他同学(33.8%),能否考上大学(35.6%),考试要争取好名次(25.9%),这些都与学习有关。

李文道等人(2000)对329名北京中学生压力源调查的报告指出,中学生压力源排在前10位的分别是:空气污染严重;学习成绩不好;考试没考好;考试名次公布;自尊心受到伤害;睡眠不足;父母对自己期望太高;被老师批评;达不到预定学习目标;听不懂老师上课讲的内容。概括地说,中学生压力源主要来自于学习、父母、老师和同伴、环境、自我发展和时间六个方面,其中学习压力是中学生的主要压力源。

由上述研究资料,大致可以归纳出青少年压力源的特点:

青少年所遭遇的压力源范围比较狭窄,事件以较为细小者为主。这些事件主要发生在家庭和学校里,反映了青少年的生活内容比较单纯,生活圈子比较局限。他们既不像成年人那样,由于广泛参与不同方面的社会生活因而可能会承受来自多方面的生活压力;也不像大学生那样,由于独立生活而容易遇到更多的环境适应问题。

(1) 学习压力是青少年主要压力源

以上几项调查都不约而同地把学习压力排在青少年压力源的首位。其实,青少年的学习压力很大程度是来自于他人(父母、老师、亲友等)对自己的期望以及与同学的社会比较。这与中国文化背景下青少年的社会化取向密切相关。杨国枢认为,中国人在人和环境的互动中表现出一种社会取向,具体体现在注重家族、权威、关系和他人。这些互为影响的因素使中国人较为关注别人如何看待自己,别人对自己有什么期望,特别是和自己关系密切的人。成年人的重要他人可以是父母、配偶、领导和朋友,而青少年的重要他人则是父母、老师和同学。从这个角度看,学习压力是通过人际关系的互动而产生的。青少年对这些重要他人的要求、期望和态度的感知成为他们主要的压力源。

(2) 师生关系是青少年第二位的压力源

江光荣等人(1999)的调查显示,师生关系也是青少年主要的压力源之一,具体有以下几个项目对青少年的影响较大:老师素质低、修养差;老师能力差、教学水平低;老师的教育方法简单粗暴;老师不公平、偏心;受到老师侮辱性的批评或嘲讽;与老师关系紧张。可见,教师如何与学生和谐共处,是减轻学生心理压力的重要措施。

(3) 青少年压力源的年龄差异和性别差异

青少年压力源存在一定的年龄差异和性别差异。江光荣等人(1999)以师生关系、学业负担、家庭变故、恋爱交友、父母、亲子关系等为因变量,以性别和年龄为自变量,进行双因素方差分析,结果发现青少年压力源存在年龄差异和性别差异(见表17-1)。高中生经受的压力比初中生大,男生经受的压力比女生大,初中女生经受压力最小,而高中男生经受压力最大。压力源与个体的生活环境和生活经历密切有关。随着年龄的增长,青少年的生活经历逐渐增多,社会角色的意识有所增强,社会各方面的期待日益增加,相对承受的压力也会增大。例如,高中生的升学压力要比初中生大,这是因为高中毕业面临的升学和择业更为迫切。

表 17-1　性别和年龄对生活事件压力的方差分析

	师生关系	学业负担	家庭变故	恋爱交友	父母、亲子关系
年　　龄	19.5**	78.0**	0.1	44.1**	11.7**
性　　别	0.6	1.3	26.2**	34.0**	1.8
性别＊年龄	1.7	3.7	2.3	9.4	0.9

说明：** 表示 $p < 0.01$。

性别差异虽不及年龄差异广泛,但在家庭变故、恋爱交友方面存在明显差异。这可能与中国家庭对男孩和女孩在期望和教养方式上的不同取向有关,父母对男孩更加严厉些,期望更高些,这无形中增加了对男孩的压力。男孩在交友方面比女孩有更多的压力,这提醒我们要关注男孩进行健康的异性交往。

知识视界 17-3　儿童生活事件压力量表

为了评估青少年的心理压力,艾卡德(Elkind, 1981)制定了儿童生活事件量表。

生活事件	压力感	实际得分
父亲或母亲死亡	100	
父母离婚	73	
父母分居	65	
父亲或母亲工作经常出差	63	
亲近家庭成员死亡	63	
个人患病或受伤	53	
父亲或母亲再婚	50	
父亲或母亲失业	47	
父母重归于好	45	
母亲上班工作	45	
家庭成员健康发生变化	44	
母亲怀孕	40	
在学校有困难	39	
同胞出生	39	
学校调整(如换新老师或班级)	39	
家庭经济条件发生变化	38	
好友患病或受伤	37	
参加新的(或改变)课外活动	36	
同胞冲突	35	

生活事件	压力感	实际得分
在学校受到暴力威胁	31	
个人东西被偷	30	
在家中责任发生变化	29	
年长兄姊离开家庭	29	
与爷爷奶奶或外公外婆发生冲突	29	
突出的个人成就	28	
移居外地	26	
移居本地另一地方	26	
得到或失去宠物	25	
个人习惯改变	24	
和老师发生冲突	24	
与保姆在一起的时间发生变化	20	
乔迁新居	20	
入新学校	20	
玩耍习惯发生变化	19	
和家人一起度假	19	
结交朋友发生变化	18	
参加夏令营	17	
睡眠习惯发生变化	16	
家庭聚会次数发生变化	15	
饮食习惯发生变化	15	
看电视时间发生变化	13	
生日聚会	12	
撒谎受到惩罚	11	

　　艾卡德(Elkind,1981)指出,如果儿童的得分低于150,那么他处于一般的应激水平;如果得分在150至100分之间,那么他处于高于一般的应激水平,可能会出现一些压力症状;如果儿童的得分超过300分,那么他的健康和行为很有可能出现一些变化。由于文化的差异和时间的变化,艾卡德的量表未必适用于我国。近年来,国内也有专家编制了儿童青少年生活事件压力量表,这对于了解和分析青少年心理压力、进行辅导工作有积极的意义。

（韦有华,2000）

第三节　心理健康规律在教育中的应用

对于正处于身心发展特殊阶段的青少年,无论是学校心理健康教育,还是学生的自我健康心理学习,学习、掌握和运用心理健康的一般规律,实施心理辅导,加强自我保健,都显得尤为重要。

一、心理健康规律在教书育人中的应用

心理健康规律首先可以应用于教书育人中,具体体现在以下几个方面:

1. 心理辅导活动课程

面向全体学生,提高全体学生的心理素质,促进其心理健康是学校心理健康教育的主要目标。这项任务光靠心理辅导教师的个别咨询服务是难以完成的。这就需要探索一种集体辅导活动的模式。心理辅导课程正是近年我国学校心理辅导工作者在实践中创造出的一种范式,这些年的实践表明,它对于推动我国现阶段中小学心理健康教育发挥了重要作用。

心理辅导活动课程是指:以团体辅导及相关的理论与技术为指导,以解决学生成长中的问题为目标,以班级为单位的集体心理辅导活动形式。它不同于一般的班级主题活动,也不同于一般的团体辅导。

心理辅导活动课程的价值在于:可以体现促进全体学生心理健康的发展性目标;可以落实心理辅导全员性策略;可以体现"以人的发展为本"的教育理念。从课程改革的视角,心理辅导活动课程又恰恰是对学科课程的补充。学科课程的主要功能是将文化知识传递给学生,使学生获得智慧和技能。它的局限在于难以顾及个体发展的差异性和需要,难以发挥个体的主动性和创造性。而心理辅导活动课程是以个体发展的取向为主,以个体的经验为载体,以活动为中介,通过学生参与、体验和感悟,认识自己,开发自己的潜能,获得自助能力。它可以极大地调动学生的主动性。

心理辅导活动课程主要以团体动力学为理论依据。团体动力学认为,团体不是个体的简单相加。团体决不是各个互不相干的个体的集合,而是有着联系的个体间的一组关系,作为团体它不是由各个个体的特征所决定的,而取决于团体成员相互依存的那种内在关系,每个成员的状况与行动都同其他成员的状况与行动密切相关。团体具有吸引各个成员的内聚力,这种凝聚来自于成员们对团体内部建立起来的一定的规范和价值的遵从,它强有力地把个体的动机需求与团体目标结构联结在一起,使得团体行为深深地影响个体的行为,团体内有个体所没有的动机特征。这为调动同伴群体的教育资源、开展班级心理辅导活动

提供了理论依据。

心理辅导活动课程的教学方法多种多样，我们归纳了以下几种主要教学方法（蒋薇美，吴增强，2007）：

(1)"热身活动"法

这种方法一般用于心理辅导活动课的开始。"热身活动"顾名思义就是让全身"热"起来的活动，好比运动员参加比赛之前的准备活动。"热身活动"的目的就是要让学生尽快地兴奋、活跃起来，积极地投入到接下来进行的各种形式的活动中，尽情地参与，大胆地开放自己。"热身活动"的设计可以根据学生的年龄特点，有时可以没有什么明确的目标，只是让学生开心、兴奋；有时可以围绕教学目标而设计活动，它是一个序曲，或是一个前奏。它不求"最好"，但求"投入"，创设宽松的心理氛围，调动积极的参与热情。

(2)情景体验法

心理辅导课教学是一种情感体验过程。情景体验法就是通过教师的设计，让学生进入模拟情景、实际情景或想象情景中去体验、去思考、去分析，了解自己的心理反应，获得情感体验，培养适应能力的一种方法。例如，对考试过度焦虑的学生，可以设计模拟考试的场景，反复训练，不断强化，使学生的焦虑逐步消退；对学习自控能力不强的学生，可以带他们到学校或校外最热闹的地方去看书、讨论问题、作业练习，从而测定和训练学生的自控能力；要培养学生的想象力，可以通过辅导老师的指导语，在特定的场景中，在音乐的背景下，启发学生进行想象活动，并让学生把自己的想象叙述出来、表达出来。通过情景辅导活动，让学生分辨哪些情绪情感是消极的，哪些情绪情感是积极的，学会调节、疏导不良情绪，提升健康的情感。

(3)讨论分析法

讨论分析法是所有教学活动中使用最为普遍的方法。讨论分析法是指在老师的引导和组织下，学生对某一专题各抒己见，经过交换意见或辩论，集思广益，交流思想和感受，促使问题的解决。从形式来说，讨论分析方法通常采用小组讨论和全班讨论两种形式，小组讨论的形式比较常用，而且效果比全班讨论来得好。

(4)心理自述法

心理自述法是指让学生自由地表述自己心理状况，也就是自己述说事情的经过和感受的一种形式。这种形式既是情绪宣泄的合理方法，也是引导学生深入思考有关问题的方法，它可以激发学生运用心理学的相关内容认识自己、分析自己的兴趣。一般情况下，学生喜欢把喜悦与人同享，忧愁与人分担。活动一般采用以学生自愿为原则，讲述自己对事件的感受、讲述自己的某次经历、讲述自己成长的过程、讲述自己的家庭、讲述自己的朋友等。

（5）游戏活动法

游戏活动法是指以游戏为中介，让学生通过游戏活动的参与，在轻松、愉快、和谐、活跃的氛围中自由表露自己的情绪，投射自己的内心世界，体验与反思自己的行为，分享同伴的经验与感悟，从而达到某种建设性效果的心理辅导活动。福禄培尔(Froebel)曾经说过，游戏是儿童内心活动的自由表现，是儿童最纯洁、最神圣的心灵活动的产物。正是这种"自由"，使学生摆脱了某种外在的控制和约束，尽情地展露自我。这既便于心理辅导老师与学生进行心灵的沟通，更能大大激发学生参与活动的动机和兴趣。因此，作为学生喜欢的游戏活动，它不仅可以带来欢乐，而且也是智力、情感、社会性发展的一种途径。

（6）讲授法

讲授法是教学中常用的方法。讲授是老师运用口头语言或借助其他手段，通过生动有趣、内涵丰富的讲授和演示来启迪和教育学生，以影响学生的认知和行为的一种教学方法。教师可以通过暗示、引导、质疑等方法，让学生发现自己的非理性信念，从而建立合理的思考方式。

（7）综合法

综合法是将以上各种辅导活动方法综合运用。一般来说，一节心理辅导课单用一种方法进行极少，通常要运用多种方法进行教学和引导。这是由于学生心理现象的多变性、辅导方法的多样性、心理活动的差异性、学生参与的兴趣性决定的。综合法不是一种简单的组合，不是形而上学地搬用，而是要求老师根据学生的年龄特点和心理发展的规律，根据辅导内容的内涵和需要，根据不同班级学生特点和班风的不同，有目标、有计划地进行合理的选择和组合，以提高辅导活动课的实效。

教育实践 17-1　那一年我们 16 岁——花季少女与妈妈谈心

某高中心理辅导老师在对学校的女高中生进行调查时，发现本校女孩子的两个问题：一是自信心比男孩子低，如有 56％的女孩子在课堂上害怕提出的问题很幼稚给别人笑而不敢提问；男孩子的比例要小得多，只占 21％。二是与母亲的冲突增多，"女儿是母亲的小棉袄，可是到了青春期，女儿这'小棉袄'也不那么贴心了。许多孩子的母亲将自己的愿望强加于女儿的身上，企盼把自己失去的希望让孩子去实现，生活上无微不至地关怀，希望孩子有所成就，又担心希望落空。父母把孩子的学习成绩放在首要地位，而女孩子除了面对学业竞争压力之外，她们还舍不得放弃自己缤纷绚丽的梦想，她们会抓紧课间 10 分钟编织幸运星，她们还会如痴如狂关注自己的偶像，她们会在电话里和朋友聊上一

二个小时,而这些都是令她们的母亲深感忧虑的。她们寻求着独立,希望父母能像朋友一样理解自己,而父母却像侦探,总想打听女儿内心的秘密。青春期的女孩子时不时也会偏离母亲为她们设计的轨道。"

针对这些情况,教师设计了"那一年我们16岁——花季少女与妈妈谈心"活动,就为女儿起名的特殊用意、与异性同学交往的问题、女孩的发型问题等等展开讨论。为了增强女孩的自信心,还设计了"让我们从失败中爬起来"的活动。实践表明,辅导活动开展得很有成效。

(王玲玲,吴增强,2000)

2. 团体辅导

团体辅导(group guidance)是指对有相同辅导需求的学生,在辅导教师的带领下,围绕某一辅导主题,通过一定的活动形式与人际互动,相互启发、诱导,形成团体共识和目标,进而改变学生的不当观念、态度、情绪和行为。

团体辅导的规模一般在6至12人。它与心理辅导活动课程的共同点是:其都是依据团体动力学理论,都是利用学生集体的辅导资源。不同点是成员结构不同,心理辅导活动课程以班级为单位,一般为异质群体。而团体辅导打破了班级的界限,它可以是异质群体,也可以是同质群体。

团体辅导的价值除了节省时间、提高效益、降低成本,更重要的是向学生提供一个具有治疗功能的心理环境,有助于他们了解自己,了解他人,宣泄苦闷,获得支持、慰藉和帮助,减少孤独感和无助感,恢复自信。具体作用如下:

——感受氛围,获得接纳。小组的良好氛围能够使成员产生一种安全、信赖、温暖和接纳的感觉。

——宣泄自我,调适情绪。倘若痛苦、不安和紧张的情绪长期积压,得不到宣泄,则会加重焦虑、抑郁和恐惧症状。在小组里将负面情绪释放出来,可以平复情绪。

——相互了解,获得支持。小组交流中,同学们会发现类似的苦恼不只属于自己一个人,自己并不孤单,由此会有一种释然感,有助于减少紧张的压力,并能从他人身上领悟到自身问题。

——以人为镜,观察学习。小组成员间的相互作用,提供了一个重新学习、塑造行为的机会。当事人能够在小组里学习其他成员的积极行为,也能够及时发现和调整自己不被其他成员欢迎的行为。

——学会助人,获得自信。当事人在小组里向其他同学提供意见和帮助时,常常会感到自己存在的价值,感到自己有能力帮助别人,从而增强自己的自信心和自我实现感。

团体辅导是一项技术性较强的工作。如在小组的发动、目标的制定、凝聚力的形成、规范的建立、小组成员之间的冲突与协调以及团体辅导领导者的角色地位等,都有一定的技术要求。需要加强专业培训和实践探索,总结出符合我国学校实际的团体辅导模式。

教育实践17-2　建立相互信任的团体辅导活动

活动一:优点轰炸

目的:学习发现别人的优点并能欣赏,促进相互肯定与接纳。

活动实施:

5～10人一组围圈坐。请一位同学坐或站在中间,其他同学轮流说出他的优点及欣赏之处(如性格、相貌、待人处事……)。然后被称赞者说出哪些优点是自己觉察到的,哪些是不知道的。每个成员到中央戴一次高帽子。规则是必须说出优点,态度要真诚,努力发现他人的长处,不能毫无根据地吹捧,这样反而会伤害别人。参加者要注意体验被人称赞时的感受如何?怎样用心去发现他人的长处?怎样做一个乐于欣赏他人的人?

活动结束时,大家心情愉快,同学之间相互接纳性提高。

活动二:哑口无言

目的:学会通过非语言的形式理解他人的感受。

活动实施:

5～10人一组围成圈坐,然后闭上眼睛回忆一下这一周内的生活感受,是疲乏、兴奋,还是焦虑、烦闷。然后每人用手势和表情等体态语言表达出自己内心的感受,让其他同学猜猜动作和表情所反映的感受是什么,被猜者反馈他人的猜测是否准确,为什么。通过这种互动学会从他人的手势、表情、眼神、动作等非语言的沟通方式理解他人,训练自己敏锐地观察他人的感受。

活动三:一元五角

目的:体会被团体接纳或者拒绝的感受。

活动实施:

同学们先围成圈,主持人在圈内发给每人卡纸一张,上写有"一元"或者"五角"。随后,主持人宣布一个钱款数字,如一元五角、三元、二元五角等,同学们听后便按照规定的款项组合(抱成团)。组合完毕,剩下来的人便被淘汰出局。

主持人检查小组的组合是否正确,错误的小组也被淘汰。活动继续进行,直至最后没有被淘汰的小组获胜。活动规则还可以变化为,男生代表一元,女生代表五角。

小组分享时,可以围绕下列问题谈感受:能按数字组合在一起的时候,你的感受如何? 在寻找其他伙伴时,有什么困难? 有没有被拒绝? 如果有,你是如何面对和解决的? 被人拒绝或者接纳的感觉如何? 刚才有人找不到"伙伴",那时候你的感觉又如何? 日常生活中你有没有遇到类似这样的境遇呢? 怎样对待? 组合错了被淘汰,说明什么? 在社会生活中有类似的现象吗?

(吴增强,蒋薇美,2007)

3. 个别辅导

个别辅导是学校心理辅导中一项非常重要的工作。它是指通过鉴别、诊断、分析和干预,解决学生个别心理困惑的一种辅导形式。学生的心理问题有共性的一面,但更多地则表现为个性化的一面。面向全体学生的心理教育和针对个别学生的个别辅导是学校心理辅导的两个方面,缺一不可。相比之下,个别辅导所需要的专业知识和技能要求更高,它是衡量心理辅导老师专业水平高低的重要标志。因此,个别辅导的理论、方法和技能,应该是每一位从事学校心理辅导工作的教师必须要掌握的。

个别辅导步骤可以分为两大阶段六个步骤:

第一阶段 评估问题。评估问题对于个别辅导是非常关键的阶段,这就如同我们到医院去看病,如果诊断错误,将会耽误病情。评估问题包括收集和加工信息的各种程序,而信息则是从整个辅导过程中不断产生出来的。评估的目的有以下几项:获得相关信息,提供干预依据;鉴别与问题相关联的控制及影响因素;确定当事人对辅导的预期;确定基础数据与信息。

评估问题阶段具体分为三个步骤:

——确定对象的问题与症状。解决问题的第一步就是发现问题。学生的问题是属于学习困难、品行问题、情绪问题,还是人际适应不良问题等等。

——收集资料。要详尽地了解个别辅导对象,需要三方面资料,即个人的历史资料、现状资料与背景资料,以便对当事人有比较全面、深入的了解。精神分析理论认为,过去的创伤性经历对人的心理和行为会有很大影响。

——诊断分析。"诊断"一词是从临床医学上移植而来的。其含义是:通过对需要个别辅导学生的具体问题和有关个人资料的分析和综合,判断其心理或行为问题的特征、性质和原因。准确、科学的诊断是有效干预的前提。

第二阶段 进行干预。干预阶段具体也分为三个步骤:

——制定干预方案。干预方案包括干预目标和干预措施。干预目标要注意适切性、针对性和可操作性。干预措施要具体,并且要与当事人和其家长共同商议,形成"契约"。因为在干预过程中,当事人和他们的家长都是可以调动的辅导资源。

——实施干预。干预方案实施的过程中,需要运用多种干预技术。一般来说,学校个别辅导主要可以应用人本主义的"当事人中心"疗法、行为疗法、认知疗法等。这些干预技术都需要经过一定的专业培训才能掌握。

——效果评估和后续辅导。干预过程往往会几经反复,不会一次轻易成功,对于这一点,干预人员要有足够的思想准备。因此,要及时对干预效果进行评估,以便反馈调整,使干预更有针对性。

教育实践17-3　活在别人眼里的好学生

她为什么焦虑

小凡是位高中女生,文静稳重、学习刻苦、成绩优良,但是最近一段时间非常焦虑。在班主任陪同下走进心理辅导室,向我诉说道:"最近一段时间我每天上课都听不进,自修看不进书,想到考试就害怕,我害怕考试。我已向学校申请免考,但我知道这不是解决问题的方法,所以我还是来找你了。"

她接着又说:"以前我一直觉得学习是很快乐的一件事,我可以比别人做得更好。但是现在却不一样了。当我在休息时间看书时,很多同学会说:'你好认真哟',我很不喜欢听这样的话,我觉得他们似乎在说:'你好笨,付出了这么多的时间,只考了这样的成绩。'我原本对学习充满了热情、期待,所以当其他同学在玩的时候,我能强迫自己不去和他们一起玩,抓紧这一分一秒,但这种种的打击不断而来,我怕自己会对学习失去热情,失去期待。现在的我不知怎么回事,当我看到其他同学做题的内容或复习的内容和我的不一样时,我就会想:哎呀,他们看的资料我都没有看过,时间来不及了,我复习不完了,想到这些,我就会很不平静,感到自己复习了很多时间,结果好像什么都没有复习。

"我觉得他人的一举一动对我的触动很大,也许有时这与我无关。我很佩服那些奉行'走自己的路,让别人去说吧'的人。我甚至在食堂吃饭的时候,都一直东张西望,注意这个人,看看那个人。"

小凡把自己的学习成绩定位很高,也总希望自己能够做得更好。过分追求完美的她,害怕不尽如人意的成绩会挫伤自己的信心。于是她为自己设立的参照物永远是别人,同时把对自己的认识也完全建立在别人对自己的看法和评价上,很少有对自己的独立的评价,对自己缺乏了解和信心。综合分析小凡的情况,基本可以确定她是由于缺乏对自己的了解,自信不足而造成了学习焦虑。要从根本上解决问题,还得从帮助小凡"活在别人的眼睛里"解放出来开始,让她真正了解自己,合理定位,重建自信,才能使她真正走出心理阴影。

专注自我：一种积极的思维

为了扭转小凡原来的思维，而变为积极的思维，我要求小凡进行六个方面的训练：

1. 请停止对自己使用消极否定的词语。和别人说话时，肯定要考虑使用什么样的词语，对待自己至少要像对待至交那样友好和宽容。要承认自己的不完美，人总会犯错误和有弱点。

2. 请将行为和人区分开来。尽管你会做出一些不能令自己满意的事，但是你并不愚蠢。诚如尽管你可能做过什么不好的事，但是你并不坏。

3. 要为你所做的好事情表扬自己。你在选择可以表扬的事情时不要太严格，至少每天都要给自己一个表扬。无法发现值得表扬的事情时，也要为曾努力去做过而表扬自己。

4. 将至今感到自责和拒绝自己的所有事情和想法列出一个表。然后看看表上有哪些错误和弱点是能够根除的。同时我也提醒她：有些错误和弱点本身是你无法根除的。

5. 至少要将你的十个积极的特点和行为方式列在纸上。这些特点和行为方式不必是与众不同的。每天通读一遍这张表，再随时添上新特点。

6. 每天读一遍下面的文字。我和小凡共同制定了一个宣言：

"我是一个有尊严的人。无论我做什么，也丝毫改变不了这一点。

我能够努力去做得好一些，但是我不可能什么都懂。错误和不如意并不意味着我是一个坏人或一无是处。

我对自己也像对别人一样友好。没有理由对待自己比对待他人更坏。因此，我心里想的是积极的事物，我也会告诉别人，我所想的事物也会有益于别人。

有些事情的发生我自己也不满意。不过我对此什么也改变不了。我现在拥有的唯一东西就是这一时刻。如果不满意的事情发生了，我也得承认它，因为它能提醒我，我并不能决定一切。我唯一能改变的东西就是我此刻的感觉。我决定着自己如何去感觉。我坚信：If I think I can, I can!

我是自己生活中最重要的人，因为我决定着自己的生活。无论我做什么，我都将承认和接受自己。"

一个月的训练后，小凡说：我发现自己对事情的看法有些改变，天不再永远是灰黑色的了。

我对高三的学习满怀信心

暑假就要来临了,将近半年的咨询工作就要告一段落。小凡愉快地告诉我,现在她心情非常好,"我想,应该说,我必须以一直积极的态度去面对作业或者考试,我想让自己的付出有价值。我不想让自己既不痛快,又没有一点收获。""我很能调整自己的心情,我对自己的高三学习已经满怀信心了。"而且她告诉我现在她已经成为学校礼仪队的成员,在学校的一些重大场合都会见到她的身影。

(沈慧,吴增强,2003)

学生生活在班级群体之中,难免要与人比较,在比较中发现不足予以调整,就具有积极意义,但是不合理的比较常常具有消极意义。过分在意别人的评价,会使人的自尊心越来越低,自我形象越来越模糊,自信心越来越不足。把命运交给别人,你就失去了自己。相信自己便能真诚地对待自己,相信自己便能坦然地面对挫折。上述案例中沈老师在对过于人际敏感的小凡同学进行辅导的过程中值得肯定的是:一是判断问题到位,对小凡焦虑情绪原因的分析,聚焦到"她活在别人眼里",这种过分在乎别人的评价实质上是依赖型人格倾向的表现,一般常常为老师所忽视。二是辅导方法运用到位,对过于专注别人评价的学生进行辅导的一个关键策略是,通过专注自我化消极思维为积极思维。当然要使学生完全建立起这种积极信念,还有许多辅导工作要做。事实上沈老师的辅导工作远不止这六条,但学生的变化使老师看到了辅导成功的希望。这个成功的案例给我们的启示是:学生内心蕴藏着积极的资源,辅导的艺术就在于如何开发这些资源,化学生的消极信念为积极信念。

二、心理健康规律在自我教育中的应用

心理健康的一般规律同样也能应用于自我教育中,可以从以下几方面探讨:

1. 学会自知

(1) 理性认识自我

能全面、客观地认识自己,是自我意识成熟的标志。"人贵有自知之明",既要看到自己的长处,也要看到自己的短处。认识自己不仅是重要的,而且也是困难的。认识自己并不像照镜子那么简单,由于我们所要认识的对象是我们自身,而自己又在自身之中,往往不容易看清自己的全部,"不识庐山真面目,只缘身在此山中"。认识自己主要有三方面:即生理的、心理的和社会的。生理的自知,就是要了解自己生理和身体发育成长,了解身体的各个方面条件和状况。心理的自知就是了解自己的心理特点、心理状况,包括自己的兴趣、爱好、情绪、性格、才能和特长。社会的自知就是对自己在人际交往中的位置、作用、角色等方面的认识。

（2）接纳自我

另外，健康的自我意识要求个体对自己保持一种接纳的态度，而且是一种愉快而满意地接纳自己的态度，这就是悦纳。悦纳要求学生不要把自我深藏、压抑，每个人都有缺点和弱点，老是把自己的缺点、弱点放在心上，连自己的优点和长处也看不到，自己就会被自身的缺点压垮，自己的聪明才智、潜在能力就无从发挥。

自负的学生往往以自我为中心，过高估计自己的能力，过低估计别人的能力。这些同学要纠正自己过高的自我评价，眼中要有他人，学会欣赏别人的长处和优点，克服自我为中心的倾向。你要别人尊重自己，首先要尊重别人；你要别人接纳、认同自己，首先要接纳、认同别人。这样个人才能在与他人的社会交往中吸取到有价值的东西，促进自己的成熟与成长。

自卑的学生往往在挫折与困难面前找不到良好的自我感觉，总觉得低人一筹，过低地估计自己的能力。这些学生要学会直面问题，纠正自己不合理想法，用积极的心态、积极的行动解决问题，在成功的体验中获得自信。

2. 学会自我调适

（1）积极情绪的培养

对青少年进行情绪辅导，必须从培养积极的情绪和克服消极的情绪两方面进行。培养积极的情绪，关键在于提高情绪管理能力。按照情绪智力理论，情绪管理首先是能够准确、真实地表达自己的情绪，然后是以开放的心情接受各种情绪，进而是调节自己的情绪。具体可以有以下辅导方法：

① 对自己的期望目标适切，不过分苛求。有的学生对自己期望目标过高，因无能力达到而不断责备自己，不原谅自己，于是终日垂头丧气，焦虑不安。有的学生做什么事都要十全十美，往往因小的瑕疵而自责、懊丧。引导学生对自己要有正确估计，把目标和要求定在自己的能力范围之内，自然就不会产生不必要的烦恼了。当然，期望目标也不能低于自己的能力范围，过低的目标对人没有激励作用。

② 对他人期望不要过高。有的学生对他人期望很高，当别人不能达到自己要求时，便会大失所望，心情烦躁，责怪他人，搞得自己和他人的情绪都不佳。要让学生们认识到，每个人都有自己的特长、习惯和爱好，不必强求别人迎合自己的要求。

③ 不要自找烦恼，而要自得其乐。人在生活道路上，有欢乐也有忧伤，有顺境也有逆境，关键在于如何对待。面对同样的情境，有人乐观，有人悲观，这就与

个人的情绪状态有关。一个平和、风趣、幽默的人更能捕捉到生活中的欢乐。学会"自得其乐"是保持良好情绪的重要方法。

④ 要笑口常开。笑是保持愉快情绪的最佳药方。有位作家说过:"世界上三位最好的医生就是饮食、休息和愉快的笑声。"笑是最有效的身体放松运动,它可以增强肺的呼吸功能和消化道功能,也可以消除精神疲劳和神经紧张。笑是自信的表现,笑给人以力量,使人的生活充满朝气,"笑一笑,十年少"。

(2) 消极情绪的调适

① 合理宣泄法。宣泄是人情绪表露的一种方式。合理宣泄是指对不良情绪以恰当的方式予以表达释放。合理的宣泄方法有:如大哭一场,哭不仅可以解除情绪的紧张,还能从中得到安慰;哭既可以解除内心的抑郁,又可洗去烦恼和忧虑。再如进行剧烈的活动,当人盛怒时,可以干些体力活,也可以到外面跑跑步,把盛怒激发出的能量释放出来。当人精疲力竭时,郁积的怒气也会消去一大半。还可以找人倾诉,俗话说:"快乐与人分享,是双份的快乐;痛苦与人分担,是一半的痛苦。"烦恼、委屈压抑在内心,会增加心理负担,造成不良心态的恶性循环,如将内心的苦恼告诉朋友、师长,心情就会感到轻松和舒畅。

② 松弛训练法。学生在学习和生活中,有时会遇到一些引起紧张或过度焦虑的情况,如考试焦虑等。采用松弛训练法,可以缓解学生过度紧张的情绪。松弛训练法有多种:呼吸松弛训练、肌肉松弛训练、自我暗示松弛训练等等。

③ 目标转移法。当学生陷入焦虑和忧愁之中不能自拔时,教师可以引导学生从引起焦虑的事件中转移视线,促使自己心胸开阔些,压制焦急情绪,提升积极愉快的情绪。目标转移的方法很多,如打球、游泳等体育活动,看电影、电视等娱乐活动。老师须从旁关心学生,引导他们参加喜欢的活动,以转移学生的注意目标,并在转移过程中,不断理清思绪。

④ 防御机制法。防御机制是弗洛伊德提出的个体应对焦虑的自我保护性机制。它在潜意识层面上运作,但不是病态的,而是人的正常行为。研究表明,自我防御机制可以在短期内帮助个体抑制、回避或延缓对威胁性事件的感知,降低心理压力。个体偶尔使用其中的一种或几种防御机制,并无大碍,甚至有益,但如果个体经常使用其中的某几种防御机制,则可能预示个体的病理状态,有违健康。

(3) 认知调整法

心理咨询有一句名言"问题不是问题,如何面对才是问题",人的心理困惑常常是因为对遇到的困难问题持有不正确想法(称为非理性想法)而引起的。例如,面对考试成绩不理想,有的同学觉得自己能力不行,于是产生自卑心理;而有的同学觉得自己努力不够，于是更加努力。同样面对考试失败，想法不同情绪反应也不同。因此，认知调整关键在于纠正非理性想法，建立理性想法，以解决学生的心理烦恼。

理性情绪法创始人艾利斯（Ellis）最初提出 11 种非理性想法（Ellis，1962；Ellis & Harper，1961），多年以后，他把非理性想法归纳至 4 种类型（Prout & Brown）：

第一，过于苛求　指个人从自己的主观愿望出发，对自己、他人或这个世界抱有必定是什么状况的想法，常用"必须"、"应该"这类词来表达。如，"我这次必须成功"，"他应该尊重我"。艾利斯（1962）列出一些常见的"必须"和"应该"：

我必须被每一个认识我的人喜欢。

我必须有能力、胜任，在所有有价值的领域成功。

有些人很坏，必须为他们的所作所为受到严厉的惩罚。

事情应该按我的愿望发生。

我应该为自己无法控制的事件焦虑。

我必须依赖一个比自己强的人。

我必须为别人的问题发愁。

我必须找到问题正确的解决方法。

艾利斯认为，人类建构了各种有关这个世界的图式，当人有了关于这个世界是什么样的一个图式，而现实与他的预期又不一致的时候，人们就会情绪失衡。这里一个十分重要的问题是，我们能够觉察那些与我们预期不一致的信息。适应良好的人会受到情绪觉醒的激励，而寻求进一步的信息，并会改变他们的图式。受到情绪困扰的人，坚持用自己已有的图式，坚持要求这个世界与他们的看法相一致。当这个世界没有按照他们的要求来运转时，就会导致他们情绪失衡加剧。苛求实际上是相信并期望这个世界是他们喜欢的那种图式，这是一种绝对化的思维模式，非此即彼、非黑即白，而且不愿有半点改变自我。

第二，令人畏惧　表现为人们夸大对自己、他人和世界的消极评价和想法。例如，有人可能会说，"如果我得不到周围人的赞扬就太可怕了"，"如果我考不上重点大学，将来肯定没出息了"等等。罗厄（Rorer，1989）认为，当人们有这样的观念时，他们就不能知道什么是真的可怕，或者什么是真的灾难。事实上，他们对事情的后果是不确定的，但会把它们想象得令人畏惧。理性告诉我们，有些事情的确是可怕的，但它令人畏惧的事情也有结束的时候。

第三，缺乏挫折承受力　艾利斯最初称这种非理性想法为**低挫折承受力**（low frustration tolerance），指个体不能忍受那些挫折和困难的事情。缺乏挫折承受力的人往往会说，"这太难了"、"我受不了这个压力"、"我害怕做这些"。他们信奉的人生哲学是"人不应该做困难的、不舒服的事情"。

第四，糟糕至极　即认为一件自己不愿其发生的事情发生后，必定会非常可怕，非常糟糕，甚至是灾难性的。这种信念会导致个体陷入严重不良的情绪体验，如自责、耻辱、悲观和抑郁等。艾利斯认为，一个人是不可以被简单地评价为好或坏的，因为依据人的复杂性，一个人不可能被评价为绝对的好或坏。

认知调整一般包括四个环节：

① 让学生认识到情感行为与认知活动之间的联系；

② 找到自己的非理性思维，如可以通过提问"你觉得上网能带给你什么?""你是否每天都要和网友保持联系?"等来找出网络成瘾者的非理性思维。

③ 改变自己错误的思维方式、内容，同时发展更适应的思维方式和内容。真实性验证是此时最常用的方法，它是将自己的错误观念看作为一种假设，然后对其真实性进行检验。例如，在受到挫折后，认为自己"一事无成"、"别人都看不起我"，非常抑郁。实际上自己成功地做过很多事，成绩优良，还曾经做过班干部。通过真实性检验这一过程不仅让人认识事实，还能发现自己对事物的认识歪曲和消极片面的态度，从而达到改变错误认知的目的。

④ 练习、巩固，将理性的思维方式与想法进一步运用在学习和日常生活中，使之内化为个体的内在认知结构。

让我们回到本章开头提到的那个案例。案主小林是个品学兼优的好学生，由于在如何面对考试成绩、如何面对学习竞争的压力问题上存在许多非理性信念，致使自己得了抑郁症不能正常上学。这个案例给我们的启示是：

其一，学校心理健康教育不仅要关注行为偏差的、性格问题的、人际关系紧张的、学习落后的学生，优秀生也需要心理辅导。面对激烈的考试竞争压力，他们更有可能产生抑郁、焦虑情绪。

其二，青少年抑郁情绪或者抑郁症的发生，与其面临的压力不断增加密切有关。因此，从发展和预防性心理辅导的角度，一是提高学生应对压力和承受挫折的能力，二是为学生健康成长营造一个良好的学校环境和家庭环境，良好的亲子关系、同伴关系和师生关系是学生成长的重要社会支持系统。

其三，学校心理辅导老师应该具有识别异常心理的专业能力，并能够掌握心理咨询与辅导的技能。具体地说，在本案中，心理辅导老师要有识别抑郁情绪和抑郁症的评估技能，还要有认知治疗的基本技术。认知治疗技术是治疗和辅导抑郁情绪(或者抑郁症)比较有效和成熟的技术。这些技术的掌握需要经过专业的培训。

本章小结

健康，不仅是指没有疾病或虚弱，而且指包括身体、心理和社会适应在内的健全状态。国内外学者有关心理健康的论述各有不同，但总体大都集中在四个方面：即心理状态、成长发展、社会适应和道德伦理。心理辅导是指教育者运用心理学、教育学、社会学、行为科学乃至临床心理学等多种学科的理论和技术，通过小组辅导、个别辅导、心理辅导课程以及家庭心理辅导等多种形式，帮助学生自我认识，自我接纳，自我调节，从而充分开发自身潜能，促进其心理健康与人格和谐发展的一种教育服务。心理辅导、心理咨询和心理治疗是既有联系又有区别的三种心理服务模式。影响心理健康的因素一般包括生物因素、心理因素和环境因素三方面。青少年心理健康问题的特点主要表现在：生理、心理、社会成熟不协调；认知发展与情绪发展不协调；青少年压力源有其特点等方面。在教书育人中可运用心理辅导课程、团体辅导、个别辅导进行。心理健康规律运用在自我教育中，可以帮助青少年学会自我认知、学会自我调适。

思考题

● 处于社会变迁中的学校面临哪些挑战？从这一视角谈谈心理健康教育的重要意义。

● 学校心理辅导的目标是什么？它与医学系统的心理服务有何不同？

● 如何认识生物与环境对青少年心理健康的交互作用？结合实例说明。

● 如何提高青少年的心理弹性？

● 简述青少年认知与情绪发展的不协调，如何帮助青少年进行情绪管理？

探索题

● 请设计一个青少年心理健康状况及其影响因素研究的课题方案。

● 请围绕提高青少年团队合作能力，设计一个团体辅导活动。

第十八章 职业心理

学习重点

- 职业心理的概念
- 职业生涯规划的概念
- 霍兰德的职业心理理论
- 舒伯职业心理发展理论
- 进行职业生涯规划时收集职业信息的途径
- 职业心理在自我教育中的应用

你知道吗?

- 一个人为什么会选择某个职业而放弃其他职业?
- 个体为什么在不同的阶段会有不同的职业选择?
- 为什么有人在事业辉煌的时候突然急流勇退,而有人终生做一件事情矢志不渝?
- 师范生在大学期间如何为职业生涯打下扎实的基础?
- 个体的职业与生活有什么关系?

张晓是北京一所重点中学的高三学生,学习成绩属于中上等。高考填志愿前,他的第一专业志愿已经锁定为电子信息工程专业。"大家都说这个专业非常好!"张晓这样说,"我的同学、老师和家里人都说这个专业是新兴专业,比较热门,发展前景不错。而且我的成绩还可以,不太担心别人把我挤下来。"但是接受职业能力测试时却发现,张晓的社交能力非常出色,逻辑思维能力却一般。而电子信息工程专业要求学生必须具有非常扎实的数学和物理基础,大量专业课也强调缜密的逻辑思维能力。这样看来,电子信息工程并非最适合他的专业。如果一定要选电子信息工程,大学四年可能学得很艰苦、很乏味,而且专业成绩不会很突出。

张晓同学为什么会有这样的选择? 问题的关键在什么地方? 当你看完本章后,就能找到答案。

第一节　职业心理的概述

职业作为一个人生命中最重要的活动之一，在人的一生中起着重要的作用。世间大凡有所成就的人都从事着一份自己热爱的职业并在其中找到了生活的真谛。他们既享受到了工作给生活带来的乐趣，也发挥了自己的才智和价值。职业对人的一生产生如此大的影响，面对众多的职业我们该如何选择呢？让我们一起来了解一下职业心理的相关信息吧。

一、职业心理的概念

下面我们将在明晰职业的含义和分类的基础上，进一步阐述职业心理的含义及其类型。

1. 职业的含义

职业（vocation；occupation；profession）是个体为了不断取得收入而连续从事的、具有市场价值的特殊活动。职业是人类社会分工的结果。"职业"范畴的基本要素是技术性、经济性和社会性。所谓职业的技术性是指不同职业对从业者有特定的技术要求，有时候这种技术要求可以是非常严格甚至相当苛刻的：对飞机驾驶员的技术要求就是一个典型的例子。所谓职业的经济性是指不同的职业会给从业者不同的薪酬回报。有时候这种薪酬回报的差距是不可忽视甚至相当悬殊的：比方说飞机座舱清洁工与飞机驾驶员的薪酬回报就截然不同。而所谓职业的社会性则是指不同的职业因其不同的市场价值而具有不同的社会声誉或公众评价，而且一个职业的社会声誉或公众评价会随着社会历史、政治、经济等条件的变化而发生变化：譬如人们对教师这个职业的看法在不同的年代有很大的差异。

人们的一生都生活在职业所编织的氛围中。从胎儿开始，个体就生活在父母职业所造就的整个家庭生活风格之中；在儿时游戏中，儿童模仿成人的各种职业行为，获得关于职业角色的最初印象；随着个体进入学校，正式开始为未来从事某种社会职业做准备的学业历程；接着，个体逐渐形成自己的职业理想或职业志向，并且带着自己的职业理想或职业志向去了解职业、选择职业、进入职业社会、争取职业成功；最后，个体在获取职业保障的前提下离开职业，进入享受职业成果的退休生活。不言而喻，个体晚年的生活水平与生活质量都取决于他原先在职业活动中的积累。

因为职业是对人们的经济状况、文化水平、行为模式、思想情操和生活方式的综合性反映，也是一个人的权利、义务、权力、职责、社会地位的一般性表征，所以说,职业角色是个体社会角色极为重要的方面。职业的成功对于个人来说往往意味着人生的成功;对于职业组织来说则意味着出色的效率和效益;对于社会而言更是意味着文化的进步与发展。

2. 职业的分类

在现代社会中,职业具有一定的不确定性和挑战性。这种不确定性和挑战性首先表现为职业分类的多重标准与职业类型的纷繁复杂,常常使人难以抉择,有时甚至无所适从;其次反映在职业社会价值的波动和职业本身存在时间的久暂,有些传统的职业正在逐渐消亡,而有些新兴的职业已经崭露头角;再者呈现出职业要求的变化发展具有增长加剧的趋势,例如教师这个古已有之的职业,原先的职责是"传道、授业、解惑",在教育学生的时候处于师道尊严的权威地位,而如今国内外对教师"应该陪伴学生建构知识"的呼声日益强劲,教师的职责及地位正在发生重大的转变。

以上几个方面是相互影响、相互制约的,而职业分类是最基本的。职业分类的标准五花八门,既可以按所需技术、经济收入、社会评价等等来分,也可以按职责要求或职前教育要求等等来分,还可以按职业对人的身体素质和心理素质的要求等等来分,甚至可以按照个体的职业理想和自我感觉来分类。

例如,我国政府于 1984 年颁布的《国民经济行业分类与代码》中,按照工作和职责的类似程度,国民经济各行业被划分为门类、大类、种类、小类四级,其中门类有 13 个,分别为:

(1) 农、林、牧、渔、水利业;

(2) 工业;

(3) 地质普查和勘探业;

(4) 建筑业;

(5) 交通运输、邮电通讯业;

(6) 商业、公共饮食业、物资供销和仓储业;

(7) 房地产管理、公共事业、居民服务和咨询服务业;

(8) 卫生、体育和社会福利业;

(9) 教育、文化艺术和广播电视事业;

(10) 科学研究和综合技术服务事业;

(11) 金融、保险业;

(12) 国家机关、党政机关和社会团体;

(13) 其他行业。

又如,加拿大 1987 年版《职业岗位分类词典》中,也是按照工作和职责的类似程度将所有职业划分为 23 个主类、81个子类、499 个细类、7 500 多个职种。

大专院校和职业技术学校则从职前教育出发,根据社会分工和经济部门的就业规划需要,建立所设置专业与职业岗位的对应关系,表 18-1 可以帮助我们对二者之间的关系建立比较清晰的了解。

表 18-1　学校设置专业大类与可从事职业的关系表

专业大类	职业
工　科	教授、工程师、建筑师、技术员、技师、技工、工业产品销售员等
理　科	科学家、研究员、教授、教师、工程师等
农　科	教授、农艺师、技术员、农场经营者、农产品销售者等
林　科	教授、园艺师、工程师、技术员、林场经营者、林产品销售者等
医　学	医生、药剂师、护士、技师、保健师、医药及医疗设备销售者等
文　学	教授、教师、记者、编辑、作家、剧作家、文秘人员等
财　经	经济学家、经济师、统计师、会计、商务工作者等
师　范	教育家、心理学家、教师、教育行政管理者、社会工作者等
政　法	法官、检察官、律师、警察、公务员等
体　育	运动员、教练、教师、裁判、体育场所管理者、体育用品销售者等
艺　术	音乐家、作曲家、画家、导演、教师、艺术品经纪人等
管　理	企业家、经理、经济学家、职业经纪人、秘书、公务员等
服　务	企业家、咨询师、服务员、营销人员、经理、宾馆餐饮管理者等等
旅　游	导游、翻译、厨师、经理、旅游经纪人等

还可以根据职业的技术要求,将职业分为高科技(含量)职业和低科技(含量)职业或劳心为主的职业和劳力为主的职业;根据职业的收入,分为高薪职业和低薪职业;根据社会的需求,分为热门职业和冷僻职业;根据职业的发展趋势,分为朝阳职业与夕阳职业;根据职业满足人们需要的程度,分为理想职业和非理想职业……如此等等,不胜枚举。

至此,我们已经对职业的重要性有所认识,并且可以对职业分类的复杂性管窥一斑。不难想见,选择合适的职业对于每一个人都至关重要,对于即将步入社会的青少年来说则势必成为高度关注的焦点。

3. 职业心理

职业心理(occupational psychology)是指人们在对自我、职业和社会的认识基础之上形成的对待职业和职业行为的一种心理系统。个体职业心理结构中包含着三个相辅相成的系统(Ronald&Phllichalk, 1995)。

（1）职业导向系统——职业价值观、世界观、职业伦理。职业导向系统中的各种成分引导个体去选择特定的职业、追求特定的职业目标、接受和内化职业价值、建立正确的职业角色期望、评价自己和别人的职业行为、努力争取职业成功。

（2）职业动力系统——需要、动机、兴趣、信念、理想。职业动力系统中各种成分推动和维持个体朝向职业目标的努力，推动个体积极地树立职业目标、去克服各种各样的困难、去坚持不懈地争取职业和人生的完善。

（3）职业功能系统——气质、性格、能力。职业能力系统中的各种成分保证个体在特定职业活动中能够胜任，同时，在努力胜任挑战性工作任务的过程中，个体的心理功能也得到磨炼、发展和加强。

个体职业社会化过程和身心发展过程中，当处于不同的身心发展阶段时，由于职业需要和职业动机、职业态度和职业价值观等方面的不同，不同的人对不同的职业既可能有相似的看法，也可能对同一职业有不同的看法。宏观上说，来自不同社会文化的个体职业心理不可避免地存在差异；微观上说，家庭、学校、大众传媒、同辈群体对个体职业心理也会存在影响。人们在这些职业心理的引导下，进行职业生涯的规划。所谓**职业生涯规划**（Career Planning），是指客观认知自己的兴趣、能力和价值观，发展完整的职业自我观念，在对个人和外部环境进行匹配的基础上，深入了解职业以及岗位的需求，以达到职业完满的过程。

二、职业心理的类型

职业心理对个体的职业选择有着重要的影响。职业心理有哪些类型呢？近三十年来，霍兰德（Holland，1929）的职业心理理论以及他编制的职业心理测验——**"自我导向探索"**（self-directed search，SDS）——受到了普遍的关注，已经成为世界范围内应用最广泛的职业心理测评理论与工具之一。霍兰德认为，同一种类型职业群体中的成员有类似的人格特征，所以他们将以类似的方式对许多情景和问题做出反应，并创造出特有的人际环境，这种人际环境会吸引相应职业人格的人，而此类职业人格的个体会渴望在这种职业环境中工作。职业人格与职业环境的适配决定了个体工作的满意度、稳定性和成就感。经过研究，他认为职业环境和职业人格都可以分为六种类型，分别是实际型、研究型、艺术型、社会型、企业型和传统型。霍兰德认为，职业心理类型就是职业人格类型，因此，霍兰德职业心理理论实际上就是霍兰德职业人格理论。

1. 实际型（R型）。典型特点是顺从、坦率、谦虚、自然、实际、内向、稳健、节俭、勤劳。有操作机械的能力，喜欢做与机械、工具、动物和植物有关的工作。重视具体的事物和明确的关系，如收入、权力、地位等，缺乏人际关系方面的能力。

典型职业有:机械师、电器师、驾驶员、农牧民、各类技工等。

2. 研究型(I型)。典型特点是谨慎、批评、好奇、独立、聪明、精确、理性、内向。有数理能力和科研精神,喜欢观察、学习、分析、思考和解决问题,是很客观的科学家。喜欢研究性质的情境和职业,缺乏领导和影响他人能力,避免领导情境。典型职业有:物理学家、化学家、数学家等。

3. 艺术型(A型)。典型特点是复杂、想象能力强、冲动、独立、直觉、无秩序、情绪化、理想化、不顺从、有创意、不实际、富有表达力和创造性。喜欢艺术性质的职业和情境,避免那些要求很严格、很规矩的职业。典型职业:诗人、画家、音乐创作者、作家、导演、演员等。

4. 社会型(S型)。典型特点是合作、友善、慷慨、助人、仁慈、负责、圆滑、善社交、善解人意、理想主义、富洞察力。喜欢与人打交道的职业和情境,避免与器械、动植物等打交道的职业。自觉喜欢帮助和了解别人,有教导他人的能力,缺乏机械与科研能力。重视社会与伦理的活动与问题。典型职业:教师、咨询辅导员、护理人员等。

5. 企业型(E型)。典型特点是冒险、有野心、独断、冲动、乐观、自信、追求地位和知名度、享乐、精力充沛、善社交。喜欢领导性、冒险性的职业和情境,避免科研、技术类型的职业。自觉有冲劲,自信,有领导和语言能力。重视政治与经济上的成就。典型职业:推销员、企业经理、政治家等。

6. 传统型(C型)。典型特点是顺从、谨慎、保守、自抑、服从、有规律、坚毅、实际、稳重、有效率,缺乏想象力。喜欢有规律、有秩序和要求明确的职业和情境,避免无明确要求、需要个人创新的职业。有较强的文书、数字能力,喜欢过有规律的生活。重视商业和经济上的成就。典型职业:文秘、银行助理、行政助理、会计员、出纳等。

霍兰德职业心理理论可以用如图 18-1 所示的六角形图来表示:

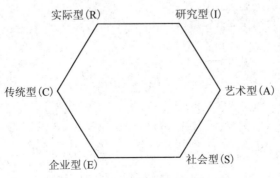

图 18-1　职业心理类型与职业环境类型

霍兰德职业心理类型理论假设绝大部分人的职业心理可以分为这六类,绝大部分的职业环境也可以分为这六类,人们需要知道自己是哪一类型,然后寻找相同类型的职业。人们可以通过自我分析的方法来了解自己的类型,也可以通过其开发的"自我导向探索(SDS)"测验来了解。使用 SDS,人们可以得到在自己的六个类型中相对占优势的三个类型,如 R、E、C 或者 I、A、E,将这三个类型按照得分多少组合起来,就构成个人的职业心理类型(霍兰德代码):REC、IAE 等等。在霍兰德提供的"职业搜索册"中,可以找到 REC 或者 IAE 下面所列的各个职业,这些职业就是和自己相匹配的职业。

此外,这一理论中还包括以下几个重要概念值得关注。这些概念有助于我们来分析通过 SDS 所获得的数据,并指导职业的选择。

首先,内部一致性:指一个人的主要职业心理类型之间的距离远近。如果一个人的主要职业心理类型是 RIC,这三种类型在六角型图中的距离是最小的,因而内部一致性很高;如果一个人的职业心理类型是 RSE,它们之间的距离是最大的,因而内部一致性很低。

其次,分化性:指一个人的主要的职业心理类型与其他非主要类型得分程度的差异。如果占优的职业心理类型得分与其他类型得分的差距不大,分化性就较低,反之则高。

最后,适配性:指一个人的职业心理类型与他当前工作环境类型的匹配程度。如果职业心理类型与环境类型相适合,其适配性高,反之,其适配性低。例如,一个社会型的人(如喜欢助人的人)在社会型的环境(学校)中工作,则适配性高;如果艺术型的人在传统型的环境中工作,则适配性很低。

上述三个特征其重要性的相对顺序是:人与环境相互作用的适配性最重要,人或环境的分化性其次,人或环境的一致性最次。根据霍兰德的假设,适配性的高低可以预测一个人的职业满意度、工作稳定性和工作成就感。

霍兰德(John Henry Holland,1929—   )

美国著名的职业指导专家,著名的麦克阿瑟研究奖获得者、圣达菲研究所指导委员会主席之一。于 1959 年提出了具有广泛社会影响的人业互择理论。霍兰德的职业兴趣测验量表帮助人们发现和确定自己的职业兴趣和能力特长,从而更好地做出求职择业的决策。主要著作有:《自然系统和人工系统中的适应》、《隐藏的秩序:适应性是如何产生复杂性的》等。

第二节　职业心理的一般规律

个体的生涯发展在某种程度上就是各种人生角色的组合与发展。应根据职业生涯发展各阶段的不同特征，对青少年进行科学的职业生涯规划教育。

一、个体的多重生涯角色

舒伯(Super，1973)认为，"**生涯**(career)是综其一生，不同时期不同角色的组合"。他认为，生涯是一个人在职前、在职间和退休后所经历的一系列主要职位的整体历程，包括与工作有关的角色如学生、雇员和养老金领取者，同时还包括那些互补的角色，如家庭角色和公民角色。舒伯认为，大多数人在一生中都扮演了九种主要的角色，依次是子女、学生、休闲者、公民、工作者、夫妻、家长、父母和退休者。其中，子女、夫妻、家长和父母是关系角色，即这些角色由于和某些特定的人物的关系而存在，一旦这些人物不在了，这个角色也就没有了。关系角色中还可以有朋友，对有些人来说，朋友角色的重要性甚至超过某些家庭角色。学生、公民、工作者和休闲者可以称为活动角色，即这些角色是由于从事某些活动而存在的。

知识视界 18-1　舒伯的"生涯彩虹"

舒伯指出，在人的一生中，其社会角色将会循着"学生"、"闲暇者"、"市民"、"劳动者"、"家庭成员"的轨迹发生变化。

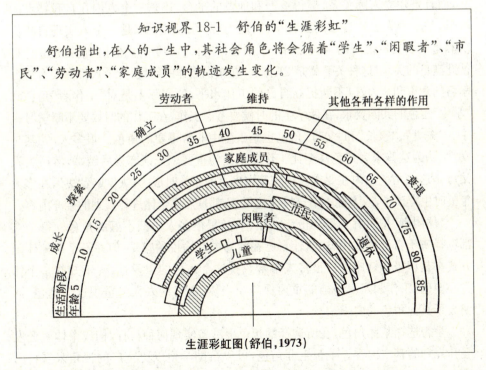

生涯彩虹图(舒伯，1973)

个体的生涯发展在某种程度上就是各种人生角色的组合与发展。在人生的

667

最初几年，"子女"是每个个体唯一的角色，父母是孩子生活的全部，这一阶段的角色要求就是生存下来并健康地成长。从上学以后，子女角色的比重开始降低，与父母的交流互动减少，在离家上学或者因为工作从父母家搬出去以后，在父母关系方面的投入降到最低。随着父母年龄的增长、身体的衰老和疾病的侵扰，在大约40～50岁时，子女角色在生活中的比重又开始增加，个体可能需要为这个角色付出更多的身心和经济资源。这是大多数人的规律，但并不是所有人都这样。假如高中生小强不幸遭遇家庭变故，父亲英年早逝，母亲体弱多病，但是他不向命运低头，不仅自己通过打工赚取学费坚持学习，而且悉心照顾久病的母亲。小强读高中的时候，本应将绝大部分时间用于学生角色（学习），但生活却要他在此时承担更多的家庭角色以及由此而来的工作者角色（打工、照顾母亲），这就使得他的生涯发展与一般人有很大的不同。

"学生"角色有很大的个体差异，有些人初中毕业就不再上学了，而有些人则会一直读完博士。"学生"阶段结束后，就进入了"工作者"角色，这是一个人一生中最重要的角色之一，人们选择何种工作，在这份工作中期望达成什么目标，是一个人一生中最为独特的组成部分。工作，不仅仅是一个人挣钱养家糊口的工具，而且是建立人际关系、赢得尊严和地位的平台，还是一个人内在自我特点的外显，是一个人表达自己的独特个性、能力和天赋的途径，是一个人实现自我价值和落实自己价值观的方式。每个人通过付出自己的努力，和外在世界建立一种彼此满足的关系，这种关系就是"工作"。在知识爆炸的年代，每个人都需要有终身学习的意识和能力，以不断提高自己的工作水平，这实际上是对"工作者"角色和"学生"角色的共同要求，在做学生的时候要考虑工作，在工作的时候要不断学习。

"夫妻"、"家长"和"父母"角色也是人生中非常重要的角色。很多人，尤其是女性，认为这些家庭角色甚至比工作角色更为重要。先谈恋爱后结婚，然后为人父母是这些角色的内在要求。但打算在多大的年龄时成为"夫"或者"妻"，在多大年龄时生育孩子，或者根本不选择这些角色，都是需要个体进行规划的生涯内容。

"休闲者"是所有人都会扮演的角色，却是很多人扮演不好的角色。每个人都选择属于自己的休闲方式，让自己在活动中有愉悦的感受，但并不是每种休闲方式都是积极和健康的。很多人常常忽视这个角色的重要性，殊不知它是个体身心健康、工作和家庭平衡的重要保障。当然，也有些人太过重视这个角色，而偏废了其他角色的要求。

是否选择某些角色，在所选择的角色上准备实现何种目标，构成个体生涯发展和规划的基本内容。了解生涯角色，可以帮助学生以更宽广的视角来看自己未来的工作和生活，比如一个学生渴望做生意挣大钱，当他了解到在传统行业里做生意需要花大量时间跑客户、做市场,很少有时间和家人在一起,也经常面临很大的压力时,或许会重新思考是否以此为职业梦想。

教育实践 18-1　生涯角色探索

1. 目前我所担当的生涯角色

① 写出你目前所承担的各种角色,如中学生、班长、女儿、哥哥、妹妹、舞蹈协会会员等等。

_____

_____

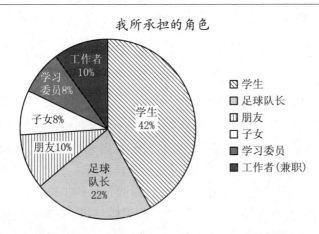

我所承担的角色

学生 42%

足球队长 22%

朋友 10%

子女 8%

学习委员 8%

工作者 10%

☐ 学生
☐ 足球队长
☐ 朋友
☐ 子女
◩ 学习委员
■ 工作者(兼职)

② 用饼状图的形式来描绘你在各个角色上投入时间的情况

③ 和周围的同学讨论,你最重视的角色是哪一个? 投入最多的是哪一个? 为什么?

最重视的角色:_____

最投入的角色:_____

2. 十年后我将担当的生涯角色

① 写出未来十年后你希望自己承担的角色,如丈夫、妻子、教师、工程师、经理、儿子、女儿等。

_____

_____

② 选择三个最重要的角色,写出你渴望在这三个角色上达到的成就。

重要角色1:_____渴望的成就:_____

重要角色2:_____渴望的成就:_____

重要角色3:_____渴望的成就:_____

③ 和小组同学分享你的规划。

二、职业心理的发展阶段

舒伯还把人生的职业心理发展阶段即工作者角色历程分成五个阶段：成长期(0～14岁)、探索期(15～24岁)、建立期(25～44岁)、维持期(45～64岁)、退休期(65岁以后)。不同阶段有不同的发展任务，社会期待每个人在其适当的年龄里完成所对应的职业发展任务。

1. 成长期。14岁以下的儿童不可能对未来的职业世界形成稳定和明确的目标，想象或者幻想是这一阶段的主要特征。在10岁以前，电视节目、游戏、书籍中的职业或游戏角色常常是儿童们职业想象的来源。随着年龄的增长，儿童的兴趣和能力开始成为他们考虑未来职业的依据。但整体来说，想象的成分依然占据主导地位。

2. 探索期。初中毕业后的十年时期里，个体都处在自我试探、角色摸索、尝试工作的过程中。每个人都需要考虑自己的兴趣、能力、机会、资源、责任等，以明确自己未来的职业领域和工作层次。中学生大都处在这个阶段的开始。因此，一方面需要认真学习各门文化课程，掌握社会发展所需要的各项基本技能；另一方面，也要根据自己的兴趣、爱好、特长进行多方面的尝试，以更好地了解自己，为将来做出正确的发展和选择积累经验。具体来说，需要从多个方面去了解自己未来发展的可能性，多接触不同行业、不同领域的工作者，尝试去了解其中不同工作岗位的特点，看看哪些类型的工作、哪种环境下的职业更适合自己。这是探索阶段最重要的特点。

3. 建立期。25岁以后，每个人对于自己应当做什么已经基本明确了，因此在确定的职业领域中逐步建立稳固的地位，成为这一人生阶段的发展任务。在接下来的20年里，人们在选定的领域中努力工作与创新，在职业上逐渐达到人生的最高峰。

4. 维持期。45岁后，一般情况下，人们会逐渐减少创意的表现，全力巩固现有的成就与地位，接受自己的限制与不足。在这阶段的后期，人们会逐渐减少在工作具体业务上的投入，而将部分精力转往指导晚辈方面。

5. 退休期。65岁以后，人们需要调整身心，从工作状态下解脱出来，发展适合自己的休闲方式，形成符合自己特点的晚年生活模式。

百家争鸣 18-1　职业决策

个体的职业生涯发展历程往往不是一帆风顺的。当人们对目前的工作极不满意时，就是该重新找一份工作的时候了。这可能是困难的一步，不过可以通过提高决策过程的质量来确保成功转职。研究者对人们如何解决工作两难

问题进行了研究,发现在工作或职业生涯面临重大转折时,往往存在四种典型的解决风格:

① 警惕型:四种风格中最有效的。这类人会客观地评估信息,充分分析所有解决方案以后做出决策。会先在心里列出"清单",权衡每种行为的可能得失以后再采取行动。

② 自满型:这类人对职业抉择抱着满不在乎的态度,任由机遇而不是理性计划来决定职业。

③ 防御-回避型:他们对职业选择的风险和机会有充分的认识,但却不善于决策,他们总是拖延时间,为自己的犹豫不决找到合理化的借口。

④ 过度警惕型:面临职业选择时他们往往很焦虑,可能会事先收集很多的招聘启事和宣传册。但这些混乱的行为很难做出理性的决策。

这些风格可能过于夸大,但却很常见。比较一下,看看自己是如何做出职业选择的。研究者认为,只有第一种是最有建设性的,我们可以根据这种风格对自己的决策过程进行修正。

三、职业心理的一般特点

1. 阶段性

美国心理学家、职业指导专家金斯伯格(Ginzberg,1973)和帕森斯(Parsons,1909)等人提出的职业发展理论认为:职业发展如同人的身体和心理发展一样,可以分为几个连续的不同阶段,每阶段都有一定的特征和职业发展任务。他们认为人们的职业意识和要求并不是在面临就业时才具有,而是在童年时就孕育了职业选择的萌芽,随着年龄、资历和教育等因素的变化,人们职业选择的心理发生变化。

2. 连续性

虽然把职业发展分为不同的阶段,但是职业发展如同人的身体和心理发展一样都是连续的,并不是孤立存在的。如果职业指导有效,个体就能在每一阶段达到职业成熟;如果前一阶段的发展任务不能很好地完成,就会影响后一阶段的职业成熟,导致最后在职业选择时发生障碍。

3. 终生性

职业心理和职业选择并不是个人生活中在特定时期出现的单一事件。个体职业心理是一个不断发展、贯穿于人的一生的全过程,因此,职业抉择的过程是贯穿于人的一生的不断反复进行的过程。每当遇到一个问题或满足了一种需要产生某种体验时,就会激发起抉择。

4. 差异性

根据人格类型论观点，个别差异现象普遍地存在于个人心理与行为中，每个人都具有自己独特的能力模式和人格特性（即特质）；而某种能力模式及人格模式又与某些特定职业相关。不同类型人格的人都会对不同类型的工作或学习感兴趣。

四、青少年职业心理的特点

青少年处于人生 11、12 岁～24、25 岁这一特定时期，虽然个体之间也存在着各种差异，但作为一个社会群体，青少年这个整体具有自己鲜明的生理特点、心理特点和社会特点，反映在职业心理上，势必也存在着青少年这个整体带有共性的特点。不过，以往在青少年职业心理特点方面的研究很少。随着时代的发展、社会的进步以及职业指导的深化，这个课题逐渐开始得到政府、学校、社会、家庭等方方面面的重视。在此，我们将青少年职业心理特点总结概括如下：

1. 青少年处于职业生涯发展的成长期和探索期，职业心理不够成熟

从职业心理的主体来看，青少年正处于身心急剧发展的时期。生物因素、环境因素和正在构建之中的人格系统及自我调节系统在他们的实践活动包括职业心理活动中相互作用，成为推动着他们心理发展和职业生涯发展的巨大动力；生物成熟、心理成熟和社会成熟的异时性，成为导致他们众多心理矛盾包括职业心理矛盾的根源；而自身发展和时代发展的双重负荷又是加剧这些心理矛盾的原因。根据专家学者如金斯伯格和舒伯等人的研究，青少年在职业生涯发展方面进入了职业意识的成长期和职业行为的探索期，他们的职业心理尚未成熟。正因为如此，青少年在职业选择中表现出较大的盲目性和随意性。由于尚未走上社会或涉世未深，青少年对职业信息的把握非常有限，在此基础上萌生的对于职业的理解、向往和追求，通常只是朦胧、摇摆的职业意向，还没有真正成为清晰、坚定的职业志向。对青少年的有关调查表明，80%左右的人对自己所选择的职业"稍微了解"或干脆"一无所知"，80%左右的人对各种职业人员的收入情况及工作过程仅为"一般了解"、"不太了解"乃至"很不了解"（宋广文，阎冈林，1996）。

2. 青少年的职业心理要经历升学选择和就业选择，内心冲突激烈

青少年的职业心理既有升学选择，又有就业选择；逐渐由升学选择为主向就业选择为主过渡。由此会引起青少年激烈的内心冲突。

对于初中生而言，主要是升学选择：初中毕业后是进入普通高中学习，为今后上大学打基础呢？还是进入中等专科或职业高中学习，为早日开始工作

做准备呢？哪一种选择更有利于自己的人生发展呢？当然，也有一部分初中生可能不得不马上踏上社会劳动谋生，他们的就业选择范围就相对比较狭窄，他们要考虑的现实问题是：缺乏知识训练和劳动技能的自己最有可能被哪些职业所选择呢？在被选择的职业岗位上自己应该怎样做才能使自己的人生顺利地发展呢？

对于普通高中的学生而言，主要是升学选择：自己到底适合学习什么专业、从事什么职业呢？高中毕业后进入哪一类大学深造、就读哪一类专业对日后实现自己的职业理想更为有利呢？对于中专、职高的学生而言，是选择马上寻找工作、寻找什么样的工作，还是选择争取进入职业技术类高校乃至普通高校进一步学习、学习什么专业？

对于大学生而言，主要是就业选择：自己能够选择什么职业？所学专业（意味着知识积累与技能训练）能否对口发挥作用？就业后能否胜任愉快？是否还必须业余学习或自我培训？当然，也有相当一部分大学生会考虑选择升学：是在本专业领域继续报考研究生攻读学位？还是跨专业读研成为复合型人才以便今后就业更有优势？或是通过考研变换专业另辟蹊径？越来越多的大学生会辛苦地同时做好就业与升学的两手准备，确保自己在人生至关重要的职业选择上具有更大的主动权。

3. 多种因素影响青少年的职业心理，其中父母影响较大而学校影响微弱

从职业心理的影响因素来看，根据心理学的研究结果，影响一个人职业心理的因素很多，归纳起来，主要可以分为个体的内部因素和个体的外部因素：影响职业心理的个体的内部因素主要涉及一个人的心理和生理两个方面，其中包括兴趣、能力、气质、性格、信念、理想、世界观以及性别、年龄、身体条件等等；影响职业心理的个体的外部因素主要涉及一个人的各种社会环境因素，其中包括家庭的引导、学校的教育和社会大环境的熏陶。

在不同的条件下，以上这些因素对个体的职业心理所产生的影响作用是不同的。在青少年的职业心理发展过程中，家庭是最重要的外部影响因素，其中父母的影响作用尤为突出。调查结果也显示了父母在青少年职业心理中的重要性（宋广文，阎冈林，1996）。

另外，在青少年职业心理发展过程中，社会环境也是不可忽视的外部影响因素。不少调查发现：不论是来自城市还是来自乡村的青少年，都更愿意选择以智力才能、技术专长为特色因而工作相对稳定的职业，如外资企业白领、医生、教师、科研人员、军人、企业家等等，而不愿意选择智能技术要求低而体力要求高并且饭碗不牢靠的工作，如工人、农民等，尤其不愿意当农民。呈现出重脑轻体、求

稳怕变的倾向。随着社会政治经济的发展和人民生活水平的提高，这种倾向越来越明显、越来越严重。

需要引起我们注意的是，在影响青少年职业心理的诸多因素中，"追求自我实现"的内部因素、"父母影响"和"社会现实"等外部因素都发挥着重要的作用，但本该起到积极引导作用的"学校教育"在此却显得无足轻重，尤其是教师的影响力几乎微不足道。这说明学校教育功能的严重缺位。长此以往，势必会对青少年学生的职业生涯发展、学校的人才培养、社会的人力资源开发使用乃至国家的安定团结、繁荣强盛造成不可估量的损失。学校教育应高度重视青少年学生的职业心理，大力倡导并加强职业指导，比如为学生提供充足、可靠的升学信息和就业信息，提供各种有关升学和就业的咨询与辅导等等，以引导学生正确地选择职业，既满足自己的需要也满足社会的需求，最终实现个人发展与国家发展的双赢。

第三节　职业心理在教育中的应用

职业心理影响着职业生涯规划目标的确立。只有清楚了职业心理，制定职业生涯规划时才能有的放矢，制定合理的人生目标，才能获得更大的成功，为成功提供更多的保证。了解职业心理，对教师教书育人以及学生的自我教育具有重要的意义与价值。

一、职业心理规律在教书育人中的应用

职业心理的发展与人的身心发展有着相一致的过程，因而职业生涯规划教育必须从青少年开始。职业生涯规划与学业规划相辅相成，职业生涯规划以学业为前提，学业贯穿于职业生涯规划中。职业生涯规划有利于学习目标的确定，促进学习的积极性和主动性。职业选择的基础是专业选择，一旦选择了专业就意味着个体不仅要把几年时光花费在所选专业上，而且要把今后的事业也建立在这个选择基础上。如果上完学或就业后才发现所选择的专业不适合自己，从时间成本的角度来看，是对生命资源的浪费；从资源利用效率角度来看，是对社会资源的浪费。而职业规划教育能使青少年树立正确的职业观，经常处于多种职业信息的选择中，有利于更加全面地认清自我和认识职业，从而在实践的成功与失败中训练职业选择能力，面对专业选择的时候能够结合自身的性格、兴趣、能力、家庭环境和社会环境，理性、科学、合理地选择适合自己的专业。

1. 促进中学生对职业自我的认识

升学与择业是人生发展的必然过程，是关系到中学生个人前途命运的重大

事件。帮助中学生了解自己的兴趣、价值观、能力和特长,明确自己的职业意向,为中学生未来的生活和职业选择做好心理准备,使他们将来能够顺利地踏入社会,是职业生涯辅导的主旨所在。

　　青春期的心理发育特点之一是个体内心充满了矛盾性,与职业发展相关的一些内在特质也处在动荡的形成过程中,比如人格特点、价值观、兴趣爱好等等。通过职业生涯规划有意识地探索自我,通过老师传授的各种了解自我的手段,学生能够更好地了解自我,能够更好地应对生活中的各种挑战。中学生处于身心发展迅猛的时期,他们的人生追求在不断地变换,今天要当科学家,明天想成为影视明星,后天又希望成为一名律师。青少年的好奇心强而认识能力有限,对职业的认同或喜爱具有情境性,缺乏稳定性。然而,职业生涯往往比人们想象的要复杂,职业的选择往往受到多种因素的制约,如个人的职业兴趣、职业价值观和职业能力,都从不同的角度影响人的职业行为。个人在确定职业方向时,应尽可能考虑自己的价值观、兴趣、能力和其他个人特点。

　　　　　　学术前沿 18-1　　能力倾向测验和多媒体计算机测验

　　能力倾向测验(aptitude test)是职业心理学的重要工具,其中包括对文秘工作能力、语言能力、掌握机械的能力、艺术能力、法律工作能力和医学能力等不同特定能力倾向的测验,目的都是对一个人是否具有对特定职业所需技能的潜在学习能力进行评估。例如,文秘能力倾向测验所评估的主要是快速、细致和准确地完成办公室工作的能力。

　　最近几年,心理学家一直在试图使职业测试变得更有趣、更符合实际。例如,职业心理学家们正在开发多媒体计算机测验,通过逼真的颜色和立体声音响来模拟现实中的工作情形。当应聘者观看计算机上展现的典型工作场景时,要根据不同情况中出现的各种问题,回答自己将如何处理。这种多媒体方法除了能够用于对应聘者的测验以外,还可以用于提高现有雇员的工作技能。不久后,多媒体测验将会广泛投入使用(Muchinsky, 2006)。

---

　2. 帮助中学生树立职业生涯规划的自主意识

　　职业生涯规划是一个长期的过程,在人生的不同阶段,都需要有规划的意识和技能,强调自己为自己的未来负责任。十几岁的中学生,未来发展有无穷的可能性,如果在此阶段能够掌握生涯规划的方法和技能,将有利于他们未来一生的发展。如果教师能够帮助他们树立起生涯自主的意识和信念,能够自主树立目标,用此目标引导个人现在的生活,他们的学习自觉性和方向感将会更强。职业生涯规划教育并不是简单地让学生幻想一个"完美"、"理想"的目标,而是通过帮助学生树立高度的生涯自主意识,通过进行自我了解、认识职业、整合环境资源等活动,对于未来的职业发展形成较为清晰的概念,确定有现实性的职业理想和生活模式。

3. 促进中学生对职业世界的了解

中学生目前所处的阶段正好介于舒伯所说的成长期与探索期之间,很多学生对于职业世界还处于幻想或者想象的状态。处于探索阶段的青少年,应该有机会获得更多的不同的职业发展信息,以便真正形成对职业的承诺与认同。中学生对职业世界的了解,包括了解工作世界与行业、职业的概况及需求,认识职业训练和就业辅导机构,了解劳工主管单位或部门,收集、分析和归纳当前社会就业概况,认识职业分类与各行各业的一般状况,认识从事职业所需要的一般智能,了解现阶段的各种技能考试与证照制度及其功能,认识现阶段工作世界的未来发展趋势,探讨适应社会变迁所应具备的生涯态度与能力等。

具体而言,中学生对职业世界的了解应包括如下内容:

第一步:了解职业分类

(1) 按职业的性质,可将职业分为脑力劳动、体力劳动和情绪劳动。

(2) 按个性心理特征,可将职业分为六类,这是前文提到的美国职业专家霍兰德的职业分类。霍兰德理论的核心思想是:个体趋向于选择最能满足个人需要、实现职业理想的职业环境,最理想的职业选择是使个性类型与职业类型相互协调与匹配。

(3) 按职业所在行业,可将职业分为八大类:国家机关、党群组织、企业、事业单位负责人;专业技术人员;办事人员和有关人员;商业、服务业人员;农、林、牧、渔、水利业生产人员;生产、运输设备操作人员及有关人员;军人;不便分类的其他从业人员。

第二步:收集职业资料

职业资料的收集,可以通过各种途径进行。如通过参观访问,让学生亲自体验与接触各种职业环境;举办职业团体座谈会和职业问题演讲会,让学生有机会接触各种职业人士,了解不同的职业领域;学会利用互联网,利用各种人才双选会和行业展览会来收集职业信息;开设专门的职业辅导课程,对职业分类标准与职业要求等基础知识做系统介绍,引导学生做好职业生涯规划。

第三步:研究职业内容

研究职业内容,包括了解课程与职业的关系,以及闲暇活动与职业的关系。不同课程与不同职业的密切程度不同,每一门课程与其相应的职业有着内在的兴趣和才能的一致性。职业辅导中,可以通过绘制"职业研究表",帮助中学生对职业选择有一个比较清晰的了解与把握。以"教师职业"为例,一个完整的"职业研究表"大致包括如下内容:

(1) 职业名称:教师

(2) 职业类型:社会型

(3) 从事该职业所需要的最低教育条件:大专

(4) 是否要求其他证书:教师资格证

(5) 该职业可能的月薪:1 000—5 000

(6) 该职业的身体、能力、个性等要求:健康、开朗、善解人意等

(7) 从事该职业的好处:工作较为稳定、安全,可以休长假,不常出差

(8) 从事该职业的不利之处:压力大、角色期望值高,常需职业充电

(9) 该职业的就业趋势展望:较乐观

(10) 与中学相关的课程:所有学科

(11) 有关闲暇活动:有寒暑假,可用于休闲娱乐或职业充电等。

4. 开展职业生涯辅导活动及相关课程

职业生涯辅导活动,是借助专业的咨询方法和技术,对在生涯认知、准备、规划、决定、升学与择业等方面有困扰的学生提供针对性服务的活动。学校的生涯辅导活动主要通过设计各种活动,启发学生对职业生涯的意识、对工作与社会环境有一个全面的认识。通过专门训练、招聘讲座、模拟面试工作坊、就业咨询中心等各种方法或途径来提高学生这方面的认识水平。比如,可以举办"生涯辅导周"活动,帮助学生自我了解、自我规划,试探自己的生涯规划,挖掘自己的潜能。学校还可以在校园中展示有关生涯规划方面的知识海报,开展生涯演讲、征文、辩论、戏剧表演、电影欣赏等动态性活动项目,也可以在学科活动中渗透生涯教育内容等。

生涯发展课程是以专门课程的形式来实施生涯教育,以促进学生的生涯发展和生涯成熟的活动。生涯发展课程的设计和开设,需要有意识地根据各年龄阶段学生的不同特点,结合学校的特色,整合生涯辅导的理论与目的,有选择性地加以开展。有条件的学校可采用各种心理测验量表及自我评定等方法,了解个体的能力倾向、兴趣、个性等方面心理特质,评估个体对工作的价值观和生涯成熟状况,并以此为依据预测和诊断学生的生涯发展状况。

总之,要进行职业生涯规划教育,必须教育中学生首先学会认识自我,然后了解职业,最后探索环境。其中认识自我尤其是与职业发展相关的内在特质,是

职业生涯规划教育最重要的基础。这些特质包括职业兴趣、职业价值观与职业能力等,不同的特质对应着不同的职业内容。

二、职业心理规律在自我教育中的应用

学术前沿 18-2　进入大学前,多少人考虑过自己将来要从事的职业?

2010 年一项针对西南大学师范生职业生涯的调查研究发现:(1)79.41% 的师范生在进入大学之前考虑过自己将来要从事的职业,20.59% 的师范生在进入大学之前没有考虑过自己将来要从事的职业;(2)师范生考虑的职业主要包括教师、医生、作家、翻译、律师、从政、警察、记者、工程师、金融相关方面等。据统计,一共提及的职业频次为 42 次,其中教师一职最高,为 21.43%,其次为医生 9.52%,作家 9.52%,金融类 9.52%,工程师 9.52%;(3)有 35.71% 的师范生进入大学之前考虑的职业与教师职业一致,64.29% 的被试不一致。由此可以看出,师范生对职业生涯规划还比较模糊,职业方向不稳定。通过统计检验发现:师范生进入大学前是否考虑过自己未来要从事的职业与性别、年级、学科类型(文理科)、父母亲职业没有显著性差异;在考虑过自己未来职业的师范生中,所考虑职业是否与教师职业一致与性别有显著性差异($P = 0.049 < 0.05$),男生所考虑的职业与教师职业一致的占 3.57%,不一致的占 28.57%;女生所考虑的职业与教师职业一致的占 32.14%,不一致的占 35.72%,与年级、学科类型、父母亲职业没有显著差异。

(王华敏,黄良勇,2011)

师范生职前准备可以使他们达到对教师角色的再认识、对教师职业可能产生的心理问题及其成因、教师心理问题的危害及其预防方法等有一个事先的认知。它包括在心理上的准备,如克服职前心理困惑的决心和信念,并内化为积极的态度应对职业初期可能的挫折,使准教师具备情绪调节和管理的能力;行为上的职前准备,主要是指模拟新教师可能遇到的各种困境,通过自身实际操作,增加感性经验,积累经验,并内化为一种有效处理困境的行为模式。职前心理准备的成功,表现在师范生今后处理日常事务的有效性,并对各种应激形成一种有效且习惯化、内隐的行为反应。

1. 增强自我认识,了解自己的兴趣、个性,提升教师技能

师范生通过各种途径了解自己,这些途径包括:征求别人对自己的评价、通过各种心理测验等方式了解自己。但仍有一部分师范生不了解自己,也不想了解自己,缺少了解自己的意愿,对自己未来的生活没有准确的定位。很难想象,在不了解自己的兴趣爱好,不清楚自己的职业理想的情况下,怎样为职业做准

备？职业理想应该是务实的而不是虚幻的，脱离自身条件的目标是没有激励价值的目标，是空想而不是理想。自身条件是确定目标的现实基础，根据自身条件来确定奋斗目标，才可以做到"知己"和"知彼"。

师范生的培养目标十分明确，即要为基础教育培养教师。要胜任从事基础教育的工作，需要师范生既掌握专业知识，又要具备相当广泛的科学文化基础知识、基本的研究能力、表达能力和教学技能。而如今师范生所做的准备以知识、教学技能为主，较少关注基本的研究能力与综合素质。师范生广泛存在教学能力和课堂管理能力不足的问题。究其原因：首先是课堂教学本身复杂，而师范生缺乏课堂教学实际操作经验，无法内化提高教学技能。其次是课堂管理本身的复杂性。李兵(2008)的一项研究表明，超过60%的人认为当今的课堂纪律存在太多问题。实习结束后，并没有采取任何补救措施，实习中遇到的问题无法真正得到解决。在大学学习中，除了课堂对于知识的储备，更加应该去学校向老教师多学习，去课堂上提升自己的表达、应对等教学技能。如果时间富裕，还可以参与一些有关教师问题、青少年发展的科研项目，以提升自己的科研能力和理论思考。

2. 培养自我对教师行业的价值认同

职业认同是师范生对教师的职业认同，是其职业准备的前提。职业认同，既指一种过程，也指一种状态。师范生的职业认同主要是指师范生思想上对教师职业的认可，行为上对教师职业角色的同化。师范生教师职业认同的形成是通过教育教学实践，体验教师角色，从而逐步深化的。同时，师范生专业学习和教师职业技能训练可以调整师范生对教师职业的期望，端正从事教师职业的态度，进而形成一定的教师职业情感，不断坚定职业意志，深化教师职业行为。

个体的职业取向易受社会评价的影响，当前社会职业评价的偏差是以拿钱的多少、工作的舒适与劳累程度作为评判职业优劣的标准。我们要看到社会和职业中积极的一面，树立正确的职业价值观，就必须引导师范生摒弃拜金主义、实用主义和利己主义的价值标准，树立人生的价值在于奉献社会的理念。黄炎培常常教导他的学生"人生必须服务，所学的应用于社会，造福于人群为贵，职业无高下贵贱之分，但有益于人类为上等"。成长中的青少年学生是最富有丰富情感、最充满活力能量的群体，与这个群体打交道的教师，何愁自己心态不年轻、精力不充沛？

教育实践18-2　你的头脑里有"非理性的生涯信念"吗？

下面列出了关于个人职业生涯规划13种常见的不合理信念(irrational beliefs)，测一测，您曾经有过以下哪些想法呢？

非理性生涯信念测试表

题号	题　　目	完全不同意	不太同意	有点同意	比较同意	完全同意
1	这世上只有一种职业适合我。	☐	☐	☐	☐	☐
2	直到我找到完美的职业，否则我不会满意的。	☐	☐	☐	☐	☐
3	有人会为我找到一份适合我的职业。	☐	☐	☐	☐	☐
4	我在工作中必须非常成功或成为专家。	☐	☐	☐	☐	☐
5	我的职业应令我生命中的重要人物感到满意。	☐	☐	☐	☐	☐
6	就业能解决我所有的问题。	☐	☐	☐	☐	☐
7	只要我努力，我可以做任何事。	☐	☐	☐	☐	☐
8	职业选择是一种一次性的行动。	☐	☐	☐	☐	☐
9	只有在绝对把握下，我才会采取行动。	☐	☐	☐	☐	☐
10	如果我转业，我肯定会失败。	☐	☐	☐	☐	☐
11	只要让我做我很想做的事，我肯定会很快乐。	☐	☐	☐	☐	☐
12	我的工作要能满足我所有的需求。	☐	☐	☐	☐	☐
13	我的个人价值与我从事的职业息息相关。	☐	☐	☐	☐	☐

上面的13条观点中，你同意的有几项呢？你的看法全部合理吗？你可能会发现，这13句话有一个共同的特点——它们都用了绝对化的陈述，总是出现"应该"、"必须"、"只有"、"一定"、"所有"、"绝对"这样的字眼。这些绝对化的字眼会限制我们的思维，把我们的选择局限到一个非常狭小的范围之内，限制了机会和资源的获取，从而会阻碍我们的职业发展。

布恩(Bourne)列出的5个问题，可以帮助我们对自己的生涯观念进行思考。这5个问题分别是：

1. 这个观念的依据是什么？完全客观地看待我的生活经历，有什么证据表明这是真的？

2. 这个信念对我总是适用吗？

3. 这个信念全面吗？它是否考虑到了积极和消极两个方面？

4. 这个信念是否促进了我的良好开端和坦诚相告？

5. 我是自己选择这个信念的或者它是由我的家庭成长经历发展出来的？

你可以再思考一下：这些旧观念是否还有意义？它们有没有帮助你做出好的决策？如果你现在认为旧观念不能帮助你参与到有效的生涯问题解决或者决策中，那么就在新观念这一列中将这些旧观念改成更积极的表述。

首先，我们来看一些具体的例子。

非理性生涯信念的转变表

旧的生涯观念	新的生涯观念
没有一个工作是我喜欢的。	我现在可能还没有发现我喜欢的工作，但经过我对自己的探索和了解，以及我对工作领域的了解，我会找到我喜欢的工作。
马上就要毕业了，我还没有找到签约单位，我是一个失败的人。	在找签约单位方面我暂时还没有"成功"，但我依然有很多机会可以尝试。我最终一定可以找到一个工作的地方，因此我并不是一个失败的人。
世界变幻莫测，人不可能做出生涯规划。	我也许不能为一生做出规划，但我至少可以为下一步做出规划。
我如果不能找到理想的工作，我就是一个没有价值的人。	也许我不能找到一个完美的工作，但我依然是一个有价值的人，而且我不仅仅从工作中得到价值的体现，在其他方面也可以体现我的价值。

现在，请将你的"旧想法"写在左边一列，然后根据布恩的问题，重新思考你的旧想法，换一种更加合理、客观和积极的方式表述出来。

转变我的非理性生涯信念表

旧的生涯观念	新的生涯观念
1.	
2.	
3.	
4.	
5.	

总之，职业规划是个体终生发展的重要组成部分，它是为更好地实现个体的生活目标而服务的。工作是为了生活，生活不是为了工作。不同的职业会带来

不同的生活模式,不同的生活模式会影响职业之外的其他方面。理想的生活包括令人满足的职业,理想的职业是令人满足的生活的一部分。通过了解不同的职业环境,也能帮助我们找到自己喜爱和适合的生活方式。

让我们回到本章开头提到的那个案例。张晓的社交能力非常出色,但是逻辑思维能力却一般。所以他不太适合学习电子信息工程专业。在专业选择问题上,没有最好的,只有适合的,或者说适合的就是最好的。很多人都有体会,那些所谓好专业、热门专业往往竞争激烈,没有实力的学生不敢轻易报考。但是这种热门专业是否适合自己,考生、家长和老师在进行决策或者给出建议时很难考虑周全,经常陷入误区,说这个专业好或那个专业不好。其实,好坏的标准是相对的,是因人因时而异的,因此也就没有一致的标准。成绩优秀的考生,有资本进行同学之间的任何竞争。但是自身的个性特征、兴趣类型是否适合专业学习的要求,并不是所有的人都能够做出科学的自我诊断。如果考生成绩突出,在选择热门专业的时候,最好抱有一点警惕心。除了专业冷热、职业方向等外在因素,也需要分析自己的内在优势和劣势。在很大程度上,这将决定考生的大学学习能否有收获、职业发展能否及时转入适合的轨道。

本章小结

职业心理是指人们在对自我、职业和社会的认识基础之上形成的对待职业和职业行为的一种心理系统。职业生涯规划是指客观认知自己的兴趣、能力和价值观,发展完整的职业自我观念,对个人和外部环境进行匹配,深入了解职业以及岗位的需求,以达到职业完满的过程。霍兰德认为职业心理可以分为实际型、研究型、艺术型、社会型、企业型和传统型六种类型。舒伯把人生的职业心理历程分成了五个阶段:成长期(0~14岁)、探索期(15~24岁)、建立期(25~44岁)、维持期(45~64岁)、退休期(65岁以后)。职业心理具有阶段性、连续性、终身性和差异性等特点。职业心理在教书育人中的运用要做到促进中学生对职业自我的认识、促进中学生对职业世界的了解和开展职业生涯辅导活动及相关课程。

思考题
● 试与身边的同学比较,说明职业心理中自我的差异表现在哪几个方面。

● 结合舒伯的生涯角色理论,谈谈你的多重角色以及时间分配。

● 个体的职业心理发展阶段有哪些? 你现在处在什么阶段?

● 结合实际说明如何开展活动来帮助学生进行职业生涯规划的初步探索。

探索题

● 请在身边找一个经验丰富的老教师,对其进行深入访谈,了解他/她的职业发展轨迹,包括职业情感、职业价值观、职业发展过程中重要的人和事等等,之后写出该教师对你职业生涯规划的启发。

● 根据本章的有关内容,结合自己的实际,写一份大学生的生涯规划书。

参 考 文 献

埃根,考查克(郑日昌主译,2009).教育心理学.北京:北京大学出版社.

艾克曼(杨旭译,2007).情绪的解析.海口:南海出版公司.

奥苏伯尔(佘星南,宋钧译,1994).教育心理学.北京:人民教育出版社.

巴班斯基,波塔什尼克(李玉兰译,1985).教学规程最优化回答.北京:北京师范大学出版社.

巴甫洛夫(吴生林,贾耕等译,1955).巴甫洛夫选集(第2卷第2册).北京:科学出版社.

鲍尔,希尔加德(邵瑞珍等译,1987).学习论——学习活动的规律探索.上海:上海教育出版社.

鲍良克(叶澜译,1984).教学论.福建:福建人民出版社.

贝纳特(旦明译,1983).感觉世界.北京:科学出版社.

布朗(陈浩莺,薛贵,曾盼盼译,2004).自我:The self.北京:人民邮电出版社.

曹丽(2008).青少年思维问题的成因及转变策略.当代青年研究,6:7—10.

曹子方(1996).青少年心理的发展.长春:吉林教育出版社.

岑国桢(1998).从公正到关爱、宽恕——道德心理研究三主题略述.心理科学,2:163—166.

岑国桢(2007).青少年主流价值观:心理学的探索.上海:上海教育出版社.

岑国桢,顾海根,李伯黍(1999).品德心理研究新进展.上海:学林出版社.

诧摩武俊(安香宏译,1984).初中学生心理.长春:吉林人民出版社.

柴文袖,王文娟(1984).少年赛中情绪影响运动成绩的研究.心理学报,4:441—446.

陈安福(1987).德育心理学.重庆:重庆出版社.

陈斌斌,李丹,陈欣银,陈峰(2011).作为社会和文化情境的同伴圈子对儿童社会能力发展的影响.心理学报,1:74—91.

陈会昌(1982).苏联德育心理研究.山西教育科学研究所内部发行资料.

陈惠芳(1989).4—14岁儿童注意广度发展的实验研究.心理科学,1:45—47.

陈金明(1992).自然.巧妙.有效——关于语文学科德育功能的会议综述.中学语文教学,5:7—9.

陈莉,李文虎(2006).心境对情绪信息加工的影响.心理学探新,4:36—41.

陈玲丽,吴家舵(2002).动作记忆研究综述.山东体育学院学报,4:37—39.

陈琦,张建伟(1998).建构主义学习观要义评析.华东师范大学学报(教育科学版),1:61—68.

陈少华,郑雪(2005).人格特质对选择性加工偏向的影响.心理科学,5:1135—1138.

陈伟(2006).逻辑思维训练.北京:北京大学出版社.

陈武英(2010).反事实思维与情绪的相互影响.中国电力教育,12:148—150.

陈向明(2000).质的研究方法与生活科学研究.北京:教育科学出版社.

陈英和(1992).关于儿童获得概念能力的培养研究.心理发展与教育,3:1—6.

程乐华,曾细花(2000).青少年学生自我意识发展的研究.心理发展与教育,1:12—18.

崔丽娟(2008).社会心理学.上海:华东师范大学出版社.

崔丽娟,才源源(2008).社会心理学.上海:华东师范大学出版社.

达蒙,勒纳等(林崇德、李其维、董奇等译,2009).儿童心理学手册(第六版).上海:华东师范大学出版社.

邓京华,郑和钧,陈娉美(1984).中学生辩证逻辑思维发展的实验研究.湖南师院学报(哲学社会科学版),5:42—48.

邓丽芳,徐谦,邓日昌(2006).大学生气质类型、父母教养方式与孤独感的关系研究.心理发展与教育,3:53—59.

邓明昱(1989).青少年青春期性生理及性心理的调查研究.心理科学通讯,1:52—55.

邓小平,张向葵(2011).自尊与创造力相关的元分析.心理科学进展,7:1161—1167.

邓铸,张庆林(2000).青少年元记忆能力发展的认知研究.心理学探新,1:39—41.

邓明昱(1986).试论我国性心理学的普及与研究.医学与哲学,6:017.

丁瑜(1985).家庭诸因素对学生学习和品德的影响.南京师范大学学报(社会科学版),4:101—107.

杜威(王承绪译,1990).民主主义与教育.北京:人民教育出版社.

杜亚松,唐慧琴,包水娟等(2002).十类特殊家庭子女心理卫生状况的研究.中国心理卫生杂志,1:41—43.

范丽恒(2001).高中生性别角色的人格特征及其相关研究.河南大学硕士论文.

逄晓娟,安世龙(2008).论人际关系对学生职业生涯规划的影响.中国成人教育,2:20—21.

弗洛伊德(车文博译,2004).弗洛伊德文集(1—8).长春:长春出版社.

傅宏(2002).宽恕:当代心理学研究的新主题.南京师范大学学报(社会科学版),6:80—87.

傅荣(2001).网络教育、网络心理教育与青少年心理健康.赣南师范学院学报,4:75—77.

高觉敷(1983).西方心理学史.北京:人民教育出版社.

高木重朗(林怀秋译,1982).记忆术.长沙:湖南科学技术出版社.

高文斌,魏景汉,彭小虎,罗跃嘉(2004).位置提示下视觉注意范围的调控机制.心理学报,2:139—144.

高友德,陈仙梅(1988).性格心理论.湖南:湖南人民出版社.

高玉祥(2007).个性心理学.北京:北京师范大学出版社.

戈尔曼(耿文秀,查波译,1997).情感智商.上海:上海科学技术出版社.

顾石生(2004).初中生情绪变化规律及情绪教育对策.青少年研究,3:25—26.

郭本禹(1999).道德认知发展与道德教育.福州:福建教育出版社.

郭德俊(2010).情绪调节教学模式的理论建构.北京师范大学学报,5:115—122.

郭德俊,田宝,陈艳玲,周鸿兵(2000).情绪调节教学模式的理论建构.北京师范大学学报(社会科学版),5:115—122.

郭惠智(1985).教师的情绪对教学的影响.心理发展与教育,2:59.

郭力平(1997).再认记忆测验中抑郁个体的心境一致性记忆研究.心理学报,4:357—363.

郭素然,伍新春(2011).反刍思维与心理健康(综述).中国心理卫生杂志,4:314—318.

郭秀艳,杨治良(2004).实验心理学.北京:人民教育出版社.

郭永玉(2007).心理学导引.武汉:华中师范大学出版社.

郭周云,邱琴,罗蓉,胡竹菁(2011).几何图形类比推理的ERP研究.心理学探新,6:515—519.

国家教委主编(1986).怎样塑造中学生的心灵.天津:天津教育出版社.

顾助东(1990)高一学生的性心理及疏导.江苏教育,9:003

哈夫曼(苏彦捷等译,2011).行动中的心理学(第8版).北京:中国人民大学出版社.

海德(1987).*妇女心理学*.广州:广东高等教育出版社.

海特纳,鲍里夫(林家凤译,1984).心境在学习上的作用.*外国教育研究*,1:76—78.

韩爱晶(2007).双性化教育——一种家庭教育的新理念.*牡丹江师范学院学报*,1:105—107.

韩进之,王宪清(1986).*德育心理学概论*.上海:上海人民出版社.

韩进之,魏华忠(1985).我国中小学自我意识发展调查研究.*心理发展与教育*,1:15—18.

郝春东,刘晓燕(2006).延迟满足的研究方法、理论和现状.*心理发展与教育*,3:120—125.

郝丽(2004).意志与意商的辩证关系.*唯实*,3:13—15.

何蔚(1986).中小学生创造思维的测验研究.*心理学探新*,12:77—85.

贺雯,卢家楣,徐京卫,周栋梁(2010).中国当代青少年审美情感现状调查研究.*心理科学*,6:1324—1328.

洪显利(2007).关于中学生英语词汇记忆策略发展特征的调查研究.*乐山师范学院学报*,11:130—133.

胡兴旺,李红,吴瑞明(2006).学前儿童延迟满足的实验研究方法述评.*心理发展与教育*,2:125—128.

胡志坚(2001).课堂教学中新手和专家教师注意选择性特点的比较研究.*继续教育理论与实践*,9:8—10.

黄坚原(1976).*青年的心理健康*.台北:台湾中华书局.

黄希庭(2007).*心理学导论(第二版)*.北京:人民教育出版社.

黄希庭(1997).*心理学*.上海:上海教育出版社.

黄希庭(1991).*心理学导论*.北京:人民教育出版社.

黄希庭(2001).*心理学导论*.北京:人民教育出版社.

黄希庭(2008).*心理学基础*.上海:华东师范大学出版社.

黄希庭,尹天子(2012).从自尊的文化差异说起.*心理科学*,1:2—8.

黄希庭,张进辅,李红(1994).*当代中国青年价值观与教育*.成都:四川教育出版社.

黄希庭,张进辅,张蜀林(1989).我国五城市青少年学生价值观的调查.*心理学报*,3:274—283.

黄煜峰,傅安球,林崇德,沈德立(1986).儿童与青少年情绪发展的实验研究.*心理发展与教育*,1:1—14.

黄煜峰,雷雳(1993).*初中生心理学*.杭州:浙江教育出版社.

惠艳艳(2009).批判与反思:挫折教育的内涵.*基础教育研究*,7:6—7.

霍涌泉(2006).*意识心理学*.上海:上海教育出版社.

加德纳(沈致隆译,1999).*多元智力*.北京:新华出版社.

加涅(皮连生等译,1999).*学习的条件和教学论*.上海:华东师范大学出版社.

加涅(皮连生等译,2005).*教学设计原理*.上海:华东师范大学出版社.

江光荣,靳岳滨(1999).大陆中学生应激生活事件调查.*亚洲辅导杂志*,1:25—27.

姜俊红(2003).*心理学原理*.北京:高等教育出版社.

江明辉(2010).大学生挫折心理分析及其心理弹性干预研究.*黑龙江教育学院学报*,5:76—78.

蒋长好,郭德俊,赵仑,张钦,王振宏,方平(2007).大中学生对悲伤与愉快面孔区分的特征比较.*心理发展与教育*,4:38—45.

蒋建森(2004).早操对大学生课堂学习心理品质影响的研究.*河南师范大学学报(自然科学版)*,4:147—150.

蒋薇美,吴增强主编(2007).*班主任心理辅导技巧*.上海:上海教育出版社.

金洪源(1993).*提高智力与成绩的策略*.大连:大连海运学院出版社.

金志成,陈彩琦,刘晓明(2003).选择性注意加工机制上学困生和学优生的比较研究.*心理科学*,6:1008—1010.

吉利根(1999).不同的声音——心理学理论与妇女发展.北京:中央编译出版社.

凯尔纳,贝斯特(张志斌译,1999).后现代理论:批判性的质疑.北京:中央编译出版社.

库恩等(郑钢等译,2007).心理学导论(第11版).北京:中国轻工业出版社.

库恩(李宝恒等译,1980).科学革命的结构.上海:上海科学技术出版社.

雷霞(2007).青少年的人际关系运作能力及其培育.中国青年研究,11:78—82.

李兵(2008).对师范生免费教育实践创新的建议.当代教育论坛,3:62—64.

李伯黍(1992).品德心理研究.上海:华东化工学院出版社.

李伯黍(1999).儿童道德发展与教育模式.上海:华东师范大学出版社.

李伯黍,燕国材(2008).教育心理学.上海:华东师范大学出版社.

李红(2009).心理学基础.北京:高等教育出版社.

李洪曾,王耀明,陈大彦(1987).中小学生注意力稳定性的研究.心理科学,6:13—64.

李怀美(1989).中小学生道德情感发展研究.心理发展与教育,3:1—6.

李怀美(1989).中小学生道德情感发展研究.心理发展与教育,3:1—6.

李山川(1991).大学教育心理学.合肥:中国科学技术大学出版社.

李文道等(2000).中学生压力生活事件、人格特点对压力应对的影响.心理发展与教育,4:8—13.

李武荣(2010).教师如何管理好课堂.网络财富,19:37—38.

李晓文(2001).学生自我发展之心理学探究.北京:教育科学出版社.

李晓文(1993).儿童自我意识发展机制初探.心理科学,4:193—197.

李旭,钱铭怡(2000).青少年归因方式与父母教养方式的关系研究.中国临床心理学杂志,2:83—85.

李雪英(2011).音乐疗法对缓解大学生英语考试焦虑情绪的实验研究.河南工程学院学报(社会科学版),
    3:91—93.

李铮(1982).对306名大学生气质性格的调查与分析.心理学报,1:120—125.

梁宁建(1997).专家和新手问题解决认知活动特征的研究.心理科学,9:406—409.

梁宁建(2006).教育心理学.上海:上海教育出版社.

林崇德(1980).班集体对中小学生品德形成的作用.心理学教育与研究,2.

林崇德(1982).遗传与环境在儿童性格发展上的作用.北京师范大学学报,1:14—21.

林崇德(1983).中学生心理学.北京:北京出版社.

林崇德(1988).论品德结构.北京师范大学学报,1:58—65.

林崇德(1989).品德发展心理学.上海:上海教育出版社.

林崇德(1992).品德发展心理学.上海:上海教育出版社.

林崇德(2006).思维心理学研究的几点回顾.北京师范大学学报(社会科学版),5:33—42.

林崇德(2007).心理发展与教育的关系.世界教育信息,5:1.

林崇德(2009).发展心理学.北京:人民教育出版社.

林崇德,李庆安(2005).青少年期身心发展特点.北京师范大学学报(社会科学版),1:48—56.

林镜秋(1988).关于测定意志力转移品质的实验报告.心理科学,6:39—41.

林镜秋(1996).大中小学生注意力转移的实验研究,天津师范大学学报,6:33—37.

刘春雷,王敏,张庆林(2009).创造性思维的脑机制.心理科学进展,1:106—111.

刘建榕,刘金花(2000).初中生心理健康与气质、父母教养方式的关系.心理科学,6:659—663.

刘金花(1987).儿童发展心理学.上海:华东师范大学出版社.

刘金花,张文娴,唐人洁(1993).婴儿自我认知发生的研究.心理科学,6:355—358.

刘娟,桂阳(2009).儿童延迟满足的发展及其对教育的启示.中小学心理健康教育,6:11—12

刘明(1990).中国儿童青少年气质发展与教育.朱智贤主编.中国儿童青少年心理发展与教育:386—387.

刘卿(1999).学习困难儿童的注意力品质初探.中国心理卫生杂志,4:220—224.

刘儒德(2006).教育中的心理效应.上海:华东师范大学出版社.

刘颂(1990).个体时间知觉差异性的实验研究.南京社会科学,4:006.

刘伟,卢家楣,李玲玲,张燕燕(2010).中国当代青少年生活情感现状调查研究.心理科学,6:1319—1323.

刘勇(1999).书法训练对智力落后儿童注意力康复作用的实验研究.中国特殊教育,3:39—41.

刘玉娟,彭贤智,常国良,韩立娟(1999).大、中、小、学生学习动机研究.唐山师专学报,1:35—40.

刘志华,陈彩琦,金志成(2003).选择性注意的理论及其发展趋势.认知神经研究,4:709—712.

龙润忠(2003).青少年婚前性行为现状及对策.广西青年干部学院学报,2:15—17.

楼连娣(2010).刘易斯·推孟和他的两大心理学贡献.大众心理学,7:47—48.

楼玮群,齐铱(2000).高中生压力源和心理健康的研究.心理科学,2:156—159.

卢家楣(1986).情感的分类体系的探讨.心理科学通讯,2:58—61.

卢家楣(1988).对当前大学生学习积极性及其对策的调查研究.教育与管理,2:81—88.

卢家楣(1988).情感的功能及其在教学中的作用.教育研究,7:64—67.

卢家楣(1993).情感教学心理学.上海:上海教育出版社.

卢家楣(1995).对气质的情绪特性的探讨.心理科学,1:59—61.

卢家楣(2000).对教材内容的情感性处理策略——赋予情感策略的实验研究.心理科学,6:650—654.

卢家楣(2004).心理学.上海:上海人民出版社.

卢家楣(2006).论情感教学模式.教育研究,12:55—60.

卢家楣(2008).情感教学模式的理论与实证研究.上海:上海人民出版社.

卢家楣(2009).论青少年情感素质.教育研究,10:30—36.

卢家楣(2009).学习心理与教学——理论和实践.上海:上海教育出版社.

卢家楣,贺雯,刘伟,卢盛华(2005).焦虑对学生创造性的影响.心理学报,6:791—796.

卢家楣,刘伟,贺雯,卢盛华(2002).情绪状态对学生创造性的影响.心理学报,4:381—386.

卢家楣,刘伟,贺雯,卢盛华(2002).情绪状态对学生创造性的影响.心理学报,4:381—386.

卢家楣,刘伟,贺雯,袁军,竺培梁,卢盛华,王俊山,田学英(2009).我国当代青少年情感素质现状调查.心理学报,12:1152—1164.

卢家楣,卢盛华,闫志英,蔡丹(2010).中国当代青少年人际情感现状调查研究.心理科学,6:1313—1318.

卢家楣,袁军,王俊山,陈宁(2010).我国青少年道德情感现状调查研究.教育研究,12:83—89.

卢家楣等(2010).我国青少年道德情感现状调查研究.教育研究,12:83—89.

卢家楣等(2011).青少年心理与辅导——理论与实践.上海:上海教育出版社.

卢张龙,吕勇,沈德立(2011).内隐序列学习与注意负荷关系的实验研究.心理发展与教育,6:561—568.

陆良荣(2011).谈物理教学中灵感思维的作用与培养.新课程教育,12:160—161.

吕志,黄紫华(2012).美国青少年公民道德教育审视与思考.当代青年研究,4:40—44.

罗杰斯,弗瑞伯格(伍新春等译,2006).自由学习.北京:北京师范大学出版社.

罗乐(2010).道德情绪与道德认知对大学生道德两难判断的影响研究.西南大学硕士学位论文.

罗薇,王芳,刘艳红(2009).初中学业不良学生感知学习风格研究.中国特殊教育,1:58—63.

马建播(2008).中学生观察力研究.时代教育(教育教学版),1.

马启伟,张力为(1998).体育运动心理学.杭州:浙江教育出版社.

马向真(1997).心理学导论.江西教育科研,1:53—55.

孟昭兰(1989).人类情绪.上海:上海人民出版社.

孟昭兰(1994).普通心理学.北京:北京大学出版社.

缪小春(2001).近二十年来的中国发展心理学.心理科学,1:71—77.

莫雷(1986).关于短时记忆编码方式的实验研究.心理学报,2:166—173.

莫雷(2002).教育心理学.北京:教育科学出版社.

莫里斯,梅斯托(张继明,王蕾,童永胜等译,2007).心理学导论.北京:北京大学出版社.

默夫,阿杜克(刘霞点评,申继亮审校,2007).人格心理学新进展.北京:北京师范大学出版社.

尼葛洛庞帝(1997).数字化生存.海口:海南出版社.

欧阳娟(2012).延迟满足的研究方法的综述.社会心理科学,2:131—135.

潘洁,金炜,赵敏,俞强,徐成芳(1983).上海地区大学生发散性思维的测试研究.心理科学通讯,8:28—36.

潘黎,傅维利(2011).国际道德教育研究的关键文献与高影响人物的可视化分析——基于SSCI数据库1999—2008年道德教育主题词文献.外国教育研究,6:85—90.

潘清泉,周宗奎(2009).道德脱离的机制及其对青少年道德教育的启示.教育研究与实验,4:76—81.

彭耽龄(1988).普通心理学.北京:北京师范大学出版社.

彭聃玲等(1990).认知心理学.黑龙江:黑龙江教育出版社.

彭聃龄,杨旻,杨丽珠(1985).情境线索与面部线索在表情判断中的作用.心理科学,2:26—33.

彭菲菲,刘文(2007).儿童气质发展及其对学校教育实践的作用.教育研究,9:56—58.

皮连生(2004).教育心理学(第三版).上海:上海教育出版社.

钱国屏(1999).右脑形象思维与思维本质的探索.现代哲学,1:41—44.

钱国屏(1999).右脑形象思维与思维本质的再探索.课程教材方法,5:56—60.

乔建中(2010).论教材内容的情感价值.上海教育科研,6:52—53.

乔建中(2010).知情交融:教学模式新探.合肥:安徽人民出版社.

乔建中等(2006).道德教育的情绪基础.南京:南京师范大学出版社.

邱江,张庆林,陈安涛,杨红升,罗跃嘉(2006).关于条件推理的ERP研究.心理学报,1:7—14.

屈智勇,邹泓,段晓英(2006).自我控制、价值观与青少年犯罪的关系.青年研究,5:42—48.

全国青少年心理研究协作组(1982).在校青少年理想、动机、兴趣发展的研究.心理学报,2:300—305.

任俊,高肖肖(2011).道德情绪:道德行为的中介调节.心理科学进展,8:1224—1232.

任玉玲,王雪梅(2011).多媒体技术在教学中应用的研究.教育与职业,23:186—187.

桑标(2008).学校心理咨询基础理论.上海:上海人民出版社.

桑标(2009).儿童发展心理学.北京:高等教育出版社.

桑代克(李月甫译,1998).人类的学习.杭州:浙江教育出版社.

桑特罗克(吴思为,岳盈盈等译,2011).心理学导论.上海:上海社会科学院出版社.

桑特罗克(吴思为等译,2008).心理学和我们(第二版〈修订版〉).上海:上海社会科学院出版社.

桑新民(2004).学习科学与技术信息时代大学生学习能力培养.北京:高等教育出版社.

邵瑞珍(1983).教育心理学:学与教的原理.上海:上海教育出版社.

沈德立,阴国恩(1990).非智力因素与人才培养.上海:华东师范大学出版社.

沈慧,吴增强(2003).活在别人眼里的好学生.野百合也有春天——学生心理辅导案例精选.上海:上海教育出版社.

沈家鲜,刘范,孙昌识,赵淑文(1984).5—17岁儿童和青少年"容积"概念发展的研究——儿童认知发展研究(Ⅲ).心理学报,2:155—164.

沈烈敏(1999).影响学生学业成绩心理因素的研究.心理科学,6:559—560.

沈烈敏(2004).关于气质类型与相对学业不良的相关研究.心理科学,5:1091—1094.

盛良驹,姜平,尉传社,吴琴,彭卫斌(2008).正常人抽象图片记忆刺激的脑fMRI实验研究.中国临床解剖学杂志,1:49—51.

施密特(沈湘秦译,2005).学校心理咨询实用规划(第四版).北京:中国轻工出版社.

时蓉华,王伟(1985).学生道德品质自我评价倾向性研究.心理学报,2:129—136.

史全胜(2007).网络环境下获取心理学外文电子期刊全文的主要途径和方法.心理与行为研究,2:156—160.

司成勇,王萍(2001).关于初中学生学习动机的调查.承德民族师专学报,1:64—67.

斯腾伯格(吴国宏,钱文译,1999).成功智力.上海:华东师范大学出版社.

斯滕伯格(李朝旭等译,2010).爱情心理学.北京:世界图书出版公司.

宋国萍,张侃(2010).驾驶疲劳对视觉注意影响的ERP研究.心理科学,5:1067—1069.

宋为群,高原,罗跃嘉(2004).视觉注意的早期等级效应与晚期半球偏侧化效应——来自ERP的电生理学证据.自然科学进展,6:660—664.

宋广文,闫凤林(1996).对中学生择业观念的调查与分析.教育与职业,4:26—29.

宋耀武(1998).大学生,小学生大小常性知觉形成的年龄差异.河北大学学报(哲学社会科学版),1.

孙红玖,连煦(2002).情感的力量.北京:中国青年出版社.

索里,特尔福德(高觉敷等译,1983).教育心理学.北京:人民教育出版社.

泰勒等(谢晓非,谢冬梅,张怡玲,郭铁元等译,2005).社会心理学.北京:北京大学出版社.

王称丽,贺雯,莫琼琼(2012).7—15岁学生注意力发展特点及其与学业成绩的关系.上海教育科研,12:51—54.

王登峰,崔红(2003).中国人人格量表(QZPS)的编制过程与初步结果.心理学报,1:127—136.

王华敏,黄良勇(2011).免费师范生职业理想现状调查与对策思考.学校党建与思想教育,4:90—92.

王惠萍等(1998).中学生创造力态度发展的研究.心理学报,1:57—63.

王极盛(2010).如何帮孩子才能考高分.北京:中央编译出版社.

王玲凤(2002).论内部动机的激发与学生创造性的培养.教育探索,5:46—48.

王玲玲,吴增强(2000)."花季少女"成才意识教育活动的探索.学校心理辅导研究.上海:上海科学技术文献出版社.

王沛(1999).刻板印象的社会认知研究综述.心理科学,22:342—345.

王甦(1994).关于具体进行启发式教学的若干思考.广西教育学院学报(综合版),2:54—56.

王文英,张卿华(1996).智力超常学生神经类型特点研究.中国特殊教育,2:6—10.

王潇,李文忠,杜建刚(2010).情绪感染理论研究述评.心理科学进展,8:1236—1245.

王晓波.(2011).观察和练习比例,任务复杂程度对运动技能学习的影响.上海体育学院学报,3,60—63.

王云强,郭本禹(2012).知情并重:培养中小学生道德敏感性的五个策略.教育导刊,2:55—58.

王英春,邹泓(2009).青少年人际交往的能力发展特点.心理科学,5:1078—1081.

韦德,塔夫里斯(白学军等译,2006).心理学的邀请.北京:北京大学出版社.

韦有华(2000).人格心理辅导.上海:上海教育出版社.

魏明霞(1983).少年学生自我意识发展特点的调查研究.河南师范大学学报(社会科学版),3:94—99.

闻索霞(2007).心理学教程.上海:华东师范大学出版社.

沃建中,黄华珍,林崇德(2001).中学生成就动机的发展特点研究.心理学报,2:160—169.

沃建中,王烨晖,刘彩梅,林崇德(2009).青少年创造力的发展研究.心理科学,3:535—539.

乌申斯基(1959).人是教育的对象(第1卷).北京:科学出版社.

乌申斯基(郑文樾译,2007).人是教育的对象——教育人类学初探(上卷).北京:人民教育出版社.

吴宝沛,高树玲(2012).道德虚伪:一种机会主义的适应策略.心理科学进展,6:926—934.

吴凤岗(1984).活动和思维方式的巨大变化——抓住儿童心理发展的转折期(二).大众科学杂志,6:
    12—13.

吴凤岗(1991).青少年心理学.北京:北京师范大学出版社.

吴庆麟(2000).认知教学心理学.上海:上海科学技术出版社.

吴小玲(1984).大学生气质性格类型的分布及形成.青年研究,9:35—41.

吴增强(1995).学习困难学生的学习动机问题.上海教育科研,5:11—15.

吴增强(2007).青少年的压力与应付.体育教学,1:10—11.

吴增强(2004).学校心理辅导通论——理论、方法、实务.上海:上海科技教育出版社.

吴振云,孙长华,吴志平,许淑莲(1992).记忆训练对改善少年、青年和老年人认知功能的作用.心理学报,
    2:190—197.

吴志明(2011).手淫研究:一个社会学角度的综述.中国性科学,3:43—50.

武珍,黄宪妹,周秀章,阴国恩,陈英和(1987).儿童和青少年表情认知发展的实验研究.心理科学,1:
    19—26.

夏凌翔(2005).大学生自立风格的初步建构.教育研究与实验,1:56—61.

肖凌之(1992).高中生社会取向和个我取向成就动机的研究.湖南师范大学社会科学学报,4:102—105.

谢利凡诺夫(熊承涤译,1956).学生的意志教育.北京:人民教育出版社.

谢切诺夫(杨汝菖等译,1957).谢切诺夫选集.北京:人民教育出版社.

徐平(2008).围棋活动对儿童注意力、意志力和创造力的影响.华东师范大学硕士学位论文.

许尚侠(1986).动作操作遗忘进程的探讨.心理科学通讯,1:11—15.

许远里,孙天义(2010).公共心理学教程.上海:华东师范大学出版社.

许智权,阮承发(1987).关于大学生气质类型的研究.全国第六届心理学学术会议文摘选集,265—267.

雅克布松(王玉琴等译,1988).情感心理学.哈尔滨:黑龙江人民出版社.

阎力(2009).当代社会心理学.上海:华东师范大学出版社.

燕国材(1981).情感及其在教育工作中的作用.辽宁教育,1:42—44.

燕国材(1998).学习心理学.北京:警官教育出版社.

燕国材(1998).新编普通心理学概论.上海:东方出版中心.

燕国材,马加乐(1992).非智力因素与学校教育.陕西:陕西人民出版社.

杨红升(2004).自传体记忆研究的若干新进展.北京大学学报(自然科学版),6:1001—1010.

杨继平,王兴超,高玲(2010).道德推脱的概念、测量及相关变量.心理科学进展,4:671—678.

杨丽珠,杜文轩,沈悦(2011).特质愤怒与反应性攻击的综合认知模型述评.*心理科学进展*,9：1249—1258.

杨丽珠,于松梅(2002).儿童自我延迟满足心理机制的研究综述.*心理科学*,6：712—715.

杨韶刚(2007).*西方道德心理学的新进展*.上海：上海教育出版社.

杨盛军(2012).基于道德认知发展理论的青少年网德教育.*当代教育理论与实践*,1：83—86.

杨文静,张庆林,伍泽莲,贾磊(2010).情绪性记忆的主动遗忘.*心理科学进展*,6：871—877.

杨治良(1994).*记忆心理学*.上海：华东师范大学出版社.

杨宗仁(2002).浅谈青少年的性心理和性教育.*甘肃高师学报*,7(4),99—102

杨治良,郭力平,王沛,陈宁(1999).*记忆心理学(第二版)*.上海：华东师范大学出版社.

姚梅林(2006).*学习心理学*.北京：北京师范大学出版社.

姚佩宽(1985).*青春期教育调查报告书*.北京：学林出版社.

姚佩宽,陈树恒,郭贞(1986).中学生的性意识发展.*当代青年研究*,3：009.

叶奕乾,梁宁建,何存道(1991).*普通心理学*.上海：华东师范大学出版社.

叶奕乾,祝蓓里主编(2010).*心理学*.上海：华东师范大学出版社.

叶奕乾,孔克勤(2002).*个性心理学*.上海：华东师范大学出版社.

叶奕乾,祝蓓里(2010).*心理学(第四版)*.上海：华东师范大学出版社.

依田新(1981).*多梦年华*.北京：知识出版社.

易法建(1996).*心理医生*.重庆：重庆大学出版社.

阴国恩,梁福成,白学军编著(1998).*普通心理学*.天津：南开大学出版社.

殷恒婵(2003).青少年注意力测验与评价指标的研究.*中国体育科技*,3：51—53.

殷恒婵,孟庆茂,钱铭佳(2000).对提高中小学生注意力水平的实验研究.*心理科学*,3：350—351.

余达淮,刘静(2011).道德判断与道德行为关系研究的进展分析.*外国教育研究*,6：91—96.

余强基(1985).中小学生个性发展某些特点的初步调查研究.*心理发展与教育*,2：13—17.

余原(2006).关于背景音乐与工作效率、注意的关系的实验研究.*音乐探索*,3：37—42.

俞国良,董妍(2007).情绪对学习不良青少年选择性注意和持续性注意的影响.*心理学报*,4：679—987.

原琳,彭明,刘丹玮,周仁来(2011).认知评价对主观情绪感受和生理活动的作用.*心理学报*,8：898—906.

袁加锦,汪宇,鞠恩霞,李红(2010).情绪加工的性别差异及神经机制.*心理科学进展*,12：1899—1908.

袁维新,吴庆麟(2010).问题解决：涵义、过程与教学模式.*心理科学*,1：151—154.

岳玲云,冯廷勇,李森森,李光普,李红(2011).不同调控方式个体反事实思维上的差异：来自 ERP 的证据.*心理学报*,3：274—282.

岳晓东(2007).人为什么做梦.北京：*北京青年报*.

曾欣然,张大均(1990).*大学生品德心理*.成都：四川教育出版社.

张必华(2007).问题—求解—反思—拓广—提炼——道典型例题的教学实录与设计意图.*中学数学月刊*,12：18—20.

张伯源,陈仲庚(1986).*变态心理学*.北京：北京科学技术出版社.

张朝,李天思,孙宏伟主编(2008).*心理学导论*.北京：清华大学出版社.

张春兴(1992).*张氏心理学辞典*.上海：上海辞书出版社.

张春兴(1994).*现代心理学*.上海：上海人民出版社.

张春兴(1998).*教育心理学*.杭州：浙江教育出版社.

张德琇(1985).青少年创造性思维能力的探测.心理科学通讯,5:20—25.

张凤华,邱江,杨群,张庆林(2009).传递性推理的 ERP 研究.心理发展与教育,4:68—74.

张宏,沃建中(2003).中学生学习动机类型和对自身学习能力评价的关系.心理发展与教育,1:25—30.

张厚粲(2001).大学心理学.北京:北京师范大学出版社.

张积家(2008).普通心理学.广州:广东高等教育出版社.

张灵聪(1996).注意稳定的训练与"注意稳定训练仪"的研制.漳州师范学院学报,4:60—66.

张履祥,钱含芬(1995).气质与学业成就的相关及其机制的研究.心理学报,1:61—68.

张曼华,杨凤池,张宏伟(2004).学习困难儿童注意力特点研究.中国学校卫生,2:202—205.

张茂聪(2012).网络文化对我国青少年道德发展的影响.山东社会科学,1:46—51.

张敏,卢家楣(2010).青少年情绪弹性的研究报告.心理科学,1:24—27.

张敏,卢家楣,谭贤政,王力(2008).情绪调节策略对推理的影响.心理科学,4:805—808.

张明浩,陈欣银,陆祖宏(2010).气质的遗传因素:基因多态性研究.心理发展与教育,2:215—224.

张宁,张雨青(2010).性格优点:创造美好生活的心理资本.心理科学进展,9:1249—1258.

张萍,卢家楣,张敏(2012).心境对未来事件发生概率判断的影响.心理科学,1:100—104.

张琦,杨素君(2005).论情景学习视域中的认知学徒制.现代远程教育研究,4:42—45,72.

张庆林(1995).当代认知心理学在教学中的应用——如何教学生学会学习和思维.重庆:西南师范大学出版社.

张庆林,杨东(2003).论策略性知识向思维能力转化的机制与措施.西南师范大学学报(人文社会科学版),2:10—15.

张世富(1991).认知论动机理论的发展及其应用.昆明师范高等专科学校学报,1:76—83.

张述祖、沈德立(1995).基础心理学(增编).北京:教育科学出版社.

张文海,卢家楣(2010).国外现代气质研究的理论取向与展望.心理科学,5:1194—1197.

张文新,谷传华(2004).创造力发展心理学.合肥:安徽教育出版社.

张旭东,刘卫川,曹卉(2013).高中生心理弹性与应对方式相关研究.现代中小学教育,1:79—82.

张学民,申继亮,林崇德(2002).小学教师选择注意与洞察力对课堂信息知觉的影响.心理发展与教育,3:57—62.

张亚林,杨德森(2001).广泛性焦虑症患者的个性特征、行为模式及其可塑性研究.中国行为医学科学,5:19—20.

张英萍,刘宣文.(2005).用认知行为训练改进一小学生课堂注意行为的个案研究.中国心理卫生杂志,19(12),835—838.

张勇,张亚林(2006).儿童和少年情绪障碍相关社会心理因素探讨.医学与哲学,6:72—74.

章明明(2006).心理冲突研究的回顾与展望.宁波大学学报(教育科学版),6:24—27.

章明明,韩劢(2006).心理冲突的理论研究述评.广西社会科学,6:158—161.

章志光(1993).学生品德形成新探.北京:北京师范大学出版社.

赵晋全,郭力平.(2000).前瞻记忆研究评述.心理科学,23(4),466—469.

赵思林,吴立宝(2011).论影响直觉思维的因素.高等理科教育,2:29—32.

赵为民(1994).大学生学习动机的调查分析.许昌师专学报,2:98—100.

赵志毅(1987).思想品德三环结构理论初探.教育研究,6:46—49.

郑剑虹,黄希庭(2004).自强意识的初步调查研究.心理科学,3:528—530.

郑剑虹,李启立,黎家安(2010).高中生的自强人格与自强观.*心理研究*,1:89—93.

郑希付(2005).焦虑情绪与启动情绪两种状态下的记忆信息处理.*心理科学*,2:351—355.

郑信军,岑国桢(2009).道德敏感性:概念理解与辨析.*心理学探新*,1:10—13.

周秀章,王建华,秦金环,阴国恩(1986).儿童及青少年基本情绪认知发展的实验研究.*天津师范大学学报(社会科学版)*,6:21—25.

周燕(1996).析心理健康标准研究中存在的问题.*教育研究与实验*,4:48—52.

周治金,赵晓川,刘昌(2005).直觉研究述评.*心理科学进展*,6:745—751.

周宗奎(2007).*青少年心理发展与学习*.北京:高等教育出版社.

朱敬先(1992).*健康心理学*.台湾:五南图书出版公司.

朱智贤(1989).*心理学大辞典*.北京:北京师范大学出版社.

竺培梁,卢家楣,张萍,谢玮(2010).中国当代青少年情感能力现状调查研究.*心理科学*,6:1329—1333.

庄文婷,侯春在(2009).儿童早期自我延迟满足能力及其发展特点研究综述.*教育探索*,8:116—117.

左其沛(1992).品德心理"四因素说"质疑.*教育科学研究*,5:10—11.

Coltheart, M. (张恩,李恒整理,2008).认知神经心理学简介.*心理科学进展*,1:4—9.

Coon, D. , & Mitterer, J. O. (郑钢等译,2007).*心理学导论*.北京:中国轻工业出版社.

Barlow, D. H. , & Durand, V. M. (杨霞等译,2006).*异常心理学(第四版)*.北京:中国轻工出版社.

Eysenck, M. (阎巩固等译,2000).*心理学:一条整合的途径*.上海:华东师范大学出版社.

Prout, H. T. , & Brown, D. T. (林丹华等译,2001).*儿童青少年心理咨询与治疗:理论与实践*.北京:中国轻工业出版社.

Burger, J. M. (陈会昌等译,2004).*人格心理学(第六版)*.北京:中国轻工业出版社.

Kassin, S. , & Briggs, K. H. (彭华茂点评,申继亮审校,2007). *Current directions in introductory psychology*.北京:北京师范大学出版社.

Myers, D. G. (黄希庭等译,2006).*心理学*.北京:人民邮电出版社.

Reardon, R. C. , Lenz, J. G. , Sampson, J. P. , & Peterson, G, W. (侯志瑾、伍新春等译,2005).*职业生涯发展与规划(附学生手册)*.北京:高等教育出版社.

Rathus, S. A. , Nevid, J. S. , & Fichner-Rathus, L. (王晓菁等译,2007).*性与生活*.北京:中国轻工业出版社.

Adelson, J. (1980). *Handbook of adolescent psychology* . New York:Wiley.

Allport, G. W. (1958). *The nature of prejudice*. Garden City, New York:Doubleday Anchor Books.

Amato, P. R. , & DeBoer, D. (2001). The transmission of marital instability across generations:Relationship skills or commitment to marriage? *Journal of Marriage and the Family*, 63(4), 43—58.

Amsel, A. , & Roussel, J. (1952). Motivational properties of frustration:I. Effect on a running response of the addition of frustration to the motivational complex. *Journal of Experimental Psychology*, 43(5), 363.

Anderson, B. F. (1980). *The complete thinker:A handbook of techniques for creative and critical problem solving*. Prentice-Hall.

Anderson, C. A. , & Bushman, B. J. (2002). The effects of media violence on society. *Science*, 295(5564), 2377—2379.

Anderson, N. H. (1968). Likeableness ratings of 555 personality-trait words. *Journal of Personality and*

Social Psychology, 9(3), 272—279.

Atkinson, J. W. (1964). *An introduction to motivation*. New York: Van Nostrand.

Atkinson, R. C. , & Shiffrin, R. M. (1968). *Human memory: A proposed system and its control processes*. Oxford: Academic Press.

Ausubel, D. P. (1968). *Educational psychology: A cognitive view*. New York: Holt, Rinehart, and Winston.

Ausubel, D. P. (1978). *Educational psychology: A cognitive view*(2nd ed). New York: Holt, Rinehart, and Winston.

Ausubel, D. P. (1963). *The psychology of meaningful verbal learning*. New York: Grune & Stratton.

Backman, L. (1989). Varieties of memory compensation of older adults in episodic remembering. In L. Poon, D. Rubin, & B. Wilson(Eds.), *Everyday cognition in adulthood and late life*(pp. 509—544). New York: Cambridge University Press.

Banaji, M. R. , & Bhaskar, R. (2000). Implicit stereotypes and memory: The bounded rationality of social beliefs. In D. L. Schacter, & E. Scarry(Eds.), *Memory, brain, and belief*(pp. 139—175). Cambridge, MA: Harvard University Press.

Bandura, A. (1977). Self-efficacy: Toward a unifying theory of behavioral change. *Psychological Review*, 84(2), 191—215.

Bandura, A. (1982). The psychology of chance encounters and life paths. *American Psychologist*, 37(7), 747—755.

Bandura, A. (1986). *Social foundations of thought and action: A social cognitive theory*. Englewood Cliffs, NJ: Prentice-Hall.

Baron, A. S. , & Banaji M. R. (2006). The development of implicit attitudes: Evidence of race evaluations from ages 6 to 10 and adulthood. *Psychological Science*, 17(1), 53—58.

Barrows, H. S. , & Myers, A. C. (1993). Problem-based learning in secondary schools. Unpublished monograph. Springfield, IL: Problem-Based Learning Institute, Lanphier High School and Southern Illinois University Medical School.

Bartlett, F. C. (1932). *Remembering: A study in experimental and social psychology*. Cambridge: Cambridge University Press.

Bauserman, R. (2002). Child adjustment in joint-custody versus sole-custody arrangements: A meta-analytic review. *Journal of Eamily Psychology*, 16(1), 91—102.

Baumeister R. F. , Campbell J. D. , Krueger J. I. , Vohs K. D. (2003). Does high self-esteem cause better performance, interpersonal success, happiness or healthier lifestyles? *Psychological Science in the Public Interest*, 4(1), 1—44.

Bayley, N. (1976). Behavioral correlates of mental growth: Birth to thirty-six years. *American Psychologist*, 23(1), 1—17.

Bem, S. L. (1981). Gender schema theory: A cognitive account of sex typing. *Psychological Review*, 88(4), 354—364.

Berkowitz, L. (1960). Repeated frustrations and expectations in hostility arousal. *The Journal of Abnormal and Social Psychology*, 60(3), 422—429.

Berkowitz, L. (2003). Affect, aggression, and antisocial behavior. New York: Oxford University Press.

Best, M. H. (1999). Regional growth dynamics: A capabilities perspective. *Contributions to Political Economy*, 18(1), 105—119.

Bexton, W. H. , Heron, W. , & Scott, T. H. (1954). Effects of decreased variation in the sensory environment. *Canadian Journal of Psychology*, 8(2), 70—76.

Binet, A. , & Simon, T. (1905). New methods for the diagnosis of the intellectual level of subnormals. *L'annee Psychologique*, 12, 191—244.

Blatny, M. , Jelinek, M. , & Osecka, T. (2007). Assertive toddler, self-efficacious adult: Child temperament predicts personality over forty years. *Personality and Individual Differences*, 43(8), 2127—2136.

Bloom, B. S. (1968). Learning for mastery. *Evalutaion Comment*, 1(2), 1—11.

Boring, E. G. (1953). A history of introspection. *Psychological Bulletin*, 50(3), 169—186.

Bouchard, T. J. (2004). Genetic influence on human psychological traits. *Current Directions in Psychological Science*, 13(4), 148—151.

Bradburn, B. G. , & Hewitt, P. B. (1980). The effect of the intensive therapy ward environment on patients' subjective impressions: A follow-up study. *Intensive care medicine*, 7(1), 15—18.

Bradburn, N. M. (1969). *The structure of psychological well-being*. Oxford, England: Aldine.

Brandtstädter, J. (2009). Goal pursuit and goal adjustment: Self-regulation and intentional self-development in changing developmental contexts. *Advances in Life Course Research*, 14(2), 52—62.

Broadbent, D. (1958). *Perception and communication*. London: Pergamon Press.

Brown, A. L. (1988). Motivation to learn and understand: On taking charge of one's own learning. *Cognition and Instruction*, 5(4), 311—321.

Brown, S. P. (1996). A meta-analysis and review of organizational research on job involvement. *Psychological Bulletin*, 120(2), 235—255.

Bruner, J. R. , Goodnow, J. J. , & Austin, G. A. (1956). *A study of thinking*. New York: Wiley.

Burr, W. R. , & Christensen, C. (1992). Undesirable side effects of enhancing self-esteem. *Family Relation*, 41(4), 460—464.

Buss, A. H. , & Plomin, R. (1975). *A temperament theory of personality development*. Wiley-Interscience.

Buss, A. H. , & Plomin, R. (1984). *Temperament: Early developing personality traits*. Hillsdale: NJL Erlbaum Associates.

Butler, R. A. , & Harlow, H. F. (1954). Persistence of visual exploration in monkeys. *Journal of Comparative and Physiological Psychology*, 47(3), 258.

Cameron, J. (2001). Negative effects of reward on intrinsic motivation—a limited phenomenon: Comment on Deci, Koestner, and Ryan(2001). *Review of Educational Research*, 71(1), 29—42.

Carr, E. G. , Taylor, J. C. , & Robinson, S. (1991). The effects of severe behavior problems in children on the teaching behavior of adults. *Journal of Applied Behavior Analysis*, 24(3), 523—535.

Caspi, A. (2000). The child is father of the man: Personality continuities from childhood to adulthood. *Journal of Personality and Social Psychology*, 78(1), 158—172.

696

Chaplin, J. P. , & Krawice, T. S. (1979). *System and theories of psychology* (4th ed.). New York: Holt, Rinehart & Winston.

Chapman B. P. , Duberstein P. R. , Srensen S. , & Lyness J. M. (2007). Gender differences in five factor model personality traits in an elderly cohort. *Personality and Individual Differences*, 43 (6), 1594—1603.

Chung, S. T. L. , Legge, G. E. , & Cheung, S. H. (2004). Letter-recognition and reading speed in peripheral vision benefit from perceptual learning. *VisionResearch*, 44(7), 695—709.

Chung, S. T. L. , Levi, D. M. , & Tjan, B. S. (2005). Learning letter identification in peripheral vision. *Vision Research*, 45(11), 1399—1412.

Charmaz, K. (2000). Constructivist and objectivist grounded theory. *Handbook of Qualitative Research*, Thousand Oaks, CA, Sage.

Cohen-Charash, Y. , & Byrne, Z. S. (2008). 22 Affect and justice: Current knowledge and future directions. *Research Companion to Emotion in Organizations*. Edward Elgar Publishing.

Cohen, L. , Dehaene, S. , Naccache, L. , Lehericy, S. , Dehaene-Lambertz, G. , Henaff, M. A. , & Michel, F. (2000). The visual word form area-spatial and temporal characterization of aninitial stage of reading in normal subjects and posterior split-brain patients. *Brain*, 123(2), 291—307.

Collins, R. L. (1996). For better or worse: The impact of upward social comparison on self-evaluations. *Psychological Bulletin*, 119(1), 51—69.

Combs, A. W. (2006). *Being and becoming: A field approach to psychology*. Springer Publishing Co.

Conrad, R. (1963). Acoustic confusions and memory span for words. *Nature*, 197, 1029—1030.

Conrad, R. (1964). Acoustic confusions in immediate memory. *British Journal of Psychology*, 55(1), 75—84.

Coon, D. (2004). *Introduction to psychology*. Brooks/Cole Publishing Company.

Coon, D. , & Mitterer, J. O. (2007). *Introduction to Psychology: Gateways to Mind and Behaviour*. Wadsworth.

Cournoyer, M. , & Turdel, M. (1991). Behavioral correlates of self-control at 33 months. *Infant Behavior and Development*, 14(4), 497—503.

Covington, M. V. (2000). Intrinsic versus extrinsic motivation in schools: A reconciliation. *Current Directions in Psychological Science*, 9(1), 22—25.

Covington, M. V. (1984). The motive for self-worth. In Ames, R. , & Ames, C. (Eds.), *Research on motivation in education: Student motivation*. New York: Academic Press.

Cox, W. M. , & Klinger, E. (2000). *Personal Concerns Inventory*. Unpublished manuscript, University of Wales, Bangor.

Craik, F. I. , & Tulving, E. (1975). Depth of processing and the retention of words in episodic memory. *Journal of Experimental Psychology: General*, 104(3), 268—294.

Craske, M. G. , Antony, M. M. , & Barlow, D. H. (2006). *Mastering your fears and phobias: Therapist guide*. New York: Oxford University Press.

Crick, N. R. , & Dodge, K. A. (1994). A review and reformulation of social information-processing mechanisms in children's social adjustment. *Psychological Bulletin*, 115(1), 74—101.

Dahlsgaard, K. , Peterson, C. , & Seligman, M. E. P. (2005). Shared virtue: The convergence of valued human strengths across culture and history. *Review of General Psychology*, 9(3), 203—213.

Darwin, C. R. (1872). *The expression of emotion in man and animals*. London: John Murray.

Davis, R. A. , & More, C. C. (1935). Methods of measuring retention. *The Journal of General Psychology*, 12(1), 144—155.

Deci, E. L. , & Ryan, R. M. (2000). The what and why of goal pursuits: Human needs and the self determination of behaviour. *Psychological Inquiry*, 11(4), 227—269.

Deci, E. L. , & Ryan, R. M. (1991). A motivational approach to self: Integration in personality. In R. Dienstbier(Ed.), *Nebraska symposium on motivation*: Vol. 38, *Perspectives on motivation*. pp. 231—288. Lincoln University of Nebraska Press.

Deci, E. L. , & Koestner, R. , & Ryan, R. M. (2001). Extrinsic rewards and intrinsic motivation in education: Reconsidered once again. *Review of Educational Research*, 71(1), 1—27.

Deci, E. L. , Vallerand R. J. , Pelletier L. G. , & Ryan, R. M. (1991). Motivation and education: The self-determination perspective. *Educational Psychologist*, 26(3&4), 325—346.

Diener, E. , & Larsen, R. J. (1984). Temporal stability and cross-situational consistency of affective, behavioral, and cognitive responses. *Journal of Personality and Social Psychology*, 47(4), 871.

Dodge, K. A. , & Coie, J. D. (1987). Social-information-processing factors in reactive and proactive agression in childrens peer groups. *Journal of Personality and Social Psychology*, 53 (6), 1146—1158.

Dodge, K. A. , & Coie, J. D. (1987). Social-information-processing factors in reactive and proactive aggression in children's peer groups. *Journal of Personality and Social Psychology*, 53(6), 1146.

Drake, R. , & Myers, L. (2006). Visual attention, emotion, and action tendency: Feeling active or passive. *Cognition & Emotion*, 20(5), 608—622.

Druckman, D. , & Swets, J. A. (1988). *Enhancing human performance: Issues, theories and techniques*. Washington, DC: National Academy Press.

Duncan, C. P. (1949). The retroactive effect of electroshock on learning. *Journal of Comparative and Physiological Psychology*, 42(1), 32—44.

Duncker, K. , & Lees, L. S. (1945). On problem-solving. *Psychological Monographs*, 58(5), 113.

Dunning, D. , Meyerowitz, J. A. , & Holzberg, A. D. (1989). Ambiguity and self-evaluation: The role of idiosyncratic trait definitions in self-serving assessments of ability. *Journal of Personality and Social Psychology*, 57(6), 1082—1090.

Ebbinghaus, H. (1885). *Über das gedächtnis: Untersuchungen zur experimentellen psychologie*. Duncker & Humblot.

Einstein, G. O. , & McDaniel, M. A. (1990). Normal aging and prospective memory. *Journal of Experimental Psychology: Learning, Memory, and Cognition*, 16, 717—726.

Einstein, G. O. , & McDaniel, M. A. (1996). Retrieval processes in prospective memory: Theoretical approaches and some new findings. In M. Brandimonte, G. O. Einstein, & M. A. McDaniel(Eds.), *Prospective memory: Theory and applications* (pp. 115—142). Mahwah, NJ: Lawrence Erlbaum Associates Inc.

Eisenberg, N. (2000). Emotion, regulation and moral development. *Annual Review of Psychology*, 51(1), 665—697.

Elkind, D. (1981). Child development and the social science curriculum of the elementary school. *Social Education*, 45(6), 435—37.

Ellis, J., Kvavilashvili, L., & Milne, A. (1999). Experimental tests of prospective remembering: The influence of cue-event frequency on performance. *British Journal of Psychology*, 90(1), 9—23.

Ellis, A. (1962). *Reason and emotion in psychotherapy*. Oxford, England: Lyle Stuart.

Ellis, A., & Harper, R. A. (1961). *Creative marriage*. Oxford, England: Lyle Stuart.

Enright, R. D., Santos, M. J., & Al-Mabuk, R. (1989). The adolescent as forgiver. *Journal of adolescence*, 12(1), 95—110.

Epstein, R. (1991). Physician know the family: Looking at one's family-of-origin as a method of physician self-awareness. *Med. Encounter*, 8—9.

Epstein, S., & Roupenian, A. (1970). Heart rate and skin conductance during experimentally induced anxiety: The effect of uncertainty about receiving a noxious stimulus. *Journal of Personality and Social Psychology*, 16(1), 20—28.

Eric, S., & Nancy, G. (1998). Adolescent temperament moderates the relation of parenting to antisocial behavior and substance use. *Journal of Adolescent Research*, 13(1), 5—31.

Erlenmeyer-Kimling, L., & Jarvik, L. F. (1963). Genetics and intelligence: A review. *Science*, 142 (3598), 1477—1479.

Estes, W. K. (1997). Processes of memory loss, recovery, and distortion. *Psychological Review*, 104 (1), 148—169.

Eysenck, H. J. (2000). *Intelligence: A new look*. Transaction Books.

Fan, J., Byrne, J., Worden, M. S., Guise, K. G., McCandliss, B. D., Fossella, J., & Posner, M. I. (2007). The relation of brain oscillations to attentional networks. *The Journal of Neuroscience*, 27(23), 6197—6206.

Farnham, S. D., & Greenwald, A. G. (2000). Using the implicit association test to measure self-esteem and self-concept. *Journal of Personal and Social Psychology*, 79(6), 1022—1038.

Feinaigle, G. V., & Millard, J. (1812). *The new art of memory, founded upon the principles taught by M. Gregor von Feinaigle*, London, Cambridge University Library.

Felson, R. B., & Bohrnstedt, G. W. (1983). Explaining the relation among children's actual and perceived performances and self-esteem: A comparison of several casual models. *Journal of Personal and Social Psychology*, 45(1), 43—56.

Festinger, L. (1954). A theory of social comparison processes. *Human Relation*, 7, 117—140.

Festinger, L. (1957). *A theory of cognitive dissonance*. Stanford: Stanford University.

Festinger, L. (1950). Informal social communication. *Psychological Review*, 57(5), 271—282.

Fischer, K. W., & Bidell, T. R. (2006, in press). Dynamic development of action, thought, and emotion. In R. M. Lerner(Ed.), & W. Damon(Series Ed.), *Handbook of child psychology: Vol. 1. Theoretical models of human development*(6th ed.). New York: Wiley.

Flavell, J. H. (1971). First discussant's comments: What is memory development the development of?

Human Development, 14(4), 272—278.

Flavell, J. H. (1978). Comments. *Children's thinking: What develops?* (pp. 97—105). R. S. Siegler (Ed.). Hillsdale, NJ, England: Lawrence Erlbaum Associates.

Fleeson, W. (2004). Moving personality beyond the person-situation debate the challenge and the opportunity of within-person variability. *Current Directions in Psychological Science*, 13(2), 83—87.

Flynn, J. R. (1987). Massive IQ gains in 14 nations: What IQ tests really measure. *Psychological bulletin*, 101(2), 171.

Flynn, J. R. (2000). IQ gains, WISC subtests and fuid g: g theory and the relevance of Spearman's hypothesis to race. *The nature of intelligence*, 202.

Flynn, J. R. (2003). Movies about intelligence the limitations of g. *Current Directions in Psychological Science*, 12(3), 95—99.

Foa, E. B. , & Foa, U. G. (1980). Resource theory: Interpersonal behavior as exchange. In K. J. Gergen, M. S. Greenberg, & R. H. Willis(Eds.), *Social exchange: Advances in theory and research* (pp. 77—94). New York: Plenum Press.

Fox, N. A. , Calkins, S. D. , & Bell, M. A. (1994). Development and neuroplasticity: Behavioral and cognitive outcomes. *Development and Psychopathology*, 6, 677—696.

Freeman, N. L. , Downey, J. G. , & Kibreath, K. H. (1992). Development and evaluation of an instructional module to promote career maturity for youth with learning difficulties. *Canadian Journal of Counselling and Psychotherapy*, 26(4), 290—299.

Freund, A. M. , & Baltes, P. B. (1998). Selection, optimization, and compensation as strategies of life management: Correlations with subjective indicators of successful aging. *Psychology and Aging*, 13(4), 531—543.

Fritz, H. L. (1999). Rumination and adjustment to a first coronary event. *Psychosomatic Medicine*, 61 (1), 105.

Fromm, E. (1956). *The art of loving*. New York: Perennial Library.

Funder, D. C. , & Block, J. (1989). The role of ego-control, ego-resiliency and IQ in delay of gratification in adolescence. *Journal of Personality and Social Psychology*, 57(6), 1041—1050.

Gagne, R. M. , & Rohwer, J. W. D. (1969). Instructional psychology. *Annual Review of Psychology*, 20(1), 381—418.

Gagne, R. M. (1977). *The conditions of learning*(3d ed.). New York: Holt, Rinehart & Winston.

Gallup, G. G. (1977). Self recognition in primates: A comparative approach to the bidirectional properties of consciousness. *American Psychologist*, 32(5), 329.

Gardner, E. (1983). *Frames of mind: The theory of multiple intelligences*. New York: Basic Books.

Gestsdóttir, S. , & Lerner, R. M. (2007). Intentional self-regulation and positive youth development in early adolescence: Findings from the 4-H study of positive youth development. *Developmental Psychology*, 43(2), 508—521.

Gibson, E. J. (1963). Perceptual learning. *Annual Reviewof Psychology*, 14, 29—56.

Gillespie, N. A. , Cloninger, C. R. , Heath, A. C. , & Martin, N. G. (2003). The genetic and environmental relationship between Cloninger's dimensions of temperament and character. *Personality and*

Individual Differences, 35, 1931—1946.

Glass, D. C. , & Singer, J. E. (1972). *Urban stress: Experiments on noise and social stressors*. New York: Academic Press.

Goetz, T. E. , & Dweck, C. S(1980). Learned helplessness in social situations. *Journal of Personality and Social Psycholog*, 39(2), 246—255.

Goffman, E. (1959). *The presentation of self in everyday life*. New York: Doubleday & Company, Inc.

Greenwald, A. G. (1980). The totalitarian ego: Fabrication and revision of personal history. *American psychologist*, 35(7), 603—618.

Greenwald, A. G. , McGhee, E. , & Schwartz, J. L. K. (1998). Measuring individual differences in implicit cognition: The implicit association test. *Journal of Personality and Social Psychology*, 74(5), 181—198.

Gregg, L. W. , & Simon, H. A. (1967). Process models and stochastic theories of simple concept formation. *Journal of Mathematical Psychology*, 4(2), 246—276.

Grob, A. , & Flammer, A. (1999). Macrosocial context and adolescents' perceived control. In F. D. Alsaker, & A. Flammer(Eds.), *The adolescent experience: European and American adolescents in the 1990s*(pp. 99—113). Hillsdale, NJ: Lawrence Erlbaum.

Gross, J. J. (1998). Antecedent and response-focused emotion regulation: Divergent consequences for experience, expression, and physiology. *Journal of Personality and Social Psychology*, 74(1), 224—237.

Gross, T. F. , & Mastenbrook, M. (1980). Examination of the effects of state anxiety on problem-solving efficiency under high and low memory conditions. *Journal of educational psychology*, 72(5), 605.

Guilford, J. P. (1967). *The nature of human intelligence*. New York: McGraw-Hill.

Guilford, J. P. (1976). Aptitude for creative thinking: One or many?. *The Journal of Creative Behavior*, 10(3), 165—169.

Guynn, M. J. , Mcdaniel, M. A. , & Einstein, G. O. (1998). Prospective memory: When reminders fail. *Memory & Cognition*, 26(2), 287—298.

Hall, E. T. , & Whyte, W. F. 1. (1963). Intercultural communication. *Communication theory*(Ed.), 403—419, US: Transaction Publishers.

Hall, J. A. (1978). Gender effects in decoding nonverbal cues. *Psychological Bulletin*, 85 (4), 845—857.

Harlow, H. F. , Harlow, M. K. , Dodsworth, R. O. , & Arling, G. L. (1966). Maternal behavior of rhesus monkeys deprived of mothering and peer associations in infancy. *Proceedings of the American Philosophical Society*, 110(1), 58—66.

Harlow, H. F. (1975). Effects of differential removal from group on social development of rhesus monkeys. *Journal of Child Psychology and Psychiatry and Allied Disciplines*, 16(2), 149—164.

Hart, D. , Fegley, S. , & Brengelman, D. (1993). Perceptions of past, present, and future selves among children and adolescents. *British Journal of Developmental psychology*, 11(3), 265—282.

Hart, J. T. (1965). Memory and the feeling-of-knowing experience. *Journal of Educational Psychology*, 56(4), 208—216.

Harter, S. , & Pike, R. (1984). The pictorial scale of perceived competence and social acceptance for young children. *Child Development*, 55(6), 1969—1982.

Harter, S. (1990). *The Construction of Self*. New York: Guildford.

Harter, S. , & Marold, D. (1986). *Risk factors related to child and adolescent suicidal ideation*. Unpublished manuscript, University of Denver, Denver.

Harter, S. (1998). The development of self-representations. In W. Damon(Series Ed.), & N. Eisenberg (Vol. Ed.), *Handbook of child psychology: Vol. 3. Social, emotional, and personality development*. New York: Wiley.

Harter, S. (1999). *The construction of the self: A developmental perspective*. New York: Guilford Press.

Harter, S. (2003). The development of self-representations during childhood, & adolescence. In M. R. Leary, & J. P. Tangney, *Handbook of self and identity*(pp. 610—642). New York: The Guilford Press.

Harter, S. (2006). The Self. In: Damon, W. , & Lerner R. *Handbook of Child Psychology*(6th ed.), New York: Wiley.

Harter, S. (1982). The perceived competence scale for children. *Child Development*, 53(1), 27—97.

Heidrich, S. M. , & Cranley, M. S. (1989). Effect of fetal movement, ultrasound scans, and amniocentesis on maternal-fetal attachment. *Nursing Research*, 38(2), 81—84.

Hernández-Peón. R. , & Sterman, M. B. (1966). Brain functions. *Annual Review of Psychology*, 17(1), 363—394.

Heron, W. , Doane, B. K. , & Scott, T. H. (1956). Effects Of Differential Removal From Group On Social Development Of Rhesus Monkeys. *Journal of Child Psychology & Psychiatry & Allied Disciplines*, 10(1), 13—18.

Herrmann, D. J. , & Searleman, A. (1990). The new multimodal approach to memory improvement. *Phychology of learning & motivation*. New York: Academic Press.

Herrmann, S. (1992). *Memory improvement: Implications for memory theory*. New York: Springer-Verlag Publishing.

Hiroto, D. S. , & Seligman, M. E. (1975). Generality of learned helplessness in man. *Journal of Personality and Social Psychology*, 31(2), 311.

Holland, J. L. (1992). *Making Vocational Choices*. Odessa, FL: Psychological Assessment Resources.

Holm-Denoma, J. M. , Joiner, T. E. , Vohs, K. D. , & Heatherton, T. F. (2008). The "freshman fifteen"(the "freshman five" actually): predictors and possible explanations. *Health Psychology*, 27(1), 53—59.

Homans, G. C. (1958). Social Behavior as Exchange. *American Journal of Sociology*, 63, 597—606.

Horn, J. L. , & Cattell, R. B. (1966). Refinement and test of the theory of fluid and crystallized ability intelligences. *Journal of Educational Psychology*, 57, 253—270.

Howe, M. L. (2008). Visual distinctiveness and the development of children's false memories. *Child Development*, 79(1), 65—79.

Huebner, B. , Dwyer, S. , & Hauser, M. (2009). The role of emotion in moral psychology. *Trends in cognitive sciences*, 13(1), 1—6.

Huffman, K. (2007). *Psychology in Action*. New York: Wiley.

Humphrey, L. L. (1982). Children's and teachers' perspectives on children's self-control: The development of two rating scales. *Journal of Consulting and Clinical Psychology*, 50(5), 624—633.

Idzikowski, C. (1975). Sleep and memory. *British Journal of Psychology*, 75(4), 439—449.

Inhelder, B. , & Piaget, J. (1958). *The growth of logical thinking from childhood to adolescence* (A. Parsons & S. Seagrim, trans.). New York: Basic Books.

Izard, C. E. (1977). *Human Emotions*. New York: Plenum.

Izard, C. E. (1982). The psychology of emotion comes of age on the coattails of Darwin. *Contemporary Psychology*, 27(6), 426—429.

Jackson, M. L. , Hughes, M. E. , Croft, R. J. , Howard, M. E. , Crewther, D. , Kennedy, G. A. , Owens, K. , Pierce, R. J. , O'Donoghue, F. J. , & Johnston, P. (2011). The effect of sleep deprivation on BOLD activity elicited by a elicited by a divided attention task. *Brain Imaging and Behavior*, 5(2), 97—108.

Jacobs, J. E. , Bleeker, M. M. , & Constantino, M. J. (2003). The self-system during childhood and adolescence: Development, influences, and implications. *Journal of Psychotherapy Integration*, 13(1), 33—65.

Jacobson, N. S. , & Anderson, E. A. (1980). The effects of behavior rehearsal and feedback on the acquisition of problem-solving skills in distressed and nondistressed couples. *Behaviour Research and Therapy*, 18(1), 25—36.

James, W. (1890). *The principles of psychology* (Vol. I). New York, US: Henry Holt and Co. .

Jenkins, J. G. , & Dallenbach, K. M. (1924). Obliviscence during sleep and waking. *American Journal of Psychology*, 35(4), 605—612.

Johnson, A. M. , Vernon, P. A. , Harris, J. A. , & Jang, K. L. (2004). A behavior genetic investigation of the relationship between leadership and personality. *Twin Research*, 7(01), 27—32.

Johnson, D. W. , & Johnson, R. T. (1990). Co-operative learning and achievement. In S. Sharan(Ed.), *Cooperative Learning: theory and research*. New York: Praeger.

Jonassen, D. H. (1997). Instructional design models for well-structured and ill-structured problem-solving learning outcomes. *Educational Technology: Research and Development*, 45(1), 65—94.

Judd, C. H. (1908). The relation of special training and general intelligence. *Education Review*, 36, 28—42.

Juola, J. F. , & Ward, N. J. , & McNamara, T. (1982). Visual search and reading of rapid serial presentations of letter strings, words, and text. *Journal of Experimental Psychology: General*. 111(2), 208—227.

Kagan, J. (1972). Motives and development. *Journal of Personality and Social Psychology*, 22(1), 51—66.

Kagan, J. , Arcus, D. , Snidman, N. , Feng, W. Y. , Hendler, J. , & Greene, S. (1994). Reactivity in infants: A cross-national comparison. *Developmental Psychology*, 30(3), 342—345.

Kahneman, D. (1973). *Attention and effort*. Englewood Cliffs, New Jersey: Prentice-Hall.

Kahneman, D. , Slovic, P. , & Tversky, A. (1982). *Judgment under uncertainty: Heuristics and bia-*

ses. London: Cambridge University Press.

Kamin, C. S. , O'Sullivan, P. S. , Younger, M. , & Deterding, R. (2001). Measuring critical thinking in problem-based learning discourse. *Teaching and Learning in Medicine*, 13(1), 27—35.

Katz, D. (1933). Racial stereotypes of one hundred college students. *The Journal of Abnormal and Social Psychology*, 28(3), 280—290.

Katz, M. R. (1993). *Computer-assisted career decision making: The guide in the machine*. Hillsdale, NJ England: Lawrence Erlbaum Associates, Inc.

Katz, P. A. , & Zalk, S. R. (1978). Modification of children's racial attitudes. *Developmental psychology*, 14(5), 447—461.

Kaushall, P. I. , Zetin, M. , & Squire, L. R. (1981). A psychosocial study of chronic, circumscribed amnesia. *The Journal of Nervous and Mental Disease*, 169(6), 383—389.

Kingsley, G. R. , & Robnett, O. (1957). New dye method for direct photometric determination of calcium. *Technical Bulletin of the Registry of Medical Technologists*, 27(1), 1.

Klinger, E. (1990). *Daydreaming*. Los Angeles: Jeremy Tarcher.

Kluckhohn, C. K. (1951). Values and value orientations in the theory of action. *Toward a general theory of action*. Cambridge, MA: Harvard University Press.

Knight, F. B. , & Remmers, H. H. (1923). Fluctuations in mental production when motivation is the main variable. *Journal of Applied Psychology*, 7(3), 209—235.

Kohlberg, L. (1973). The claim to moral adequacy of a highest stage of moral judgment. *The journal of philosophy*, 70(18), 630—646.

Kohlberg, L. (1978). Revisions in the theory and practice of moral development. *New directions for child and adolescent development*, 2, 83—87.

Kohlberg, L. (1984). *The psychology of moral development: Essays on moral development*. San Francisco, Harper & Row.

Kramer, D. (1989). Development of an awareness of contradiction across the life span and the question of postformal operations. *Adult development*, Vol. J: *Comparisons and applications of developmental models*(pp. 133—159). New York: Praeger.

Kretschmer, H. L. (1925). Hematuria: A clinical study based on 933 consecutive cases. *Surgical Gynecol Obstet*, 40, 683.

Kreutzer, M. A. , Leonard, C. , Flavell, J. H. , & Hagen, J. W. (1975). An interview study of children's knowledge about memory. *Monographs of the society for research in child development*, 40(1), 1—60.

Krueger, W. C. F. (1929). The effect of overlearning on retention. *Journal of Experimental Psychology*, 12(1), 71—78.

Labouvie-Vief, G. , & Lawrence, R. (1985). Object knowledge, personal knowledge, and processes of equilibration in adult cognition. *Human Development*, 28(1), 25—39.

Landau, A. N. , Esterman, M. , Robertson, L. C. , Bentin, S. , & Prinzmetal, W. (2007). Different effects of voluntary and involuntary attention on EEG activity in the Gamma Band. *The Journal of Neuroscience*, 27(44), 11986—11990.

Landy, D. , & Sigall, H. (1974). Task evaluation as a function of the performer's physical attractiveness. *Journal of Personality and Social Psychology*, 29(3), 299—304.

Langens, T. A. , & Schmalt, H. D. (2002). Emotional consequences of positive daydreaming: The moderating role of fear of failure. *Personality and Social Psychology Bulletin*, 28(12), 1725—1735.

Lauterbach, W. (1991). Interpersonal conflict, life stress, and emotion. *Stress and anciety*. New York: Hemisphere, 13, 85—100.

Lyons, J. (1965). *A primer of experimental psychology*. New York: Harper & Row.

Lee, H. W. , Kwon, M. , Legge, G. E. , & Gefroh, J. J. (2010). Training improves reading speed in Peripheral vision: Is it due to attention? *Journal of Vision*, 10(6), 1—18.

Leeper, R. W. (1948). A motivational theory of emotion to replaceemotion as disorganized response. *Psychological Review*, 55(1), 5—21.

Legge, G. E. , Cheung, S. H. , Yu, D. Y. , Chung, S. T. L. , Lee, H. W. , & Owens, D. P. (2007). The case for the visual span as a sensory bottle neckin reading. *Journal of Vision*, 7(2), 1—743.

Legge, G. E. , Stephen M, J. , & Chung, S. T. L. (2001). Linkin letter recognition to reading speed in central and peripheral vision. *Vision Research*, 41(6), 725—743.

Lei, S. A. (2010). Intrinsic and extrinsic motivation: Evaluating benefits and drawbacks from college instructors perspectives. *Journal of Instructional Psychology*, 37(2), 153—160.

Lepper, M. R. , Corpus, J. H. , & Lyengar, S. S. (2005). Intrinsic and extrinsic motivational orientations in the classroom: Age differences and academic correlates. *Journal of Educational Psychology*, 97(2), 184—196.

Lepper, M. R. , Greene, D. , & Nisbett, R. E. (1973). Undermining children's intrinsic interest with extrinsic reward: A test of the overjustification hypothesis. *Journal of Personality and Social Psychology*, 28(1), 129—137.

Lewin, K. (1935). *Resolving social conflicts: selected papers on group dynamics*. Souvenir Press.

Lewin, K. (1943). Defining the "Field at a Given Time." *Psychological Review*, 50(3), 292—310.

Lewis, M. , & Brooks, G. (1979). *Social cognition and the acquisition of self*. Plenum Press.

Lewis, M. , Ramsay, D. S. , & Kawakami, K. (1993). Differences between Japanese infants and Caucasian American infants in behavioral and cortisol response to inoculation. *Child Development*, 64(6), 1722—1731.

Luchins, A. S. (1942). Mechanization in problem solving: The effect of Einstellung. *Psychological Monographs*, 54(6), i95.

Luchins, A. S. , & Luchins, E. H. (1986). Primacy and recency effects with descriptions of moral and immoral behavior. *Journal of General Psychology*, 112(2), 19—159.

Luria, A. R. (1968). *The mind of a mnemonist: A little book about a vast memory*. (Translated from the Russian by Lynn Solotaroff). New York: Basic Books.

Maier, N. R. F. (1933). An aspect of human reasoning. *British Journal of Psychology*, 24 (2), 144—155.

Mancillas, A(2006). Challenging the stereotypes about only children: A review of literature and implications for practice. *Journal of Counseling and Development*, 84(3), 268—275.

Markus, H. , & Nurius, P. (1986). Possible selves. *American Psychologist*, 41(9), 954—969.

Markus, H. (1980). The self in thought and memory. *The Self in Social Psychology* (pp. 102—130). New York: Oxford University Press.

Marsh, H. W. , Ellis, L. A. , & Craven, R. G. (2002). How do preschool children feel about themselves? Unraveling measurement and multidimensional self-concept structure. *Developmental Psychology*, 38 (3), 376—393.

Martin, A. J. , Marsh, H. , & Debus, R. (2001). Self-handicapping and defensive pessimism: Exploring a model of predictors and outcomes from a self-protection perspective. *Journal of Educational Psychology*, 93(1), 87—102.

Martin, A. J. , Marsh, H. W. , Williamson, A. , & Debus, R. (2003). Self-handicapping, defensive, and goal orientation: A qualitative study of university students. *Journal of Educational Psychology*, 95 (3), 617—628.

Martin, R. A. (2001). Humor, laughter, and physical health: Methodological issues and research findings. *Psychological Bulletin*, 127(4), 504—519.

Martin, R. P. , Wisenbaker, J. , & Huttunen, M. (1994). Review of factor analytic studies of temperament measure based on the Thomas-Chess structural model: Implication for the Big Five. *The developing structure of temperament and personality from infancy to adulthood*. Hillsdale, NJ: Erlbaum.

Martindale, C. (1977). Creativity, consciousness, and cortical arousal. *Journal of Altered States of Consciousness*, 3(1), 69—87.

Martindale, C. , & Greenough, J. (1973). The differential effect of increased arousal on creative and intellectual performance. *The Journal of Genetic Psychology: Research and Theory on Human Development*, 123(2), 329—335.

Maslow, A. H. (1954). *Motivation and personality*. New York: Harper.

Maslow, A. H. (1943). A theory of human motivation. *Psychological Review*, 50(4), 370—396.

Mathews, A. , & MacLeod, C. (1994). Cognitive approaches to emotion and emotional disorders. *Annual Review of Psychology*, 45(1), 25—50.

Mauro, C. F. , & Harris, Y. R. (2000). The influence of maternal child-rearing attitudes and teaching behaviors on preschoolers' delay of gratification. *Journal of Genetic Psychology*, 161(3), 292—306.

Mayer, J. D. , & Salovey, P. (1997). What is emotional intelligence. *Emotional development and emotion intelligence: Educational implications*, New York: Basic Books.

Mayer, J. D. , Salovey, P. , Caruso, D. R. , & Sitarenios, G. (2001). Emotional intelligence as standard intelligence. *Emotion*, 1(3), 232—242.

McCrae, R. R. , & Costa, P. T. (1994). The stability of personality: Observations and evaluations. *Current Directions in Psychological Science*, 3(6), 173—175.

McDougall, W. (1908). *An Introduction to Social Psychology*. London: Macmillan and Co. , Ltd.

Meddin, J. (1979). Chimpanzees, symbols, and the reflective self. *Social Psychology Quarterly*, 42(2), 99—109.

Mead, G. H. (1922). A behavioristic account of the significant symbol. *Journal of Philosophy*, 19(6),

157—163.

Mehrabian, A. (1971). Nonverbal communication. *In Nebraska symposium on motivation*. University of Nebraska Press.

Meyerowitx, J. A. , & Holzberg, A. D. (1989). Ambiguity and self-evaluation: The role of idiosyncratic trait definitions in self-serving assessments of ability. *Journal of Personality and Social Psychology*, 57(6), 1082—1090.

Miller, G. A. (1956). The magical number seven, plus or minus two: Some limits on our capacity for processing information. *Psychological Review*, 63(2), 81—97.

Mischel, W. , Cantor, N. , & Feldman, S. (1996). Principles of self-regulation: The nature of willpower and self-control. *Social Psychology: Handbook of Basic Principles*. New York: Guilford Press.

Mischel, W. (1974). Processes in delay of gratification. *Advances in experimental social psychology*, Academic Press.

Mischel, W. , & Shoda, Y. (1998). Reconciling processing dynamics and personality dispositions. *Annual Review of Psychology*, 49(1), 229—258.

Mischel, W. , Mendoza-Denton, R. , & Shoda, Y. (2002). Situation-behavior profiles as a locus of consistency in personality. *Current Directions in Psychological Science*, 11(2), 50—54.

Mischel, W. , & Ebbesen, E. B. (1970). Attention in delay of gratification. *Journal of Personality and Social Psychology*, 16(2), 329—337.

Mischel, W. , Shoda, Y. , & Peake, P. K. (1988). The nature of adolescent competencies predicted by preschool delay of gratification. *Journal of Personality and Social Psychology*, 54(4), 687—696.

Moates, D. R. , & Schumacher, G. M. (1980). *An introduction to cognitive psychology*. Belmont: Wadsworth.

Moust, J. H. C. , Berkel, H. V. , & Schmidt, H. G. (2005). Signs of erosion: Reflections on three decades of problem-based learning at Maastricht University. *Higher education*, 50(4), 665—683.

Muchinsky, P. M. (2006). *Psychology applied to work* (8th Ed.). Belmont, CA: Thomson.

Mulalic, A. , Shah, P. M. , & Ahmad, F. (2009). Perceptual learning styles of ESL students. European Journal of Social Sciences, 7(3), 101—113.

Neisser, U. E. (1998). *The rising curve: Long-term gains in IQ and related measures*. American Psychological Association.

Newcomb, T. M. (1961). *The Acquaintance Process*. Holt, Rinehart and Winston.

Newell, A. , & Simon, H. A. (1972). *Human problem solving* (Vol. 14). Englewood Cliffs, NJ: Prentice-Hall.

Nijland, W. C. R. M. I. (2002). Worden kinderen intelligenter? Een kwart eeuw onderzoek met de Leidse Diagnostische Test. *Kind en adolescent*, 23(1), 26—31.

Nolen-Hoeksema, S. (1991). Responses to depression and their effects on the duration of depressive episodes. *Journal of Abnormal Psychology*, 100(4), 569.

Nolen-Hoeksema, S. (2000). The role of rumination in depressive disorders and mixed anxiety/depressive symptoms. *Journal of Abnormal Psychology*, 109(3), 504.

Nurmi, J. E. (2004). Socialization and self-development. Channeling, selection, adjustment, and reflection. In R. Lerner, & L. Steinberg(Eds.), *Handbook of adolescent psychology*(pp. 85—124). New York: Wiley.

O'Brien, L. (1989). Learning Styles: Make the student aware. NASSP Bulletin, 73(519), 85—89.

Offer, D. , & Barglow, P. (1988). Adolescent and young adult self-mutilation incidents in a general psychiatric hospital. *Archives of General Psychiatry*, 3(2), 194—204.

Osberg, T. M. , & Shrauger, J. S. (1986). Self-prediction: Exploring the parameters of accuracy. *Journal of Personality and Social Psychology*, 51(5), 1044—1057.

Osborn, A. F. (1957). *Applied imagination.* New York: Scribners.

Park, N. , Peterson, C. , & Seligman, M. E. P. (2006). Character strengths in fifty-four nations and the fifty U. S. states. *The Journal of Positive Psychology*, 1(3), 118—129.

Parsons, F. (1909). *Choosing a vocation.* Boston, MA: Houghton, Mifflin and Company.

Paulhus, D. L. , & Bruce, M. N. (1992). The effect of acquaintanceship on the validity of personality impressions: A longitudinal study. *Journal of Personal and Social Psychology*, 63(5), 816—824.

Peterson, L. , & Peterson, M. J. (1959). Short-term retention of individual verbal items. *Journal of Experimental Psychology*, 58(3), 193—198.

Philipchalk, R. P. (1995). *Invitation to social psychology.* Harcourt Brace College Publishers.

Piaget, J. (1932). *Moral Judgment of the child.* New York: Free Press.

Piaget, J. , & Inhelder, B. (1959). *La genese des structures logiques elementaires.* Neuchatel: Delachoux and Niestle.

Plomin, R. , Scheier, M. F. , Bergeman, C. S. , Pedersen, N. L. , Nesselroade, J. R. , & McClearn, G. E. (1992). Optimism, pessimism and mental health: A twinadoption analysis. *Personality and Individual Differences*, 13(8), 921—930.

Plutchik, R. (1980). *Emotion: A psychoevolutionary synthesis.* New York: Harper & Row.

Polk, T. A. , & Farah, M. J. (2002). Functional MRI evidence for an abstract, not perceptual, word-form area. *Journal of Experimental Psychology*: General, 131(1), 65—72.

Raidlm, H. , & Lubart, T. I. (2001). An empirical study of intuition and creativity. *Imagination, Cognitive and Personality*, 20(3), 217—230.

Rand, G. , & Wapner, S. (1967). Postural status as a factor in memory. *Journal of Verbal Learning and Verbal Behavior*, 6(2), 268—271.

Rantanen, J. , Metspelto, R. , Feldt, T. , Pukkinen, L. , & Kokko, K. (2007). Longterm stability in the Big Five personality traits in adulthood. *Scandinavian Journal of Psychology*, 48 (6), 511—518.

Reeve, M. R. , & Walter, M. A. (1976). A large-scale experiment on the growth and predation potential of ctenophore populations. In *Coelenterate ecology and behavior*(pp. 187—199). Springer US.

Reitman, W. R. (1964). Heuristic decision procedures: Open constraints and the structure of ill-defined problems. In M. W. Shelly, & G. L. Bryan(Eds.), *Human judgments and optimality.* New York: John Wiley.

Rest, J. , Thoma, S. J. , Edwards, L. (1997). Designing and validating ameasure of moral judgment: Stage preference and stage consistency app roaches. *Journal of Educational Psychology*, 89(1), 5.

Rest, J. R. (1982). A psychologist looks at the teaching of ethics. *Hastings Center Report*, 12(1), 29—36.

Rickers-Ovsiankina. (1928). Die Wiederaufnahme unterbrochener Handlungen, *Psychologische Forschung*, 11, 302—379.

Robins, R. W. , Trzesniewski, K. H. , Tracy, J. L. , Gosling, S. D. , & Potter, J. (2002). Global self-esteem across the lifespan. *Psychology and Aging*, 17(3), 423—434.

Robinson, M. S. , & Alloy, L. B. (2003). Negative cognitive styles and stress-reactive rumination interact to predict depression: A prospective study. *Cognitive Therapy and Research*, 27(3), 275—291.

Rogers, C. R. (1962). Learning to be free. *Pastoral Psychology*, 13(9), 43—51.

Rogers, T. B. , Kuiper, N. A. , & Kirker, W. S. (1977). Self-reference and the encoding of personal information. *Journal of Personality and Social Psychology*, 35(9), 677—688.

Roid, G. H. (2003). Stanford-Binet intelligence scales, (SB5). *Rolling Meadows*, IL: Riverside.

Rokeach, M. (1973). *The nature of human values*. New York: Free Press.

Rorer, L. G. (1989). Rational-emotive theory: II. Explication and evaluation. *Cognitive Therapy and Research*, 13(6), 531—548.

Rothbart, M. K. , & Jones, L. B. (1998). Temperament, self-regulation, and education. *School Psychology Review*, 27(4), 479—491.

Rorer, L. G. (1989). Rational-emotive theory: I. An integrated psychological and philosophical basis. *Cognitive Therapy and Research*, 13(5), 475—492.

Rueda, M. R. , Fan, J. , McCandliss, B. D. , Halparin, J. D. , Gruber, D. B. , Lercari, L. P. , & Posner, M. I. (2004). Development of attentional networks in childhood. *Neuropsychologia*, 42(8), 1029—1040.

Ruff, H. A. , & Rothbart, M. K. (1996). *Attention in early development: Themes and variations*. New York Oxford University Press.

Rushton, J. P. , Fulker, D. W. , Neale, M. C. , Nias, D. K. B. , & Eysenck, H. J. (1986). Altruism and aggression: The heritability of individual differences. *Journal of Personality and Social Psychology*, 50(6), 1192—1198.

Rusting, C. L. , & Larsen, R. J. (1998). Personality and cognitive processing of affective information. *Personality and Social Psychology Bulletin*, 24(2), 200—213.

Ryan, R. M. , & Deci, E. L. (2000). Intrinsic and extrinsic motivations: Classic definitions and new directions. *Contemporary Educational Psychology*, 25(1), 54—67.

Salatas, H. , & Flavell, J. H. (1976). Retrieval of recently learned information: Development of strategies and control skills. *Child Development*, 47(4), 941—948.

Satir, V. (1972). *Peoplemaking*. Palo Alto, CA: Science and Behavior Books.

Scheibe, K. E. (1985). Historical perspectives on the presented self. In B. R. Schlenker(Ed.), *The self and social life*(pp. 33—64). New York: McGraw-Hill.

Schlosberg, H. (1954). Three dimensions of emotion. *Psychology Review*, 61(2), 81—88.

Schultz, R. C. (1977). Lewis Perelman and "beyond limits" education. *Educational Studies*, 8(1), 57—73.

Scarleman, A. , & Gaydusek, K. A. (1989). Relationship between prospective memory ability and selective personality-variables. *Bulletin of the Psychonomic Society*, 27(6), 493.

Seligman, M. E. P. , & Maier, S. F. (1967). Failure to escape traumatic shock, *Journal of Experimental Psychology*, 74(1), 1—9.

Selye, H. (1936). A syndrome produced by diverse nocuous agents. *Nature*, 32, 138.

Sheldon, W. H. , & Stevens, S. S. (1942). *The varieties of temperament; a psychology of constitutional differences.* Harper and Brothers Publishers New York and London.

Shoji, H. , & Skrandies, W. (2006). ERP topography and human perceptual learning in the peripheral visual field. *International Journal of Psychophysiology*, 61(2), 179—187.

Sigall, H. , & Aronson, E. (1969). Liking for an evaluator as a function of her physical attractiveness and nature of the evaluations. *Journal of Experimental Social Psychology*, 5(1), 93—100.

Simon, H. A. (1967). Motivational and emotional controls of cognition. *Psychological review*, 74(1), 29—39.

Skinner, S. W. (1983). Extrachromosomal sex ratio factors in the parasitoid wasp: Nasonia(=Mormonilla) vitripennis(Hymenoptera, Pteromalidae). Dept. of Biology, University of Utah, Salt Lake City.

Slavin, R. E. (1991). Are cooperative learning and untracking harmful to the gifted? *Educational Leadership*, 48(6), 68—71.

Smirnakis, S. M. , Brewer, A. A. , Schmid, M. C. , Tolias, A. S. , & Augath. M. (2005). Lack of long-term cortical reorganization after macaque retinal lesions. *Nature*, 435(7040), 300—307.

Smith, B. D. , Perlstein, W. M. , Davidson, R. A. , & Michael, K. (1986). Sensation seeking: Differential effects of relevant, novel stimulation on electrodermal activity. *Personality and Individual Differences*, 7(4), 445—452.

Smith, S. M. , Glenberg, A. , & Bjork, R. A. (1978). Environmental context and human memory. *Memory and Cognition*, 6(4), 342—353.

Solso, R. L. , MacLin, M. K. , & MacLin, O. H. (2005). *Cognitive psychology* (7th ed.). Auckland, New Zealand: Pearson Education New Zealand.

Spearman, C. (1904). General intelligence, objectively determined and measured. *American Journal of Psychology*, 15(2), 201—293.

Spielberger, C. D. , Reheiser, E. C. , & Sydeman, S. J. (1995). Anger disorders: Definitions, diagnosis, and treatment. Washington, DC: Taylor & Francis.

Spranger, E. (1928). *Types of men.* Translated from the 5th German edition of Libensformen by P. Pigors. Halle: Max Neimeyer Verlag. American agent: New York: Stechert-Hafner, Inc.

Sternberg, R. J. (1986). A triangular theory of love. *Psychological Review*, 93(2), 119—135.

Sternberg, R. J. (2001). What is the common thread of creativity? Its dialectical relation to intelligence and wisdom. *American Psychologist*, 56(4), 360—362.

Sternberg, R. J. , & Davidson, J. E. (1982). The mind of the puzzler. *Psychology Today*, 16(6), 37—44.

Sternberg, R. J. (2003). What is an "expert student"?. *Educational Researcher*, 32(8), 5—9.

Sternberg, R. J. , Grigorenko, E. L. , & Kidd, K. K. (2005). Intelligence, race, and genetics. *American*

710

Psychologist, 60(1), 46—59.

Sternberg, R. (2005). Creativity or creativities?. *International Journal of Human-Computer studies*, 63 (4), 370—382.

Sternberg, R. J. (1996). *Successful intelligence: how practical and creative intelligence determine success in life*. New York: Simon & Schuster.

Stotland, E. (1978). *Empathy, fantasy and helping*. Sage.

Strelau, J. (1987). The concept of temperament in personality research. *European Journal of Personality*, 1(2), 107—117.

Strelau, J. (1991). Renaissance in research on temperament: Where to?. In Strelau, J. , & Angleitner, A. (Eds.), *Explorations in Temperament*. New York: International Perspectives on Theories and Measurement, Plenum Press.

Strong Jr, E. K. (1943). *Vocational interests of men and women*. Palo Alto, CA: Stanford University Press.

Rosenberg, S. , & Katz, Z. P. A. (1978). Gender Attitudes in Children. *Sex Roles*, 4(3), 349—357.

Sunness, J. S. , Liu, T. , & Yantis, S. (2004). Retinotopic mapping of the visual cortex using functional magnetic resonance imaging in a patient with central scotomas fromatrophic macular degeneration. *Ophthalmology*, 111(8), 1595—1598.

Super, D. E. (1973). The career development inventory. *British journal of guidance and counselling*, 1(2), 37—50.

Teale, F. W. J. , & Dale, R. E. (1970). Isolation and spectral characterization of phycobiliproteins. *Biochemical Journal*, 116(2), 161.

Tellegen, A. , & Waller, N. G. (1987). Reexamining basic dimensions of natural language trait descriptors. *95 annual meeting of the American Psychological Association*.

Thomas, A. , & Chess, S. (1977). *Temperament and development*. Brunner/Mazel.

Terman, L. M. (1916). *The Measurement of intelligence*. Houghton Mifflin.

Terman, L. M. , & Merrill. MA (1973). *Standford-Binet Intelligence Scale: 1972 norms edition*. Houghton Mifflin.

Terman, L. M. , & Merrill, M. A. (1937). *Measuring intelligence: A guide to the administration of the new revised Stanford-Binet tests of intelligence*. Oxford, England: Houghton Mifflin.

Terman, L. M. , & Merrill, M. A. (1960). *Stanford-Binet Intelligence Scale: Manual for the third revision, Form LM*. Oxford, England: Houghton Mifflin.

Thomas, A. , Chess, S. , & Birch, H. G. (1968). *Temperament and behavior disorders in children*. New York: New York University Press.

Thompson, R. A. (2006). The development of the person: Social understanding, relationships, self, conscience. In W. Damon, & R. M. Lerner(Eds.), *Handbook of child psychology*(6th Ed.), *Vol. 3. Social, emotional, and personality development*. (N. Eisenberg, Vol. Ed.)(pp. 24—98). New York: Wiley.

Thorndike, E. (1911). *Animal Intelligence*. New York: Macmillan.

Thorndike, E. L. (1903). *Educational Psychology*. New York: Lemcke & Buechner.

Thorndike, E. L. (1931). *Human learning*. M. I. T. press.

Thorndike, R. L. , Hagen, E. P. , & Sattler, J. M. (1986). *Stanford-Binet intelligence scale*. Riverside Publishing Company.

Thurstone, L. L. (1955). *The differential growth of mental abilities*. Chaper Hill, N C: Psychometric laboratory, University of North Carolina.

Titchener, E. B. (1928). *A text-book of psychology*. New York: Macmillan.

Tmokins, S. (1970). Affect as the primary motivational system. In M. Arnold(Ed.), *Fellings and emotion*. New York: Academic Press.

Torrance, E. P. (1964). *Creativity: Progress and Potential*. New York: McGraw-Hill.

Treisman, A. (1960). Contextual cues in selective listening. *Quarterly Journal of Experimental Psychology*, 12(4), 242—248.

Trevino, J. (2003). *Goffman's Legacy*. Rowman and Littlefield Publishers.

Tulving, E. (1972). Episodic and semanticmemory. In E. Tulving(Ed.), & W. Donaldson(Ed.), *Organization of memory*. Oxford: Academic Press.

Tulving, E. , &Madigan, S. A. (1970). Memory and verbal learning. *Annual Review of Psychology*, 21(1), 437—484.

Tulving, E. (1972). *Organization of memory*. Oxford, England: Academic Press.

Tulving, E. , & Thomson, D. M. (1973). Encoding specificity and retrieval processes in episodic memory. *Psychological Review*, 80(5), 352—373.

Twenge, J. M. , & Campbell, W. K. (2001). Age and birth cohort differences in self-esteem: Cross-temporal meta-analysis. *Personality and Social Psychology Review*, 5(4), 321—344.

Uguroglu, M. E. , & Walberg, H. J. (1979). Motivation and achievement: A quantitative synthesis. *American Educational Research Journal*, 16(4), 375—389.

Vernon, P. E. (1971). *The structure of human abilities*. London: Methuen.

Waldvogel, S. (1948). The frequency and affective character of childhood memories. *Psychological Monographs*, 62(4), 39.

Wallas, G. (1926). *The art of thought*. London: Jonathan Cape.

Waller, N. G. , Bouchard, T. J. , Jr. , Lykken, D. T. , Tellegen, A. , & Blacker, D. M. (1993). Creativity, heritability, familiality: Which word does not belong? *Psychological Inquiry*, 4(3), 235—237.

Warrington, E. K. , & Weiskrantz, L. (1968). A study of learning and retention in amnesic patients. *Neuropsychologia*, 6(3), 283—291.

Warrington, E. K. , & Weiskrantz, L. (1974). The effect of prior learning on subsequent retention in amnestic patients. *Neuropsychologia*, 12(4), 419—428.

Wechsler, D. (1967). *Preschool and primary scale of intelligence*. New York: Psychological Corporation.

Wechsler, D. (1967). *Wechsler preschool and primary scale of intelligence-WPPSI*. Psychological Corporation.

Wechsler, D. (1981). *WAIS-R manual: Wechsler adult intelligence scale-revised*. Psychological Corporation.

Weiner, B. (1972). Attribution theory, achievement motivation, and the educational process. *Review of Educational Research*, 42(2), 203—215.

Weiner, B. (1980). May I borrow your class notes? An attributional analysis of judgements of help giving in an achievement-related context. *Journal of Educational Psychology*, 72(5), 676—681.

Weiner, B. (1985). An attributional theory of achievement motivation and emotion. *Psychological Review*, 35(2), 386—391.

Weiss, J. M. (1972). Psychological factors in stress and disease. *Scientific American*, 226(6), 104—113.

White A. M. , & Swartzwelder H. S. (1994). Hippocampal function during adolescence: A unique target of ethanol effects. *Ann NY Acad Sci*, 1021(1), 206—220.

Wilkowski, B. M. , & Robinson, M. D. (2010). The anatomy of anger: An integrative cognitive model of trait anger and reactive aggression. *Journal of Personality*, 78(1), 9—38.

Wilson, T. D. , & La Fleur, S. J. (1995). Knowing what you'll do: Effects of analyzing reasons on self-prediction. *Journal of Personality and Social Psychology*, 68(1), 21—35.

Wittrock, M. C. (1974). Learning as a generative process 1. *Educational Psychologist*, 11(2), 87—95.

Wolford, G. , & Hollingsworth, S. (1974). Lateral masking in visual information processing. *Perception & Psychophysics*, 16(2), 315—320.

Wood, J. V. (1989). Theory and research concerning social comparisons of personal attributes. *Psychological Bulletin*, 106(2), 231—248.

Wulfert, E. , Block, J. A. , Santa Ana, E. , Rodriguez, M. L. , & Colsman, M. (2002). Delay of gratification: Impulsive choices and problem behaviors in early and late adolescence. *Journal of Personality*, 70(4), 533—552.

Young, P. T. (1961). *Motivation and emotion*. NJ: John Wiley and Sons Inc.

Yu, D. Y. , Legge, G. E. , Park, H. , Gage, E. , & Chung, S. T. L. (2010). Development of a training protocol to improve reading performance in peripheral vision. *VisionResearch*, 50(1), 36—45.

Yu, D. Y. , Park, H. , Gerold, D. , & Legge, G. E. (2010). Comparing reading speed for horizontal and vertical English test. *Journal of Vision*, 10(2), 1—17.

Zajonc, R. (1968). Attitudinal effects of mere exposure. *Journal of Personality and Social Psychology*, 9(2), 1—29.

Zhang, Y. (1992). A measurement of temperament in young Chinese Children, *International Journal of Psychology*, 27(3), 365.

图书在版编目(CIP)数据

现代心理学:基础理论及其教育应用/卢家楣,伍
新春,桑标主编. —上海:上海人民出版社,2014
ISBN 978 - 7 - 208 - 11795 - 2

Ⅰ.①现…　Ⅱ.①卢…②伍…③桑…　Ⅲ.①心理学
-师范大学-教材　Ⅳ.①B84

中国版本图书馆 CIP 数据核字(2013)第 237836 号

责任编辑　罗　湘　张晓玲
封面装帧　Delay
美术编辑　杨德鸿

现代心理学
——基础理论及其教育应用
卢家楣　伍新春　桑　标　主编
世纪出版集团
上海人民出版社出版
(200001　上海福建中路 193 号　www.ewen.cc)
世纪出版集团发行中心发行
江阴金马印刷有限公司印刷
开本 720×1000　1/16　印张 45.75　插页 8　字数 806,000
2014 年 9 月第 1 版　2014 年 9 月第 1 次印刷
ISBN 978 - 7 - 208 - 11795 - 2/B・1008
定价 88.00 元